MENTOR
**ILLUSTRATOR**

**멘토시리즈 일러스트레이터**

| | |
|---|---|
| **초 판 발 행** | 2025년 9월 4일 |
| **발 행 처** | 코리아교육그룹 교육연구소 |
| **발 행 인** | 김영우 |
| **주　　　소** | 서울특별시 강남구 강남대로 286 3, 4층 |
| **전　　　화** | 02-525-5237 |
| **I S B N** | 979-11-89028-45-9(13000) |
| **홈 페 이 지** | http://www.koreaedugroup.com |
| **이 메 일** | kegbook@koreaedugroup.com |

이 책에 대한 의견이나 오탈자 및 잘못된 내용에 대한 수정 정보는 이메일로 알려주십시오.
Copyright ⓒ 2025 ㈜코리아교육그룹

이 책의 저작권은 ㈜코리아교육그룹에 있습니다.
저작권법에 의해 보호를 받는 저작물이므로 무단 복제 및 무단 전재를 금합니다.

# MENTOR
# ILLUSTRATOR

**2**

멘토시리즈 일러스트레이터
**MENTOR** ILLUSTRATOR

# Prolog

디자이너를 꿈꾸는 이들을 위해 만든 교재입니다.
여러분의 꿈이 현실이 될 수 있는 실질적인 지식과 기술을 담았습니다.
일러스트레이터 마스터의 길을 제시하며 여러분의 꿈을 응원합니다.

## 일러스트레이터 | 현직 디자이너의 실전 노하우가 담긴 입문서

일러스트레이터는 복잡한 아이디어를 명확하고 깔끔한 벡터 이미지로 만들어주는, 디자이너에게는 꼭 필요한 프로그램 중 하나입니다. 포토샵과 함께 2D 디자인의 필수 프로그램으로 손꼽히며 로고 및 캐릭터, 출판 및 인쇄 등 다양한 분야에 걸쳐 사용되고 있습니다. 이처럼 프로그램의 활용 분야는 넓지만, 동시에 시대의 흐름에 따라 배워야 할 기능 또한 많아지고 있습니다. 일러스트레이터뿐만 아니라 Adobe의 모든 프로그램은 시간이 지날수록 배워야 할 기능이 점점 늘어나고 있지만 우리가 투자할 수 있는 시간은 점점 짧아지고 있는 것이 현실입니다.

이 책은 디자이너이자 오랜 시간 학생들을 가르쳐온 강사로서 단기간에 최대한 효율적으로 일러스트레이터의 핵심 기능들을 배울 수 있도록 여러 방면으로 고심하여 만들었습니다. 일러스트레이터를 체계적으로 학습하고자 하는 디자이너를 위한 기초 중심의 입문서로, 반드시 알아야 할 핵심 개념과 도구의 원리, 응용 방법까지 폭넓게 다루었습니다. 또한 기능 학습에만 그치지 않고 실습에 바로 적용할 수 있는 예제들을 수록하여 반복 학습이 가능하도록 구성했습니다. 본 교재가 여러분의 든든한 동반자가 되어줄 것입니다. 다음으로 이어지는 교재 활용 팁을 확인하고 실력 향상을 위한 효과적인 학습을 시작해 보세요.

탄탄한 기본기를 위한 교재 활용 팁!

 **01** 배우는 것도 중요하지만 익히는 것은 더 중요합니다.

일러스트레이터는 2D 프로그램 중 가장 창의적인 작업을 하는 데 적합한 프로그램이라고 생각합니다. 포토샵처럼 사진을 열어 작업하기보다 보통 직접 무언가를 생성해야 하는 경우가 많기 때문입니다. 하지만 많은 사람들이 빈 문서가 주어지면 무엇을 그려야 할지 몰라 망설이게 됩니다. 이때 중요한 것이 바로 기본기입니다. 탄탄한 기본기가 밑바탕이 되어야 머릿속에 그려지는 자신의 아이디어를 제대로 표현할 수 있습니다. 이를 위해서는 반드시 배운 것을 다시 한번 복습하는 시간이 필요합니다. 각 섹션마다 제공되는 실습 문제와 연습 문제를 교재를 보지 않고도 할 수 있을 정도로 반복하여 작업해 보시기 바랍니다. 이러한 연습 과정이 있어야만 배운 내용을 온전히 자신의 것으로 만들 수 있습니다.

### 02 원리를 이해하며 학습해 보세요.

단순히 기능을 외우기보다는 기능 간의 맥락을 파악하며 학습하면 개념을 더 깊이 이해할 수 있습니다. 예를 들어, 도구바는 상단에 선택 관련 도구가 있고, 아래로 내려갈수록 기초 편집, 그리고 더 하단에는 왜곡과 색상 관련 기능이 모여 있는 것처럼 기능의 맥락에 따라 체계적으로 배열되어 있습니다. 메뉴 또한 마찬가지입니다.
특정 기능이 기억나지 않는다면 맥락상 어떤 도구, 어떤 메뉴에 있을지 고민하며 하나하나 찾아보는 것도 좋은 방법 중 하나입니다. 원하는 작업이 잘되지 않을 때 책을 먼저 찾기보다는 '어떤 기능을 선택하는 게 맞을까?', '왜 이런 결과물이 나올까?'를 스스로 먼저 고민하며 작업해 보는 것을 적극 권장합니다.

### 03 벡터 프로그램의 특성을 이해해야 합니다.

작업 효율을 높이고 최종 결과물의 품질을 보장하려면, 먼저 작업 목적에 따라 어떤 프로그램을 선택해야 할지 명확히 이해해야 합니다. 예를 들어 일러스트레이터는 점과 패스를 기반으로 하는 벡터 프로그램이지만, 포토샵처럼 픽셀로 이루어진 파일로 작업할 수도 있습니다. 그러나 효율성이 떨어집니다. 반면 로고, 캐릭터, 타이포그래피와 같은 벡터 작업에 가장 적합하고 효율적입니다. 궁극적으로 대부분의 디자이너는 픽셀 기반의 비트맵 파일과 패스 기반의 벡터 파일을 모두 자유롭게 다룰 줄 알아야 합니다. 따라서 각 프로그램의 그래픽 처리 방식을 잘 이해하면 목적에 맞게 가장 효율적으로 작업할 수 있습니다.

### 04 영감과 호기심을 잃지 마세요.

본 교재는 일러스트레이터의 기초 기능을 다루지만, 결국 우리의 최종 목표는 디자인입니다. 기능을 배우는 것에 그치지 않고, '이 기능은 어떤 이미지에 활용할 수 있을까?', '이 폰트는 다른 기능과 함께 쓰면 어떤 느낌일까?'와 같이 다양한 영감을 떠올리기 위한 노력이 필요합니다. 호기심을 갖고 만들고 싶은 이미지를 계속 의식적으로 떠올리며 자료를 수집하는 노력을 병행하는 것이 중요합니다.

### 05 원하는 것을 표현하기 위해서는 공부가 필요합니다.

디자이너는 평소 레퍼런스를 꾸준히 수집하고 트렌드의 변화를 늘 주시해야 합니다. 표현의 깊이를 더하기 위해서는 고전이나 미술 사조를 공부하거나, 미술관이나 전시회 등을 찾아 직접 다양한 작품을 접하는 것과 같이 디자인 외의 분야에도 관심을 두는 것이 큰 도움이 됩니다. 이는 디자인에 적용할 수 있는 폭넓은 아이디어와 표현 방식을 얻는 통로가 되기 때문입니다. 이러한 지식들은 당장 작업과 직접적인 연관이 없다고 느껴질 수 있지만, 결국 더 많은 것을 표현하게 해줄 것이라 확신합니다. 그리고 정말 만들고 싶은 것이 떠올랐을 때, 기본기가 탄탄한 디자이너는 주저 없이 자기 생각을 표현할 수 있게 될 것입니다.

이 책이 여러분의 일러스트레이터 실력을 한 단계 끌어올리는 데 실질적인 도움이 되기를 바랍니다.
언제 어디서든 혼자서도 공부할 수 있는 든든한 동반자이자, 자신만의 작업물을 만들고 싶은 학생분들과 예비 디자이너분들에게 도움이 되는 기초 길잡이가 되었으면 합니다.

# Structure

이 책은 일러스트레이터를 처음 접하는 사람들을 위해 도구와 이론 설명을 충실하게 다루고 있습니다.
지나친 예제 위주의 설명으로 옵션이나 도구에 대한 개념을 소홀히 할 수 있는 부분을 보완했으며,
실습을 통해 실무에서 활용할 수 있는 예제와 테크닉을 배울 수 있습니다.
각 섹션은 Theory(이론) – Practice(실습 예제) – Exercise(연습 예제)로 구성되어
기능을 체계적으로 배울 수 있도록 구성했습니다.

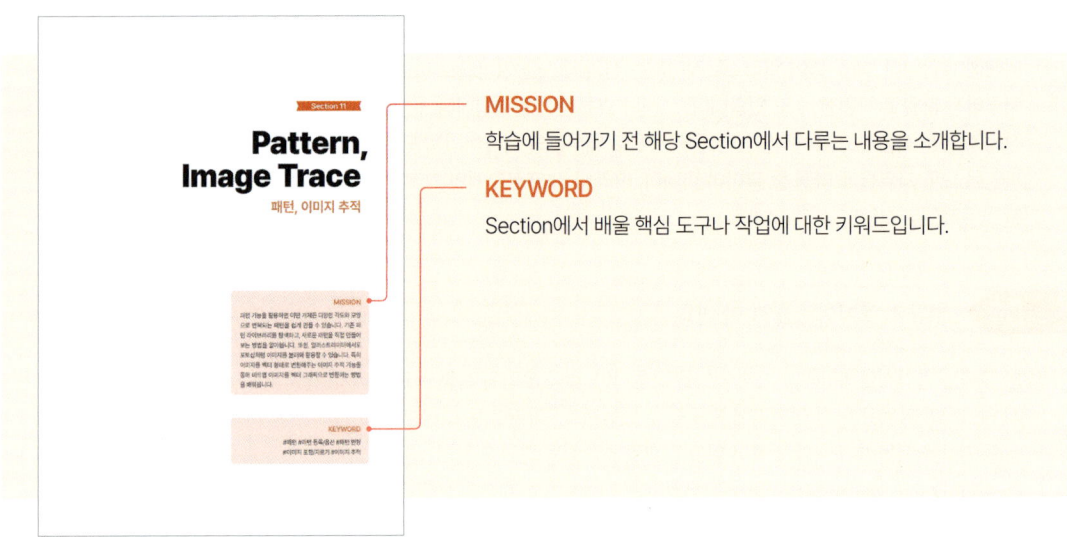

**MISSION**
학습에 들어가기 전 해당 Section에서 다루는 내용을 소개합니다.

**KEYWORD**
Section에서 배울 핵심 도구나 작업에 대한 키워드입니다.

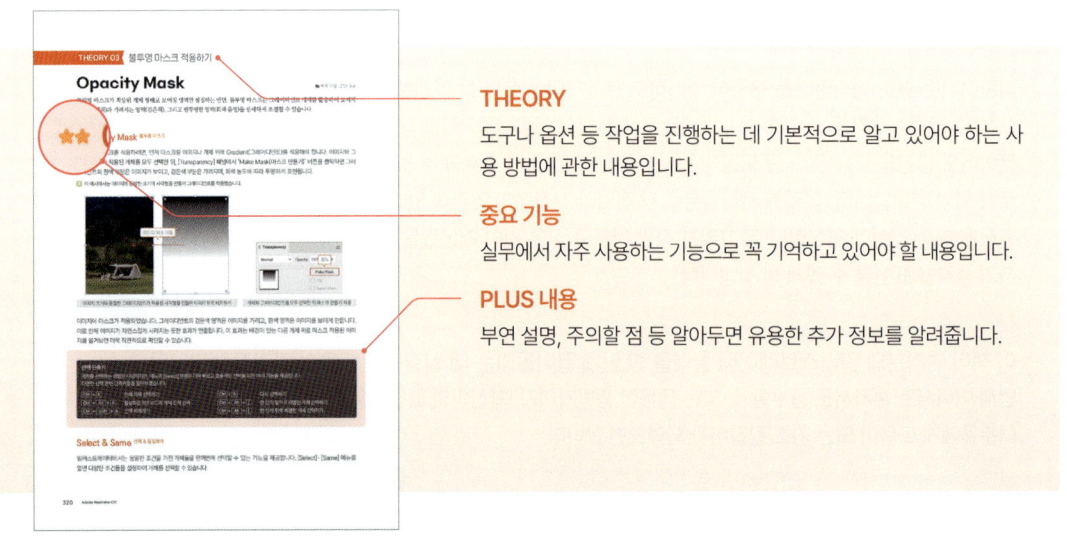

**THEORY**
도구나 옵션 등 작업을 진행하는 데 기본적으로 알고 있어야 하는 사용 방법에 관한 내용입니다.

**중요 기능**
실무에서 자주 사용하는 기능으로 꼭 기억하고 있어야 할 내용입니다.

**PLUS 내용**
부연 설명, 주의할 점 등 알아두면 유용한 추가 정보를 알려줍니다.

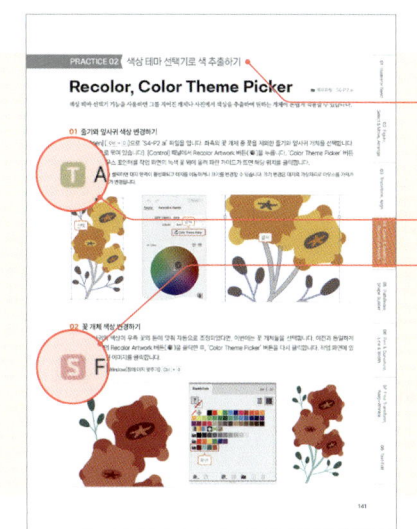

**PRACTICE**
THEORY(이론)로 배운 내용을 활용 예제를 통해 실습해 보며 응용과 활용 방법을 배울 수 있습니다.

**T** 도움 및 참고해야 할 사항들을 알려줍니다.

**S** 작업을 좀 더 빠르고 편리하게 실행시킬 수 있는 단축키를 알려줍니다.

**ADVICE**
현역 디자이너가 실무에서 유용하게 사용할 수 있는 노하우를 알려줍니다.

**EXERCISE**
이론과 실습으로 배운 내용을 토대로 작업해 볼 수 있는 예제를 제공합니다.

---

### 예제&완성 파일 다운로드 방법 및 경로 안내

**교재몰**
- **방법** 이 교재에 사용된 예제&완성 파일은 교재몰(https://www.kedustore.com)에서 교재 구매 완료 후, 예제 파일 메뉴에서 이메일 주소를 입력하면 예제 소스 파일을 다운로드할 수 있는 웹하드 정보(웹하드 주소, 아이디, 비밀번호)가 전송됩니다.
- **경로** 교재몰 접속 > 로그인 > 교재 구매 완료 후 > 예제 파일 탭 선택 > 해당 교재 선택 > 이메일 주소 입력 후 전송

**웹하드**
- **방법** 좀 더 빠르게 다운로드하고 싶다면 아래 웹하드에서 다운로드받아 활용하기 바랍니다.
  웹하드(http://www.webhard.co.kr) > 아이디 : kegstore1~3 / 비밀번호 : (각 수강 지점 멘토에게 문의)
- **경로** 웹하드 사이트 접속 > 로그인 > 게스트 폴더 선택 > 해당 교재 폴더 선택 > 해당 파일 선택 후 내리기

# CONTENTS

## SECTION 01 — Illustrator Basic 일러스트레이터 기초 — 13

| | |
|---|---|
| THEORY 01  Graphic Design Basics | 14 |
| THEORY 02  Interface | 16 |
| THEORY 03  Tool Bar & Panel | 24 |
| THEORY 04  File & Save | 29 |
|   새로 만들고 저장하기 | 34 |
| THEORY 05  Artboard | 36 |
| THEORY 06  Basic Object Edit | 41 |
| THEORY 07  Fill & Stroke / Open & Closed Path | 49 |
|   파일 저장하고 관리하기 | 51 |

## SECTION 02 — Figure, Select & Move, Arrange 도형, 선택과 이동, 정돈 — 53

| | |
|---|---|
| THEORY 01  Figure Tool | 54 |
| THEORY 02  Path / Handle | 58 |
|   도형으로 새 만들기 | 60 |
| THEORY 03  Select & Move | 64 |
| THEORY 04  Copy & Paste | 73 |
| THEORY 05  Arrange | 75 |
|   옷 입히기를 통해 배열 익히기 | 77 |
| THEORY 06  Layer | 80 |
|   도형 개체 조합 및 배열하기 | 83 |

## SECTION 03 — Transform, Align 변형, 정렬 — 85

| | |
|---|---|
| THEORY 01  Rotate Tool | 86 |
|   회전 및 반복으로 다양한 개체 만들기 | 88 |
| THEORY 02  Reflect Tool | 91 |
|   반사 및 복사로 동물 완성하기 | 93 |
| THEORY 03  Scale Tool | 95 |
| THEORY 04  Shear Tool | 99 |
|   기울이기를 이용해 그림자 만들기 | 102 |
| THEORY 05  Align | 104 |
|   정렬을 이용해 기하학적인 성 만들기 | 110 |
|   도형 편집 기초와 디자인 감각 익히기 | 116 |

## SECTION 04 — Color & Gradient, Recolor Artwork 색상과 그레이디언트, 아트워크 색상 변경 — 119

| | |
|---|---|
| THEORY 01  Color | 120 |
| THEORY 02  Color Picker | 123 |
| THEORY 03  Swatches | 125 |
| THEORY 04  Eyedropper Tool | 127 |
|   색상 수정 및 등록하기 | 129 |
| THEORY 05  Recolor Artwork | 135 |
|   색상 테마 선택기로 색 추출하기 | 141 |
| THEORY 06  Gradient | 144 |
|   그레이디언트로 노을진 사막 표현하기 | 149 |
|   그레이디언트를 활용한 화병 만들기 | 154 |

## SECTION 05

### Pathfinder, Shape Builder 패스파인더, 도형 구성 도구 — 157

- THEORY 01 Pathfinder — 158
  - 패스파인더로 하트 만들기 — 161
  - 패스파인더 활용하여 날씨 아이콘 만들기 — 162
- THEORY 02 Shape Builder Tool — 167
- THEORY 03 Ruler & Guide & Grid — 169
  - 도형 편집으로 기하학 패턴 디자인하기 — 173
- THEORY 04 Eraser Tool — 178
- THEORY 05 Scissors Tool — 180
- THEORY 06 Knife Tool — 182
  - 패스파인더, 도형 구성 도구로 풍경 일러스트 만들기 — 184

## SECTION 06

### Pen & Curvature, Line & Width 펜과 곡률, 선과 폭 — 187

- THEORY 01 Pen Tool — 188
  - 펜 도구 실습하기 — 193
- THEORY 02 Curvature Tool — 197
- THEORY 03 Line Tool — 199
  - 나선 도구로 구름 만들기 — 203
- THEORY 04 Stroke — 204
- THEORY 05 Width Tool — 206
  - 선 두께를 이용한 캘리그라피 디자인 — 208
  - 선을 면으로 만들기 — 210
- THEORY 06 [Object]-[Path] — 211
  - 펜 도구로 라인 일러스트 그리기 — 213

## SECTION 07

### Free Transform, Warp~Wrinkle 자유 변형, 왜곡 — 215

- THEORY 01 Free Transfrom Tool — 216
  - 원근 왜곡을 이용한 문자 디자인 — 218
- THEORY 02 Puppet Warp Tool — 220
- THEORY 03 Intertwine — 222
  - 자유 변형 및 퍼펫 뒤틀기 실습하기 — 224
- THEORY 04 Warp~Wrinkle — 227
  - 다양한 수정 도구로 몬스터 만들기 — 232
  - 변형 도구를 활용해 일러스트 그리기 — 237

## SECTION 08

### Text Edit 텍스트 편집 — 239

- THEORY 01 Type Tool — 240
  - 패스 상의 문자 도구로 로고 완성하기 — 249
- THEORY 02 Character — 251
- THEORY 03 Paragraph — 256
  - 문자 관련 도구들로 페이지 디자인하기 — 258
- THEORY 04 Area Type — 261
- THEORY 05 Create Outlines — 262
  - 윤곽선을 활용한 타이포 디자인 — 264
- THEORY 06 Glyphs — 269
- THEORY 07 Open Type — 270
  - 타이포그래피 포스터 만들기 — 273

## SECTION 09 — Brush, Freeform Draw 브러시, 자유형상 드로잉 — 275

| | | |
|---|---|---|
| THEORY 01 | Brush Tool | 276 |
| THEORY 02 | Brushes | 277 |
| THEORY 03 | New Brush, Options | 283 |
| | 패턴 브러시로 로프 모양 만들기 | 291 |
| THEORY 04 | Blob Brush Tool | 297 |
| THEORY 05 | Shaper Tool | 299 |
| THEORY 06 | Pencil Tool | 301 |
| THEORY 07 | Smooth Tool | 303 |
| | 드로잉 도구로 캘리그래피 장식 만들기 | 304 |
| | 브러시 도구로 플로럴 디자인 포스터 만들기 | 305 |

## SECTION 10 — Mask, Blending Mode 마스크, 혼합 모드 — 307

| | | |
|---|---|---|
| THEORY 01 | Clipping Mask | 308 |
| | 클리핑 마스크 적용하여 명함 파일 만들기 | 312 |
| | 컴파운드 패스를 이용한 타이틀 디자인 | 315 |
| THEORY 02 | Transparency | 319 |
| THEORY 03 | Opacity Mask | 320 |
| | 불투명 마스크로 사라지는 반사 효과 만들기 | 321 |
| | 불투명 마스크를 이용한 빈티지 스탬프 디자인 | 324 |
| THEORY 04 | Blending Mode | 327 |
| | 사진을 활용한 카툰 콘셉트의 포스터 만들기 | 332 |

## SECTION 11 — Pattern, Image Trace 패턴, 이미지 추적 — 335

| | | |
|---|---|---|
| THEORY 01 | Pattern | 336 |
| | 패턴 적용 및 수정하기 | 339 |
| THEORY 02 | New Pattern, Options | 342 |
| THEORY 03 | Transform Patterns | 346 |
| THEORY 04 | Image Embed & Crop | 349 |
| | 이미지를 문서에 포함하고 잘라보기 | 351 |
| THEORY 05 | Image Trace | 353 |
| | 이미지 추적을 이용한 팝아트 디자인 | 359 |
| | 이미지 추적 기능을 활용한 트로피컬 패턴 아트 만들기 | 363 |

## SECTION 12 — Envelope Distort, Repeat 둘러싸기 왜곡, 반복 — 365

| | | |
|---|---|---|
| THEORY 01 | Make with Warp | 366 |
| | 변형으로 아이스크림 로고 만들기 | 372 |
| THEORY 02 | Make with Mesh | 378 |
| | 망으로 텍스트가 일렁이는 효과 만들기 | 381 |
| THEORY 03 | Make with Top Object | 383 |
| | 최상위 오브젝트로 문자 디자인하기 | 384 |
| THEORY 04 | Envelope Options | 387 |
| THEORY 05 | Repeat | 389 |
| | 문자 왜곡을 이용한 포스터 만들기 | 392 |

## SECTION 13

### Live Paint, Perspective Grid 라이브 페인트, 원근감 격자 — 395

- THEORY 01 Live Paint Bucket Tool — 396
- THEORY 02 [Object]-[Live Paint] — 402
  - 라이브 페인트로 색상 적용하기 — 405
- THEORY 03 Perspective Grid Tool — 410
- THEORY 04 [View]-[Perspective Grid] — 413
  - 원근감 격자 도구로 타이포그래피 포스터 만들기 — 415
  - 라이브 페인트로 동물 일러스트 그리기 — 420

## SECTION 14

### Blend & Mesh 블렌드와 망 — 423

- THEORY 01 Blend Tool — 424
- THEORY 02 [Object]-[Blend] — 428
  - 지정된 단계로 블렌드 만들기 — 432
  - 지정된 거리로 블렌드 만들기 — 436
  - 매끄러운 색상으로 블렌드 만들기 — 439
- THEORY 03 Mesh Tool — 441
  - 망 도구와 블렌드로 타이포그래피 효과 만들기 — 443

## SECTION 15

### Effect, Appearance 효과, 모양 — 445

- THEORY 01 Effect — 446
- THEORY 02 Distort & Transform — 450
- THEORY 03 Stylize — 453
  - 변형 효과 실습하기 — 456
- THEORY 04 Appearance — 458
  - 모양 패널로 다양한 효과 적용하기 — 459
- THEORY 05 Graphic Styles — 465
  - 긴 그림자 효과 만들기 — 466
  - 텍스처 효과로 질감 표현하기 — 468
  - 스크리블 효과를 적용한 스케치 디자인 — 470

## SECTION 16

### Symbol, Graph, 3D 심볼, 그래프, 3D — 473

- THEORY 01 Symbol Tool — 474
- THEORY 02 New Symbol, Options — 480
- THEORY 03 Graph Tool — 483
  - 그래프에 디자인 적용하기 — 488
- THEORY 04 3D and Materials — 491
  - 3D 오브젝트에 로고 심볼 적용하기 — 497
- THEORY 05 3D(Classic) — 500
- THEORY 06 3D(Classic) Mapping — 504
  - 3D 입체 효과 포스터 만들기 — 508

Section 01

# Illustrator Basic
## 일러스트레이터 기초

**MISSION**

일러스트레이터를 시작하는 방법과 기본적인 화면 구성 요소를 알아봅니다. 본인에게 맞는 사용자 환경을 설정하고, 자주 사용되는 도구바와 패널의 조작법을 익힙니다. 또한, 새로운 문서를 열고 아트보드를 활용하는 방법, 일러스트 요소들의 명칭도 함께 알아봅니다.

**KEYWORD**

#그래픽 기초 지식 #인터페이스 #도구바와 패널 #파일 메뉴
#아트보드 #일러스트레이터 맛보기 #면과 선, 닫힌 패스와 열린 패스

## THEORY 01 〉 그래픽 기초 지식

# Graphic Design Basics

디자인 작업 시 파일이 깨지거나 색상 오류가 발생하지 않도록 벡터와 비트맵 이미지의 차이점을 이해하고, 디지털 색상 체계의 기초를 알아보겠습니다.

### ★ Vector & Bitmap  벡터 & 비트맵

디지털 이미지는 수학적 경로 기반의 벡터(Vector)와 픽셀 기반의 비트맵(Bitmap)으로 나뉩니다. 벡터 이미지는 확대해도 선명함을 유지하지만, 비트맵 이미지는 색상을 풍부하게 표현할 수 있는 반면 특정 해상도에 고정되어 있어 이미지를 확대하면 계단 현상처럼 깨져 보일 수 있습니다. 일러스트레이터는 벡터, 포토샵은 비트맵의 대표적인 프로그램입니다.

#### ❶ 벡터(Vector) 방식의 그래픽

벡터 방식 이미지는 점, 선, 곡선 등의 수학적 계산을 기반으로 이미지를 표현합니다. 선이나 도형 같은 객체 단위로 그래픽을 구성하기 때문에 확대하거나 축소해도 해상도 손실이 없고 작업 후 수정 및 편집이 용이합니다. 대표적인 벡터 파일 형식으로는 AI, SVG, EPS, PDF 등이 있으며 Adobe Illustrator, CorelDRAW 등이 대표적인 편집 프로그램입니다. 벡터는 데이터 용량이 상대적으로 작고 깔끔한 그래픽 작업에 적합하지만, 색상 표현에 한계가 있어 사진이나 이미지 보정 등의 편집 작업에는 적합하지 않습니다.

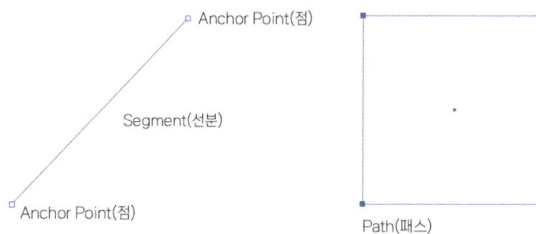

- 장점 : 크기 조절이 자유로운 로고, 폰트, 캐릭터 등의 제작에 유용하며, 인쇄물 작업에 주로 사용되는 방식입니다.
- 단점 : 사진처럼 복잡하고 미묘한 색상 변화를 표현하는 데 한계가 있습니다.

#### ❷ 비트맵(Bitmap) 방식의 그래픽

비트맵 방식 이미지는 작은 점인 픽셀들의 모음으로 구성된 이미지입니다. 예를 들어, 1240×960 크기의 이미지라면 1,190,400개의 픽셀로 이미지가 구성되어 있습니다. 각 픽셀은 색상 정보를 가지고 있어 사진처럼 복잡하고 미묘한 색상 변화를 자연스럽게 표현하는 데 적합합니다. 하지만 이미지를 확대하면 픽셀들이 커지면서 경계가 뚜렷해지는 '계단 현상'이 발생하며 해상도가 깨지는 단점이 있습니다. 대표적인 비트맵 파일 형식으로는 JPG, PNG, GIF, BMP 등이 있으며 Adobe Photoshop, GIMP 등이 대표적인 편집 프로그램입니다. 사실적이고 디테일한 표현이 가능하지만, 크기와 해상도 제한으로 로고나 아이콘 등 크기 조절이 자유로워야 하는 작업에는 적합하지 않습니다.

- 장점 : 수많은 픽셀을 활용하므로 정교하고 섬세한 색상 표현에 뛰어나 사진 작업에 유용합니다.
- 단점 : 크기를 변경할 때 고정된 픽셀로 인해 이미지의 품질이 손상될 수 있습니다.

## ★ Digital Color Model 디지털 색상 모델

디지털 색 체계는 일반적으로 인식하는 색상과는 다르게, 컴퓨터나 디지털 장치에서 0과 1의 이진법으로 색을 표현합니다. 디지털 색은 수치화되어 있기 때문에 동일한 값을 입력하면 기기마다 최대한 비슷하게 같은 색을 표현할 수 있습니다. 물리적인 재료가 아닌 데이터로 존재하므로 정확한 색 지정과 복제가 쉽다는 점이 가장 큰 특징이자 장점입니다.

### ❶ RGB 색 체계

RGB 색 체계는 빛의 삼원색인 빨강(Red), 초록(Green), 파랑(Blue)을 기본으로 다양한 색을 표현하는 디지털 색상 모델입니다. 각 색상은 0에서 255까지의 값을 가지며, 이 세 가지 색의 강도를 조합해 수백만 가지 색을 만들 수 있습니다. 색을 혼합할수록 점점 밝아지는 '가산 혼합' 방식을 사용하며, 세 가지 색을 최대로 섞으면 흰색, 최소로 하면 검은색이 나옵니다. RGB 색 체계는 모니터, TV, 스마트폰과 같은 디지털 디스플레이 장치에서 표준적으로 사용됩니다. 이처럼 RGB는 빛을 이용해 디지털 환경에서 선명하고 다양한 색을 구현하는 핵심적인 색상 표현 방식입니다.

### ❷ Lab 색 체계

Lab 색 체계는 1976년 국제조명위원회(CIE)에서 표준화된 색상 모델입니다. 이는 인간의 시각적 인식에 기반을 둔 장치 독립적인 색 공간입니다. 밝기(L), 빨강 - 녹색(a), 노랑 - 파랑(b) 세 축으로 구성됩니다. Lab 색 체계는 RGB나 CMYK와 달리 모든 디바이스에서 동일한 색 표현이 가능하며 사람이 지각할 수 있는 대부분의 색을 정확하게 표현할 수 있습니다. 이미지 처리, 인쇄, 색상 관리 등 다양한 분야에서 사용되지만 직관성이 떨어져 대중적으로 널리 활용되지는 않습니다.

### ❸ CMYK 색 체계

CMYK 색 체계는 인쇄를 위해 사용되는 색상 모델입니다. 청록(Cyan), 자홍(Magenta), 노랑(Yellow), 검정(Black) 네 가지 잉크를 조합해 다양한 색을 구현합니다. 이 방식은 '감산 혼합' 원리를 사용하며, 잉크가 섞일수록 색이 어두워지고 최종적으로 검정에 가까워집니다. 특히 세 가지 색만으로는 완전한 검정이 나오지 않기 때문에 별도의 검정 잉크(K)를 추가하여 색을 더욱 정확하게 표현합니다. CMYK는 인쇄물 제작에 필수적이지만 RGB보다 표현할 수 있는 색의 범위는 제한적입니다.

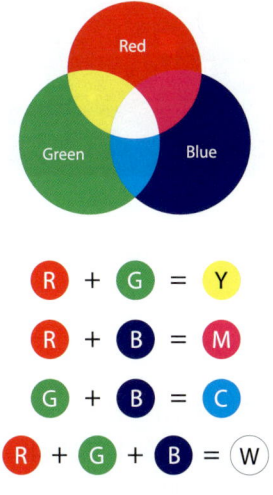

RGB

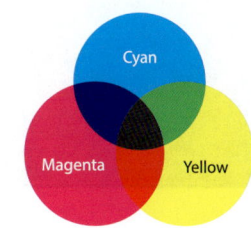

CMYK

## THEORY 02 인터페이스 살펴보기

# Interface

일러스트레이터는 그래픽 작업에 최적화된 방식으로 화면이 구성되어 있습니다. 따라서 프로그램을 효율적으로 활용하기 위해서는 기본 인터페이스를 먼저 파악하고 이해하는 것이 중요합니다.

### Home 홈 화면

일러스트레이터를 처음 실행하면 홈 화면이 나타납니다. 이 화면은 본격적인 작업에 앞서 새로운 문서를 생성하거나 기존 문서를 불러오는 등 작업의 시작을 돕는 역할을 합니다.

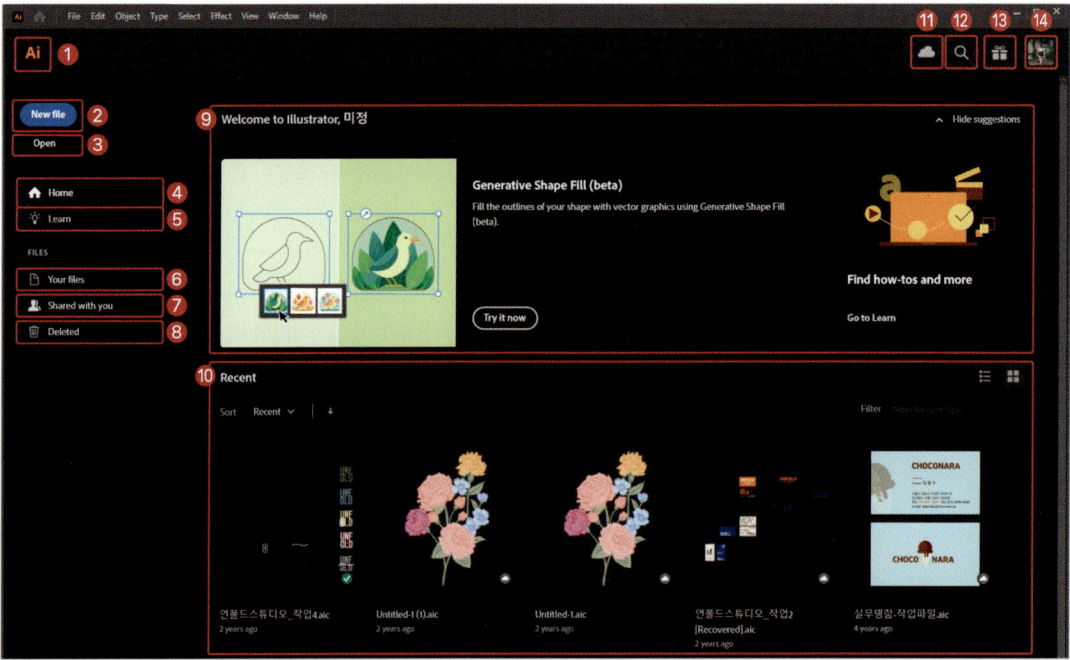

❶ **Work Space(작업 화면)** : 클릭하면 현재의 홈 화면이 사라지고, 실제 작업 공간이 나타납니다.
❷ **New file(새 파일)** : 새로운 문서를 생성합니다.
❸ **Open(열기)** : 저장된 기존 작업 파일을 불러옵니다.
❹ **Home(홈)** : 홈 화면으로 돌아갈 수 있습니다.
❺ **Learn(학습)** : 일러스트레이터의 다양한 기능을 배울 수 있는 학습 자료 화면이 나타납니다.
❻ **Your files(내 파일)** : Adobe 클라우드에 저장된 파일들을 확인하고 삭제하는 등 관리할 수 있습니다.
❼ **Shared with you(나와 공유됨)** : 다른 사용자가 공유한 파일들을 확인할 수 있습니다.
❽ **Deleted(삭제된 항목)** : Adobe 클라우드에서 삭제된 파일들을 복원하거나 영구 삭제할 수 있는 목록이 나타납니다.
❾ 왼쪽에서 선택한 항목과 관련된 내용이 이곳에 나타납니다.
❿ **Recent(최근 항목)** : 최근에 작업했거나 열었던 파일 목록이 나타납니다.
⓫ Adobe 클라우드에 저장한 파일의 총용량과 사용 현황을 확인할 수 있습니다.

⑫ Adobe 프로그램과 관련된 다양한 정보를 검색할 수 있습니다.
⑬ Adobe 제품의 최신 업데이트나 새로운 기능에 대한 소식을 확인할 수 있습니다.
⑭ 사용자 계정 정보를 확인하고 관리할 수 있습니다.

## ★★ New Document 새 문서

홈 화면에서 [New file]을 클릭하거나 메뉴에서 [File] - [New]를 선택하면 다음과 같은 새 문서 작업 화면이 나타납니다.

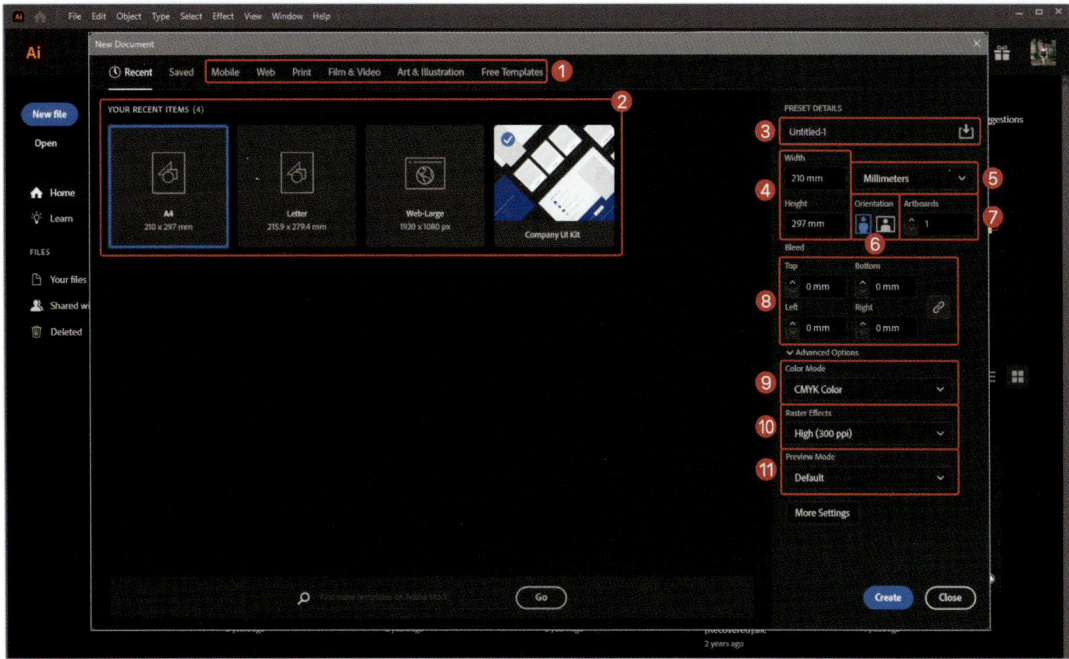

① 일러스트레이터에서 새 문서를 만들 때 다양한 사전 설정 규격을 선택할 수 있습니다. 작업 환경에 따라 모바일, 웹, 인쇄 등을 클릭하면 해당 용도에 맞춰 자주 사용되는 샘플 규격이 하단에 제공됩니다.
② 상단에서 선택한 작업 환경에 맞는 규격 샘플이나, 최근 작업했던 규격이 나타납니다.
③ **Name**(이름) : 문서의 이름을 지정합니다.
④ **Width / Height**(폭 / 높이) : 문서의 가로와 세로 크기를 지정합니다.
⑤ **Unit**(단위) : 문서에서 사용될 단위를 설정합니다. 인쇄의 기본 단위는 밀리미터(Millimeters)이며, 모바일이나 웹은 픽셀(Pixels)로 설정되어 있습니다.
⑥ **Orientation**(방향) : 문서의 가로 또는 세로 방향을 결정합니다.
⑦ **Artboards**(아트보드) : 문서 내부에 생성될 아트보드의 개수를 지정합니다.
⑧ **Bleed**(도련) : 문서의 바깥쪽(위, 아래, 왼쪽, 오른쪽)에 여백 안내선을 설정합니다. 입력한 수치만큼 여백이 적용됩니다.
  T 도련이란, 인쇄용지 설정 시 재단선을 기준으로 재단할 때 생기는 종이 밀림 현상을 감안하여 여백을 설정하는 것을 말합니다.
⑨ **Color Mode**(색상 모드) : 문서의 색상 모드를 설정합니다. 인쇄의 기본 모드는 CMYK이며, 모바일이나 웹은 RGB를 기본으로 합니다.
⑩ **Raster Effects**(래스터 효과) : 비트맵 방식의 효과(래스터 효과)를 사용할 경우, 적용될 해상도(픽셀 밀도)를 설정합니다.
⑪ **Preview Mode**(미리보기 모드) : 작업 화면의 미리보기 방식을 설정합니다. 일반적으로 기본값(Default) 모드를 선택합니다.

# Workspace 작업 화면 구성

일러스트레이터에서 새 문서를 열면 나타나는 기본 화면입니다. 이 화면을 구성하는 각 요소의 명칭과 기능을 살펴보겠습니다.

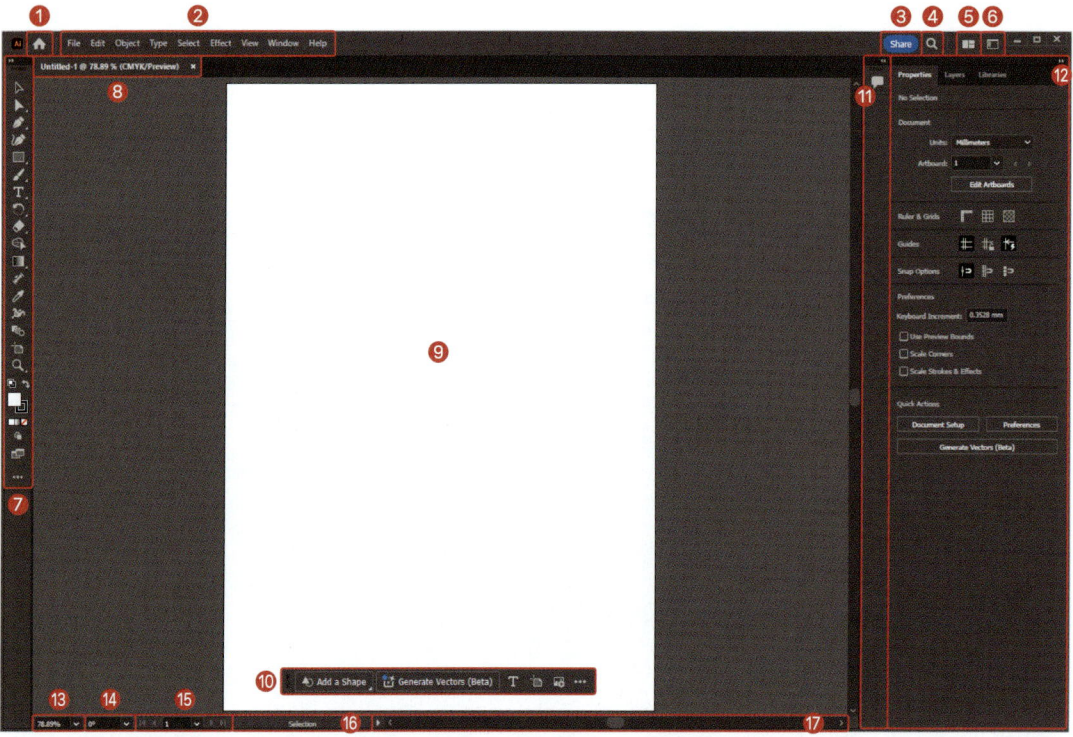

❶ **Home(홈)** : 이 버튼을 클릭하면 작업 화면이 사라지고 홈 화면이 나타납니다.

❷ **Menu Bar(메뉴바)** : 명령어를 종류별로 정리하여 모아둔 긴 막대(Bar) 형태의 패널입니다.

　Ⓐ **File(파일)** : 새 파일을 만들거나, 저장, 인쇄, 다른 형식으로 내보내기 등 파일 관리와 관련된 기능을 제공합니다.
　Ⓑ **Edit(편집)** : 복사, 붙여넣기, 잘라내기 등과 같은 편집 명령이 모여 있습니다. 환경 설정도 이 메뉴에서 접근할 수 있습니다.
　Ⓒ **Object(오브젝트)** : 오브젝트를 변형하거나 정렬하는 등 오브젝트와 관련된 명령이 모여 있습니다.
　Ⓓ **Type(문자)** : 폰트 종류 변경, 스타일, 크기 조절 등 문자 관련 명령을 제공합니다.
　Ⓔ **Select(선택)** : 전체 선택, 특정 조건에 맞는 동일한 개체 선택 등 다양한 선택 기능을 제공합니다.
　Ⓕ **Effect(효과)** : 오브젝트에 적용할 수 있는 특수 시각 효과를 제공합니다.
　Ⓖ **View(보기)** : 화면 확대 및 축소, 화면 맞춤, 가이드 보기 등 화면 표시와 관련된 다양한 기능을 제공합니다.
　Ⓗ **Window(창)** : 패널과 작업 환경을 구성하는 요소들을 열고 관리할 수 있습니다.
　Ⓘ **Help(도움말)** : Adobe 사이트를 통해 도움말 정보를 검색할 수 있습니다.

❸ **Share(공유)** : Adobe 계정을 가진 다른 사용자와 현재 파일을 함께 공유할 수 있습니다.

❹ **Search(검색)** : 궁금한 내용을 검색하여 Adobe 커뮤니티에 연결하고 정보를 얻을 수 있습니다.

❺ **Arrange Documents(문서 정돈)** : 작업창이 여러 개일 때, 작업 화면의 배열 방식을 설정할 수 있습니다.

❻ **Switch Work Space(작업 영역 전환)** : 인쇄 및 보정, 웹, 페인팅 등 목적에 따라 추천 화면 구성을 선택할 수 있습니다.
❼ **Tool Bar(도구 바)** : 일러스트레이터 작업을 위해 가장 자주 사용되는 도구들을 모아둔 긴 막대(bar) 형태의 패널입니다.
❽ **File Tab(파일 탭)** : 파일의 이름, 현재 보이는 크기의 비율, 컬러 모드 등 현재 문서에 대한 정보를 제공합니다.
❾ **Artboard(아트보드)** : 문서를 열 때 설정한 크기대로 열리는 실제 작업 영역입니다.
❿ **Contextual Task Bar(상황별 작업 표시줄)** : 사용자가 현재 작업하고 있는 내용을 파악하여 예측되는 다음 작업을 표시해 주는 패널입니다. 이 패널에서 인공지능을 활용하여 이미지를 생성할 수도 있습니다.
⓫ **Comments(주석)** : 작업 파일에 의견을 달아 다른 Adobe 사용자들과 공유하며 의견을 주고받을 수 있는 기능입니다.
⓬ **Panel(패널)** : 작업을 위해 필요한 기능과 옵션이 모여 있는 창입니다. 다양한 종류의 패널이 있으며, 모든 패널은 [Window] 메뉴에서 활성화할 수 있습니다.
⓭ **Scale canvas(캔버스 비율 조정)** : 현재 작업 화면의 크기가 원본의 몇 퍼센트에 해당하는지 수치로 표시합니다.
⓮ **Rotate View(회전 보기)** : 아트보드를 회전할 때 각도가 표시되며, 원하는 각도를 직접 입력하여 회전할 수도 있습니다.
⓯ **Artboard Navigation(대지 내비게이션)** : 문서에 여러 개의 아트보드가 있을 경우, 현재 선택된 아트보드의 번호가 나타납니다. 번호를 직접 입력하거나 이동 버튼을 눌러 순서대로 이동할 수 있습니다.
⓰ 도구 바에서 현재 선택된 도구의 이름을 텍스트로 표시합니다.
⓱ 아트보드의 보이는 영역을 슬라이드를 움직여 가로 및 세로로 이동할 수 있습니다.

## ★★ Preferences 환경설정

메뉴에서 [Edit] - [Preferences]를 선택하거나, 단축키 Ctrl + K 를 눌러 환경 설정 창을 열 수 있습니다. 각 메뉴의 기능에 대해 알아보겠습니다.

S Preferences(환경설정) Ctrl + K

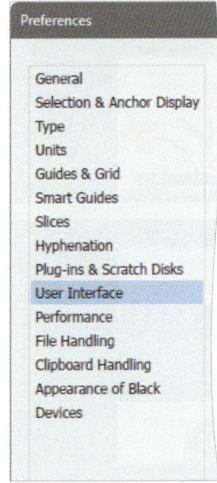

❶ **General(일반)** : 기본적인 일반 설정 항목입니다. 키보드 방향키 한 번당 증가/감소 단위나 다양한 기본 옵션 등을 설정합니다.
❷ **Selection & Anchor Display(선택 및 고정점 표시)** : 개체를 선택했을 때 나타나는 고정점의 크기나 표시 방식을 설정합니다.
❸ **Type(문자)** : 문자와 관련된 환경을 설정합니다.
❹ **Units(단위)** : 사용될 단위를 일반, 선, 문자 등으로 나누어 각각의 단위를 설정합니다.
❺ **Guide & Grid(안내선과 격자)** : 안내선과 격자의 색상, 스타일 등을 설정합니다.
❻ **Smart Guides(고급 안내선)** : 고급 안내선에 대한 옵션을 설정합니다.
❼ **Slices(분할 영역)** : 분할 영역에 대한 설정을 합니다.
❽ **Hyphenation(하이픈 연결)** : 텍스트 상자 내에서 단어가 다음 줄로 넘어갈 때 하이픈 연결에 대한 설정을 합니다.
❾ **Plug-ins & Scratch Disks(플러그 인과 스크래치 디스크)** : 추가 플러그 인에 대한 옵션과 스크래치 디스크 공간을 설정합니다.
❿ **User Interface(사용자 인터페이스)** : 인터페이스 밝기, 캔버스 색상, UI 크기 조절 등의 사용자 환경을 설정합니다.
⓫ **Performance(성능)** : GPU 성능 및 작업 내역 개수(실행 취소 횟수)를 설정합니다.
⓬ **File Handling(파일 처리)** : 자동 저장 등의 시간 간격을 설정합니다.
⓭ **Clipboard Handling(클립보드 처리)** : 복사된 데이터의 관리 방식을 설정합니다.
⓮ **Appearance of Black(검정 색상 표현)** : 검은색 사용 시의 옵션을 설정합니다.
⓯ **Devices(장치)** : Wacom과 같은 외부 장치에 대한 설정을 합니다.

## User Interface 사용자 인터페이스

작업 화면의 색상이나 UI의 크기 등을 사용자 작업 환경에 맞게 설정할 수 있습니다.

T 본 교재에서는 내용의 가독성을 높이기 위해 밝은 인터페이스를 사용했습니다.

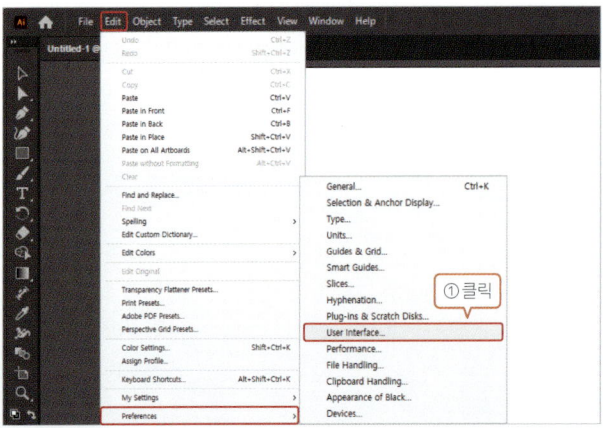
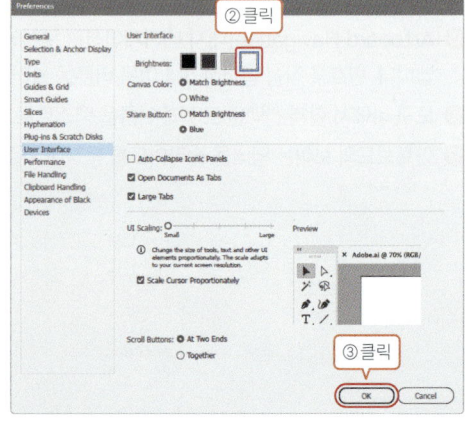

## UI Scaling  UI 크기 조절

UI 크기를 조절한 후에는 일러스트레이터를 재시작해야 변경 사항이 적용되며, 다시 실행하면 전체적인 폰트와 UI 구성이 커지거나 작아진 것을 확인할 수 있습니다.

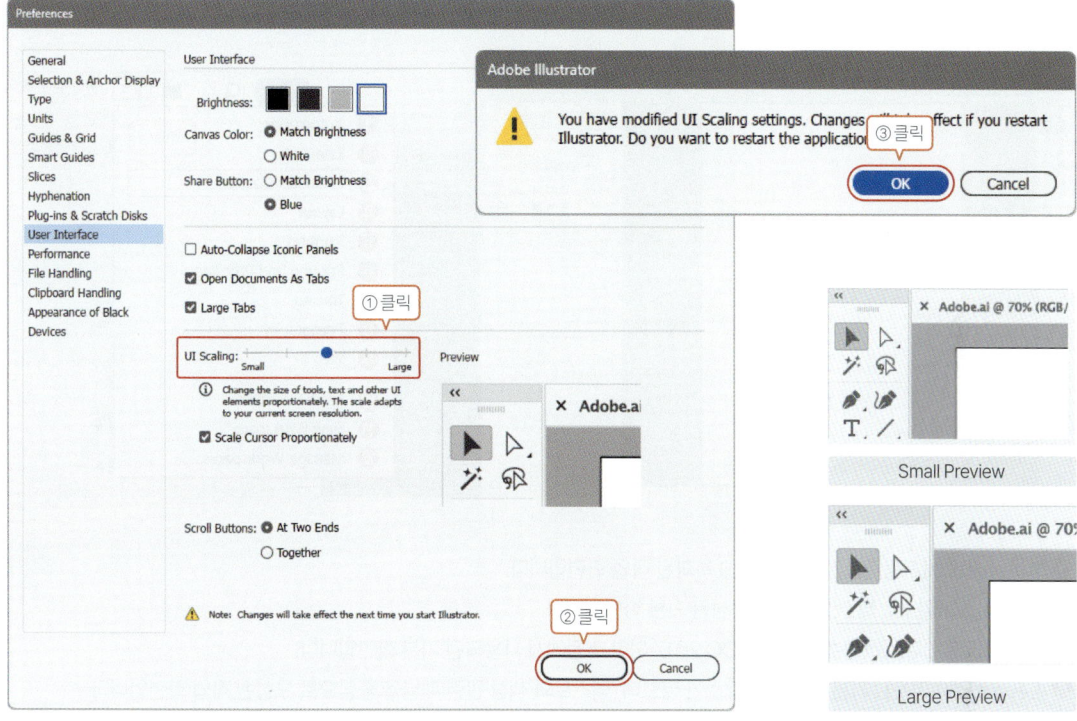

## File Handling  파일 처리

파일의 자동 저장 기능을 활성화하고, 파일 호환성 및 클라우드 문서 경로를 설정할 수 있습니다.

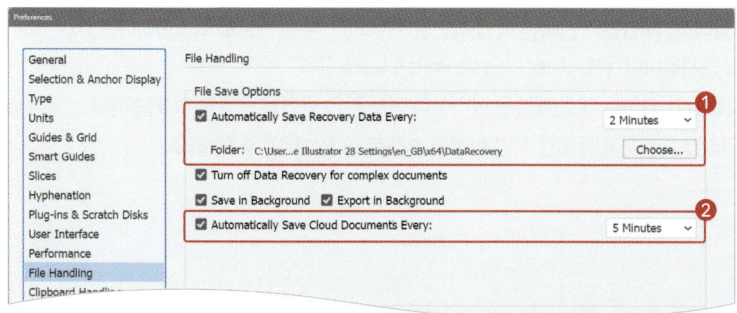

❶ **Automatically Save Recovery Data Every**(다음 간격으로 복구 데이터 자동 저장) : 30초, 1분, 5분 등 원하는 간격으로 자동 저장 시간을 설정하고, 복구 문서를 불러올 경로를 지정합니다.

❷ **Automatically Save Cloud Documents Every**(다음 간격으로 클라우드 문서 자동 저장) : 5분, 10분, 30분 등의 간격으로 클라우드 문서에 대한 자동 저장을 설정합니다.

## ★ Workspace 작업 영역

일러스트레이터는 작업 목적에 따라 사용자에게 최적화된 패널 구성을 제공합니다. 사용자가 원하는 목적(레이아웃, 인쇄 및 보정, 웹, 페인팅 등)을 선택하면 그에 맞춰 패널 구성이 자동으로 변경됩니다. 메뉴의 [Window] - [Workspace]에서도 선택할 수 있습니다.

> T 'Essentials Classic'은 익숙하고 많은 패널과 옵션을 포함한 작업 환경을 제공하므로, 본 교재는 이 작업 영역을 기준으로 설명합니다.

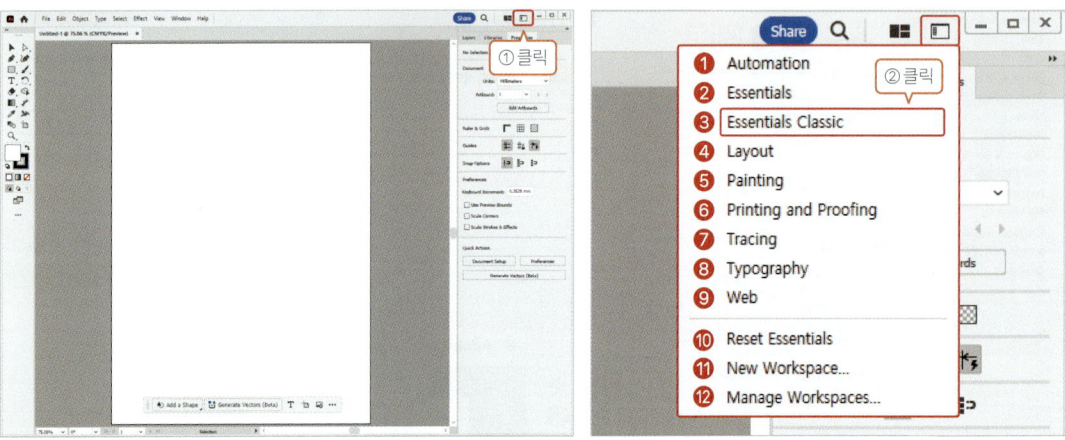

① **Automation(자동화)** : 자동화 작업에 특화된 작업 화면입니다.
② **Essentials(필수)** : 필수 요소로만 구성된 기본 화면입니다.
③ **Essentials Classic(필수 클래식)** : CC 2017 이하 버전에서 사용되던 기본 화면입니다.
④ **Layout(레이아웃)** : 기본적인 구성 요소가 많으며, 텍스트와 색상 관련 패널을 중심으로 구성된 작업 화면입니다.
⑤ **Painting(페인팅)** : 드로잉 작업에 특화된 패널들을 위주로 구성된 작업 화면입니다.
⑥ **Printing and Proofing(인쇄 및 보정)** : 인쇄물 작업에 특화된 패널들 위주로 구성된 작업 화면입니다.
⑦ **Tracing(추적)** : 사진을 이미지 트레이싱(Image Trace)하기에 적합한 패널들로 구성된 작업 화면입니다.
⑧ **Typography(문자 처리)** : 문자 위주로 작업하기 편리하도록 글꼴 관련 패널들을 중심으로 구성된 작업 화면입니다.
⑨ **Web(웹)** : 웹 디자인 작업에 편리한 패널들로 구성된 작업 화면입니다.
⑩ **Reset [Essentials Classic]([필수 클래식] 재설정)** : 선택된 작업 화면을 처음의 기본 설정으로 되돌립니다. 현재 선택하고 있는 작업 화면 이름이 Reset 뒤에 표시됩니다. (예 : Reset [Essentials Classic])
⑪ **New Workspace(새 작업 영역)** : 사용자가 원하는 대로 패널을 정리하여 현재 작업 화면을 등록할 수 있습니다.
⑫ **Manage Workspaces(작업 영역 관리)** : 사용자가 등록한 작업 화면을 수정하거나 삭제할 수 있습니다.

# Essentials Classic 필수 클래식

작업 영역을 Essentials Classic(필수 클래식)으로 선택하면 상단에는 Control(제어) 패널이, 우측에는 Properties(속성) 패널이 자동으로 추가되어 효율적인 작업 환경을 제공합니다. 이 패널들은 [Window] 메뉴에서 선택하여 활성화할 수 있습니다. 현재 선택된 도구에 따라 실시간으로 조절할 수 있는 기능들이 변화하며 나타나기 때문에 매우 유용합니다. 따라서 작업의 편의성과 효율성을 위해 항상 켜두고 사용하는 것을 권장합니다.

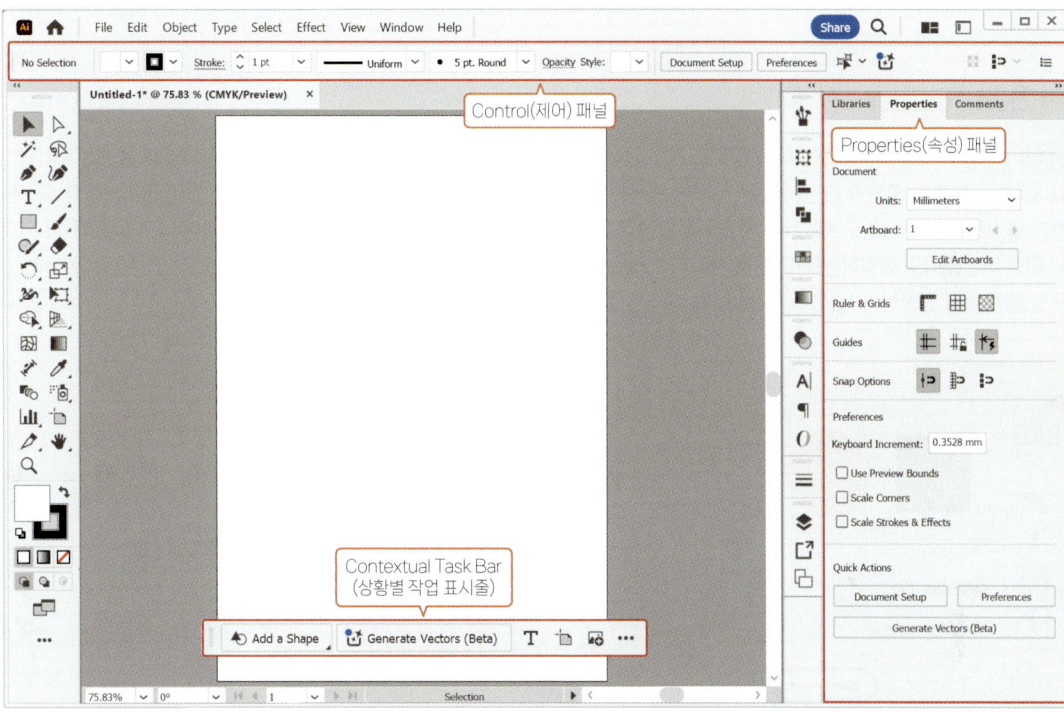

### Contextual Task Bar(상황별 작업 표시줄)

일러스트레이터 버전 27.9부터 사용자의 작업 효율을 높이기 위해 새롭게 도입된 기능입니다. 일반적으로 작업 중인 오브젝트 근처 또는 문서 하단에 긴 막대 형태로 나타납니다. 이 패널은 현재 작업 상황을 파악하여 다음 작업을 예측하고 유용한 도구나 명령을 표시해 주며, 인공지능 이미지 생성을 위한 프롬프트 창을 제공하기도 합니다. 본 교재에서는 핵심 도구와 패널에 집중하여 학습 효율을 높이고 화면을 더 넓게 활용하기 위해 숨김 처리 하겠습니다. 우측의 추가 옵션 버튼(...)을 클릭한 뒤 'Hide Bar'를 선택하여 숨길 수 있습니다. 만약 다시 열고 싶다면, [Window] - [Contextual Task Bar]를 클릭하면 됩니다.

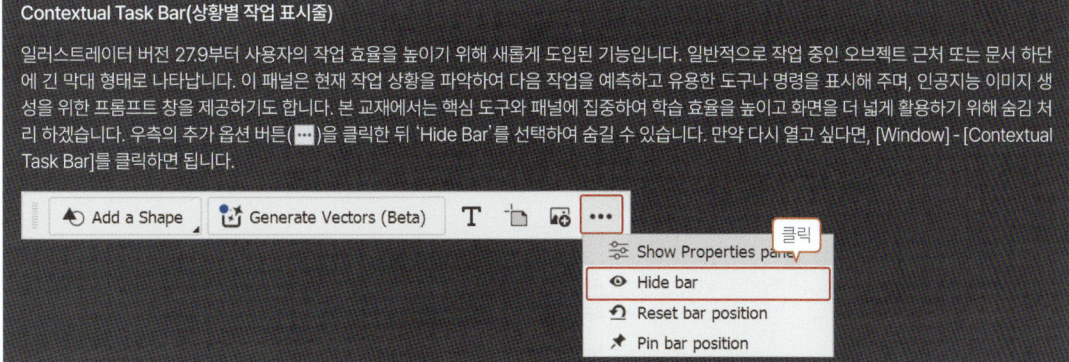

# THEORY 03  도구바와 패널 다루기

# Tool Bar & Panel

문서를 열면 화면 왼쪽에는 도구 모음이, 오른쪽에는 패널이 나타납니다. 원하는 도구 모음을 선택하고, 패널을 다루는 방법을 알아보겠습니다.

## ★★ Edit Toolbar  도구바 편집

① 임의의 도구 위에 마우스 포인터를 올리고 잠시 기다리면, 해당 도구의 이름, 단축키, 그리고 간략한 동영상 설명이 표시됩니다. ② 도구 아이콘 오른쪽 하단에 작은 삼각형 표시( ▲ )가 있다면, 그 안에 숨겨진 도구들이 있다는 의미입니다. 해당 도구를 길게 클릭하거나 마우스 오른쪽 버튼을 클릭하면 숨겨진 도구 목록이 나타납니다. ③ 숨겨진 도구 목록이 나타났을 때, 창 우측의 펼침 버튼( ▶ )를 클릭하면 해당 창을 분리하여 독립적으로 사용할 수 있습니다. ④ 분리된 패널은 펼침 버튼( « )을 눌러 도구들을 한 줄로 정렬하여 사용할 수 있습니다. ⑤ 닫기 버튼( × )을 눌러 해당 패널을 닫을 수 있습니다.

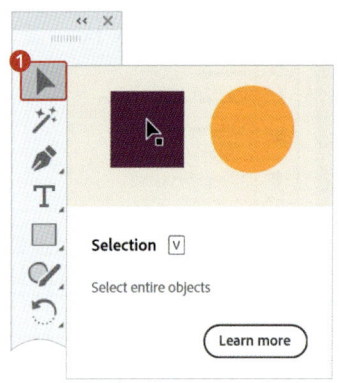
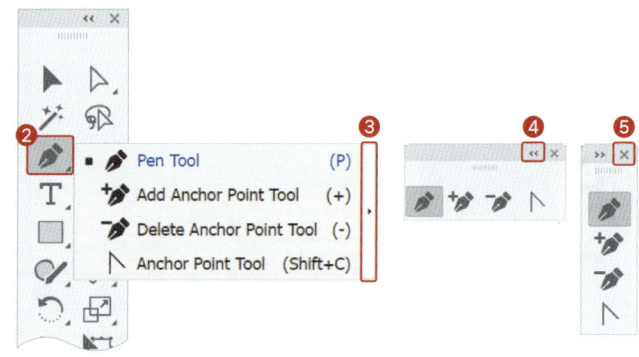

### ❶ Basic(기본)과 Advanced(고급)

도구바는 크게 일부 도구만 나타나는 Basic(기본), 모든 도구가 나타나는 Advanced(고급)로 나눌 수 있습니다. 도구바 하단의 Edit Toolbar(도구 모음 편집) 버튼( ⋯ )을 클릭하면 [All Tools] 패널이 나타납니다. 보조 메뉴에서 'Advanced'를 선택합니다. [Window] - [Toolbars]에서도 선택할 수 있습니다.

> 📝 'Advanced'는 더 많은 도구를 포함한 작업 환경을 제공하므로 본 교재에서는 이 도구 모음을 사용합니다.

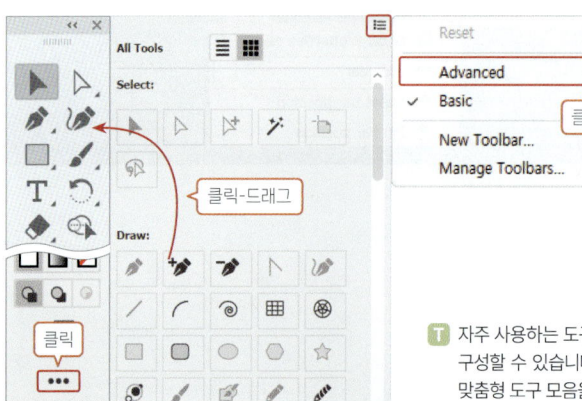

> 📝 자주 사용하는 도구를 도구 모음에 추가하거나 제외하는 방식으로 도구바를 직접 재구성할 수 있습니다. 도구들을 드래그 앤 드롭하여 원하는 위치에 놓으면, 본인만의 맞춤형 도구 모음을 만들 수 있습니다.

❷ **도구바 및 패널 최대화 / 최소화하기**

도구바 상단의 펼침 버튼( ›› )을 클릭하면 도구바가 두 줄로 확장되고, 다시 클릭하면 한 줄로 바뀝니다.

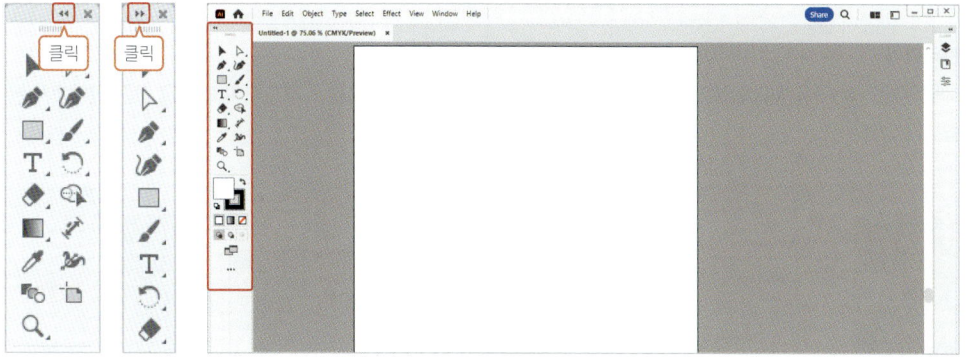

화면 우측의 패널도 펼침 버튼( ›› )을 클릭하여 패널을 최소화하거나 최대화할 수 있습니다.

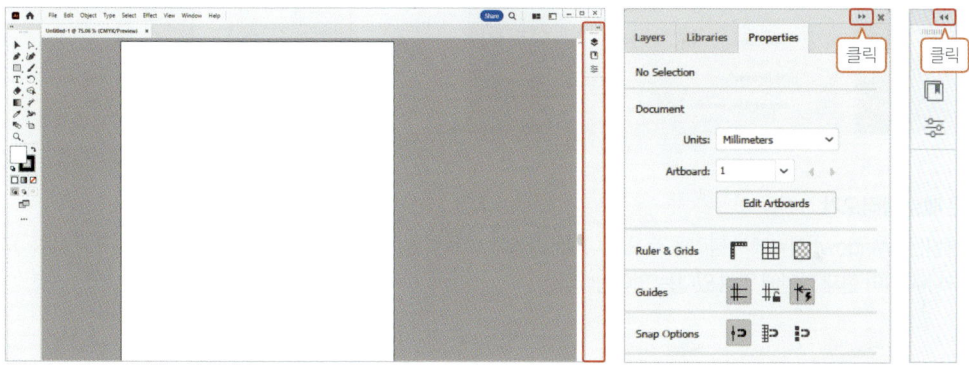

❸ **도구바 고정 및 분리하기**

도구바는 기본적으로 화면 왼쪽 영역에 고정되어 있습니다. 이를 분리하려면, 도구바 상단의 줄무늬 부분을 드래그하여 옮길 수 있습니다. 다시 고정하려면, 줄무늬 부분을 드래그하여 왼쪽 영역에 가져다 대고 파란색 라인이 나타날 때 마우스 클릭을 놓으면 됩니다.

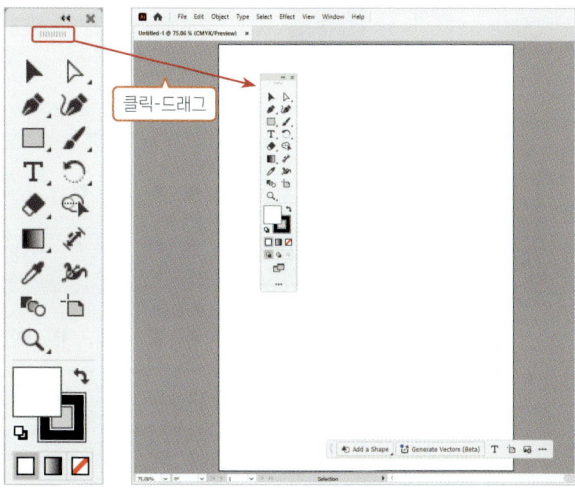
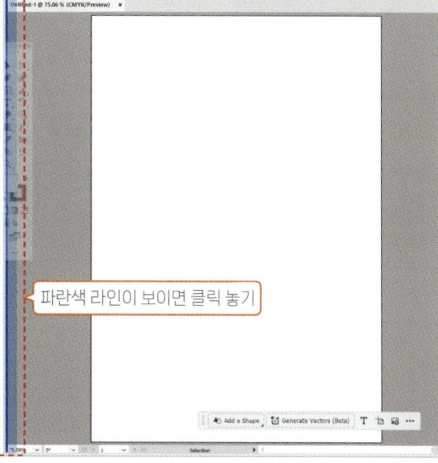

## ★ Panel Align 패널 정렬

작업 화면은 다양한 패널들로 구성되어 있습니다. 패널을 효율적으로 조작하는 방법에 대해 자세히 알아보겠습니다.

### ❶ 패널 분리하기

모든 패널은 상단에 이름 탭(Name Tab)을 가지고 있습니다. 패널의 이름 탭을 드래그하여 패널을 기존 위치에서 분리할 수 있습니다.

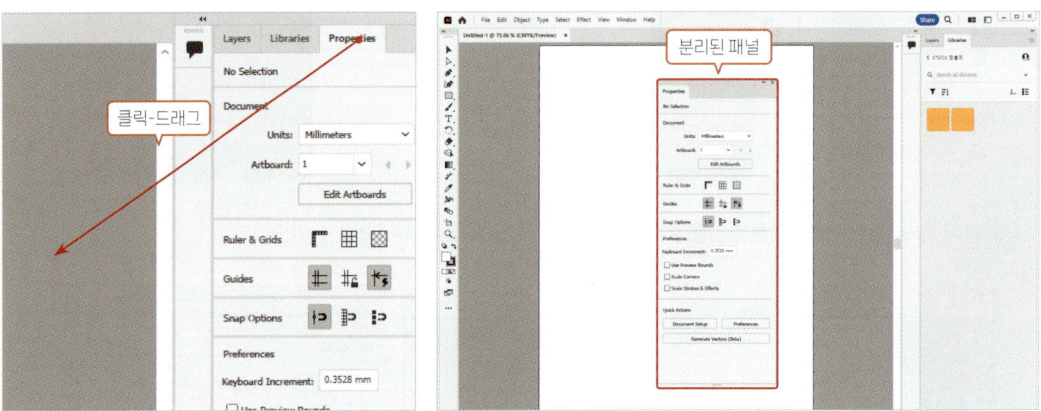

### ❷ 새로운 패널 불러오기

모든 패널은 [Window] 메뉴에서 불러올 수 있습니다. [Window] 목록을 열었을 때, 특정 패널 이름 앞에 체크 표시(✓)가 있다면 해당 패널이 현재 화면에 열려 있다는 의미입니다.

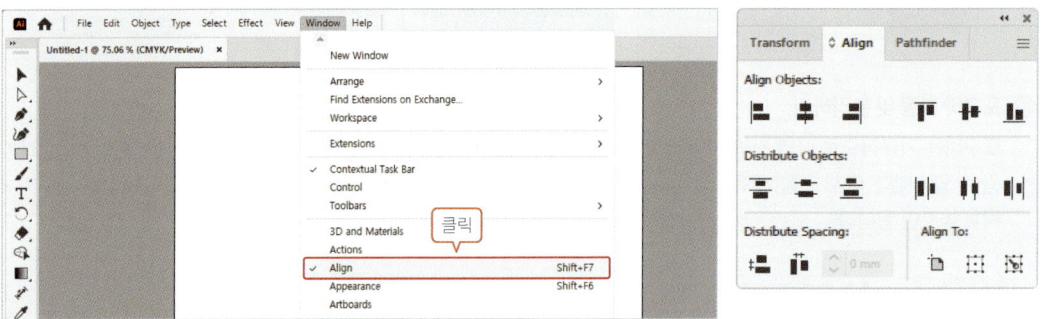

### ❸ 패널을 위 / 아래 / 옆으로 붙이기

패널의 이름 탭을 아래쪽으로 드래그하여 파란색 라인이 나타나면 마우스 클릭을 놓습니다. 해당 패널이 기존 패널 아래쪽에 붙습니다.

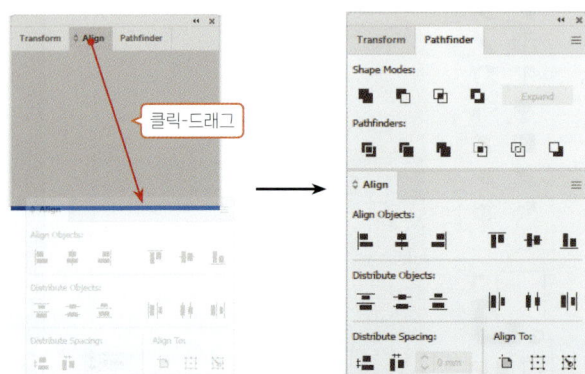

다시 패널을 드래그하여 오른쪽에 파란색 라인이 생길 때 마우스 클릭을 놓으면, 패널이 옆쪽으로 붙습니다.

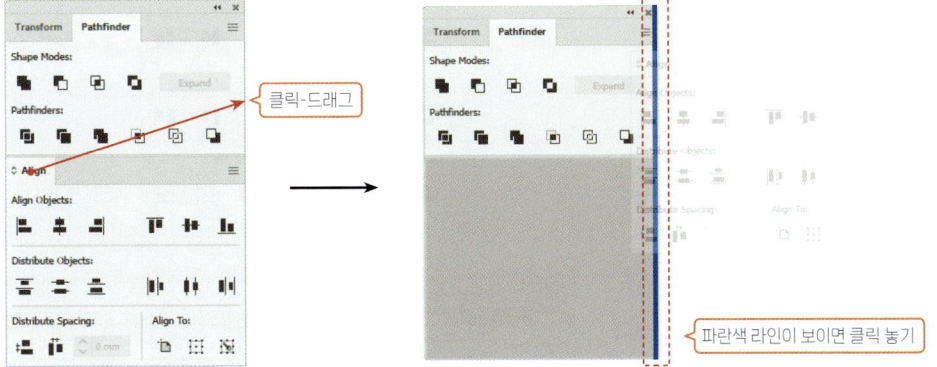

다시 이름 탭을 드래그하여 기존 패널들이 있는 창 안쪽으로 가져갑니다. 이때 창이 파란색으로 변하면 마우스 클릭을 놓아 기존 패널 창에 포함시킬 수 있습니다.

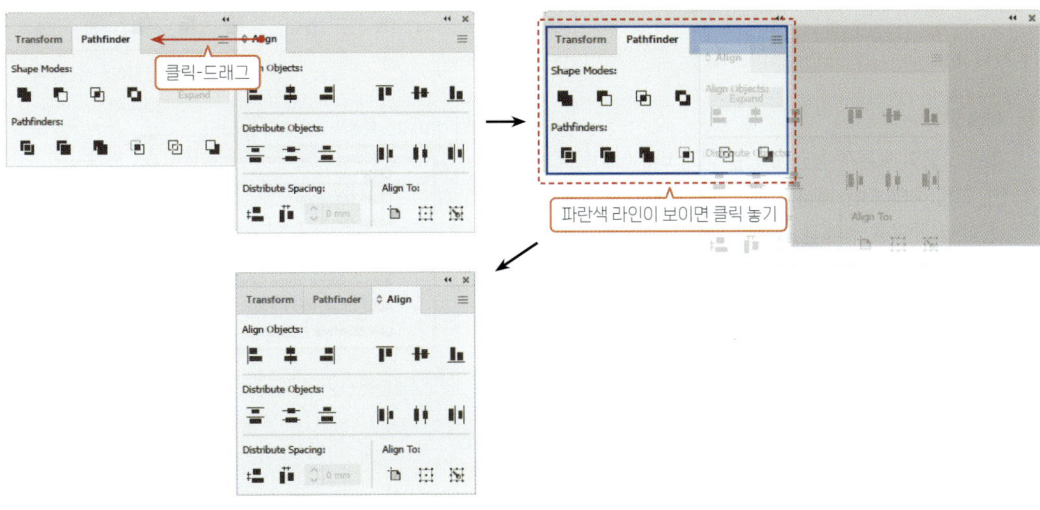

❹ **패널 펼치고 최소화 / 최대화하기**

패널 이름 앞쪽에 있는 펼침 버튼( ◇ )을 클릭하면 패널이 간소화됩니다. 한 번 더 클릭하면 최소화되어 이름만 보이게 되며, 다시 클릭하면 최대화 상태로 돌아옵니다.

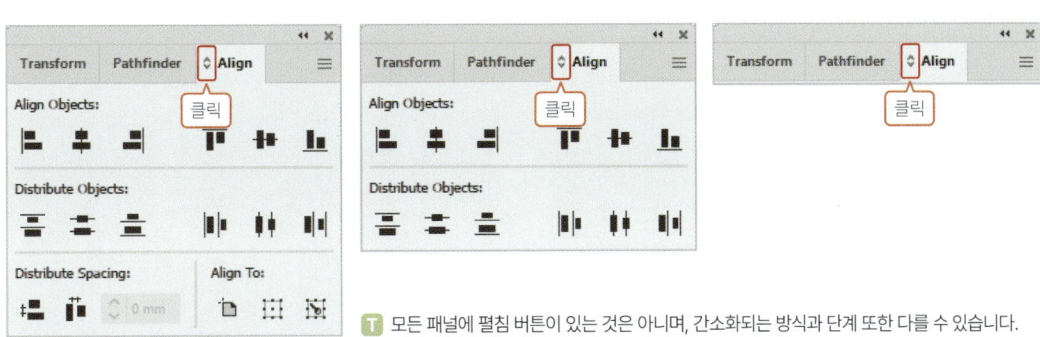

모든 패널에 펼침 버튼이 있는 것은 아니며, 간소화되는 방식과 단계 또한 다를 수 있습니다.

### ❺ 다중으로 겹쳐있는 패널 한 번에 이동하기

다중으로 겹쳐 있는 패널은 가장 상단 영역을 클릭-드래그하여 한 번에 이동할 수 있습니다.

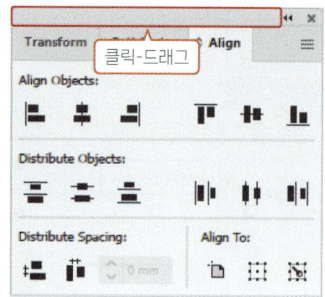

### ❻ 패널 정렬 및 활성화하기

패널의 순서를 변경하려면 이름 탭을 드래그하여 원하는 패널의 이름 탭 앞, 뒤 위치에 마우스 클릭을 놓습니다. 그리고 특정 패널을 활성화하려면 해당 패널의 이름 탭을 클릭하면 됩니다.

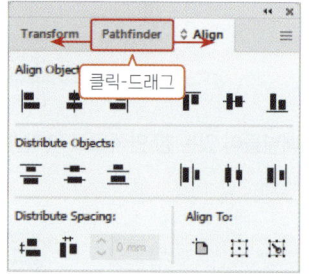 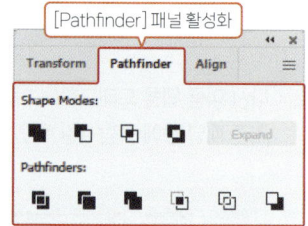

### ❼ 패널 닫기

패널 그룹의 오른쪽 상단에 있는 닫기 버튼(✕)을 클릭하면, 그룹 내의 모든 패널이 한꺼번에 닫힙니다. 닫고자 하는 패널의 이름 위에서 마우스 오른쪽 버튼을 클릭하고 'Close(닫기)'를 선택하면 해당 패널만 닫을 수 있습니다.

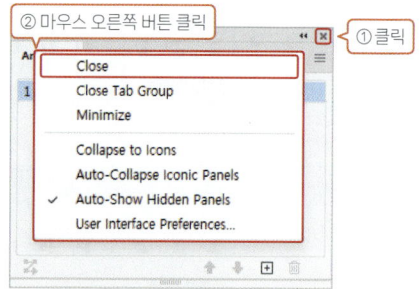

# THEORY 04  파일 메뉴 주요 기능 알아보기

## File & Save

■ 예제 파일 : S1-1.ai

[File] 메뉴에는 파일 관리의 기본이 되는 필수 기능들이 모여 있습니다. 다음 메뉴들은 작업을 하려면 반드시 알아야 할 기능이므로 단축키와 함께 외워두는 것을 추천합니다.

### ★ File Menu 파일 메뉴

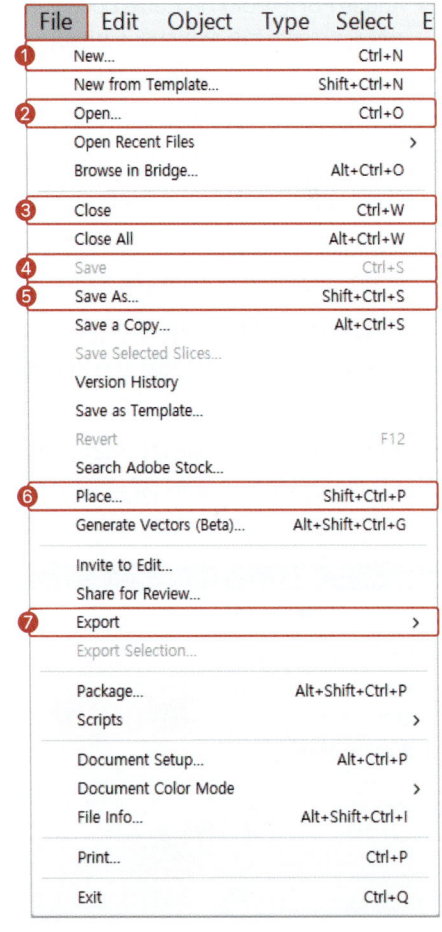

❶ **New(새로 만들기)** S Ctrl + N
새로운 작업을 시작하기 위해 빈 문서를 생성합니다. 문서의 크기, 색상 모드, 아트보드 개수 등 작업 환경을 미리 설정할 수 있습니다.

❷ **Open(열기)** S Ctrl + O
컴퓨터에 저장된 기존 파일을 불러와 편집할 수 있습니다.

❸ **Close(닫기)** S Ctrl + W
현재 작업 중인 문서를 닫습니다. 저장하지 않은 변경 사항이 있을 경우, 저장 여부를 묻는 대화 상자가 나타납니다.

❹ **Save(저장)** S Ctrl + S
현재 작업 중인 문서를 저장합니다. 아직 저장되지 않은 새 파일의 경우 다른 이름으로 저장(Save As) 대화 상자가 자동으로 나타나며, 이미 저장된 파일인 경우 변경 내용이 원본 파일에 덮어쓰게 됩니다.

❺ **Save As(다른 이름으로 저장)** S Ctrl + Shift + S
작업 중인 문서를 새로운 이름이나 다른 파일 형식으로 저장할 수 있습니다.

❻ **Place(가져오기)** S Ctrl + Shift + P
현재 작업 중인 문서에 이미지나 다른 파일을 불러옵니다. 이 기능은 이미지를 연결할지, 포함할지 선택할 수 있어 파일 용량과 관리 측면에서 효율적입니다.

❼ **[Export] - [Save for Web](웹용으로 저장)**
S Ctrl + Alt + Shift + S
작업물을 웹 환경에 맞게 최적화하여 JPG, PNG, GIF 등 다양한 웹용 파일 형식과 품질을 설정하여 저장할 수 있습니다.

파일은 Adobe 클라우드 혹은 사용자의 컴퓨터로 선택하여 저장할 수 있습니다.

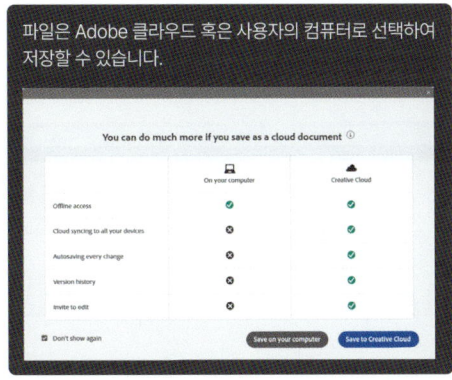

작업한 파일을 저장한 후 각 탭의 닫기 아이콘(✕)을 클릭하면 작업 화면이 종료됩니다.

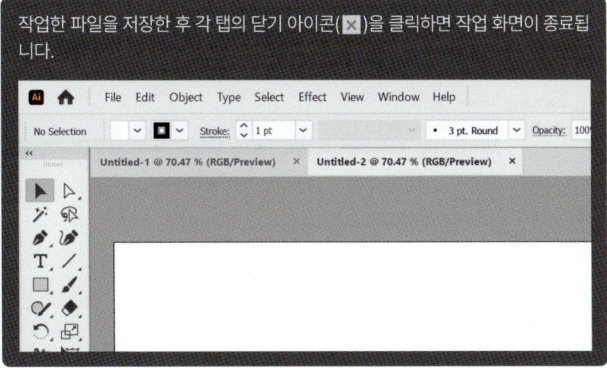

# Save File Type 파일 저장 형식

'Save As(다른 이름으로 저장)'는 작업 중인 파일을 원본 편집 가능한 형태로 저장하거나 다른 프로그램과의 호환을 위해 다양한 파일 형식으로 변환하여 저장할 때 사용합니다. 저장 가능한 형식으로는 AI, PDF, EPS, AIT, SVG 등이 있으며 이 파일 형식들은 모두 일러스트레이터의 벡터 패스 정보가 유지되는 것이 특징입니다.

❶ **Adobe Illustrator (*.AI)** : 일러스트레이터 전용 파일 형식으로, 모든 편집 정보가 담긴 가장 기본이 되는 파일입니다. 해상도에 영향을 받지 않는 벡터 방식을 기반으로 하여 이미지 크기를 자유롭게 조절해도 품질 손상 없이 선명함을 유지합니다.

❷ **Adobe PDF (*.PDF)** : Portable Document Format의 약자로 가장 대중적인 문서 형식 중 하나입니다. 대부분의 프로그램에서 안전하게 파일을 열람할 수 있으며, 일러스트레이터에서 열면 벡터 형식을 유지하여 편집이 가능합니다. 포토샵 등 다른 프로그램에서도 일정 부분 편집이 가능하도록 열리는 호환성이 뛰어난 형식입니다.

❸ **Illustrator EPS (*.EPS)** : AI 파일과 동일한 벡터 기반의 파일 형식입니다. PostScript라는 인쇄용 프로그래밍 언어를 기반으로 하여 인쇄소에서 안정적인 출력이 가능해 인쇄용 파일 저장 형식으로 가장 많이 사용됩니다. 또한 벡터 데이터뿐만 아니라 래스터 데이터도 함께 포함할 수 있어 다양한 유형의 그래픽을 다룰 때 유용합니다.

❹ **Illustrator Template (*.AIT)** : 일러스트레이터 프로그램에서 템플릿 형식으로 저장할 때 사용됩니다. 자주 사용하는 디자인 틀이나 설정들을 저장하여 다음 작업 시 효율적으로 재활용할 수 있게 돕습니다.

❺ **SVG (*.SVG)** : XML 기반의 벡터 파일 형식으로 웹사이트에 바로 업로드할 수 있다는 장점이 있습니다. 웹 환경에서 해상도와 무관하게 깨끗한 그래픽을 표현하며 '프로젝트 네오', '시네마 4D' 등 다양한 프로그램과도 호환되어 활용도가 높습니다.

❻ **SVG Compressed (*.SVGZ)** : SVG 파일을 압축하여 저장하는 방식입니다. SVG와 동일한 특징을 가지면서도 파일 용량을 줄여 웹 로딩 속도를 개선하는 데 유리합니다.

### Advice | 그 외 다른 형식으로 저장하기

[File] 메뉴의 [Export] - [Export As]를 선택하여 다른 프로그램에서 열 수 있는 다양한 형식의 파일로 저장할 수 있습니다. 이 중에는 벡터 속성이 유지되는 형식도 있고, 픽셀 기반의 비트맵 형식으로 변환되는 파일도 있습니다.

1. **Autodesk RealDWG (*.DXF)** : 오토캐드(AutoCAD) 전용 파일로, 주로 오토캐드 프로그램에서 3D 프로그램으로 데이터를 전환할 때 사용됩니다.
2. **Autodesk RealDWG (*.DWG)** : 이 역시 오토캐드 전용 파일로, 주로 건축 및 인테리어 도면, 기계 설비 도면 작업 등에 사용됩니다.
3. **BMP (*.BMP)** : 윈도우 운영체제에서 주로 사용되는 비트맵 이미지 파일 형식입니다. 벡터 패스는 유지되지 않고 픽셀 기반의 이미지로 변환되어 저장됩니다.
4. **CSS (Deprecated) (*.CSS)** : HTML(웹 페이지를 위한 마크업 언어) 문서에 스타일을 추가하여 웹사이트를 꾸미는 데 사용되는 파일입니다. HTML이 웹 페이지의 구조를 담당한다면, CSS는 시각적인 디자인과 레이아웃을 담당합니다.
5. **Enhanced Metafile (*.EMF)** : 마이크로소프트 운영체제의 그래픽 파일 포맷입니다. 벡터와 비트맵 방식의 모든 구성 요소를 함께 포함하여 저장할 수 있는 특징이 있습니다. (기존 WMF 형식의 개선 버전으로 윈도우 XP 출시 이후 EMF로 바뀌었습니다.)
6. **JPEG (*.JPG)** : 가장 대중적인 비트맵 파일 형식입니다. 웹 브라우저에 자유롭게 업로드할 수 있으며, 높은 퀄리티 대비 압축률이 우수하고 용량이 낮아 전 세계적으로 이미지 파일에 가장 많이 활용됩니다.
7. **PNG (*.PNG)** : JPG와 마찬가지로 전 세계적으로 널리 사용되는 이미지 파일 형식입니다. JPG가 투명한 부분을 자동으로 흰색으로 채우는 반면, PNG는 배경을 투명하게 저장하는 것이 가능하다는 큰 장점이 있습니다.
8. **Photoshop (*.PSD)** : Adobe 포토샵 전용 파일로, 레이어 정보를 포함하는 비트맵 파일 형식입니다. 일러스트레이터에서 작업한 레이어를 유지한 채 PSD로 저장하면 포토샵에서 열었을 때 해당 레이어들을 확인할 수 있습니다. 다만, 이 과정에서 기존의 벡터 값은 비트맵 방식으로 변환될 수 있습니다.
9. **TIFF (*.TIF)** : 비트맵 이미지를 저장하는 파일 형식입니다. 스캔, 워드 프로세싱, 광학 문자 인식(OCR), 탁상 출판 등에서 JPEG 이전에 주로 사용되었습니다. 해상도가 높아 사진 작가나 전문 일러스트레이터 등 전문가들이 고품질 이미지 저장 시 많이 사용합니다.
10. **Targa (*.TGA)** : 비트맵 이미지를 저장하는 파일 형식으로, 정식 명칭은 트루비전(Truevision)입니다. 스크린샷 저장 기능 등에 많이 쓰이며 포토샵에서도 열 수 있습니다.
11. **Text Format (*.TXT)** : 문자열로만 이루어진 텍스트 파일 형식입니다. 서식 없이 순수한 텍스트 데이터만 저장됩니다.
12. **WEBP (*.WEBP)** : 구글에서 개발한 이미지 파일 형식입니다. 가벼운 용량으로도 고화질의 이미지를 저장할 수 있으며, 투명도와 애니메이션도 지원합니다.
13. **Windows Metafile (*.WMF)** : 마이크로소프트 윈도우 운영체제의 그래픽 파일 포맷입니다. 벡터와 비트맵 방식의 모든 구성 요소를 포함하여 저장할 수 있습니다. (EMF의 이전 버전입니다.)

# Save for Web(Legacy) 웹용으로 저장(레거시)

웹 브라우저(인터넷 익스플로러, 구글 크롬 등) 등 인터넷 환경에서 볼 수 있는 이미지의 확장자에는 JPEG, GIF, PNG, BMP, SVG 등이 있습니다. 이러한 웹용 이미지를 저장하려면 메뉴에서 [File] - [Export] - [Save for Web (Legacy)]를 선택합니다.

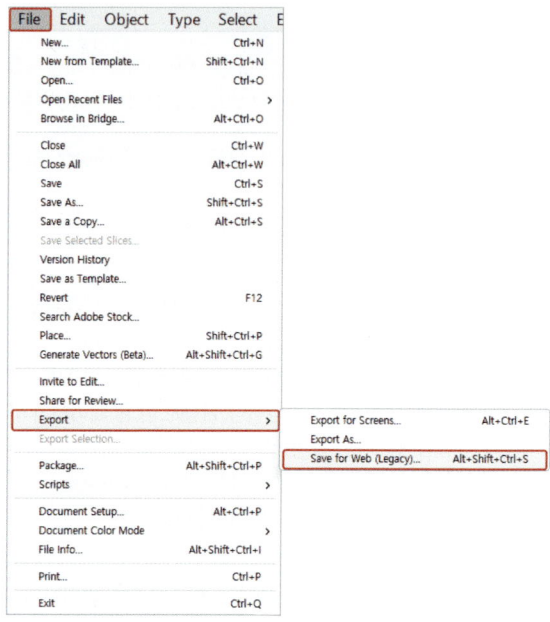

### ❶ JPEG 파일로 저장하기

JPEG는 웹에서 가장 널리 사용되는 이미지 파일 형식입니다. [Save for Web] 옵션 창에서 JPEG를 선택하면 이미지를 웹에 최적화할 수 있는 다양한 설정을 조절할 수 있습니다.

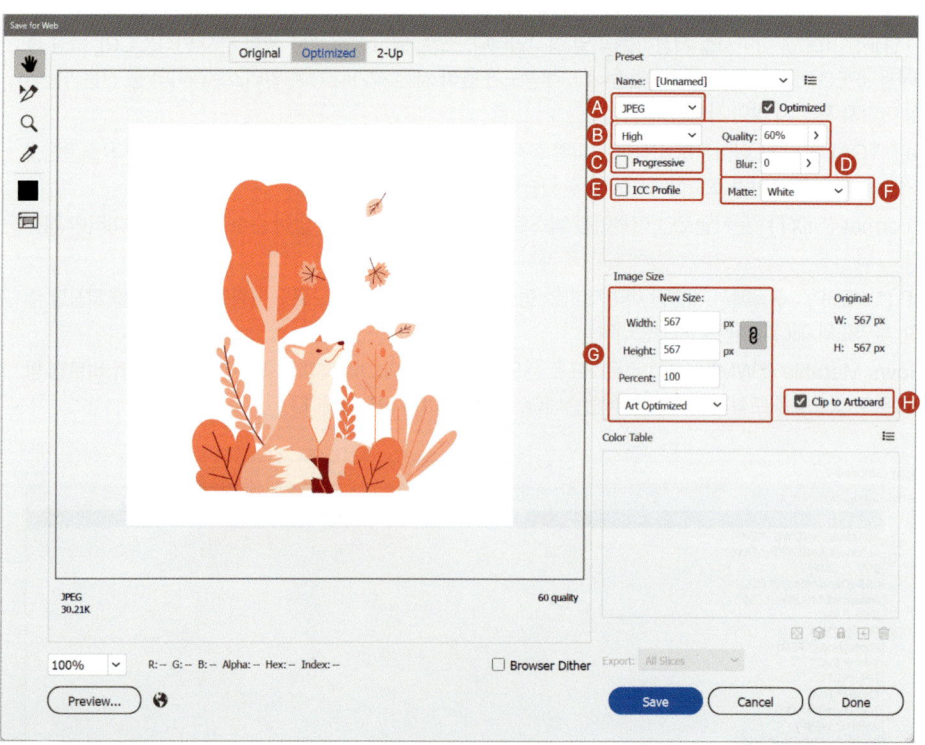

32　MENTOR Illustrator CC

- Ⓐ **Optimized file format(최적화 파일 포맷)** : JPG(JPEG와 동일) 등 원하는 이미지 형식을 선택합니다.
- Ⓑ **Compression quality(압축 품질)** : 이미지의 압축 품질을 설정합니다. 화면용이나 시안용은 High로도 충분하며, 인쇄용으로는 Maximum을 권장합니다. 선택한 품질에 따라 수치가 자동으로 조절됩니다.
- Ⓒ **Progressive(점진적)** : 무손실 데이터 압축 옵션으로 기본으로 체크되어 있습니다.
- Ⓓ **Blur(흐림 효과)** : 이미지에 흐림 효과를 적용할 수 있습니다.
- Ⓔ **ICC Profile(ICC 프로파일)** : 국제 컬러 협회(ICC) 표준 색상 프로필을 포함할지 여부를 설정합니다.
- Ⓕ **Matte(매트)** : 배경색을 설정합니다. 기본은 흰색이며, 원하는 색으로 변경할 수 있으나 투명 배경은 지원되지 않습니다.
- Ⓖ **New Size(새 크기)** : 이미지의 가로 및 세로 값을 변경하여 크기를 조절합니다. 하단 옵션에서 Art Optimized(아트 최적화)를 선택하면 이미지 품질을 최대한 유지하면서 크기가 조절됩니다.
- Ⓗ **Clip to Artboard(대지로 클립)** : 이미지를 아트보드(작업 영역) 크기에 맞춰 잘라내어 저장합니다. 일반적으로 체크되어 있습니다.

❷ **PNG 파일로 저장하기**

PNG는 이미지 퀄리티를 유지하면서도 배경을 투명하게 저장할 수 있는 웹용 파일 형식입니다. GIF보다 더 좋은 화질을 제공하기 때문에 PNG 형식 사용을 권장합니다.

- Ⓐ **Interlaced(인터레이스)** : 이미지가 웹에서 점진적으로 로드되도록, 짝수와 홀수 주사선을 번갈아 출력하는 방식입니다. TV 같은 영상 장치에서 표시 품질을 개선하는 데 사용되지만 일반적으로 웹에서는 체크하지 않습니다.
- Ⓑ **Transparency(투명도)** : 이미지의 빈 배경 부분을 투명하게 유지할지 설정합니다. 배경을 투명하게 저장하려면 이 옵션을 체크합니다.

## PRACTICE 01 | 새로 만들고 저장하기

# New File & Save

파일을 새로 만들고 저장하고 종료하는 과정을 직접 실행해 보면서 일러스트레이터의 기본적인 파일 관리 방법을 익혀보겠습니다.

### 01 새로운 파일 열기

홈 화면의 'New file'을 클릭하거나, 메뉴의 [File] - [New] (Ctrl + N)를 선택하여 새로운 파일을 생성합니다.

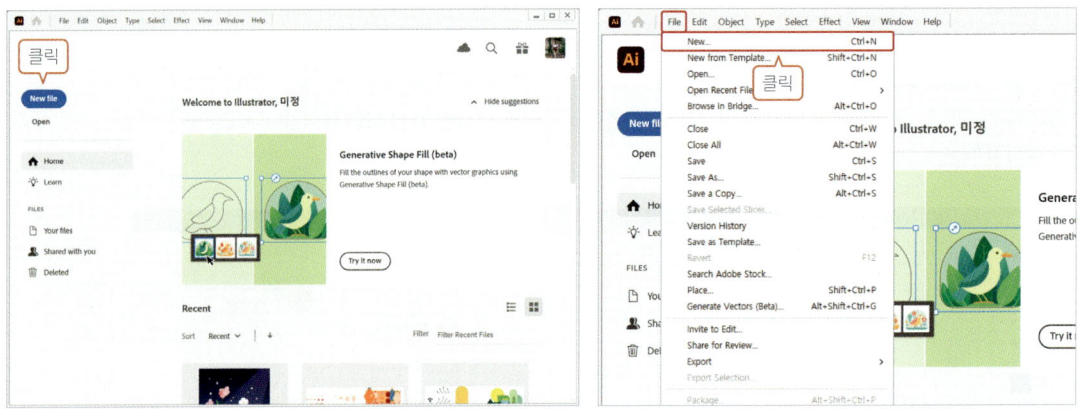

### 02 문서 설정하기

일러스트레이터에서 기본으로 제공하는 사전 설정 목록 중 'Print'를 클릭하고, 하단 Presets 목록에서 'A4 용지'를 선택합니다. 만약 단위가 Pixel로 되어 있다면 'Millimeters'로 변경합니다. Bleed는 상단, 하단, 왼쪽, 오른쪽 모두 2mm를 입력합니다. 모든 설정이 완료되면 Create를 누릅니다.

> T 단위는 Millimeters(mm), 래스터 효과는 High(300ppi), 색상 모드는 CMYK 색상으로 설정된 것을 확인할 수 있습니다.

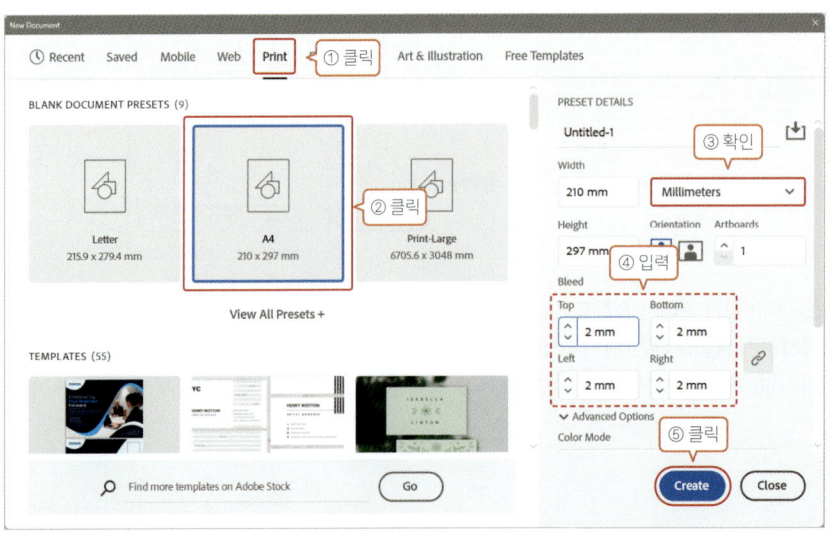

> T 도련 설정 옆에 있는 링크 아이콘( 🔗 )이 활성화되어 있으면, 하나의 값을 변경해도 모든 값이 함께 변경됩니다. 만약 각각 다른 값을 설정하고 싶다면, 링크 아이콘을 클릭하여 연결을 해제합니다.

## 03 문서 확인하기

A4 용지 크기의 하얀 아트보드가 보이고, 설정한 2mm 여백인 Bleed는 문서 주변에 빨간색 선으로 표시됩니다. 도련은 아트보드 바깥쪽의 여백을 의미하며, 인쇄 시 배경이나 디자인이 문서 끝까지 이어질 경우 아트보드 라인이 아닌 도련까지 작업해야 합니다.

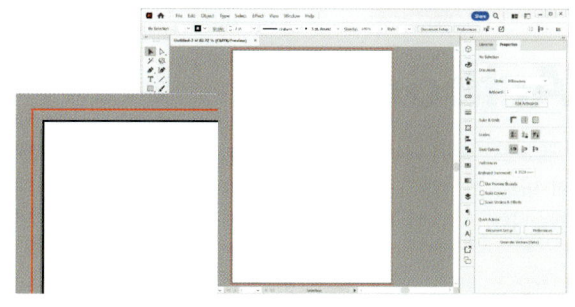

> T 도련은 보통 2~3mm를 주는 것이 일반적으로 이는 인쇄 과정 중 재단 오차로 인해 디자인이 잘리거나 흰 여백이 생기는 것을 방지하기 위함입니다. 디자인 영역을 도련까지 확장해 작업하면 약간의 오차가 발생해도 깔끔한 결과물을 얻을 수 있습니다.

> T 작업하는 인쇄물 종류나 인쇄소의 요구 사항에 따라 도련은 달라질 수 있으니, 작업 전 인쇄소에 문의하여 정확한 도련 값을 확인하는 것이 좋습니다.

## 04 저장하기

[File] - [Save As] (Ctrl + Shift + S)를 클릭합니다. 파일을 저장할 때 개인 컴퓨터에 저장할 것인지, 클라우드에 저장할 것인지를 선택할 수 있습니다. 'Save on your computer'를 클릭하면 사용자의 컴퓨터에 저장할 수 있습니다. 문서 이름을 입력한 후 확장자는 '*.AI'로 설정하고 저장을 누릅니다.

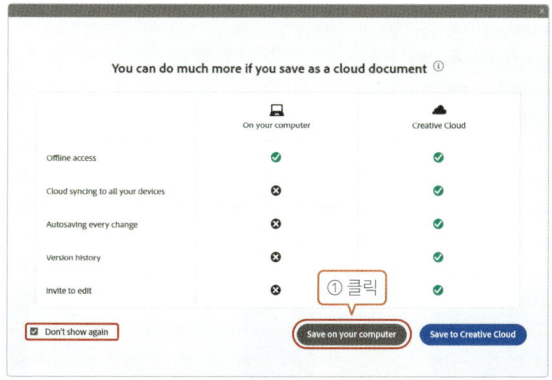
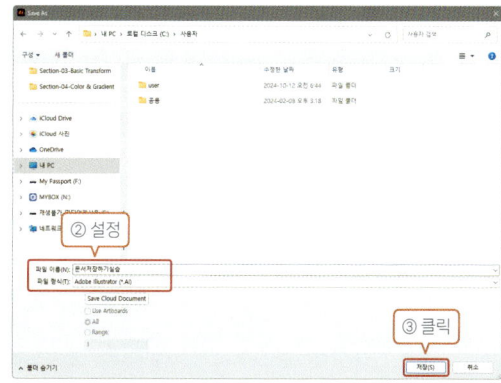

> T 이 창을 다시 보고 싶지 않다면 좌측 하단의 'Don't show again(다시 표시 안 함)'에 체크합니다.

## 05 프로그램 버전 설정하기

일러스트레이터는 파일을 불러올 때 버전의 제약을 받습니다. 상위 버전의 프로그램에서는 하위 버전으로 작업 된 파일을 열 수 있지만, 하위 버전 프로그램에서 상위 버전으로 저장 된 파일을 열려고 하면 정상적으로 열리지 않는 경우가 발생합니다. 다른 작업자와 파일을 공유할 때는 이 점을 고려하여, 상대방의 일러스트레이터 버전을 확인한 후 해당 버전에 맞게 저장해야 합니다. 버전을 선택하고 OK를 누릅니다.

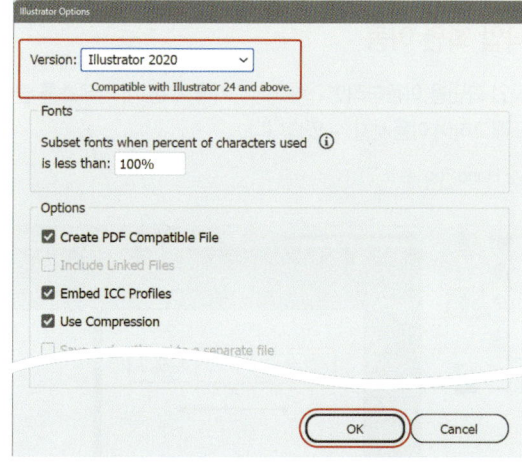

> T 작업을 종료하려면 [File] - [Close]를 클릭하거나 문서의 닫기 아이콘(×)을 클릭하여 종료할 수 있습니다. 또는 단축키 Ctrl + W를 눌러도 작업을 종료할 수 있습니다.

# THEORY 05  아트보드 다루기

## Artboard

■ 예제 파일 : S1-2.ai

아트보드 기능은 매우 유용하게 사용됩니다. 이 기능을 활용하면 여러 개의 대지를 만들어 다중 페이지 문서를 제작할 수 있으며, 아트보드의 크기를 자유롭게 조절하거나 복제할 수도 있습니다. 대지의 개념을 활용하여 작업에 적용하는 방법을 알아보겠습니다.

### ★ Artboard & Canvas  아트보드 & 캔버스

Artboard(아트보드)는 작업물이 실제로 인쇄되거나 최종 파일로 내보내지는 영역을 의미하고, Canvas(캔버스)는 아트보드 바깥에 있는 모든 회색 작업 공간을 통칭합니다. 아트보드 외에 캔버스에서도 자유롭게 작업할 수 있으며 작업 원본을 저장하면 아트보드와 캔버스에 있는 모든 개체까지 함께 저장됩니다. 만약 최종 결과물만 필요하다면 아트보드만 따로 선택하여 내보낼 수도 있습니다.

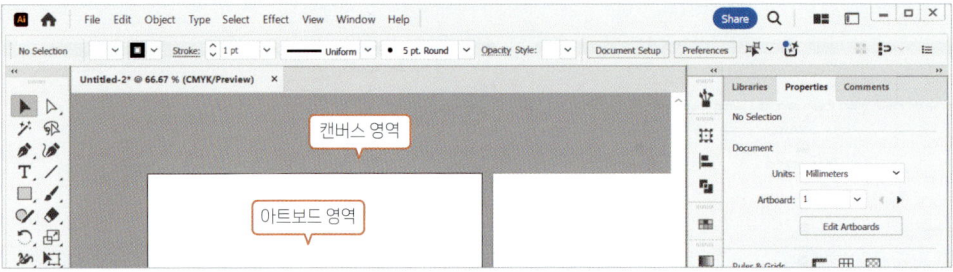

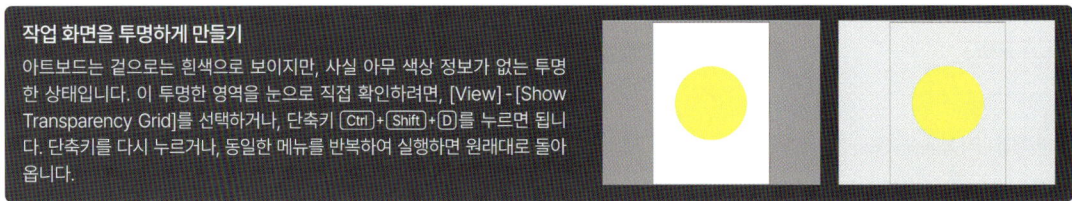

### 작업 화면 이동

작업 화면을 이동하려면 Space Bar 키를 누른 채 마우스를 클릭-드래그합니다. 또는 Hand Tool(손 도구)을 선택한 후 화면을 드래그하여 이동시킬 수 있습니다.

S Hand Tool(손 도구) H

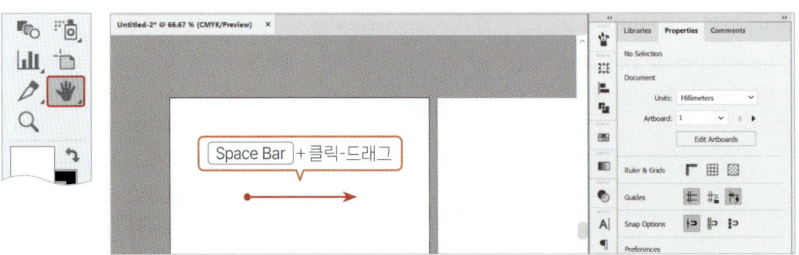

## 화면 확대 및 축소

Zoom Tool(돋보기 도구)을 선택하고 원하는 부분을 클릭하면 화면이 확대되고, [Alt] 키를 누른 채 클릭하면 축소됩니다. 또한 [Alt] 키를 누른 채 마우스 휠을 위로 올리면 화면이 확대되고, 아래로 내리면 축소됩니다. 단축키인 [Ctrl]+[+], [Ctrl]+[-]를 사용해도 화면 크기를 조절할 수 있습니다.

S Zoom Tool(돋보기 도구) [Z]   S Zoom In(확대) [Ctrl]+[+]   S Zoom Out(축소) [Ctrl]+[-]

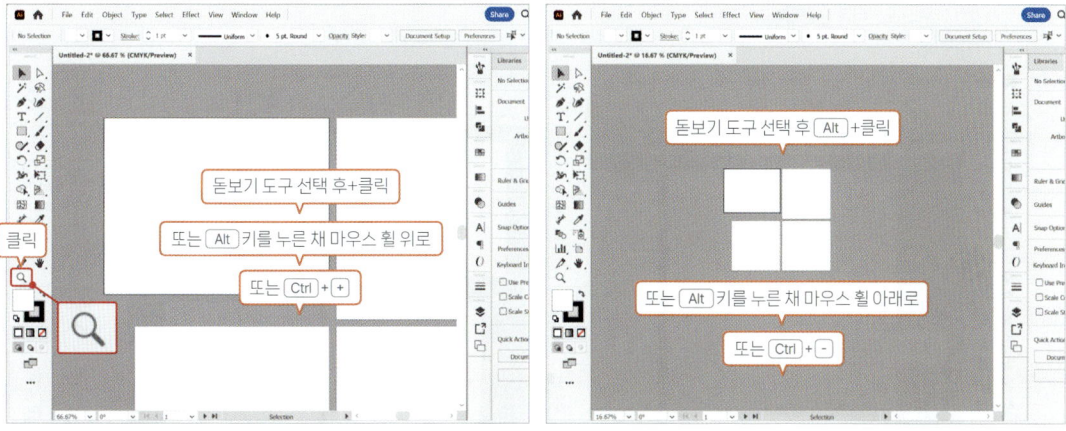

## Artboard Tool 아트보드 도구

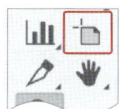

Artboard Tool(아트보드 도구)을 사용하여 대지를 이동할 수 있고, 새로 만든 작업 화면의 크기를 변경할 수도 있습니다. 작업 화면 이동이나 작업 도중 작업 화면의 크기가 변경되는 경우에 자주 사용합니다.

S Artboard Tool(아트보드 도구) [Shift]+[O]

### ❶ 여러 개의 아트보드 만들기

새 문서를 만들 때 아트보드 수를 미리 설정할 수 있고, 이미 작업 중인 문서에서는 Artboard Tool을 사용해 새로운 아트보드를 추가할 수 있습니다.

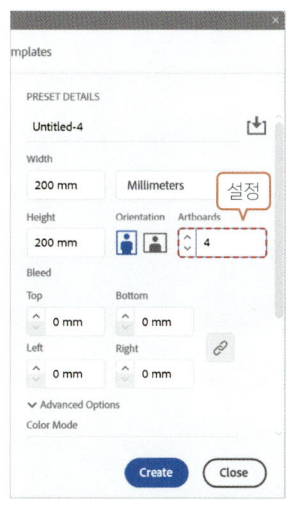 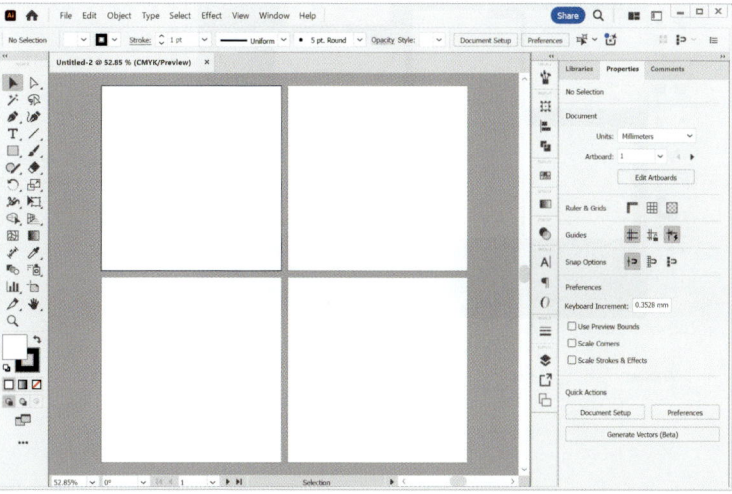

❷ **아트보드 수정하기**

Artboard Tool로 대지를 클릭하면 해당 아트보드가 선택되면서 점선으로 테두리가 표시됩니다. 동시에 해당 아트보드 이름이 하이라이트 됩니다. 아트보드 모퉁이의 교차 영역을 드래그하여 크기를 자유롭게 조절할 수 있습니다. 각 아트보드를 개별적으로 클릭하여 선택하거나, 클릭-드래그하여 원하는 위치로 이동시킬 수 있습니다. 아트보드 편집을 마치려면 Selection Tool(선택 도구)을 클릭합니다.

> Artboard Tool을 클릭하면 대지 영역이 활성화되고 대지를 이동하거나 크기를 변경할 수 있습니다. 크기 변경은 대지의 가장자리로 마우스를 가져가면 마우스 포인터가 변경됩니다.

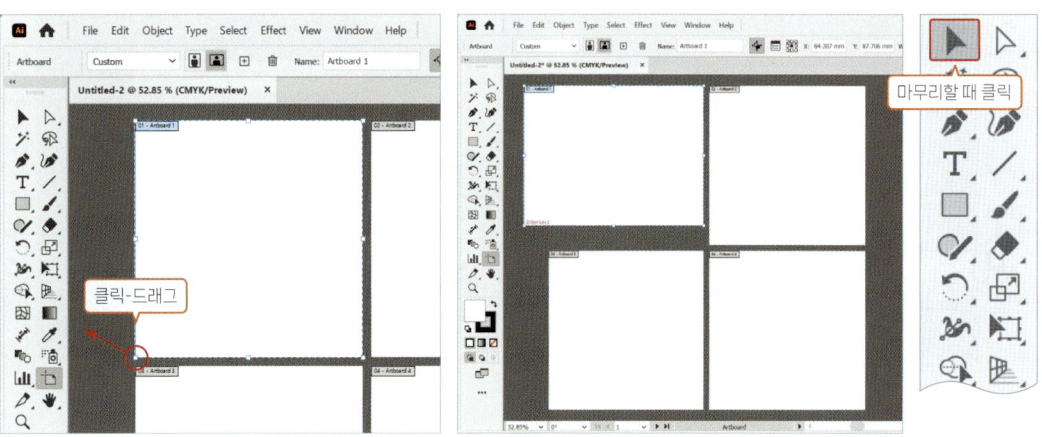

❸ **아트보드 추가하기**

Artboard Tool을 선택한 뒤, 화면의 원하는 곳을 클릭-드래그하면 새로운 아트보드를 생성할 수 있습니다. 또는 [Control] 패널에서 'New Artboard(새 대지)' 버튼( )을 클릭해도 됩니다. 편집을 마치려면 Selection Tool을 클릭합니다.

> 아트보드 추가나 크기 조절 등을 마친 후 Esc 키를 누르면 선택 도구를 클릭하는 것과 마찬가지로 아트보드 편집 모드를 종료할 수 있습니다.

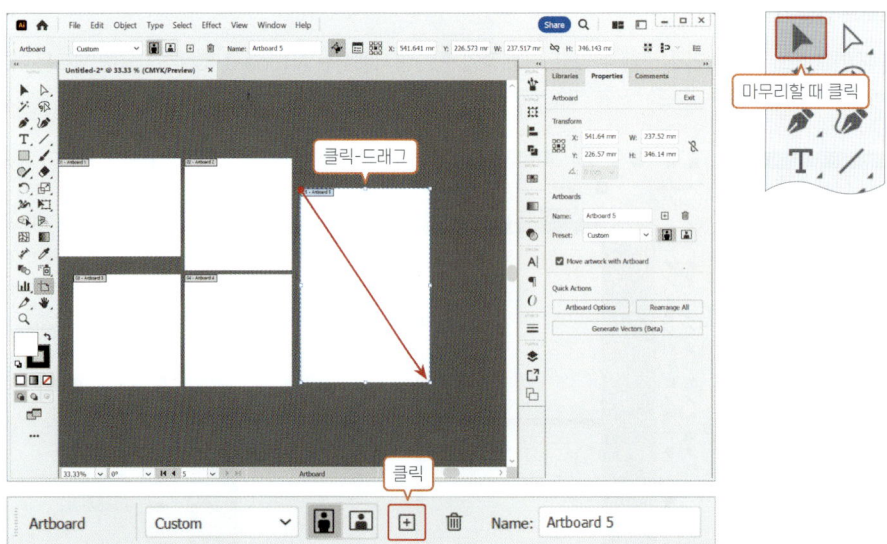

### ❹ 작업창에 아트보드 맞추기

`Ctrl` + `0`을 누르면 현재 선택된 아트보드가 작업창에 맞춰 정렬됩니다. `Ctrl` + `Alt` + `0`을 누르면 여러 개의 아트보드가 화면에 맞도록 정렬됩니다. 현재 선택된 아트보드는 다른 아트보드에 비해 테두리가 더 진하게 표시되어 있어 구분할 수 있습니다.

🅢 Fit Artboard in Window(창에 대지 맞추기) `Ctrl` + `0`   🅢 Fit All in Window(윈도우에 모두 맞추기) `Ctrl` + `Alt` + `0`

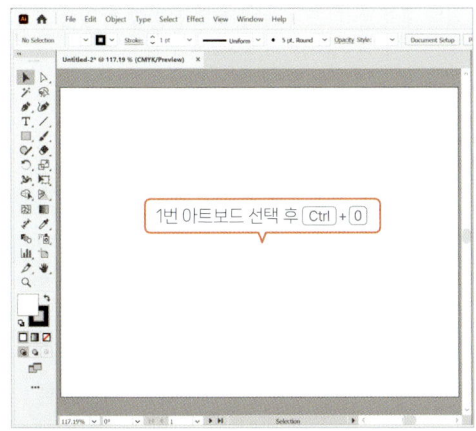
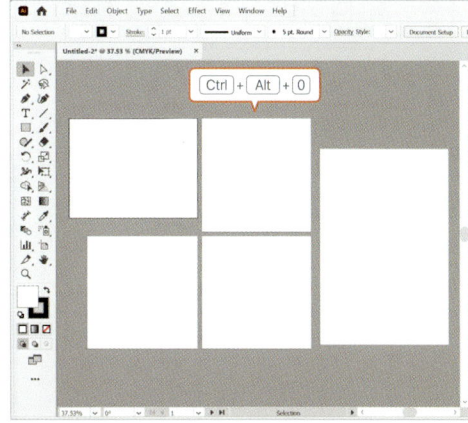

**아트보드 숨기기**
새 문서를 열면 설정된 크기의 하얀색 배경 아트보드가 생성됩니다. 이 아트보드의 경계를 임시로 숨기거나 표시하려면 [View] - [Hide Artboards]를 선택하거나, 단축키 `Ctrl` + `Shift` + `H`를 누르면 아트보드의 경계가 사라지며 화면 배경 전체가 하얗게 보입니다. 단축키를 다시 누르거나, 동일한 메뉴를 반복하여 실행하면 원래대로 돌아옵니다.

## Artboards Panel 대지 패널

[Window] - [Artboards]를 클릭하면 대지 패널이 나타납니다. [Artboards] 패널에서는 여러 개의 아트보드를 일정 간격으로 행과 열을 맞춰 재배치하거나 아트보드를 추가하고 삭제하는 등의 관리를 할 수 있습니다.

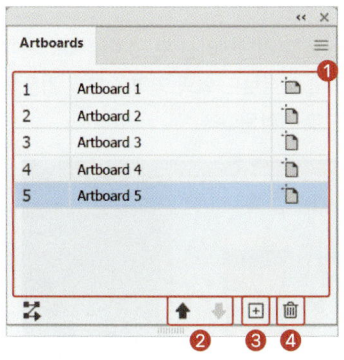

❶ 작업 화면에 생성된 전체 대지가 나열됩니다. 대지를 선택하고, New Artboard(새 대지) 버튼으로 드래그하면 선택한 대지가 복제됩니다. Delete Artboard(대지 삭제) 버튼으로 드래그하면 대지가 삭제됩니다.

❷ 선택한 대지의 순서를 변경합니다.

❸ **New Artboard(새 대지)** : 새 대지를 추가로 생성합니다. 현재 활성화된 대지와 동일한 크기로 생성됩니다.

❹ **Delete Artboard(대지 삭제)** : 선택한 대지를 삭제합니다.

🅣 여러 장의 문서를 생성하여 작업한 후 Save As(다른 이름으로 저장)로 저장할 때 PDF 파일로 저장하면 대지의 순서가 반영된 PDF로 저장됩니다.

# Screen Mode 화면 모드 변경

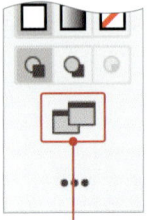

일러스트레이터는 다양한 패널로 인해 작업 화면이 복잡해지기 쉽습니다. 이를 위해 한 번에 모든 패널을 숨기거나 표시할 수 있는 다양한 화면 모드를 제공합니다. Tab 키를 누르면 작업 화면에서 도구 및 패널이 숨겨져 메뉴와 작업 화면만 보입니다. 다시 누르면 원래대로 돌아옵니다. 단축키 F 는 전체 화면(Full Screen)의 약자로, 컴퓨터 모니터의 전체 화면으로 전환합니다. 반복해서 누르면 원래의 화면으로 돌아옵니다. 키보드가 영문으로 설정된 상태에서 F 키를 계속 눌러 모드를 순환하며 전환할 수 있습니다.

3단계로 화면이 변화하며, F 키를 계속 누르면 순환하며 전환 가능

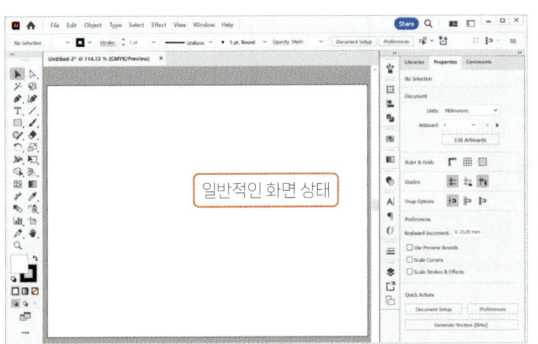

일반적인 화면 상태

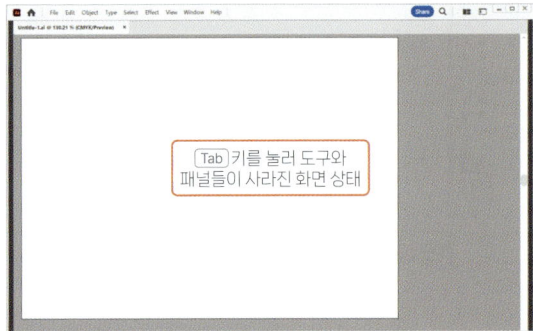

Tab 키를 눌러 도구와 패널들이 사라진 화면 상태

❶ Normal Screen Mode(표준 화면 모드) S F : 작업창이 별도로 분리되어 있으며, 일러스트레이터 창의 크기를 모니터에서 자유롭게 조절할 수 있습니다.

❷ Full Screen Mode with Menu Bar(메뉴 막대가 있는 전체 화면 모드) S F : 화면을 모니터에 맞춰 꽉 채우는 모드이며, Windows 시작 표시줄까지 덮습니다.

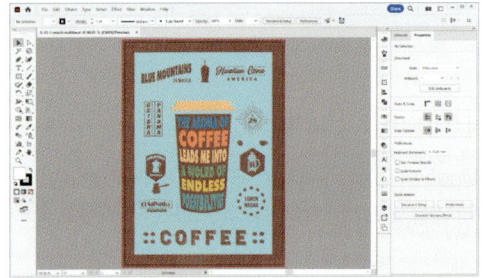

❸ Full Screen Mode(전체 화면 모드) S F : 모든 패널을 숨기고 작업 화면만 표시합니다. F 키나 Esc 키를 누르면 기본 화면 모드로 돌아갈 수 있습니다.

❹ Presentation Mode(프리젠테이션 모드) S Shift + F : 모든 패널을 숨기고 아트보드 외의 영역은 모두 검은색으로 채워진 화면으로 변환됩니다.

T Esc 키를 누르면 현재 화면 모드에서 벗어나 이전 모드로 돌아갑니다.

# THEORY 06　기초를 다지는 개체 편집

# Basic Object Edit

■ 예제 파일 : S1-3.ai

일러스트레이터에서 생성되는 모든 개체는 오브젝트라고 부르며, 고정점과 패스라는 핵심 요소로 이루어져 있습니다. 개체를 선택했을 때 나타나는 바운딩 박스의 개념을 이해하고, 오브젝트를 다루는 기본적인 사용 방법을 익혀봅니다. 이 과정을 통해 앞으로 진행될 다양한 이론 및 실습에 필요한 핵심 기능들을 미리 경험하며 학습에 대한 이해도를 높일 수 있습니다.

## ★★ Bounding Box 테두리 상자

Bounding Box(테두리 상자)는 선택된 오브젝트의 외곽을 감싸는 최소한의 사각형 영역을 의미합니다. 이는 해당 오브젝트의 크기와 위치를 시각적으로 나타내는 역할을 합니다.

일러스트레이터에서는 일반적으로 새 문서의 패스 가이드(안내선)가 파란색이기 때문에 바운딩 박스 또한 파란색 가이드로 나타납니다. Selection Tool(선택 도구)을 선택한 뒤 개체를 클릭하면 바운딩 박스가 표시되고 Direct Selection Tool(직접 선택 도구)로 개체를 클릭하면 바운딩 박스는 사라지고 고정점과 패스만 보이게 됩니다.

T 오브젝트와 개체는 디자인 작업에서 동일한 의미로 혼용하여 사용되는 용어입니다. 또한 패스를 구성하는 고정점 역시 기준점이나 점으로도 통용되어 사용됩니다.

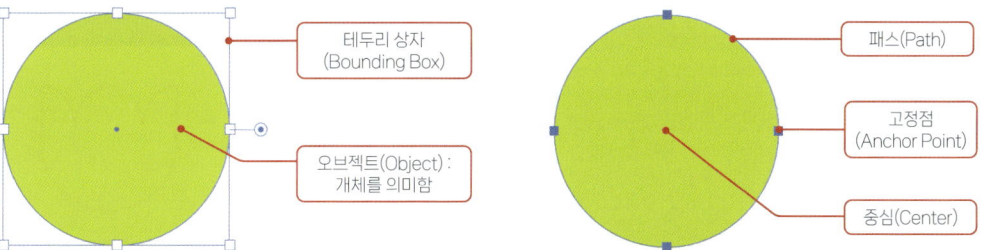

선택 도구로 선택해도 테두리 상자, 고정점과 패스가 보이지 않는다면?

· Show / Hide Bounding Box(테두리 상자 표시 / 숨기기) S Ctrl + Shift + B
 실수로 이 단축키(Ctrl + Shift + B)를 누르면 테두리 상자가 보이지 않게 됩니다. 따라서 다시 단축키를 눌러 나타나도록 설정할 수 있으며, 이 기능은 [View] 메뉴에서도 찾을 수 있습니다.

· Show / Hide Edges(가장자리 표시 / 숨기기) S Ctrl + H
 실수로 이 단축키(Ctrl + H)를 누르면 고정점과 패스가 보이지 않게 됩니다. 불필요한 패스를 가리려는 의도가 아니라면 다시 단축키를 눌러 나타나도록 설정할 수 있으며, 이 기능은 [View] 메뉴에서도 찾을 수 있습니다.

T [Edit] - [Preferences] - [Selection & Anchor Display] 메뉴에서 고정점과 핸들 및 테두리 상자 표시 크기를 조절할 수 있습니다.

## ★★ Object Edit 오브젝트 편집

개체를 선택할 때는 Selection Tool(선택 도구)과 Direct Selection Tool(직접 선택 도구)을 활용합니다. 개체 선택과 이동, 복제, 그룹화, 크기 조절 등 일러스트레이터의 가장 기본이 되는 핵심 기능들을 미리 다뤄봄으로써 앞으로 배울 내용에 필요한 기초를 탄탄히 다질 수 있습니다.

### ❶ 개체 선택 및 선택 해제

아무것도 선택되지 않은 상태에서는 오브젝트의 패스가 보이지 않습니다. Selection Tool로 개체 위에 마우스 포인터를 올리면 외곽 패스 가이드가 표시됩니다(아직 선택된 것은 아닌 상태). 이때 개체를 클릭하면 바운딩 박스가 나타납니다. 선택을 해제하려면 빈 화면을 다시 클릭하면 됩니다.

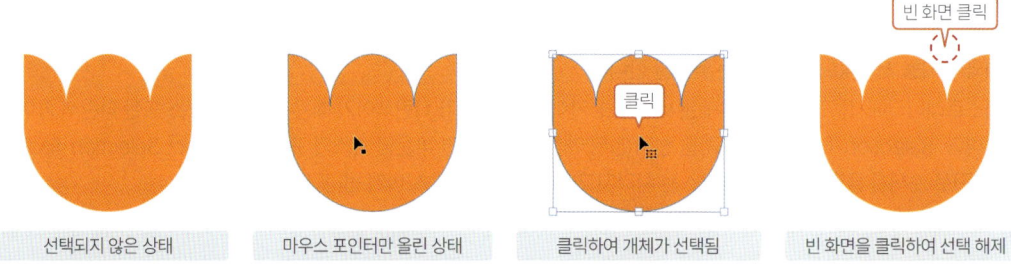

| 선택되지 않은 상태 | 마우스 포인터만 올린 상태 | 클릭하여 개체가 선택됨 | 빈 화면을 클릭하여 선택 해제 |

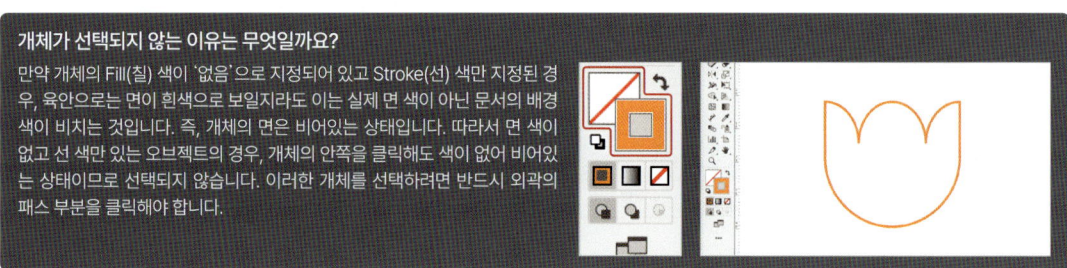

**개체가 선택되지 않는 이유는 무엇일까요?**
만약 개체의 Fill(칠) 색이 '없음'으로 지정되어 있고 Stroke(선) 색만 지정된 경우, 육안으로는 면이 흰색으로 보일지라도 이는 실제 면 색이 아닌 문서의 배경색이 비치는 것입니다. 즉, 개체의 면은 비어있는 상태입니다. 따라서 면 색이 없고 선 색만 있는 오브젝트의 경우, 개체의 안쪽을 클릭해도 색이 없어 비어있는 상태이므로 선택되지 않습니다. 이러한 개체를 선택하려면 반드시 외곽의 패스 부분을 클릭해야 합니다.

### ❷ 다중 선택 및 선택 해제

여러 개체를 다중 선택하려면 Selection Tool로 바깥에서부터 드래그하여 범위를 지정할 수 있습니다. 또는 첫 개체를 선택한 뒤 [Shift] 키를 누른 채 다른 개체들을 순서대로 클릭하여 추가하거나, 선택된 개체를 다시 클릭하여 선택을 해제할 수도 있습니다. 다만 마우스 포인터가 개체 위에 있으면 선택 여부가 헷갈릴 수 있으니 바깥으로 옮겨 확인하는 것이 좋습니다.

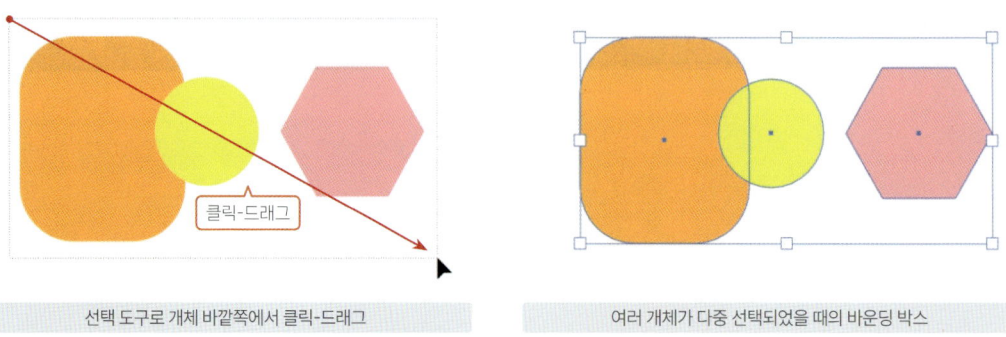

| 선택 도구로 개체 바깥쪽에서 클릭-드래그 | 여러 개체가 다중 선택되었을 때의 바운딩 박스 |

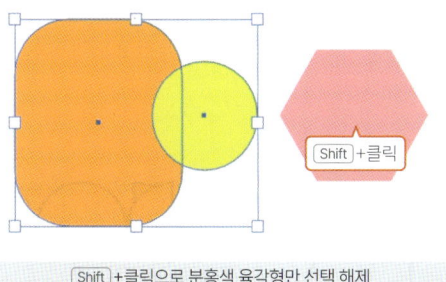 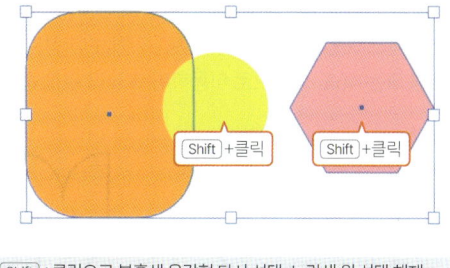

Shift +클릭으로 분홍색 육각형만 선택 해제     Shift +클릭으로 분홍색 육각형 다시 선택, 노란색 원 선택 해제

❸ **참조점을 이용한 좌표 계산**

바운딩 박스 외곽의 점들을 참조점(Reference Point)이라고 합니다. 이 점들은 [Transform] 패널에서 총 9개 중 하나를 선택할 수 있습니다. 오브젝트를 선택한 뒤 참조점을 중앙이 아닌 다른 곳으로 선택하면 해당 참조점의 위치가 문서(아트보드) 기준의 X, Y 좌표값으로 표시됩니다.

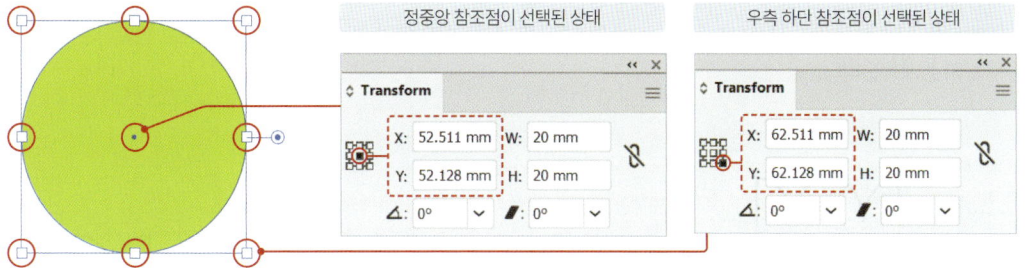

T Transform(변형) 패널은 개체의 위치, 크기, 회전, 기울기 등을 정확한 수치로 조절할 수 있는 패널입니다. 이 패널의 속성은 개체를 선택했을 때 나타나는 Properties(속성) 패널에서도 함께 확인할 수 있습니다.

❹ **개체 이동 및 복제**

개체를 클릭한 채 드래그하면 원하는 위치로 이동시킬 수 있습니다. 드래그하는 동안에는 바운딩 박스가 잠시 사라지지만, 마우스 클릭을 놓으면 다시 나타납니다. 드래그하는 도중에 Shift 키를 누르면 개체를 수직, 수평 또는 45도 방향으로 이동시킬 수 있습니다.

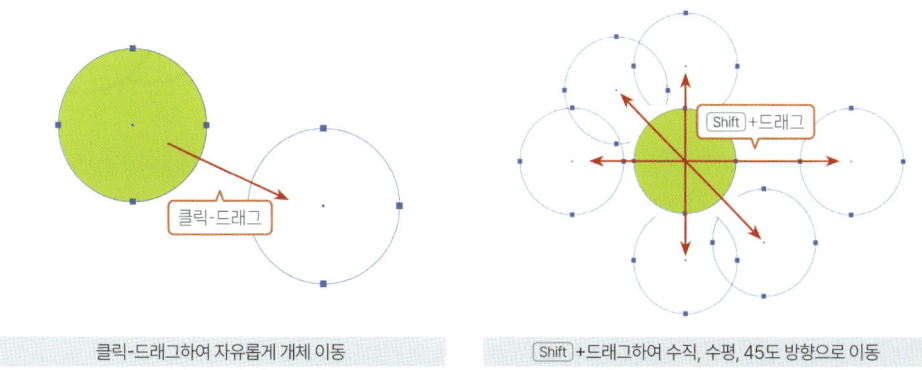

클릭-드래그하여 자유롭게 개체 이동     Shift +드래그하여 수직, 수평, 45도 방향으로 이동

개체가 선택된 상태에서 Alt 키를 누르면 마우스 커서가 복제 아이콘( )으로 변합니다. 이때 드래그하면 개체가 복사되어 마우스 포인터를 놓는 곳에 기존 개체보다 상위로 배치됩니다. 만약 Alt 키와 Shift 키를 함께 누르고 드래그하면 수직, 수평 또는 45도 방향으로 이동하며 복제할 수 있습니다.

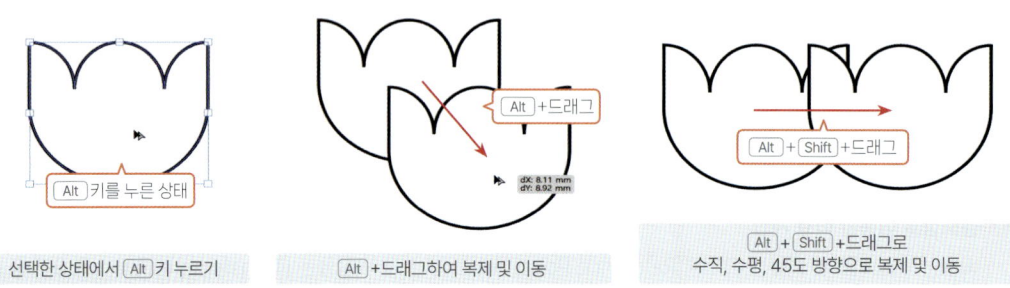

## ❺ 변형 반복으로 복제

이동 및 복제, 회전, 반전, 크기 조절 등의 다양한 변형 작업은 Ctrl + D 로 연속해서 반복할 수 있습니다. 이 기능은 [Object] - [Transform] - [Transform Again] 메뉴에서도 찾을 수 있으며, 반복적인 작업을 빠르고 정확하게 처리하기 때문에 자주 사용됩니다.

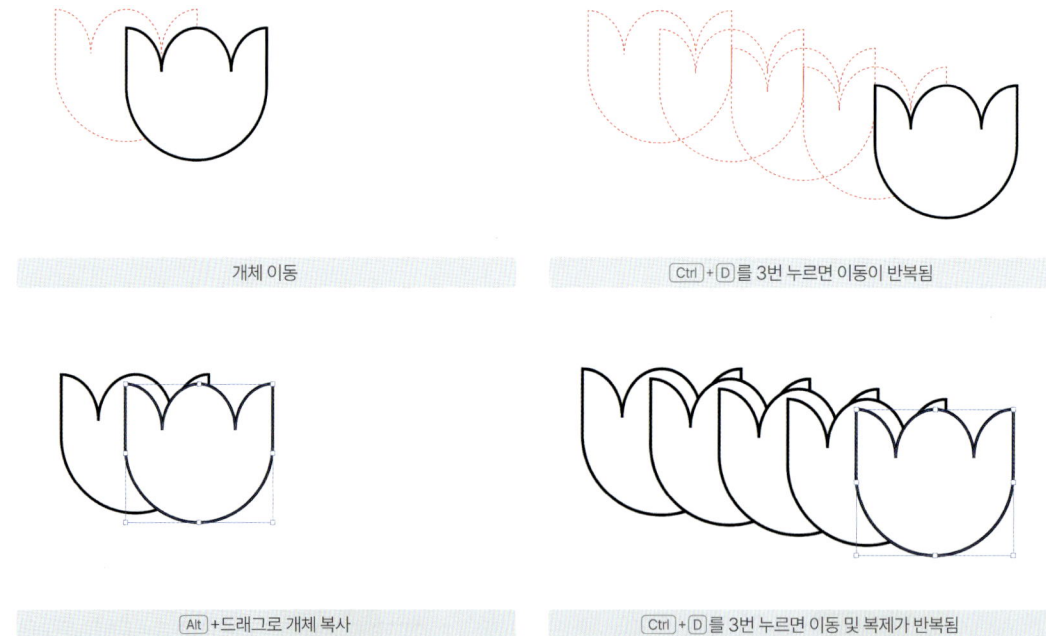

## ❻ 개체 크기 조절

바운딩 박스가 보일 때 마우스 포인터를 외곽의 8개 조절점 중 한 곳으로 옮기면, 크기 조절 아이콘(두 개의 화살표 모양)으로 바뀝니다. 이 상태에서 드래그하면 개체의 크기를 조절할 수 있습니다. 드래그 도중 Shift 키를 누르면 개체의 비율이 유지된 채로 크기가 조절됩니다.

| 마우스 포인터를 바운딩 박스의 외곽 점에 올리기 | 바운딩 박스를 옆 방향으로 원하는 만큼 크기 조절 | 바운딩 박스를 아래 방향으로 원하는 만큼 크기 조절 | Shift + 드래그하여 비율 유지하며 크기 조절 |

## ❼ 개체 회전

바운딩 박스가 보일 때 마우스 포인터를 외곽의 8개 바깥쪽 조절점 중 한 곳으로 옮기면, 회전 아이콘(둥근 화살표 모양)으로 바뀝니다. 이 상태에서 드래그하면 원하는 방향으로 개체를 회전할 수 있습니다. 드래그 도중 Shift 키를 누르면 개체를 45도씩 회전시킬 수 있습니다.

 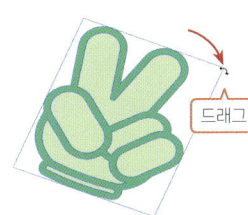 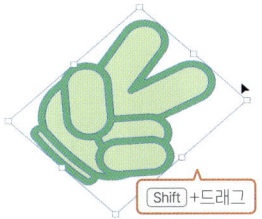 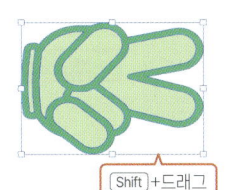

| 마우스 포인터를 바운딩 박스의 외곽 점에 올리기 | 드래그하여 원하는만큼 회전 | Shift + 드래그하여 45도씩 회전 | Shift + 드래그하여 45도씩 두 번 회전 |

---

**개체를 움직이거나 회전할 때 나타나는 자홍색 줄과 숫자는 무엇인가요?**

새 문서를 열면 기본적으로 Smart Guides(스마트 가이드) 기능이 켜져 있어 작업 편의를 돕습니다. 이 기능은 오브젝트를 이동 및 회전하거나 편집할 때 자동으로 나타나는 임시적인 정렬 안내선입니다. 개체의 중심점이나 모서리, 또는 다른 개체와 일직선이 될 때 자동으로 나타나 시각적으로 도움을 줍니다. 이동 및 회전 등을 할 때 수치를 회색 박스에 표시해 줌으로써 정렬과 배치 작업을 매우 편리하게 만들어주는 역할을 합니다. 메뉴의 [View]-[Smart Guides]에서 켜고 끌 수 있습니다.

**S** Smart Guides(스마트 가이드) Ctrl + U

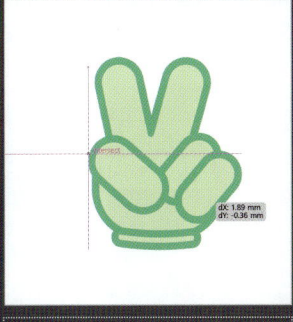 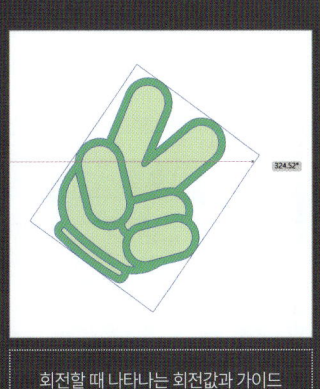

| 이동할 때 나타나는 좌표값과 수직, 수평 가이드 | 회전할 때 나타나는 회전값과 가이드 |

❽ **다중 선택된 개체의 그룹 및 그룹 풀기**

여러 개체를 선택한 후, Ctrl + G 를 누르거나 마우스 오른쪽 버튼으로 'Group(그룹)'을 선택하면 개체들을 묶을 수 있습니다. 그룹 해제는 Ctrl + Shift + G 를 누르거나 마우스 오른쪽 버튼으로 'Ungroup(그룹 풀기)'을 선택하면 됩니다. 그룹은 중첩하여 설정할 수 있습니다.

사과와 텍스트 오브젝트가 각각 따로 선택된 상태

모두 선택한 뒤, 단축키 또는 마우스 오른쪽 버튼으로 그룹 만들고 풀기

그룹 해제 후에는 빈 화면을 한 번 클릭한 후 재선택 가능

❾ **격리 모드로 주변과 분리하기**

원하는 개체를 선택하고 더블클릭하면 Isolation Mode(격리 모드)가 활성화됩니다. 이때 선택한 개체는 가장 상위에 표현되고 나머지 개체들은 반투명해집니다. 이 모드에서는 다른 개체들이 선택되지 않기 때문에 그룹을 해제하지 않고도 특정 개체만 형태나 색상 등을 자유롭게 편집할 수 있다는 장점이 있습니다.

> 격리 모드는 복잡하게 얽혀 있거나 그룹으로 묶인 개체에서 원하는 일부만 따로 편집할 수 있도록 사용되는 기능입니다.

원하는 개체를 더블클릭하여 격리 모드 진입

격리 모드에서 개체를 원하는 대로 편집하기

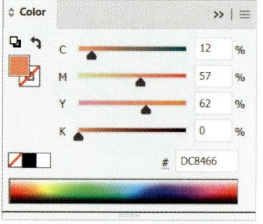

Esc 키를 누르거나, 화면 상단에 위치한 탭의 화살표(한 레벨 뒤로)를 2회 클릭하면 원래의 화면으로 돌아갑니다. 또한 선택된 개체 외 아무 곳이나 더블클릭해도 격리 모드에서 빠져나올 수 있습니다.

격리 모드에서 나가기

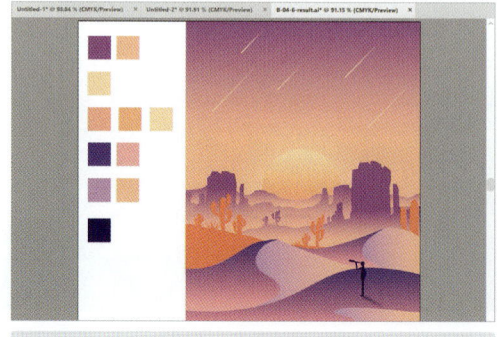
일반 작업 모드로 돌아온 화면

만약 개체가 그룹으로 묶여 있고, 더 하위 개체를 격리 모드로 선택하고 싶다면 원하는 개체를 계속해서 더블클릭하면 됩니다. 더블클릭할 때마다 그룹 안의 하위 단계로 진입합니다.

❿ **개체 잠그기 / 풀기**

잠금 기능은 [Object] - [Lock] - [Selection], 모두 잠금 해제는 [Object] - [Unlock All] 메뉴에서 찾을 수 있습니다. 원하는 개체를 선택한 뒤 단축키 Ctrl + 2 를 누르면 해당 개체만 임시로 잠글 수 있고, Ctrl + Alt + 2 를 누르면 잠긴 개체가 한 번에 잠금 해제됩니다. 잠금은 개별로 가능하지만, 잠금 해제는 모든 개체가 한 번에 풀린다는 차이점이 있습니다.

개체 선택 후 잠그기

다른 개체 선택 후 잠그기

전체 선택 시 잠긴 개체는 선택되지 않음

해당 레이어의 잠금이 해제되면, 모든 개체의 잠금이 한꺼번에 풀림

개별로 잠금을 풀고 싶다면 해당 개체 위에서 마우스 오른쪽 버튼을 클릭합니다. 목록 가장 상단의 'Unlock(잠금 해제)'에서 하위 메뉴인 'Group'을 클릭합니다. (선택하는 개체가 그룹인지, 도형인지 등에 따라 메뉴의 명칭이 다르게 표시됩니다.) 선택한 그룹 개체만 잠금이 풀리고 다른 개체의 잠금은 풀리지 않습니다. 드래그하여 전체 선택해 보면 해당 개체만 잠금이 풀린 것을 확인할 수 있습니다.

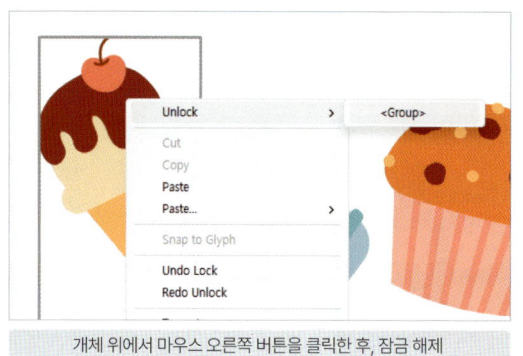

개체 위에서 마우스 오른쪽 버튼을 클릭한 후, 잠금 해제     잠금을 풀고 다시 선택한 모습

## ⑪ 개체 표시 / 숨기기

숨기기 기능은 [Object] - [Hide] - [Selection], 모두 표시는 [Object] - [Show All] 메뉴에서 찾을 수 있습니다. 원하는 개체를 선택한 뒤 단축키 Ctrl + 3을 누르면 해당 개체만 임시로 숨길 수 있고, Ctrl + Alt + 3을 누르면 숨겼던 개체들이 한 번에 나타납니다. 숨기기는 개별로 하나씩 가능하지만, 모두 표시는 숨겨진 개체를 한 번에 보이게 한다는 차이점이 있습니다. 이 기능은 [Layer] 패널에서 해당 개체의 눈 모양의 아이콘을 켜고 끄는 것과 동일합니다.

개체 선택 후 숨기기     레이어 패널에서 해당 개체의 눈 아이콘 확인

## Undo / Redo Move 실행 취소/재실행

작업 중 실행된 명령을 취소하여 이전 상태로 되돌리거나, 취소된 명령을 다시 실행할 수 있습니다. 작업 취소는 최대 200회까지 가능하며, 이 횟수는 Preferences에서 [Performance] 탭의 'History States(내역 상태)'에서 조절할 수 있습니다.

Undo(실행 취소) Ctrl + Z    Redo(재실행) Ctrl + Shift + Z    Preferance(환경 설정) Ctrl + K

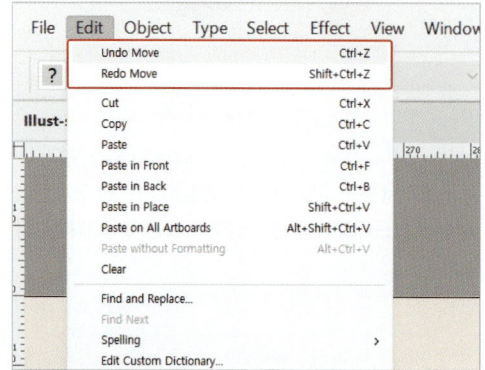
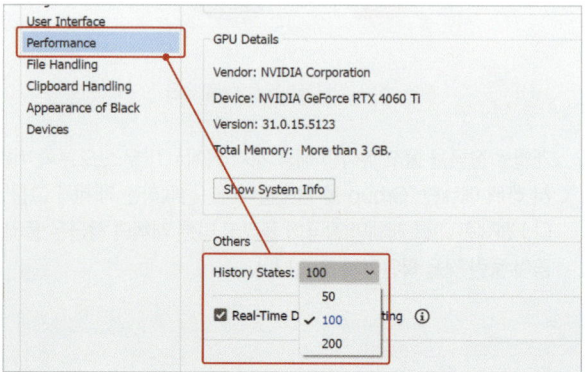

# THEORY 07 면과 선, 열린 패스와 닫힌 패스 이해하기

# Fill & Stroke
# / Open & Closed Path

■ 예제 파일 : S1-4.ai

일러스트레이터에서 색상을 칠(면) 색과 선(획) 색으로 구분하여 적용할 수 있습니다. 먼저 면과 선의 기본적인 사용 방법을 알아본 후, 닫힌 패스와 열린 패스에 적용된 모습을 통해 좀 더 자세히 살펴보겠습니다.

## ★★ Fill & Stroke 칠&선

도구바 하단에는 칠(Fill)과 선(Stroke)을 나타내는 큰 아이콘이 있습니다. 칠과 선은 각각 클릭하여 전면으로 활성화할 수 있으며, 활성화된 아이콘의 색상이 색상 패널이나 견본 패널에 반영됩니다. 칠 색을 편집하려면 칠 아이콘을, 선 색을 편집하려면 선 아이콘을 클릭하여 위로 올려 활성화해야 합니다.

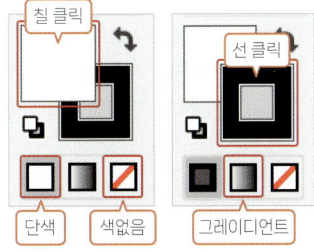

- T 디자인 프로그램에서 칠과 면은 개체의 내부를 채우는 색상인 Fill을 지칭하는 용어로 동일하게 사용됩니다.
- T 색상에 대한 내용은 'Section 04'를 참고합니다.

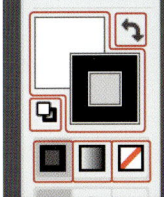

**색상 제어 명칭과 기능**

❶ Fill & Stroke(칠과 선) S X : 칠(면)을 클릭하면 면 색이 전면으로 올라오고, 선(획)을 클릭하면 선 색이 전면으로 올라옵니다.
❷ Swap Fill & Stroke(칠과 선 교체) S Shift + X : 선택한 오브젝트의 면 색과 선 색을 교체합니다.
❸ Default Fill & Stroke(초기값 칠과 선) S D : 선 색을 검은색으로, 면 색을 흰색인 기본 상태로 만듭니다.
❹ Color(단색) S < : 면 또는 선 색상을 단색으로 설정합니다. (이전에 지정했던 색상이 나타납니다.)
❺ Gradient(그레이디언트) S > : 면 또는 선에 그레이디언트 색상을 적용합니다.
❻ None(색 없음) S / : 면 또는 선 색상을 '없음'으로 설정합니다.

## ❶ 면 색과 선 색의 적용 상태

개체의 면과 선에는 각각 다른 색을 적용할 수 있으며, 색을 '없음'으로 설정하는 것도 가능합니다. 예를 들어, 면에는 색이 없고 선에만 색이 있는 경우 아트보드의 배경이 흰색이라면, 해당 개체가 흰색 면으로 채워진 것인지 아니면 면 색이 없는 것인지 육안으로는 구별하기 어렵습니다. 이러한 경우에는 개체를 선택하여 확인해야 정확한 상태를 파악할 수 있습니다.

 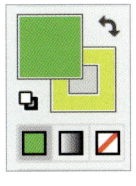  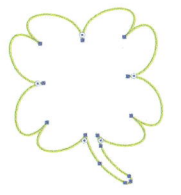 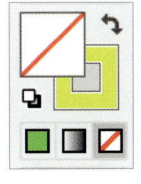   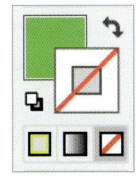

연두색 면에 노란색 선 적용　　면에는 색 없음, 선에만 노란색 적용　　선에는 색 없음, 면에만 연두색 적용

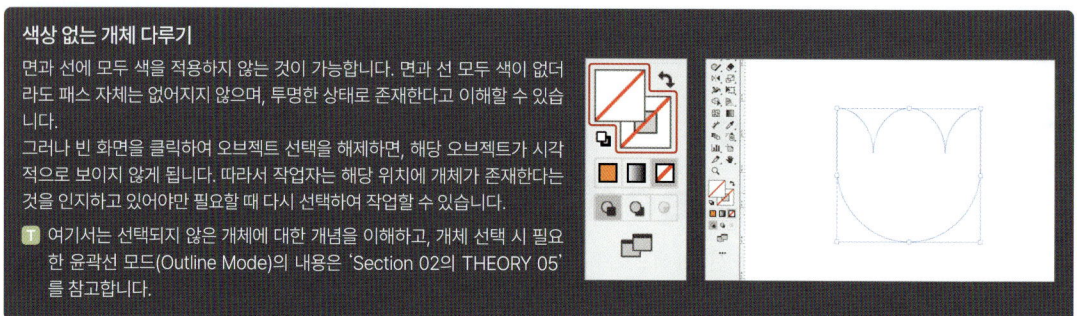

## ★★ Open & Closed Path 열린 & 닫힌 패스

열린 패스는 시작점과 끝점이 따로 떨어져 있는 형태로, 내부에 색을 채울 수는 있지만 완벽한 도형은 아닙니다. 자르기나 합치기와 같은 복합적인 작업을 하려면 먼저 패스를 닫는 것이 좋습니다.

닫힌 패스는 시작점과 끝점이 일치하여 완전히 연결된 상태의 패스를 의미합니다. 안쪽 면에 색을 채우거나 외곽선을 설정할 수 있으며, 일러스트레이터에서는 이를 개체라고 합니다.

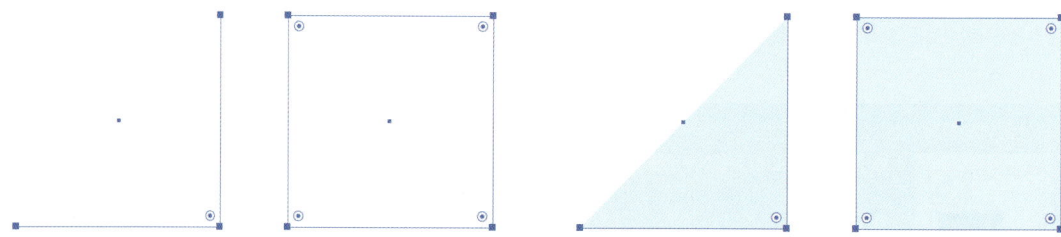

### ❶ 열린 패스와 닫힌 패스를 육안으로 구분하기 어려운 이유

열린 패스에 선 색만 적용되어 있다면 열린 패스임을 쉽게 알 수 있습니다. 그러나 면 색이 함께 적용된 경우, 패스가 닫혀있지 않아도 자동으로 양 끝점을 직선으로 연결하여 면 색을 채웁니다. 따라서 오브젝트를 선택하지 않으면 해당 개체가 닫힌 패스인지 열린 패스인지 쉽게 구분하기 어려울 수 있습니다.

마지막 3번째와 4번째 예시를 보면, 각각 열린 패스와 닫힌 패스로 다른 형태를 가지고 있지만 선택하지 않으면 같은 개체처럼 보입니다. 패스가 열려 있는지 닫혀 있는지 확인하려면 Direct Selection Tool(직접 선택 도구)로 패스를 선택합니다. 열린 패스는 양 끝에 서로 떨어져 있는 기준점이 보이며, 닫힌 패스는 끝점이 없이 완전히 연결된 형태로 나타납니다.

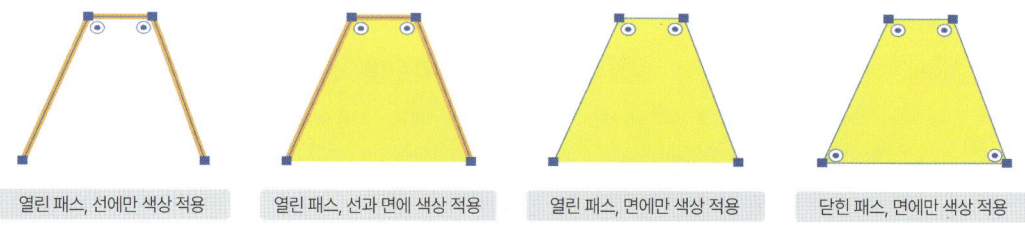

# Exercise

### 파일 저장하고 관리하기　　　　　　　　　　　　　　　　　📁 S1_Exercise 예제

이전 작업에서 만든 꽃 개체를 각각 현재 작업 중인 버전의 AI 파일, 버전이 낮은 AI 파일, JPEG 이미지(비트맵) 파일, 일러스트레이터와 호환되는 PDF 파일 등으로 저장해 보세요.

Section 02

# Figure, Select & Move, Arrange

## 도형, 선택과 이동, 정돈

**MISSION**

도형은 개체를 만드는 데 가장 기본이 되는 핵심 도구입니다. 이 도구로 가로, 세로, 반지름 등 다양한 옵션을 설정하여 여러 형태의 도형을 만들 수 있습니다. 이후에는 도형을 선택, 이동, 복사, 붙여넣기, 모퉁이 둥글리기 등 다양한 편집 기능을 활용해 자유자재로 다룰 수 있습니다.

**KEYWORD**

#도형 도구 #패스와 핸들 #선택과 이동
#복사와 붙여넣기 #배열하기 #레이어 패널

## THEORY 01 도형 도구와 그리는 방법 알아보기

# Figure Tool

📁 예제 파일 : S2-1.ai

일러스트레이터에는 사각형, 원, 다각형, 별 등 자주 사용하는 도형을 손쉽게 그릴 수 있는 다양한 도구를 제공합니다. 도형을 그리는 방법은 작업 화면에서 드래그하여 그리는 방법과 옵션 창을 이용해 수치를 입력하여 그리는 방법이 있습니다. 모든 방법이 활용도가 높으므로 잘 알아두어야 합니다.

### ✯✯ Figure Tool 도형 도구

도형 도구를 이용하면 다양한 모양의 도형들을 만들 수 있으며, 자주 사용하는 도구는 단축키로 빠르게 선택할 수 있습니다.

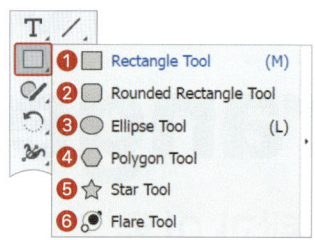

❶ ⬜ Rectangle Tool(사각형 도구) ⓢ Ⓜ
❷ ⬜ Rounded Rectangle Tool(둥근 사각형 도구)
❸ ⬭ Ellipse Tool(원형 도구) ⓢ Ⓛ
❹ ⬡ Polygon Tool(다각형 도구)
❺ ☆ Star Tool(별모양 도구)
❻ ✦ Flare Tool(플레어 도구)

### ❶ ⬜ Rectangle Tool(사각형 도구) ⓢ Ⓜ / ❷ ⬜ Rounded Rectangle Tool(둥근 사각형 도구)

Ⓐ 드래그와 단축키를 사용하여 도형 그리기

사각형과 둥근 사각형은 그리는 방법이 동일합니다. 해당 도구를 선택한 뒤 화면을 드래그하면 도형이 그려집니다. 이 때 단축키를 함께 사용하면 도형을 중심에서부터 시작하거나, 가로세로 정비율로 만들 수 있습니다.

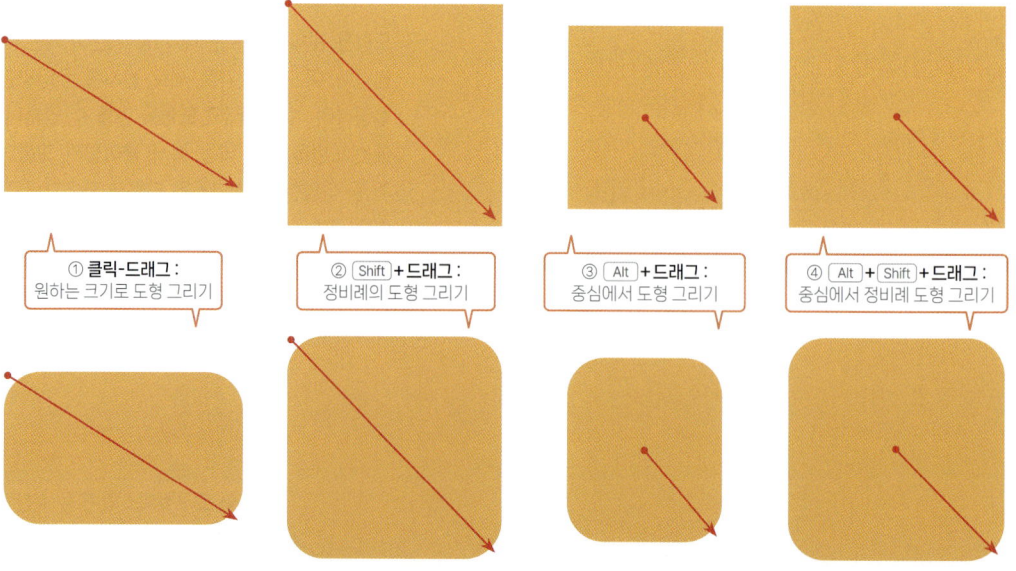

**B** 수치를 입력하여 도형 그리기

정확한 수치로 도형을 그리려면, 해당 도형 도구를 선택한 뒤 빈 화면을 클릭합니다. 옵션 창이 나타나면 원하는 Width(너비)와 Height(높이) 값을 입력하고 OK를 누릅니다. 이때 도형은 클릭했던 지점의 좌측 상단 기준으로 생성됩니다. Rounded Rectangle Tool(둥근 사각형 도구)은 Corner Radius(모퉁이 반경) 값을 입력할 수 있습니다.

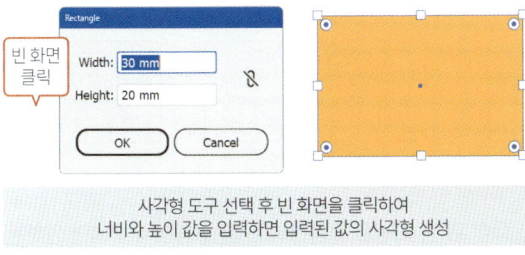
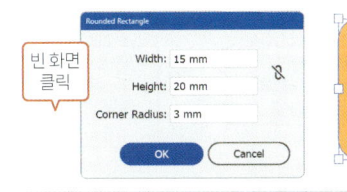
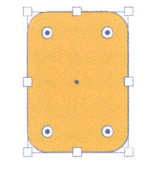

사각형 도구 선택 후 빈 화면을 클릭하여
너비와 높이 값을 입력하면 입력된 값의 사각형 생성

둥근 사각형 도구 선택 후 빈 화면을 클릭하여 너비와 높이,
모퉁이 반경 값을 입력하면 입력된 값의 둥근 사각형 생성

## ❸ Ellipse Tool(원형 도구) S L

**A** 드래그와 단축키를 사용하여 도형 그리기

사각형과 원은 그리는 방법이 동일합니다. 화면에 드래그하여 도형을 그릴 수 있으며, 단축키를 함께 사용하면 도형을 중심에서부터 시작하거나 정비례의 원을 그릴 수 있습니다.

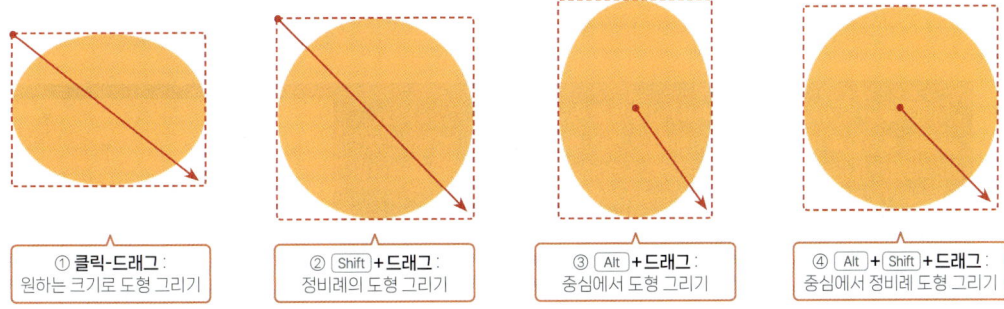

① 클릭-드래그 : 원하는 크기로 도형 그리기
② Shift + 드래그 : 정비례의 도형 그리기
③ Alt + 드래그 : 중심에서 도형 그리기
④ Alt + Shift + 드래그 : 중심에서 정비례 도형 그리기

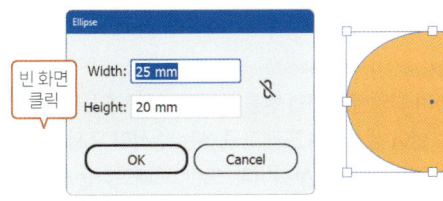
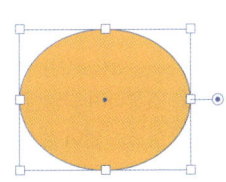

**B** 수치를 입력하여 도형 그리기

사각형과 원은 그리는 방법이 동일합니다. Width(너비)와 Height(높이) 값이 같으면 정원이 만들어집니다. 이때 도형은 사용자가 클릭했던 지점의 좌측 상단 기준으로 생성됩니다.

## ❹ Polygon Tool(다각형 도구)

**A** 드래그와 단축키를 사용하여 도형 그리기

각형의 수를 조절하여 다각형을 그릴 수 있습니다. 기본 설정은 육각형이므로, 처음 드래그하면 육각형으로 그려집니다. 사각형이나 원과는 다른 특징이 있습니다. 먼저 클릭하는 지점을 중심으로 개체가 생성되며, 드래그 중에는 수직이 유지되지 않습니다. 수직 방향을 유지하려면 마우스 클릭을 놓지 않은 채로 Shift 키를 추가로 누릅니다. 또 드래그하는 동안 마우스 클릭을 놓지 않은 상태에서 키보드의 위, 아래 방향키(↑, ↓) 키를 누르면 각형의 개수를 늘리거나 줄일 수 있습니다.

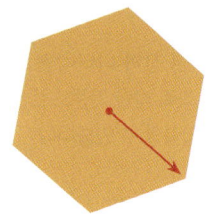
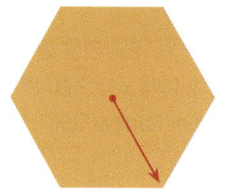

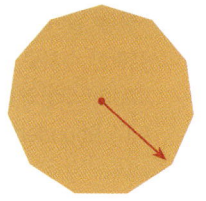

① 클릭-드래그 : 기본 설정된 육각형으로 개체가 그려짐

② Shift + 드래그 : 마우스 클릭을 놓지 않은 채로 Shift 키를 추가로 누르면 수직 방향이 유지됨

③ 드래그+방향키(↓) : 마우스 클릭을 놓지 않은 채로 키보드 아래 방향키를 누르면 점점 낮은 수의 각형으로 변함

④ 드래그+방향키(↑) : 마우스 클릭을 놓지 않은 채로 키보드 위 방향키를 누르면 점점 높은 수의 각형으로 변함

**B** 수치를 입력하여 도형 그리기

정확한 수치로 다각형을 그리려면, 해당 도구를 선택한 뒤 빈 화면을 클릭합니다. 옵션 창이 나타나면 원하는 Radius (반경) 값을 입력하고, Sides(면)에 각형의 개수를 입력하면 해당 수만큼의 각을 가진 정비례 다각형이 생성됩니다.

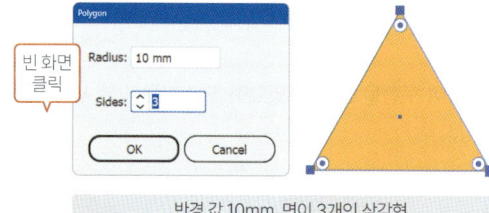
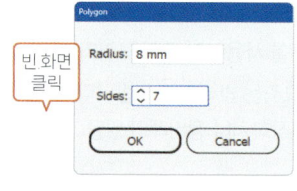
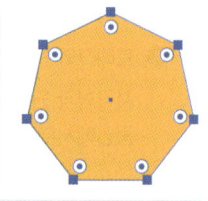

반경 값 10mm, 면이 3개인 삼각형     반경 값 8mm, 면이 7개인 다각형

**너비와 높이 값이 아닌 반경(Radius) 값이 뜨는 이유**

가로와 세로 값을 기준으로 크기를 지정하는 도형은 사각형, 둥근 사각형, 원형입니다. 이 외의 모든 다각형은 중심에서 꼭짓점까지의 거리를 기준으로 크기를 지정하므로 너비와 높이 값 대신 반경 값을 입력하도록 설정되어 있습니다.

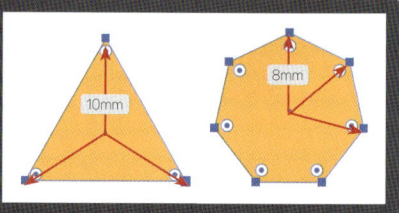

## ❺ ☆ Star Tool(별모양 도구)

**A** 드래그와 단축키를 사용하여 도형 그리기

Star Tool(별모양 도구)을 사용하면 꼭짓점의 개수를 조절하여 다양한 형태의 별을 그릴 수 있습니다. 기본 설정은 5개의 꼭짓점을 가진 별이 그려집니다. 클릭한 지점을 중심으로 별이 생성되며 드래그 중에는 수직이 유지되지 않습니다. 수직 방향을 유지하려면 마우스 클릭을 놓지 않은 채로 Shift 키를 추가로 누릅니다. 또한, 드래그하는 동안 마우스 클릭을 놓지 않은 상태에서 키보드의 위, 아래 방향키(↑, ↓) 키를 누르면 꼭짓점의 개수를 늘리거나 줄일 수 있습니다. Ctrl 키를 누른 채 드래그하면 별의 외곽 꼭짓점과 내부 꼭짓점 사이의 길이 비율을 조절할 수 있습니다.

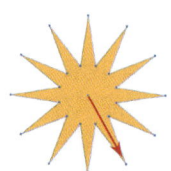
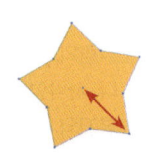

① 클릭-드래그 : 기본 설정된 별모양으로 개체가 그려짐

② Shift + 드래그 : 마우스 클릭을 놓지 않은 채로 Shift 키를 추가로 누르면 수직 방향이 유지됨

③ 드래그+방향키(↓) : 마우스 클릭을 놓지 않은 채로 키보드 아래 방향키를 누르면 점점 낮은 수의 별로 변함

④ 드래그+방향키(↑) : 마우스 클릭을 놓지 않은 채로 키보드 위 방향키를 누르면 점점 높은 수의 별로 변함

⑤ 드래그 + Ctrl : 마우스 클릭을 놓지 않은 채로 Ctrl 키를 누른 상태에서 천천히 드래그하면 반지름이 조절됨

### B 수치를 입력하여 도형 그리기

정확한 수치로 별을 그리려면, 해당 도구를 선택한 뒤 빈 화면을 클릭합니다. 옵션 창이 나타나면 Radius 1(반경 1)과 Radius 2(반경 2) 값을 입력하여 별의 넓은 꼭짓점과 좁은 꼭짓점의 길이를 조절하고 Points(포인트)에 꼭짓점 개수를 입력하면 해당 수치에 맞춰 별이 생성됩니다.

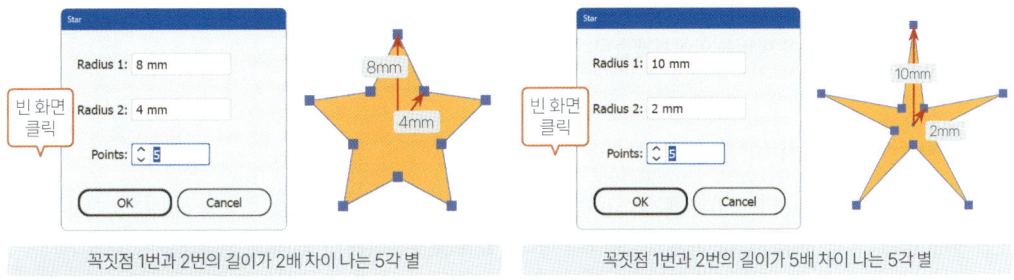

꼭짓점 1번과 2번의 길이가 2배 차이 나는 5각 별 / 꼭짓점 1번과 2번의 길이가 5배 차이 나는 5각 별

### C 별모양 다양하게 응용하기

Radius 1과 Radius 2의 길이 차이를 조절하여 다양하게 응용할 수 있습니다. 이 두 반지름 값의 차이를 크게 또는 작게 설정함으로써 여러 형태의 별 모양이 만들어집니다.

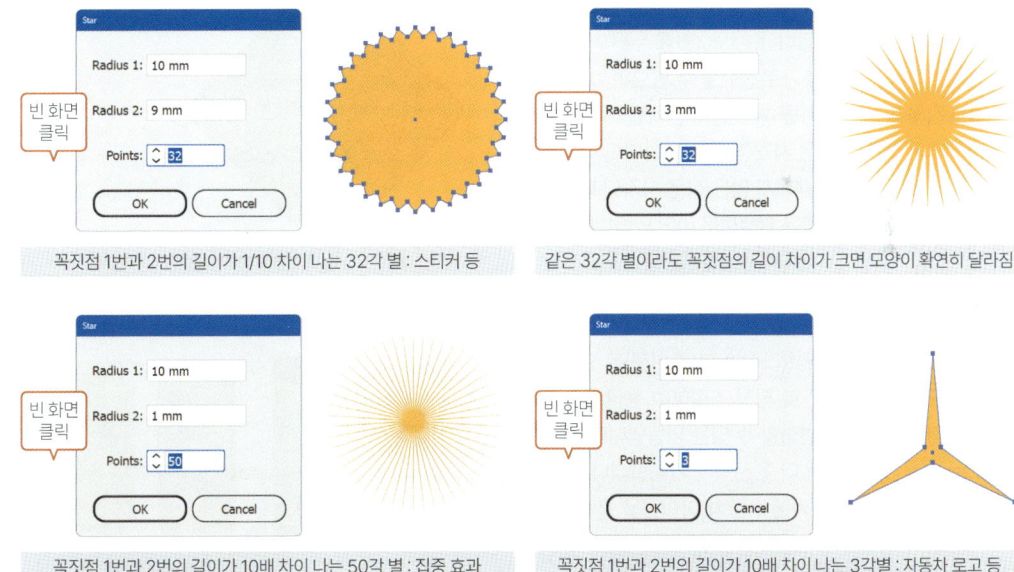

꼭짓점 1번과 2번의 길이가 1/10 차이 나는 32각 별 : 스티커 등 / 같은 32각 별이라도 꼭짓점의 길이 차이가 크면 모양이 확연히 달라짐

꼭짓점 1번과 2번의 길이가 10배 차이 나는 50각 별 : 집중 효과 / 꼭짓점 1번과 2번의 길이가 10배 차이 나는 3각별 : 자동차 로고 등

### 6 Flare Tool(플레어 도구)

Flare Tool(플레어 도구)은 드래그할 때 여러 개의 원 개체와 다양한 길이의 선들을 한꺼번에 그려줍니다. 이 도구는 빛을 표현하는 데 사용되며, 도형 도구 그룹에 속해 있지만 주로 RGB 모드의 어두운 배경에서 빛 효과를 연출할 때 활용됩니다.

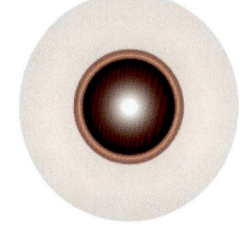

T 기본적인 개체 생성과 편집에 필수적인 핵심 도형 도구를 중심으로 학습합니다. 플레어 도구는 다른 도형 도구와 쓰임새나 생성 방식이 달라 주요 활용법만 간략히 언급합니다.

# THEORY 02  패스와 핸들 이해하기

# Path / Handle

■ 예제 파일 : S2-2.ai

오브젝트의 고정점을 편집하는 능력은 세밀한 모양 조절을 위해 필수적입니다. 여기서는 패스에 대한 기본적인 명칭과 개념 그리고 핸들의 간단한 사용 방법을 알아보겠습니다.

## ★★ Points & Path  점과 패스

오브젝트는 고정점(Anchor Point)과 패스(Path)로 구성됩니다. Selection Tool(선택 도구)로 개체를 선택하면 패스 가이드만 보이고 점은 나타나지 않습니다. 개체의 점을 확인하려면 Direct Selection Tool(직접 선택 도구)로 해당 개체를 클릭해야 합니다. 만약 Selection Tool을 사용 중이더라도 Ctrl 키를 누르고 있는 동안에는 일시적으로 Direct Selection Tool 상태로 전환되어 점을 확인할 수 있습니다.

### ❶ 점 선택, 다중 선택 및 선택 해제

Direct Selection Tool로 오브젝트의 특정 점을 클릭하면 해당 점만 선택됩니다. Shift 키를 누른 채 다른 점을 클릭하면 점을 추가로 선택할 수 있으며, 이미 선택된 점을 다시 클릭하면 해당 점의 선택을 해제할 수 있습니다. 선택된 점은 사각형 안쪽이 가이드 색으로 채워져 있는 반면, 선택되지 않은 점은 사각형 테두리만 가이드 색이고 안쪽은 흰색으로 비어 있습니다.

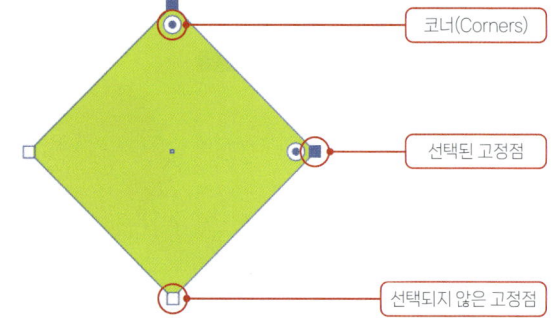

### ❷ 모퉁이 조절하기

Live Corners Widget(라이브 코너 위젯)은 오브젝트의 모퉁이를 마우스로 직접 조절하여 둥글게 만들거나 다양한 형태로 변형할 수 있는 기능입니다. 개별 또는 Shift 키를 눌러 다중 선택이 가능합니다. 모퉁이를 둥글린 후, Alt 키를 누른 채 아이콘을 클릭하면 각진 모서리의 외각 모양이 다른 형태로 변경되며, 이때 세 가지 모양 중에서 선택할 수 있습니다.

### ❸ 점 이동하기

Direct Selection Tool로 오브젝트의 여러 점 중 일부를 클릭하여 드래그하면 원하는 위치로 점을 이동할 수 있습니다. 두 개 이상의 점이 다중으로 선택된 경우, 점이나 패스를 드래그하면 선택된 점들이 동시에 이동합니다. 점을 이동할 때 Shift 키를 누른 채 이동하면 수평이나 수직인 정확한 직선을 유지하며 이동할 수 있습니다.

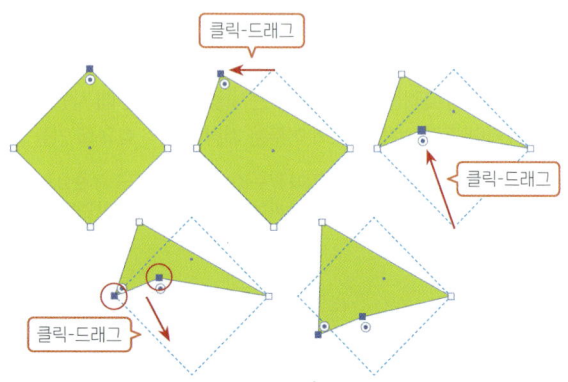

# Points & Handle 점과 핸들

곡선으로 이루어진 오브젝트의 고정점을 살펴보면 점의 양옆으로 펼쳐진 선이 보입니다. 그 선의 끝에는 원이 달려있습니다. 이것을 Handle(핸들)이라고 부릅니다. 핸들은 곡선을 만들어주는 역할을 하며, 핸들의 길이와 방향에 따라 곡선의 모양이 달라지게 됩니다.

## ❶ 핸들 이동으로 곡선 모양 변형하기

Direct Selection Tool로 원 개체의 점 중 하나를 선택하면, 해당 점의 양옆으로 핸들이 나타납니다. 이때 선택된 점의 곡선에 영향을 미치는 주변의 다른 핸들도 함께 표시됩니다. 핸들을 드래그하여 길이를 늘리면 곡선이 더 크게 부풀어 오르며, 반대로 길이를 짧게 만들면 곡선은 뾰족한 모양에 가깝게 변합니다. 만약 핸들을 점에 완전히 붙여 없애버리면 해당 곡선은 뾰족한 형태로 바뀌게 됩니다.

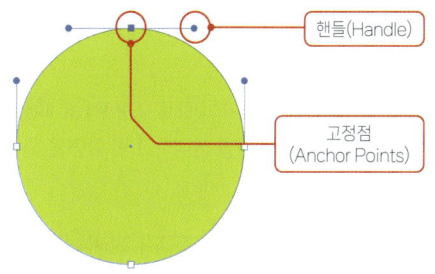

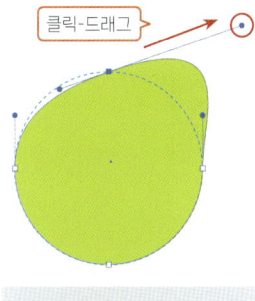

한쪽 핸들을 길게 조절했을 때
방향 변화(우측 상단), 길이 변화

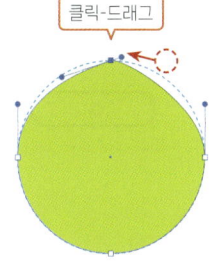

한쪽 핸들을 짧게 조절했을 때
방향 변화, 길이 변화
(곡선이 뾰족한 형태에 가까워짐)

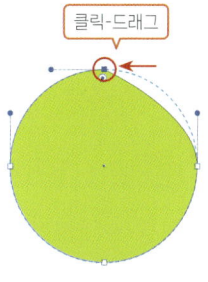

한쪽 핸들을 점 가까이 붙이기
(한쪽 곡률이 뾰족해짐)

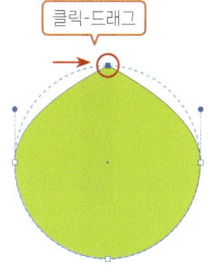

반대편 핸들도 점 가까이 붙이기
(점의 핸들이 없어지며
완전히 뾰족해짐)

## ❷ 핸들을 펼치고 모아주기

핸들의 길이가 짧아져 점과 일치하게 되면, Direct Selection Tool로는 핸들을 다시 펼칠 수 없습니다. 이때는 도구바에서 Pen Tool(펜 도구)을 길게 눌러 Anchor Point Tool(고정점 도구)을 선택해야 합니다. 해당 점에 대고 드래그하면 핸들을 다시 생성하여 펼칠 수 있습니다. 또한, 이미 핸들이 펼쳐져 있는 점을 Anchor Point Tool로 한 번 클릭하면 핸들을 점 안으로 빠르게 모을 수 있습니다.

T 펜 도구의 내용은 'Section 06'을 참고합니다.

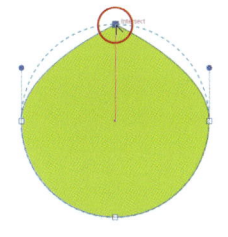

고정점 도구 선택 후
핸들이 모아진 점 위에
마우스 포인터 올리기

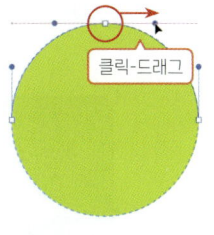

점을 클릭-드래그하여
다시 핸들을 펼칠 수 있음
(단, 방향에 따라 모양이 다름)

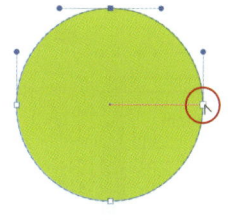

핸들이 펼쳐있는
다른 점 위에
마우스 포인터 올리기

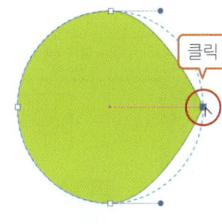

점을 클릭만 하면
빠르게 양쪽 핸들을 없애고
뾰족한 모양이 됨

PRACTICE 01  도형으로 새 만들기

# Figure Tool

■ 예제 파일 : S2-P1.ai

다양한 형태의 도형을 만들고 배치하여 새를 그려봅니다. 이 과정에서는 이전에 학습한 기초 편집 기능과 도형 그리기 기능을 함께 활용합니다.

### 01 사각형 만들기

[File] - [Open] (Ctrl+O)으로 'S2-P1.ai' 파일을 엽니다. 이미 그려진 새를 참고하여 빈 공간에 새롭게 만들어 보겠습니다. Rectangle Tool(M)을 선택하고 빈 화면을 클릭해 옵션 창이 나타나면 Width와 Height 값을 '40mm'로 입력하고 OK를 누릅니다.

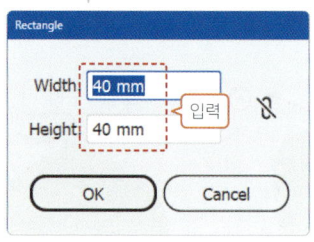

### 02 면 색 적용 및 모퉁이 조절

도구바에서 선 색을 '없음', 면 색을 활성화한 뒤 [Window] - [Swatches] 패널을 엽니다. 하단의 연두색 타일을 클릭하여 면 색을 적용합니다. Direct Selection Tool(A)을 선택하고, 사각형의 우측 상단 점과 좌측 하단 점만 선택합니다. [Control] 패널에서 Corners 값을 '16mm'로 입력하면, 선택된 두 점만 둥글어집니다.

T [Swatches] 패널은 색상, 그레이디언트, 패턴 등을 등록하고 관리하는 곳입니다. 견본 패널의 내용은 'Section 04의 THEORY 03'을 참고합니다.

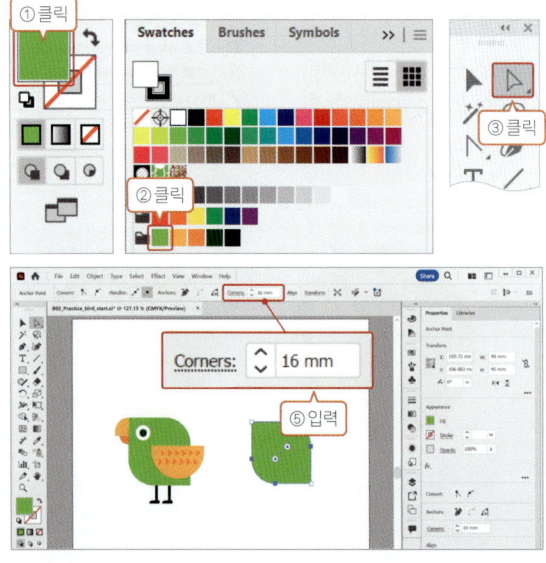
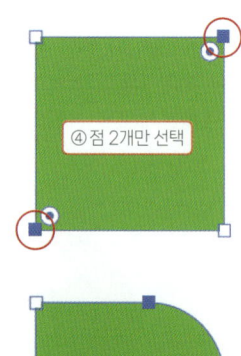
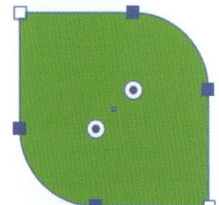

## 03 원으로 눈 만들기

Ellipse Tool(L)로 빈 화면을 클릭하고 Width와 Height 값을 '9mm'로 입력한 뒤 OK를 누릅니다. 면 색을 흰색으로 설정하고 그림처럼 배치합니다. 이어서 '5mm'의 크기의 다른 정원을 만듭니다. [Swatches] 패널을 열어 진한 녹색으로 면 색을 적용한 뒤, 이 원을 흰색 원 위의 중앙에 배치해 새의 눈을 완성합니다. 두 원 모두 선 색을 '없음'으로 적용합니다.

T 색상은 원하는 대로 자유롭게 적용해도 좋습니다.

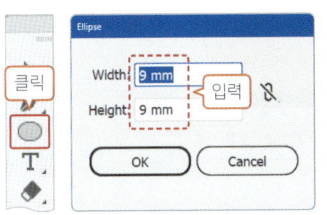 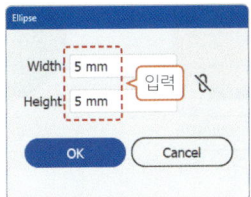  

## 04 사각형으로 부리 만들기 1

Rectangle Tool(M)로 빈 화면을 클릭하고 Width는 '9mm', Height는 '12mm'를 입력한 뒤 OK를 누릅니다. 그림과 같이 왼쪽 상단에 배치합니다. [Swatches] 패널에서 부리에 어울리는 노란색을 면 색으로 적용합니다. Direct Selection Tool(A)로 사각형의 좌측 상단의 점 하나만 선택합니다. Live Corners Widget을 더 이상 둥글릴 수 없을 때까지 최대한 드래그합니다.

T 라이브 코너 위젯(Live Corners Widget)은 패스의 모퉁이를 직접 조절하여 둥글게 만들거나 다양한 형태로 변형할 수 있는 기능입니다.

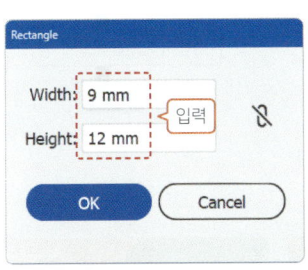  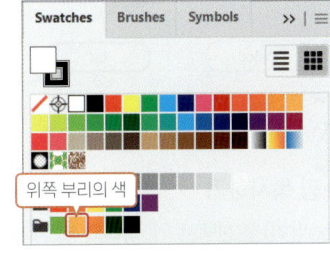

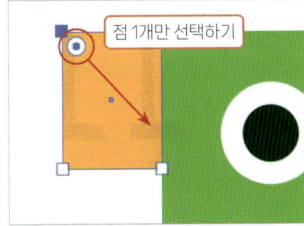  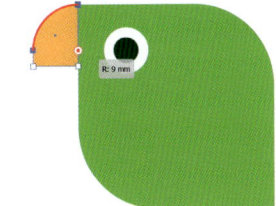

## 05 사각형으로 부리 만들기 2

아래쪽 부리도 동일하게 작업합니다. Rectangle Tool(M)로 Width와 Height 값을 '6mm'로 입력한 뒤 OK를 누릅니다. 면 색은 [Swatches] 패널에서 어두운 주황색으로 적용하고 아래쪽에 배치합니다. Direct Selection Tool(A)로 좌측 하단 점 하나를 선택한 뒤, 나타나는 Live Corners Widget을 최대한 둥글립니다.

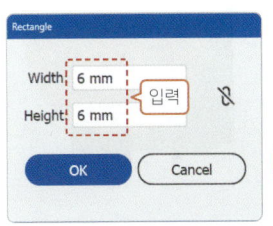 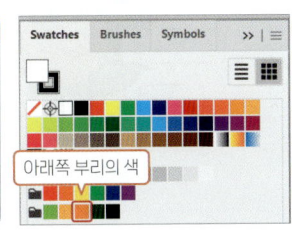  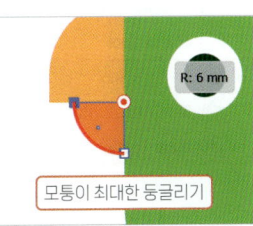

## 06 사각형으로 날개 만들기

Rectangle Tool(M)로 Width는 '35mm', Height는 '20mm'인 사각형을 만듭니다. 면 색은 큰 부리와 동일한 색으로 지정합니다. Direct Selection Tool(A)로 하단의 점 두 개만 선택한 뒤 최대한 둥글리고 그림처럼 배치합니다.

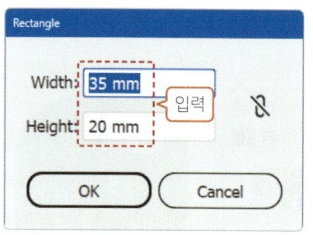  

## 07 사각형으로 다리 및 발 만들기

Rectangle Tool(M)로 Width는 '1.5mm', Height는 '12mm'인 사각형과 Width는 '7mm', Height는 '2mm'인 사각형을 만들어 그림과 같이 다리와 발을 만듭니다. 면 색은 검은색, 선 색은 '없음'으로 설정합니다. Direct Selection Tool(A)로 작은 7×2mm 사각형의 좌측 상단 점 하나만 선택한 뒤 최대한 둥글리고 그림처럼 배치합니다.

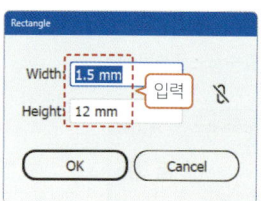 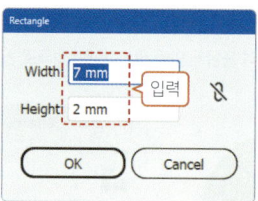  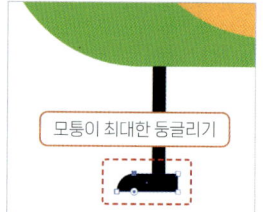

## 08 개체 수평 복사하기

Selection Tool(V)을 선택한 뒤, 다리와 발 개체를 함께 선택합니다. Alt 키와 Shift 키를 누른 채 오른쪽으로 드래그하여 수평으로 복사합니다.

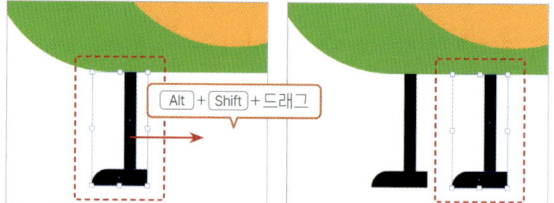

## 09 삼각형 만들기 및 수평 복사하기

Polygon Tool을 선택하고 빈 화면을 클릭해 Radius는 '8mm', Sides는 '3'을 입력한 뒤 OK를 누릅니다. 삼각형 면 색은 작은 부리 색과 동일하게 설정합니다. Selection Tool(V)로 삼각형을 선택한 다음, Shift 키를 누른 채 시계 방향으로 회전합니다. 사이즈를 조절하여 그림처럼 배치한 뒤, Alt 키와 Shift 키를 누른 채 오른쪽으로 드래그하여 수평 복사합니다.

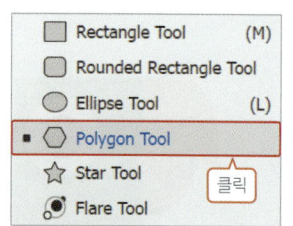 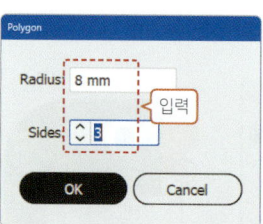  

## 10 삼각형 추가 복제 및 선택

[Object] - [Transform] - [Transform Again] (Ctrl + D)을 누르면 이전 작업이 반복되어 오른쪽으로 같은 간격의 복사본이 생성됩니다. 이 단축키를 몇 번 더 눌러 원하는 만큼 삼각형을 복제한 뒤, Shift 키를 누른 채 복제된 삼각형들을 모두 선택합니다.

**S** Transform Again(변형 반복) Ctrl + D

**T** Ctrl + D 단축키는 바로 이전의 변형 작업을 반복합니다. 예를 들어, 개체를 이동하거나 복제했다면, 이 단축키를 누를 때마다 동일한 간격으로 계속해서 이동 및 복제가 가능합니다. 자주 사용되는 단축키이므로 외워두는 것이 좋습니다.

  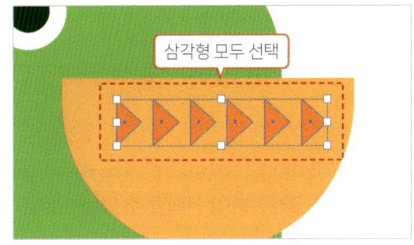

## 11 삼각형 배치 및 마무리

Alt 키를 누른 채 아래로 드래그하여 삼각형들을 원하는 위치에 복사 및 배치합니다. 빈 화면을 클릭하여 선택을 해제하면 작업이 마무리되고, 도형으로 만든 새가 완성됩니다.

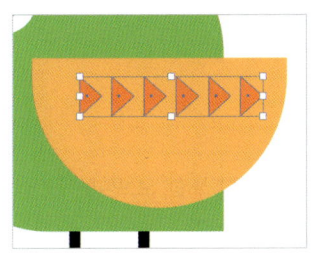 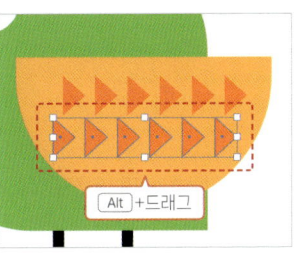 

# THEORY 03  선택과 이동하기

# Select & Move

■ 예제 파일 : S2-3.ai

선택 도구는 오브젝트를 선택하거나 이동할 때 사용하며 직접 선택 도구는 오브젝트의 특정 패스나 앵커 포인트를 수정, 삭제할 때 사용합니다. 선택 도구를 이용해 개체를 선택 및 이동하고 변형해 보겠습니다.

## ★★ Selection Tool 선택 도구

개체를 선택하는 방법은 여러 가지가 있습니다. 전체 오브젝트를 선택하는 Selection Tool(선택 도구)과 일부 점만 선택하는 Direct Selection Tool(직접 선택 도구) 외에도, 비슷한 조건의 개체를 선택하는 Magic Wand Tool(자동 선택 도구), 그리고 원하는 대로 드래그하여 선택할 수 있는 Lasso Tool(올가미 도구) 등이 있습니다.

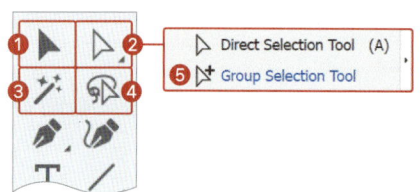

❶ Selection Tool(선택 도구) S V
❷ Direct Selection Tool(직접 선택 도구) S A
❸ Magic Wand Tool(자동 선택 도구) S Y
❹ Lasso Tool(올가미 도구) S Q
❺ Group Selection Tool(그룹 선택 도구)

### ❶ Selection Tool(선택 도구) S V

**Ⓐ 클릭 및 드래그로 개체 선택 및 해제**

Selection Tool로 오브젝트를 클릭하면 해당 오브젝트가 선택되며 바운딩 박스가 나타납니다. 또한, 오브젝트 주변을 드래그하여 영역에 걸치도록 선택하면, 해당 영역에 걸친 모든 개체가 선택됩니다. 개체를 추가로 선택하거나 선택을 해제하고 싶을 때는 Shift 키를 누른 채 클릭합니다.

T 현재 체리 개체는 그룹으로 묶여 있지 않습니다. 반면 레몬, 수박, 사과 개체는 각각 하나씩 개별적으로 그룹화되어 있습니다.

**B 정확한 수치로 이동하기**

개체를 선택한 후 Selection Tool을 더블클릭하거나 Enter 키를 누르면 옵션 창이 나타납니다. Horizontal(가로) 값에 양수를 입력하면 개체가 오른쪽, 음수를 입력하면 왼쪽으로 이동합니다. Vertical(세로) 값에 양수를 입력하면 아래로, 음수를 입력하면 위로 이동합니다. 대각선 이동 시에는 Angle(각도)을 입력한 다음 Distance(거리) 값을 입력합니다.

**C [Transform] 패널에서 정확한 수치로 이동하기**

패널에서 수치를 입력하여 개체를 이동할 수 있습니다. 개체를 선택한 후 [Window] - [Transform] 또는 Shift + F8 을 눌러 변형 패널을 엽니다. 가로로 이동하려면 X 좌표값, 세로로 이동하려면 Y 좌표값이 적힌 숫자 입력란에 원하는 수치를 입력한 뒤 Enter 키를 누릅니다.

S Transform(변형) 패널 Shift + F8

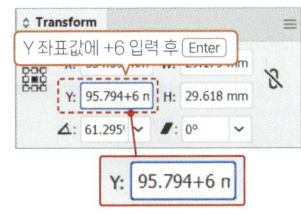

T 설정 값을 입력하는 칸에서는 사칙연산(+, -, ×, /)도 가능합니다. 예를 들어, 100/2이라고 입력하면 50으로 계산되어 적용됩니다. 이 기능을 활용하면 복잡한 계산 없이도 정확한 값을 빠르게 처리할 수 있어 작업 효율을 높일 수 있습니다.

❷ **Direct Selection Tool(직접 선택 도구)** S A

Ⓐ 클릭 및 드래그로 개체 선택 및 해제

Direct Selection Tool로 개체의 안쪽을 클릭하면 점과 패스가 모두 선택되어 표시됩니다. 그러나 이 경우에는 바운딩 박스는 나타나지 않습니다. 개체의 외곽 패스를 클릭하면 점은 선택되지 않고 패스만 선택됩니다. 특정 점을 클릭하면 해당 점만 선택되며, 점을 드래그하면 해당 점의 위치가 이동됩니다.

T 점을 드래그하여 이동할 때는 클릭한 상태를 유지한 채(마우스를 놓지 않고) 바로 드래그해야 합니다.

Ⓑ 개체 복제 및 다중 선택

Direct Selection Tool로 개체의 안쪽을 클릭하여 선택한 뒤, Alt 키를 누른 채 드래그하면 개체가 복사 및 이동됩니다. 빈 화면을 클릭하면 선택이 해제됩니다. 개체 바깥쪽에서 드래그하여 영역을 지정하면, 해당 영역에 걸친 점들이 다중 선택됩니다. 이때 이 점들을 한꺼번에 드래그하여 이동할 수 있습니다.

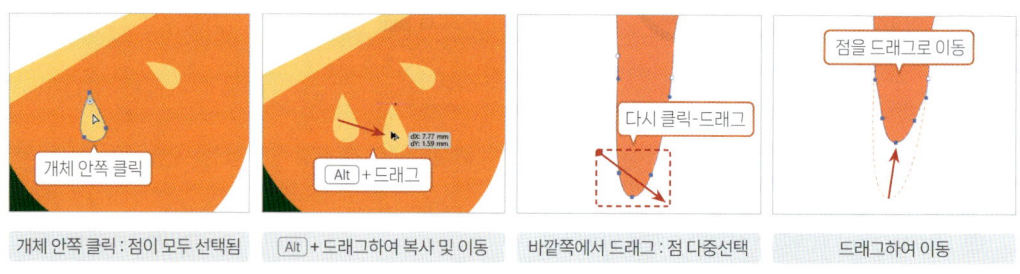

Ⓒ 특정 영역 선택 및 이동

개체의 특정 점이나 패스를 선택한 상태에서 Direct Selection Tool을 더블클릭하거나 Enter 키를 누르면 옵션 창이 나타납니다. 여기서 Horizontal(가로) 또는 Vertical(세로) 값에 원하는 이동 거리를 입력하고 OK를 누르면 정확한 위치로 이동시킬 수 있습니다.

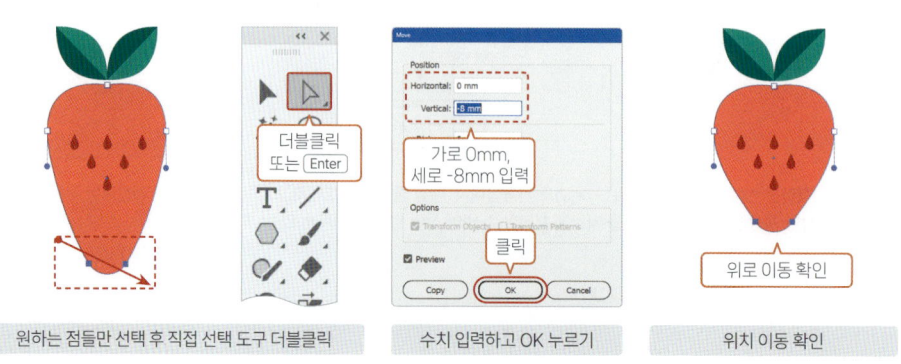

| 원하는 점들만 선택 후 직접 선택 도구 더블클릭 | 수치 입력하고 OK 누르기 | 위치 이동 확인 |

## ❸ Magic Wand Tool(자동 선택 도구) S Y

Magic Wand Tool(자동 선택 도구)은 클릭한 개체와 유사한 색상의 개체들을 한 번에 선택합니다. 완전히 동일한 색상뿐 아니라, 유사하다고 판단되는 색상까지도 다중 선택할 수 있습니다. 색상의 유사성 기준은 도구바에서 Magic Wand Tool을 더블클릭하면 나타나는 옵션 창에서 직접 설정할 수 있습니다. 여기서 원하는 조건을 조절하여 선택 범위를 제어합니다.

**T** Tolerance(허용치)는 1부터 100까지의 수치로 범위를 지정할 수 있습니다. 이 수치가 높을수록 유사성의 범위가 넓어져 더 많은 개체를 선택할 수 있습니다.

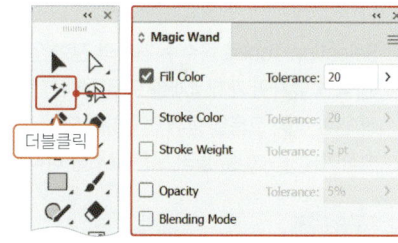

| 개체를 클릭하면 같은 색상이 다중 선택됨 | 나뭇잎 개체의 일부만 클릭해도 나뭇잎이 모두 선택됨 | 자동 선택 도구를 더블클릭하면 유사 개체의 조건을 세부적으로 설정할 수 있음 |

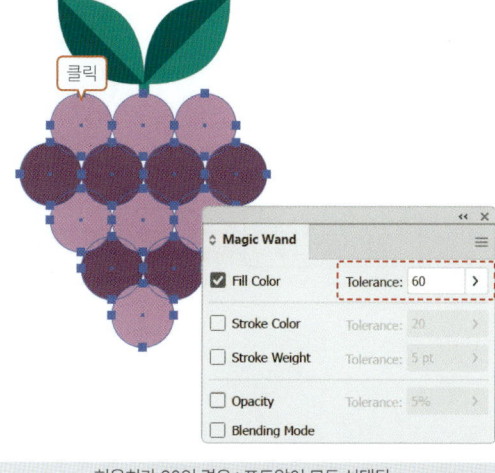
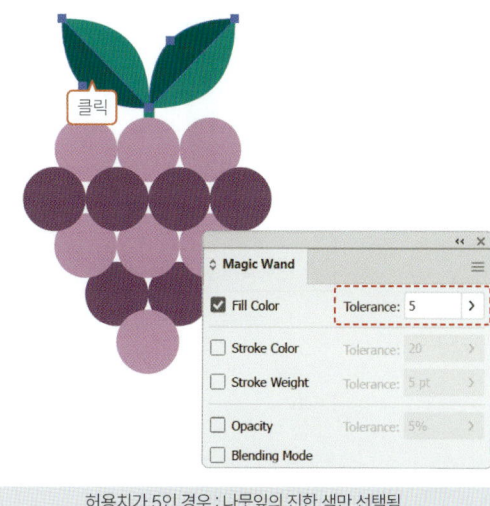

| 허용치가 60인 경우 : 포도알이 모두 선택됨 | 허용치가 5인 경우 : 나뭇잎의 진한 색만 선택됨 |

❹ **Lasso Tool(올가미 도구)** Ⓢ Ⓠ

Lasso Tool(올가미 도구)은 원하는 영역을 드래그하여 해당 영역에 포함되는 점들을 선택합니다. Shift 키를 누른 채 드래그하면 추가로 점들을 선택할 수 있으며, Alt 키를 누른 채 드래그하면 기존 선택을 해제할 수 있습니다. 이 도구는 복잡한 개체들 사이에서 방해 없이 특정 점들만 선택할 때 유용합니다. 다만, Lasso Tool 자체에는 이동 기능이 없으므로, 선택된 점들을 이동하려면 Direct Selection Tool로 전환해야 합니다.

Ⓣ 점을 이동할 때는 클릭한 상태에서 바로 드래그해야 합니다. 클릭 후 놓으면 이동되지 않습니다.

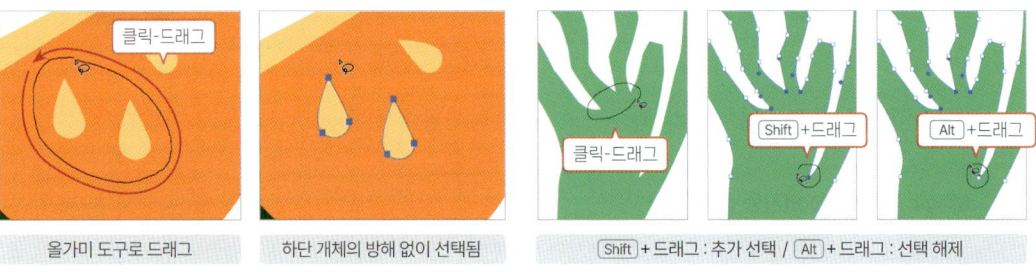

❺ **Group Selection Tool(그룹 선택 도구)**

Group Selection Tool(그룹 선택 도구)은 그룹화된 개체를 한 번에 선택할 수 있는 도구입니다. 그룹은 여러 개체가 묶인 상태인데, 이 그룹들을 다시 또 다른 그룹으로 묶을 수 있습니다. 이때 Group Selection Tool을 사용하면 계층적으로 연결된 그룹들을 연속적으로 다중 선택할 수 있습니다.

Selection Tool로 옥수수 개체의 진한 잎사귀 개체 4개를 모두 선택하고 Ctrl + G 를 눌러 그룹으로 만듭니다. 이어서 연한 녹색 잎사귀 개체 4개를 모두 선택한 뒤 Ctrl + G 를 눌러 또 다른 그룹으로 만듭니다. 이렇게 만들어진 진한 녹색 그룹과 연한 녹색 그룹을 함께 선택하여 다시 한번 Ctrl + G 로 그룹으로 만듭니다. 최종적으로 옥수수 개체 전체를 한꺼번에 선택하여 Ctrl + G 를 눌러 모든 요소를 하나의 그룹으로 만듭니다.

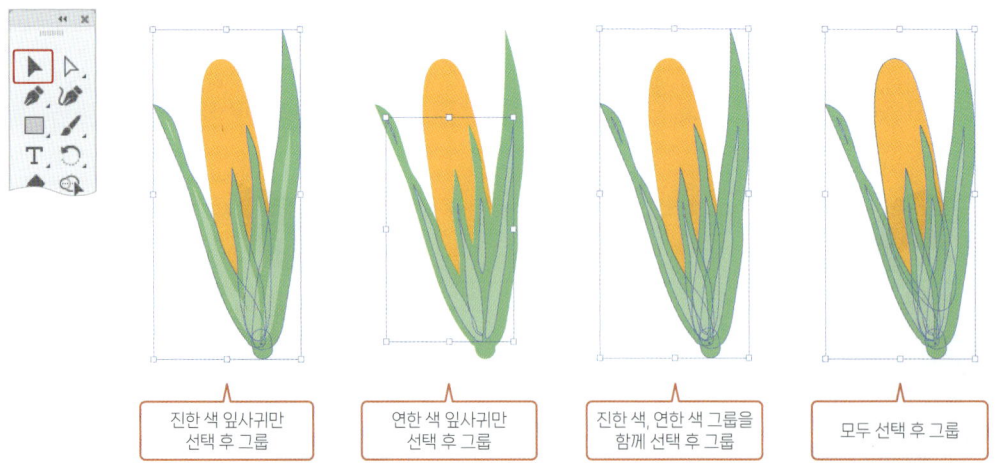

Group Selection Tool로 연한 녹색 개체 중 아무것이나 클릭하면 해당 개체의 모든 점이 선택됩니다. 같은 자리를 한 번 더 클릭하면 연계된 연한 녹색 그룹 전체가 선택됩니다. 다시 한번 클릭하면 연계된 진한 녹색 그룹이 추가로 선택되며, 제자리에서 한 번 더 클릭하면 전체 그룹화된 개체가 모두 선택됩니다.

> T 그룹 선택 도구는 동일한 위치에서 계속 클릭할 경우, 연계된 그룹들을 연속적으로 선택합니다.

## 보이지 않는 개체 선택하기

작업할 때 작은 개체 위에 큰 개체가 덮여 아래에 있는 개체가 보이지 않는 경우가 발생할 수 있습니다. 이러한 상황에서 하단의 가려진 개체를 선택할 수 있는 다양한 방법들이 있습니다.

### ❶ 전체 선택 도구를 이용한 선택 및 선택 해제

Selection Tool로 개체 전체를 선택한 후, Shift 키를 누른 채 꽃잎 개체를 클릭하여 선택에서 제외합니다.

> T 안에 숨겨진 다이아몬드 개체를 이동하려면, 다이아몬드 개체의 면이 아닌 외곽 패스를 클릭하여 드래그해야 이동됩니다. 면을 선택할 경우, 그 위에 있는 꽃 개체가 대신 선택될 수 있습니다.

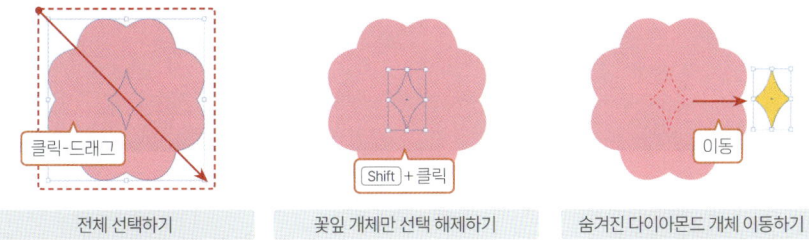

### ❷ 전체 선택 도구와 단축키로 하위 개체 선택

Selection Tool 사용 중, 같은 지점에서 Ctrl 키를 누른 채 계속 클릭하면 하위 개체들을 순차적으로 선택할 수 있습니다.

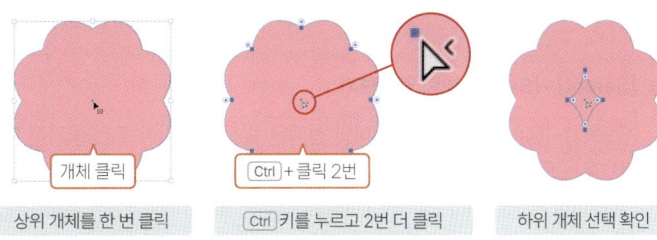

### ❸ 윤곽선 모드 활용

Outline Mode(윤곽선 모드)는 개체의 외곽선을 표시하는 기능입니다. [View] - [Outline] 또는 Ctrl + Y 를 눌러 모드를 전환하거나 원래 모드로 되돌릴 수 있습니다.

S Outline(윤곽선) Ctrl + Y

| 윤곽선 모드 상태 | 다이아몬드 개체의 외곽 선택 | 아웃라인 모드 해제 |

### ❹ 레이어 패널 활용

[Window] - [Layers] 또는 F7 을 눌러 레이어 패널을 엽니다. 패널에서 펼침 아이콘( > )을 클릭하여 목록을 펼친 후 원하는 개체를 선택할 수 있고, 목록 내에서 개체를 드래그하여 순서를 변경할 수도 있습니다.

S Layers(레이어) 패널 F7

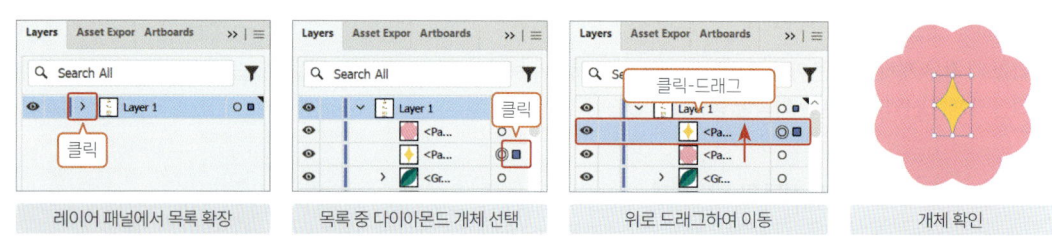

| 레이어 패널에서 목록 확장 | 목록 중 다이아몬드 개체 선택 | 위로 드래그하여 이동 | 개체 확인 |

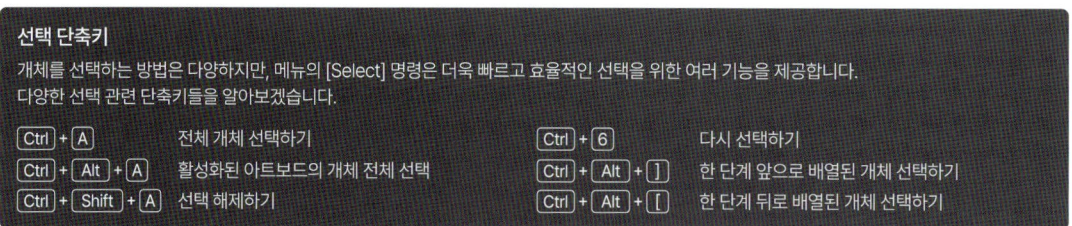

## Select & Same 선택 & 동일하게

일러스트레이터에서는 동일한 조건을 가진 개체들을 한꺼번에 선택할 수 있는 기능을 제공합니다. [Select] - [Same] 메뉴를 열면 다양한 조건들을 설정하여 개체를 선택할 수 있습니다.

### ❶ [Select] - [Same] 명령 알아보기

[Select] - [Same] 메뉴를 클릭하면 선택된 개체와 동일한 조건을 가진 다른 개체들을 찾을 수 있습니다. 설정 가능한 조건으로는 Fill Color(칠 색상), Fill & Stroke(칠과 선), Opacity(불투명도) 등이 있습니다. 또한 업데이트 이후에는 Font Family(글꼴 군), Font Family & Style(글꼴 군 및 스타일), Font Size(글꼴 크기), Text Fill Color(텍스트 채우기 색상) 등 텍스트 관련 조건들도 설정하여 선택할 수 있습니다.

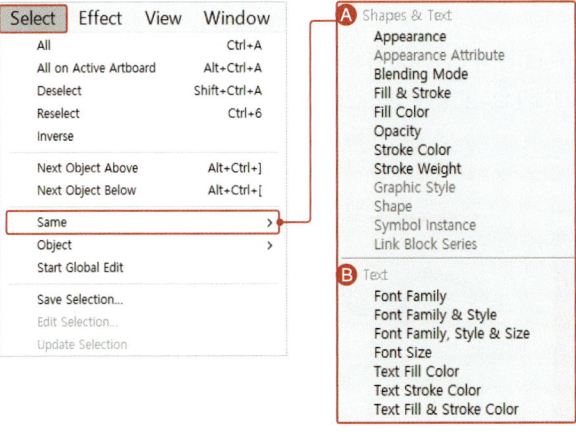

Ⓐ 모양 및 텍스트 메뉴

모양, 모양 속성, 혼합 모드, 칠과 선, 칠 색상, 불투명도, 선 색상, 선 두께, 그래픽 스타일, 모양, 심볼 예제, 선 블록 연속

Ⓑ 텍스트 메뉴

글꼴 군, 글꼴 군 및 스타일, 글꼴 군/스타일 및 크기, 글꼴 크기, 텍스트 채우기 색상, 텍스트 선 색상, 텍스트 채우기 및 선 색상

❷ [Select] - [Same]으로 유사 개체 선택

개체를 선택한 후, [Select] - [Same]에서 원하는 조건을 선택하면 선택된 개체와 동일한 조건을 가진 모든 개체가 한꺼번에 선택됩니다.

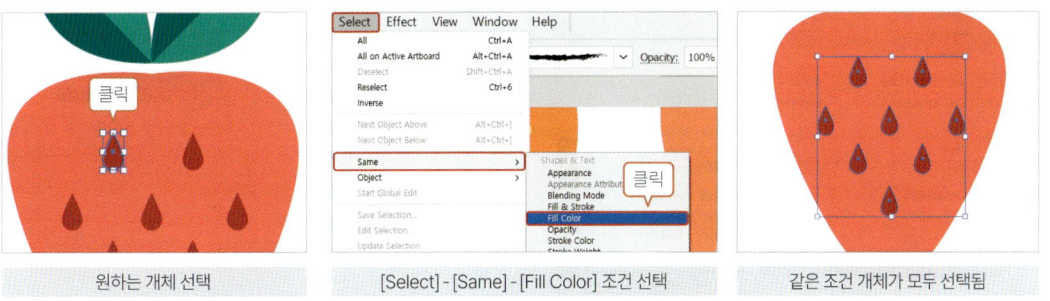

| 원하는 개체 선택 | [Select] - [Same] - [Fill Color] 조건 선택 | 같은 조건 개체가 모두 선택됨 |

❸ [Select] - [Object] 명령 알아보기

[Select] - [Object] 메뉴는 [Select] - [Same]과 유사하게 동일한 조건의 개체를 선택해 줍니다. 그러나 특정 개체를 선택하지 않고도 조건을 설정할 수 있다는 차이가 있습니다. 이 메뉴는 [Select] - [Same]에서 제공되지 않는 다양한 선택 조건들을 제공합니다.

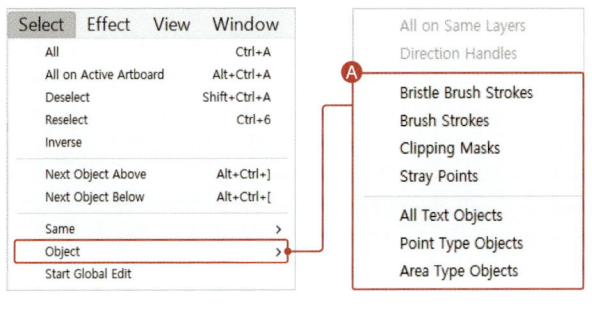

Ⓐ 메뉴

강모 브러시 선, 브러시 선, 클리핑 마스크, 흩어진 점, 모든 문자 개체, 점 문자 개체, 영역 문자 개체

❹ **[Select] - [Object]로 유사 개체 선택**

아무 개체도 선택하지 않은 상태에서 [Select] - [Object]를 클릭합니다. 목록에서 원하는 조건을 선택하면, 해당 조건에 부합하는 모든 개체가 선택됩니다. 만약 조건에 맞는 개체가 없다면 아무것도 선택되지 않습니다.

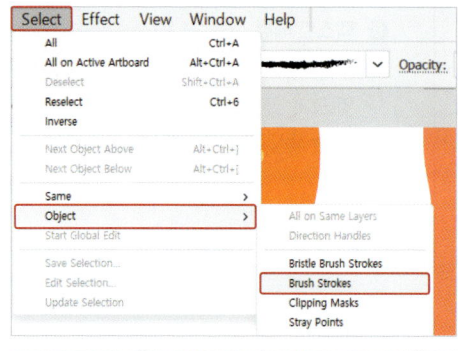

[Select] - [Object] - [Brush Stroke] 선택

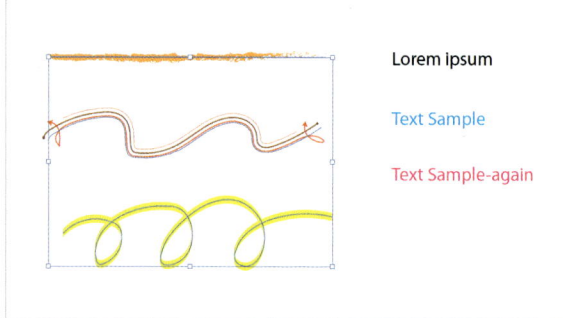

브러시 선이 적용된 개체가 모두 선택됨

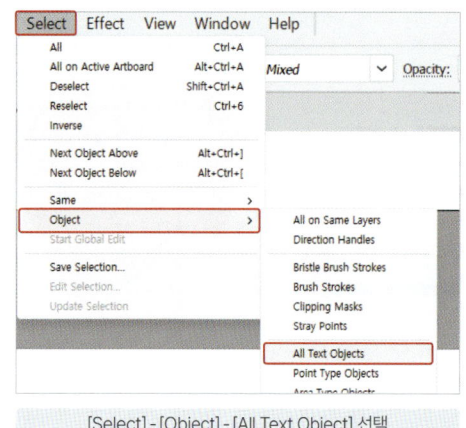

[Select] - [Object] - [All Text Object] 선택

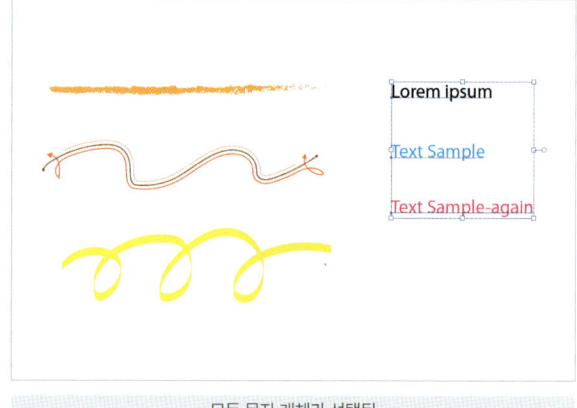

모든 문자 개체가 선택됨

# THEORY 04  복사와 붙여넣기

## Copy & Paste

■ 예제 파일 : S2-4.ai

일러스트레이터에서는 단순히 Ctrl + C로 복사하고 Ctrl + V로 붙여넣는 것 외에도, 복사한 개체를 앞쪽이나 뒤쪽으로 붙여넣는 등의 다양한 방식이 존재합니다. 이 기능을 활용하면 원하는 위치에 정확하게 개체를 배치할 수 있어 작업의 효율성을 높일 수 있습니다.

### ★ Copy & Paste  복사 & 붙여넣기

복사한 개체를 붙여넣을 때 [Edit] 메뉴를 사용할 수도 있지만, 단축키를 활용하면 더욱 빠르고 간편하게 개체의 위치와 레이어의 순서를 제어할 수 있습니다. 개체는 Ctrl + C 또는 마우스 오른쪽 버튼에서 Copy를 선택해 복사합니다.

#### ❶ Paste(붙이기)

복사 후 Ctrl + V 를 누르면 복사한 개체가 현재 작업 화면의 정중앙에 최상위로 붙여넣어집니다.

T Ctrl + 0 을 누르면 현재 선택된 아트보드가 작업창에 맞춰 정렬됩니다.

좌측 양파단면 개체 선택

붙여넣기(정중앙)

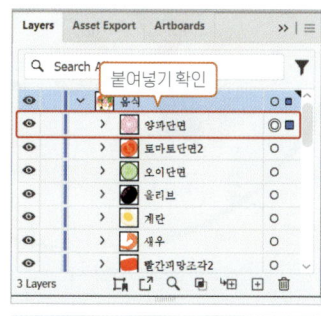
레이어 확인(최상위)

#### ❷ Paste in Place(제자리 가장 상위에 붙이기)

복사 후 Ctrl + Shift + V 를 누르면 복사한 개체가 원래 복사되었던 정확한 위치에 최상위로 붙여넣어집니다.

우측 상단 토마토단면1 개체 선택

붙여넣기(제자리)

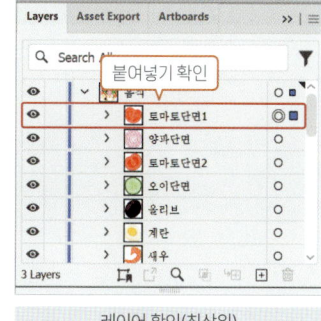
레이어 확인(최상위)

Section 02 - 도형, 선택과 이동, 정돈   73

### ❸ Paste in Front(앞에 붙이기)

복사 후 Ctrl + F 를 누르면 선택한 개체와 정확히 동일한 위치에 원본 개체 바로 위로 붙여넣어집니다.

좌측 상단 오이단면 개체 선택

붙여넣기(제자리-앞)

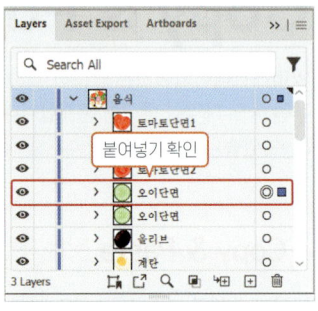
레이어 확인(상위)

### ❹ Paste in Back(뒤에 붙이기)

복사 후 Ctrl + B 를 누르면 선택한 개체와 정확히 동일한 위치에 원본 개체 바로 아래로 붙여넣어집니다.

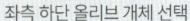
좌측 하단 올리브 개체 선택

붙여넣기(제자리-뒤)

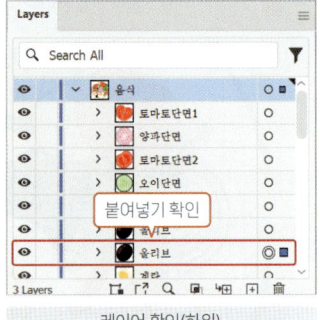
레이어 확인(하위)

---

**복사 및 붙여넣기 단축키**

다음 복사 및 붙여넣기 관련 단축키들을 익히면 개체를 정확한 위치에 빠르게 배치할 수 있어 효율적인 작업이 가능합니다.

| 단축키 | 기능 | 단축키 | 기능 |
|---|---|---|---|
| Ctrl + C | 복사하기 | Ctrl + V | 붙여넣기 |
| Ctrl + F | 앞에 붙이기 | Ctrl + Shift + V | 제자리 가장 상위에 붙이기 |
| Ctrl + B | 뒤에 붙이기 | Alt + Drag | 이동+복제 |

# THEORY 05 배열하기

# Arrange

■ 예제 파일 : S2-5.ai, S2-6.ai

작업 중에는 특정 개체를 다른 개체보다 위에 두거나 아래로 내리는 등 순서를 재조정해야 할 필요가 있습니다. 이때 활용하는 것이 바로 정돈 기능입니다. 이 기능을 사용하면 개체들의 표시 순서를 자유롭게 제어할 수 있습니다.

## Draw Mode 그리기 모드

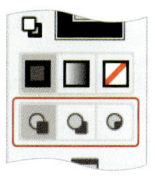

드로잉 모드는 새로운 개체가 그려지는 방식과 위치를 결정합니다. 새 개체가 항상 최상위에 생성되는 것은 Draw Mode(표준 드로잉)로 설정되어 있기 때문입니다. 이 모드에서는 새 드로잉이 기존 개체 위에 쌓이게 됩니다. Shift + D 단축키를 눌러 세 모드 사이를 순환하며 전환할 수 있습니다.

### ❶ Draw Normal(표준 그리기)

새로운 개체가 가장 상위에 그려지는 기본 모드입니다. 별도로 변경하지 않는 한 이 모드가 유지됩니다.

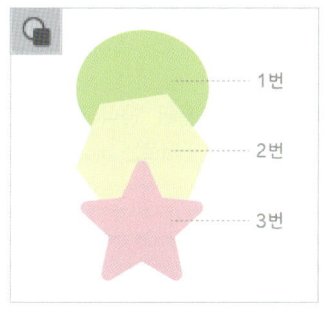

### ❷ Draw Behind(배경 그리기)

이 아이콘을 클릭한 상태에서 개체를 그리면, 새로운 개체는 기존 개체들의 하위에 그려집니다.

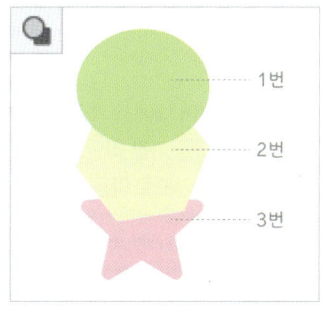

### ❸ Draw Inside(내부 그리기)

이 아이콘을 클릭하면, 새로운 개체가 선택한 개체의 안쪽 영역으로만 그려집니다.

> 내부 그리기 모드는 개체가 선택된 상태에서 활성화됩니다. 내부 그리기 모드는 작업 완료 후에 표준 그리기 모드 아이콘을 클릭하여 종료할 수 있습니다. 모드를 종료한 후에는 해당 개체를 다시 선택하더라도 이전과 같은 방식으로 Draw Inside 모드로 돌아갈 수 없으므로 일회성 작업이라고 생각하는 것이 좋습니다.

## ★★ Arrange 정돈

새로운 개체는 일반적으로 최상위에 생성되지만, Arrange(정돈) 기능을 통해 기존 개체들의 순서를 효율적으로 변경할 수 있습니다. 개체를 선택한 후 메뉴의 [Object] - [Arrange] 또는 마우스 오른쪽 버튼을 클릭하여 기능을 찾을 수도 있지만, 작업 효율성을 위해서는 단축키를 활용하는 것을 권장합니다.

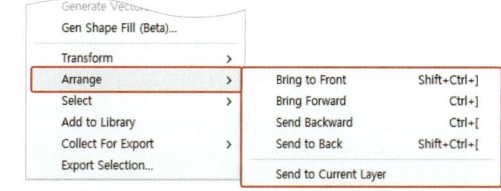

---

**정돈 단축키**

레이어 순서를 바꾸는 단축키들은 선택된 레이어에만 적용됩니다.

| Ctrl + ] | 앞으로 가져오기 | Ctrl + [ | 뒤로 보내기 |
| Ctrl + Shift + ] | 맨 앞으로 가져오기 | Ctrl + Shift + [ | 맨 뒤로 보내기 |

### ❶ Send Backward(뒤로 보내기)

Ctrl + [ 를 누르면 선택한 개체가 바로 아래 단계로 배열됩니다. 원하는 만큼 여러 번 눌러 반복적으로 순서를 내릴 수 있습니다.

 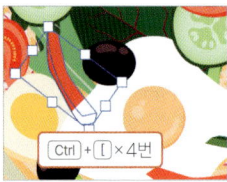  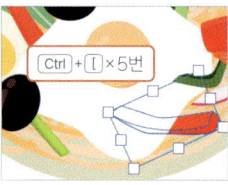

### ❷ Bring Forward(앞으로 가져오기)

Ctrl + ] 를 누르면 선택한 개체가 바로 위 단계로 배열됩니다. 원하는 만큼 여러 번 눌러 반복적으로 순서를 올릴 수 있습니다.

> 개체가 복합적으로 중첩되어 있을 때, 단축키만으로는 배열 변화가 즉각적으로 확인되지 않을 수 있습니다. 이때는 [Layers] 패널을 열어 원하는 위치로 개체를 직접 드래그하여 이동해도 무방합니다.

### ❸ Send to Back(맨 뒤로 보내기)

Ctrl + Shift + [ 를 누르면 선택한 개체가 해당 레이어 내에서 가장 하단으로 배열됩니다. 예를 들어, '음식'과 '접시'가 별도의 레이어에 있다면, '음식' 레이어 안에 있는 개체를 가장 하단으로 배열해도 '접시' 레이어 아래로는 내려가지 않습니다. 이 기능은 현재 속한 레이어의 범위 내에서만 최하단으로 이동시킵니다.

양파단면 개체 선택 / 가장 아래로 배열하기 / 레이어 확인(최하단) / 나눠진 레이어 확인

### ❹ Bring to Front(맨 앞으로 가져오기)

Ctrl + Shift + ] 를 누르면 선택한 개체가 해당 레이어 내에서 가장 상위로 배열됩니다. 마찬가지로 이 기능 또한 현재 속한 레이어의 범위 내에서만 최상단으로 이동시킵니다.

   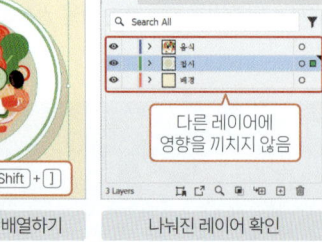

계란 개체 선택 / 가장 위로 배열하기 / 접시를 가장 위로 배열하기 / 나눠진 레이어 확인

# PRACTICE 02   옷 입히기를 통해 배열 익히기

# Arrange

■ 예제 파일 : S2-P2.ai

다양한 옷을 캐릭터에게 입혀보겠습니다. 옷과 캐릭터의 앞뒤 배열 순서가 맞춰져 있지 않기 때문에 옷을 배열하는 과정에서 효율적인 배열 방식을 자연스럽게 익힐 수 있습니다.

### 01 상의 배치하기

[File] - [Open](Ctrl + O)으로 'S2-P2.ai' 파일을 엽니다. 상의 개체 중 하나를 선택한 후, 드래그하여 인물의 상반신에 맞춰 배치합니다.

 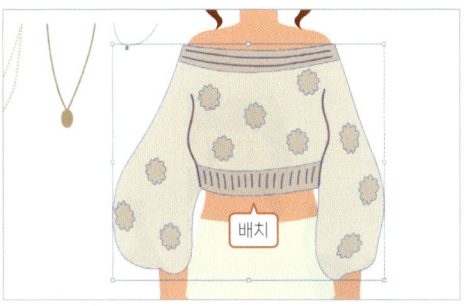

### 02 하의 배치 및 배열하기

하의 개체 중 하나를 선택한 후, 캐릭터의 하반신에 맞춰 배치합니다. 이때, 몸이 하의 위에 배열되었기 때문에 [Object] - [Arrange] 메뉴 또는 마우스 오른 버튼을 눌러 'Bring to Front'(Ctrl + Shift + ])를 선택해 하의를 가장 상위로 배열하고 크기와 위치를 조절합니다.

- S Bring to Front(맨 앞으로 가져오기) Ctrl + Shift + ]
- S Bring Forward(앞으로 가져오기) Ctrl + ]
- S Send Backward(뒤로 보내기) Ctrl + [
- S Send to Back(맨 뒤로 보내기) Ctrl + Shift + [

### 03 목걸이 배치 및 배열하기

목걸이 개체 중 하나를 선택한 후, 캐릭터의 목에 맞춰 배치합니다. 상의가 목걸이를 가리기 때문에 Bring to Front (Ctrl + Shift + ])로 목걸이를 가장 상위로 배열합니다.

## 04 머리띠 배치 및 배열하기

머리띠 개체 중 하나를 선택한 후, 캐릭터의 머리 위에 배치합니다. 머리가 머리띠를 가리기 때문에 Bring to Front(Ctrl + Shift + ])로 머리띠를 가장 상위로 배열합니다.

## 05 민소매 상의 배치 및 색상 조정하기

처음 배치한 상의 아래에 민소매 상의를 얹으면 캐릭터 뒤쪽에 놓이게 됩니다. 이때, [Color] 패널(F6)을 열고 CMYK 값을 '40 - 50 - 60 - 16'으로 입력하여 색상을 조정하고, Bring to Front(Ctrl + Shift + ])로 가장 상위로 배열합니다.

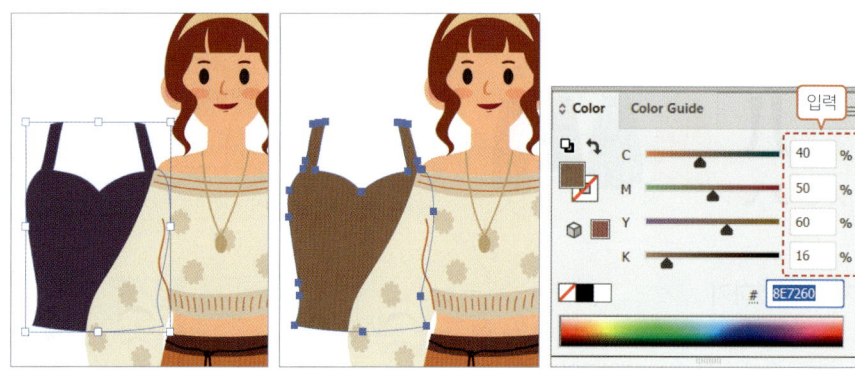

## 06 민소매 상의 및 목걸이 배열하기

색상을 바꾼 민소매 상의를 몸에 맞도록 위치시킵니다. 그다음 목걸이 개체를 선택하고 Shift 키를 누른 채 아래쪽의 밝은색 상의를 클릭하여 두 개체를 함께 선택한 뒤, 바로 Bring to Front(Ctrl + Shift + ])로 목걸이와 니트를 가장 상위로 배열합니다.

## 07 아트보드 추가하기

Artboard Tool(Shift+O)을 선택합니다. 화면을 축소한 뒤, 기존 아트보드 아래쪽에 드래그하여 새로운 아트보드를 하나 더 생성합니다. Selection Tool(V)로 완성된 캐릭터를 드래그하여 모두 선택합니다.

## 08 캐릭터 복사하기

Alt 키를 사용하여 캐릭터를 하단의 새 아트보드로 복사합니다. 복사된 개체를 다시 오른쪽으로 한 번 더 복사합니다. 이후 두 캐릭터 중 한쪽의 의상 개체를 모두 삭제하고, 옷을 입지 않은 캐릭터 개체를 여러 개 더 복사하여 준비합니다.

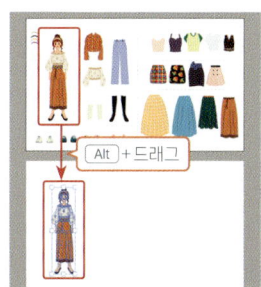

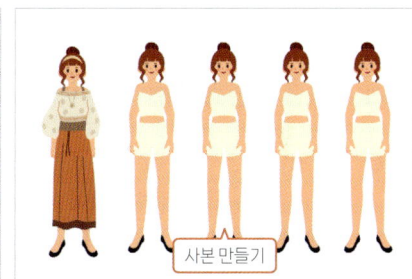

## 09 자유롭게 캐릭터 옷 입히기

하단 이미지를 참고하여 준비된 캐릭터들에게 자유롭게 의상을 입혀봅니다.

## THEORY 06 레이어 패널 알아보기

# Layer

■ 예제 파일 : S2-6.ai

작업 된 오브젝트는 레이어 패널에 수많은 패스가 쌓여 만들어진 결과물로 과정이 복잡해질수록 순서를 변경하기가 까다로워집니다. 이런 경우 레이어 패널에서 레이어를 분리하고 단축키로 순서를 변경하면 더 쉽고 빠르게 작업할 수 있습니다.

### ★ Layer Panel 레이어 패널

[Leyers] 패널에는 하나의 오브젝트마다 하위 레이어가 자동으로 생성되어 복잡한 작업을 진행할 경우 관리를 쉽게 할 수 있습니다. [Window] - [Layers]를 클릭하거나, 단축키 F7 을 누르면 레이어 패널이 나타납니다. 처음 도형을 그릴 때 나타나는 점과 패스의 가이드 색은 기본적으로 파란색입니다. 이는 해당 레이어의 가이드 색을 의미하며, 레이어 패널에서 각 레이어 이름 왼쪽에 얇은 띠 형태로 표시됩니다. 예를 들어, 'Layer 1'은 파란색, 'Layer 2'는 빨간색, 'Layer 3'은 연두색과 같이 레이어마다 고유한 가이드 색상이 지정되어 있어, 어떤 레이어의 개체를 편집 중인지 시각적으로 쉽게 구별할 수 있습니다.

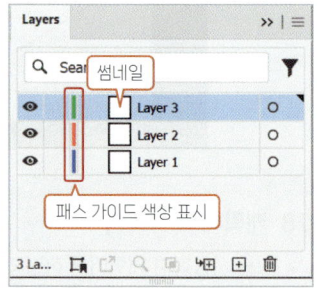

S Layers(레이어) 패널 F7

### ❶ 레이어 검색 및 관리

레이어 패널에서는 효율적인 작업을 위해 다음과 같은 기능을 활용할 수 있습니다.

- Ⓐ 패널 상단의 검색 기능을 통해 특정 레이어를 빠르게 찾을 수 있습니다. 개체 수가 많을 때는 레이어에 명확한 이름을 지정하는 것이 좋습니다.
- Ⓑ 패스, 모양, 텍스트, 효과, 그룹 등 다양한 조건을 설정하여 원하는 레이어만 필터링하여 볼 수 있습니다.
- Ⓒ 변경하려는 레이어 이름을 더블클릭한 후 새 이름을 입력하고 Enter 키를 누르면 이름이 변경됩니다.

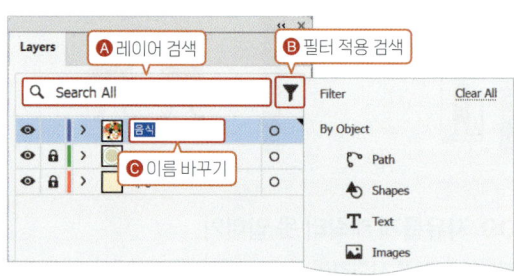

### ❷ 레이어 옵션

각 레이어 이름 옆의 빈 공간을 더블클릭하면 옵션 창이 나타납니다. 여기서 레이어의 다양한 속성을 설정할 수 있습니다.

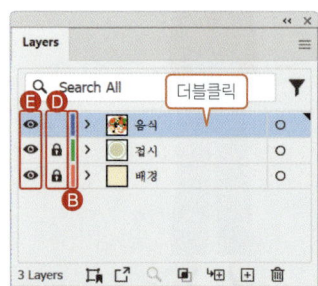 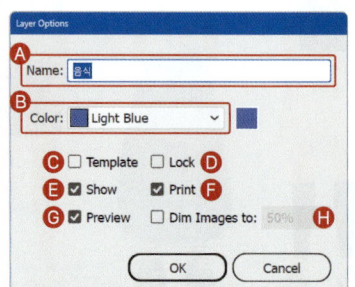 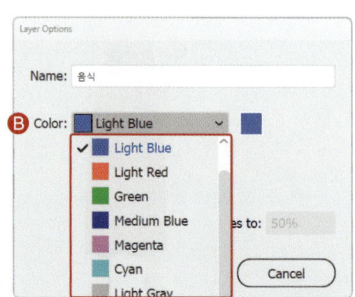

Ⓐ **Name(이름)** : 레이어 이름을 변경할 수 있습니다.
Ⓑ **Color(색상)** : 해당 레이어의 가이드 색상을 바꿀 수 있습니다. Layer 1은 보통 Light Blue로 설정되어 있습니다.
Ⓒ **Template(템플릿)** : 해당 레이어가 템플릿 레이어로 전환되고 자동으로 잠기므로, 이미지를 따라 그릴 때 유용합니다.
Ⓓ **Lock(잠금)** : 해당 레이어를 잠금 처리하여 실수로 변경되는 것을 방지합니다.
Ⓔ **Show(표시)** : 해당 레이어를 보이거나 숨길 수 있습니다.
Ⓕ **Print(인쇄)** : 체크하면 인쇄 시 해당 레이어의 내용이 포함됩니다. 체크를 해제하면 인쇄되지 않습니다.
Ⓖ **Preview(미리보기)** : 레이어의 미리보기 상태를 제어합니다. 해제되면 레이어 내용이 아웃라인 모드로 표시됩니다.
Ⓗ **Dim Images to(이미지 흐림 퍼센트)** : 해당 레이어에 비트맵 이미지가 있을 경우, 입력된 수치(%)만큼 이미지를 투명하게 만들 수 있습니다.

❸ **레이어 선택과 개체 선택**

Ⓐ 레이어 미리보기 옆에 있는 토글 표시( ❯ )는 클릭 시 ' ˅ ' 모양으로 바뀌면서 해당 레이어에 포함된 개체들을 보여줍니다. 개체 중에서도 그룹으로 묶인 개체는 자체적으로 ' ❯ ' 표시가 있어, 클릭하면 하위 구성 요소를 확인할 수 있습니다.

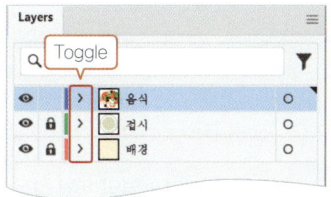 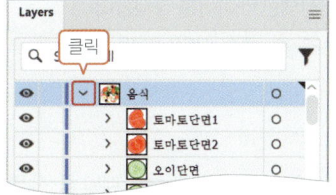 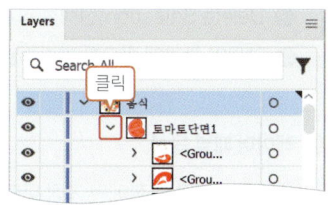

Ⓑ 레이어를 선택하면 파란색 음영으로 표시됩니다. 이는 레이어만 선택된 상태이며, 레이어 내부의 개체는 아직 선택되지 않았습니다. 만약 레이어에 포함된 개체까지 선택된 상태라면, 해당 레이어 이름 끝에 작은 사각형 표시가 나타납니다.

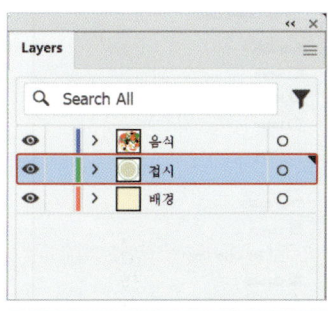 

레이어만 활성화 : 실제 작업 화면에는 개체가 선택되지 않은 상태

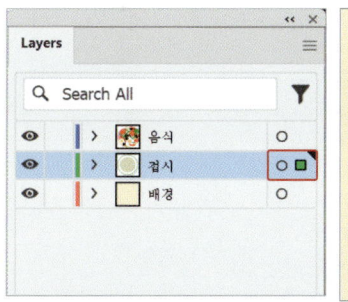 

개체 선택 활성화 : 개체 클릭 또는 레이어 가장 오른쪽을 클릭하여 선택 활성화

### ❹ 레이어 하단 아이콘과 보조 메뉴

Ⓐ 현재 문서의 총 레이어 개수가 표시됩니다.

Ⓑ **Save Selection**(선택 항목 저장) : 특정 개체들을 레이어와 관계없이 따로 이름을 지정하여 저장할 수 있습니다.

Ⓒ **Collect For Export**(내보내기 위해 모으기) : 특정 레이어를 비트맵 파일로 내보낼 수 있습니다. 한 번에 내보내려면 다중 선택 후 아이콘을 누르면 됩니다.

Ⓓ **Locate Object**(오브젝트 찾기) : 특정 개체를 선택하고 이 아이콘을 누르면 [Layers] 패널 내에서 해당 개체의 위치로 바로 이동합니다.

Ⓔ **Make/Release Clipping Mask**(클리핑 마스크 만들기/풀기) : 선택된 개체에 클리핑 마스크를 적용하거나 해제할 수 있습니다.

Ⓕ **Create New Sub layer**(새 하위 레이어 만들기) : 새로운 하위 레이어를 생성합니다.

Ⓖ **Create New Layer**(새 레이어 만들기) : 새로운 레이어를 만듭니다.

Ⓗ **Delete Selection**(선택물 삭제) : 선택한 레이어를 삭제합니다.

Ⓘ 레이어 관리에 필요한 추가적인 보조 메뉴들이 나타납니다.

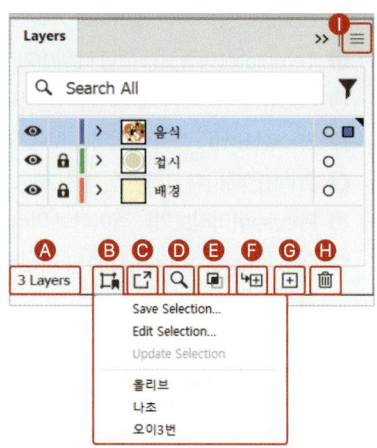

### ❺ 레이어 패널 옵션

레이어 패널의 보조 메뉴 가장 아래에 있는 Panel Options...(패널 옵션) 명령을 선택하면 레이어 패널의 세부 설정 창이 나타납니다. 이곳에서 레이어가 표시되는 크기를 조절하거나, 썸네일에 표시될 개체들의 종류를 선택 또는 해제할 수 있습니다.

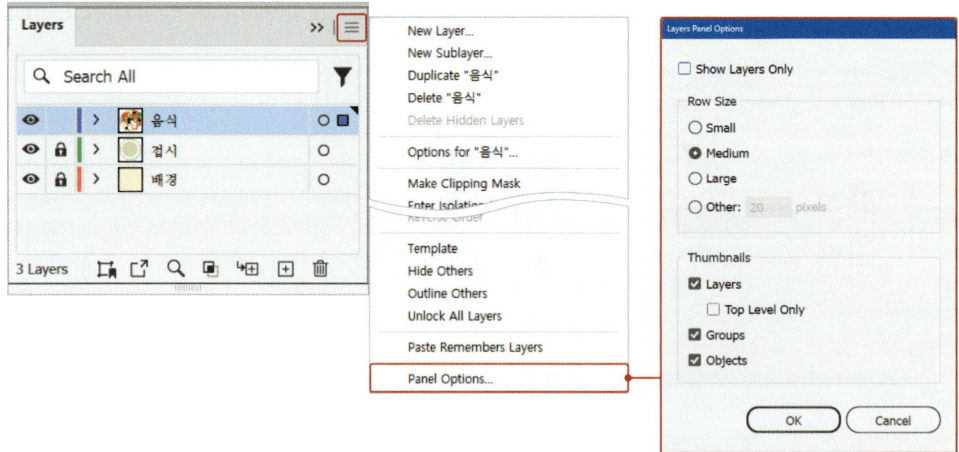

# Exercise

## 도형 개체 조합 및 배열하기
📁 S2_Exercise 예제

도형을 만들고 고정점을 부분적으로 선택하여 모퉁이를 둥글게 하거나, 바운딩 박스를 조절하는 등 지금까지 배운 기능들을 활용합니다. 선택, 이동, 복사 및 붙여넣기, 그룹, 배열 등을 통해 기하학적인 느낌의 다양한 도형 개체를 만들어 보세요.

### 1. 자료 조합하여 개체 만들기

[File] - [Open]으로 'S2-E1.ai' 파일을 엽니다. 좌측 아트보드에는 개체를 조합하여 만들 수 있는 자료들이 준비되어 있으며, 우측 아트보드에는 작업을 진행할 수 있도록 배경 개체가 미리 만들어져 있습니다. 좌측의 소스들을 활용하여 우측 아트보드와 유사한 이미지를 만들어 봅니다.

- S Open(열기) `Ctrl` + `O`  S Selection Tool(선택 도구) `V`

### 2. 개체 그룹화 및 배열로 이미지 완성하기

개체를 만든 후에는 그룹으로 묶고, 배열 단축키를 활용하여 우측 이미지와 유사하게 배치하는 작업을 진행합니다.

- S Group(그룹) `Ctrl` + `G`   S Ungroup(그룹 풀기) `Ctrl` + `Shift` + `G`
- S Bring to Front(맨 앞으로 가져오기) `Ctrl` + `Shift` + `]`   S Bring Forward(앞으로 가져오기) `Ctrl` + `]`
- S Send Backward(뒤로 보내기) `Ctrl` + `[`   S Send to Back(맨 뒤로 보내기) `Ctrl` + `Shift` + `[`

Section 03

# Transform, Align
## 변형, 정렬

### MISSION

일러스트레이터에서 효율적인 작업을 위해서는 중심점을 활용한 개체 편집을 능숙하게 다뤄야 합니다. 이를 통해 개체 회전, 반전, 크기 조절, 기울기 등 다양한 변형을 적용할 수 있습니다. 더불어, 개체들을 원하는 순서로 배치하는 정렬 기능 또한 기초를 다지는 데 중요한 편집 요소입니다. 이번 섹션에서는 이러한 개체 편집의 대표적인 도구들을 배워봅니다.

### KEYWORD

#회전하기 #반사하기
#크기 조절하기 #기울이기 #정렬하기

## THEORY 01  회전하기

# Rotate Tool

■ 예제 파일 : S3-1.ai

바운딩 박스를 이용하거나 회전 도구로 개체를 회전시킬 수 있습니다. 또한, 중심점을 옮기거나 수치를 입력하는 등 다양한 방법으로 회전이 가능합니다.

### ★★ Rotate Tool 회전 도구

오브젝트를 회전할 때 Rotate Tool(회전 도구)을 사용하며, 더블클릭하면 옵션 창이 나타납니다. 모든 변형 도구는 중심점(Origin Point)을 기준으로 변형됩니다.

S Rotate Tool(회전 도구) R

#### ① 중심에서 제자리 회전하기

**ⓐ 회전 도구 선택 후 드래그하기**

개체를 선택한 뒤 Rotate Tool을 클릭하면 개체의 바운딩 박스 정가운데에 중심점이 나타납니다. 이 상태에서 화면 아무 곳이든 원하는 회전 방향으로 드래그하면, 그 중심점을 기준으로 개체가 회전됩니다.

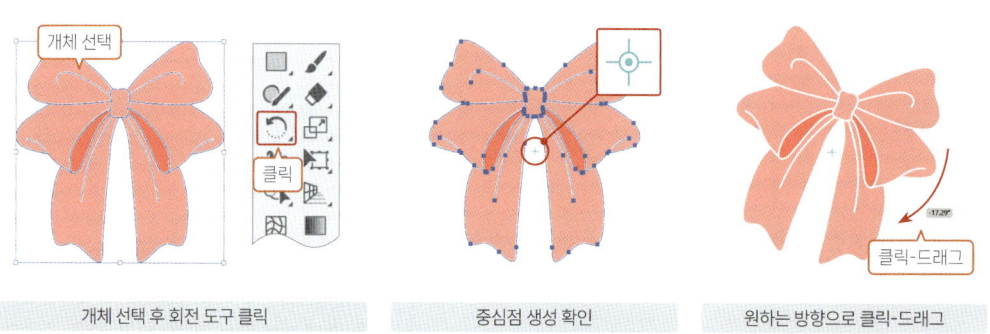

개체 선택 후 회전 도구 클릭 / 중심점 생성 확인 / 원하는 방향으로 클릭-드래그

**ⓑ 회전 도구를 더블클릭하여 수치 입력하기**

개체를 선택한 뒤 Rotate Tool을 더블클릭하면 회전 각도를 입력하는 옵션 창이 나타납니다. 여기서 원하는 Angle(각도)을 입력하고 OK를 누르면 개체가 회전되고, 회전된 복사본을 만들고 싶다면 Copy를 누릅니다. 개체를 선택한 뒤 회전 도구를 클릭하고 Enter 키를 눌러도 동일한 옵션 창이 나타납니다.

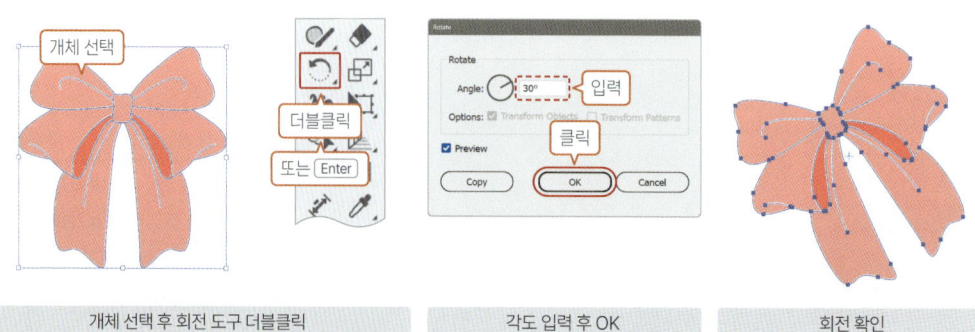

개체 선택 후 회전 도구 더블클릭 / 각도 입력 후 OK / 회전 확인

## ❷ 중심점을 이동하고 회전하기

### Ⓐ 새로운 중심점을 지정한 후 회전하기

개체를 선택한 뒤 Rotate Tool을 클릭하면 개체의 바운딩 박스 정가운데에 중심점이 나타납니다. 이때 원하는 위치를 클릭하면 그곳이 새로운 회전의 중심점이 됩니다. 이 상태에서 화면을 클릭-드래그하면 지정된 새로운 중심점을 기준으로 개체가 회전됩니다. Shift 키를 함께 누른 채 클릭-드래그하면 특정 각도로 스냅 되어 회전됩니다.

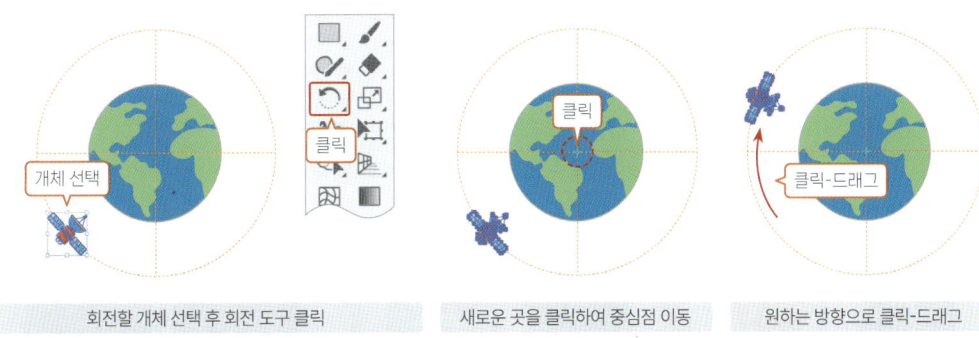

### Ⓑ 새로운 중심점에서 수치를 입력하여 회전하기

개체를 선택한 뒤 Rotate Tool을 클릭합니다. 새로운 회전 중심이 될 곳에 Alt 키를 누른 채 클릭하면 회전 각도를 입력하는 옵션 창이 나타납니다. 원하는 각도를 입력한 뒤 OK를 누르면 해당 중심점을 기준으로 개체가 회전됩니다.

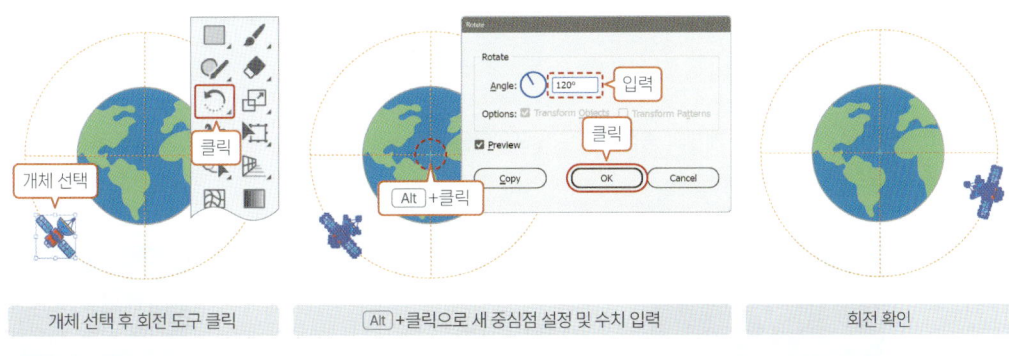

## PRACTICE 01  회전 및 반복으로 다양한 개체 만들기

# Rotate & Transform Again

■ 예제 파일 : S3-P1.ai

회전, 복제, 반복 기능을 활용하여 눈 결정체나 꽃잎처럼 대칭적 패턴을 가진 다양한 개체를 만들어봅니다. 이 과정을 통해 일러스트레이터의 핵심 변형 기능을 익히고, 복잡한 디자인을 효율적으로 만드는 방법을 숙달할 수 있습니다.

### 01 그룹으로 묶인 개체 선택하기

[File] - [Open] (Ctrl + O)으로 'S3-P1.ai' 파일을 엽니다. 좌측 아트보드의 이미지를 참고하여 우측 아트보드에 동일하게 작업합니다. Selection Tool(V)로 스노우 플레이크 상단 부분의 개체를 선택하면 그룹으로 묶인 개체가 선택됩니다.

### 02 회전 도구로 복사하기

Rotate Tool(R)을 선택하고 별 개체의 중심에 마우스 포인터를 올린 뒤 Alt 키를 누른 채 클릭합니다. 옵션 창이 나타나면 '360/7'을 입력한 뒤 Copy를 누릅니다.

  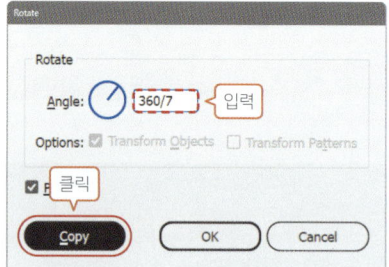 

### 03 반복 기능으로 복사

개체가 복사된 것을 확인한 뒤, Ctrl + D 를 여러 번 눌러 회전 복사 작업을 반복합니다.

S Transform Again(변형 반복) Ctrl + D

T 메뉴의 [Object] - [Transform] - [Transform Again] 에서도 실행할 수 있습니다.

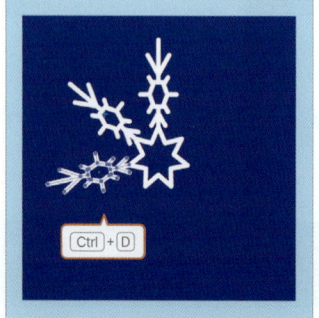 

## 04 꽃잎 회전 복사하기

꽃잎 개체를 선택합니다. Rotate Tool(R)을 선택한 뒤 꽃잎의 하단 점에 마우스 포인터를 올리고 Alt 키를 누른 채 클릭합니다. 옵션 창이 나타나면 Angle에 '30'을 입력한 뒤 Copy를 누릅니다.

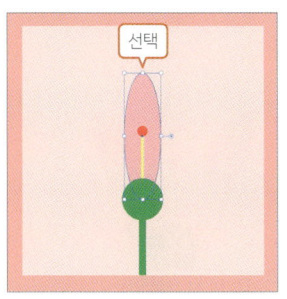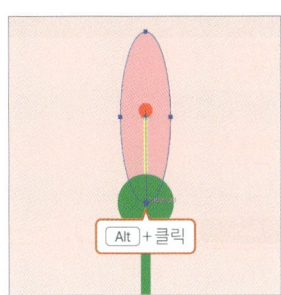

## 05 꽃잎 배열 및 색상 변경하기

Ctrl + D 를 여러 번 반복하여 360도 회전하는 꽃잎을 만듭니다. 하단의 7개 꽃잎을 다중 선택한 뒤 Delete 를 눌러 삭제합니다. 남겨진 5개의 꽃잎 중 두 번째와 네 번째 꽃잎을 선택하고 면 색을 보라색으로 변경한 뒤, 보라색 꽃잎 중 왼쪽에 있는 꽃잎을 선택합니다.

## 06 꽃잎 배열 및 수술 선택하기

Ctrl + ] 를 눌러 선택된 꽃잎을 한 단계 상위로 배열합니다. Selection Tool(V)로 중심의 노란 수술 부분을 선택한 뒤 Rotate Tool(R)을 선택합니다.

S Bring Forward(앞으로 가져오기) Ctrl + ]

## 07 꽃잎 수술 회전 복사하기 1

마우스 포인터를 초록 원의 중심 부분에 두고 Alt 키를 누른 채 클릭합니다. 옵션 창이 뜨면 '30'을 입력하고 Copy를 누릅니다. 복사된 개체를 확인한 뒤, 다시 Alt 키를 누른 채 초록 원의 중심 부분을 클릭합니다.

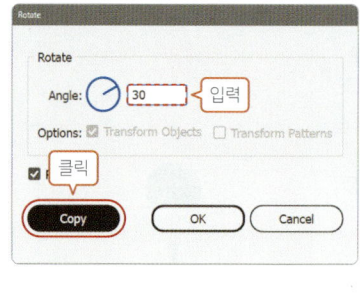

## 08 꽃잎 수술 회전 복사하기 2

옵션 창에 '-60'을 입력하고 Copy를 누릅니다. 복사된 개체를 확인하고 작업을 마무리합니다.

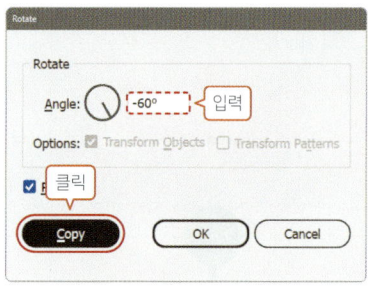

## 09 꽃잎과 시계 회전 연습하기

남아있는 꽃잎과 시계 개체도 좌측 아트보드를 참고하여 동일하게 보일 수 있도록 회전 기능을 연습해 봅니다.

# THEORY 02 반사하기

# Reflect Tool

■ 예제 파일 : S3-2.ai

개체를 반전시킬 때 바운딩 박스를 이용할 수도 있지만 정밀한 반전은 어렵습니다. 반사 도구를 사용하면 개체를 정확하게 반전시킬 수 있으며, 특정 중심점을 기준으로 반전하는 것도 가능합니다.

## ★★ Reflect Tool 반사 도구

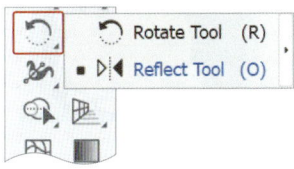

도구바의 Rotate Tool(회전 도구) 안에 위치해 있습니다. Reflect Tool(반사 도구)은 오브젝트를 반사할 때 사용하며, 더블클릭하면 옵션 창이 나타납니다. 모든 변형 도구는 중심점(Origin Point)을 기준으로 변형됩니다.

[S] Reflect Tool(반사 도구) [O]

### ❶ 중심에서 제자리 반사하기

#### Ⓐ 반사 도구 선택 후 드래그하기

개체를 선택한 뒤 Reflect Tool을 클릭하면 개체의 바운딩 박스 정가운데에 중심점이 나타납니다. 이 중심점을 기준으로 왼쪽에서 오른쪽 또는 오른쪽에서 왼쪽으로 드래그하면 개체가 가로 방향으로 반사됩니다. 정확히 수평으로 반사하려면 드래그하는 동안 [Shift] 키를 함께 누릅니다.

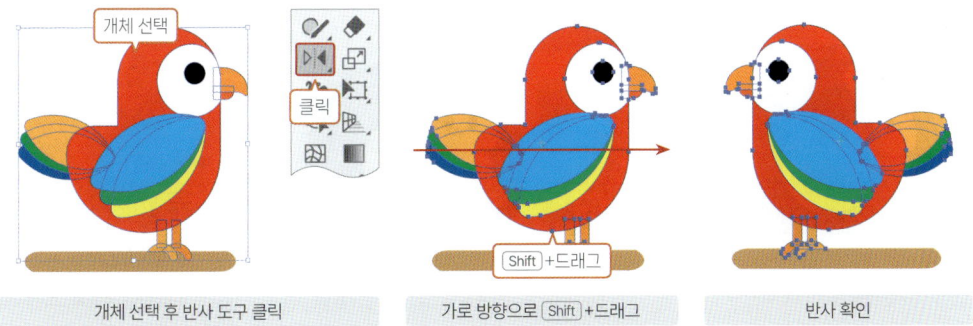

개체 선택 후 반사 도구 클릭 · 가로 방향으로 [Shift]+드래그 · 반사 확인

#### Ⓑ 반사 도구를 더블클릭하여 반사의 축 선택하기

개체를 선택한 뒤 Reflect Tool을 더블클릭하면 반사 방향을 선택하는 옵션 창이 나타납니다. 여기서 Horizontal(가로) 또는 Vertical(세로) 축을 선택하여 방향을 지정할 수 있습니다. 특정 각도로 반사하고 싶다면 직접 Angle(각도)을 입력합니다. 이 방법으로 선택한 개체를 제자리에서 정확하게 반사시킬 수 있습니다.

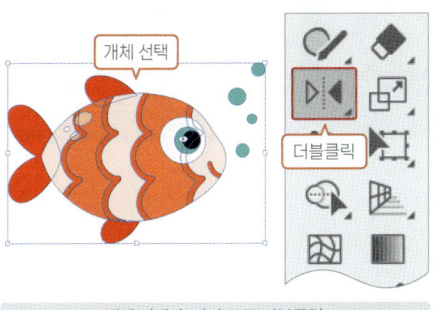
개체 선택 후 반사 도구 더블클릭

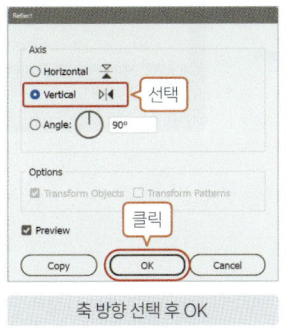
축 방향 선택 후 OK

반사 확인

## ❷ 중심점을 이동하고 반사하기

### Ⓐ 새로운 중심점을 지정한 후 반사하기

개체를 선택한 뒤 Reflect Tool을 클릭하면 개체의 바운딩 박스 정가운데에 중심점이 나타납니다. 이때 원하는 위치를 클릭하면 그곳이 새로운 반사의 중심점이 됩니다. 이 상태에서 화면을 클릭-드래그하면 지정된 새로운 중심점을 기준으로 개체가 반사됩니다. Shift 키를 함께 누르면 수직 또는 수평 방향으로 반사할 수 있습니다.

반사할 개체 선택 후 반사 도구 클릭 | 새로운 곳을 클릭하여 중심점 이동 | 중심점에서 Shift +드래그

### Ⓑ 새로운 중심점에서 축방향을 지정하여 반사 및 복제하기

개체를 선택한 뒤 Reflect Tool을 클릭합니다. 원하는 중심 위치에 Alt 키를 누른 채 클릭하면 반사 도구 옵션 창이 나타납니다. 여기서 원하는 축(Axis) 방향을 선택하고 OK를 누르면 개체가 반사되고, 반사하며 복제하려면 Copy를 누릅니다.

반사할 개체 선택 후 반사 도구 클릭 | 새로운 중심점에 Alt +클릭 | 축 방향 선택 후 Copy

 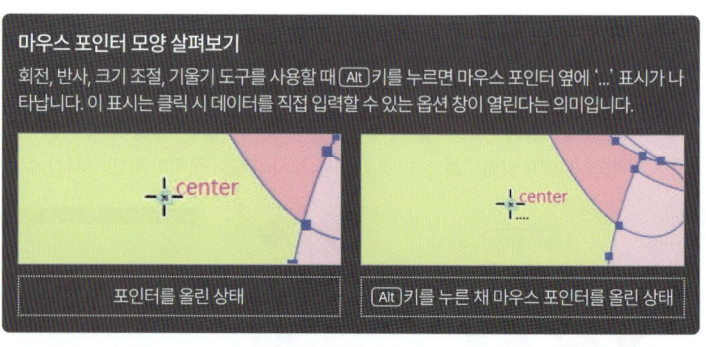

반사 및 복제 확인

# PRACTICE 02  반사 및 복사로 동물 완성하기

# Reflect & Copy

▪ 예제 파일 : S3-P2.ai

회전만으로는 대칭을 이루는 개체의 모양을 완벽하게 구현하기 어렵기 때문에 반사 도구를 익혀야 합니다. 반사 및 복사 기능을 활용하여 동물의 나머지 부분을 완성해 보면서 대칭 형태를 만드는 방법을 익혀봅니다.

## 01  고양이와 달 개체 선택하기

[File] - [Open]( Ctrl + O )으로 'S3-P2.ai' 파일을 엽니다. 이 파일에는 완성되지 않은 동물 이미지가 있습니다. 반사 및 복제 기능을 활용해 이미지를 완성해 보겠습니다. 먼저 Selection Tool( V )로 고양이와 달 개체를 함께 선택합니다.

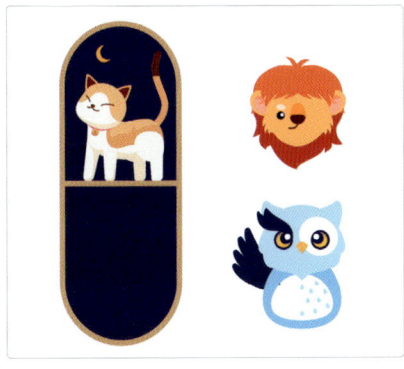

## 02  고양이와 달 반사 및 복사하기

Reflect Tool( O )을 클릭합니다. 고양이 발 아래 부분에 마우스 포인터를 올린 뒤 Alt 키를 누른 채 클릭합니다. 옵션 창이 나타나면 'Horizontal'을 선택한 뒤 Copy를 누릅니다.

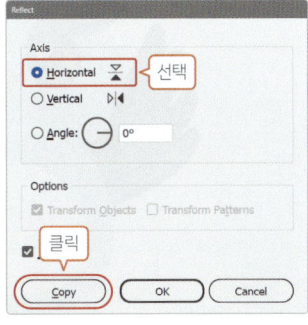

## 03  사자 얼굴 개체 선택하기

반사된 개체를 확인합니다. 다음은 사자 얼굴의 눈썹, 눈, 왼쪽 입을 선택하고 다시 Reflect Tool( O )을 클릭합니다.

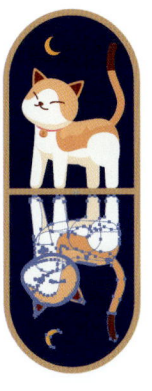

## 04 사자 얼굴 반사 및 복사하기

마우스 포인터를 입 개체의 오른쪽 끝에 두고 Alt 키를 누른 채 클릭합니다. 옵션 창에서 'Vertical'을 선택하고 Copy를 누른 뒤 반전된 모습을 확인합니다.

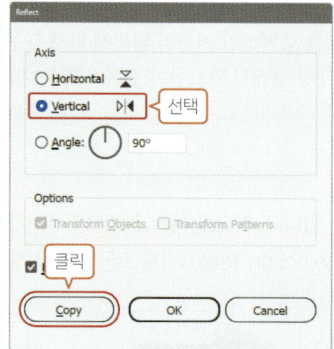

## 05 올빼미 개체 반사 및 복사하기

남은 올빼미도 Reflect Tool( O )을 사용하여 좌우 부족한 부분을 반사 및 복사합니다. 만약 복사 후 배열이 맞지 않는다면, 해당 개체만 따로 선택한 후 Ctrl + [ 또는 Ctrl + ] 단축키 등을 활용하여 배열 순서를 정돈합니다.

- Bring to Front(맨 앞으로 가져오기) Ctrl + Shift + ]   Bring Forward(앞으로 가져오기) Ctrl + ]
- Send Backward(뒤로 보내기) Ctrl + [   Send to Back(맨 뒤로 보내기) Ctrl + Shift + [

# THEORY 03  크기 조절하기

# Scale Tool

■ 예제 파일 : S3-3.ai

개체의 크기를 조절할 때 바운딩 박스를 이용해 직관적으로 변경할 수도 있지만, 정확한 수치 변경이나 비율에 따른 정밀한 조절이 필요할 때는 크기 조절 도구를 사용해야 합니다. 이 도구를 활용하면 원하는 값을 직접 입력하여 오차 없이 개체의 크기를 정확하게 변경할 수 있습니다.

## ★ Scale Tool  크기 조절 도구

오브젝트의 크기를 조절할 때 사용하며, 더블클릭하면 옵션 창이 나타납니다. 모든 변형 도구는 중심점(Origin Point)을 기준으로 변형됩니다.

S Scale Tool(크기 조절 도구) [S]

### ❶ 중심에서 제자리 크기 조절 하기

#### Ⓐ 크기 조절 도구 선택 후 드래그하기

개체를 선택한 뒤 Scale Tool을 클릭하면 개체 가운데에 중심점이 나타납니다. 화면 아무 곳을 클릭-드래그하면 드래그하는 방향으로 개체의 크기가 조절됩니다.

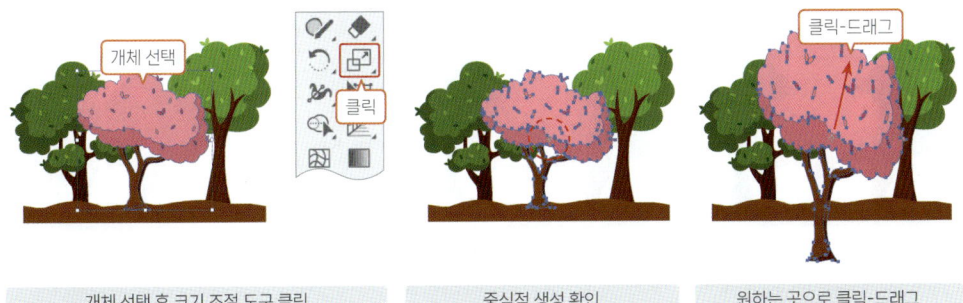

개체 선택 후 크기 조절 도구 클릭 / 중심점 생성 확인 / 원하는 곳으로 클릭-드래그

#### Ⓑ 크기 조절 도구를 더블클릭하여 수치 입력하기

개체를 선택한 뒤 Scale Tool을 더블클릭합니다. 비율을 입력할 수 있는 옵션 창이 나타나면 원하는 비율을 입력한 뒤 OK를 눌러 개체의 크기를 조절합니다.

 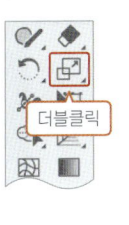 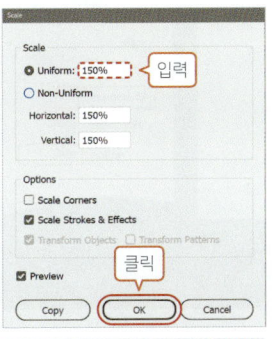 

개체 선택 후 크기 조절 도구 더블클릭 / 비율 입력 후 OK / 크기 조절 확인

## ❷ 중심점을 이동하고 크기 조절하기

### Ⓐ 새로운 중심점을 지정한 후 크기 조절하기

개체를 선택한 뒤 Scale Tool을 클릭하면 개체의 바운딩 박스 중앙에 중심점이 나타납니다. 이때 원하는 위치를 클릭하면 그 지점이 새로운 크기 조절의 중심점이 됩니다. 이 상태에서 화면을 클릭-드래그하여 지정된 새로운 중심점을 기준으로 개체 크기를 조절할 수 있습니다.

개체 선택 후 크기 조절 도구 클릭

새로운 곳을 클릭하면 중심점 이동

원하는 곳으로 클릭-드래그

### Ⓑ 새로운 중심점에서 수치를 입력하여 크기 조절하기

개체를 선택한 뒤 Scale Tool을 클릭합니다. 원하는 중심 위치에 Alt 키를 누른 채 클릭하면 크기 조절 옵션 창이 나타납니다. 여기서 원하는 비율을 입력하고 OK를 누르면 클릭했던 곳을 중심으로 개체 크기가 조절됩니다.

개체 선택 후 크기 조절 도구 클릭

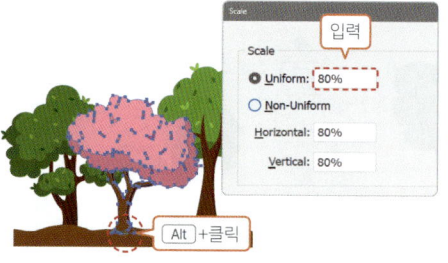
Alt +클릭으로 새 중심점 설정 및 수치 입력

크기 조절 확인

---

**비율을 다르게 크기 조절하기**

그림처럼 사각형을 회전시키면 바운딩 박스도 함께 회전합니다. 따라서 개체를 세로로 납작하게 만들고 싶을 때 바운딩 박스만으로는 작업이 어렵습니다. 이런 경우 Scale Tool(크기 조절 도구)을 더블클릭하여 옵션 창을 엽니다. `Non-Uniform(비균일)` 옵션을 선택하고 Vertical 값만 50%로 입력하면 가로 크기는 유지한 채 세로 크기만 줄여 개체를 납작하게 만들 수 있습니다.

사각형을 회전하면
바운딩 박스가 같이 회전됨

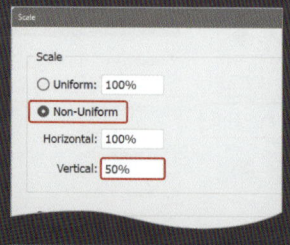
크기 조절 옵션 창에서
Vertical 값만 조절

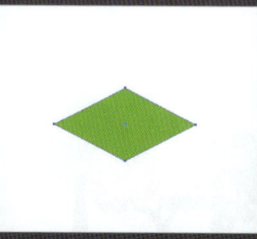
세로 높이만 크기가 조절됨

## Scale Options 크기 조절 옵션

Scale Tool을 더블클릭하면 옵션 창이 나타납니다. 여기서 크기 조절의 다양한 옵션을 설정할 수 있습니다.

### ❶ Scale Corners(모퉁이 크기 조절)
이 옵션은 개체의 모퉁이 둥글기 설정을 제어합니다. 이 기능이 비활성화된 경우, 모퉁이가 최대로 둥글려진 상태에서는 더 이상 크기 조절이 불가능합니다.

### ❷ Scale Strokes & Effects(선과 효과 크기 조절)
이 옵션은 개체에 적용된 선의 두께와 효과의 크기를 개체의 크기에 비례하여 자동 조절하는 기능입니다. 옵션이 비활성화된 상태에서는 선 두께와 효과 크기가 개체 크기 변화에 영향을 받지 않습니다.

### ❸ Scale Corners와 Scale Strokes & Effects 옵션의 위치
모퉁이 크기 조절과 선과 효과 크기 조절 옵션은 ① `Ctrl` + `K`를 누르면 나타나는 Preferences(환경 설정) 창에서 해당 옵션들을 확인하고 체크 또는 해제할 수 있습니다. ② 또는 개체를 선택했을 때 나타나는 [Control] 패널에서 Transform(변형) 또는 Shape(모양)로 표시된 이름을 클릭하거나 ③ 도구바에서 Scale Tool(크기 조절 도구)을 더블클릭하면 나타나는 옵션 창에서도 이 두 가지 옵션을 확인할 수 있습니다.

> 세 가지 방법은 모두 동일한 옵션을 제어합니다. 따라서 어떤 방법으로든 설정을 변경하면 다른 곳에도 자동으로 반영됩니다.

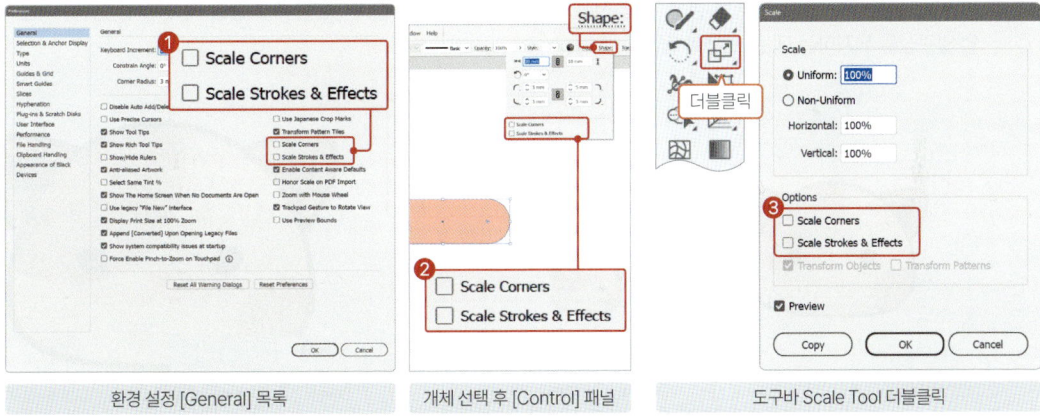

환경 설정 [General] 목록 | 개체 선택 후 [Control] 패널 | 도구바 Scale Tool 더블클릭

### ❹ Scale Corners 활용 예시
모퉁이를 최대로 둥글게 만든 개체는 바운딩 박스를 이용해 크기를 조절할 때 더 이상 작업 되지 않는 경우가 있습니다. 이때 모퉁이 크기 조절 옵션을 체크하면 모퉁이의 둥글기 상태와 관계없이 개체의 크기를 자유롭게 조절할 수 있습니다.

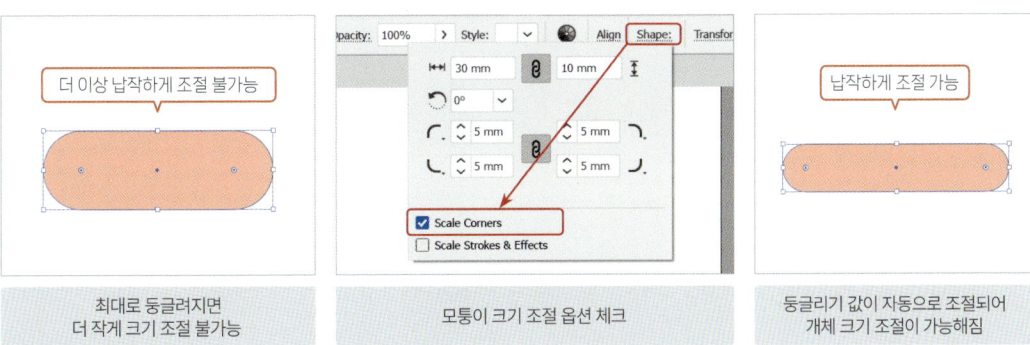

최대로 둥글려지면 더 작게 크기 조절 불가능 | 모퉁이 크기 조절 옵션 체크 | 둥글기 값이 자동으로 조절되어 개체 크기 조절이 가능해짐

### ❺ Scale Strokes & Effects 활용 예시

**ⓐ Scale Strokes & Effects 옵션이 해제되어 있을 경우**

기본적으로 선과 효과 크기 조절 옵션은 해제되어 있습니다. 이 상태에서 선 두께가 2pt인 개체의 크기를 줄이거나 키우더라도 선 두께는 변하지 않고 계속 2pt를 유지합니다.

원본 개체의 크기, 선 두께 2pt  　　크기를 작게 수정해도 선 두께 2pt 유지  　　크기를 크게 수정해도 선 두께 2pt 유지

**ⓑ Scale Stroke & Effects 옵션을 체크한 경우**

선과 효과 크기 조절 옵션을 활성화하면 개체 크기 변화에 비례하여 선 두께와 효과의 크기도 함께 조절됩니다. 개체를 축소하면 선과 효과가 얇아지고 작아지며, 확대하면 두꺼워지고 커집니다. 로고나 캐릭터 디자인 작업처럼 선의 두께나 비율을 일정하게 유지해야 하는 경우, 이 옵션을 활성화하면 선 굵기가 크기 변화에도 항상 비례해서 바뀌기 때문에 작업 일관성을 유지하는 데 큰 도움이 됩니다.

원본 개체의 크기, 선 두께 2pt  　　크기를 작게 한 만큼 선 두께도 얇아짐  　　크기를 크게 수정하면 선 두께도 두꺼워짐

## THEORY 04 기울이기

# Shear Tool

📄 예제 파일 : S3-4.ai

기울이기 도구는 개체의 형태를 수평 또는 수직 방향으로 비스듬하게 변형하는 데 사용됩니다. 이 기능을 활용하여 개체의 경사각을 조절하고, 다양한 형태로 변형할 수 있습니다.

### ★ Shear Tool 기울이기 도구

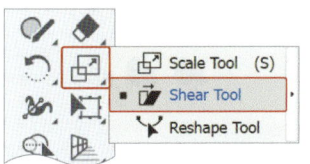

도구바의 Scale Tool(크기 조절 도구) 안에 위치해 있습니다. Shear Tool(기울이기 도구)은 오브젝트를 기울일 때 사용하며 더블클릭하면 옵션 창이 나타납니다. 모든 변형 도구는 중심점(Origin Point)을 기준으로 변형됩니다.

### ❶ 중심에서 제자리 기울이기

#### Ⓐ 기울이기 도구 선택 후 드래그하기

개체를 선택한 뒤 Shear Tool을 클릭하면 개체의 바운딩 박스 중앙에 중심점이 나타납니다. 이 중심점을 기준으로 원하는 방향으로 클릭-드래그하면 개체가 해당 방향으로 기울어집니다. 수직 또는 수평 방향으로 기울이려면, 드래그 중 Shift 키를 함께 누릅니다.

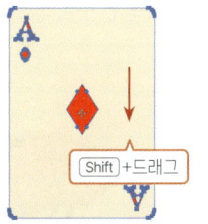
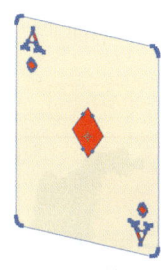

개체 선택 후 기울이기 도구 클릭 | 원하는 방향으로 Shift +드래그 | 기울이기 확인

---

**기울이기 작업 시 주의 사항**

클릭-드래그하여 기울일 때는 지나치게 길게 드래그하지 않도록 주의해야 합니다. 드래그 길이가 길어질수록 기울이기 각도가 과도하게 적용되어 개체가 화면 밖으로 크게 벗어나거나, 갑작스러운 화면 전환이 발생할 수 있습니다.

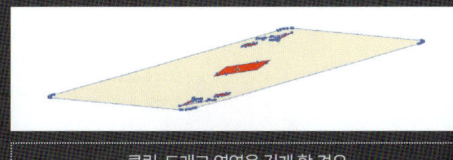

클릭-드래그 영역을 길게 할 경우
개체의 형태가 의도와 다르게 과도하게 변형될 수 있음

**B 기울이기 도구를 더블클릭하여 방향과 수치 입력하기**

개체를 선택한 뒤 Shear Tool을 더블클릭하면 옵션 창이 나타납니다. 여기서 Horizontal(가로), Vertical(세로) 또는 축이 되는 Angle(각도)을 선택할 수 있으며, Shear Angle(기울이기 각도)를 직접 수치로 입력하여 개체를 제자리에서 원하는 방향으로 기울일 수 있습니다.

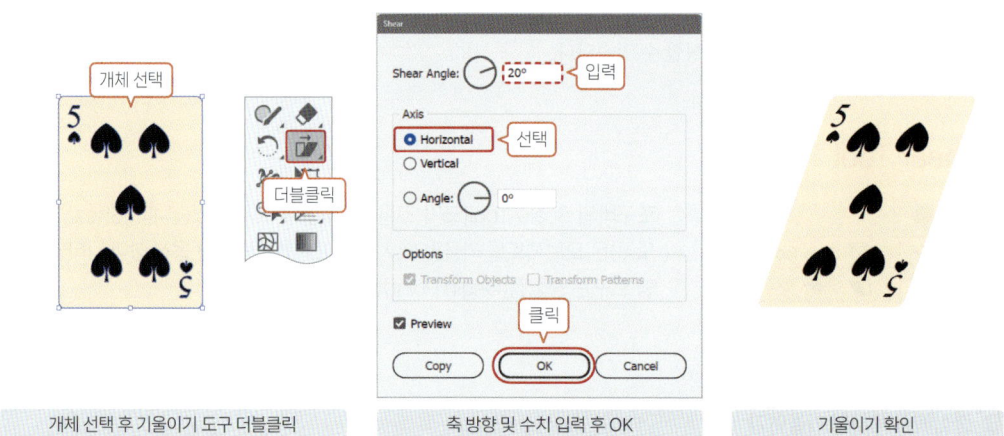

## ❷ 중심점을 이동하고 기울이기

**A 새로운 중심점을 지정한 후 기울이기**

개체를 선택한 뒤 Shear Tool을 클릭하면 개체의 바운딩 박스 중앙에 중심점이 나타납니다. 이때 원하는 위치를 클릭하면 그곳이 새로운 기울이기의 중심점이 됩니다. 이 상태에서 화면을 클릭-드래그하면 지정된 새로운 중심점을 기준으로 개체가 기울어집니다. Shift 키를 함께 누르면 수직 또는 수평 방향으로 기울일 수 있습니다.

T 그림자를 만드는 다양한 방법 중 기울이기 도구를 활용하면 간단하면서도 효과적인 그림자를 표현할 수 있습니다.

**B** 새로운 중심점에서 축 방향을 지정하여 기울이기

개체를 선택한 뒤 Shear Tool을 클릭합니다. 원하는 중심 위치에 Alt 키를 누른 채 클릭하면 기울이기 도구의 옵션 창이 나타납니다. 여기서 원하는 Shear Angle을 입력하고 기준이 될 축을 선택합니다. 이때 Copy 버튼을 누르면 개체가 기울어지면서 동시에 복제됩니다.

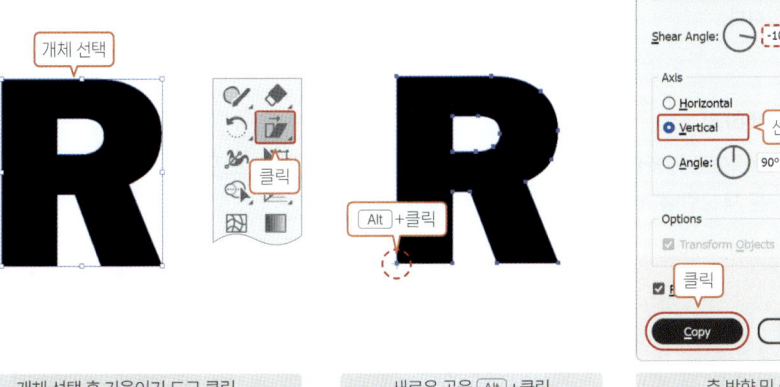

개체 선택 후 기울이기 도구 클릭 　　 새로운 곳을 Alt +클릭 　　 축 방향 및 수치 입력 후 OK

기울이기 및 복제된 개체를 확인한 뒤, Ctrl + D 를 세 번 더 눌러 총 다섯 개의 개체가 반복적으로 기울어지며 복제되도록 만듭니다. 각 개체에 원하는 색상을 적용하면 간단한 디자인 요소를 만들 수 있습니다.

기울이기 및 복제 확인 　　 Ctrl + D 를 3번 더 반복 　　 원하는 컬러 적용

**T** 개체를 여러 겹으로 복제하고 색상과 위치를 조절하여 평면적인 개체에 입체감을 더할 수 있습니다. 이처럼 기본적인 도구만으로도 사용법에 따라 다양한 디자인을 만들어낼 수 있습니다.

## PRACTICE 03 기울이기를 이용해 그림자 만들기

# Shear Angle

▶ 예제 파일 : S3-P3.ai

기울이기 도구와 반전 도구를 사용하여 텍스트 개체에 그림자를 만들어 보겠습니다. 이 두 도구는 텍스트에 입체감과 깊이감을 더하는 데 효과적입니다.

### 01 기울일 개체 선택하기

[File] - [Open]( Ctrl + O )으로 'S3-P3.ai' 파일을 엽니다. Selection Tool( V )로 노란색 개체를 선택하고 Shear Tool을 클릭합니다. Alt 키를 누른 채 노란색 개체의 가장 왼쪽 하단 점을 클릭합니다.

 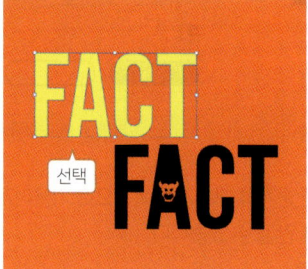  

### 02 노란색 개체 기울이기

옵션 창이 나타나면 Shear Angle에 '-20'을 입력하고, Axis는 'Vertical'을 선택한 뒤 OK를 누릅니다.

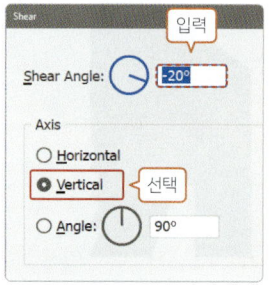 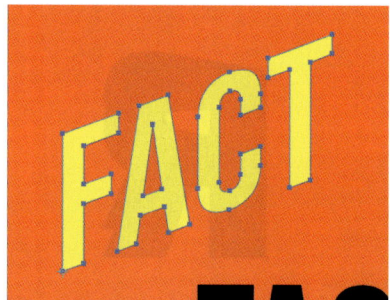

### 03 검은색 개체 반전 및 위치 조정하기

이번에는 Selection Tool( V )로 검은색 개체를 선택합니다. Reflect Tool( O )을 더블클릭하여 나타나는 옵션 창에서 'Horizontal'을 선택한 뒤 OK를 누릅니다. 검은색 개체를 이동하여 노란색 개체의 왼쪽 하단과 검은색 개체의 왼쪽 상단 부분이 서로 맞닿도록 배치합니다.

## 04 검은색 개체 첫 번째 기울이기

Shear Tool을 선택하고 Alt 키를 누른 채 검은색 개체의 가장 왼쪽 상단 점을 클릭합니다. 옵션 창이 나타나면 Shear Angle에 '-20'을 입력하고, Axis는 'Vertical'을 선택한 뒤 OK를 누릅니다.

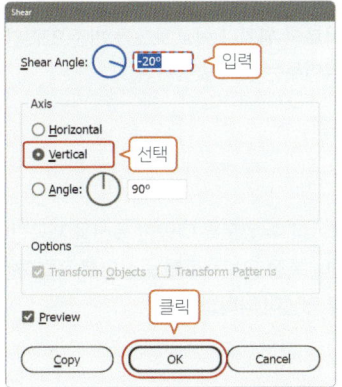

## 05 검은색 개체 두 번째 기울이기

Shear Tool이 선택된 상태에서, 다시 같은 위치(검은색 개체의 가장 왼쪽 상단 점)를 Alt 키를 누른 채 클릭합니다. 옵션 창이 나타나면 Shear Angle을 '120', Angle은 '20'으로 입력한 뒤 OK를 누릅니다. 만약 그림자의 위치가 맞지 않는다면 개체를 이동하여 적절한 그림자 위치에 맞춰 작업을 마무리합니다. 전체적으로 개체를 사각형 중앙으로 이동하고 완성합니다.

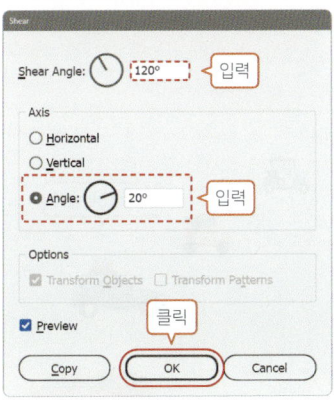

# THEORY 05 정렬하기

# Align

예제 파일 : S3-5.ai

정렬 기능은 선택한 오브젝트들을 서로의 위치나 아트보드를 기준으로 간편하게 정돈할 때 사용됩니다. 자주 쓰이는 기능이니 단축키를 외우거나 패널을 항상 열어두는 것이 좋습니다.

## ★★ Align Panel 정렬 패널

사용자가 원하는 방식으로 개체를 정돈할 수 있도록 다양한 옵션을 제공합니다. 가로 또는 세로 방향으로 정렬할 수 있으며, 개체들 사이의 간격을 균등하게 맞추거나 특정 오브젝트를 중심으로 정렬하는 것도 가능합니다. [Window] - [Align]을 선택하거나, 단축키 Shift + F7 을 누르면 정렬 패널이 나타납니다.

Align(정렬) 패널 Shift + F7

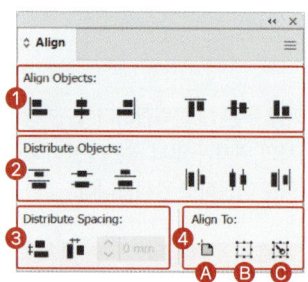

① **Align Objects(오브젝트 정렬)** : 선택된 개체들을 일렬로 정렬합니다.
② **Distribute Objects(오브젝트 분포)** : 선택된 개체들을 각 개체의 상하좌우 및 가운데를 기준으로 균등하게 정렬합니다. 개체들의 중심점이나 끝점을 기준으로 일정한 간격을 유지하며 배치할 때 유용합니다.
③ **Distribute Spacing(분포 간격)** : 선택된 개체들 사이의 빈 공간을 기준으로 정렬합니다. 이는 개체 자체의 크기와 상관없이 개체와 개체 사이의 여백을 동일하게 맞출 때 사용합니다.
④ **Align To(정렬 대상)** : 개체들을 정렬할 때 어떤 기준에 맞춰 정렬할지 선택합니다.
  Ⓐ **Artboard(대지에 정렬)** : 문서의 대지 전체를 기준으로 정렬합니다.
  Ⓑ **Selection(선택 항목에 정렬)** : 현재 선택된 모든 개체들은 하나의 그룹처럼 인식되어 그 안에서 정렬됩니다. 이것이 기본 설정입니다.
  Ⓒ **Key Object(주요 오브젝트에 정렬)** : 여러 개체 중 특정 개체를 선택하여 그 개체를 중심으로 다른 개체들을 정렬합니다. 이 경우, 기준 개체는 고정된 채 다른 개체들이 움직여 정렬됩니다.

### ① Align Objects(오브젝트 정렬)

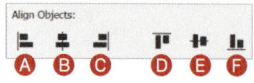

개체 다중 선택

여러 개체를 선택한 뒤 정렬 아이콘을 사용하면 선택된 개체들의 전체 영역을 기준으로 정렬이 이뤄집니다. 가로 정렬의 경우, 선택 영역의 가장 왼쪽, 가운데, 가장 오른쪽을 기준으로 개체들이 정렬됩니다. 세로 정렬의 경우 가장 위, 가운데, 가장 아래를 기준으로 정렬됩니다. 만약 개체가 그룹으로 묶여 있다면, 해당 그룹은 하나의 개체로 간주해 정렬이 적용됩니다.

원본

Ⓐ **Horizontal Align Left(가로 왼쪽 정렬)** : 선택한 오브젝트의 제일 왼쪽에 있는 오브젝트의 변을 기준으로 정렬합니다.

Ⓑ **Horizontal Align Center(가로 가운데 정렬)** : 선택한 오브젝트의 수직 가운데를 기준으로 정렬합니다.

Ⓒ **Horizontal Align Right(가로 오른쪽 정렬)** : 선택한 오브젝트의 가장 오른쪽에 있는 오브젝트의 변을 기준으로 정렬합니다.

개체 왼쪽 정렬

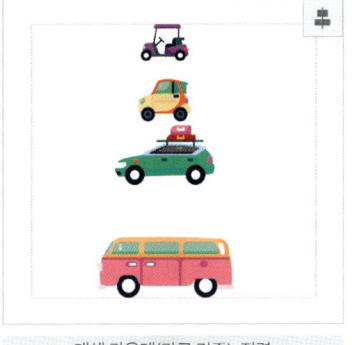
개체 가운데(가로 기준) 정렬

개체 오른쪽 정렬

Ⓓ **Vertical Align Top(세로 위 정렬)** : 선택한 오브젝트의 제일 상단에 있는 오브젝트의 변을 기준으로 정렬합니다.

Ⓔ **Vertical Align Center(세로 가운데 정렬)** : 선택한 오브젝트의 수평 가운데를 기준으로 정렬합니다.

Ⓕ **Vertical Align Bottom(세로 아래 정렬)** : 선택한 오브젝트의 수평 아래쪽에 있는 오브젝트의 변을 기준으로 정렬합니다.

개체 위쪽 정렬

개체 가운데(세로 기준) 정렬

개체 아래쪽 정렬

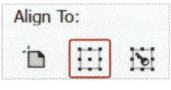
🅣 개체를 두 개 이상 선택했을 경우
Align To의 목록에서 자동으로 두 번째인 '선택 항목에 정렬'이 선택됩니다.

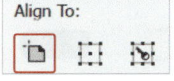
🅣 개체를 한 개만 선택했을 경우
한 개의 개체로는 정렬을 할 수 없기 때문에 자동으로 첫 번째인 '대지에 정렬'이 선택됩니다.

❷ **Distribute Objects(오브젝트 분포)**

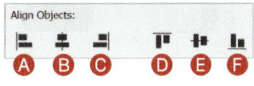

여러 개체를 선택한 후 Distribute Objects(오브젝트 분포) 기능을 사용하면, 겉보기에는 간격이 고르지 않게 느껴질 수 있습니다. 이는 각 개체의 특정 지점(예 : 가장 위, 가운데, 가장 아래 등)을 기준으로 간격을 계산하기 때문입니다. 즉, 이 기능은 개체의 크기와 무관하게 각 개체의 기준점 사이의 거리를 정확히 동일하게 맞춰줍니다. 따라서 개체들의 크기가 다르더라도, 선택된 기준에 따라 각 개체 간의 거리는 균등하게 정렬됩니다.

🅣 만약 모두 같은 크기의 오브젝트를 등간격으로 정렬한다면 모두 같은 결과를 보입니다.

Ⓐ **Vertical Distribute Top**(세로 위 분포) : 위쪽 기준선을 기준으로 동일한 간격으로 분배합니다.

Ⓑ **Vertical Distribute Center**(세로 가운데 분포) : 세로 중앙선을 기준으로 동일한 간격으로 분배합니다.

Ⓒ **Vertical Distribute Bottom**(세로 아래 분포) : 아래 기준선을 기준으로 동일한 간격으로 분배합니다.

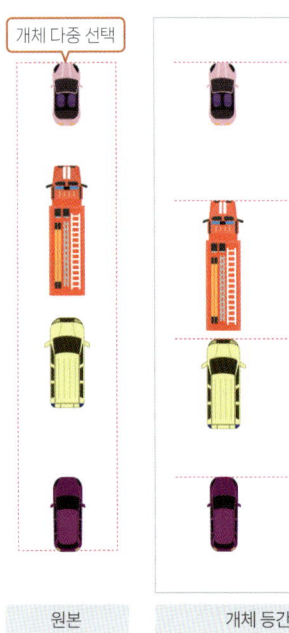
원본

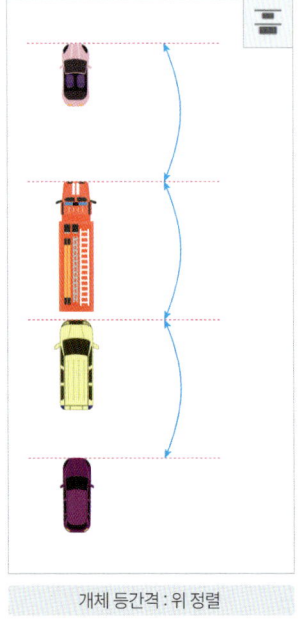
개체 등간격 : 위 정렬

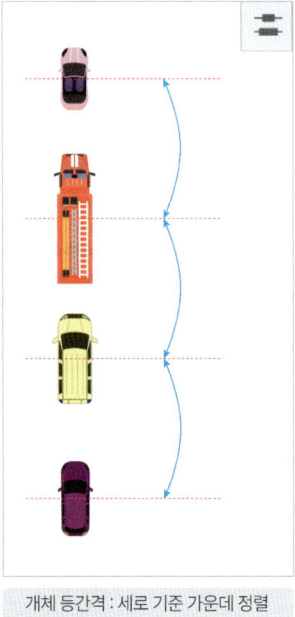
개체 등간격 : 세로 기준 가운데 정렬

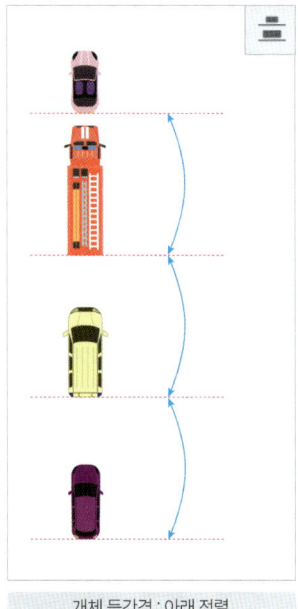
개체 등간격 : 아래 정렬

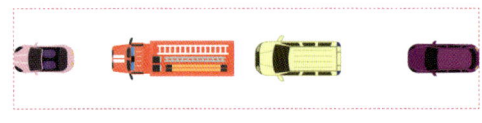
원본

Ⓓ **Horizontal Distribute Left**(가로 왼쪽 분포) : 왼쪽 변 기준선을 기준으로 동일한 간격으로 분배합니다.

Ⓔ **Horizontal Distribute Center**(가로 가운데 분포) : 가로 중앙선을 기준으로 동일한 간격으로 분배합니다.

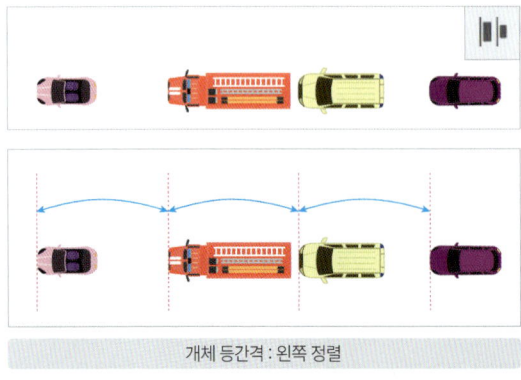
개체 등간격 : 왼쪽 정렬

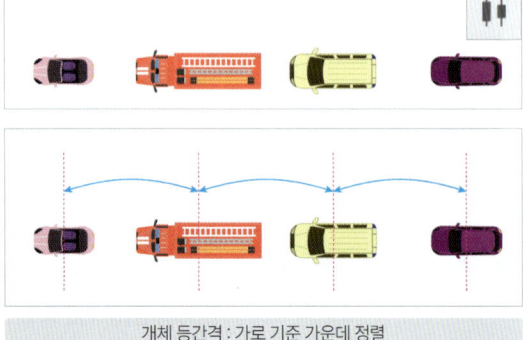
개체 등간격 : 가로 기준 가운데 정렬

**⑥** Horizontal Distribute Right(가로 오른쪽 분포) : 오른쪽 변 기준선을 기준으로 동일한 간격으로 분배합니다.

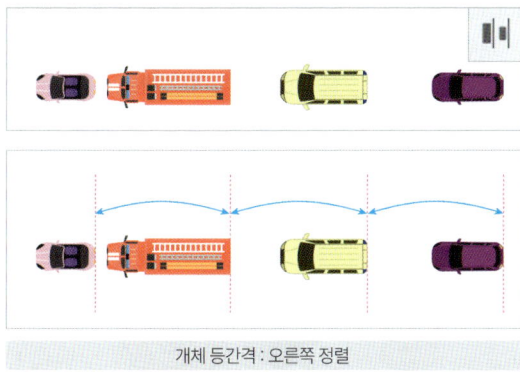

개체 등간격 : 오른쪽 정렬

**❸ Distribute Spacing(분포 간격)**

**Ⓐ** 빈 공간을 기준으로 등간격 정렬하기

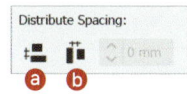

선택된 개체들 사이의 빈 공간을 기준으로 하여 세로 등간격은 세로 방향으로, 가로 등간격은 가로 방향으로 개체를 정렬합니다.

**ⓐ** Vertical Distribute Space(세로 공간 분포) : 세로 공간을 기준으로 간격을 동일하게 분배합니다.

**ⓑ** Horizontal Distribute Space(가로 공간 분포) : 가로 공간을 기준으로 간격을 동일하게 분배합니다.

개체 빈 공간 등간격 : 세로 기준 정렬

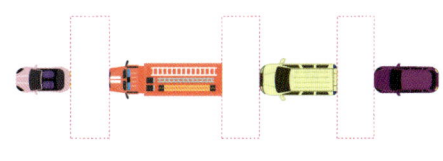

개체 빈 공간 등간격 : 가로 기준 정렬

**B** 특정 개체를 기준으로 빈 공간을 등간격 정렬하기

특정 개체를 설정하고 수치를 입력하여 개체들을 등간격으로 정렬할 수 있습니다. ① 정렬하려는 개체들을 다중 선택합니다. ② 기준으로 삼고 싶은 개체를 한 번 더 클릭하면, 해당 개체의 패스 가이드가 두꺼워집니다.(이는 해당 개체가 기준 개체로 설정되었음을 의미합니다.) ③ 정렬 방식이 자동으로 Key Object(주요 오브젝트)로 변경되며, 원하는 수치를 입력하고 Horizontal Distribute Space(가로 공간 분포) 정렬 버튼을 클릭합니다. ④ 처음에 기준으로 잡았던 개체는 위치가 이동되지 않으면서 다른 개체들의 사이 간격(빈 공간)이 입력했던 수치 값으로 정렬됩니다.

### ④ Align To(정렬 대상)

**A** 문서를 기준으로 정렬하기

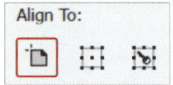
개체들을 문서 전체 영역을 기준으로 정렬할 수 있습니다. ① 여러 개체가 다중 선택된 상태에서 ② 정렬 패널 하단의 Align To(정렬 대상) 옵션을 Align to Artboard(대지에 정렬)로 변경하고 Horizontal Align Left(가로 왼쪽 정렬) 아이콘을 누릅니다. ③ 선택된 모든 개체들이 문서의 가장 왼쪽 가장자리를 기준으로 정렬되는 것을 확인할 수 있습니다.

개체 다중 선택하기

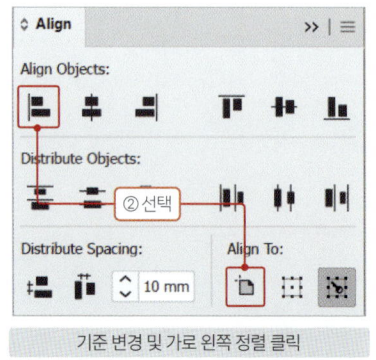
기준 변경 및 가로 왼쪽 정렬 클릭

정렬 확인

B 특정 개체를 기준으로 정렬하기

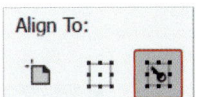

특정 개체를 기준으로 다른 개체들을 정렬할 수 있습니다. ① 여러 개체가 다중 선택된 상태에서 기준으로 삼고 싶은 개체를 한 번 더 클릭하면 해당 개체의 패스 가이드가 두꺼워지면서 기준 개체로 설정되었다는 표시가 나타납니다. ② 이때 Key Object(주요 오브젝트)로 설정이 되어 있는지 확인한 뒤, Vertical Align Bottom(세로 아래 정렬) 아이콘을 누릅니다. ③ 선택했던 개체의 아래쪽을 기준으로 나머지 개체들이 정렬되는 것을 확인할 수 있습니다.

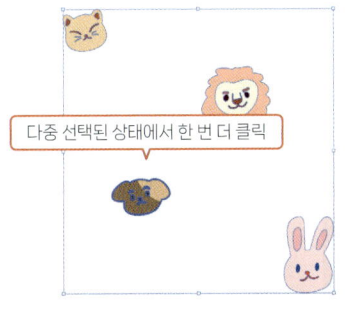

다중 선택된 상태에서 한 번 더 클릭해 기준 개체로 지정(패스 가이드가 두꺼워짐)

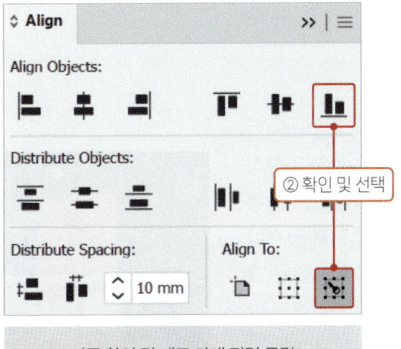

기준 확인 및 세로 아래 정렬 클릭

강아지 개체를 기준으로 세로 아래 정렬 확인

# PRACTICE 04 정렬을 이용해 기하학적인 성 만들기

# Align

📁 예제 파일 : S3-P4.ai

분산된 도형들을 그룹 기능과 정렬 패널로 체계적으로 배치하고 정돈하여 완성된 성을 만들어봅니다. 이 과정을 통해 여러 개체를 효율적으로 관리하고 정확하게 배치하는 방법을 익힐 수 있습니다.

## 성의 하단부 배치하기

### 01 기준 개체 선택하기

[File] - [Open]( Ctrl + O )으로 'S3-P4.ai' 파일을 엽니다. 성의 기본 골조만 존재하는 상태로 세부 요소들은 흩어져 있습니다. 하단부터 완성하기 위해 좌측의 반원 그룹 개체 하나와 그 옆의 노란색 사각형을 함께 선택합니다. 이때, 노란색 사각형을 한 번 더 클릭하여 Key Object로 지정하면 패스 가이드가 두꺼워집니다.

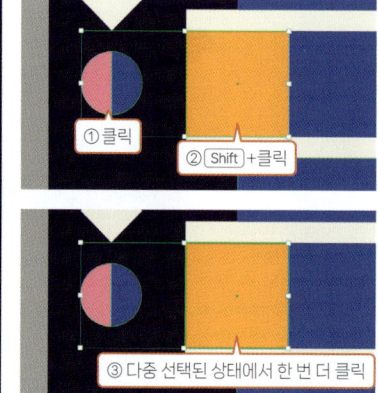

### 02 주황색 사각형에 반원 정렬하기

[Align] 패널( Shift + F7 )에서 Key Object로 활성화되어 있는지 확인하고, '가로 가운데 정렬', '세로 가운데 정렬' 아이콘을 각각 클릭합니다. 반원 그룹 개체가 노란색 사각형의 정확히 가운데로 정렬되며, 기준 개체인 사각형은 움직이지 않고 고정됩니다.

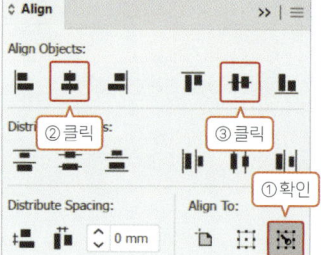

### 03 파란색 사각형에 다이아몬드 정렬하기

좌측의 다이아몬드 모양 개체와 파란색 사각형을 선택하고, 파란색 사각형을 Key Object로 설정합니다. 이전과 동일한 방식으로 정렬하여 다이아몬드 개체가 사각형의 가운데 오도록 배치합니다.

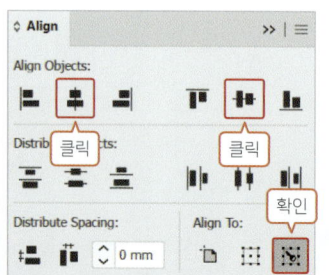

## 04 핑크색 사각형에 반원 정렬하기

좌측의 반원 그룹 개체와 핑크색 사각형을 함께 선택하고, 핑크색 사각형을 Key Object로 설정합니다. 이전과 동일한 방법으로 정렬하여 반원 그룹 개체가 핑크색 사각형의 가운데 오도록 배치합니다.

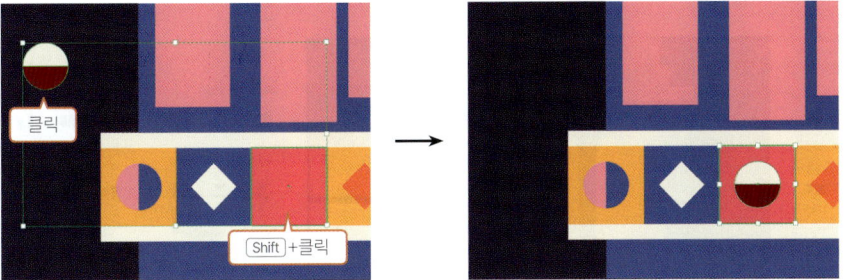

# 성의 중앙부 배치하기

## 01 핑크색 아치형 개체 정렬하기 1

두 번째 핑크색 아치형 개체와 그 아래에 있는 파란색 사각형을 함께 선택합니다. 파란색 사각형을 한 번 더 클릭하여 Key Object로 설정합니다. [Align] 패널(Shift+F7)에서 Key Object로 활성화되어 있는지 확인하고, '가로 가운데 정렬', '세로 아래 정렬' 아이콘을 각각 클릭합니다.

  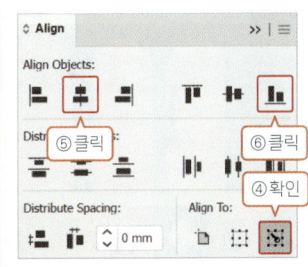

## 02 핑크색 아치형 개체 정렬하기 2

두 번째 핑크색 아치형 개체가 파란색 사각형 아래쪽 가운데로 정렬되는 것을 확인하고, 아무 곳이나 클릭하여 선택을 해제합니다. 핑크색 아치형 개체 세 개만 다시 선택한 뒤, 가운데 있는 개체를 한 번 더 클릭하여 Key Object로 설정합니다.

## 03 세로 및 가로 간격 정렬하기

[Align] 패널( Shift + F7 )에서 목록이 Key Object로 활성화되어 있는지 확인하고, '세로 아래 정렬' 아이콘을 한 번 클릭하여 개체들의 세로 위치를 맞춥니다. Distribute Spacing의 간격에 '5mm'를 입력한 뒤 '가로 공간 분포' 아이콘을 클릭하면 기준 개체를 중심으로 가로로 5mm 간격으로 배치됩니다.

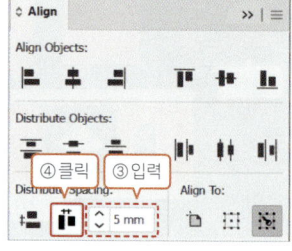

## 04 삼각형 배치 및 활용하기

우측에 있는 사각형 두 개를 이용해 분홍색 아치형 개체 위로 자유롭게 배치합니다.

## 05 삼각형 배치 및 활용하기

우측 상단에 있던 삼각형 개체를 선택합니다. 이를 복사 및 이동하고, 필요하다면 회전 및 색상을 변경하여 그림과 같이 배치합니다.

T 색상과 배치는 자유롭게 변경해도 좋습니다.

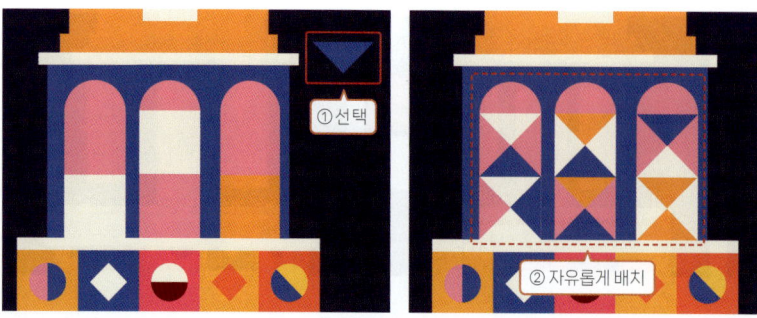

## 성의 상단부 배치하기

### 01 상단 사각형 정렬하기

상단의 밝은색 사각형 개체 세 개를 선택하고, 가운데 사각형을 한 번 더 클릭하여 Key Object로 만듭니다. [Align] 패널 ( Shift + F7 )에서 Key Object로 활성화되어 있는지 확인하고, '세로 가운데 정렬' 아이콘을 클릭합니다.

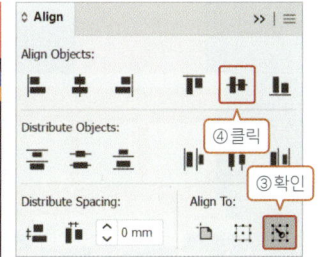

### 02 사각형 복제 및 배치하기

정렬된 사각형을 수평으로 복제하여 양옆에 하나씩 더 만들어 총 다섯 개의 사각형으로 만듭니다. 노란색 벽이 끝나는 지점에 맞춰 복사한 사각형들을 배치합니다.

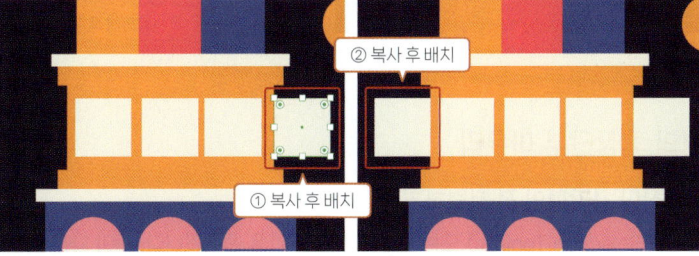

### 03 사각형 등간격 정렬하기

다섯 개의 사각형을 모두 선택합니다. [Align] 패널( Shift + F7 )에서 Selection으로 활성화되어 있는지 확인하고, Distribute Objects에서 가로 기준 분포 아이콘 중 하나를 클릭하면, 다섯 개의 사각형이 가로 방향으로 등간격 정렬됩니다.

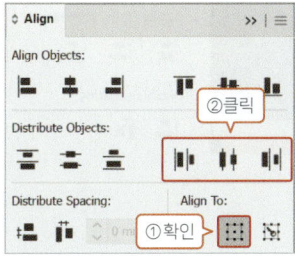

## 04 잘린 반원 개체 배치 및 활용하기

다섯 개의 사각형 중 양옆의 두 개를 삭제합니다. 우측 상단에 있는 잘린 반원 개체들로 선택, 이동, 복사, 회전, 반전, 정렬 등의 기능을 자유롭게 활용하여 그림과 같이 배치합니다.

> T 이때, 색상이나 위치 등은 예제와 똑같지 않아도 무방하므로 창의적으로 배치하여 작업을 완료합니다.

# 성의 최상단부 마무리

## 01 상단 사각형의 점 정렬하기

Direct Selection Tool(A) 또는 Lasso Tool(Q)을 선택합니다. 색이 다른 사각형 세 개가 붙어있는 상단 부분에서 그림과 같이 윗부분의 일부 점들을 선택합니다. [Align] 패널(Shift + F7)에서 '가로 가운데 정렬' 아이콘을 클릭합니다.

 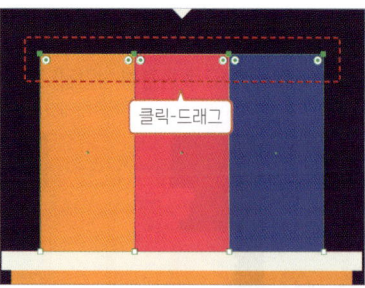 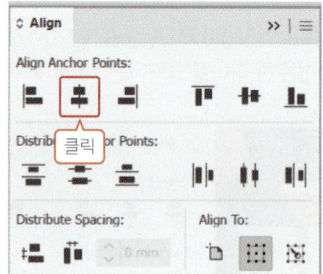

## 02 마름모꼴 개체 배치 및 저장하기

선택된 점들이 가운데로 정렬되며 한 위치로 모이게 됩니다. 상단에 남아있던 마름모꼴 모양의 개체를 이동시켜 그림과 같이 꼭대기에 배치합니다. 작업이 완료되면 파일을 저장하고 마무리합니다.

### 고정점 정렬

Anchor Point(고정점)도 정렬할 수 있습니다. 여러 개의 점이 선택된 상태에서는 일반적인 정렬뿐만 아니라 등간격 정렬도 가능합니다. 다만, 점은 크기가 없기 때문에 Distribute Objects(오브젝트 분포)와 Distribute Spacing(분포 간격)의 정렬 방식이 결과적으로 동일하게 적용됩니다.

예를 들어, 불규칙한 거리에 있는 여러 점을 선택한 뒤 등간격으로 정렬하고 싶다면, [Align] 패널의 Distribute Objects에서 가로 기준 분포 아이콘 중 아무거나 클릭하거나, Distribute Spacing의 가로 공간 분포 아이콘을 클릭해도 모두 동일하게 등간격으로 정렬됩니다.

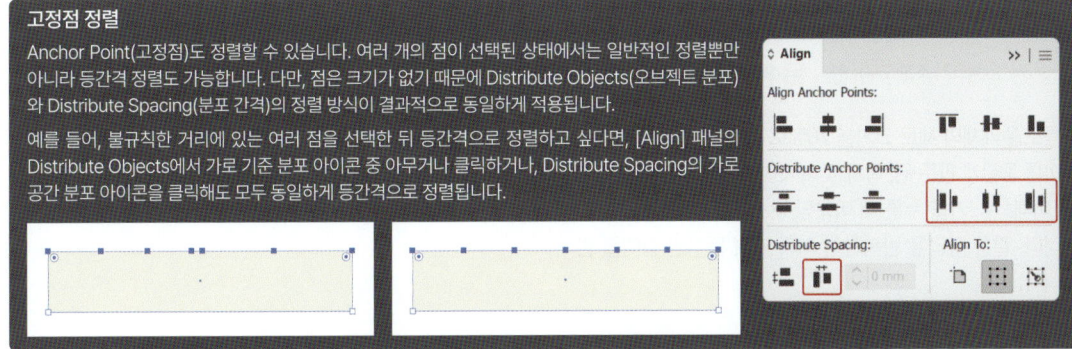

# Exercise

## 도형 편집 기초와 디자인 감각 익히기　　　　📁 S3_Exercise 예제

회전, 반전, 크기 조절, 기울이기, 정렬, 배열 등 그동안 익힌 모든 기본 편집 기능을 활용합니다. 제공된 소스들을 편집하여 그림처럼 동양적인 느낌의 꽃과 조명을 만들어 보세요.

### 1. 회전 및 복제로 꽃 개체 만들기

[File] - [Open]으로 'S3-E1.ai' 파일을 엽니다. 제공된 기본 개체들을 회전 및 복사하여 아래 그림과 같은 꽃 모양 개체 4개를 만들어봅니다. 이때, 45도, 60도, 90도, 120도 등 다양한 각도를 적용해 볼 수 있으며, 예제와 동일할 필요는 없습니다. 색상은 [Swatches] 패널에 제공된 색상 또는 사용자가 직접 원하는 색상을 활용해도 무방합니다.

Ⓢ Open(열기) `Ctrl` + `O`　　Ⓢ Rotate Tool(회전 도구) `R`

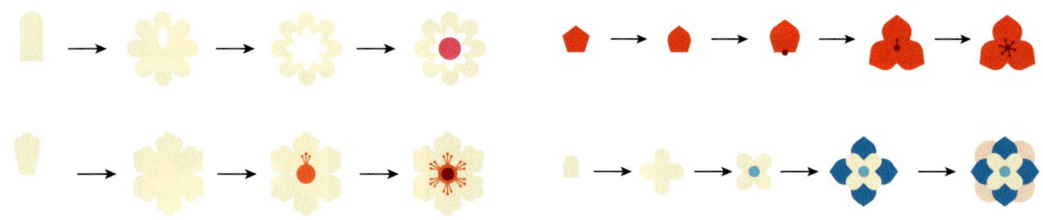

### 2. 도형 편집으로 조명 개체 만들기

제공된 기본 개체들을 활용하여 동양적인 형태의 조명을 만들어 봅니다. 크기 조절 도구, 점 이동, 모퉁이 둥글리기 옵션 등 다양한 도형 편집 기능을 활용하여 개체들을 변형하고 조합할 수 있습니다.

모퉁이를 둥글린 사각형을 아래로 복제한 후, 가로만 120% 크기로 변경합니다. 이 작업을 반복하여 총 5개의 사각형을 만듭니다. 이후 상단에 위치한 사각형 4개를 선택하고, 가운데를 중심으로 반전 및 복제합니다.

Ⓢ Scale Tool(크기 조절 도구) `S`　　Ⓢ Reflect Tool(반사 도구) `O`

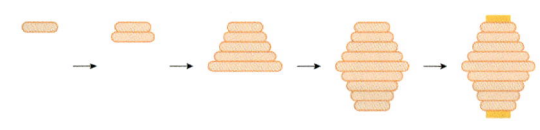

마름모꼴 개체의 세로 크기를 70%로 조절합니다. 이어서 모퉁이를 둥글게 만든 뒤, 복사 및 제자리 붙여넣기를 실행합니다. 이때 `Alt` 키를 누른 채 바운딩 박스를 줄여 크기를 조절합니다. 같은 작업을 반복하여 여러 개의 동심원 형태를 만듭니다.

Ⓢ Paste in Place(제자리 가장 상위에 붙이기) `Ctrl` + `Shift` + `V`

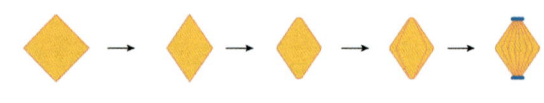

직사각형의 하단 점을 안쪽으로 이동시켜 사다리꼴 형태로 만들고, 상단 점은 원하는 만큼 둥글립니다. 이어서 위와 동일한 방법으로 복사 및 제자리 붙여넣기를 실행한 뒤, `Alt` 키를 누른 채 가로 사이즈를 줄입니다. 위아래에 사각형을 만들어 배치합니다.

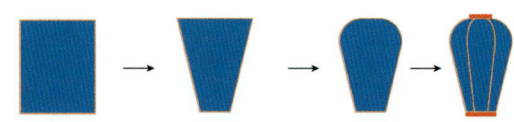

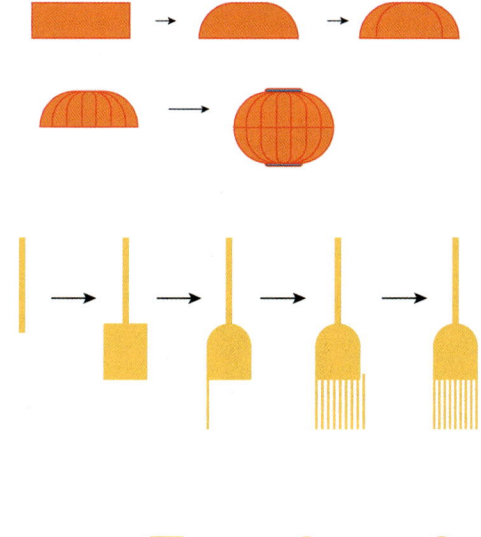

직사각형의 상단 점을 원하는 만큼 둥글립니다. 이어서 복사 및 제자리 붙여넣기를 실행한 뒤, Alt 키를 누른 채 가로 사이즈를 줄입니다. 같은 작업을 반복하여 여러 개의 형태를 만듭니다. 모든 개체를 선택한 뒤, 개체의 하단을 중심으로 반전 및 복제합니다.

직사각형 두 개를 그려 그림과 같이 배치합니다. 아래쪽 사각형의 상단 점 두 개만 둥글게 처리합니다. 그다음, 얇고 긴 사각형을 하나 만들어 아래쪽 사각형의 좌측에 배치하고 오른쪽으로 복사한 뒤, Ctrl + D 를 여러 번 눌러 반복 복제합니다. 반복 복제된 개체들을 모두 선택하고 바운딩 박스를 조절하여 가로 크기를 전체적으로 맞춥니다.

S Transform Again(변형 반복) Ctrl + D

가로로 긴 직사각형을 그린 뒤 위로 복사하여 높이는 2배, 너비는 1/2로 조절합니다. 각 사각형의 상단 점들만 최대로 둥글립니다. 모든 개체를 선택한 후, 아래를 기준으로 반전 및 복사합니다. 마지막으로 면 색상을 다른 색으로 지정합니다.

### 3. 배열을 이용해 레이아웃 완성하기

완성한 조명은 각각 그룹으로 묶어 관리합니다. 이후 배경이 될 큰 사각형을 가장 하단에 배치하고 Ctrl + 2 를 눌러 잠급니다.

S Group(그룹) Ctrl + G
S Lock(잠금) Ctrl + 2

단축키를 이용해 개체들의 앞뒤 배열 순서를 조절하고, 원하는 선 두께를 지정하여 조명 디자인을 완성합니다.

S Send Backward(뒤로 보내기) Ctrl + [
S Bring Forward(앞으로 가져오기) Ctrl + ]
S Send to Back(맨 뒤로 보내기) Ctrl + Shift + [
S Bring to Front(맨 앞으로 가져오기) Ctrl + Shift + ]

가장 크고 시선을 끄는 개체를 정하고, 이를 화면의 어느 곳에 배치할지 결정합니다. 나머지 꽃 개체들은 처음 만든 크기와 상관없이 자유롭게 조절하여 전체적인 균형감을 맞춰 배치합니다.

Section 04

# Color & Gradient, Recolor Artwork

## 색상과 그레이디언트, 아트워크 색상 변경

**MISSION**

개체의 면과 선에 다양한 색상을 적용하여 표현할 수 있습니다. 이번 섹션에서는 색상을 만들고 적용하는 방법은 물론, 색상이 자연스럽게 변하도록 만드는 그레이디언트 기능을 학습합니다. 이를 통해 개체를 보다 화려하면서도 다채로운 색상으로 표현할 수 있습니다.

**KEYWORD**

#색상 패널 #색상 피커 #견본 패널 # 색상추출하기
#리컬러 아트워크 #그레이디언트 도구와 패널

## THEORY 01 색상 패널 알아보기

# Color

■ 예제 파일 : S4-1.ai

색상을 선택하고 관리하는 곳으로 개체를 선택하면 해당 색상이 패널에 CMYK 값으로 표시됩니다. 여러 개체가 동시에 선택되거나 그룹 지어진 경우, 패널에 물음표(🖼️) 표시가 나타납니다.

### ★ Color Panel 색상 패널

개체의 색상을 선택하고 조절하는 패널입니다. 색상 모드별로 색상을 설정할 수 있으며 조합된 색상은 새로운 Swatch(견본)으로 저장할 수 있습니다. [Window] - [Color]를 선택하거나, 단축키 F6 을 누르면 색상 패널이 나타납니다.

[S] [Color] 패널 F6

#### ① 색상 패널의 명칭과 기능

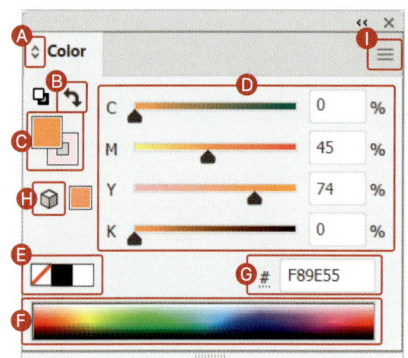

Ⓐ 패널을 간소화하거나 최대로 펼쳐 상세한 옵션을 확인할 수 있습니다.

Ⓑ Swap Fill & Stroke(칠과 선 교체) [S] Shift + X : 선택된 개체의 면과 선 색상을 서로 맞바꿉니다.

Ⓒ Fill & Stroke(칠과 선) [S] X : 현재 선택된 개체의 면 또는 선의 활성화 상태를 나타냅니다.

Ⓓ 슬라이더를 움직이거나 직접 수치를 입력하여 색상을 변경할 수 있습니다.

Ⓔ 색 없음, 검은색, 흰색으로 빠르게 색을 설정할 수 있습니다.

Ⓕ Spectrum(스펙트럼) : 표현 가능한 모든 색상이 표시됩니다. 원하는 곳을 클릭하여 색을 적용할 수 있습니다.

Ⓖ 현재 선택된 색상의 Hex Code(헥스 코드) 값을 보여줍니다.

　　[T] Hex Code는 RGB 색상을 #RRGGBB 형태로 표현하여, 디지털 작업의 색상 일관성을 높입니다.

Ⓗ Out of Web Color Warning(웹 색상 영역 외 경고) : 웹에서 보다 정확하게 표현될 수 있도록 색상을 보정해 줍니다.

Ⓘ 색상 모드를 변경하거나, 현재 색상을 [Swatches] 패널에 등록하는 등 다양한 추가 옵션을 제공합니다.

[Color] 패널에서 색상 바만 보인다면, 패널이 현재 축소된 상태이기 때문입니다. 이때 패널 우측 상단에 있는 펼침 버튼(◊)을 클릭하여 패널을 확장하면, 색상 조절을 위한 옵션들을 확인할 수 있습니다.

❷ 색상 패널의 보조 메뉴

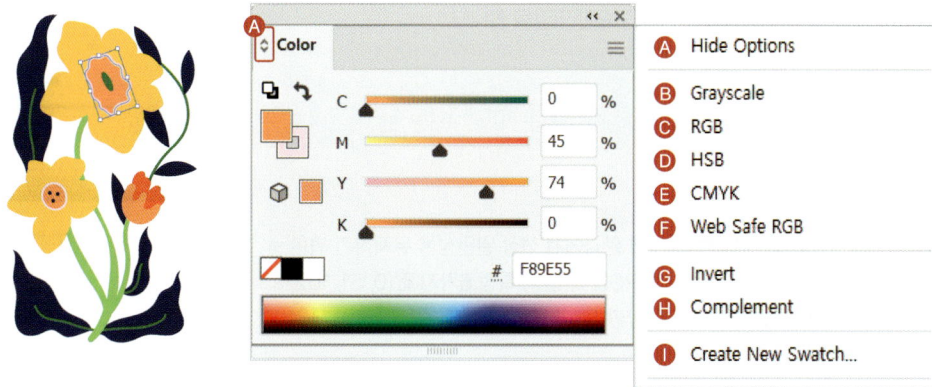

- ❹ Hide Options(옵션 숨기기) : 패널을 간소화하여 작업 공간을 확보합니다.

- ❺ Grayscale(회색 음영) : 컬러 모드를 흑백으로 전환합니다. 검은색, 회색, 흰색으로만 표현됩니다. 만약 의도치 않게 개체의 색상이 흑백으로만 보인다면, 이 모드가 선택되어 있는지 확인하고 CMYK나 RGB 등 원하는 색상 모드로 변경합니다.

  > 🇹 외부 파일을 가져오거나 다른 프로그램에서 복사하여 붙여넣을 때, 색상 모드가 의도치 않게 변경될 수 있습니다. 이때 해당 모드를 원하는 색상 모드로 재설정하여 문제를 해결할 수 있습니다.

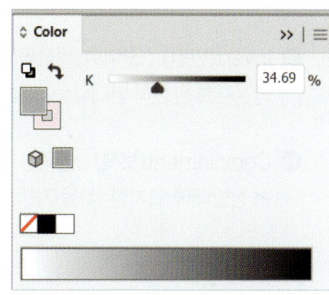

- ⓒ RGB : 웹, 영상, 모바일 등 빛을 내는 디스플레이 환경에 최적화된 색상 모드입니다. Red(빨강), Green(초록), Blue(파랑) 세 가지 빛으로 구성되며, 각 값(0~255)이 높을수록 밝아져 모두 255일 때 흰색이 됩니다. 하단의 Hexcode는 웹 색상 표기에 사용되는 6자리 영문 및 숫자 조합의 고유 코드입니다.

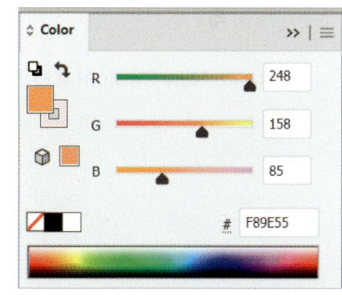

- ⓓ HSB : Hue(색상), Saturation(채도), Brightness(명도)를 통해 색상을 표현하는 방식입니다. Hue는 색상의 종류를 각도로, Saturation은 선명도를, Brightness는 밝기를 퍼센트로 나타냅니다.

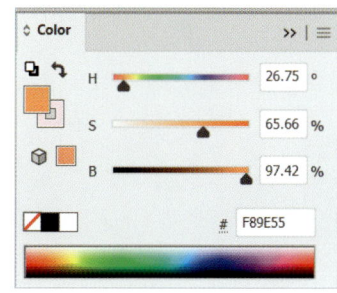

Ⓔ **CMYK** : Cyan(청록), Magenta(자홍), Yellow(노랑), Black(검정) 네 가지 색상으로 인쇄물에 적합한 색을 표현합니다. 각 색상의 양이 많을수록 어두워지며, 인쇄 품질을 최적화하는 데 중요한 역할을 합니다.

Ⓕ **Web Safe RGB(웹 적합 RGB)** : 웹 환경에서 색상 일관성을 유지하기 위한 216색 팔레트 기반의 모드입니다. RGB 각 값이 특정 6가지 값(0, 51, 102, 153, 204, 255)으로 제한되어 다양한 모니터와 브라우저에서 색상이 동일하게 표시되도록 돕습니다.

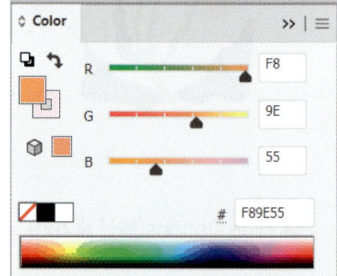

Ⓖ **Invert(반전)** : 선택한 색상을 색상, 채도, 명도까지 반전시켜 완전히 반대되는 색상으로 변경합니다.

Ⓗ **Complement(보색)** : 선택한 색상의 보색(색상환에서 정반대에 위치한 색)을 자동으로 생성합니다.

원본 색상 | Invert | Compliment

Ⓘ **Create New Swatch(새 견본 만들기)** : 현재 선택된 색상을 [Swatches] 패널에 등록하여 재사용할 수 있습니다.

# THEORY 02 색상 피커 알아보기

# Color Picker

[Color Picker] 대화상자를 사용하면 색상을 직관적으로 선택하고 적용할 수 있습니다. 이 대화상자의 색상 스펙트럼에서 원하는 색조를 클릭하면 해당 색상이 오브젝트의 면 또는 선에 즉시 적용됩니다. 색상을 자유롭게 다룰 수 있도록 돕는 색상 피커에 대해 알아보겠습니다.

## ★ Color Picker 색상 피커

도구바의 하단, [Swatches] 패널 상단, 또는 [Color] 패널이나 [Gradient] 패널에서 면이나 선 색을 더블클릭하면 새로운 창으로 [Color Picker] 대화상자가 나타납니다.

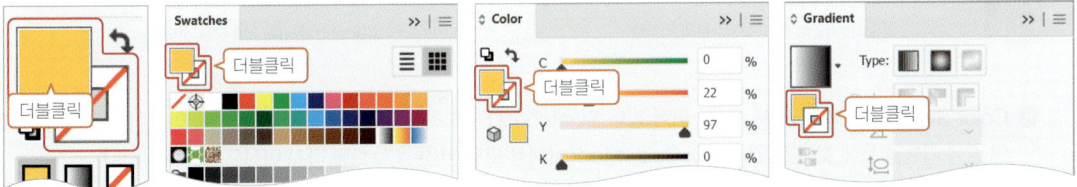

### ❶ 색상 피커 대화상자의 명칭과 기능

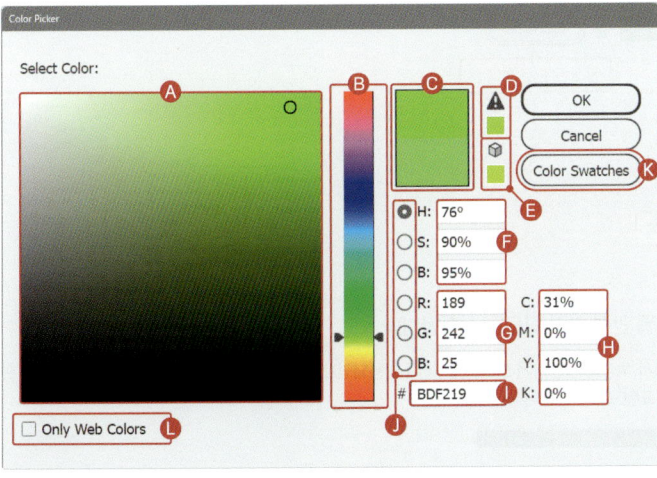

ⓐ 원하는 곳을 클릭하면 색상이 선택됩니다. 이 영역에서는 색상의 채도와 명도를 한눈에 볼 수 있습니다.

ⓑ 색상의 종류를 선택하여 기준색으로 설정할 수 있습니다. 검은색 슬라이더를 움직여 원하는 색의 종류를 선택합니다.

ⓒ 가장 최근에 선택한 색상은 위쪽에, 바로 이전에 선택했던 색상은 아래쪽에 표시됩니다.

ⓓ 특정 색상이 현재 모드에서 표현될 수 없을 때 나타나는 경고창입니다.
　Ⓣ 특히 밝고 채도 높은 연두색이나 오렌지색 계열은 CMYK 같은 인쇄 모드에서 구현하기 어려워 이 경고가 자주 뜹니다.

ⓔ 웹 컬러 기준에서 벗어났을 때 나타나는 창입니다. 클릭하면 해당 색상을 웹 컬러 기준에 맞게 조정해 줍니다.

ⓕ Hue(색상), Saturation(채도), Brightness(명도) 수치를 입력하여 색상을 조절할 수 있습니다.

ⓖ Red(빨강), Green(초록), Blue(파랑) 수치를 입력하여 색상을 조절할 수 있습니다.

ⓗ Cyan(청록), Magenta(자홍), Yellow(노랑), Black(검정) 수치를 입력하여 색상을 조절할 수 있습니다.

Ⓘ Hex Code(헥스 코드)는 #RRGGBB 형태의 16진수 값으로, 웹을 비롯한 디지털 환경에서 색상을 고유하게 표현하는 표준 방식입니다.

Ⓙ 이름 앞의 원을 클릭하면 현재 색상 선택 기준(예 : HSB, RGB, CMYK)을 다른 모드로 변경할 수 있습니다.

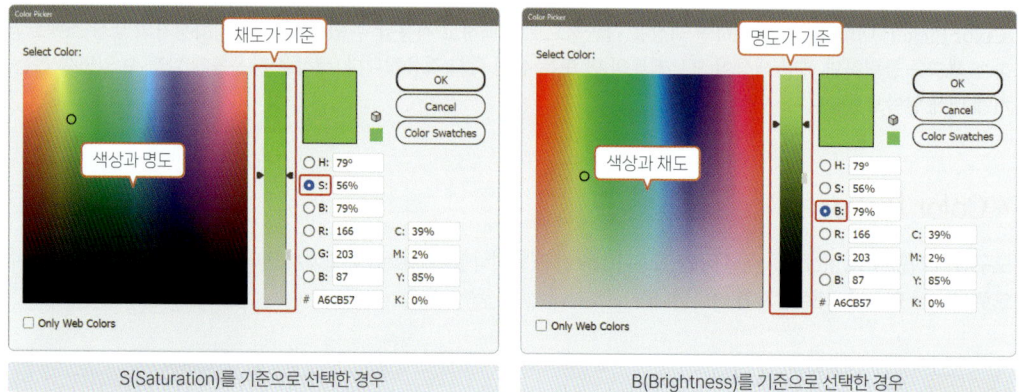

Ⓚ Color Swatches(색상 견본) : 색상 피커 창이 Swatches(견본) 목록으로 전환됩니다. 색상에 이름이 지정되어 있다면 검색 기능을 통해 찾을 수 있습니다. Color Modes(색상 모델) 버튼을 누르면 다시 이전으로 돌아갑니다.

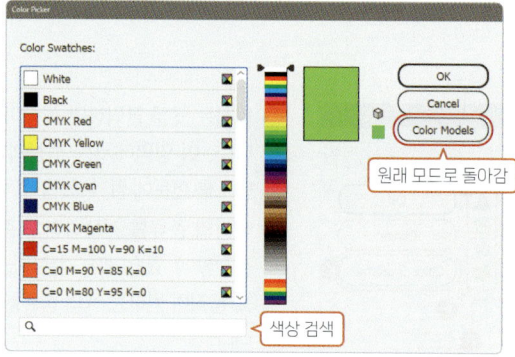

Ⓛ Only Web Colors(웹 적합 색상만) : 웹 안전 컬러 모드로 전환됩니다.

　Ⓣ 과거 제한된 디스플레이 기술로 인해 웹에서 색상을 일관되게 보이도록 할 때 사용되었으나, 현재 웹 환경에서는 그 중요성이 낮아졌습니다. 해당 옵션의 체크를 해제하면 본래의 색상 표현으로 복원됩니다.

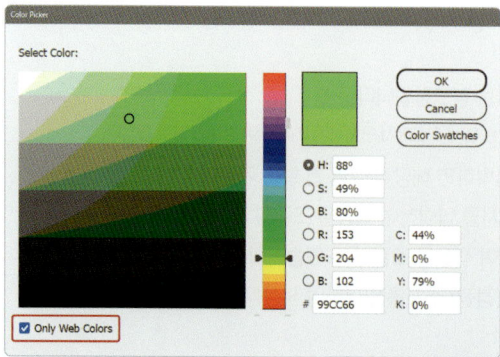

# THEORY 03 견본 패널 알아보기

# Swatches

색상을 설정하는 또 다른 효과적인 방법은 견본 패널을 이용하는 것입니다. 이 패널은 다양한 색상 견본들이 등록되어 있습니다. 자주 쓰는 색상들을 미리 등록해 두면 나중에 다른 작업을 할 때도 색상을 기억할 필요 없이 바로 사용할 수 있어 편리합니다. 특히 일관된 색상 유지가 필수적인 작업에서 매우 유용하게 활용됩니다.

## ★ Swatches Panel 견본 패널

색상과 패턴, 그레이디언트를 저장하는 패널로 각 작업 화면별로 생성되고 견본을 별도로 저장할 수도 있습니다. [Window] - [Swatches]를 선택하면 견본 패널이 나타납니다.

### ❶ [Swatches] 패널의 명칭 및 기능

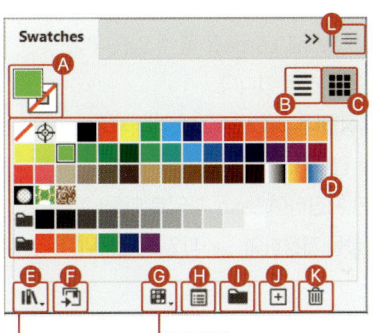

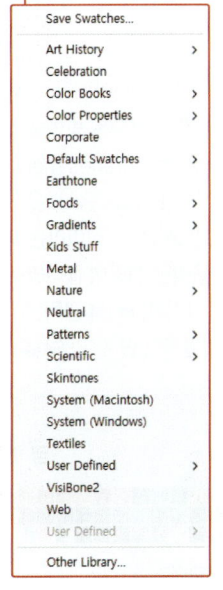

Ⓐ **Fill & Stroke(칠과 선)** : 면이나 선을 클릭해 활성화 합니다.

Ⓑ **Show List View(목록 보기 표시)** : 등록된 색상 견본을 목록 형태로 표시합니다.

Ⓒ **Show Thumbnail View(축소판 보기 표시)** : 색상 견본을 미리보기 형식으로 보여줍니다.

Ⓓ 단색, 그레이디언트, 패턴이 작은 썸네일 형태로 표시됩니다. 격자 모양으로 배열되어 있어 '타일'이라고 부르기도 합니다.

Ⓔ **Swatch Libraries menu(견본 라이브러리 메뉴)** : 기본으로 제공하는 다양한 단색, 그레이디언트, 패턴 견본 라이브러리에 접근할 수 있습니다.

Ⓕ **Add Selected Swatches and swatch Groups to my current Library(현재 내 라이브러리에 선택한 색상 견본 및 색상 그룹 추가)** : 선택한 색상 또는 색상 그룹을 현재 라이브러리 패널에 추가합니다.

Ⓖ **Show Swatch Kinds menu(견본 종류 표시 메뉴)** : 색상, 그레이디언트, 패턴, 또는 색상 그룹만 따로 필터링하여 볼 수 있는 기능입니다. 기본 설정은 모두 보기입니다.

Ⓗ **Swatch Options(견본 옵션)** : 선택한 견본의 상세 옵션 대화상자를 엽니다.

Ⓘ **New Color Group(새 색상 그룹)** : 단색 견본들을 모아 새로운 그룹을 생성합니다. 그레이디언트나 패턴은 그룹에 포함할 수 없습니다.

Ⓙ **New Swatch(새 견본)** : 새로운 색상 견본을 등록합니다. Ⓐ에서 색상을 드래그하여 패널 안으로 옮겨 등록할 수도 있습니다.

Ⓚ **Delete Swatch(견본 삭제)** : 선택한 색상 견본 타일을 삭제합니다.

Ⓛ [Swatches] 패널의 옵션이 나타나는 보조 메뉴입니다.

## ❷ [Swatches] 패널의 옵션

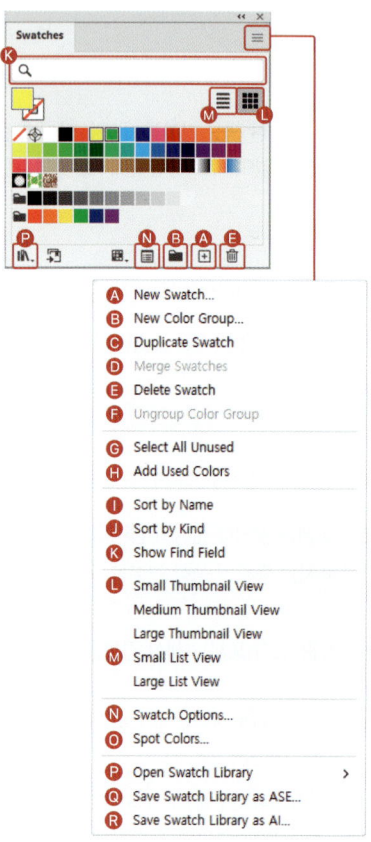

Ⓐ 새로운 색상 견본을 등록합니다.
Ⓑ 새로운 색상 그룹을 등록합니다. (단색만 그룹 생성 가능)
Ⓒ 선택된 색이나 그레이디언트, 패턴 등을 복제합니다.
Ⓓ 다중 선택된 색상을 하나로 통합하여 중복을 제거하고, 색상 목록을 간소화하여 관리 편의성을 높입니다.
Ⓔ 선택된 색상 견본을 삭제합니다.
Ⓕ 그룹 지어진 색상 그룹을 해제합니다.
Ⓖ 현재 작업에 사용되지 않은 모든 색상 견본을 선택합니다.
Ⓗ 현재 작업에 사용된 모든 색상을 견본 패널에 추가합니다.
Ⓘ 견본 목록을 이름순으로 정렬합니다.
Ⓙ 견본 목록을 단색, 그레이디언트, 패턴 등 종류별로 정렬합니다.
Ⓚ 견본 패널 상단에 이름을 검색할 수 있는 검색창을 엽니다.
Ⓛ 썸네일의 크기를 Small, Medium, Large로 볼 수 있습니다.
Ⓜ 목록 보기 시 목록의 크기를 Small, Large로 볼 수 있습니다.
Ⓝ 선택한 색상 견본의 상세 옵션 창을 엽니다.
Ⓞ 선택된 색상을 별색으로 지정합니다. (CMYK로 인쇄되지 않는 별도의 색)
Ⓟ 견본의 라이브러리 패널을 엽니다.
Ⓠ 현재 견본 상태에서 단색만 저장하여 '.ase' 파일로 만듭니다.
Ⓡ 현재 견본에 있는 모든 색상을 저장하여 '.ai' 파일로 만듭니다.

## ❸ 라이브러리에서 색상 불러오기

견본 라이브러리에서 제공되는 다양한 색상 팔레트를 불러오는 방법을 살펴보겠습니다. ① [Swatches] 패널 하단에 있는 Swatch Libraries menu(견본 라이브러리 메뉴) 버튼을 클릭합니다. ② 목록에서 'Foods(음식)'를 선택하고 ③ 'Ice Cream(아이스크림)'을 클릭합니다. [Ice Cream]이라는 이름의 보조 패널이 새롭게 나타나며, 아이스크림에 어울리는 색들이 폴더별로 정리되어 있습니다. ④ 마음에 드는 색상 폴더의 폴더 아이콘(■)을 클릭합니다. ⑤ 선택한 폴더가 [Swatches] 패널에 추가되는 것을 확인할 수 있습니다.

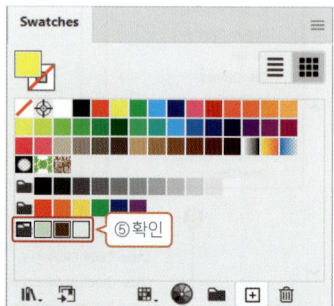

# THEORY 04  색상 추출하기

# Eyedropper Tool

■ 예제 파일 : S4-2.ai

스포이드 도구는 현재 선택된 개체 또는 스포이드로 클릭하는 개체의 색상을 추출하여 적용하는 기능이 있습니다. 다른 개체의 색상을 동일하게 적용해야 할 때 유용하게 사용할 수 있으며, 익숙해지면 매우 편리하게 활용할 수 있는 도구입니다.

## ★ Eyedropper Tool  스포이드 도구

이미지나 개체 위에 있는 특정 색상이나 속성을 그대로 추출하여 다른 개체에 적용할 때 사용됩니다.

S Eyedropper Tool 스포이드 도구 [ I ]

### ❶ 선택한 개체에 다른 개체의 색상 가져오기

① 색상을 변경하려는 개체를 먼저 선택한 다음 ② Eyedropper Tool을 클릭합니다. ③ 원하는 색상이 있는 개체를 Eyedropper Tool로 클릭하면 ④ 클릭한 개체의 면(Fill)과 선(Stroke) 속성이 선택한 개체에 그대로 적용됩니다.

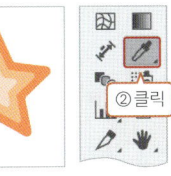

| 원하는 개체를 선택한 후 스포이드 도구 클릭 | 스포이드 도구로 원하는 색 클릭 | 클릭한 개체의 색이 추출되어 옮겨짐 |

Eyedropper Tool은 클릭하는 개체의 면 색과 선 색을 포함한 속성을 한 번에 추출하여 선택된 개체에 적용합니다.

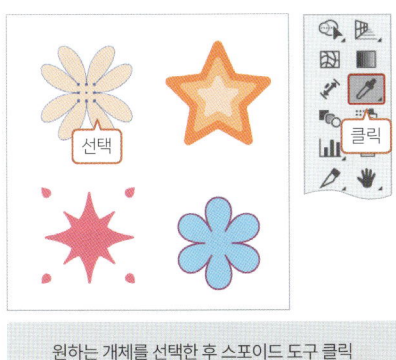

원하는 개체를 선택한 후 스포이드 도구 클릭 / 스포이드 도구로 원하는 색 클릭 / 클릭한 개체의 면 색과 선 색이 추출되어 옮겨짐

## ❷ 선택한 개체의 색상을 다른 개체에 적용하기(색상 옮기기)

① 원하는 색상이 있는 개체를 선택한 후 ② Eyedropper Tool을 클릭합니다. ③ Alt 키를 누른 상태로 색상을 변경하려는 개체를 클릭하면 ④ 나중에 선택한 개체의 색상이 이전에 선택한 개체의 색상으로 변경됩니다.

## ❸ 개체를 선택한 뒤 다른 개체의 색을 선 색으로 추출해 오기(선 색으로 가져오기)

① 선의 색상을 바꾸려는 개체를 먼저 선택한 뒤, ② 도구바에서 선(Stroke)이 활성화 되어있는지 먼저 확인합니다. ③ Eyedropper Tool을 선택하고, ④ Shift 키를 누른 채로 원하는 선 색을 클릭합니다. ⑤ 그러면 선택한 개체의 선 색상으로 클릭한 부분의 색상이 추출되어 적용됩니다.

## ❹ 개체를 선택한 뒤 다른 개체의 색을 면 색으로 추출해 오기(면 색으로 가져오기)

① 면의 색상을 바꾸려는 개체를 먼저 선택한 뒤, ② 도구바에서 면(Fill)이 활성화 되어있는지 먼저 확인합니다. ③ Eyedropper Tool을 선택하고, ④ Shift 키를 누른 채로 원하는 면 색을 클릭합니다. ⑤ 그러면 선택한 개체의 면 색상으로 클릭한 부분의 색상이 추출되어 적용됩니다.

# PRACTICE 01   색상 수정 및 등록하기

# Color, Eyedropper, Swatches

■ 예제 파일 : S4-P1.ai

조화롭지 않은 컬러들을 디저트에 어울리는 색상으로 수정해 봅니다. 수정한 색상들은 견본 패널에 등록하고, 등록된 색상들을 다양한 형식으로 편집하는 방법을 익힐 수 있습니다.

## 개채의 색상 변경하기

### 01 아이스크림 색상 변경하기

[File] - [Open]( Ctrl + O )으로 'S4-P1.ai' 파일을 엽니다. 아이스크림의 빨간색 개체를 선택한 후, [Color] 패널( F6 )을 엽니다. 여기서 CMYK 값을 '40 - 0 - 30 - 0'으로 수정하면 민트색으로 변경됩니다.

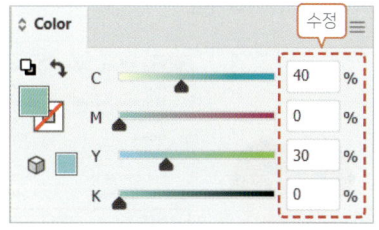

### 02 마카롱 색상 변경하기 1

마카롱의 노란색 개체 2개를 선택합니다. 도구바의 면 색을 더블클릭하여 [Color Picker] 창을 엽니다. RGB 값을 각각 '255 - 169 - 169'로 수정하면 분홍색으로 변경됩니다.

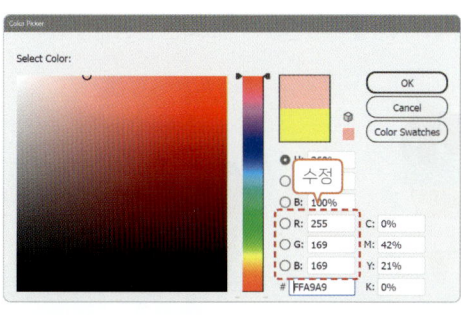
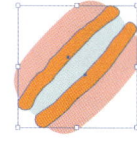

### CMYK 값과 소수점 표기

[Color] 패널에서 CMYK 값은 소수점 두 자리까지 표현되지만, 보통 소수점 없이 또는 한 자리까지만 쓰는 경우가 많습니다. 이는 색상 정보의 간결한 전달과 일관성 유지를 위해서입니다. 소수점 값의 미세한 차이는 인쇄 과정에서 육안으로 식별하기 어려운 경우가 대부분이므로 값을 정리해도 최종 결과물에 큰 문제가 되지 않습니다. 따라서 CMYK 값을 입력할 때는 소수점을 정리하는 습관을 들이는 것이 좋습니다. (단, 아주 미세한 색상 차이가 중요한 작업에서는 소수점 값을 그대로 사용하기도 합니다. 예를 들어, 특정 브랜드의 로고 컬러처럼 상징성을 시각적으로 보여주는 중요한 작업에서는 소수점 이하의 작은 차이도 색의 일관성에 영향을 줄 수 있으므로 주의해야 합니다.)

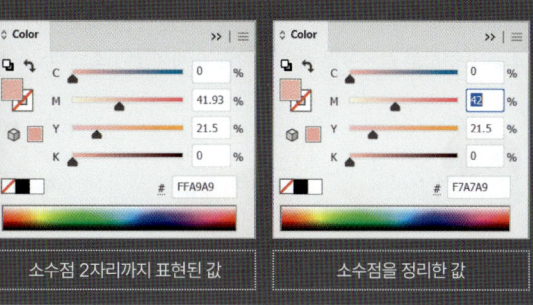

## 03 마카롱 색상 변경하기 2

마카롱의 오렌지색 개체 2개를 선택합니다. [Color] 패널(F6)을 열고 CMYK 값을 '0-60-30-0'으로 수정하면 진한 분홍색으로 변경됩니다.

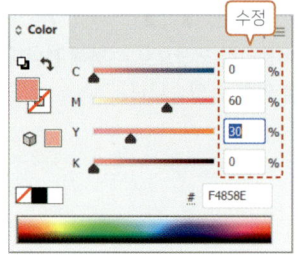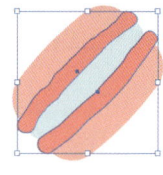

## 04 컵케이크 색상 변경하기 1

컵케이크 개체 중 검은색 개체 하나를 선택하고 [Select] - [Same] - [Fill Color]를 클릭합니다. 선택한 검은색 개체와 동일한 면 색을 지닌 모든 개체들이 동시에 선택됩니다.

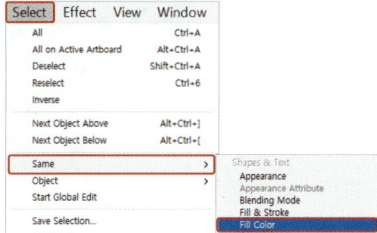

## 05 컵케이크 색상 변경하기 2

Eyedropper Tool(I)을 선택합니다. 아이스크림 개체의 콘 부분을 클릭하면, 이전에 검은색이었던 컵케이크 개체들이 클릭했던 콘 색상으로 추출되어 적용됩니다. 변경이 완료되면 빈 공간을 클릭하여 선택을 해제합니다.

## 06 컵케이크 색상 변경하기 3

컵케이크 개체 중 파란색 개체들을 Shift 키를 누른 채로 추가 선택합니다. 이어서 Eyedropper Tool(I)로 아이스크림 개체의 초콜릿 부분을 클릭하면 기존의 파란색 개체들이 초코색으로 변경됩니다.

## 개체의 색상 등록하기

### 01 민트색 등록하기

아이스크림의 민트색을 [Swatches] 패널에 등록하기 위해 해당 민트색 개체를 선택합니다. [Window] - [Swatches]를 눌러 견본 패널을 엽니다. 하단에 있는 'New Swatch' 버튼을 눌러 옵션 창을 열고 OK를 누르면 색상이 [Swatches] 패널에 등록 되는 것을 확인할 수 있습니다. 이때 다른 색상 타일과 달리 우측 하단에 하얀 삼각형 표시가 되어 있는 것은 옵션에서 Global 을 체크했기 때문입니다.

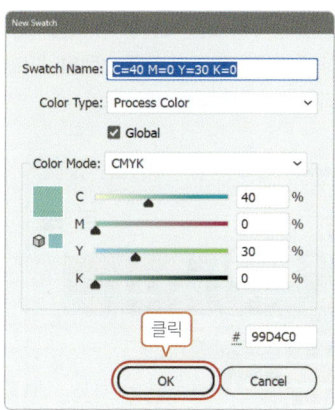
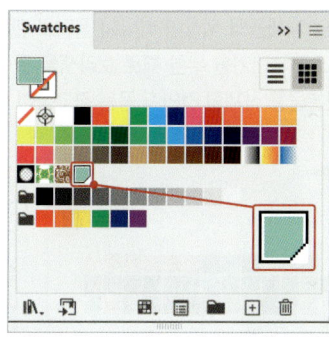

### 02 Global 색상 변경하기

아무것도 선택하지 않은 상태에서 [Swatches] 패널에 마지막으로 등록했던 색상을 더블클릭합니다. 나타나는 옵션 창에서 CMYK 값을 '0 - 10 - 32 - 3'으로 입력하고 OK를 누릅니다. 이때 Global 옵션이 체크되어 있기 때문에 이 색상을 사용했던 모든 개체에 변경 사항이 자동으로 반영됩니다.

**T** 기존에 민트색이었던 아이스크림이 새로운 색상으로 변경되고, [Swatches] 패널의 해당 색상 타일도 함께 변합니다.

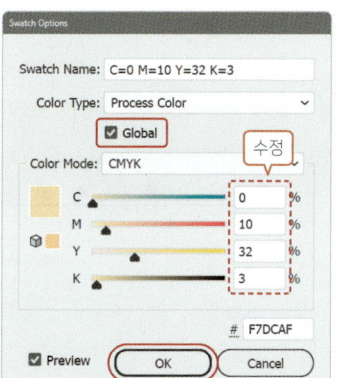

## 03 색상 한 번에 등록하기

사용된 모든 색상을 한 번에 [Swatches] 패널에 등록하기 위해 Ctrl + A 를 눌러 모든 개체를 선택합니다. [Swatches] 패널의 'New Swatch Group'을 클릭합니다. 옵션 창이 나타나면 이름에 '디저트'라고 입력하고, Selected Artwork 항목을 모두 체크한 후 OK를 누릅니다.

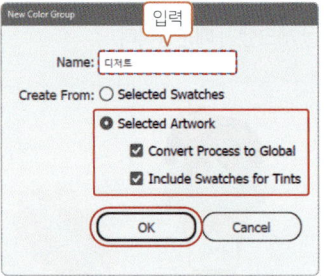

## 04 불필요한 색상 삭제하기

선택했던 개체들의 색상이 하나의 폴더로 한꺼번에 등록된 것을 확인할 수 있습니다. 불필요한 색상을 삭제하기 위해 흰색을 클릭하고 Shift 키를 누른 채로 보라색을 클릭하면 색상 타일들이 다중 선택됩니다. 하단의 'Delete Swatch'를 클릭합니다. 선택 견본물을 삭제할 것인지 묻는 경고창이 나타나면 Yes를 누릅니다.

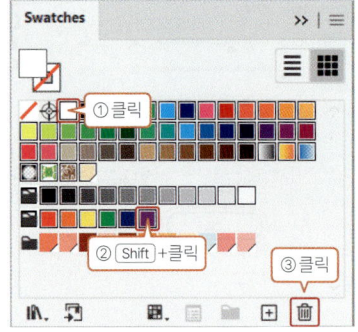
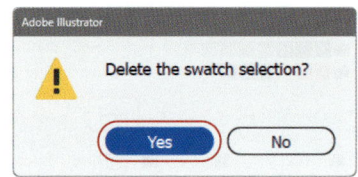

## 05 견본 라이브러리 저장하기 1

모두 삭제하면 하나의 폴더만 남게 됩니다. 정리된 색상들을 견본 라이브러리 파일로 저장하기 위해 우측 상단의 보조 메뉴를 클릭한 후, 목록에서 'Save Swatch Library as ASE…'를 선택합니다.

T 'None( )'과 'Registration( )'은 기본 시스템에 필수적인 기능이므로 삭제할 수 없습니다.

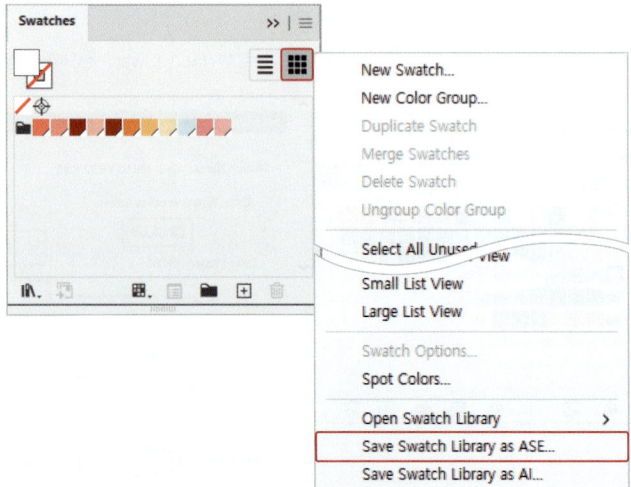

## 06 견본 라이브러리 저장하기 2

파일명은 '스와치파일-디저트색'으로 저장합니다. ASE 파일은 단색만 저장할 수 있기 때문에 그레이디언트나 패턴 또는 농도가 포함된 견본은 저장되지 않는다는 의미의 경고창이 나타나면 OK를 누릅니다.

> 이때, 기본 경로보다는 본인이 찾기 쉬운 바탕 화면이나 따로 만들어둔 폴더에 저장하는 것이 좋습니다.

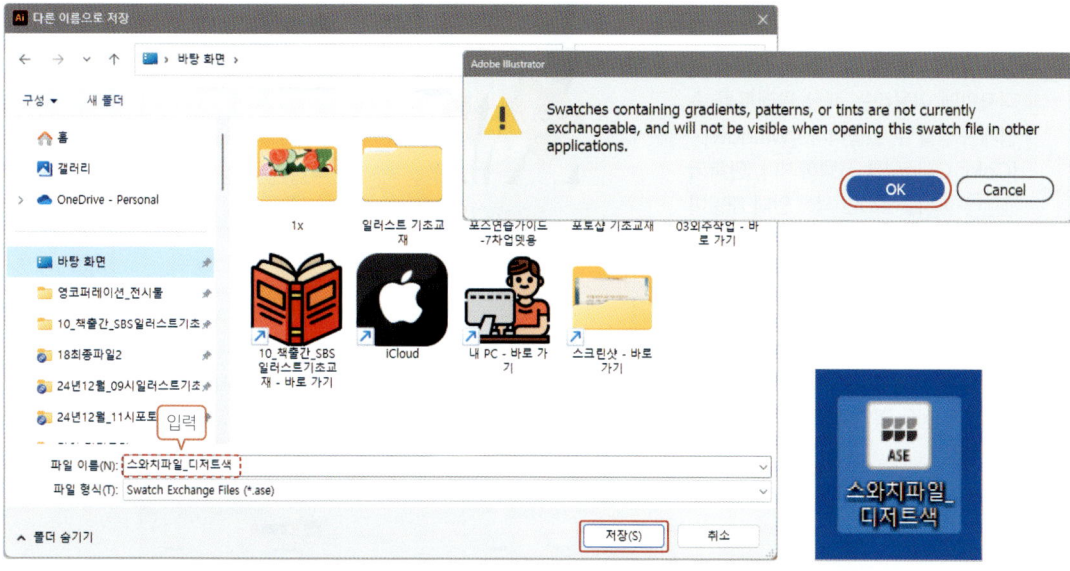

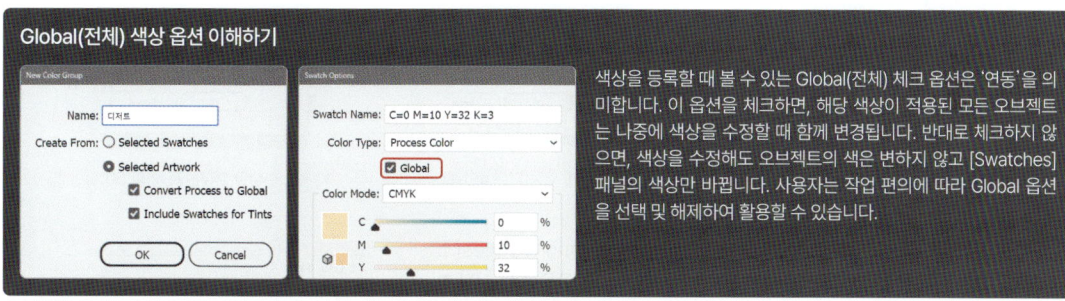

색상을 등록할 때 볼 수 있는 Global(전체) 체크 옵션은 '연동'을 의미합니다. 이 옵션을 체크하면, 해당 색상이 적용된 모든 오브젝트는 나중에 색상을 수정할 때 함께 변경됩니다. 반대로 체크하지 않으면, 색상을 수정해도 오브젝트의 색은 변하지 않고 [Swatches] 패널의 색상만 바뀝니다. 사용자는 작업 편의에 따라 Global 옵션을 선택 및 해제하여 활용할 수 있습니다.

## Advice | 컬러 가이드로 조화로운 색 조합 찾기

Color Guide(색상 안내) 패널은 선택된 기본 색상을 기준으로 조화로운 색상 조합(Color Harmony)을 찾아주는 유용한 기능입니다. 이 패널을 활용하면 색상 이론에 대한 깊은 지식이 없더라도, 디자인에 어울리는 색상 팔레트를 손쉽게 구성할 수 있습니다. [Window] - [Color Guide]를 선택하거나, 단축키 Shift + F3 를 누르면 색상 안내 패널이 나타납니다.

원하는 색상 선택     [Color Guide] 패널 활성화

**S** Color Guide(색상 안내) 패널 Shift + F3

보조 메뉴를 열어 옵션에 따라 색상 목록을 재구성할 수 있습니다. 색상 안내 옵션을 클릭하면 기본 4단계에서 색상 단계를 더욱 세부적으로 조정할 수 있습니다. '농도/음영 표시' 뿐만 아니라 '따뜻함/차가움 표시', '선명함/희미함 표시'로도 색상을 확인할 수 있습니다.

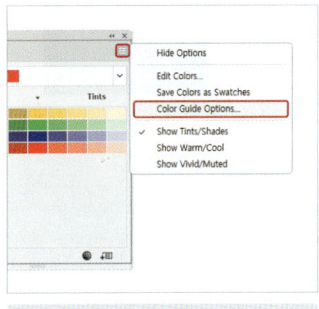 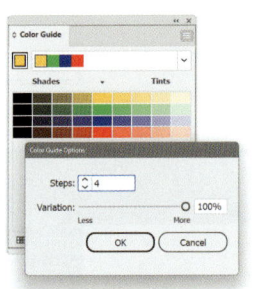 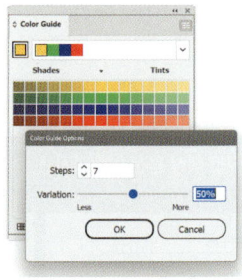

색상 안내 옵션 선택     색상 단계 수정(기본 4단계)     단계를 수정한 후(7단계, 변화 50%)

기본 색상과의 또 다른 조합을 선택하고 싶다면 Harmony Rules(조화 규칙) 목록을 열어 다양한 옵션들을 확인합니다. 목록에서 선택한 옵션에 따라 색상 목록이 명도별로 다시 재구성되어 나타납니다.

이처럼 색상 안내 패널은 색상 조합에 대한 고민을 줄이고, 디자인의 전체적인 통일성을 유지하는 데 큰 도움이 됩니다.

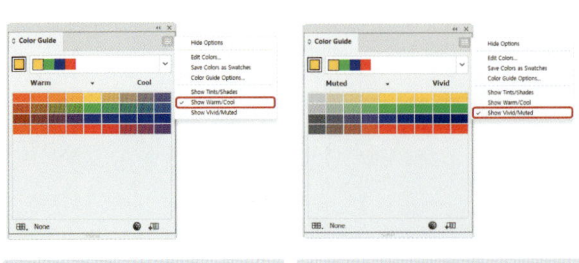 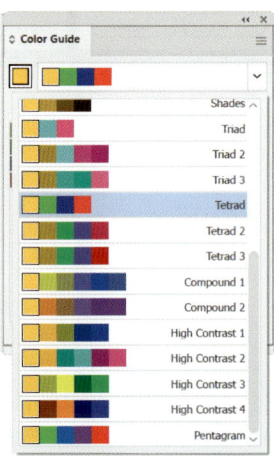

따뜻함/차가움 표시     선명함/희미함 표시     조화 규칙 목록

# THEORY 05 아트워크 색상 변경 알아보기

# Recolor Artwork

▶ 예제 파일 : S4-3.ai

색상은 디자인의 분위기를 좌우하는 중요한 요소입니다. 때로는 완성된 작업물의 색상 팔레트를 통째로 바꾸거나, 특정 색상의 톤을 미세하게 조정해야 할 때가 있습니다. 이런 복잡한 색상 작업을 효율적으로 처리할 수 있는 기능이 바로 리컬러 아트워크입니다.

## Recolor Artwork 아트워크 색상 변경

기존 색상을 새로운 색상으로 손쉽게 변경하고, 여러 색상을 동시에 조정할 수 있는 색상 그룹을 만들 수 있습니다. 실시간 미리보기 기능을 제공하여 변경 사항을 즉시 확인할 수 있으며, 색상 조화 도구를 통해 적절한 색상 조합을 추천받을 수 있어 색상 관리를 효율적으로 도와줍니다.

### ❶ Recolor Artwork로 색상 변경

개체를 전체 선택한 후, [Control] 패널에서 색상환 모양의 아이콘(🎨)을 클릭하면 [Recolor Artwork] 패널이 나타납니다. 패널 가운데 위치한 색상환에 있는 색상점들 중 아무 점이나 선을 드래그하여 다른 색상환으로 옮기면, 해당 위치의 색들로 선택한 개체의 색이 즉시 변경됩니다.

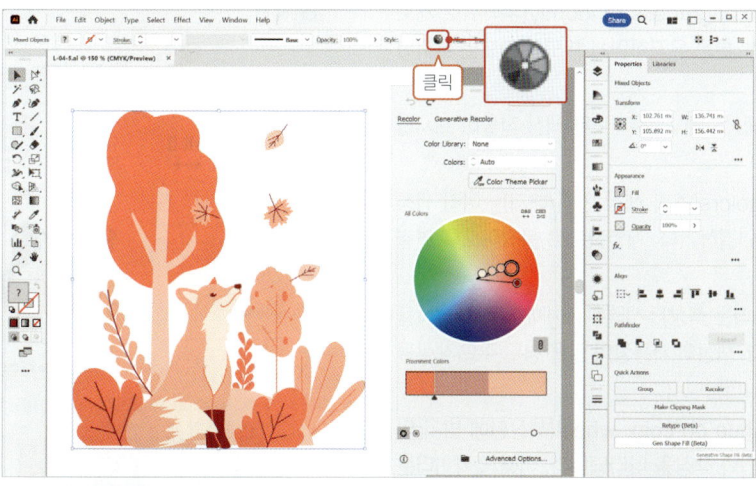

❷ **Recolor Artwork 패널 옵션**

ⓐ Undo Changes(변경 취소) : 색상 변경을 한 단계 이전으로 되돌립니다.

ⓑ Redo Changes(변경 다시 실행) : 실행 취소했던 변경을 다시 앞으로 되돌립니다.

ⓒ Reset(재설정) : 모든 색상 설정을 처음 상태로 되돌립니다.

ⓓ Recolor(다시 칠하기) : 색상을 수동으로 재정의하기 위한 패널의 현재 상태를 나타냅니다.

ⓔ Generative Recolor(생성형 재색상화) : 프롬프트 등 인공지능을 활용하여 색상을 재정의하는 기능입니다.

ⓕ Color Library(색상 라이브러리) : 견본 라이브러리에 저장된 색상을 활용할 수 있습니다.

ⓖ Colors(색상) : 오브젝트에 사용되는 색상의 개수를 지정할 수 있습니다.

ⓗ Color Theme Picker(색상 테마 선택기) : 이미지나 다른 오브젝트에서 색상을 추출하여 해당 톤으로 오브젝트의 색상을 변경할 수 있습니다.

ⓘ Change color order randomly(무작위로 색상 순서 변경) : 사용된 색상 내에서 색상 배치를 무작위로 변경합니다.

ⓙ Change saturation and brightness randomly(무작위로 채도 및 밝기 변경) : 색상의 기본 톤은 유지하면서 채도와 명도를 무작위로 변경합니다.

ⓚ All Colors(모든 색상) : 색상환에 사용된 모든 색상 점들이 표시됩니다.

ⓛ Link/Unlink harmony colors(조화 색상 연결/해제) : 여러 색상 점들을 함께 움직이도록 연결하거나, 개별적으로 움직이도록 연결을 해제할 수 있습니다.

ⓜ Prominent Colors(눈에 띄는 색상) : 선택된 개체에 사용된 색상들을 막대 형태로 표현합니다. 색상의 사용량이 많을 경우 주요 색상들이 면적 단위로 배치되어 나타납니다.

ⓝ Show brightness and hue on color wheel(색상환에 밝기 및 색조 표시) : 색상환에 밝기와 색상을 나타냅니다. 이때 슬라이더는 밝기를 조절합니다.

ⓞ Show saturation and hue on color wheel(색상환에 채도 및 색조 표시) : 색상환에 채도와 색상을 나타냅니다. 이때 슬라이더는 채도를 조절합니다.

ⓟ Adjustment brightness(밝기 조정) : 밝기, 채도 등 색상의 양을 조절하는 데 사용됩니다.

ⓠ New swatch group(새 색상 그룹) : 현재 선택된 색상들을 [Swatches] 패널에 그룹으로 저장합니다. Prominent Colors에 있는 목록만 그룹으로 저장하는 것도 가능합니다.

ⓡ Advanced Options(고급 옵션) : 더 세부적인 색상 조정 설정을 위한 고급 옵션 창을 엽니다.

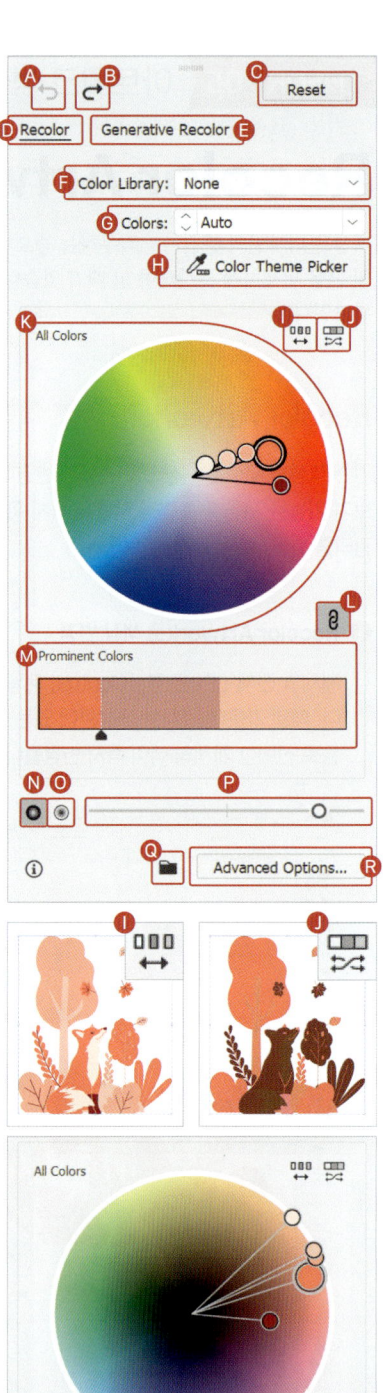

## Advanced Options 고급 옵션

**1 [Assign] 모드의 기능 알아보기**

개체를 선택한 후 [Recolor Artwork] 패널에서 'Advanced Options(고급 옵션)' 버튼을 클릭하면 색상을 더 세밀하게 수정할 수 있는 옵션 창이 나타납니다. 기본적으로 Assign(할당) 모드로 선택되어 있습니다. 각 색상이 막대 형태로 표현되며, 특정 색상 막대를 선택하여 원하는 다른 색상으로 직접 할당할 수 있습니다.

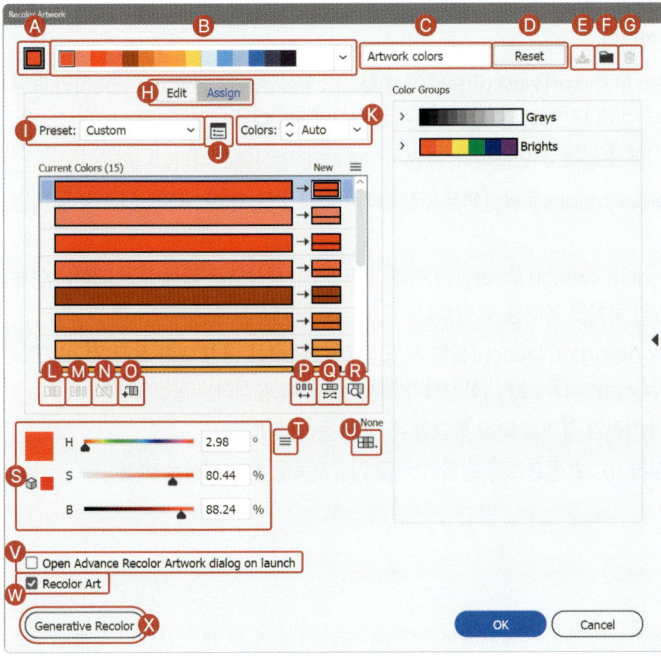

- **A** Set current color as the base color(현재 색상을 기본 색상으로 설정) : 현재 활성화된 색상 중 선택하고 있는 색상을 기본 색상으로 설정합니다.
- **B** Active Colors(활성 색상) : 선택한 모든 색상을 한꺼번에 보여줍니다. 우측 목록 버튼을 클릭하면 Harmony Rules(조화 규칙) 목록이 나타나며, 추천 배색 목록을 확인할 수 있습니다.
- **C** Color Group Name(아트웍 색상) : 새롭게 할당된 색상 그룹을 만들 때 이름을 지정할 수 있습니다.
- **D** Reset(재설정) : 모든 색상을 맨 처음 상태로 되돌립니다.
- **E** Save changes to swatch group(색상 그룹에 변경 사항 저장) : 변경된 배색을 현재 선택한 그룹에 덮어쓰기로 저장합니다.
- **F** New Swatch Group(새 색상 그룹) : 변경된 배색을 새로운 그룹으로 만들어 따로 저장합니다.
- **G** Delete Swatch Group(색상 그룹 삭제) : 선택한 색상 그룹을 삭제합니다.
- **H** Edit / Assign(편집 / 할당) : 색상환에서 직접 편집하는 방식과 목록에서 할당하는 방식 간에 모드를 전환합니다.
- **I** Preset(사전 설정) : 컬러 막대 바의 미리보기 방식을 변경할 수 있습니다.
- **J** Color Reduction Options(색상 감소 옵션) : 색상 수를 줄일 수 있는 대화상자가 나타납니다.
- **K** Colors(색상) : 색상의 수를 입력하거나 목록에서 선택합니다. 기존 색상보다 적은 수를 선택할 경우, 자동으로 색상을 합치거나 비슷한 톤으로 색상을 만듭니다. 기존 개체의 색상 수보다 많게 만들 수는 없습니다.
- **L** Merge colors into a row(한 행에 색상 병합) : 목록에서 색상을 두 개 이상 선택하고 클릭하거나 드래그하여 하나로 합치면 자동으로 활성화됩니다.

- Ⓜ Separate colors into different rows(다른 행으로 색상 분판) : 합쳐진 색상을 다시 개별 목록으로 풀어줍니다.
- Ⓝ Excludes selected colors so they will not be recolored(선택한 색상 변경 대상 제외) : 합쳐진 색상을 풀고 New(새로운 색상) 목록에만 남겨 놓으며, 합쳐졌던 막대는 별도의 목록으로 만듭니다.
- Ⓞ New Row(새 행) : 새로운 색상 목록을 만듭니다.
- Ⓟ Randomly change color order(무작위로 색상 순서 변경) : 기존 선택된 색상들 내에서 색상 배치를 무작위로 바꿉니다.
- Ⓠ Randomly change saturation and brightness(채도 및 밝기를 임의로 변경) : 기존 선택된 색상의 톤은 그대로 유지한 채 채도와 명도를 무작위로 변경합니다.
- Ⓡ Click on colors above to find them in the artwork(아트웍에서 찾기) : 특정 색상을 선택하고 클릭하면 해당 색상의 오브젝트만 표시됩니다. 이 모드에서 벗어나려면 같은 버튼을 다시 클릭하면 됩니다.
- Ⓢ [Colors] 패널과 동일한 방식으로 색상을 조절할 수 있습니다. 기본적으로 HSB 방식으로 나타납니다.
- Ⓣ Specifies the mode of the color adjustment sliders(색상 조정 슬라이더의 모드 지정) : RGB, CMYK 등 다양한 컬러 모드를 변경할 수 있습니다.
- Ⓤ Limits the swatch group to colors in a swatch library(견본 라이브러리의 색상으로 색상 그룹 제한) : 현재 문서의 [Swatches] 패널에 있는 라이브러리 목록을 불러올 수 있습니다.
- Ⓥ Open Advanced Recolor Artwork dialog on launch(실행 시 고급 아트웍 색상 변경 대화 상자 열기) : Recolor Artwork 아이콘을 클릭했을 때 [Advanced Artwork] 대화상자가 먼저 열리도록 설정하는 옵션입니다.
- Ⓦ Recolor Art(아트 색상 변경) : 색상이 변경된 결과를 미리 확인할 수 있는 옵션입니다.
- Ⓧ Generative Recolor(생성형 다시 칠하기) : 프롬프트를 활용하는 등 인공지능을 통해 색상을 변경하는 Generative Recolor 패널을 엽니다.

❷ [Assign] 모드에서 색 변경하기

① Assign(할당) 모드에서 가장 상단의 빨간색을 클릭하여 선택합니다. ② Shift 키를 누른 채로 하단의 목록을 연속으로 클릭하여 총 4개의 색상을 합칩니다. ③ 상단의 Colors(색상) 목록에 '7'을 입력하고 빈 공간을 클릭하여 잠시 기다리면, 시스템이 자동으로 비슷한 계열의 색상을 묶어 7개 목록으로 맞춰줍니다.

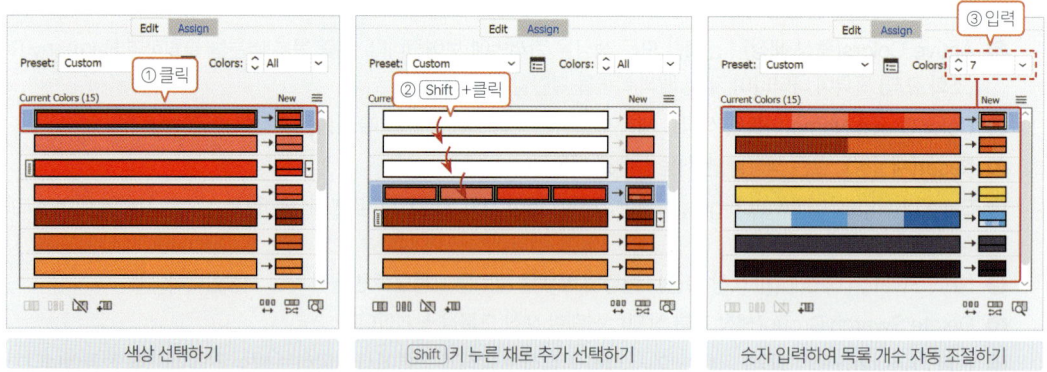

| 색상 선택하기 | Shift 키 누른 채로 추가 선택하기 | 숫자 입력하여 목록 개수 자동 조절하기 |

④ 자동으로 묶인 그룹 중 파란색의 할당 부분을 클릭합니다. ⑤ 하단의 HSB 목록에서 각각 '100 - 90 - 75'를 입력하여 녹색 계열로 만듭니다. ⑥ 만들어진 색상들을 그룹으로 만들기 위해 우측 상단의 새 색상 그룹 버튼을 누르면 [Color Groups] 목록에 'Reduced(7)'이라는 새로운 목록이 생성됩니다.

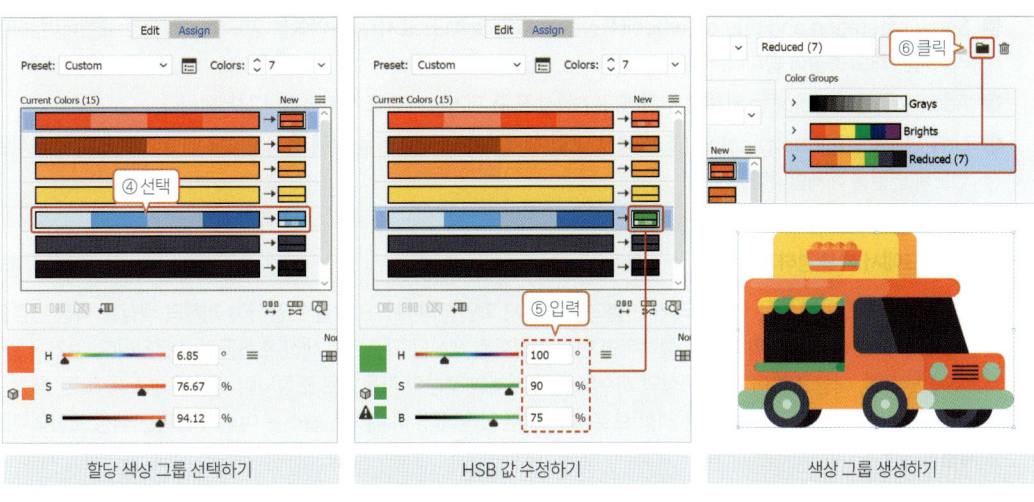

| 할당 색상 그룹 선택하기 | HSB 값 수정하기 | 색상 그룹 생성하기 |

### ❸ [Edit] 모드의 기능 알아보기

[Recolor Artwork] 패널에서 'Advanced Options(고급 옵션)' 버튼을 클릭한 후 [Edit] 모드를 클릭해 색상을 색상환에서 편집하는 방식으로 전환할 수 있습니다.

앞서 다룬 옵션은 생략하고, 해당 기능의 새로운 옵션들을 살펴봅니다.

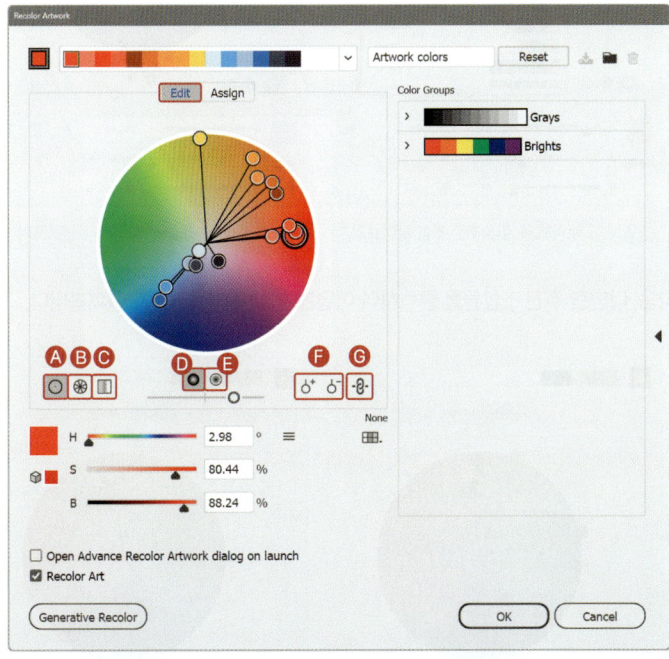

Ⓐ Display smooth color wheel(분할되지 않은 색상환 표시) : 휠 안의 색상들을 그레이디언트로 자연스럽게 표현합니다.
Ⓑ Display segmented color wheel(분할된 색상환 표시) : 휠 안의 색상들을 색조별로 구역을 나누어 표현합니다.
Ⓒ Display color bars(색상 막대 표시) : 휠을 막대 형태로 바꿔서 표현합니다.
Ⓓ Show brightness and hue on wheel(색상환에 밝기 및 색조 표시) : 휠 안쪽을 채도와 색상으로 표현하며, 하단 슬라이더는 명도 조절이 됩니다.

🄴 Show saturation and hue on wheel(색상환에 채도 및 색조 표시) : 휠 안쪽을 명도와 색상으로 표현하며, 하단 슬라이더는 채도 조절이 됩니다.
🄵 Add / Remove Color tool(색상 추가 도구 / 색상 도구 제거) : 색상을 추가하거나 삭제합니다.
🄶 Link / Unlink harmony colors(조화 색상 연결/해제) : 여러 색상들을 함께 움직이도록 연결하거나, 따로 움직일 수 있도록 연결을 해제합니다.

❹ [Edit] 모드에서 색 변경하기

① Edit(편집) 모드 안에 모든 연결고리가 연결되어 있는지 확인한 후, HSB 값을 조절하여 개체의 색상을 직접 변경할 수 있습니다. ② 또는 패널 상단의 목록을 클릭하면 현재 활성화된 색상을 기준으로 색상 조합들이 추천됩니다. 여기서 원하는 조합을 선택하면, 해당 조합이 가진 색상의 개수에 맞춰 개체의 색상이 자동으로 조절되어 적용됩니다. ③ 또한, 색상 목록에서 특정 색상을 직접 클릭하여 '기본 색상'으로 설정할 수 있습니다. 이 베이스 컬러는 이후 추천되는 색상 조합의 기준으로 사용됩니다.

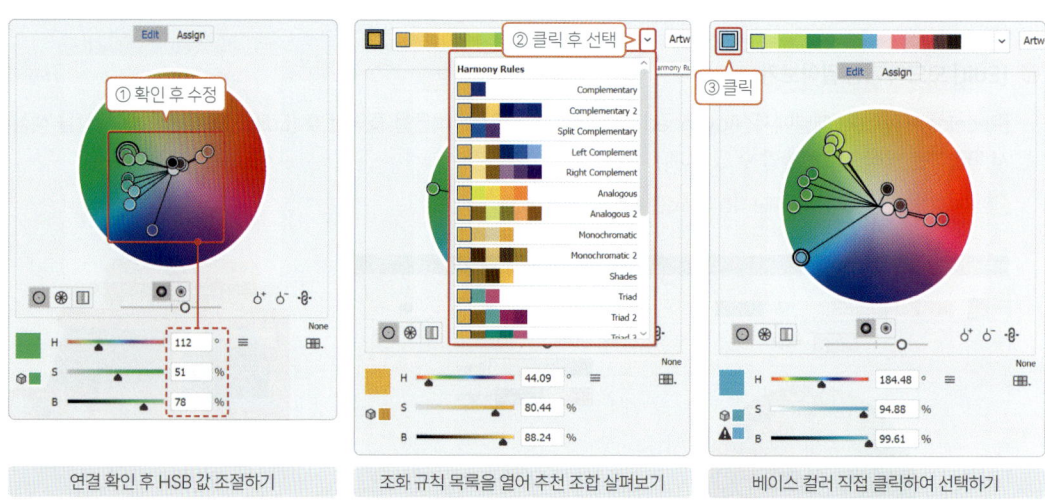

베이지색 계열을 베이스 컬러로 설정한 다음, 다양한 추천 조합들을 클릭하여 어떻게 색상이 변화하는지 살펴봅니다.

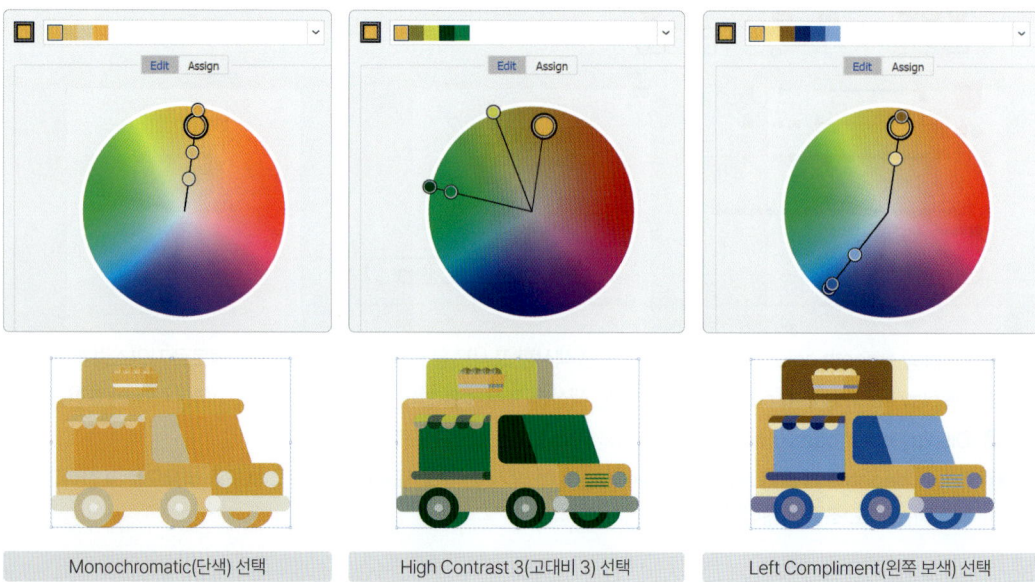

# PRACTICE 02 | 색상 테마 선택기로 색 추출하기

# Recolor, Color Theme Picker

📁 예제 파일 : S4-P2.ai

색상 테마 선택기 기능을 사용하면 그룹 지어진 개체나 사진에서 색상을 추출하여 원하는 개체에 손쉽게 적용할 수 있습니다.

### 01 줄기와 잎사귀 색상 변경하기

[File] - [Open] (Ctrl + O)으로 'S4-P2.ai' 파일을 엽니다. 좌측의 꽃 개체 중 꽃을 제외한 줄기와 잎사귀 개체를 선택합니다. (이들은 그룹으로 묶여 있습니다.) [Control] 패널에서 Recolor Artwork 버튼(⬤)을 누릅니다. 'Color Theme Picker' 버튼을 클릭한 뒤, 마우스 포인터를 작업 화면의 녹색 꽃 위에 올려 파란 가이드가 뜨면 해당 위치를 클릭합니다.

### 02 꽃 개체 색상 변경하기

줄기와 잎사귀의 색상이 우측 꽃의 톤에 맞춰 자동으로 조정되었다면, 이번에는 꽃 개체들을 선택합니다. 이전과 동일하게 [Control] 패널의 Recolor Artwork 버튼(⬤)을 클릭한 후, 'Color Theme Picker' 버튼을 다시 클릭합니다. 작업 화면에 있는 붉은 JPG 사진 이미지를 클릭합니다.

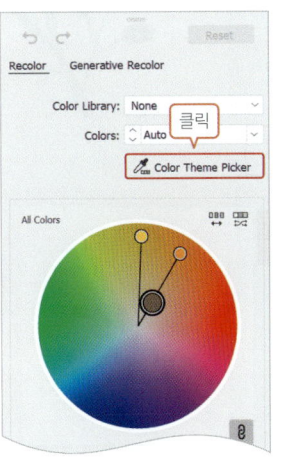

## 03 아트워크 색상 변경 패널에서 색상 조정하기 1

꽃 이미지가 붉은색 계열로 바뀌었지만, 색상들이 비슷해지면서 개체 구분이 어려워졌습니다. 이를 해결하기 위해 다시 화면 상단의 [Control] 패널에서 Recolor Artwork 버튼( )을 클릭합니다.

## 04 아트워크 색상 변경 패널에서 색상 조정하기 2

[Recolor Artwork] 패널에서 먼저 색상 휠 하단의 연결고리를 클릭해 연결을 해제합니다. 이제 세 가지 색상 점을 원하는 곳으로 옮겨 각 색상의 채도와 명도를 조절합니다. 이때 하단 슬라이더 버튼도 옮겨가며 작업할 수 있습니다. 색이 완성되면 빈 화면을 클릭해 마무리합니다.

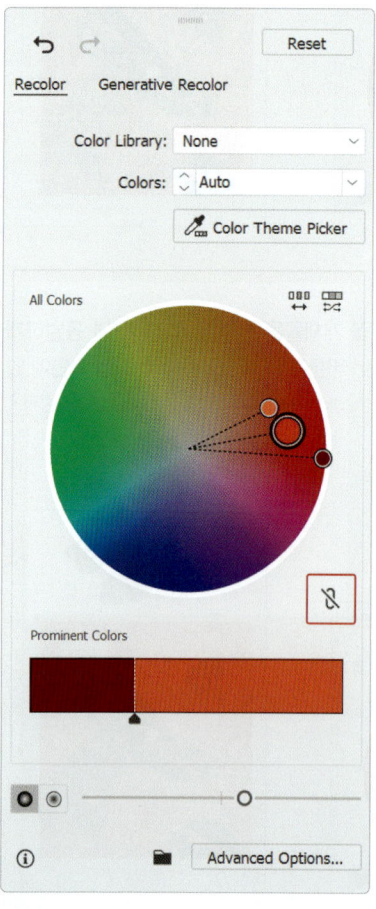

## 05 아트워크 색상 변경 패널에서 색상 그룹으로 저장하기

개체를 모두 선택하고 [Control] 패널에서 Recolor Artwork 버튼(◉)을 클릭합니다. 하단의 Prominent Colors Bar에서 녹색까지 주요 색상의 범위를 클릭합니다. 아래의 'New swatch group' 버튼을 클릭하여 'Save Prominent Colors'를 클릭합니다. [Swatches] 패널에서 새로운 폴더로 견본 색상이 생성되었는지 확인합니다.

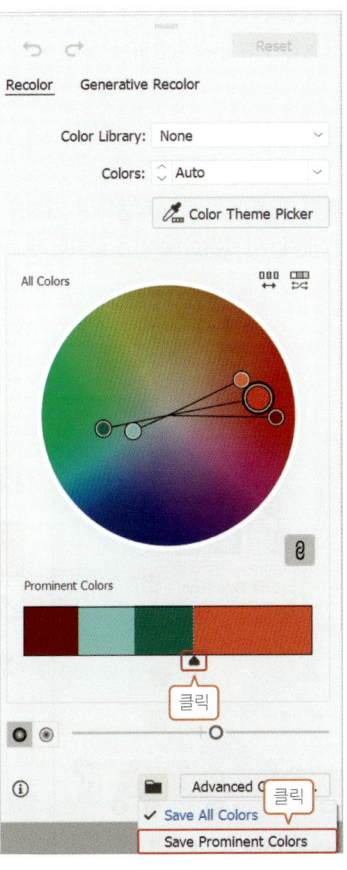

### 아트워크 색상 변경과 견본 폴더의 색상 연동

[Swatches] 패널에서 만든 견본 폴더는 [Recolor Artwork] 패널과 연동됩니다. 따라서 다양한 색상 견본 폴더를 미리 만들어 놓으면, Recolor Artwork의 Advance Options(고급 옵션)에 들어가 Swatch Groups(색상 그룹)에서 기존 폴더들을 확인하고 적용할 수 있습니다.

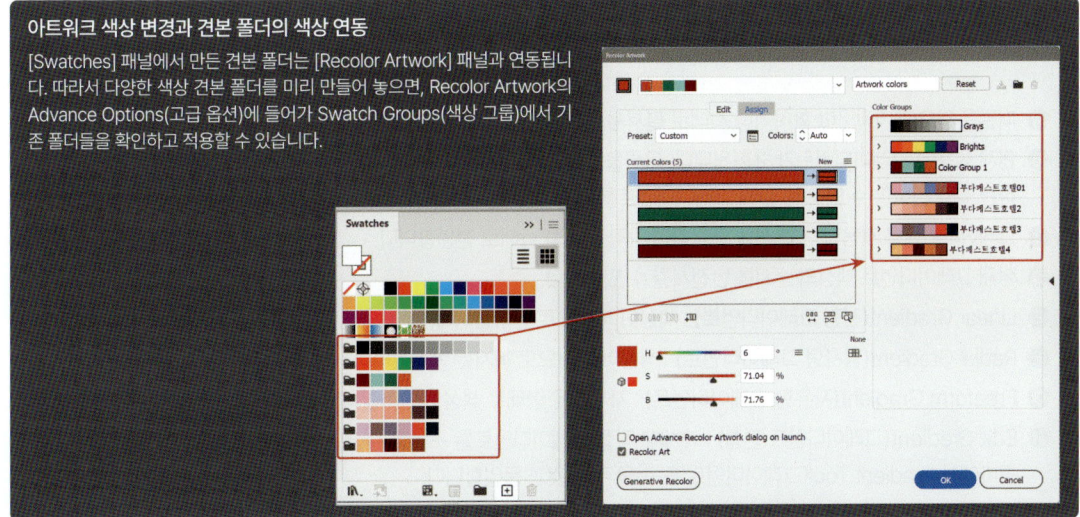

# THEORY 06  그레이디언트 도구와 패널 알아보기

# Gradient

■ 예제 파일 : S4-4.ai

색상이 번지듯 자연스럽게 연결되며 변화하는 것을 그라데이션이라고 합니다. 일러스트레이터에서는 그레이디언트 도구와 그레이디언트 패널을 활용하여 이러한 색상 표현을 구현할 수 있습니다

## ★★ Gradient Panel  그레이디언트 패널

개체를 선택한 후 패널에서 슬라이더를 클릭하면 그레이디언트가 적용되며, 개체를 선택하고 단축키인 마침표(.)를 눌러도 그레이디언트를 빠르게 적용할 수 있습니다. [Window] - [Gradient]를 클릭하거나, 단축키 Ctrl + F9 를 누르면 그레이디언트 패널이 나타납니다.

S Gradient(그레이디언트) 패널  Ctrl + F9

### ❶ 그레이디언트 패널의 명칭과 기능

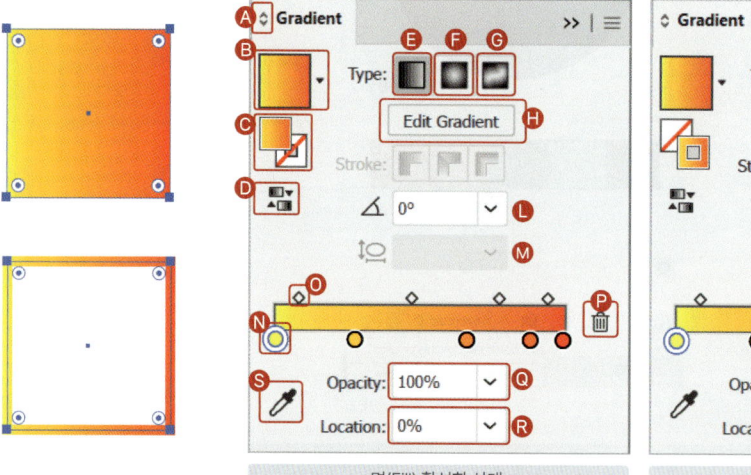
면(Fill) 활성화 상태

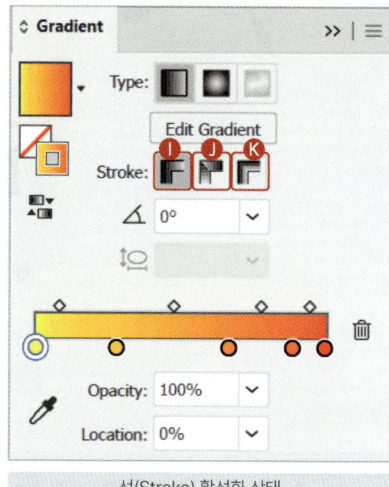
선(Stroke) 활성화 상태

- Ⓐ 패널은 필요에 따라 간소화하거나 최대로 펼쳐서 사용할 수 있습니다.
- Ⓑ 현재 적용된 그레이디언트가 표현됩니다. 목록을 열면 [Swatches] 패널에 있는 다른 그레이디언트 목록이 나타나 원하는 색을 선택할 수 있으며, 현재 그레이디언트를 저장하는 것도 가능합니다.
- Ⓒ 그레이디언트를 적용할 면과 선을 클릭하여 각각 활성화 상태로 전환합니다.
- Ⓓ 현재 그레이디언트 색상의 순서를 반전시킬 수 있습니다.
- Ⓔ Linear Gradient(선형 그레이디언트) : 색상이 직선으로 변화합니다.
- Ⓕ Radial Gradient(방사형 그레이디언트) : 색상이 원형으로 퍼지듯 변화합니다.
- Ⓖ Freeform Gradient(자유형 그레이디언트) : 자유로운 형태로 색상이 변화합니다.
- Ⓗ Edit Gradient(그레이디언트 편집) : 개체에 직접 그레이디언트를 조절할 수 있는 편집 모드가 활성화됩니다. 이는 도구바에서 Gradient Tool(그레이디언트 도구)을 누른 것과 동일합니다.

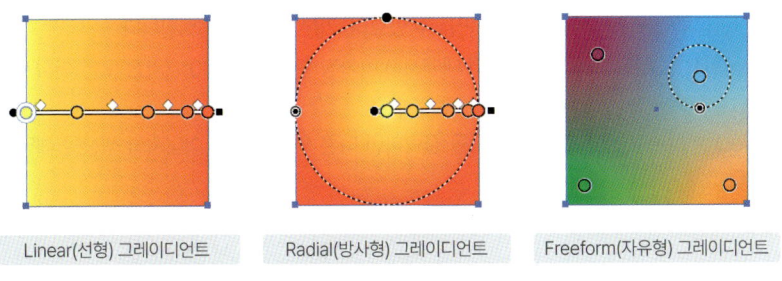

Linear(선형) 그레이디언트　　　Radial(방사형) 그레이디언트　　　Freeform(자유형) 그레이디언트

- **I** 획 안에 그레이디언트가 적용될 경우 좌측에서 우측으로 적용됩니다.
- **J** 획을 따라 그레이디언트가 적용될 경우 우측 하단부터 시계 방향으로 적용됩니다.
- **K** 획에 걸쳐 그레이디언트가 적용될 경우 바깥쪽부터 안쪽으로 적용됩니다.

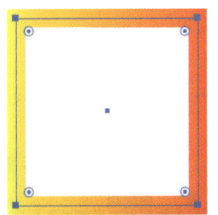 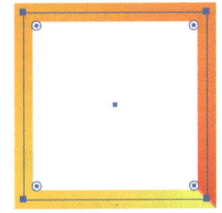 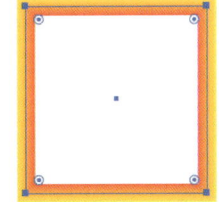

- **L** Angle(각도) : 그레이디언트의 방향을 각도로 직접 지정할 수 있습니다.
  - **T** 예를 들어 0도는 왼쪽에서 오른쪽으로, 90도는 아래에서 위로 색이 변화합니다.
- **M** Aspect Ratio(종횡비) : 방사형 그레이디언트의 경우 종횡비를 정하여 타원 형태로 적용할 수 있습니다.

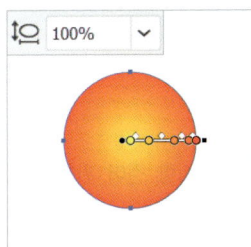 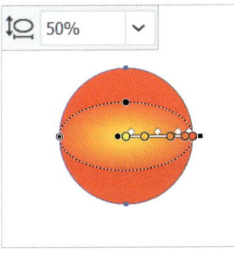 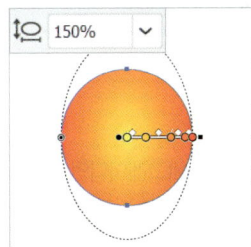

- **N** 슬라이더 바의 색상점을 더블클릭하여 [Color] 방식으로 색을 조절하거나, [Swatches] 패널에서 색을 선택하거나, Eyedropper Tool(스포이드 도구)로 다른 색을 클릭하여 색을 지정할 수 있습니다.
  - **T** 색상점을 추가할 때는 슬라이더 아래쪽의 빈 공간을 클릭합니다.
- **O** 색상점 사이의 그레이디언트 면적을 조절하여 색상 전환의 범위를 변경할 수 있습니다.
- **P** 색상점을 선택한 후 해당 삭제 버튼을 누르면 해당 색상점을 제거할 수 있습니다.
  - **T** 색상점을 삭제할 때는 슬라이더를 선택하여 작업 화면의 아래로 드래그하거나, Delete 키를 눌러 슬라이더를 삭제할 수도 있습니다.

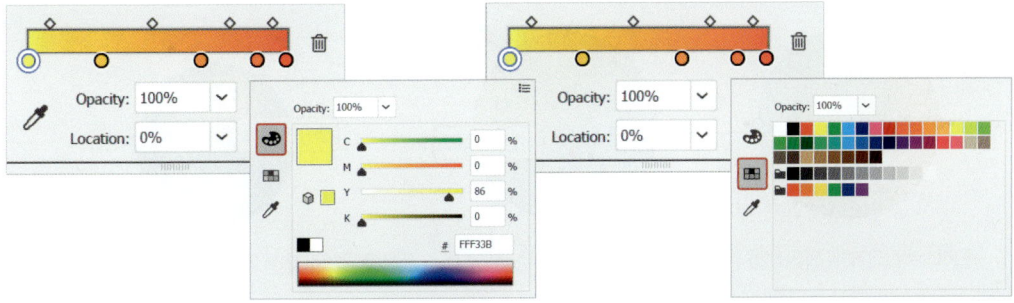

- ⓠ 선택한 색상점의 Opacity(불투명도)를 낮춰 투명하게 만들 수 있으며, 기본 설정은 100%입니다.
- ⓡ 해당 색상점의 Location(위치)을 나타냅니다. 슬라이더 내에서 0%(가장 왼쪽)부터 100%(가장 오른쪽)까지로 나타냅니다.
- ⓢ 색상점을 클릭한 뒤 Eyedropper Tool(스포이드 도구)을 클릭하면 다른 외부 개체나 이미지의 색상을 해당 색상점으로 추출해 올 수 있습니다.
   - Ⓣ 벡터 오브젝트가 아닌 이미지 등의 색상을 추출할 때는 Shift 키를 누른 채로 작업합니다.

### ❷ 신규 그레이디언트 등록하기

여러 개체를 동시에 선택한 상태에서는 그레이디언트를 등록할 수 없으므로 그레이디언트가 적용된 개체를 한 개만 선택해야 합니다. ① [Gradient] 패널에서 목록을 클릭한 후, 'New Swatch Group(견본에 추가)' 버튼(📥)을 누릅니다. 또는 ② [Swatches] 패널에서 직접 'New Swatch(새 견본)' 버튼(▣)을 눌러 현재 적용된 그레이디언트를 저장할 수 있습니다. ③ 현재 적용된 그레이디언트를 '새 견본' 버튼으로 직접 드래그하여도 등록할 수 있습니다.

그레이디언트 패널에서 견본으로 등록하기 | 견본 패널에서 등록하기 | 견본 패널에서 드래그하여 등록하기

## ★★ Gradient Tool 그레이디언트 도구

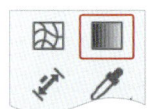

Gradient Tool(그레이디언트 도구)로 오브젝트 위에서 드래그하여 색상의 방향, 길이, 위치 등을 직관적으로 조절할 수 있습니다.

Ⓢ Gradient Tool(그레이디언트 도구) G

### ❶ 개체에 그레이디언트의 방향과 길이 적용

개체에 그레이디언트를 적용한 뒤, 도구바의 Gradient Tool을 선택하면 개체에 적용된 슬라이더 바가 나타납니다. 이 바를 Annotator(어노테이터)라고 부르는데, 이는 [Gradient] 패널에서 'Edit Gradient(그레이디언트 편집)' 버튼을 누르는 것과 동일한 기능입니다. 어노테이터를 활용하면 기본으로 적용된 바의 위치와 상관없이 원하는 방향에서 클릭-드래그하는 방식으로 그레이디언트를 직접 적용할 수 있습니다.

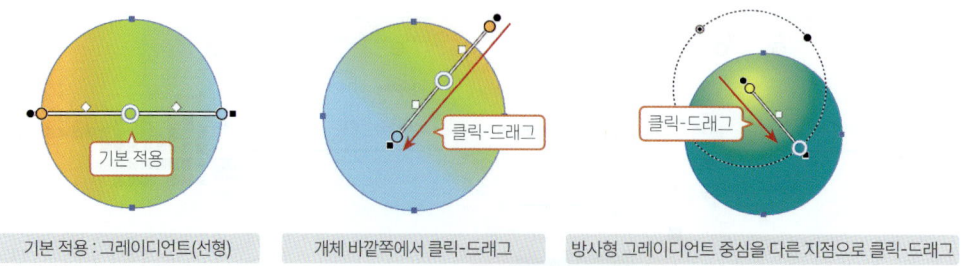

기본 적용 : 그레이디언트(선형) | 개체 바깥쪽에서 클릭-드래그 | 방사형 그레이디언트 중심을 다른 지점으로 클릭-드래그

## ❷ 그레이디언트 위치 이동과 길이 조절 및 방향 회전

어노테이터 바를 직접 드래그하여 그레이디언트의 위치를 이동시킬 수 있습니다. 또한, 어노테이터 바의 오른쪽 끝에 있는 네모난 검은색 점(■)을 드래그하면 그레이디언트의 길이를 늘리거나 줄일 수 있으며, 방향 회전도 가능합니다.

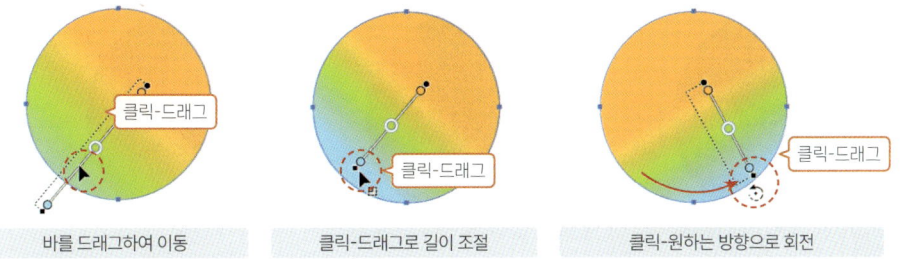

## Freeform Gradient 자유형 그레이디언트

### ❶ Draw(그리기) - Points(포인트)

각 점은 더블클릭하여 색상을 변경할 수 있으며, 자유롭게 드래그하여 위치를 이동시킬 수 있습니다. 또한 점 근처에 마우스 포인터를 올리면 나타나는 점선 가이드 하단의 검은 점(◉)을 드래그하여 해당 색상의 확장 범위를 조절할 수 있습니다.

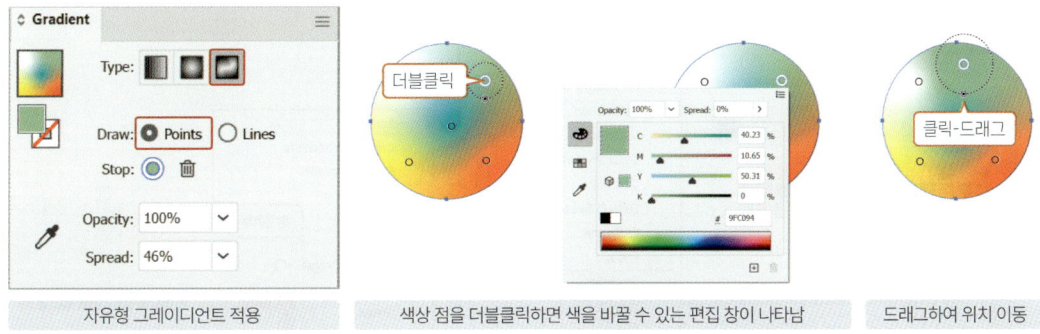

### ❷ Draw(그리기) - Lines(선)

색상 점들을 클릭하여 연결하면 점과 점이 라인으로 이어지며 더욱 부드러운 그레이디언트 전환이 생성됩니다. 다른 점들을 계속 연결하면 색상들이 자연스럽게 이어지는 것을 확인할 수 있습니다.

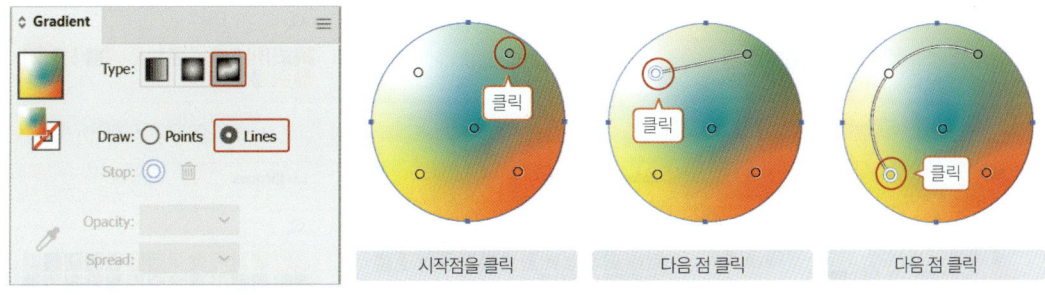

Esc 키를 눌러 중단한 뒤, 다시 다른 지점을 클릭하면 한 개체 안에 두 개 이상의 라인을 생성할 수 있습니다. 이때 라인을 지그재그 방향으로 연결하여 복잡한 그레이디언트를 구현할 수는 있지만, 물리적으로 불가능한 각도는 구현되지 않습니다.

T 자유형 그레이디언트는 저장되지 않습니다.

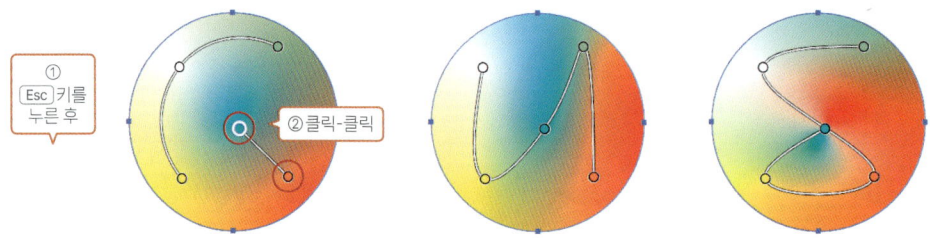

## Gradient Library 그레이디언트 라이브러리

### ❶ [Swatches] 패널에서 라이브러리 불러오기

[Window] - [Swatches]를 클릭하여 패널을 엽니다. [Swatches] 패널 하단 왼쪽에 있는 'Swatch Libraries menu(견본 라이브러리 메뉴)' 버튼을 클릭하면 다양한 라이브러리 목록이 나타납니다. 이 중 'Gradient'는 그레이디언트가 모여있는 라이브러리 목록입니다. 목록에서 가장 첫 번째인 'Brights(밝기)'를 선택하면, 'Brights'라는 이름의 보조 패널이 새로 뜨면서 여러 그레이디언트 목록을 확인할 수 있습니다.

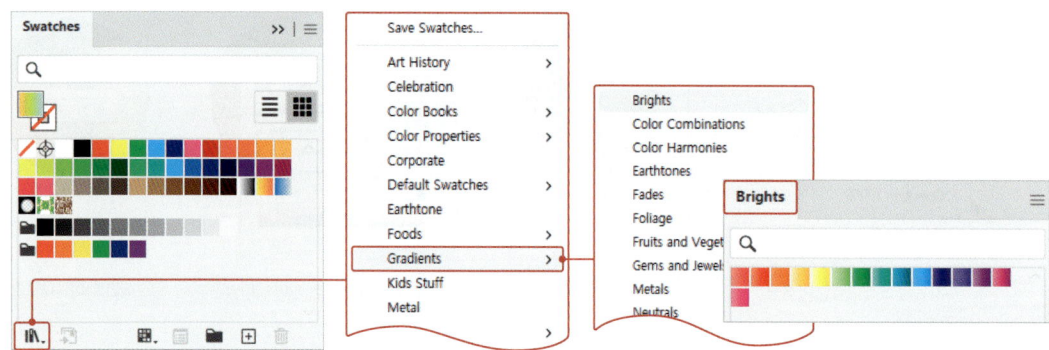

### ❷ 그레이디언트 라이브러리 살펴보기

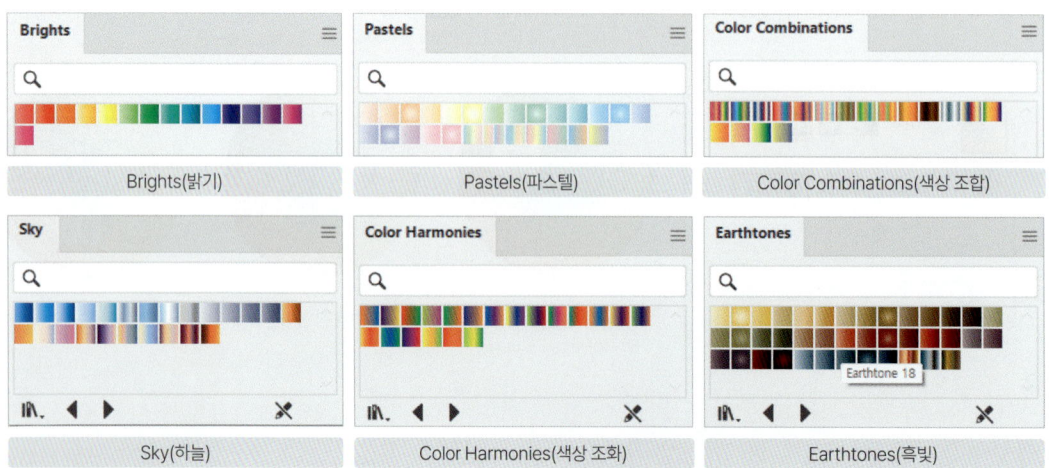

## PRACTICE 03  그레이디언트로 노을진 사막 표현하기

# Gradient

■ 예제 파일 : S4-P3.ai

그레이디언트를 활용하여 부드러운 색 변화를 주어 노을 진 사막 풍경을 표현해 봅니다. 그레이디언트는 작업물의 형태나 디자인 의도에 따라 방향, 색상, 투명도 등을 다양하게 조절하여 변형할 수 있습니다.

### 01 배경 그레이디언트 저장

[File] - [Open] (Ctrl + O)으로 'S4-P3.ai' 파일을 엽니다. 배경의 연두색 개체를 선택한 뒤, [Gradient] 패널(Ctrl + F9)을 엽니다. 그레이디언트를 적용하고, 왼쪽 색상의 CMYK 값을 '45 - 70 - 5 - 0'으로, 오른쪽 색상은 '0 - 30 - 40 - 0'으로 설정한 후 각도를 '-90도'로 입력합니다. 해당 그레이디언트를 저장하기 위해 목록 버튼을 눌러 'Add to Swatches'를 클릭합니다.

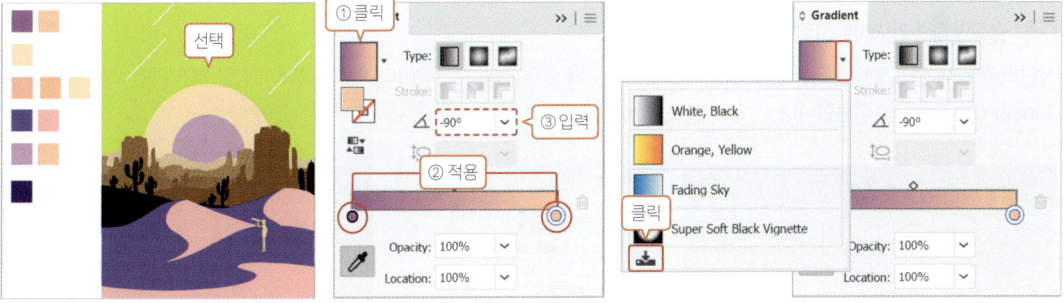

### 02 중앙 조형 개체에 그레이디언트 적용

Gradient Tool(G)을 선택하고 어노테이터의 색상점 위치를 조절합니다. 이어서 중앙의 갈색 개체 4개를 선택하고 앞서 저장했던 그레이디언트를 '-90도'로 다시 적용합니다. 선택을 해제한 후, 각 개체를 개별적으로 선택하여 Gradient Tool(G)로 색상점 위치를 각각 조절합니다.

## 03 달 원형 개체에 투명 그레이디언트 적용

큰 원형 개체를 선택하고 양쪽 색상점 모두 CMYK 값을 '0-15-35-0'으로 설정합니다. 오른쪽 색상점의 Opacity를 '0%'로 설정하고 [Swatches] 패널에 저장합니다.

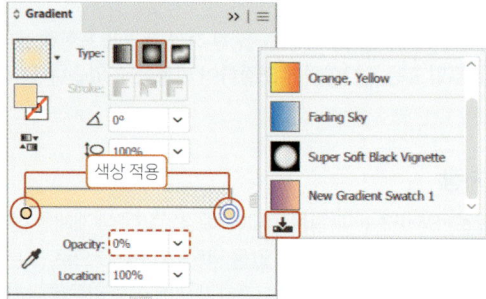

## 04 별똥별 선 개체에 선형 그레이디언트 적용

상단의 하얀색 선 5개를 선택하고 Stroke가 활성화되도록 클릭합니다. 그레이디언트 목록에서 방금 저장했던 색을 선택한 뒤, 'Linear Gradient'를 적용합니다.

## 05 달 원형 개체에 다중 색상 그레이디언트 적용

연보라색 원을 선택하고 Fill을 클릭하여 활성화합니다. 색상점을 3개로 만든 다음, CMYK 값을 왼쪽부터 각각 '0-42-42-0', '0-35-50-0', '0-15-35-0'으로 설정한 후 각도를 '90도'로 입력합니다. Gradient Tool(G)로 색상점의 위치를 원하는 대로 조절합니다.

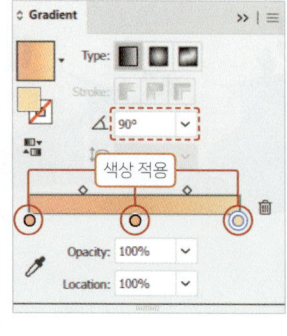

## 06 사막 개체에 그레이디언트 적용

하단에 연한 핑크색 개체를 선택하고 [Gradient] 패널(Ctrl+F9)에서 색상점을 2개로 만듭니다. 각 색상점의 CMYK 값을 왼쪽은 '25-45-0-0', 오른쪽은 '0-30-40-0'으로 설정하고 원하는 대로 색상점의 위치를 조절합니다. 이어서 진한 보라색 개체들을 선택한 뒤, 왼쪽은 '70-75-0-5', 오른쪽은 '0-45-20-0'으로 설정하고 각도를 '-90'도로 입력합니다.

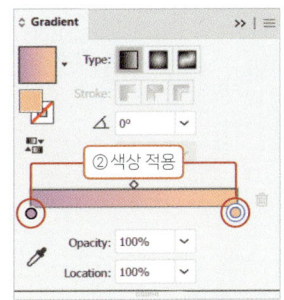

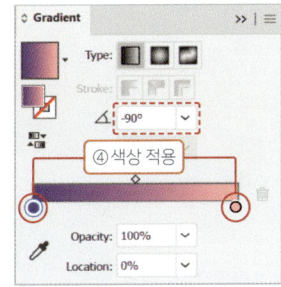

## 07 타원 개체에 원형 그레이디언트 적용

임의의 크기로 타원을 그린 후 면에 Radial Gradient를 적용합니다. 양쪽 색상은 CMYK 값을 '90-95-30-10'으로 설정하고, 왼쪽 색상점 Opacity는 '50%', 오른쪽은 '0%'로 설정합니다. Edit Gradient 버튼이나 Gradient Tool(G)을 선택하여 원형 그레이디언트를 납작하게 조정하고 어노테이터 바를 이동시켜 그림과 같이 만듭니다.

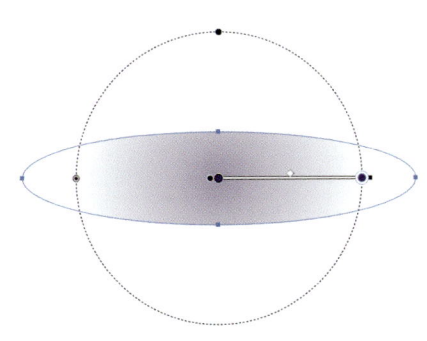
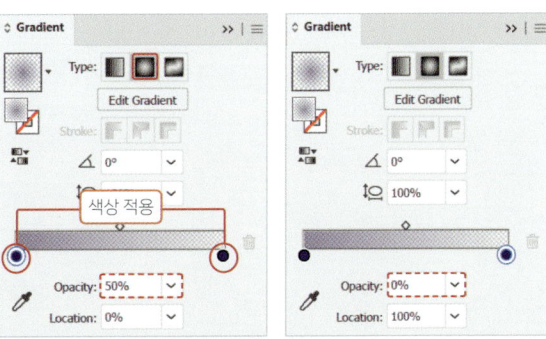
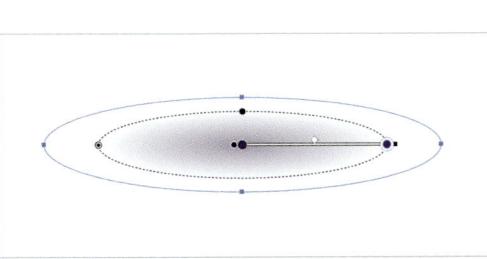
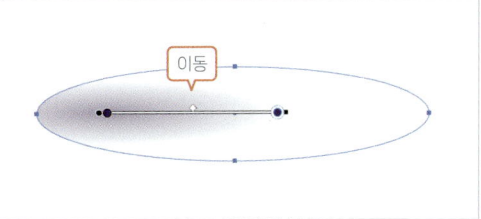

## 08 단색 적용 및 그림자 활용

이전 단계에서 만든 타원을 사람의 그림자로 활용합니다. 사람 개체와 선인장 개체에 원하는 단색을 적용합니다. 작업을 저장하고 마무리합니다.

## Advice — 디자이너가 추천하는 컬러 사이트

성공적인 디자인은 좋은 색상 조합에서 비롯됩니다. 조화로운 색 조합을 찾는 데 어려움을 겪고 있다면, 디자이너들이 자주 활용하는 컬러 팔레트 사이트들을 참고하여 조화로운 색 조합을 찾는 감각을 키워보시기 바랍니다.

### 1. color.adobe.com

Adobe에서 제공하는 웹 기반 색상 팔레트 생성기입니다. 색상 이론을 기반으로 조화로운 색상 테마를 생성하며, 만든 팔레트는 Adobe Creative Cloud 라이브러리에 저장하여 포토샵이나 일러스트레이터 등 다양한 Adobe 앱에서 바로 연결해 사용할 수 있습니다. 또한, 커뮤니티에서 다른 사용자의 색상 테마를 공유하거나 트렌드 컬러를 검색할 수도 있습니다.

▲ 어도비 컬러 색상 팔레트 생성기

- **휠 기반 조합 생성** : 색상 휠 기능을 통해 유사색, 보색 등의 규칙을 적용하거나 직접 색상을 선택하여 팔레트를 만들 수 있습니다. 완성된 팔레트는 다른 사람과 공유하거나 JPEG 이미지로 다운로드할 수 있으며, Adobe 계정이 있다면 팔레트를 저장하여 재사용이 가능합니다.

- **이미지에서 색 테마 추출** : 직접 준비한 이미지를 업로드하면 Adobe가 주요 색상을 자동으로 추출하여 5가지 단색 팔레트 또는 최대 15색의 그레이디언트 테마를 생성합니다. 추출된 색상은 원하는 무드에 맞춰 변환할 수 있으며, 이 역시 Adobe 계정에 저장하여 재사용이 가능합니다.

### 2. Coolors.co

이 사이트는 자동으로 색상 팔레트를 생성하고 편집할 수 있습니다. 기본적으로 5가지 추천되는 색 테마들이 나타나며, 무작위로 새로운 팔레트를 만들거나 특정 색을 고정시키고 원하는 팔레트를 만들 수도 있습니다. 팔레트의 세부 값은 색상, 채도 등을 조절하여 편집 가능하며, PNG, SVG 등 다양한 형식으로 내보내거나 복사하여 활용할 수 있습니다. 또한 다른 사용자들이 매긴 별점으로 팔레트의 적합성을 확인할 수 있습니다.

### 3. Colorhunt.co

이 사이트에 접속하면 4가지 색상으로 구성된 팔레트가 무수히 많이 나타납니다. 상단 메뉴를 통해 최신순, 인기순, 무작위순으로 다양한 스타일을 탐색할 수 있습니다. 특히 인기 팔레트는 월간, 연간, 누적 인기 기준으로 분류되어 있어 트렌드를 파악하기 쉽습니다. 팔레트를 PNG 이미지로 다운로드하거나 링크로 공유할 수 있으며, 검색 기능을 활용해 원하는 팔레트를 찾을 수 있습니다.

### 4. Uigradients.com

웹/앱 디자인에 사용할 수 있는 다양한 그레이디언트 조합을 손쉽게 찾고 바로 활용할 수 있도록 제공하는 사이트입니다. 각 그레이디언트 디자인에 사용된 색들의 헥스(HEX) 코드가 표시되어 바로 복사할 수 있고, CSS 코드를 생성시킬 수도 있습니다. 마음에 드는 색상은 즐겨찾기 목록에 추가해 관리하거나 다시 찾아볼 수 있습니다. 복잡한 사용자 설정 없이도 직관적으로 색 조합을 탐색할 수 있어, 디자이너뿐 아니라 개발자나 비전공자도 유용하게 활용할 수 있는 장점이 있습니다.

▲ 쿨러스 색상 팔레트 생성 사이트   ▲ 컬러 헌트 색상 팔레트 갤러리   ▲ 유아이그레이디언트 사이트

# Exercise

## 그레이디언트를 활용한 화병 만들기　　　　　📁 S4_Exercise 예제

그레이디언트를 적절히 활용하면 어두운 배경에 조명이 비치는 듯한 효과, 빛을 받은 나뭇잎, 화려한 화병 등의 디자인을 표현할 수 있습니다.

### 1. 화병에 그레이디언트 적용하기

[File]-[Open]으로 'S4-E1.ai' 파일을 엽니다. 왼쪽 화병을 선택한 뒤, [Gradient] 패널에서 3가지 색상으로 그레이디언트를 적용하고 각도를 '90도'로 설정합니다. 이때, 마지막 색상의 Opacity 값을 '60%'로 조절하여 윗부분만 약간 투명한 화병을 만듭니다. 오른쪽 오렌지색 화병을 선택한 뒤, 자유형 그레이디언트를 적용합니다. 원하는 만큼 색상점을 추가하고 각각의 색을 적용하면 화려한 느낌을 연출할 수 있습니다.

🅢 Open(열기) `Ctrl` + `O`　　🅢 Gradient(그레이디언트) 패널 `Ctrl` + `F9`　　🅢 Gradient Tool(그레이디언트 도구) `G`

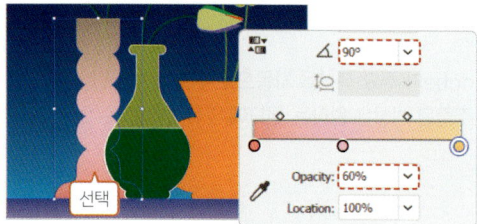 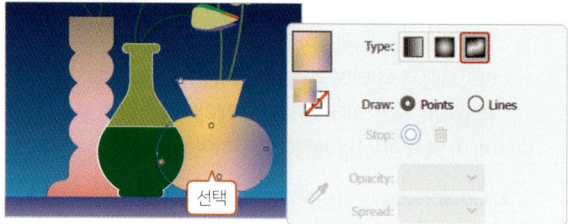

가운데 화병의 아래 부분 개체를 선택합니다. 흰색의 Stroke(선)는 유지하고, Fill(면)을 활성화한 뒤, 양쪽 색 모두 흰색으로 그레이디언트를 적용합니다. 오른쪽 색만 Opacity '0%', 각도는 '-90도'로 설정합니다.

 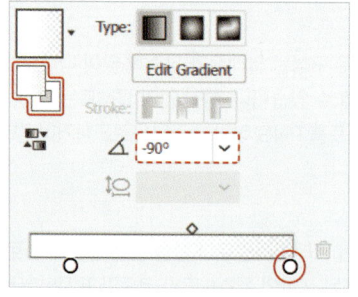 

가운데 화병의 위쪽 개체를 선택합니다. 선은 그대로 두고 면을 활성화한 뒤, 방사형 그레이디언트를 선택합니다. 양쪽 색상을 모두 흰색으로 적용하고 왼쪽 색의 Opacity를 '0%'로 설정합니다. Edit Gradient 버튼을 클릭하여 그레이디언트를 원하는 대로 조절합니다.

 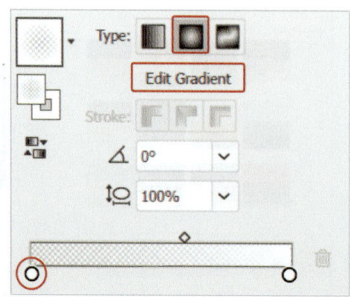 

## 2. 나뭇잎 및 꽃에 그레이디언트 적용하기

좌측의 나뭇잎들을 선택하고 왼쪽은 밝은 녹색, 오른쪽은 줄기와 같은 녹색으로 그레이디언트를 적용합니다.

꽃은 원하는 붉은색 계열 그레이디언트를 만들어 적용하되, 꽃잎마다 위치와 농도를 조금씩 다르게 설정하여 입체감이 느껴지도록 작업합니다. 여러 그레이디언트를 만드는 것이 부담스럽다면, 하나를 만든 후 [Recolor Artwork] 패널을 활용하는 것도 좋은 방법입니다. 예시 색상 외에 다양한 색을 적용하며 작업해 보세요.

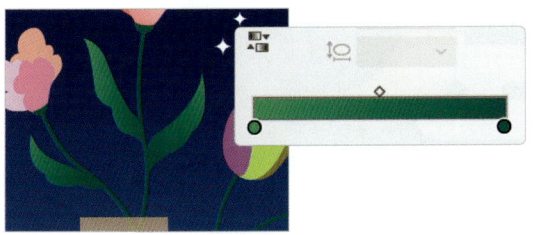 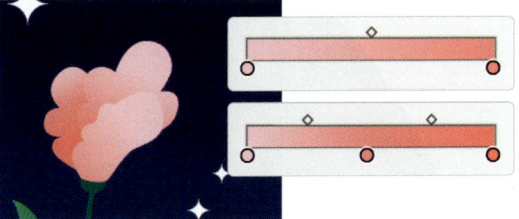

## 3. 조명 효과 적용 및 마무리

예제에 제공된 흰색 도형을 선택한 뒤, Ctrl + Shift + ] 를 눌러 가장 상위로 배열합니다. 양쪽 모두 흰색으로 그레이디언트를 적용하고, 왼쪽 색상점 Opacity '20%', 오른쪽은 '0%'로 설정합니다. 마지막으로 Gradient Tool로 도형의 우측 상단에서 좌측 하단으로 드래그하여 조명 효과를 적용한 뒤 저장하고 마무리합니다.

S Bring to Front(맨 앞으로 가져오기) Ctrl + Shift + ]

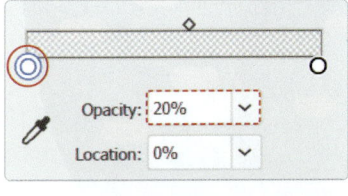

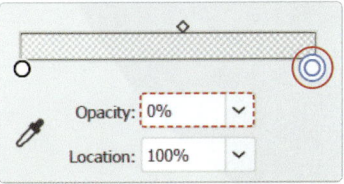

Section 05

# Pathfinder, Shape Builder

패스파인더, 도형 구성 도구

**MISSION**

이번 섹션에서는 패스파인더와 도형 구성 도구를 활용하여 두 개 이상의 개체를 합치거나 빼는 등 복합적인 방법으로 새로운 형태를 만들어 봅니다. 이 도구들을 익히면 기본 도형만으로는 구현하기 어려웠던 다양한 개체를 만들 수 있습니다. 여러 개의 단순한 형태를 결합하거나 분리하는 과정을 통해 원하는 디자인을 효율적으로 완성하는 방법을 학습합니다.

**KEYWORD**

#패스파인더 #도형 구성 도구 #눈금자/안내선/격자
#지우개 도구 #가위 도구 #칼 도구

# THEORY 01 패스파인더

# Pathfinder

■ 예제 파일 : S5-1.ai

두 개 이상의 오브젝트를 선택한 뒤 패스파인더 패널의 아이콘을 클릭하면 개체를 합치거나, 분리하거나, 특정 부분을 삭제하는 등의 기능을 적용할 수 있습니다.

## ★★ Pathfinder Panel 패스파인더 패널

[Pathfinder] 패널은 크게 Shape Modes(모양 모드)와 Pathfinders(패스파인더)로 나뉩니다. [Window] - [Pathfinder]를 선택하거나, 단축키 Ctrl + Shift + F9 을 누르면 패스파인더 패널이 나타납니다.

S Pathfinder(패스파인더) 패널 Ctrl + Shift + F9

### ❶ Shape Modes(모양 모드)

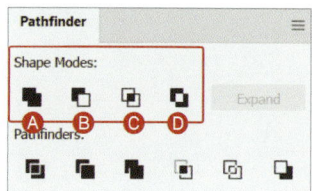

Shape Modes(모양 모드)는 선택한 패스(Path)를 기준으로 오브젝트의 형태를 변형합니다. 두 개 이상의 오브젝트를 선택한 후 이 옵션들을 사용하면, 개체들을 합치거나 특정 부분을 삭제하는 등 다양한 방식으로 모양을 조절할 수 있습니다.

Ⓐ Unite(합치기) : 선택된 개체들을 하나로 합치며, 가장 위에 있는 개체의 색상이 적용됩니다.

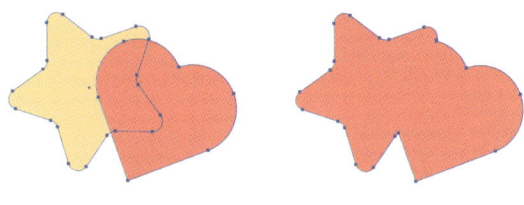

Ⓑ Minus Front(앞면 오브젝트 제외) : 최하위 개체에서 패스가 겹치지 않은 부분만 남깁니다.

Ⓒ Intersect(교차 영역) : 개체들의 가장 많이 겹쳐진 부분만 남기고 나머지는 삭제합니다.

Ⓓ Exclude(교차 영역 제외) : 개체들의 겹쳐진 부분은 삭제하고 나머지 부분만 남깁니다. 가장 위에 있는 개체의 색상이 적용됩니다. (기본으로 그룹화 되어 있으며, 그룹을 해제하면 분리됩니다.)

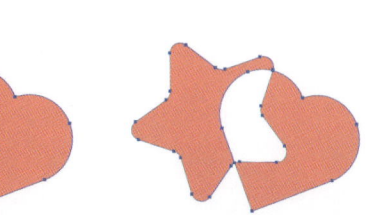

## ❷ Pathfinders(패스파인더)

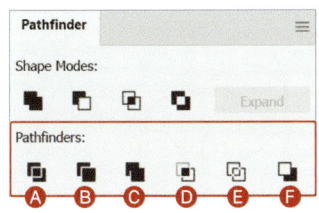

Pathfinders(패스파인더)는 오브젝트의 형태를 완전히 다르게 변형하는 여섯 가지 기능을 제공합니다. 이 옵션들을 적용하면 개체는 자동으로 그룹화 되므로, 개별 선택을 원할 경우 Ungroup(Ctrl + Shift + G)으로 그룹을 해제한 뒤 선택해야 합니다.

Ⓐ  Divide(나누기) : 모든 패스의 교차점을 기준으로 개체들을 분리합니다.

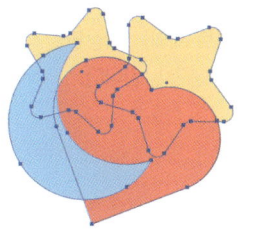 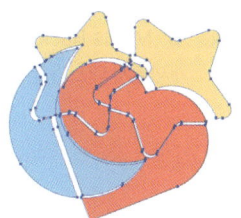

Ⓑ  Trim(동색 오브젝트 분리) : 하위 개체에서 상위 개체와 겹치는 영역을 병합하고, 각각의 오브젝트로 나눕니다.

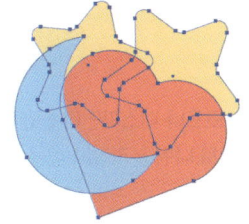 

Ⓒ  Merge(병합) : 개체의 색이 같으면서 겹쳐 있다면 합치고, 다르면 잘립니다.

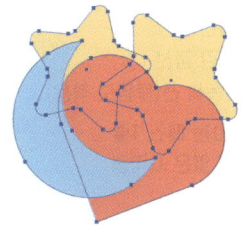 

Ⓓ  Crop(자르기) : 최상위 개체에서 겹치는 영역만 남기고 나머지는 삭제합니다. 최상위 개체의 색은 투명해집니다.

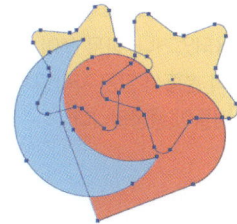 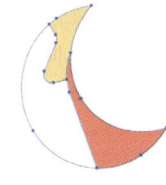

ⓔ 🔲 Outline(윤곽선) : 겹치는 모든 패스를 나누고, 개체를 면 없이 선으로만 만듭니다.

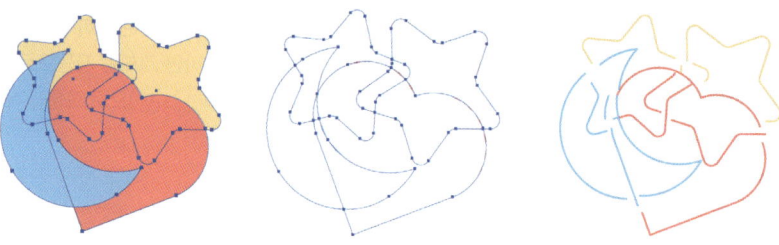

ⓕ 🔲 Minus Back(이면 오브젝트 제외) : 최상위 개체에서 패스가 겹치지 않는 부분만 남깁니다.

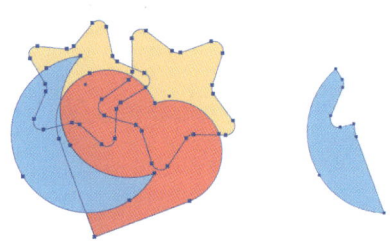

### ❸ Divide(나누기) 기능의 특징

Divide(나누기) 기능은 다른 모양 모드나 패스파인더 옵션과 달리, 면이 없는 선 개체나 패스만 있는 경우에도 작업이 가능합니다. 따라서 개체를 선을 기준으로 나눠 분리하고 싶을 때 유용하게 활용됩니다.

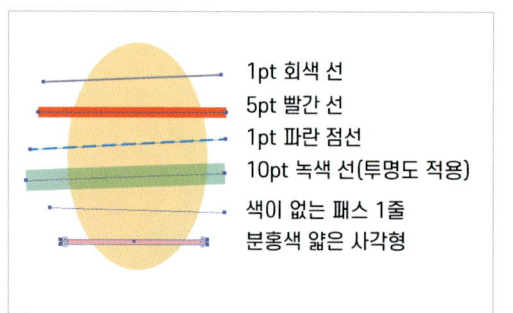 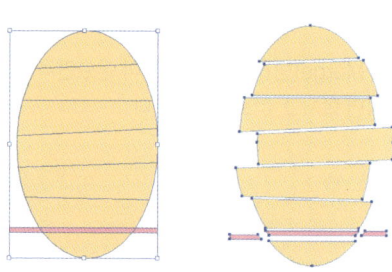

위에 제시된 그림처럼, 하단에 면 개체가 있고 그 위에 다양한 선들이 원을 가로지를 때 Divide 기능의 특징이 나타납니다. 이때 선이 두껍거나, 점선으로 적용되었거나, 아무 색이 없어도 패스가 1줄이라면 Divide는 단순히 가로지르는 패스를 따라 개체를 나눠줍니다. 반면, 하단의 분홍색 얇은 사각형처럼 패스가 사방으로 막혀있는 면 개체인 경우, Divide를 적용하면 세 번째 그림과 같이 분할되는 면들이 생성됩니다.

## PRACTICE 01 | 패스파인더로 하트 만들기

# Pathfinder 1

■ 예제 파일 : S5-P1.ai

디자인에서 자주 활용되는 하트 모양을 만들어 봅니다. 기본 도형을 모퉁이 둥글리기, 회전 및 반사로 변형하고, 패스파인더로 합쳐 하트를 만들 수 있습니다.

### 01 하트 도형 기본 형태 만들기

[File] - [Open]( Ctrl + O )으로 'S5-P1.ai' 파일을 엽니다. 좌측 하트 모양을 참고하여 동일하게 만들어 보겠습니다. 면 색은 원하는 색으로, 선 색은 '없음'으로 설정합니다. Rectangle Tool( M )을 선택하고 빈 화면을 클릭해 옵션 창이 나타나면 Width는 '33.5mm', Height는 '50mm'를 입력하고 OK를 누릅니다. Direct Selection Tool( A )로 사각형의 상단 두 점만 선택해 모퉁이를 최대한 둥글게 만듭니다.

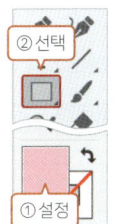 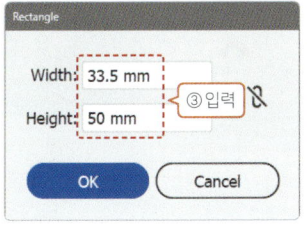  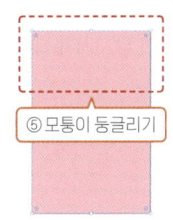 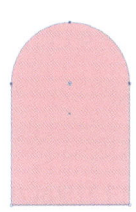

### 02 도형 복사 및 반사하기

Selection Tool( V )로 도형을 다시 선택합니다. Shift 키를 누른 채 바운딩 박스를 회전하여 왼쪽으로 45도 기울입니다. Reflect Tool( O )을 선택하고, 마우스를 개체의 가장 하단 점에 Alt 키를 누른 채 클릭합니다. 옵션 창에서 'Vertical'을 선택하고 Copy를 누릅니다.

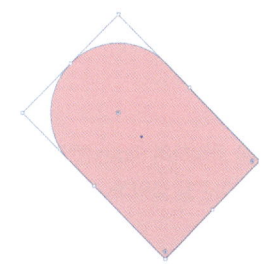 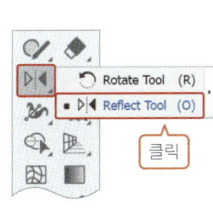 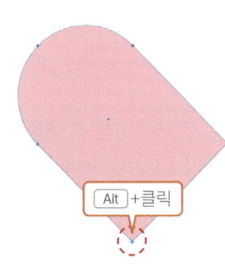 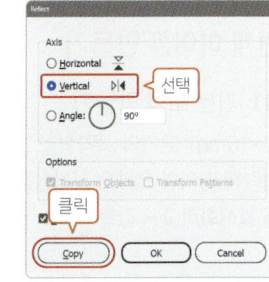

### 03 하트 완성하기

복사된 개체를 모두 선택한 뒤 [Pathfinder] 패널( Ctrl + Shift + F9 )을 열어, 'Unite'를 클릭합니다. 개체가 합쳐지면서 하트 모양이 완성됩니다.

 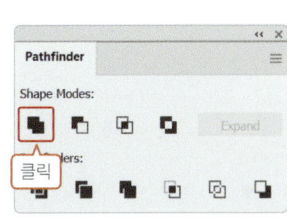 

PRACTICE 02    패스파인더 활용하여 날씨 아이콘 만들기

# Pathfinder 2

■ 예제 파일 : S5-P2.ai

이번에는 기본 도형과 기초 편집 기능 그리고 패스파인더 기능을 조합하여 다양한 날씨 아이콘을 만들어 봅니다. 이 과정을 통해 패스파인더를 좀 더 집중적으로 익힐 수 있습니다.

## 구름 아이콘 만들기

### 01 기본 도형 만들기

[File] - [Open]( Ctrl + O )으로 'S5-P2.ai' 파일을 엽니다. 좌측 아이콘을 참고하여 구름 아이콘부터 만들어 보겠습니다. 면 색은 연한 하늘색, 선 색은 '없음'으로 설정합니다. 먼저 '8×2mm' 사각형과 '5×5mm' 원을 만듭니다. 원을 사각형 좌측 하단에 맞춰 배치한 다음 '6×6mm' 원을 만들어 사각형 우측 하단에 맞춰 그림과 유사하게 배치합니다.

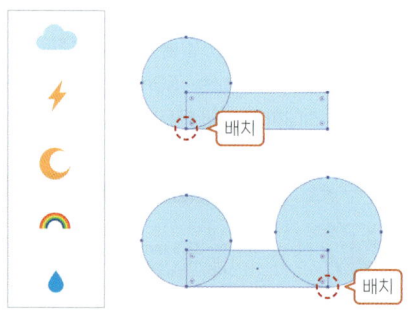

### 02 패스파인더 적용하기

'7mm' 크기의 정원을 추가로 배치합니다. 모든 개체를 선택한 후 [Pathfinder] 패널 ( Ctrl + Shift + F9 )에서 'Unite'를 클릭해 개체를 합치면 구름 아이콘이 완성됩니다.

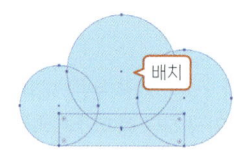 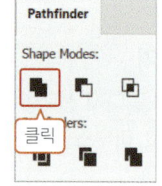 

## 번개 아이콘 만들기

### 01 기본 도형 만들기

'6×10mm' 크기의 사각형을 그립니다. 이어서 다른 면 색을 적용한 뒤 Polygon Tool로 빈 화면을 클릭하여 Sides를 '3'으로 입력해 임의의 크기로 삼각형을 그립니다. [Transform] 패널( Shift + F8 )을 연 다음, 연결고리 아이콘을 클릭하여 비율 고정을 활성화하고 H 값을 '4mm'로 수정합니다. 삼각형을 그림과 같이 사각형 위에 배치합니다.

 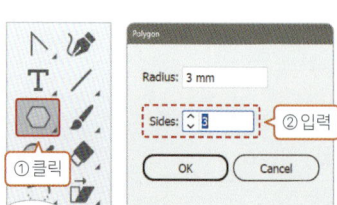 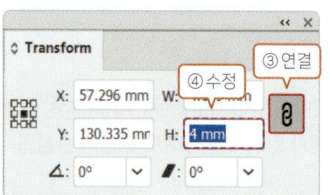 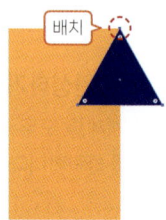

## 02 삼각형 복제 및 크기 조절하기

삼각형을 아래로 복사합니다. [Transform] 패널(Shift+F8) 에서 H 값을 '6mm'로 수정하고 그림과 같이 배치합니다.

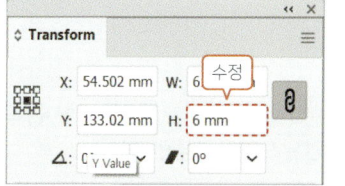 

## 03 삼각형 추가 복제 및 배치하기

삼각형 두 개의 복제본을 추가로 만들고 180도 회전하여 그림과 같이 배치합니다. Direct Selection Tool(A)을 클릭하고, 좌측 하단 삼각형 아래 점과 우측 하단 삼각형 왼쪽 점을 함께 선택합니다.

**T** 작업 중 Ctrl 키를 누른 채 빈 화면을 클릭하면, 모든 개체의 선택을 한 번에 해제할 수 있습니다.

## 04 점 평균화

선택된 점 위에서 마우스 오른쪽 버튼을 클릭한 후 'Average…'를 선택합니다. 옵션 창에서 'Both'를 선택하고 OK를 누르면 두 점이 서로의 평균 거리로 모이게 됩니다. 동일하게 좌측 상단 삼각형 오른쪽 점과 우측 상단 삼각형 위쪽 점을 함께 선택하여 반복합니다.

 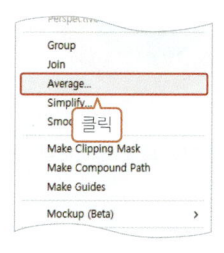 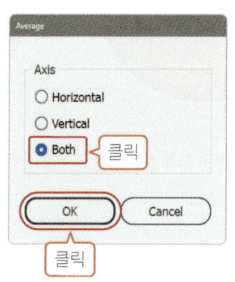 

## 05 패스파인더 적용하기

모든 개체를 선택하고 [Pathfinder] 패널(Ctrl+Shift+F9)에서 'Minus Front'를 클릭하여 앞면 개체를 제거합니다. Ungroup(Ctrl+Shift+G)으로 그룹을 해제한 뒤, 불필요한 개체를 삭제하여 번개 아이콘을 완성합니다.

 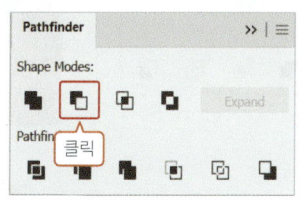 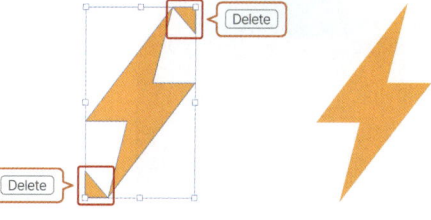

## 달 아이콘 만들기

### 01 기본 도형 만들기

'10mm'와 '7mm'의 크기의 정원을 각각 다른 색으로 그린 후, 그림과 같이 배치합니다. [Pathfinder] 패널(Ctrl + Shift + F9)에서 'Minus Front'를 클릭하면 달 모양이 완성됩니다.

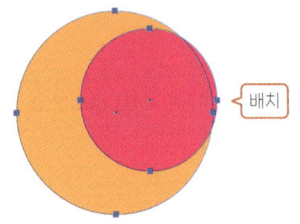 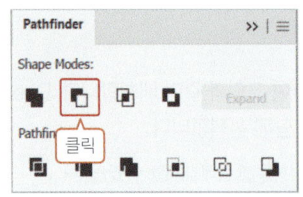 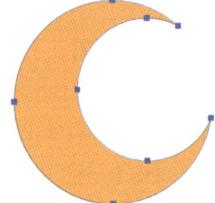

## 무지개 아이콘 만들기

### 01 기본 도형 만들기

면 색은 빨간색, 선 색은 '없음'으로 '10mm' 크기의 정원을 그립니다. 다음 9mm(주황), 8mm(노랑), 7mm(연두), 6mm(파랑), 5mm(검정)의 정원을 순서대로 그려 모두 가운데 정렬합니다. 마지막으로 임의의 사각형을 그려 원들의 절반을 덮도록 배치합니다.

 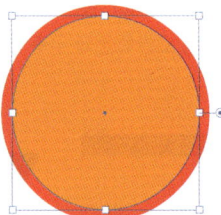  

> 이 사각형은 패스파인더에 활용될 개체이므로, 색상은 최종 결과물에 영향을 주지 않아 자유롭게 설정해도 무방합니다.

### 02 패스파인더 적용하기

모든 개체를 선택하고 [Pathfinder] 패널(Ctrl + Shift + F9)에서 'Trim'을 클릭하면 눈에 보이는 대로 개체가 분리됩니다. Ungroup(Ctrl + Shift + G)으로 그룹을 해제한 뒤, 하단의 사각형과 검은색 반원 개체를 삭제하면 무지개 모양만 남습니다.

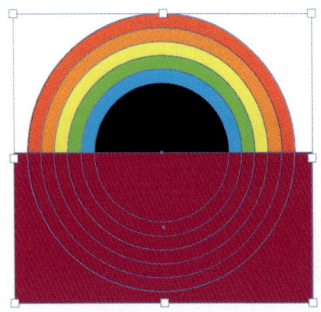 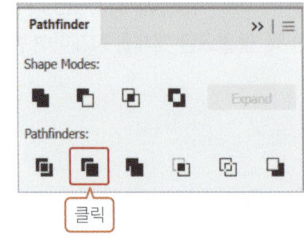 

## 빗방울 아이콘 만들기

### 01 기본 도형 만들기

면 색은 파란색, 선 색은 '없음'으로 '5mm' 크기의 정원을 그립니다. Direct Selection Tool(A)로 원의 위쪽 점 하나만 선택하고 도구 아이콘을 더블클릭합니다. 옵션 창에서 Horizontal은 '0mm', Vertical에 '-2mm'를 입력하고 OK를 눌러 위쪽 점을 위로 이동시킵니다.

### 02 뾰족한 모양 만들기

Anchor Point Tool( Shift + C )을 선택합니다. 도형의 상단 점을 클릭하면 핸들이 모아지며 뾰족한 빗방울 모양으로 변합니다.

T Anchor Point Tool(고정점 도구)에 대한 내용은 'Section 06의 THEORY 01'을 참고합니다.

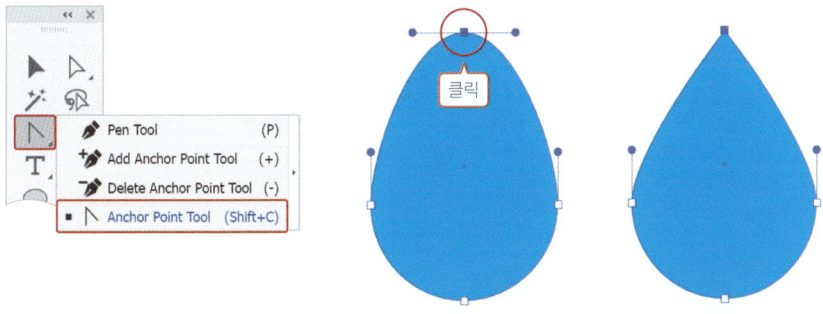

## 아이콘 자유롭게 조합하고, 추가 아이콘 만들기

### 01 날씨 아이콘 자유롭게 조합하기

만들었던 구름, 달, 무지개, 빗방울 개체들의 사본을 만들어 자유롭게 조합하고, 원하는 순서로 배치합니다. 예제와 동일하지 않아도 무방하므로 자유롭게 만들어봅니다.

S Send Backward(뒤로 보내기) Ctrl + [    S Bring Forward(앞으로 가져오기) Ctrl + ]
S Send to Back(맨 뒤로 보내기) Ctrl + Shift + [    S Bring to Front(맨 앞으로 가져오기) Ctrl + Shift + ]

## 02 번개 치는 구름 효과 만들기

구름과 번개 개체의 사본을 만들어 번개가 뒤로 오도록 배열합니다. 두 개체를 선택한 후 [Pathfinder] 패널(Ctrl + Shift + F9)에서 'Divide'를 클릭합니다. Ungroup(Ctrl + Shift + G)으로 그룹을 해제한 뒤, 안쪽 개체의 색을 밝게 변경하면 번개가 비치는 효과를 냅니다.

 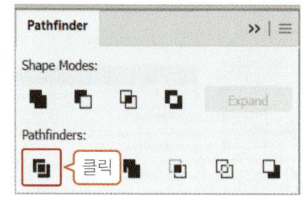 

## 03 해가 비치는 구름 효과 만들기

구름 개체의 사본을 만들고, 얇고 긴 임의의 사각형 3개를 만듭니다. 사각형들의 모퉁이를 모두 둥글린 다음 45도 회전시키고 원하는 위치에 배치합니다. 구름과 사각형 개체를 모두 선택한 뒤 [Pathfinder] 패널(Ctrl + Shift + F9)에서 'Exclude'를 클릭하면 가운데 교차 지점이 구멍처럼 뚫려 해가 비치는 효과를 냅니다.

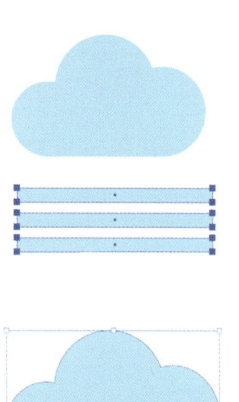 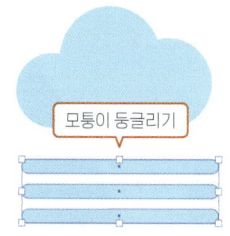 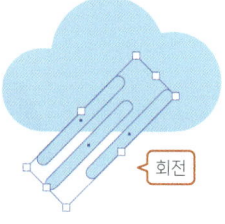

 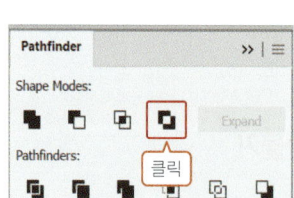 

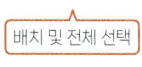

# THEORY 02 ⎯ 도형 구성 도구

# Shape Builder Tool

■ 예제 파일 : S5-2.ai

두 개 이상의 오브젝트를 선택한 뒤 직접 드래그하여 개체의 특정 부분을 합치거나 삭제할 수 있습니다. 이는 패스파인더와 유사한 기능을 제공하지만, 도구를 통해 좀 더 빠르고 직관적으로 작업할 수 있다는 장점이 있습니다.

## ★★ Shape Builder Tool  도형 구성 도구

Shape Builder Tool(도형 구성 도구)은 선택한 개체 위에서 패스 구간별로 나타나는 점선 패턴을 활용하여 클릭-드래그로 구역을 합치거나, Alt 키를 누른 채 드래그하여 해당 부분을 삭제할 수 있는 직관적인 편집 도구입니다.

Ⓢ Shape Builder Tool(도형 구성 도구)  Shift + M

### ❶ 구획 확인하기

선택한 개체 위에서 Shape Builder Tool로 패스가 나뉜 구획에 마우스 포인터를 올리면 해당 구획이 하이라이트 됩니다. 이는 해당 구획이 하나의 독립된 영역으로 인식되어 병합이나 삭제 등의 작업이 가능함을 시각적으로 알려주는 표시입니다.

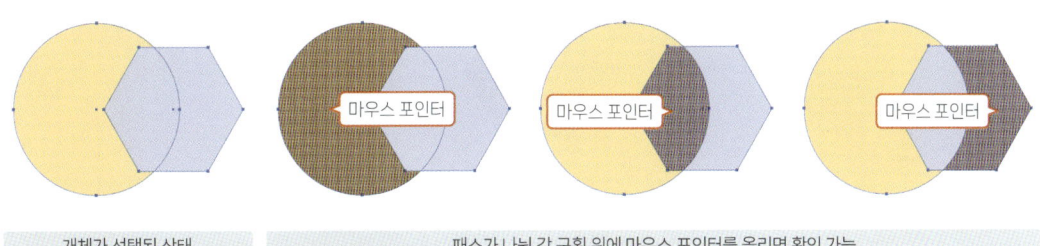

개체가 선택된 상태 / 패스가 나뉜 각 구획 위에 마우스 포인터를 올리면 확인 가능

### ❷ 클릭-드래그하여 구획 합치기

나뉜 구획에서 한쪽에서 다른 쪽으로 클릭-드래그하면 해당 구획의 패스가 합쳐집니다. 이때 합쳐지는 부분의 색상은 현재 도구바에 적용된 면 색이나 마지막에 사용했던 면 색으로 자동 적용됩니다.

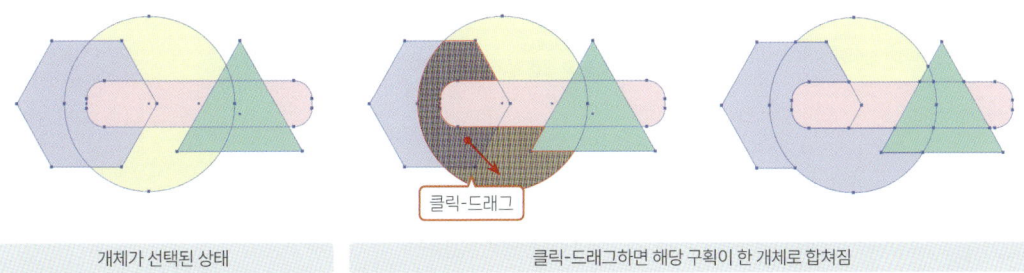

개체가 선택된 상태 / 클릭-드래그하면 해당 구획이 한 개체로 합쳐짐

❸ **Alt +드래그하여 구획 삭제하기**

나눠진 구획에서 Alt 키를 누른 채 한쪽에서 다른 쪽으로 클릭-드래그하면 해당 구획의 패스가 삭제됩니다. 다음 예시와 같이 작업하면 가운데에 구멍이 뚫린 개체가 만들어집니다.

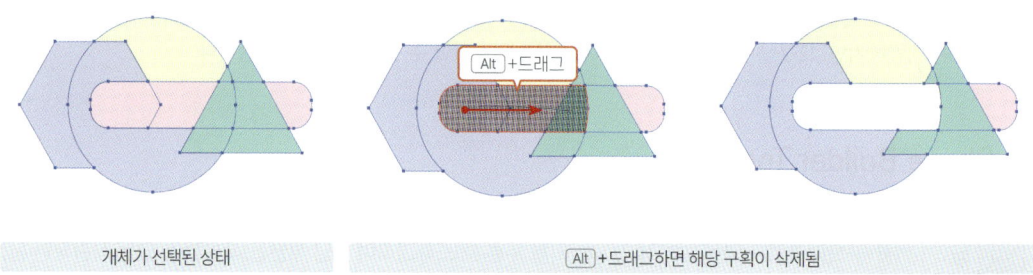

❹ **도형 구성 도구와 패스파인더 나누기의 차이**

두 개체를 겹치고 빠져나온 부분을 삭제할 경우에는 Shape Builder Tool과 Pathfinder의 Divide 기능 모두 활용할 수 있습니다. 단, 삭제 후 분리된 개체를 이동시켜 보면 도형 구성 도구로 작업한 경우 하단 개체는 그대로 잔존합니다. 반면 패스파인더의 나누기로 작업한 경우 하단 개체가 함께 절단되는 것을 확인할 수 있습니다.

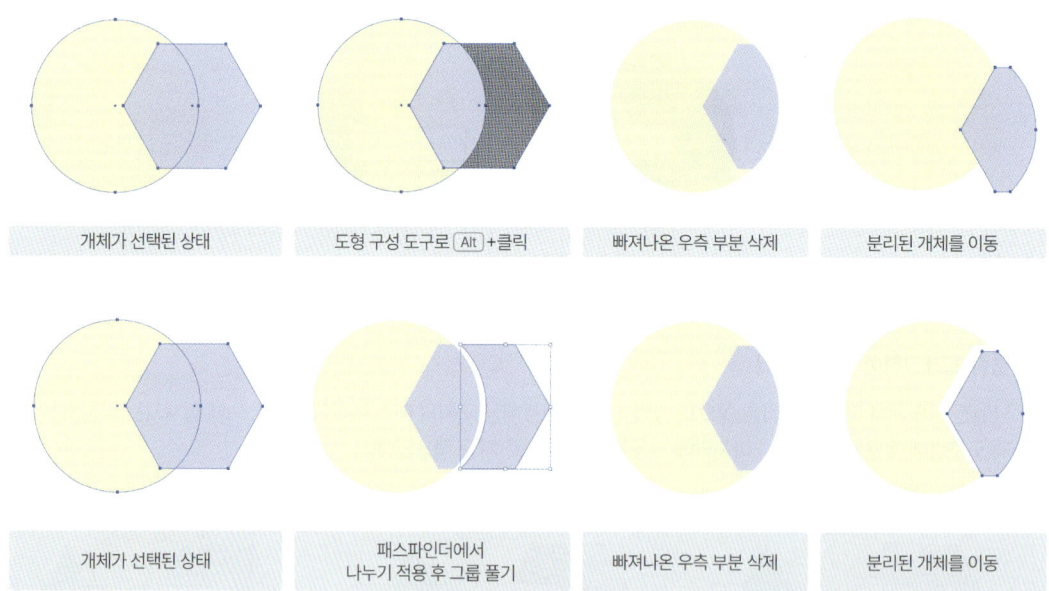

# THEORY 02  도형 구성 도구

# Shape Builder Tool

📁 예제 파일 : S5-2.ai

두 개 이상의 오브젝트를 선택한 뒤 직접 드래그하여 개체의 특정 부분을 합치거나 삭제할 수 있습니다. 이는 패스파인더와 유사한 기능을 제공하지만, 도구를 통해 좀 더 빠르고 직관적으로 작업할 수 있다는 장점이 있습니다.

## ★★ Shape Builder Tool  도형 구성 도구

Shape Builder Tool(도형 구성 도구)은 선택한 개체 위에서 패스 구간별로 나타나는 점선 패턴을 활용하여 클릭-드래그로 구역을 합치거나, Alt 키를 누른 채 드래그하여 해당 부분을 삭제할 수 있는 직관적인 편집 도구입니다.

Ⓢ Shape Builder Tool(도형 구성 도구)  Shift + M

### ❶ 구획 확인하기

선택한 개체 위에서 Shape Builder Tool로 패스가 나뉜 구획에 마우스 포인터를 올리면 해당 구획이 하이라이트 됩니다. 이는 해당 구획이 하나의 독립된 영역으로 인식되어 병합이나 삭제 등의 작업이 가능함을 시각적으로 알려주는 표시입니다.

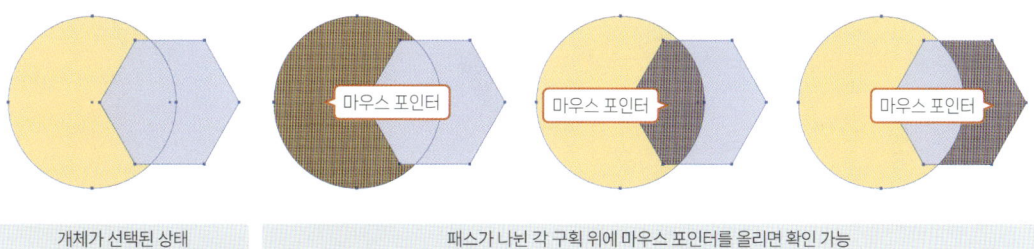

### ❷ 클릭-드래그하여 구획 합치기

나눠진 구획에서 한쪽에서 다른 쪽으로 클릭-드래그하면 해당 구획의 패스가 합쳐집니다. 이때 합쳐지는 부분의 색상은 현재 도구바에 적용된 면 색이나 마지막에 사용했던 면 색으로 자동 적용됩니다.

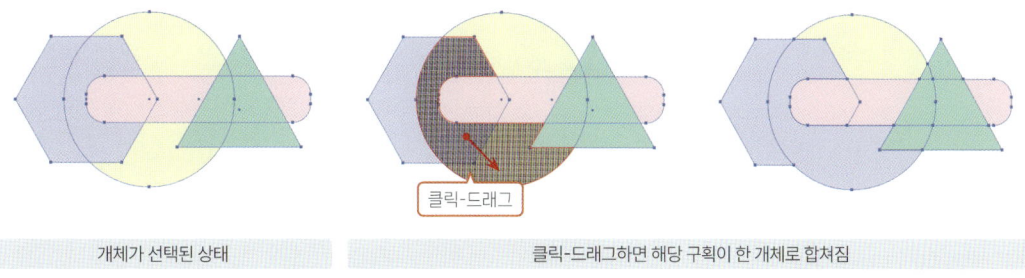

❸ Alt +드래그하여 구획 삭제하기

나눠진 구획에서 Alt 키를 누른 채 한쪽에서 다른 쪽으로 클릭-드래그하면 해당 구획의 패스가 삭제됩니다. 다음 예시와 같이 작업하면 가운데에 구멍이 뚫린 개체가 만들어집니다.

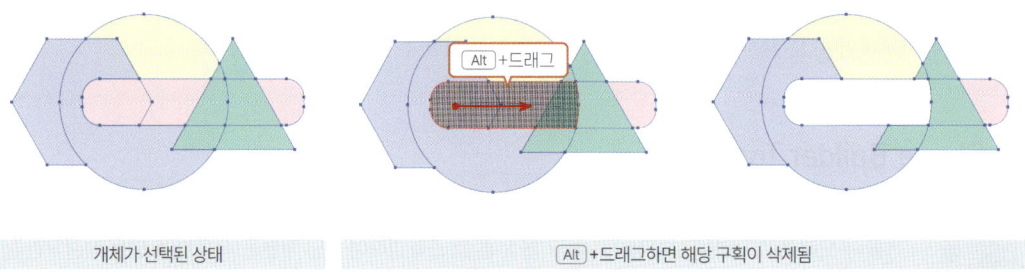

❹ **도형 구성 도구와 패스파인더 나누기의 차이**

두 개체를 겹치고 빠져나온 부분을 삭제할 경우에는 Shape Builder Tool과 Pathfinder의 Divide 기능 모두 활용할 수 있습니다. 단, 삭제 후 분리된 개체를 이동시켜 보면 도형 구성 도구로 작업한 경우 하단 개체는 그대로 잔존합니다. 반면 패스파인더의 나누기로 작업한 경우 하단 개체가 함께 절단되는 것을 확인할 수 있습니다.

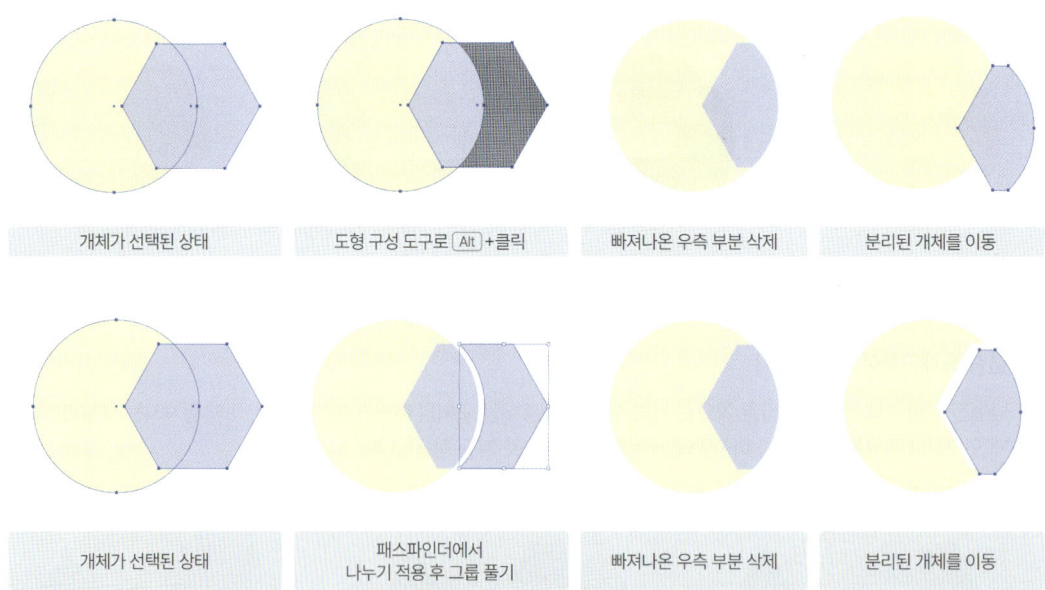

## THEORY 03 │ 정확한 배치를 위한 가이드

# Ruler & Guide & Grid

눈금자, 안내선 및 격자는 요소를 정확하게 배치하여 디자인의 일관성을 유지하고 시각적으로 균형 잡힌 레이아웃을 만드는 데 도움을 줍니다. 이러한 기능들을 효율적으로 관리하는 기본적인 방법을 알아보겠습니다.

### ★ Ruler 눈금자

**❶ 눈금자 표시하기 / 숨기기**  S  Ctrl + R

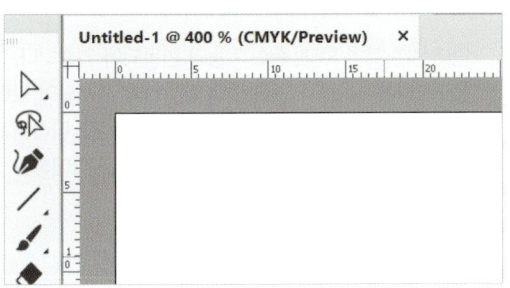

[View] - [Rulers] 또는 단축키 Ctrl + R 을 눌러 눈금자를 불러오면, 문서의 좌측 상단을 기준으로 가로 및 세로 방향으로 줄자가 생성됩니다. 이 단축키를 다시 한번 누르면 눈금자가 사라집니다.

**❷ 문서의 단위 바꾸기**

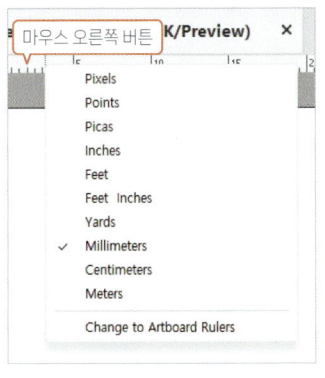

마우스 포인터를 눈금자 안에 두고 마우스 오른쪽 버튼을 누르면 픽셀(px), 밀리미터(mm), 센티미터(cm), 인치(in), 포인트(pt) 등 다양한 단위 목록이 표시됩니다. 이 목록에서 원하는 단위를 선택하면 해당 문서의 측정 단위가 바뀝니다.

**❸ 눈금자 영점(0,0) 설정하기**

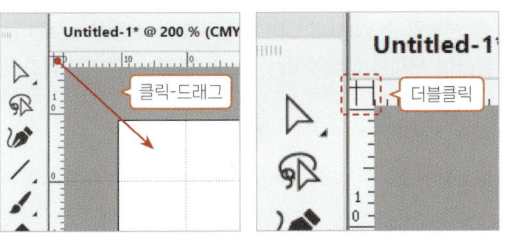

줄자의 좌측 상단에는 가로와 세로 단위가 만나는 교차 지점이 있습니다. 이곳을 드래그하여 화면에 놓으면 해당 위치가 X, Y 좌표값의 영점(0,0)으로 설정됩니다. 만약 영점을 다시 문서의 왼쪽 상단으로 되돌리고 싶다면, 마우스 포인터를 줄자의 좌측 상단 위치에 대고 더블클릭하면 됩니다.

④ 눈금자에서 안내선 생성하기

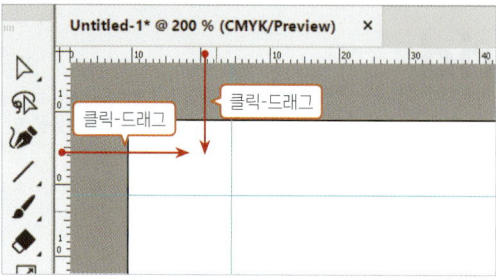

눈금자 안에서 화면으로 클릭-드래그하면, 마우스 포인터를 놓는 지점에 가이드가 생성됩니다. 상단에서 끌어내리면 가로 방향, 좌측에서 끌어오면 세로 방향으로 안내선이 만들어집니다. 안내선을 만들 때 [Shift] 키를 누른 채 드래그하면 현재 보이는 눈금자 단위에 스냅(Snap)이 걸려 정확한 위치에 맞춰 생성할 수 있습니다.

⑤ 화면 확대/축소로 안내선 조정하기

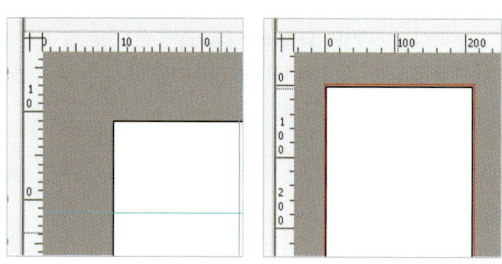

안내선은 화면 확대/축소 기능과 연동되어 있습니다. 화면을 확대하면 눈금자 단위가 더 세밀하게 표시되어 보이고, 반대로 축소하면 단위가 단순화되어 보입니다. 따라서 더욱 세밀한 단위의 가이드가 필요하다면 화면을 확대하고 안내선을 지정하는 것이 좋습니다.

## ★★ Guide 안내선

❶ 안내선 표시하기 / 숨기기  S  [Ctrl] + [;]

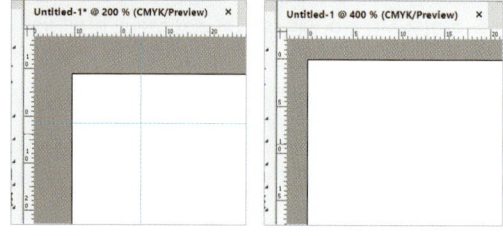

화면에 안내선이 보이는 상태에서 [View] - [Guides] - [Hide Guides] 또는 단축키 [Ctrl] + [;]를 누르면 모든 가이드가 사라집니다. 이 단축키를 다시 한 번 누르면 사라졌던 안내선이 다시 나타납니다.

❷ 안내선 잠그기 / 풀기  S  [Ctrl] + [Alt] + [;]

안내선의 잠금을 해제하려면 [View] - [Guides] - [Unlock Guides] 또는 단축키 [Ctrl] + [Alt] + [;]를 누르거나, 빈 화면에서 마우스 오른쪽 버튼을 클릭하여 'Unlock Guides(안내선 잠금 풀기)'를 선택할 수 있습니다. 이 단축키를 다시 한번 누르면 안내선을 잠글 수 있으며, 안내선 잠금이 해제된 상태에서는 'Lock Guides(안내선 잠그기)' 명령이 표시됩니다.

❸ 안내선 선택 및 위치 지정하기

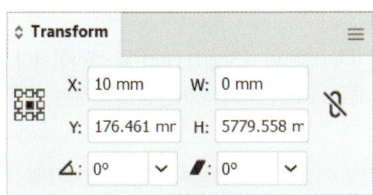

안내선 잠금이 해제된 상태에서 선택 도구들로 안내선을 선택하여 드래그하면 이동할 수 있습니다. 선택된 안내선은 진한 색상으로 표시되며, [Transform] 패널에서 X, Y 값을 입력하여 정확한 위치에 놓을 수 있습니다.

❹ 개체를 안내선으로 만들기 S Ctrl + 5

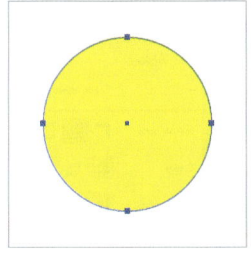 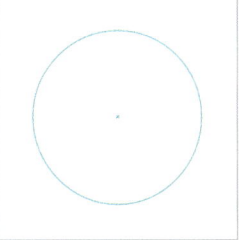

특정 개체를 선택하고 [View] - [Guides] - [Make Guides] 또는 단축키 Ctrl + 5 를 누르면 해당 개체가 가이드로 변환됩니다. 가이드 잠금이 해제된 상태에서 작업하면 가이드화된 개체가 선택되지만, 가이드가 잠겨있는 상태에서 작업하면 가이드로 변환은 되지만 선택은 되지 않습니다. 마우스 오른쪽 버튼에서도 실행할 수 있습니다.

❺ 안내선을 다시 개체로 변환하기 S Ctrl + Alt + 5

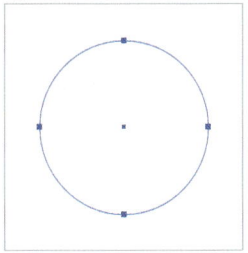 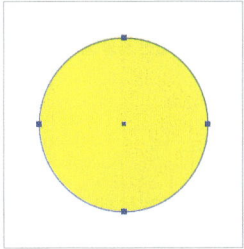

가이드 잠금이 해제된 상태에서 가이드화된 개체를 선택한 후 [View] - [Guides] - [Release Guides] 또는 단축키 Ctrl + Alt + 5 를 누르면 해당 가이드가 다시 원래의 개체로 돌아옵니다. 마우스 오른쪽 버튼에서도 실행할 수 있습니다.

❻ 모든 가이드 한 번에 지우기

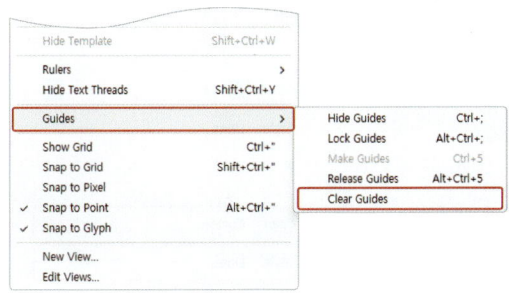

[View] - [Guides] 메뉴를 선택하면 하위 명령들이 나타납니다. 여기서 'Clear Guides(안내선 지우기)'를 선택하면 화면에 보이는 모든 가이드를 한꺼번에 삭제할 수 있습니다.

## ★ Grid 격자

### ❶ 격자 표시하기 / 숨기기 S Ctrl + "

격자 보기 기능을 사용하면 화면에 모눈종이와 같은 격자를 표시할 수 있습니다. [View] - [Show Grid]를 선택하거나 단축키 Ctrl + "를 누르면, 격자가 나타나거나 사라집니다. 또는 [Properties] 패널에 있는 격자 아이콘을 클릭하는 방법으로도 이 기능을 제어할 수 있습니다.

> T 기본으로 설정된 격자를 활용하거나, 환경 설정에서 격자의 간격 등을 직접 조절하여 사용할 수 있습니다. 이 기능은 거리를 정확히 측정할 수 있어 자격증 시험에도 활용되므로 알아두는 것이 좋습니다.

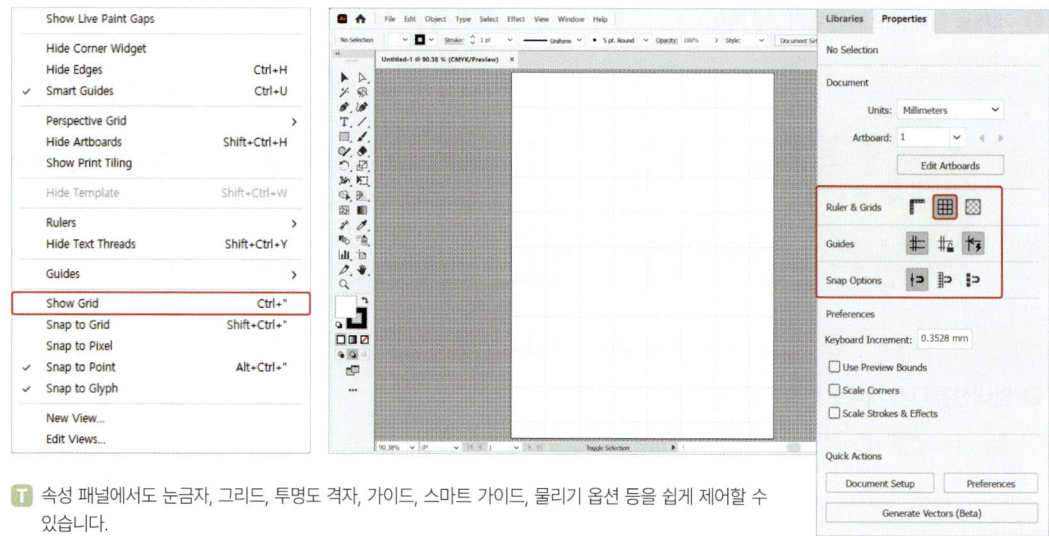

> T 속성 패널에서도 눈금자, 그리드, 투명도 격자, 가이드, 스마트 가이드, 물리기 옵션 등을 쉽게 제어할 수 있습니다.

### ❷ 격자 간격 조절하기

격자의 간격을 조절하려면 단축키 Ctrl + K 를 눌러 Preferences(환경 설정) 대화상자를 엽니다. Guide & Grid 목록에서 Gridline every(격자 간격)에 값을 입력하여 격자의 간격을 조절할 수 있습니다. 하단의 Subdivisions(세분)은 격자를 더 세밀하게 나누는 하위 분할 그리드를 의미합니다.

- Ⓐ **Color(색상)** : 격자 라인의 색상을 설정합니다.
- Ⓑ **Style(스타일)** : 격자 라인을 실선 또는 점선 중 선택합니다.
- Ⓒ **Gridline every(격자 간격)** : 격자 사이의 간격을 수치로 입력합니다.
- Ⓓ **Subdivisions(세분)** : 격자 간격을 더 세밀하게 나누는 하위 격자의 수를 입력합니다.
- Ⓔ **Grids in Back(격자 뒤로)** : 격자를 개체 뒤에 배치하는 기능으로 기본으로 활성화되어 있습니다.
- Ⓕ **Show Pixel Grid(Adove 600% Zoom) (픽셀 격자 표시(600% 초과 확대))** : 600% 이상 확대했을 때 픽셀 격자를 보여줍니다.

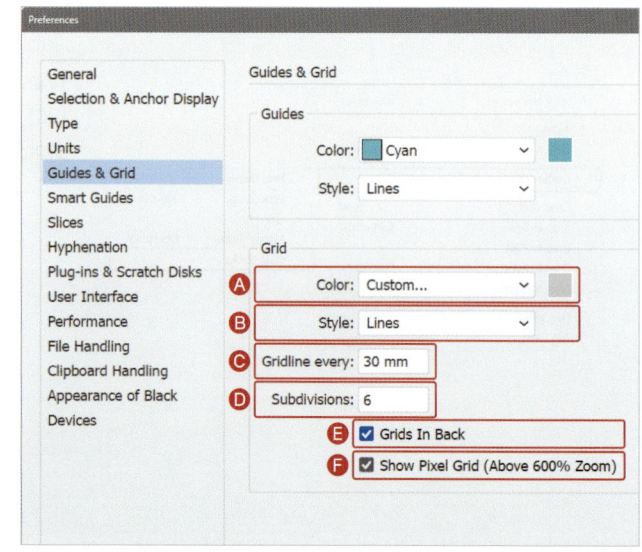

PRACTICE 03　도형 편집으로 기하학 패턴 디자인하기

# Shape Builder, Pathfinder

■ 예제 파일 : S5-P3.ai

기초 편집 기능을 바탕으로 도형 구성 도구와 패스파인더를 활용해 다양한 기하학적인 패턴을 만들어 봅니다. 이때 정확한 간격과 배치를 위해 가이드를 설정하는 방법도 함께 익힙니다.

## 배경 만들기

### 01 개체를 격자로 나누기

[File] - [Open]( Ctrl + O )으로 'S5-P3.ai' 파일을 엽니다. 사방으로 만들어진 가이드 안쪽에 맞춰 '300×300mm' 사각형을 그립니다. 면 색은 원하는 색으로, 선 색은 '없음'으로 설정합니다. [Object] - [Path] - [Split into Grid...]를 선택합니다.

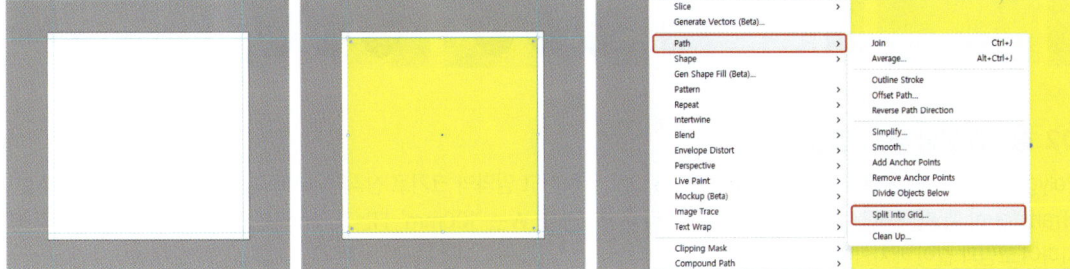

### 02 가이드 생성 및 안내선 만들기

옵션 창에서 Rows와 Columns의 Number를 각각 '3'으로 입력하면 자동으로 100mm 간격이 입력됩니다. 하단의 'Add Guides'와 'Preview'를 체크하고 OK를 누릅니다. 사각형은 9조각으로 잘리고 녹색 가이드도 생성됩니다. 녹색 가이드만 따로 선택한 뒤 Make Guides( Ctrl + 5 )로 안내선을 만듭니다.

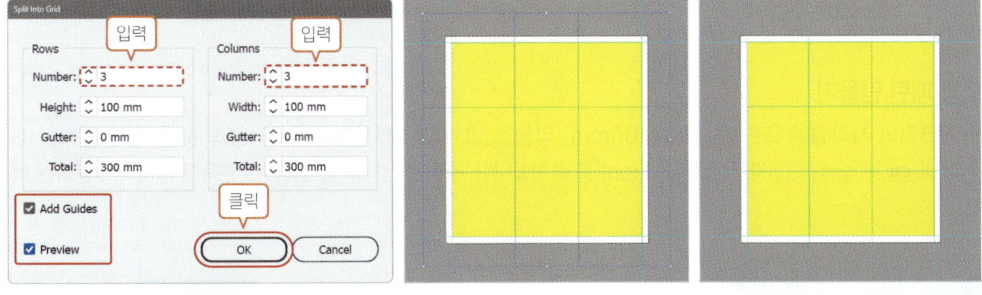

### 03 분할된 사각형에 색상 적용하기

9조각으로 나뉜 사각형들을 각각 원하는 색으로 자유롭게 지정합니다.

T 예제에서는 [Swatches] 패널의 Library 목록에서 [Color Properties] - [Cool]을 사용했습니다.

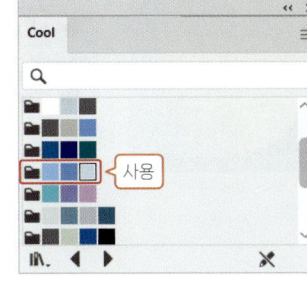

## 패턴 만들기

### 01 다이아몬드 모양 패턴 만들기

'50×100mm' 크기의 타원을 그리고, 첫 번째 사각형 좌측 상단에 중심을 맞춥니다. Alt 키로 오른쪽에 맞물리도록 정확하게 복사하고, Ctrl + D 로 반복합니다. 세 개의 원을 Alt 키로 아래쪽에 정확히 맞춰 복사합니다. 6개의 원과 하단 사각형을 모두 선택한 후, Shape Builder Tool( Shift + M )로 Alt 키를 누른 채 사각형 바깥을 드래그 또는 각각 클릭하여 삭제합니다.

**S** Transform Again(변형 반복) Ctrl + D
**T** 이때 안내선은 잠그고 작업하면 편리합니다.

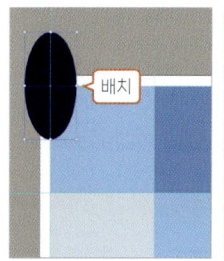 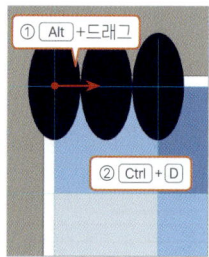 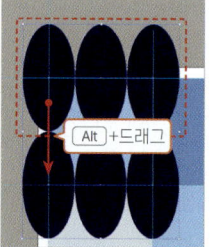 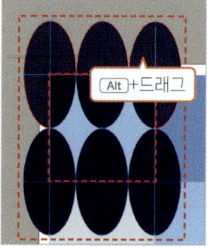 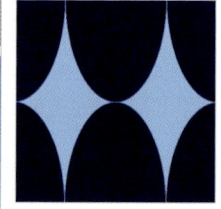

### 02 삼각형 모양 패턴 만들기

Polygon Tool로 빈 화면을 클릭하여 Sides를 '3'으로 입력하고 임의의 크기로 삼각형을 만듭니다. 정삼각형이 만들어지면 [Transform] 패널( Shift + F8 )을 엽니다. 연결고리를 해제한 후 W는 '100mm', H는 '50mm'를 입력합니다. 이를 회전 및 복사하여 그림과 같이 배치합니다.

 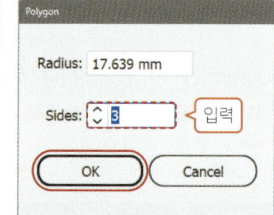 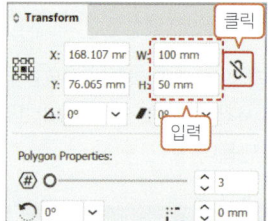 

### 03 반원 모양 패턴 만들기

'50×100mm' 크기의 사각형을 그린 후, '70×100mm' 타원을 그 위에 배치합니다. 사각형과 원을 함께 선택한 뒤 [Pathfinder] 패널( Ctrl + Shift + F9 )에서 'Minus Front'를 클릭합니다. 완성된 개체를 복사하여 오른쪽에 배치하고 원하는 색을 지정합니다.

 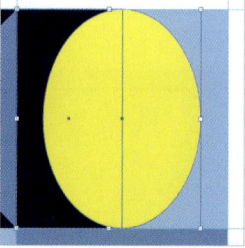 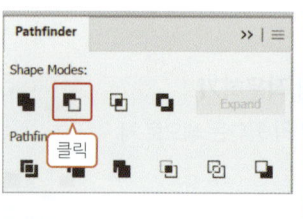 

## 04 곡선 사각형 모양 패턴 만들기

'100×100mm' 크기의 정사각형을 그린 뒤, Direct Selection Tool(A)로 좌측 상단의 점 하나만 선택해 모퉁이를 최대한 둥글려 그림과 같이 배치합니다. Scale Tool(S)을 선택하고, 도형의 우측 하단 점 위에 Alt 키를 누른 채 클릭합니다. 옵션 창에서 Uniform을 '50%'로 입력하고 Copy를 누릅니다. 새로 생성된 개체의 면 색은 자유롭게 지정합니다.

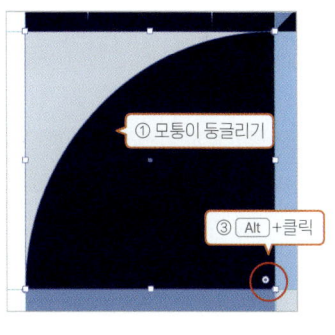

## 05 원형 교차 모양 패턴 만들기

'50×50mm' 크기의 정사각형 두 개를 대각선으로 배치하고, '70mm' 크기의 정원을 그 중심에 배치합니다. 이 세 개체를 모두 선택한 후, Shape Builder Tool(Shift+M)로 Alt 키를 누른 채 좌측 상단과 우측 하단을 클릭하여 제거합니다.

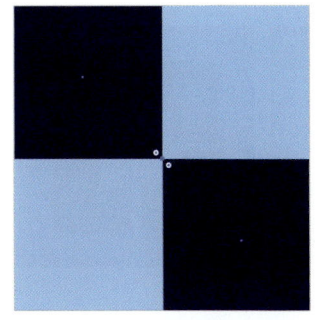
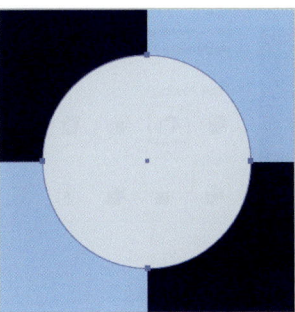
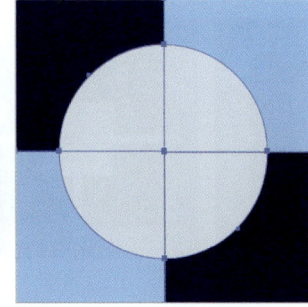

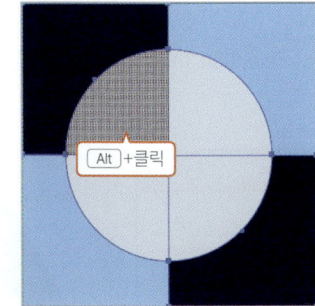
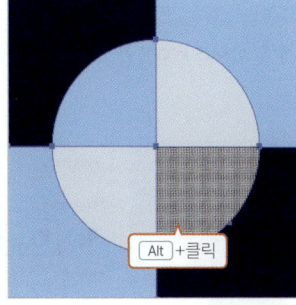

## 06 사각형 반복 모양 패턴 만들기

'100×20mm' 크기의 사각형을 그려 위쪽에 배치합니다. 사각형이 선택된 상태에서 Selection Tool(V)을 더블클릭하여 옵션 창이 나타나면 Horizontal에 '0mm', Vertical에 '40mm'를 입력한 뒤 Copy를 누릅니다. Ctrl+D를 눌러 방금 실행한 복사 작업을 한 번 더 반복하여 동일한 간격으로 사각형을 추가합니다.

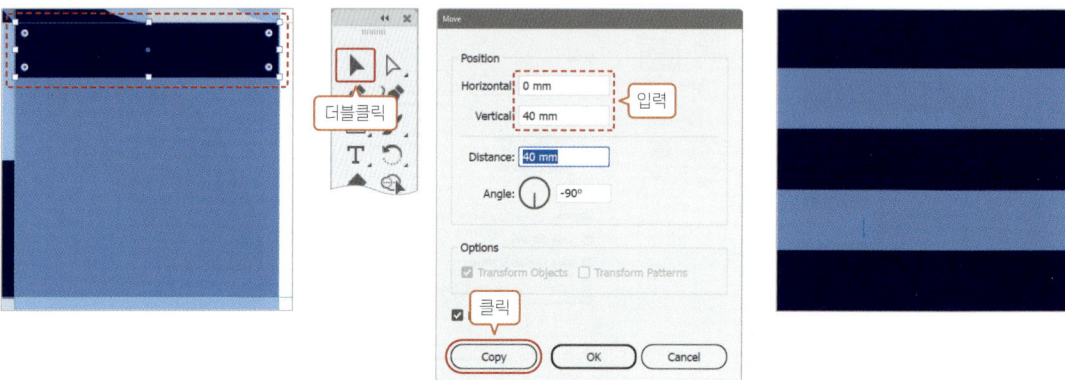

## 07 십자 모양 패턴 만들기

'70×70mm' 크기의 정사각형을 만들어 좌측 하단 사각형의 중앙에 배치합니다. 그 위에 '30×30mm' 크기의 정사각형과 얇고 길쭉한 사각형은 임의의 크기로 만들어 그림처럼 중앙 정렬하여 십자 모양으로 배치합니다. 70mm 사각형과 만들어둔 나머지 개체들을 모두 선택한 뒤, [Pathfinder] 패널(Ctrl+Shift+F9)에서 'Minus Front'를 눌러 앞면 개체를 제거합니다.

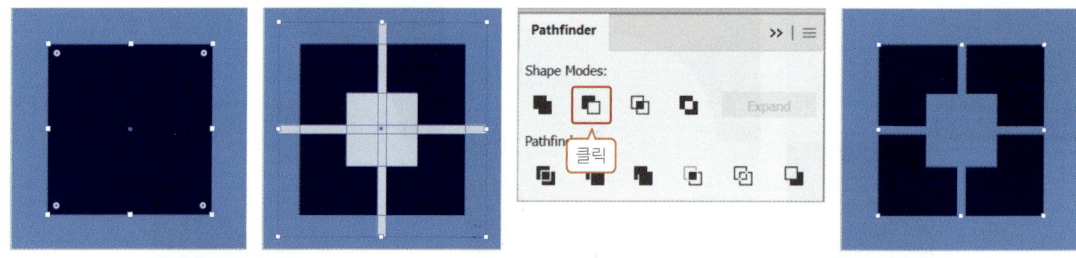

## 08 곡선 삼각형 패턴 만들기

Polygon Tool로 원하는 크기의 삼각형을 그려 그림과 유사하게 배치하고, Alt 키를 눌러 아래쪽에 겹쳐 복사합니다. [Pathfinder] 패널(Ctrl+Shift+F9)에서 'Minus Front'를 클릭하고, Direct Selection Tool(A)로 하단의 점 하나만 선택해 안쪽 모퉁이를 원하는 만큼 둥글립니다.

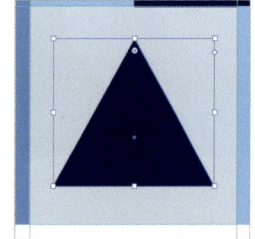 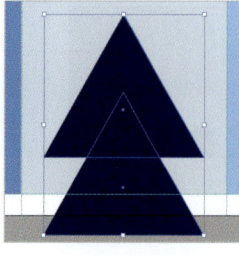 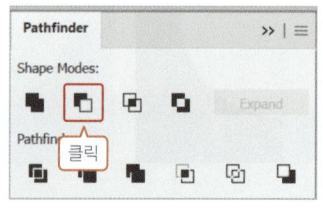 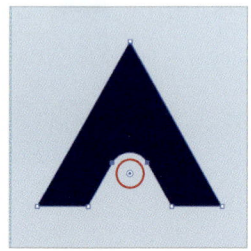

## 09 사선 사각형 모양 패턴 만들기

임의의 크기로 긴 사각형을 그린 후, Alt 키를 누른 채 오른쪽으로 드래그하여 복사합니다. Ctrl + D 를 여러 번 눌러 원하는 만큼 반복합니다. 개체를 모두 선택하고 Shear Tool을 더블클릭하여 옵션 창이 나타나면 Shear Angle을 '30도'로 입력하고 'Horizontal'을 설정한 뒤 OK를 누릅니다.

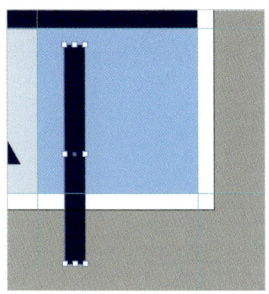
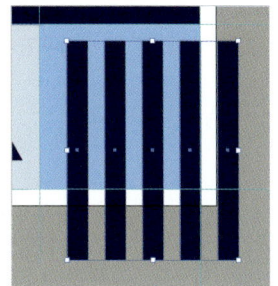
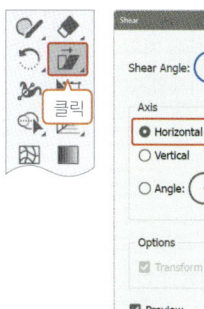
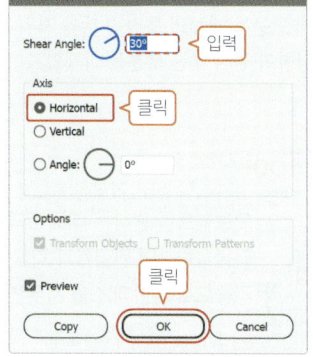

## 10 도형 구성 도구로 마무리

기울어진 사각형들을 마지막 사각형 위에 약간 넘치도록 배치한 뒤, 배경 사각형과 함께 선택합니다. Shape Builder Tool ( Shift + M )로 Alt 키를 눌러 바깥쪽 빠져나간 부분을 드래그하거나 각각 클릭하여 정리하면 작업이 마무리됩니다.

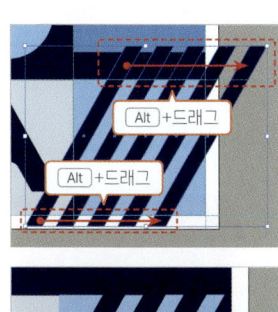

## THEORY 04 | 지우개 도구로 면적 지우기

# Eraser Tool

■ 예제 파일 : S5-3.ai

드로잉 도구 모음에는 단순히 그리는 기능 외에도 오브젝트를 지우거나, 자르거나, 끊는 다양한 도구들이 포함되어 있습니다. 그중 지우개 도구는 개체의 특정 부분을 지워 패스를 분리하거나 완전히 제거하는 데 사용됩니다. 마치 연필 지우개처럼 자유롭게 드로잉하여 원치 않는 부분을 삭제할 수 있습니다.

## Eraser Tool 지우개 도구

오브젝트를 원하는 대로 드래그하여 지울 수 있는 도구입니다. 커서가 브러시 형태의 둥근 모양으로, 도구를 더블클릭하면 원형률과 각도를 설정할 수 있습니다. 지우개로 지우 듯 패스와 오브젝트의 면을 지울 수 있는 기능으로 닫힌 패스를 지우면 닫힌 패스가 되고, 열린 패스를 지우면 패스만 지워집니다.

**S** Eraser Tool(지우개 도구) `Shift` + `E`

### ❶ 지우개 도구 사용 방법

Eraser Tool(지우개 도구)을 선택하면 원형 모양의 브러시 팁이 나타납니다. 브러시 크기는 단축키 `[`, `]`를 사용하여 조절할 수 있으며, 클릭 또는 드래그하는 만큼 해당 면적이 삭제됩니다.

**T** Eraser Tool은 개체를 선택하지 않은 상태에서도 클릭하면 해당 영역을 지울 수 있습니다.

지우개 도구로 마우스 포인터를 올렸을 때 | 클릭 또는 드래그하는 만큼 해당 면적이 삭제됨 | 삭제된 단면 확인

`Alt` 키를 누른 채 드래그하면 사각형 모양으로 오브젝트를 삭제할 수 있습니다.

지우개 도구로 마우스 포인터를 올렸을 때 | `Alt`+드래그하면 사각형 모양으로 해당 면적만큼 삭제됨 | 삭제된 단면 확인

복잡한 모양의 개체도 Eraser Tool로 문제없이 삭제할 수 있습니다. 도구를 사용할 때는 한 번에 이어서 드래그하지 않고 여러 번 끊어서 사용이 가능합니다. 예를 들어, 야자나무 세 그루 중 가운데 한 그루만 남기고 싶다면, 원하지 않는 부분을 드래그하여 여러 번 지우고 원하는 부분만 사용할 수 있습니다.

**T** Eraser Tool로 삭제하더라도, 남겨진 면은 자동으로 닫힌 개체로 유지됩니다.

| 복잡한 개체 | 드래그하여 원하는 면적 삭제 | 연속 드래그 없이 여러 번 클릭하여 삭제 가능 |

면 없이 선으로만 이루어진 개체 역시 닫힌 패스이기 때문에 Eraser Tool로 드래그하면 해당 부분이 삭제되고 남은 부분은 각각 닫힌 개체로 자동 변환됩니다.

| 면 없이 선으로만 만들어진 닫힌 개체 | 지우개 도구 선택 | 클릭-드래그하면 해당 면적만큼 삭제되며, 남겨진 면은 자동으로 닫힘 |

## ❷ 열린 패스를 지우는 기능과 주의할 점

Eraser Tool은 브러시를 사용하기 때문에 드래그를 하면 기존 개체의 형태에 약간의 불규칙한 변형이 생길 수 있습니다. 예를 들어, 선 개체의 일부를 지우개로 제거할 경우, 해당 영역이 삭제되며 선이 단절됩니다. 이때 남겨진 선은 원본의 직선 형태를 완벽하게 유지하지 못하고 미세하게 왜곡된 곡선을 형성할 수 있습니다.

**T** 남겨진 선이 직선 형태를 유지하도록 하려면 Eraser Tool보다는 다른 방법을 사용하는 것이 좋습니다.

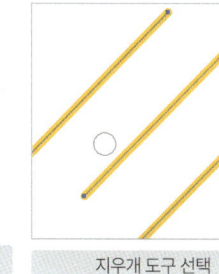

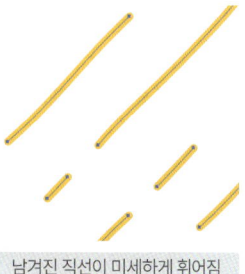

| 선으로만 만들어진 열린 개체 | 지우개 도구 선택 | 선의 일부를 드래그하여 삭제 | 남겨진 직선이 미세하게 휘어짐 |

# THEORY 05 | 가위 도구로 패스 끊기

## Scissors Tool

■ 예제 파일 : S5-4.ai

가위 도구는 패스의 특정 지점(고정점 또는 패스 선분)을 클릭하여 패스를 끊는 데 사용됩니다. 닫힌 패스를 열린 패스로 만들거나, 열린 패스를 두 개 이상의 조각으로 나눌 때 유용합니다.

### ★ Scissors Tool 가위 도구

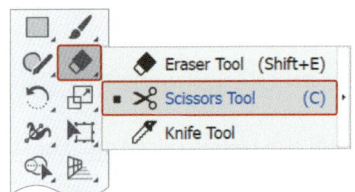

도구바의 Eraser Tool(지우개 도구) 안에 위치해 있습니다. 오브젝트의 패스를 특정 지점에서 분리하는 도구입니다. 패스를 클릭하면 해당 지점이 끊어지며, 끊긴 곳은 두 개의 겹쳐진 점으로 나타납니다. 면이 있는 닫힌 오브젝트를 자르면 면은 유지된 채 패스만 열리고, 선으로 된 열린 패스는 단순히 해당 지점에서 분리됩니다.

Ⓢ Scissors Tool(가위 도구) Ⓒ

### ❶ 가위 도구 사용 방법

Scissors Tool(가위 도구)을 선택한 후 개체의 패스에 마우스 포인터를 올리면 패스가 활성화됩니다. 이때 패스 위를 클릭하면 해당 위치에 두 개의 점이 생성되면서 패스가 끊어집니다. 이를 Direct Selection Tool(직접 선택 도구)로 드래그해보면 패스가 끊어진 것을 확인할 수 있습니다.

Ⓣ Scissors Tool도 지우개 도구처럼 개체를 미리 선택하지 않은 상태로 작업할 수 있습니다.

창문 개체 원본 / 가위 도구로 패스 아무 곳을 클릭 / 직접 선택 도구로 점 이동

열린 패스뿐 아니라 닫힌 패스도 끊을 수 있습니다. 면으로 된 개체에 마우스 포인터를 올리고 패스를 클릭하면 해당 지점이 끊어집니다. 이때 남겨진 면은 닫힌 형태로 유지되지 않고 열린 패스 상태가 됩니다. Selection Tool(선택 도구)로 드래그하면 분리된 개체를 이동할 수 있습니다.

별 모양 개체 / 가위 도구로 점 클릭 / 하단의 점도 이어서 클릭 / 드래그하여 한쪽 면 이동

분리된 개체는 패스가 막혀있지 않고 각각 열려 있습니다. 끊긴 패스의 마지막 점들이 서로 자동으로 연결되어 면 색이 채워지기 때문에 닫힌 개체처럼 보일 수 있지만, 이때 윤곽선을 볼 수 있는 Outline(Ctrl+Y) 보기로 확인하면 패스가 열려있다는 것을 직관적으로 확인할 수 있습니다.

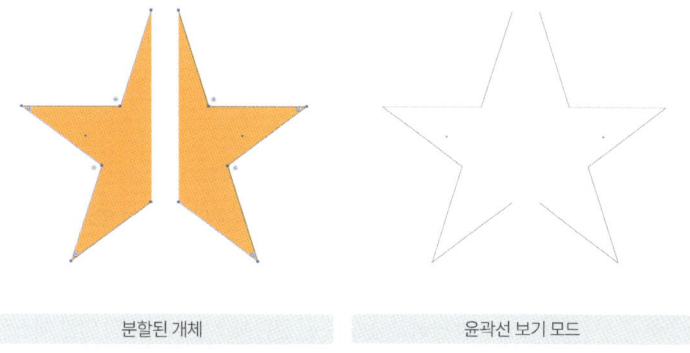

분할된 개체 / 윤곽선 보기 모드

만약 이 작업을 면이 아닌 선으로 만들어진 개체에 적용했다면, 해당 패스는 끊어지지만 기존의 선 색은 그대로 유지된 채 열린 패스가 됩니다.

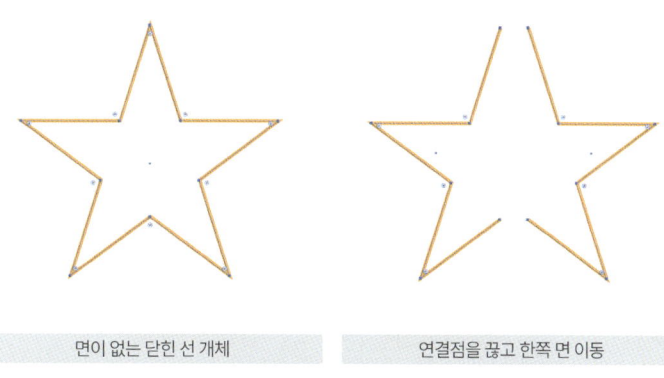

면이 없는 닫힌 선 개체 / 연결점을 끊고 한쪽 면 이동

### 윤곽선(Outline) 보기 S Ctrl+Y

메뉴의 [View] - [Outline]을 클릭하면 오브젝트의 면 색과 선 색이 모두 사라지고, 패스의 외곽선만 표시되는 윤곽선 모드가 됩니다. 이 모드는 가려진 개체를 찾거나 복잡하게 얽힌 오브젝트 사이에서 특정 개체를 선택할 때 유용합니다. 또한, 패스가 열려 있는지 닫혀 있는지 확인할 때도 활용할 수 있고, 의도치 않게 생성된 불필요한 패스 조각이나 중복된 오브젝트 등을 찾아내어 오류를 줄일 수 있습니다. 단축키인 Ctrl+Y를 다시 누르면 원래의 화면 모드로 돌아옵니다. 윤곽선 모드는 작업의 정확성과 효율성을 높이는 데 필수적인 기능이므로, 단축키를 외워두면 훨씬 더 빠르고 편리하게 작업할 수 있습니다.

일반 모드 / 윤곽선 모드

## THEORY 06  칼 도구로 개체 자르기

# Knife Tool

📁 예제 파일 : S5-5.ai

칼 도구는 개체를 드로잉하여 자르거나 분할하는 데 사용됩니다. 원하는 형태로 자유롭게 개체를 잘라낼 수 있으며, 잘린 부분은 자동으로 패스가 닫힌 형태로 분리됩니다.

## Knife Tool 칼 도구

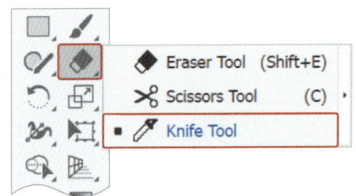

도구바의 Eraser Tool(지우개 도구) 안에 위치해 있습니다. 오브젝트를 자유로운 형태로 잘라 여러 독립적인 개체로 분할하는 도구로 드래그한 경로를 따라 자릅니다. 면이 있는 닫힌 오브젝트는 잘린 부분에 새로운 패스가 생성되어 각각 닫히고, 선으로 된 열린 패스는 여러 개의 열린 패스로 나뉩니다.

### ❶ 칼 도구 사용 방법

Knife Tool(칼 도구)을 선택한 후 오브젝트를 가로지르면 칼로 자르듯이 오브젝트가 잘리며 나뉩니다. 만약 오브젝트를 완전히 가로지르지 않고 중간에 멈춘다면, 칼로 그만큼만 잘라낸 것처럼 분할됩니다.

> 지우개, 가위, 칼 도구 모두 개체를 선택하지 않은 상태에서 작업할 수 있습니다.

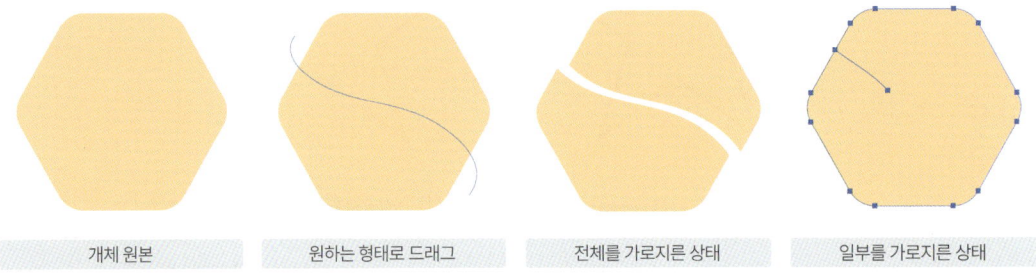

| 개체 원본 | 원하는 형태로 드래그 | 전체를 가로지른 상태 | 일부를 가로지른 상태 |

여러 개의 오브젝트가 그룹 지어진 복잡한 개체의 경우에도 Knife Tool로 자를 수 있습니다. 이 경우 그룹을 해제하면 분리된 모든 개체를 개별적으로 선택할 수 있습니다. 작업 후에는 필요에 따라 다시 그룹화하여 정리합니다.

> 여러 개체가 겹쳐 있을 때 특정 개체만 삭제하고 싶다면 해당 개체만 선택하고 사용하는 것이 좋습니다.

| 그룹화된 복잡한 개체 | 칼 도구로 드래그하여 전체 분리 | 그룹 해제 후 개체 각각 이동 |

## ❷ 칼 도구로 정확하게 자르기

Knife Tool로 오브젝트를 가로지를 때 Alt 키를 누른 채 드래그하면 직선으로, Alt + Shift 키를 함께 누른 채 드래그하면 수직, 수평 또는 45도 각도로 스냅이 걸려 정확하게 오브젝트를 자를 수 있습니다.

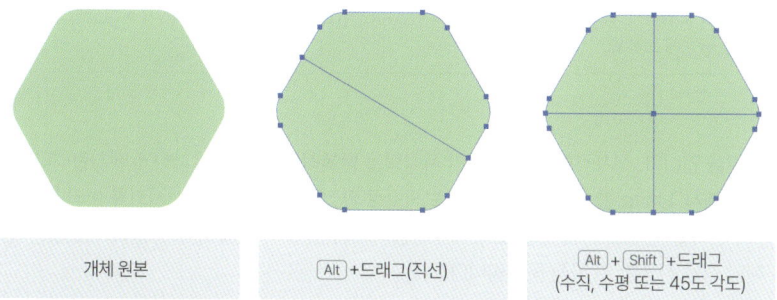

| 개체 원본 | Alt + 드래그(직선) | Alt + Shift + 드래그 (수직, 수평 또는 45도 각도) |

### 칼 도구(Knife Tool)의 다양한 활용 예시

칼 도구를 사용해 오브젝트를 잘라 구획을 나눈 뒤, 각 구획에 다른 색상이나 그레이디언트, 질감 등을 적용하면 음영이나 입체감을 표현할 수 있습니다.

오브젝트를 비스듬히 자른 뒤 잘린 면에 다른 명도나 채도의 색을 적용하면 그림자 효과도 쉽게 표현할 수 있습니다.

# Exercise

## 패스파인더, 도형 구성 도구로 풍경 일러스트 만들기
📁 S5_Exercise 예제

기초 편집 기능을 기반으로 패스파인더와 도형 구성 도구를 사용하여 풍경에 어울리는 다양한 도형을 제작하고, 이 도형들을 효과적으로 조합하여 아름다운 밤 풍경 일러스트를 완성해 보세요.

### 1. 층진 사각형 형태 만들기

[File] - [Open]으로 'S5-E1.ai' 파일을 엽니다. 직사각형과 더 납작한 사각형을 반복하여 그림과 유사하게 배치합니다. 모든 사각형을 선택한 뒤 [Pathfinder] 패널에서 'Unite'를 클릭해 하나의 오브젝트로 합칩니다. 다음으로 Ctrl 키를 눌러 모퉁이를 둥글립니다. 이때 납작한 사각형의 최대 곡률 한계로 인해 모든 모퉁이가 둥글려지지 않을 수 있습니다. 둥글려지지 않은 곳이 있다면 Direct Selection Tool로 해당 점을 선택한 뒤 마저 둥글립니다.

🆂 Pathfinder(패스파인더) 패널 Ctrl + Shift + F9   🆂 Direct Selection Tool(직접 선택 도구) A

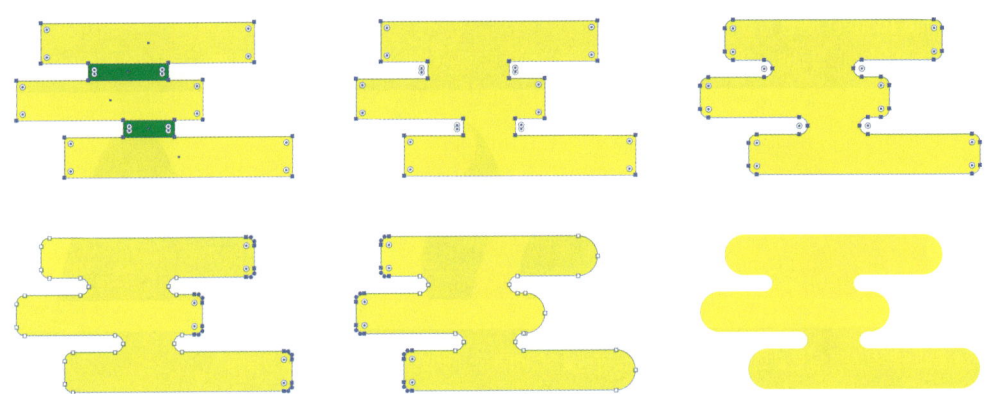

### 2. 교량 형태 만들기

검은색으로 긴 직사각형을 그린 뒤 위쪽 모퉁이만 둥글립니다. 이 개체를 오른쪽으로 복사한 뒤 노란색으로 변경합니다. 뒤쪽 어두운 개체를 선택하고 바운딩 박스를 오른쪽으로 늘려 소폭 확장합니다. 두 개체를 모두 선택한 뒤 [Pathfinder] 패널에서 'Merge'를 클릭해 병합합니다. 완성된 개체를 복사해 3개로 만듭니다. 주황색 큰 사각형을 만들어 그림과 같이 배치하고, 맨 뒤로 정돈합니다. 모든 개체를 선택한 뒤 Shape Builder Tool로 그림의 노란색 부분만 Alt 키를 누른 채 클릭하여 제거합니다.

🆂 Send to Back(맨 뒤로 보내기) Ctrl + Shift + [   🆂 Shape Builder Tool(도형 구성 도구) Shift + M

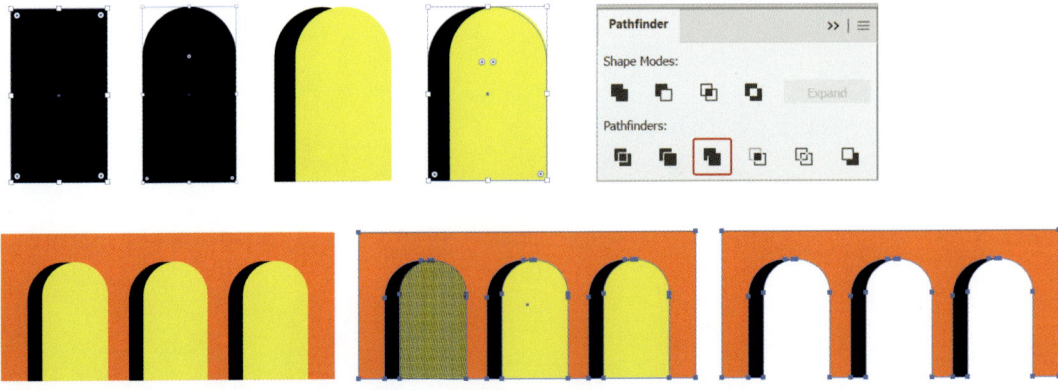

## 3. 반짝이 만들기

정사각형을 그린 후, Direct Selection Tool로 개체를 선택하고 모퉁이를 약간 둥글립니다. 이때 Alt 키를 누른 채 Live Corners Widget을 클릭하면 모양이 변형됩니다. 다시 모퉁이를 드래그하여 최대한 둥글리면 활용도 높은 반짝이는 별 모양을 간단하게 만들 수 있습니다.

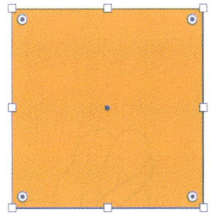 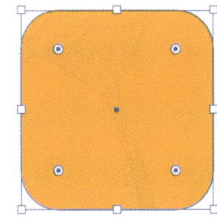 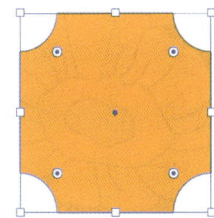 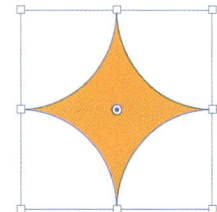

## 4. 건물 형태 만들고 배치하기

각각 다른 어두운 색상으로 긴 사각형 두 개를 겹쳐 그린 뒤, 모퉁이를 약간 둥글립니다. 안쪽에 빛나는 창문을 표현하기 위해 모퉁이를 완전히 둥글린 직사각형 여러 개를 자유롭게 배치하고 색상을 적용합니다. 모두 선택하여 그룹으로 만듭니다. 그룹화 한 건물 개체를 그림과 같이 오른쪽에 배치하고, 이미 만들어진 중앙의 남색 배경 개체를 함께 선택합니다. Shape Builder Tool로 큰 개체의 바깥쪽 부분을 Alt 키를 누른 채 드래그하여 제거하면 작업이 마무리됩니다.

**S** Group(그룹) Ctrl + G

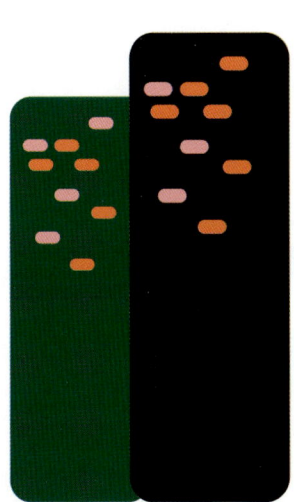

Section 06

# Pen & Curvature, Line & Width

## 펜과 곡률, 선과 폭

**MISSION**

펜과 곡률 도구, 선분 및 폭 도구는 패스를 정교하게 작업하는 데 필요한 도구들입니다. 특히 펜 도구는 직선은 물론 곡선까지 모든 형태를 표현할 수 있는 핵심 도구로, 능숙하게 다루기 위해서는 많은 연습이 필요합니다.

**KEYWORD**

#펜 도구 #곡률 도구 #선 도구(5가지) #획 패널
#폭 도구 #[오브젝트] - [패스]

# THEORY 01 · 펜 도구와 그리는 방법 알아보기

## Pen Tool

■ 예제 파일 : S6-1.ai

펜 도구는 직선이나 곡선 성질을 갖는 고정점을 순차적으로 생성한 후 패스를 연결하여 오브젝트를 만듭니다. 직선과 곡선을 자유롭게 구현하기 위해서는 고정점과 방향을 결정하는 핸들을 능숙하게 다룰 수 있어야 합니다.

### ★★ Pen Tool 펜 도구

Pen Tool(펜 도구)은 기본적으로 연속성을 가집니다. Pen Tool을 길게 클릭하면 관련된 다른 도구들이 나타납니다. 각각의 기능과 사용법을 알아보겠습니다.

❶ Pen Tool (펜 도구) S P
❷ Add Anchor Point Tool (고정점 추가) S +
❸ Delete Anchor Point Tool(고정점 빼기) S -
❹ Anchor Point Tool(고정점 도구) Shift + C

### ❶ Pen Tool(펜 도구) S P

Ⓐ 패스 그리기

시작점을 클릭하고 다음 점들을 순차적으로 클릭하여 패스를 연결해 나갑니다. 패스를 종료하지 않으면 계속해서 새로운 점을 추가하며 그릴 수 있습니다.

T 면(Fill) 색을 '없음', 선(Stroke) 색만 설정하면 패스를 그리는 동안 시각적으로 방해받지 않아 작업이 수월합니다.

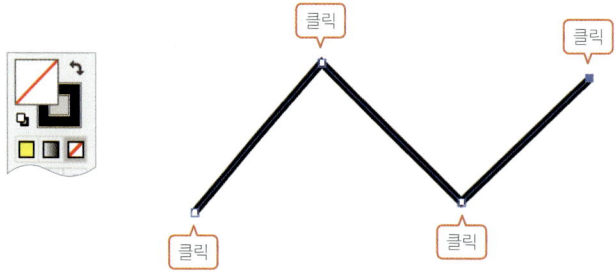

Ⓑ 패스 종료하기

패스를 종료하려면 Enter 키 또는 Ctrl 키를 누른 상태에서 작업 화면을 클릭합니다. 마우스 포인터 옆에 아이콘 모양( ✎ )이 나타나면 새로운 패스를 그릴 수 있다는 표시이며, 패스가 종료되었다는 것을 의미합니다.

T Pen Tool로 작업 중 Esc 키를 누르거나 다른 도구를 선택해도 현재 패스가 종료됩니다.

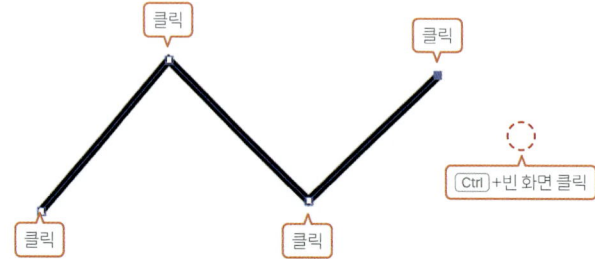

### ⓒ 패스 연결해서 그리기

이미 마무리된 패스에 이어서 그리고 싶다면, 종료된 고정점 위로 마우스 포인터를 가져갑니다. 이때 아이콘 모양(✎)이 바뀌면 클릭하여 기존 패스에 연결해 이어서 그릴 수 있습니다.

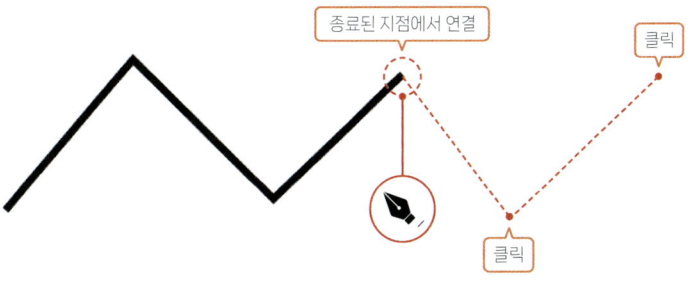

#### 펜 도구 아이콘 모양의 의미
펜 도구를 사용할 때 마우스 포인터에 나타나는 모양은 현재 수행할 수 있는 작업을 시각적으로 알려줍니다.

- ✎ 새로운 앵커 포인트를 생성할 수 있습니다.
- ✎ 시작점으로 돌아가 패스를 닫아 마무리합니다.
- ✎ 이전에 종료된 패스를 이어서 그릴 수 있습니다.
- ✎ (선택한 상태에서) 기존 패스 위에 새로운 앵커 포인트를 추가할 수 있습니다.
- ✎ (선택한 상태에서) 기존 앵커 포인트를 삭제할 수 있습니다.

🅣 Caps Lock 키를 누르면 펜 도구 포인터 모양이 엑스선(✕) 모양으로 변경됩니다. 다시 단축키를 누르면 원래 포인터로 되돌릴 수 있습니다.

### ⓓ 패스를 수직, 수평, 45도로 그리기

패스를 그릴 때 Shift 키를 누르면 패스가 자동으로 수직, 수평, 또는 45도 대각선 방향으로 그려집니다.

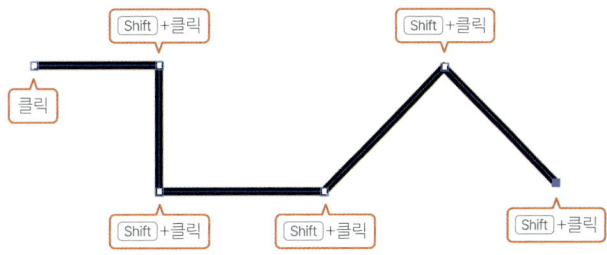

### ⓔ 핸들을 펼쳐 곡선 그리기

점을 생성할 때 클릭한 상태에서 드래그하면 양쪽으로 방향점이 펼쳐지면서 직선이 아닌 곡선이 만들어집니다. 곡선을 그릴 때 포인트 양옆으로 나타나는 직선을 '방향선(핸들)'이라고 합니다. 핸들은 기본적으로 양쪽 방향으로 생성되며, 한쪽 핸들은 이미 그려진 곡선 부분에 영향을 미치고, 나머지 핸들은 앞으로 그릴 다음 점의 곡선 형태에 영향을 줍니다. 핸들이 양쪽으로 수평을 유지해야 부드럽고 자연스러운 곡선이 연결됩니다.

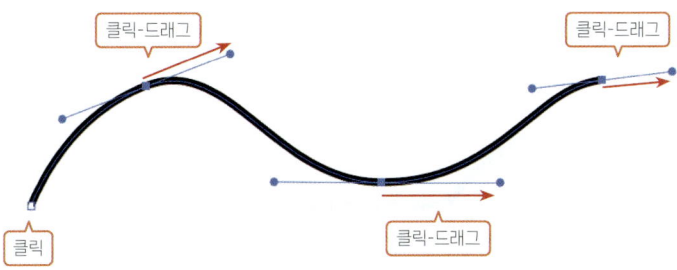

**❻ 곡선을 유지하면서 연결하기**

곡선을 연결할 때, 앵커 포인트를 한 번만 클릭하면 양쪽으로 펼쳐져 있던 핸들 중 한쪽이 사라져 부드러운 곡선 연결이 어려울 수 있습니다. 이때 클릭한 상태에서 드래그하면 양쪽으로 핸들이 다시 펼쳐져 다음 점을 이으면서 부드러운 곡선을 계속 유지할 수 있습니다.

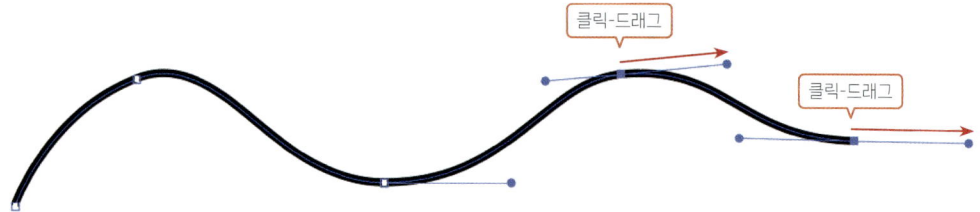

**❼ 핸들의 방향을 다르게 조작하기**

곡선을 그린 후, Alt 키를 누른 채로 방향점을 드래그하면 양쪽 핸들의 수평 연결이 해제되면서 각각 다른 방향으로 뻗어 나갑니다. 이렇게 되면 부드럽게 이어지던 곡선이 각기 다른 핸들 방향에 따라 나누어지며, 한쪽 핸들을 별도로 제어할 수 있습니다.

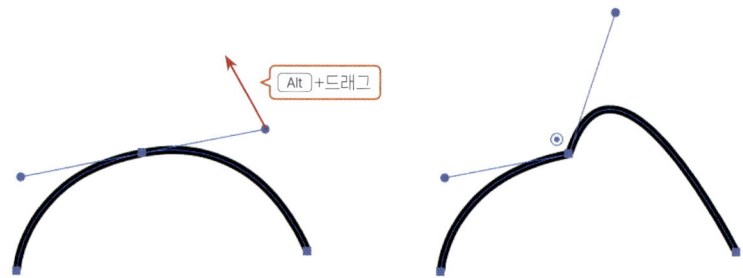

**❽ 한쪽 핸들을 없애고 연결하기**

곡선을 그릴 때, 앵커 포인트를 클릭하면 한쪽 핸들을 제거할 수 있습니다. 이는 다음 패스가 직선으로 연결되거나, 갑작스럽게 방향이 바뀌는 곡선을 그릴 때 유용합니다.

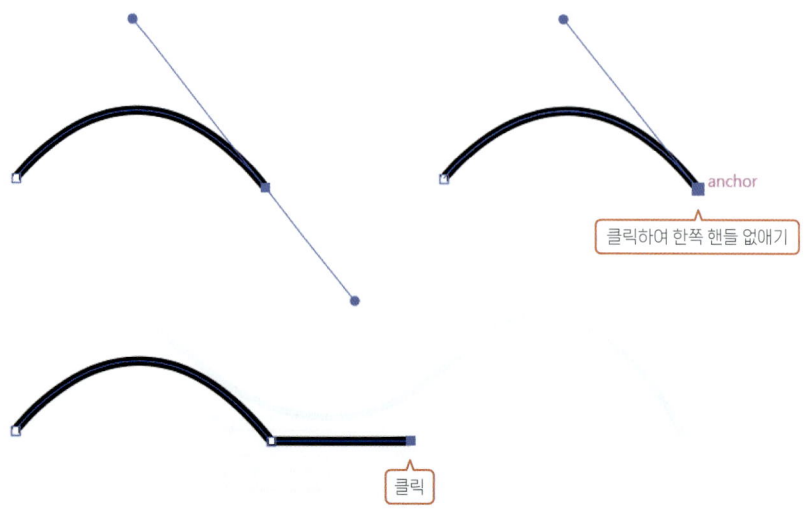

**❶ 곡선의 수평을 유지하면서 핸들 길이 조절하기**

곡선을 그리던 중 이미 생성된 방향점의 길이가 너무 길어 작업이 어렵다면, 핸들을 끊지 않고 Ctrl 키를 누른 채로 핸들을 드래그하여 길이를 조절할 수 있습니다. 이 방법을 사용하면 핸들의 양쪽 수평을 유지한 채로 핸들의 길이와 방향을 섬세하게 조절할 수 있습니다.

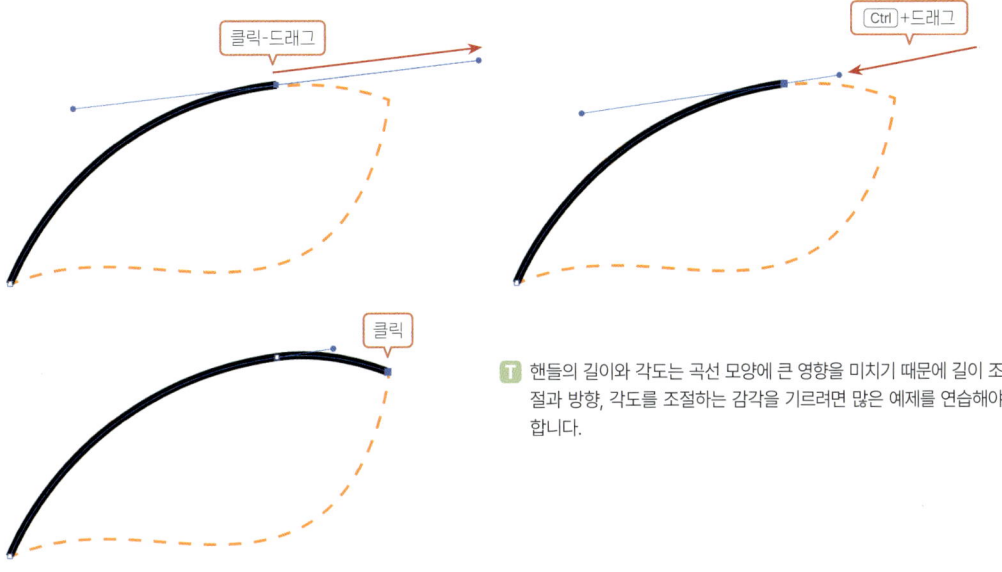

T 핸들의 길이와 각도는 곡선 모양에 큰 영향을 미치기 때문에 길이 조절과 방향, 각도를 조절하는 감각을 기르려면 많은 예제를 연습해야 합니다.

**❷ 닫힌 패스로 만들어 마무리하기**

Pen Tool로 작업을 마칠 때, 처음에 생성했던 시작점 위로 마우스 포인터를 가져가 클릭하면 닫힌 패스가 됩니다. 이때 아이콘 모양(◊₀)이 바뀌게 됩니다. 만약 시작점에서 클릭한 채 드래그하여 마무리하면 곡선을 만들면서 동시에 닫힌 패스가 되어 작업이 종료됩니다.

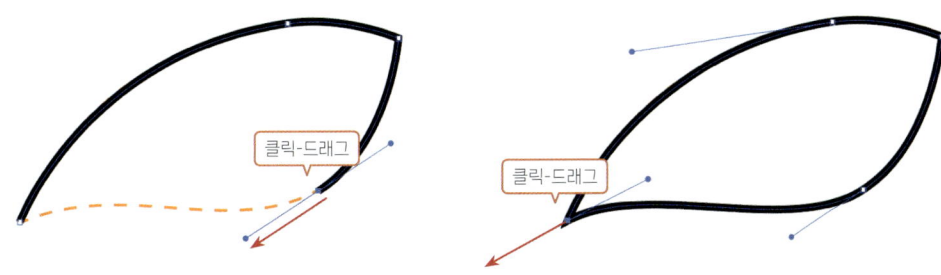

❷ **Add Anchor Point Tool(고정점 추가 도구)** S +

점이 없는 패스 위에 클릭하여 새로운 앵커 포인트를 추가하는 도구입니다. 이미 존재하는 앵커 포인트를 클릭하거나, 패스 위를 정확히 클릭하지 않을 경우 잘못된 선택이라는 경고창이 나타납니다.

T Pen Tool로도 앵커 포인트를 추가할 수 있습니다. 단, 이 경우에는 해당 오브젝트를 먼저 선택해야 합니다.

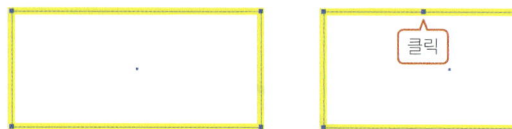

❸ **Delete Anchor Point Tool(고정점 삭제 도구)** S -

앵커 포인트 위에 클릭하여 기존 점을 제거하는 도구입니다. 이 도구는 패스 자체를 삭제하는 것이 아니라 선택된 앵커 포인트를 패스에서 제외하는 개념으로 이해하는 것이 적절합니다.

T Pen Tool로도 앵커 포인트를 삭제할 수 있습니다. 단, 이 경우에도 해당 오브젝트를 먼저 선택해야 합니다.

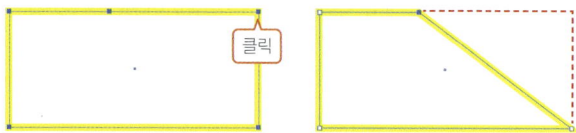

❹ **Anchor Point Tool(고정점 도구)** S Shift + C

Ⓐ 펼쳐진 핸들 모으기

핸들이 펼쳐져 있는 앵커 포인트를 클릭하면, 핸들이 빠르게 점 안으로 모아지면서 곡선이 사라지고 직선으로 변환됩니다.

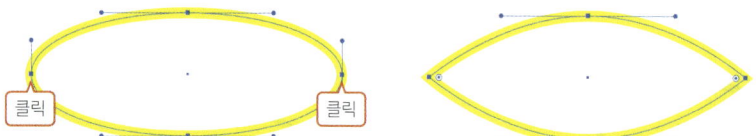

Ⓑ 새로운 핸들 펼치기

앵커 포인트 위를 클릭한 채 드래그하면, 새로운 핸들이 생성되거나 기존 핸들을 재설정하면서 새롭게 핸들을 만들 수 있습니다. 이를 통해 직선을 곡선으로 변경할 수 있습니다.

Ⓒ 핸들 방향 바꾸기

Alt 키를 누른 채로 한쪽 핸들을 클릭한 채 드래그하면, 양쪽 핸들의 수평 연결이 해제되면서 각 핸들의 방향을 독립적으로 조절할 수 있습니다. 이는 뾰족하거나 각진 곡선을 만들 때 유용합니다.

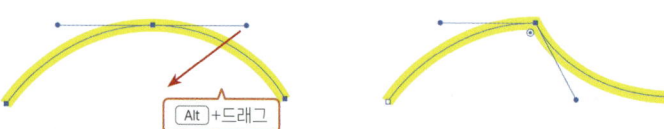

# PRACTICE 01 펜 도구 실습하기

# Pen Tool

▶ 예제 파일 : S6-P1.ai

펜 도구를 이용해 직선과 곡선을 그리고, 부드러운 곡선을 만드는 연습을 해봅니다. 펜 도구는 벡터 그래픽에서 기본적인 드로잉 도구 중 하나이므로 충분히 연습해서 숙련도를 높이는 것이 중요합니다.

## 01 획 설정하기

[File] - [Open] (Ctrl + O)으로 'S6-P1.ai' 파일을 엽니다. 면 색은 '없음', 선 색은 검은색, 선의 두께는 '2pt'로 지정합니다.

T [Control] 패널 또는 화면 우측의 [Properties] 패널에서 선 두께를 지정할 수 있습니다.

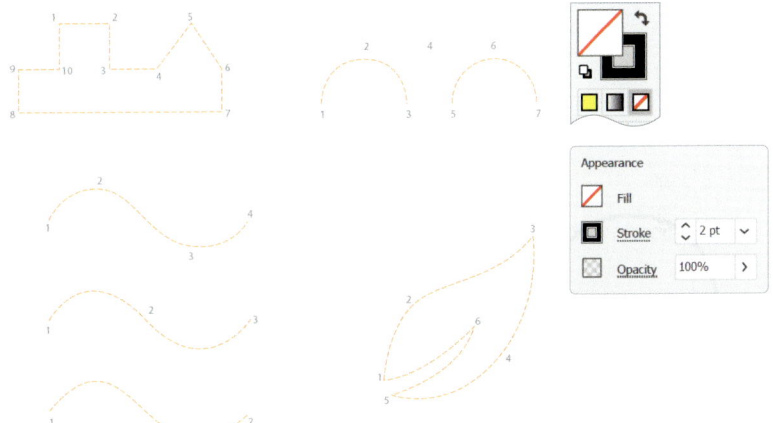

## 02 직선 패스 그리기

Pen Tool로 1번 시작점을 클릭합니다. Shift 키를 누른 채 2번부터 4번까지 클릭하여 수직, 수평을 유지하며 그립니다. 5번과 6번은 클릭만으로 진행합니다. 다시 Shift 키를 누른 채 7번부터 10번까지 클릭한 후, 1번 점을 클릭하여 마무리합니다. 마지막 점을 클릭할 때는 닫힌 패스를 나타내는 모양(  )이 나타나는지 확인합니다.

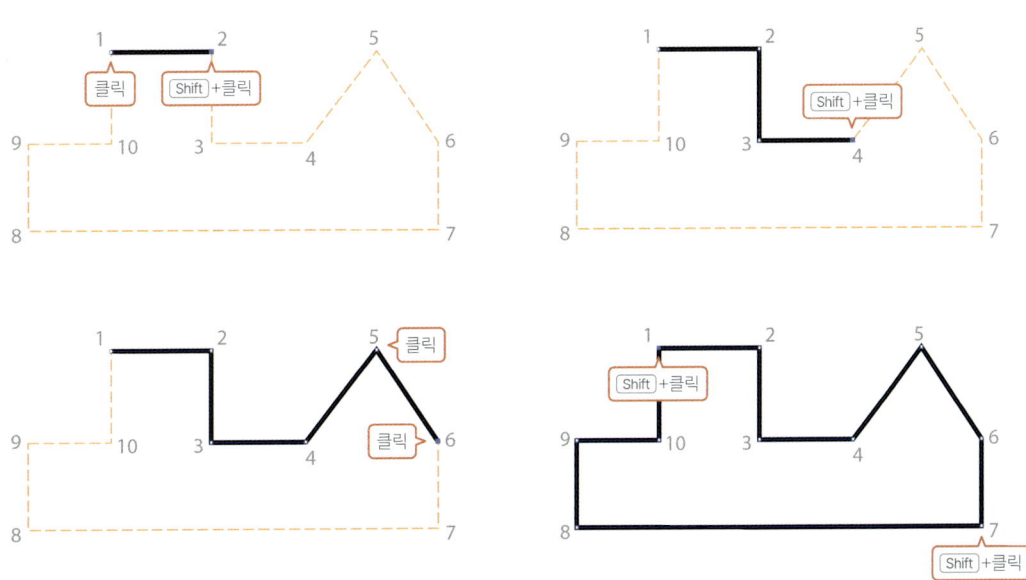

## 03 곡선 패스 그리기

1번 점을 클릭하고, 2번 점은 Shift 키를 누른 채 수평으로 드래그합니다. 3번 점을 클릭하고 Ctrl 키를 누른 채 4번(빈 공간)을 클릭하여 마무리합니다. 5번 점은 Shift 키를 누른 채 위쪽 수직으로 드래그합니다. 6번 점은 오른쪽 방향으로 Shift 키를 누른 채 짧게 드래그합니다. 7번 점은 Shift 키를 누른 채로 수직 아래 방향으로 드래그합니다.

T Pen Tool로 작업 중 Enter 키 또는 Esc 키를 누르거나 다른 도구를 선택해도 현재 패스가 종료됩니다.

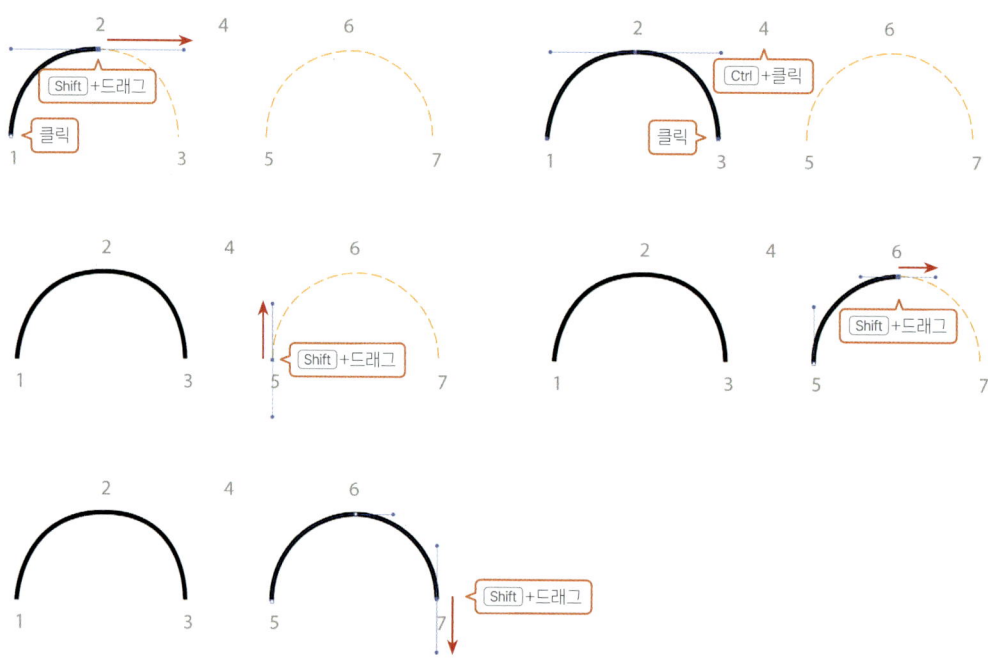

## 04 부드러운 곡선 그리기 1

1번 점을 클릭하고, 2번 점은 오른쪽 방향으로 클릭-드래그합니다. 3번 점은 오른쪽 아래 방향으로 클릭-드래그하고, 4번 점을 클릭합니다. 이때 핸들의 길이와 방향을 잘 조절하여 예시와 유사하게 작업해 봅니다.

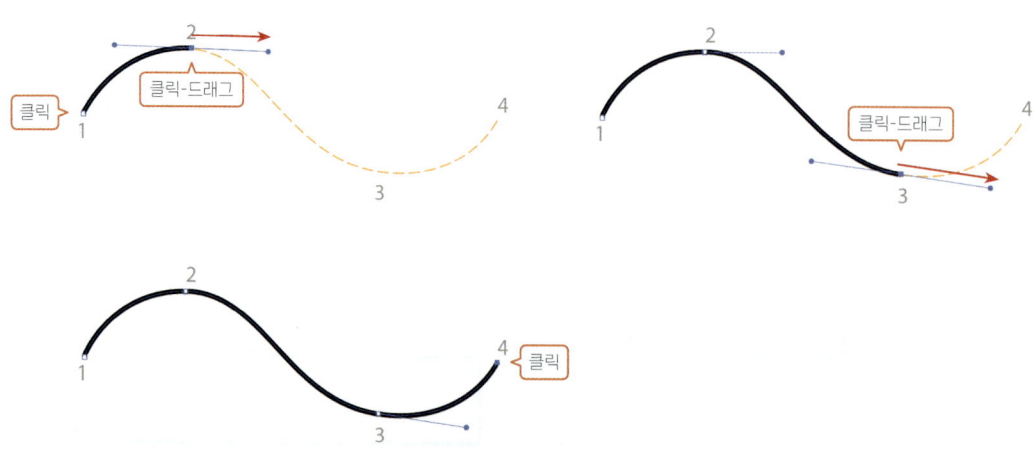

## 05 부드러운 곡선 그리기 2

1번 점을 클릭하고, 2번 점을 오른쪽 아래 방향으로 길게 클릭-드래그합니다. 이어서 3번 점을 클릭합니다. 점의 위치와 핸들의 길이, 방향에 따라 곡선 모양이 크게 달라지므로 충분한 반복 연습을 통해 감각을 익혀야 합니다.

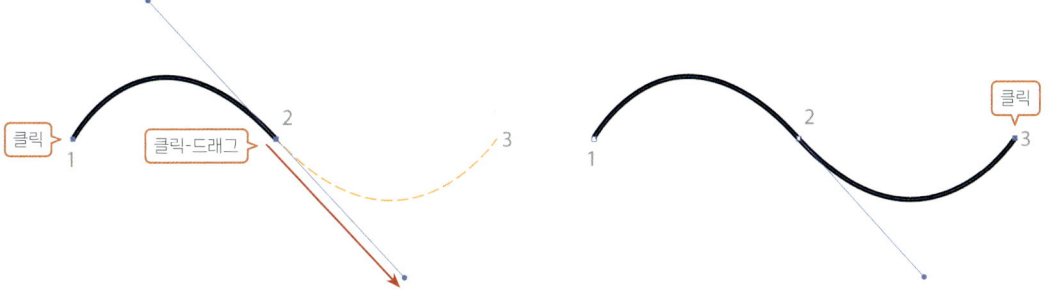

## 06 부드러운 곡선 그리기 3

1번 점을 클릭한 채 오른쪽 위 방향으로 드래그합니다. 이어서 2번 점도 오른쪽 위 방향으로 클릭한 채 드래그합니다. 이때 핸들의 길이와 방향을 섬세하게 조절하여 점선으로 표시된 예시와 유사한 곡선이 되도록 만듭니다.

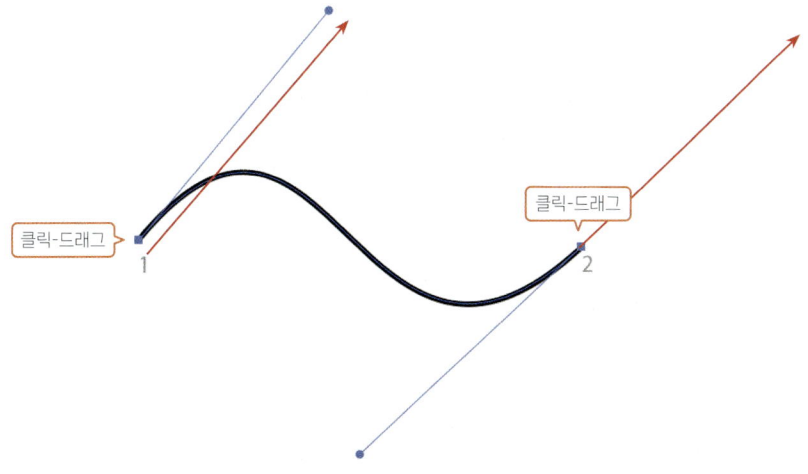

## 07 나뭇잎 그리기 1

나뭇잎의 1번 점을 클릭하고, 2번 점은 클릭-드래그합니다. 3번 점을 클릭-드래그하여 오른쪽 위로 핸들을 펼치고, 다시 클릭하여 한쪽 핸들을 끊습니다.

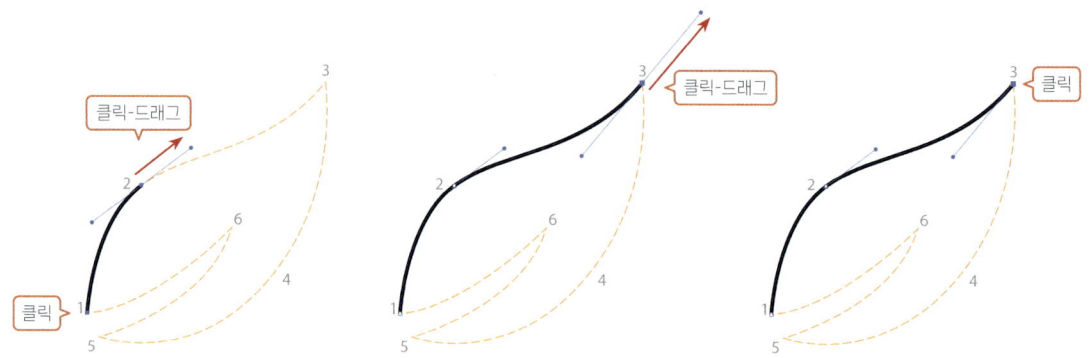

## 08 나뭇잎 그리기 2

4번 점을 아래 방향으로 클릭-드래그합니다. 5번 점을 클릭하고, 6번 점은 위 방향으로 클릭-드래그합니다.

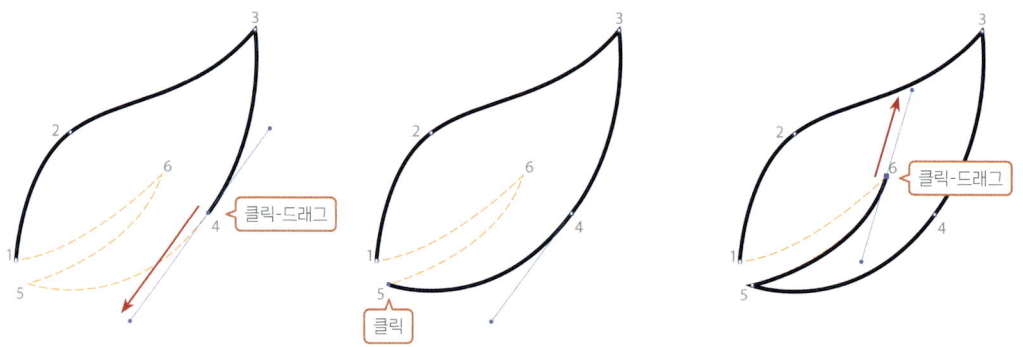

## 09 나뭇잎 그리기 3

6번 점을 다시 클릭하여 한쪽 핸들을 삭제합니다. 마지막으로 1번 점을 클릭-드래그하여 곡선을 만들며 마무리합니다.

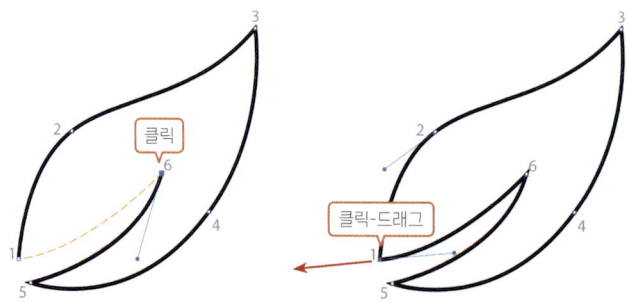

# THEORY 02 곡률 도구와 그리는 방법 알아보기

# Curvature Tool

■ 예제 파일 : S6-2.ai

펜 도구가 핸들을 이해하고 작업해야 하는 도구라면, 곡률 도구는 조금 더 쉽고 직관적으로 곡선과 직선 작업을 할 수 있도록 만들어진 도구입니다.

## Curvature Tool 곡률 도구

Curvature Tool(곡률 도구)은 따로 핸들을 펼치지 않아도 부드러운 곡선을 자동으로 만들어주며, 직선으로의 전환도 직관적이고 빠릅니다. Curvature Tool로 드로잉 된 오브젝트(패스)에 새로운 고정점을 추가할 수 있고, 드래그하여 패스를 변형할 수도 있습니다.

🅢 Curvature Tool(곡률 도구) Shift + ~

### 1 곡률 도구의 기능

#### Ⓐ 자동 곡선 기능 활용하기

시작점을 클릭한 후 다음 지점을 클릭하고 마우스를 움직이면 자동으로 곡선으로 바뀌는 형태를 확인할 수 있습니다. 그다음 점을 찍으면 미리보기로 보이던 곡선이 완성됩니다.

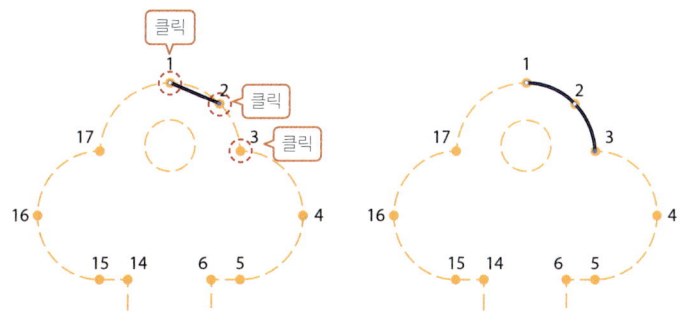

#### Ⓑ 곡선 상태 해제하기

곡선 상태를 해제하고 직선으로 바꾸기 위해서는 해당 곡선을 이루는 점을 더블클릭하거나, Alt 키를 누른 채로 직선으로 바꾸고 싶은 곡선 구간의 점을 클릭합니다.

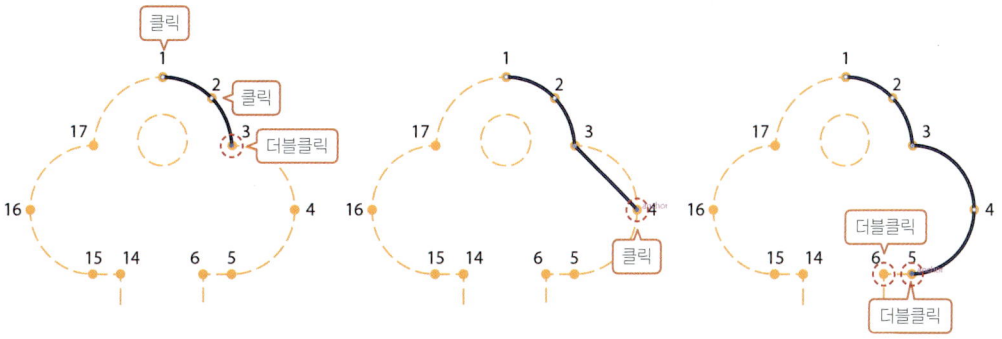

Ⓣ 예제 파일에서 빨간색으로 표시된 점을 더블클릭하거나 Alt 키를 이용해 직선으로 만들어 나머지 모양을 완성시킬 수 있습니다.

### ⓒ 점 추가하기

점이 없는 패스 위에 클릭하여 새로운 앵커 포인트를 추가할 수 있습니다.

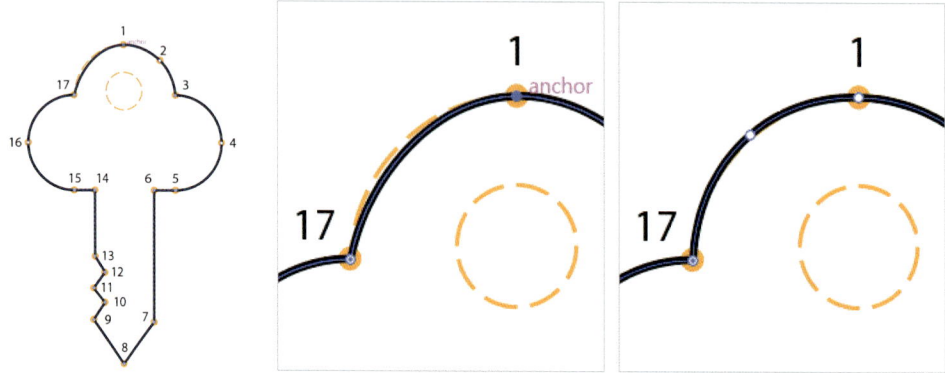

### ⓓ 점 이동하기

원하는 점을 클릭한 채 드래그하여 움직이면 주변 곡선이 함께 변형됩니다. 곡선 상태의 점을 이동하면 주변에 영향을 받은 다른 점의 곡선 모양까지 함께 변형됩니다. 한쪽은 곡선이고 한쪽은 직선인 경우에도 다른 점의 곡선 모양에 영향을 줍니다. 직선인 상태의 점을 이동하면 Direct Selection Tool(직접 선택 도구)로 작업하는 것과 동일하게 해당 점의 위치만 이동되며, 주변 패스에는 영향을 주지 않습니다.

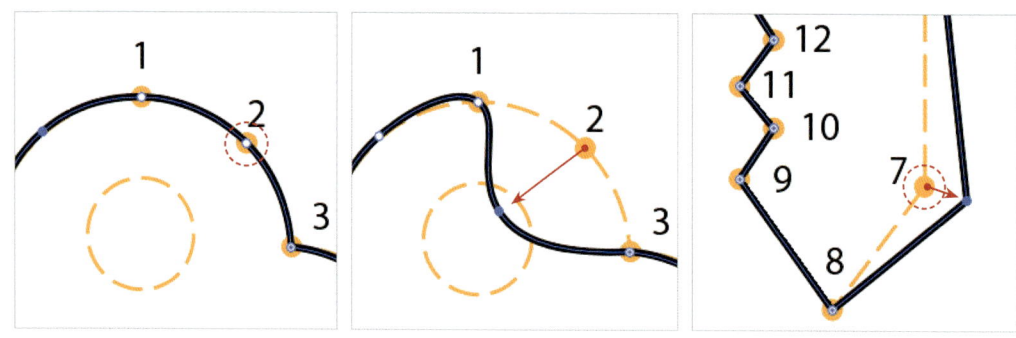

### ⓔ 곡선을 직선으로 바꾸기

곡률 도구로 그려진 패스의 고정점에서 [Alt]+클릭하면 곡선이 직선으로 변합니다.

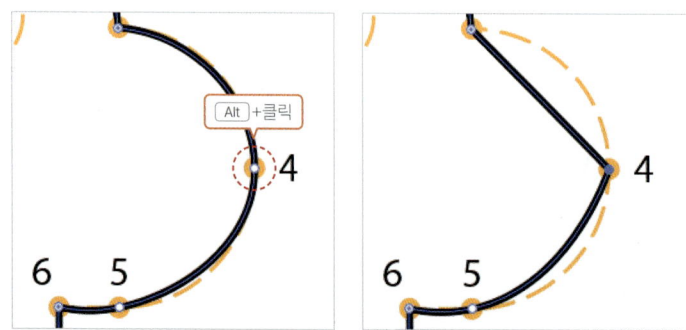

# THEORY 03 — 선 도구 5가지

# Line Tool

■ 예제 파일 : S6-3.ai

일러스트레이터에서는 선분(직선), 호(곡선), 나선형, 사각형 격자, 극좌표(원형) 격자의 다섯 가지 관련 도구를 한곳에 모아두었습니다. 이 다섯 가지 도구는 선 작업을 더욱 편리하고 효율적으로 사용할 수 있도록 돕습니다.

## ★ Line Tool 선 도구

작업 화면에서 드래그하여 그리는 방법과 옵션 창을 이용해 수치를 입력하여 그리는 방법이 있습니다.

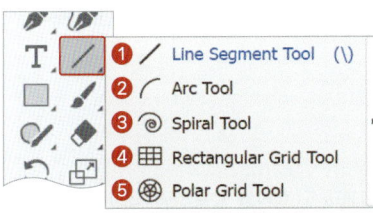

❶ Line Segment Tool(선분 도구) S \
❷ Arc Tool(호 도구)
❸ Spiral Tool(나선형 도구)
❹ Rectangular Grid Tool(사각형 격자 도구)
❺ Polar Grid Tool(극좌표 격자 도구)

### ❶ Line Segment Tool(선분 도구) S \

Ⓐ 드래그와 단축키를 사용하여 그리기

Line Segment Tool(선분 도구)을 선택한 뒤 화면에 드래그하면 선이 그려집니다. Alt 키를 함께 사용하면 중심에서부터 선을 시작할 수 있으며, Shift 키를 누른 채 드래그하면 수직, 수평 또는 45도 방향의 선을 그릴 수 있습니다. 드래그가 끝나면 하나의 분리된 선이 생성되며, 새로 클릭하고 드래그하면 새로운 선을 그릴 수 있습니다.

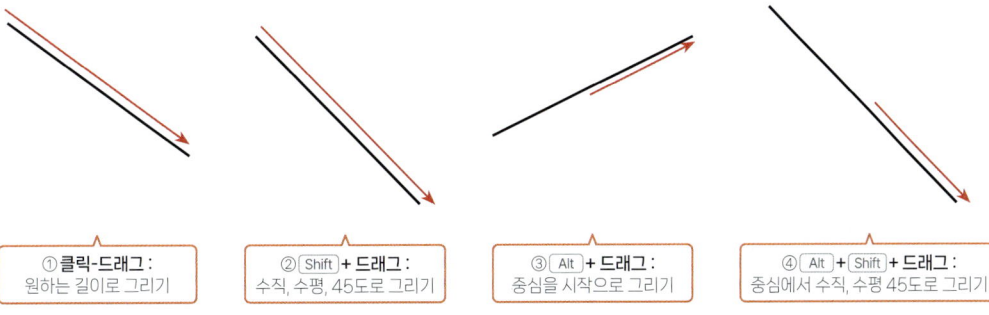

① 클릭-드래그 : 원하는 길이로 그리기
② Shift + 드래그 : 수직, 수평, 45도로 그리기
③ Alt + 드래그 : 중심을 시작으로 그리기
④ Alt + Shift + 드래그 : 중심에서 수직, 수평 45도로 그리기

**B** 수치를 입력하여 그리기

정확한 수치로 선을 그리려면, Line Segment Tool을 선택한 뒤 빈 화면을 클릭합니다. 나타나는 옵션 창에서 원하는 Length(길이)와 Angle(각도)을 입력하고 OK를 누릅니다.

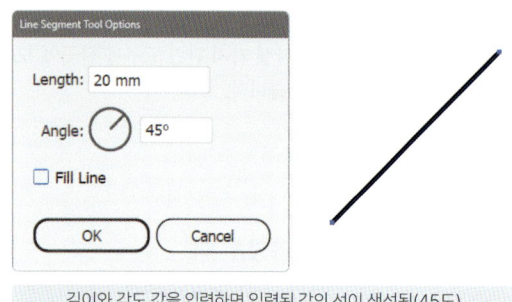
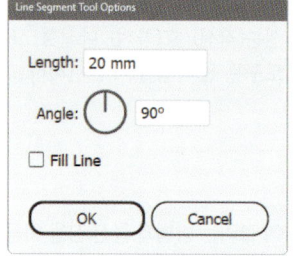

길이와 각도 값을 입력하면 입력된 값의 선이 생성됨(45도)  길이와 각도 값을 입력하면 입력된 값의 선이 생성됨(90도)

## ❷ Arc Tool(호 도구)

**A** 드래그와 단축키를 사용하여 그리기

Arc Tool(호 도구)을 선택한 뒤 클릭-드래그하면 한 방향의 곡선이 그려집니다. 단축키를 활용하면 정비율의 호(원의 1/4)를 그리거나, 중심에서부터 호를 시작하는 등 도형 도구와 유사한 방식으로 작업할 수 있습니다.

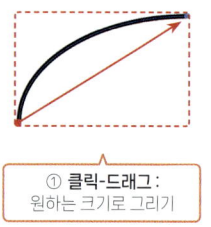 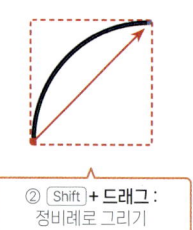 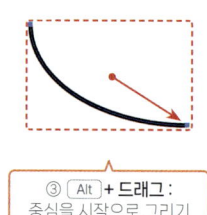 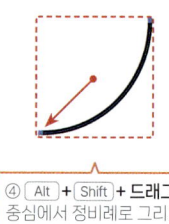

① 클릭-드래그 : 원하는 크기로 그리기  ② Shift + 드래그 : 정비례로 그리기  ③ Alt + 드래그 : 중심을 시작으로 그리기  ④ Alt + Shift + 드래그 : 중심에서 정비례로 그리기

**B** 수치를 입력하여 그리기

정확한 수치로 호를 그리려면, Arc Tool을 선택한 뒤 빈 화면을 클릭합니다. 나타나는 옵션 창에서 원하는 Type(축의 유형)과 X Length(X축의 길이), Y Length(Y축의 길이)를 입력한 뒤 OK를 누릅니다.

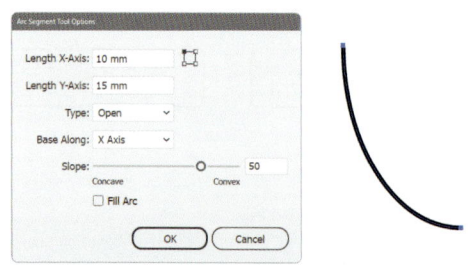
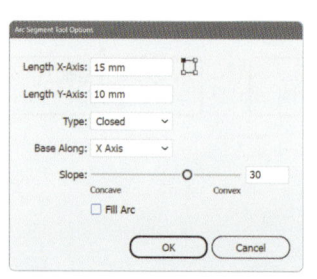
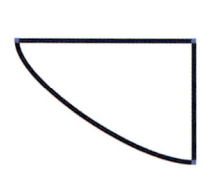

Length X : 10mm / Length Y : 15mm, Type : Open, Slope : 50   Length X : 15mm / Length Y : 10mm, Type : Closed, Slope : 30

## ❸ Spiral Tool(나선형 도구)

### Ⓐ 드래그와 단축키를 사용하여 그리기

Spiral Tool(나선형 도구)을 선택한 뒤 화면을 클릭-드래그하면 나선형 곡선이 만들어집니다. 드래그하는 동안 [Shift] 키를 누르면 균일한 간격의 나선이, [Alt] 키를 누르면 중심에서 시작하는 나선이 그려집니다. 또한, 방향키([↑], [↓])를 사용하여 나선의 회전 수를 조절할 수 있습니다.

> 나선을 드래그하는 중에 영문 [R] 키를 누르면 나선의 방향이 반대로 바뀝니다.

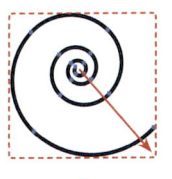 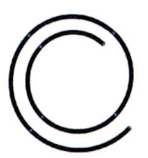  

① 클릭-드래그 : 원하는 크기로 그리기

② [Ctrl] + 드래그 : 곡률의 범위를 조절하며 그리기

③ 드래그+방향키[↓] : 마우스를 놓지 않은 채 ↓ 방향키를 누르면 세그먼트가 점점 감소됨

④ 드래그+방향키[↑] : 마우스를 놓지 않은 채 ↑ 방향키를 누르면 세그먼트가 점점 증가됨

### Ⓑ 수치를 입력하여 그리기

정확한 수치로 나선을 그리려면, Spiral Tool을 선택한 뒤 빈 화면을 클릭합니다. 나타나는 옵션 창에서 원하는 Radius(반경)와 Decay(감소) 값을 입력합니다. 이어서 원하는 Segments(선분) 개수와 Style(스타일)을 선택한 뒤 OK를 누릅니다.

> Decay 값이 낮으면 Segments 값을 올리더라도 원하는 만큼의 개수가 나오지 않을 수 있습니다. Decay의 기본 값은 80%입니다.

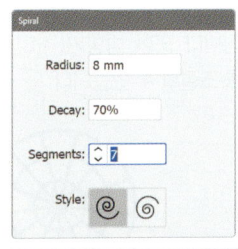  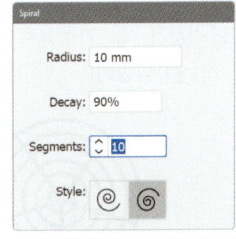 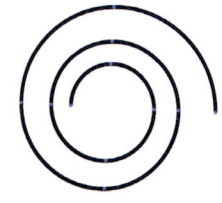

Redius : 8mm, Decay : 70%, Segments : 7, Style : 첫 번째

Redius : 10mm, Decay : 90%, Segments : 10, Style : 두 번째

## ❹ Rectangular Grid Tool(사각형 격자 도구)

### Ⓐ 드래그와 단축키를 사용하여 그리기

Rectangular Grid Tool(사각형 격자 도구)을 선택한 뒤 화면을 클릭-드래그하면 사각형 격자가 만들어집니다. 드래그하는 동안 [Shift] 키를 누르면 정사각형 격자가, [Alt] 키를 누르면 중심에서 시작하는 격자가 그려집니다. 또한, 방향키([↑], [↓])를 사용하여 가로 구분선의 개수를, 방향키([←], [→])를 사용하여 세로 구분선의 개수를 조절할 수 있습니다.

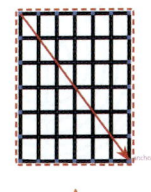 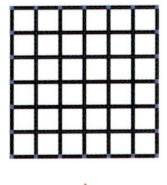 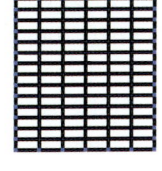 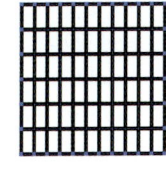

① 클릭-드래그 : 원하는 크기로 드래그하여 그리기

② [Shift] + 드래그 : 정비율로 그리기

③ 드래그+방향키[↑],[↓] : 마우스를 놓지 않은 채 ↑,↓ 방향키를 누르면 가로 구분선이 증가/감소됨

④ 드래그+방향키[→],[←] : 마우스를 놓지 않은 채 →,← 방향키를 누르면 세로 구분선이 증가/감소됨

Ⓑ 수치를 입력하여 그리기

정확한 수치로 사각형 격자를 그리려면, Rectangular Grid Tool을 선택한 뒤 빈 화면을 클릭합니다. 나타나는 옵션 창에서 외곽 사각형의 기본 크기인 Width(너비)와 Height(높이)를 지정합니다. 이어서 Horizontal Dividers(가로 분할자)와 Vertical Dividers(세로 분할자) 개수와 Skew(기울이기)를 입력한 뒤 OK를 누릅니다. 이때, 비율을 동일하게 하고 싶다면 0%를 입력합니다.

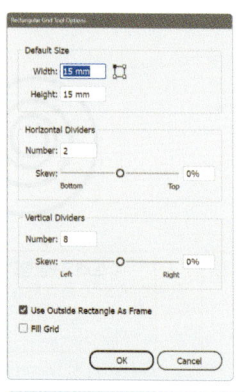
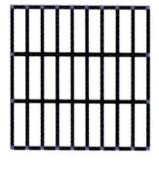
Width : 15mm, Height : 15mm,
Horizontal Dividers : 2, Vertical Dividers : 8

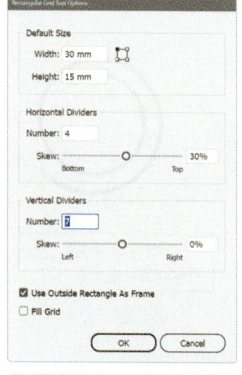
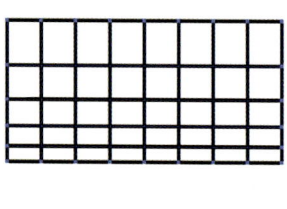
Width : 30mm, Height : 15mm,
Horizontal Dividers : 4, Skew : 30%, Vertical Dividers : 7

❺ **Polar Grid Tool(극좌표 격자 도구)**

Ⓐ 드래그와 단축키를 사용하여 그리기

Polar Grid Tool(극좌표 격자 도구)을 선택한 뒤 화면을 클릭-드래그하면 원형 격자가 만들어집니다. 드래그하는 동안 Shift 키를 누르면 정원형 격자가, Alt 키를 누르면 중심에서 시작하는 격자가 그려집니다. 또한, 방향키(↑, ↓)를 사용하여 동심원 구분선의 개수를, 방향키(←, →)를 사용하여 방사형 구분선의 개수를 조절할 수 있습니다.

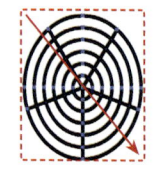
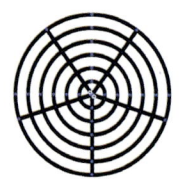
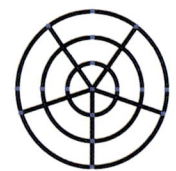
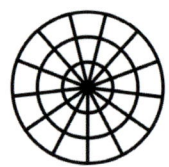

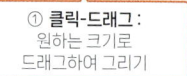
① 클릭-드래그 :
원하는 크기로
드래그하여 그리기

② Shift + 드래그 :
정비율로 그리기

③ 드래그+방향키 ↑, ↓ :
마우스를 놓지 않은 채
↑, ↓ 방향키를 누르면
원의 개수가 증가/감소됨

④ 드래그+방향키 →, ← :
마우스를 놓지 않은 채
→, ← 방향키를 누르면
직선 개수가 증가/감소됨

Ⓑ 수치를 입력하여 그리기

정확한 수치로 원형 격자를 그리려면, Polar Grid Tool을 선택한 뒤 빈 화면을 클릭합니다. 나타나는 옵션 창에서 외곽 원의 기본 크기인 Width(폭)와 Height(높이)를 지정합니다. 이어서 Concentric Dividers(동심 분할자)와 면적을 차지하는 Skew(기울이기)를 입력합니다. 마지막으로 중심에서 뻗어 나가는 Radial Dividers(방사형 분할자)의 개수와 Skew(기울이기)를 입력한 뒤 OK를 누릅니다.

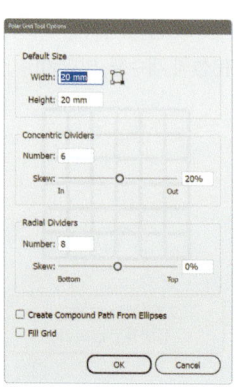

Width : 20mm, Height : 20mm,
Concentric Dividers : 6,
Skew : 20%, Radial Dividers : 8

# PRACTICE 02  나선 도구로 구름 만들기

# Spiral Tool

■ 예제 파일 : S6-P2.ai

나선 도구를 활용하여 동양적인 구름 문양을 그려보겠습니다. 이 작업에는 나선 도구뿐만 아니라 이전에 학습했던 펜 도구도 함께 사용합니다.

## 01 펜 도구로 곡선 만들기

[File] - [Open] (Ctrl + O)으로 'S6-P2.ai' 파일을 엽니다. 기존 개체를 선택한 후 Pen Tool(P)로 아래쪽 하단 점을 클릭-드래그하여 핸들을 펼칩니다. 오른쪽 빈 공간을 클릭-드래그하여 곡선을 만듭니다.

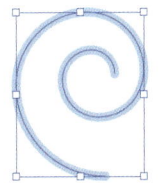

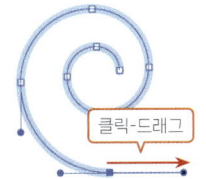
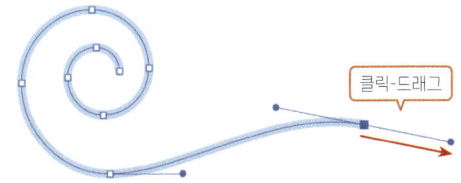

## 02 나선 만들기

Spiral Tool을 선택한 뒤 빈 화면을 클릭합니다. 옵션 창에 Radius는 '12mm', Decay는 '80%', Segments는 '6'을 입력하고 Style은 왼쪽 버튼을 선택한 뒤 OK를 누릅니다. 만들어진 나선을 회전 및 이동시켜 그림과 같이 배치합니다. 이번에는 Radius를 '16mm'로, Style은 오른쪽 버튼을 선택해 변경한 나선을 하나 더 만듭니다. 회전 및 이동시켜 그림과 같이 배치합니다.

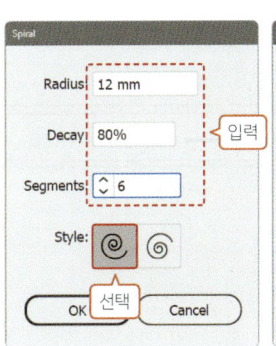
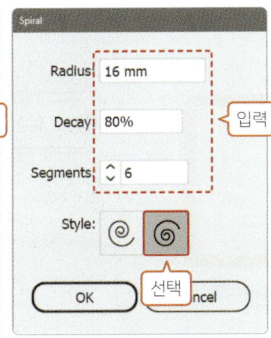

## 03 펜 도구로 구름 모양 완성하기

Pen Tool(P)로 전환한 뒤, 그림과 같이 좌측 나선 위에 시작점을 추가하고, 다음 점을 두 번 더 작업하여 그림과 같은 구름 모양을 완성합니다.

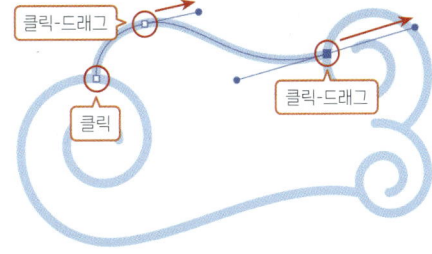

# THEORY 04 획 패널 알아보기

# Stroke

■ 예제 파일 : S6-4.ai

획 패널에서는 만들어진 선의 두께, 모양, 점선, 화살표 등 다양한 속성을 변경할 수 있습니다.

## ★★ Stroke Panel 획 패널

선의 속성을 다양하게 변형할 수 있는 패널입니다. [Window] - [Stroke]를 선택하거나, 단축키 Ctrl + F10 을 누르면 획 패널이 나타납니다. 패널의 좌측 상단에 있는 펼침 버튼( ◊ )을 클릭하여 최대로 펼치면 더 많은 옵션들을 확인할 수 있습니다.

S Stroke(획) 패널 Ctrl + F10

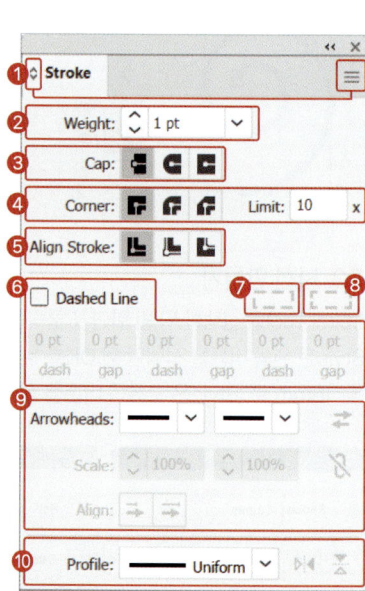

❶ 패널의 옵션 펼침 상태를 조절합니다.

❷ Weight(두께) : 선의 두께를 조정합니다. 기본 단위는 포인트(Point)이며, 소수점 두 자리까지 정밀하게 표현됩니다.

❸ Cap(단면) : 선이 끝나는 부분의 단면 형태를 변형합니다.

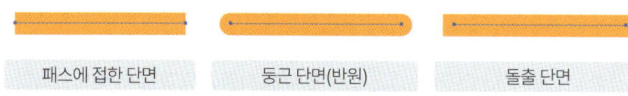

| 패스에 접한 단면 | 둥근 단면(반원) | 돌출 단면 |

❹ Corner(모퉁이) : 선이 꺾이는 모퉁이의 형태를 변형합니다.

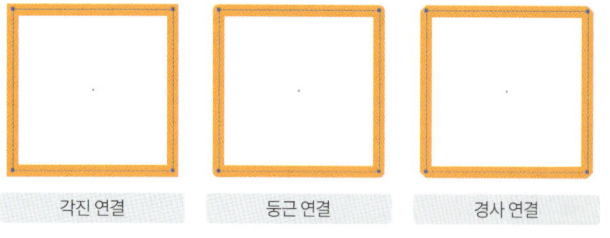

| 각진 연결 | 둥근 연결 | 경사 연결 |

❺ Align Stroke(선 정렬) : 패스를 기준으로 선의 두께를 정렬합니다. 두 번째와 세 번째 옵션은 닫힌 패스에서만 적용할 수 있습니다.

| 가운데로 선 정렬 | 안쪽으로 선 정렬 | 바깥쪽으로 선 정렬 |

❻ **Dashed Line(점선 사용)** : 선을 파선으로 변형하려면 Dash(점선)는 선의 길이를, Gap(간격)은 나타나지 않는 부분의 길이를 설정합니다. 한 번 입력하면 균일한 패턴이 만들어지며, 최대 세 번의 조합(최대 세 쌍까지 입력)으로 다양한 점선을 만들 수 있습니다.

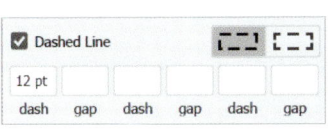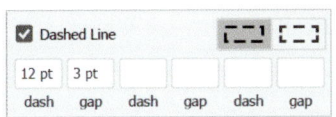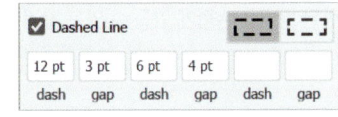

❼ **Preserves exact dash and gap lengths(정확한 점선 및 간격 길이 유지)** : 입력된 Dash와 Gap 값이 선에 정확히 적용되어 점선 패턴이 그대로 유지됩니다.

❽ **Aligns dashes to corners and path ends, adjusting lengths to fit(점선을 모퉁이와 패스 끝에 정렬하고 길이를 조정하여 맞추기)** : 점선 패턴을 패스의 끝점과 코너에 맞춰 정렬하여 깔끔하게 보입니다.

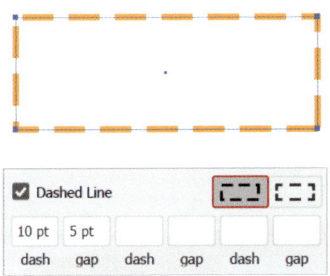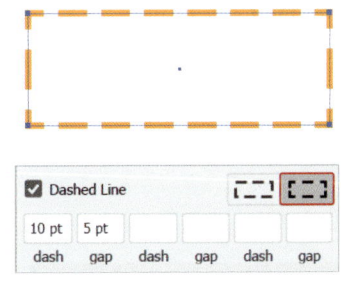

❾ **Arrowheads Option(화살표 옵션)** : 선의 시작점과 끝점에 모양을 추가합니다. 화살표 혹은 방향 지시선 등 다양하게 활용 가능합니다. 각 모양의 크기를 개별적으로 조절할 수 있고, 패스의 끝에 선을 맞추거나 끝을 벗어나도록 확장할 수 있습니다.

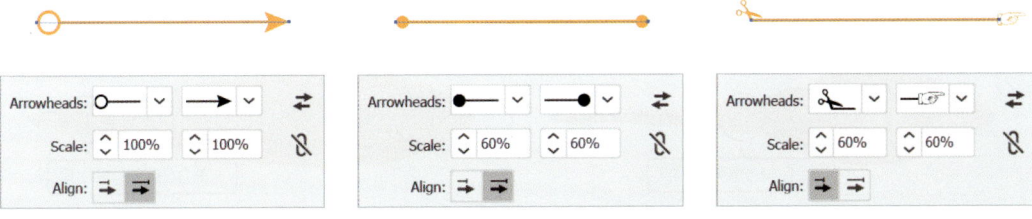

❿ **Profile(속성)** : 선의 폭 모양은 Uniform(균일)과 미리 정의된 6가지 프로파일(Width Profile 1~6)을 기본 모양으로 제공합니다. Width Tool(폭 도구)로 선의 폭을 직접 조절하거나, 이 메뉴에서 바로 선택하여 사용할 수 있습니다. 적용된 폭 프로파일은 옵션 메뉴를 통해 좌우 또는 상하로 반전시킬 수 있습니다.

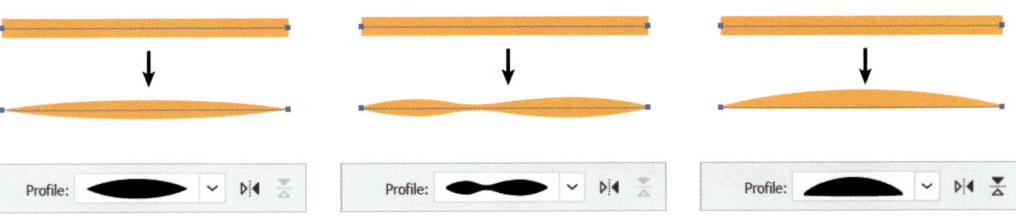

# THEORY 05  폭 도구 알아보기

# Width Tool

▪ 예제 파일 : S6-5.ai

폭 도구를 사용하면 이미 만들어진 선의 두께를 원하는 지점마다 자유롭게 조절할 수 있습니다. 이는 선만으로도 다양하고 변형된 형태를 손쉽게 만들 수 있는 장점이 있습니다.

## ★ Width Tool 폭 도구

선의 두께를 조절할 수 있습니다. 선 위에서 포인트를 만들어 드래그하면 구역별로 선의 굵기를 세밀하게 조절할 수 있습니다.

S Width Tool(폭 도구) Shift + W

### ❶ 드래그하여 선 두께 조절하기

선 개체를 선택한 후 Width Tool(폭 도구)로 마우스 포인터를 패스 위에 올립니다. 패스 위에서 마우스를 움직이면 작은 원이 마우스를 따라다니는 것을 볼 수 있습니다. 이때 바깥쪽과 안쪽으로 클릭-드래그하면 드래그한 만큼 해당 부분의 선 두께가 두꺼워지거나 얇아지며, 해당 지점에 Width Point(폭점)가 생성됩니다.

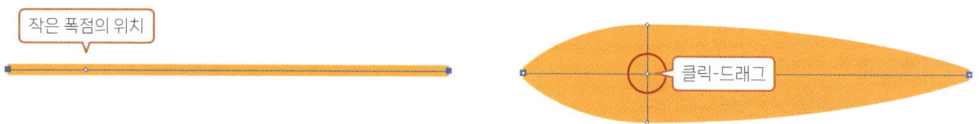

### ❷ 폭점 추가 및 이동으로 두께 조절하기

패스의 다른 지점을 클릭-드래그하면 해당 위치에 새로운 폭점이 생겨 선 두께가 조절되며, 이전 두께와 자연스럽게 연결됩니다. 생성된 폭점을 원하는 곳으로 클릭-드래그하면 해당 두께를 이동시킬 수 있습니다.

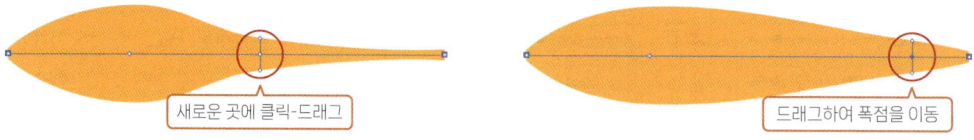

### ❸ 선 끝점 조절하기

선이 끝나는 부분도 드래그하여 두께를 조절할 수 있습니다. 선 끝을 뾰족하게 만들거나 반대로 넓게 만들 수도 있습니다.

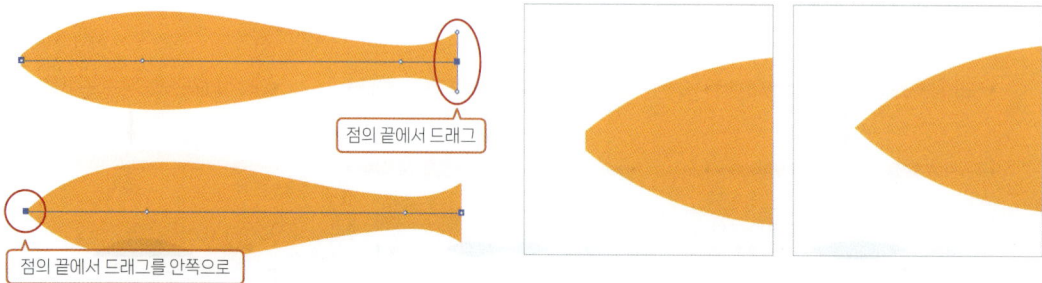

### ④ 한쪽 두께만 조절하기

기본적으로 Width Tool은 선 두께를 양쪽으로 균일하게 조절합니다. 한쪽만 폭 두께를 조절하려면 Alt 키를 누른 채 양쪽 폭점의 조절점 중 한쪽만 클릭-드래그하면 따로 조절할 수 있습니다.

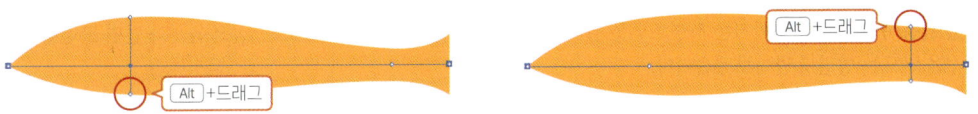

### ⑤ 폭점 삭제하기

선택된 폭점은 채워진 형태로, 선택되지 않은 폭점은 비어 있는 형태로 나타납니다. 원하는 폭점을 선택한 후 Delete 키를 누르면 해당 폭점이 삭제됩니다.

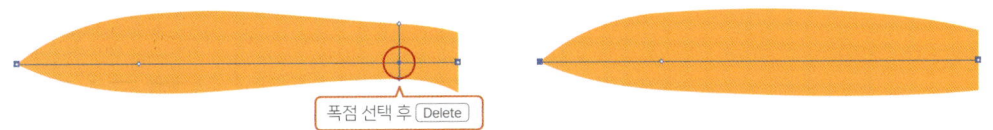

### ⑥ 폭점 옵션 창 활용하기

원하는 폭점을 더블클릭하면 해당 점의 두께를 조절할 수 있는 옵션 창이 나타납니다. Side 1, 2(면 1, 2), Total Width(총 폭)를 조절하여 창에서 양쪽 두께를 다르게 적용하거나 똑같이 적용할 수 있습니다.

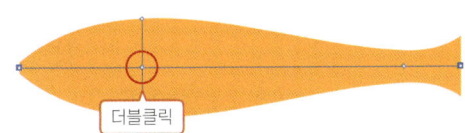
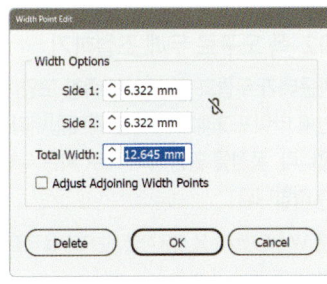

## PRACTICE 03 선 두께를 이용한 캘리그라피 디자인

# Stroke, Width Tool

▶ 예제 파일 : S6-P3.ai

폭 도구를 활용하여 두껍고 얇아지는 자연스러운 캘리그라피 느낌의 선을 만듭니다. 또한, 점선 옵션과 단면 모양을 조합하여 원형 점선을 만드는 방법도 알아보겠습니다.

### 01 획 속성 설정하기

[File] - [Open](Ctrl + O)으로 'S6-P3.ai' 파일을 엽니다. 캘리그라피 개체를 선택하고, [Stroke] 패널(Ctrl + F10)을 엽니다. 선 두께를 '5pt', Profile은 'Width Profile 1'로 설정합니다.

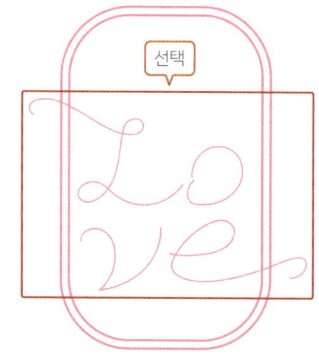
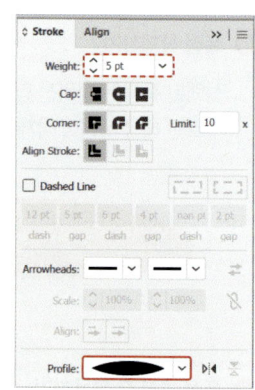

### 02 폭 도구로 두께 조절하기

가운데가 두껍고 양 끝이 뾰족한 모양이 적용됩니다. Width Tool(Shift + W)을 선택하고 첫 번째 타이포그래피 개체를 확대합니다. 마우스 포인터를 패스 위에 올려 폭점의 위치를 확인합니다. 폭점을 활용하여 세로 획은 두껍게, 가로 획은 얇게 조절하여 필기체 스타일의 조형미를 더합니다.

T Width Profile을 적용하면 기본적으로 폭점이 만들어집니다.

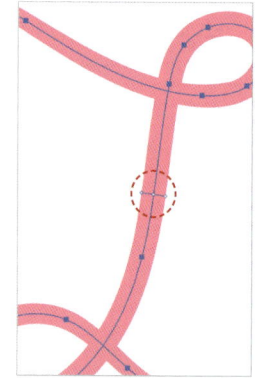

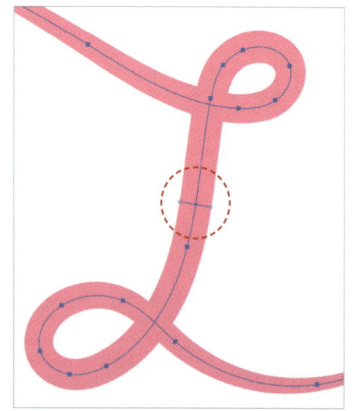
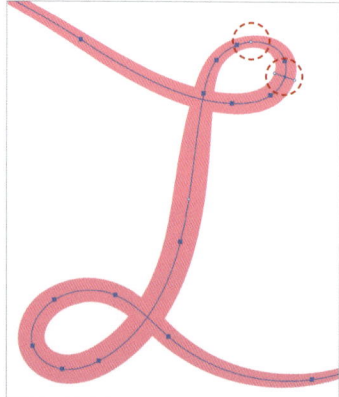
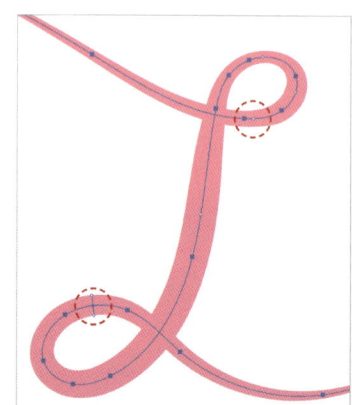

## 03 나머지 개체 두께 조절하기

나머지 개체들도 동일한 방법으로 자연스럽게 두께를 조절합니다. 예제와 동일하지 않아도 무방하므로 자유롭게 만들어봅니다.

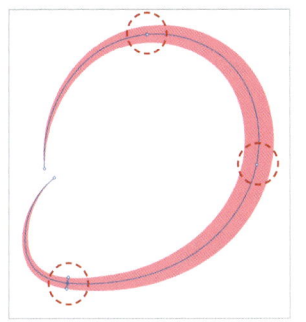 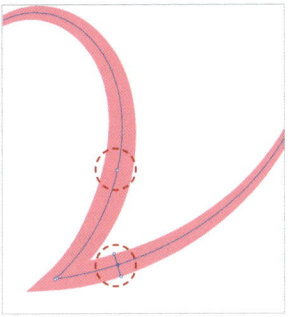 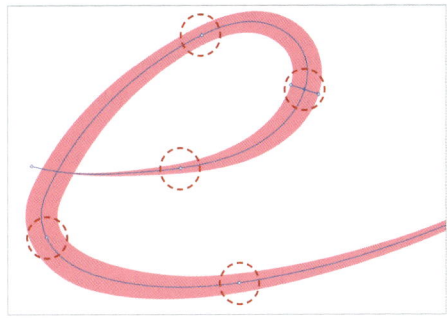

## 04 원형 점선 만들기

미리 준비된 요소를 균형감 있게 배치합니다. 테두리 라인 중 안쪽 개체를 선택하고 [Stroke] 패널(Ctrl + F10)에서 선 두께를 '2.5pt'로 설정합니다. Cap 모양을 둥글게 하고, Dashed Line을 체크한 후 dash는 '0', gap은 '5pt'로 설정하여 원형 점선을 만듭니다.

> T  Cap 모양은 둥글게, Dashed Line을 체크한 후 dash는 '0', gap은 선 두께보다 큰 값으로 설정하면 도트 형태의 점선을 만들 수 있습니다.

 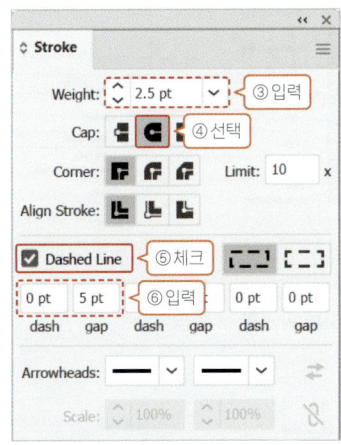 

## 05 가위 도구로 패스 마무리

Scissors Tool(C)로 표시된 부분을 클릭하여 패스를 끊어줍니다. Direct Selection Tool(A)로 끊긴 점을 이동하여 공간을 만들고 작업을 마무리합니다.

## PRACTICE 04  선을 면으로 만들기

# Outline Stroke

■ 예제 파일 : S6-P4.ai

일러스트레이터에서 선을 면으로 변환하는 작업은 중요합니다. 선을 면으로 변환함으로써 선이 가지는 한계에서 벗어나 작업의 활용 범위를 확장할 수 있기 때문입니다.

### 01 선을 면으로 변환하기

[File] - [Open] ( Ctrl + O )으로 'S6-P4.ai' 파일을 엽니다. 캘리그라피 개체만 선택한 뒤, [Object] - [Path] - [Outline Stroke]를 클릭합니다.

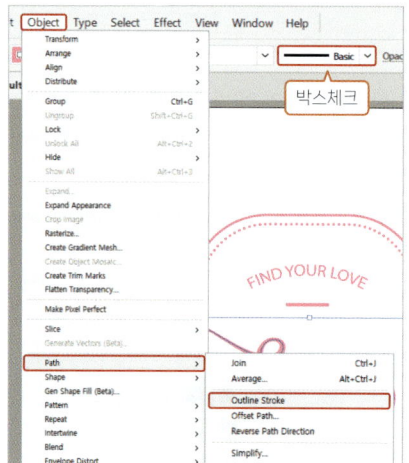

### 02 변환 결과 확인하기

선으로 작업 된 해당 개체가 면 형태로 바뀐 것을 확인할 수 있습니다.

🇹 [Object] - [Expand Appearance]를 선택해도 동일하게 선을 면으로 변환할 수 있습니다. 하지만 [Outline Stroke]는 선만 면으로 변환하는 반면, [Expand Appearance]는 선 외에 적용된 다른 효과들까지 모두 확장(면으로 변환)한다는 차이가 있습니다.

# THEORY 06  패스 메뉴 살펴보기

# [Object] - [Path]

■ 예제 파일 : S6-6.ai

메뉴의 [Object] - [Path]에는 패스와 관련해서 알아두어야 할 기능들이 다수 포함되어 있습니다. 이 중에서도 가장 대중적으로 많이 활용되는 기능들에 대해 알아보겠습니다.

## ★★ [Object] – [Path] [오브젝트] – [패스]

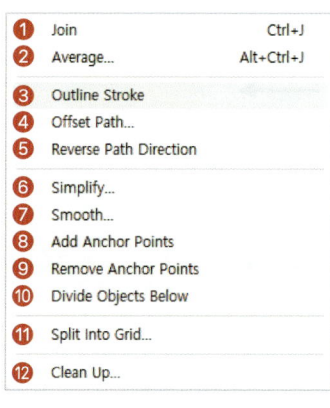

① Join(연결)
② Average...(평균점 연결)
③ Outline Stroke(윤곽선)
④ Offset Path...(패스 이동)
⑤ Reverse Path Direction (패스 방향 반전)
⑥ Simplify...(단순화)
⑦ Smooth...(부드럽게)
⑧ Add Anchor Points(고정점 추가)
⑨ Remove Anchor Points(고정점 제거)
⑩ Divide Objects Below (오브젝트 아래로 나누기)
⑪ Split into Grid...(격자로 나누기)
⑫ Clean Up...(제거)

T 메뉴 뒤에 '...' 표시가 붙는 경우, 해당 메뉴를 선택하면 수치 입력이나 추가 조절을 위한 옵션 창이 나타난다는 의미입니다.

① **Join(연결)** : 떨어져 있는 두 개의 점을 함께 선택한 후, 해당 메뉴를 클릭하거나 마우스 오른쪽 버튼을 눌러 'Join'을 선택하면 두 점이 직선으로 연결됩니다.

② **Average...(평균점 연결)** : 두 개 이상의 점을 선택한 뒤, 해당 메뉴를 클릭하거나 마우스 오른쪽 버튼을 눌러 'Average...'를 선택하면 선택된 점들을 이동시켜 평균 거리로 모아줍니다. 이때 가로, 세로 또는 가로세로를 모두 합한 방향으로 모을지 결정할 수 있습니다.

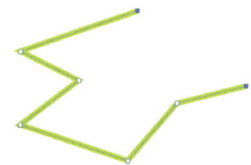 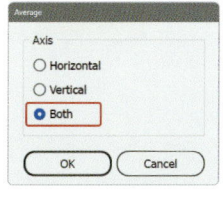 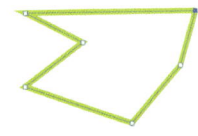

③ **Outline Stroke(윤곽선)** : 선으로 작업 된 모든 개체를 선 모양 그대로 면으로 변환합니다.

④ **Offset Path...(패스 이동)** : 선택된 패스를 기준으로 사방으로 균일하게 크기를 키우거나 줄입니다.

⑤ **Reverse Path Direction(패스 방향 반전)** : 패스의 진행 방향을 반대 방향으로 변경합니다.

❻ **Simplify...(단순화)** : 점의 개수를 자동으로 최소화하여 패스를 단순화합니다. 적용 후에도 옵션 창이 나타나므로 세부적인 조절이 가능합니다. 마우스 오른쪽 버튼에서도 실행할 수 있습니다.

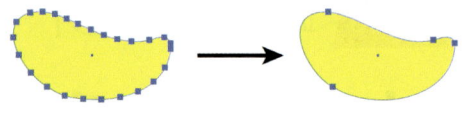

❼ **Smooth...(부드럽게)** : 각진 개체를 부드럽게 만들어줍니다. 옵션 창을 통해 원하는 만큼 패스를 곡선 형태로 만들 수 있습니다. 마우스 오른쪽 버튼에서도 실행할 수 있습니다.

❽ **Add Anchor Points(고정점 추가)** : 기존 개체의 점과 점 사이에 점을 하나씩 추가하여 점의 개수를 2배로 만듭니다.

❾ **Remove Anchor Points(고정점 제거)** : 점을 선택하여 제거합니다. Delete Anchor Point Tool(고정점 삭제 도구) 옵션과 동일하게 작용합니다. 여러 점을 동시에 선택하여 한꺼번에 삭제할 수 있습니다.

❿ **Divide Objects Below(오브젝트 아래로 나누기)** : 겹쳐진 개체 중 한 개체를 선택한 뒤 명령을 실행하면, 상단 개체의 모양만 남기고 아래 겹쳐진 부분이 분할됩니다.

⓫ **Split into Grid...(격자로 나누기)** : 개체를 원하는 수치만큼 상하좌우 격자 모양으로 분할합니다. 분할과 동시에 가이드로 만드는 것도 가능합니다.

⓬ **Clean Up...(제거)** : 작업 중 발생하는 불필요한 요소들을 간편하게 정리해 줍니다. 예를 들어 잘못 찍힌 점, 삭제되지 않고 남은 빈 텍스트 패스, 또는 의미 없이 흩어진 점 등을 효과적으로 정리할 수 있습니다.

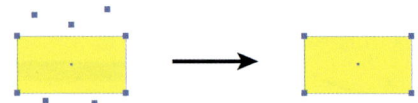

# Exercise

## 펜 도구로 라인 일러스트 그리기      📁 S6_Exercise 예제

펜 도구를 사용해 균일한 선 두께의 라인 일러스트를 그립니다. 이를 위해 환경 설정에서 'Scale Strokes & Effects(선과 효과 크기 조절)' 옵션을 해제하고, 모든 선 두께는 1pt, 단면 모양은 둥글게 유지합니다.

### 1. 격자 도구로 배경 만들기

[File] - [Open]으로 'S6-E1.ai' 파일을 엽니다. 밑그림을 확인한 뒤 Rectangular Grid Tool을 선택합니다. 배운 내용을 활용해 드래그하여 원하는 만큼의 격자를 만듭니다. 이때 면 색은 없애고, 주황색 선을 사용합니다. 격자가 만들어지면 배경 위로 배열하기 위해 `Ctrl` + `Shift` + `[` 키를 누르고, 다시 `Ctrl` + `]` 키를 눌러 맨 아래에서 한 단계 위로 순서를 조정합니다.

🇸 Open(열기) `Ctrl` + `O`    🇸 Send to Back(맨 뒤로 보내기) `Ctrl` + `Shift` + `[`    🇸 Bring Forward(앞으로 가져오기) `Ctrl` + `]`

 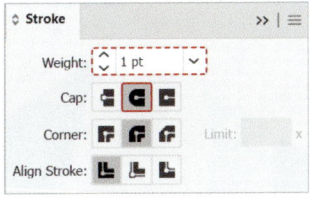   

### 2. 펜 도구로 라인 외곽 작업하기

[Layers] 패널에서 'Layer 1'을 잠그고 'Layer 2'를 새로 만듭니다. 면 색은 '없음', 선 색은 검은색으로 두께는 1pt로 설정합니다. 이 상태에서 밑그림 오브젝트를 확인하며 외곽선을 Pen Tool로 따라 그리는 연습을 합니다.

마지막으로 하이라이트 부분은 선 없이 흰색 면으로 적용하면 됩니다.

🇸 Layers(레이어) 패널 `F7`    🇸 Pen Tool(펜 도구) `P`

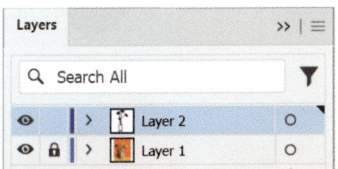

# Meditate
**Discover Your True Self**

07

The Journey
Inward Begins Now

Understanding Yourself
One Breath at a Time

Section 07

# Free Transform, Warp~Wrinkle

## 자유 변형, 왜곡

**MISSION**

변형 도구들을 활용하여 개체의 형태를 다양하게 왜곡할 수 있습니다. 그중 개체를 한층 더 섬세하게 조정할 수 있는 자유 변형, 퍼펫 뒤틀기, 얽힘, 그리고 변형~주름 기능을 통해 개체를 자유자재로 다루는 방법을 익혀봅니다.

**KEYWORD**

#자유 변형 도구 #퍼펫 뒤틀기 도구
#얽힘 기능 #변형~주름 도구

# THEORY 01 자유 변형 도구로 개체 변형하기

# Free Transform Tool

▣ 예제 파일 : S7-1.ai

자유 변형 도구는 오브젝트의 이동, 크기 조절, 회전, 기울이기 등 다양한 왜곡 작업이 주요 기능인 도구입니다. 모서리를 클릭한 채 단축키와 함께 드래그하거나 보조 패널을 이용하여 변형, 원근 왜곡, 자유 왜곡 등의 작업을 수행할 수 있습니다.

## ★ Free Transform Tool 자유 변형 도구

개체를 선택하고 Free Transform Tool(자유 변형 도구)을 클릭하면 화면에 새로운 보조 패널이 나타납니다.

S Free Transform Tool(자유 변형 도구) E

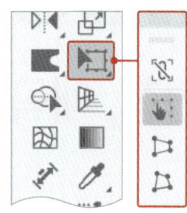

① Constrain(제한)
② Free Transform(자유 변형)
③ Perspective Distort(원근 왜곡)
④ Free Distort(자유 왜곡)

### ① Constrain(제한)

Free Transform Tool은 주로 개체 왜곡에 사용됩니다. 개체의 비율 유지 여부를 설정하는 이 옵션은 기본적으로 해제되어 있으며, 일반적으로 해제된 상태로 사용합니다.

### ② Free Transform(자유 변형)

Free Transform Tool로 개체를 선택하면, 일반적인 바운딩 박스와는 다른 Transform Box(변형 상자)가 나타납니다. 이 박스는 모서리 점이 원 모양( )이라는 특징이 있습니다. 도구를 선택했을 때 나타나는 보조 패널에서는 Free Transform 기능이 기본으로 활성화되어 있으며, 단축키를 사용해 개체를 자유롭게 왜곡할 수 있습니다.

Ⓐ 크기 조절 : 개체를 선택하고 변형 상자의 모서리 또는 가장자리 포인트에서 크기 조절 아이콘이 나타나면 드래그하여 크기를 조절합니다.
Ⓑ 회전 : 개체를 선택하고 변형 상자의 모서리 또는 가장자리 포인트에서 회전 아이콘이 나타나면 드래그하여 개체를 회전합니다.
Ⓒ 기울이기 : 개체를 선택하고 변형 상자의 중간 포인트를 클릭한 채 드래그하여 개체를 기울입니다.

크기 조절 :
Alt + Shift +드래그로 중심에서 정비례로 크기 조절하기

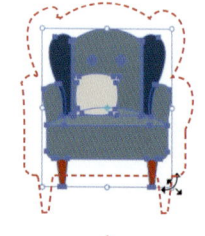

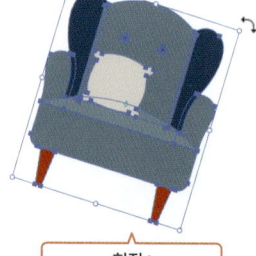

회전 :
Shift +드래그하여 45도씩 회전하기

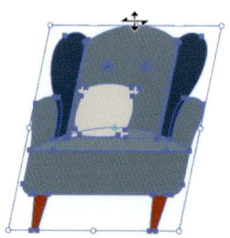

기울이기 :
모퉁이가 아닌 위아래 중간 포인트를 드래그하여 기울이기

**D** 기본 자유 변형하기 : 개체의 모서리를 독립적으로 조작하여 원근감이나 깊이감을 표현할 수 있습니다. 단, 클릭한 상태에서 단축키를 누르고 드래그해야 합니다.

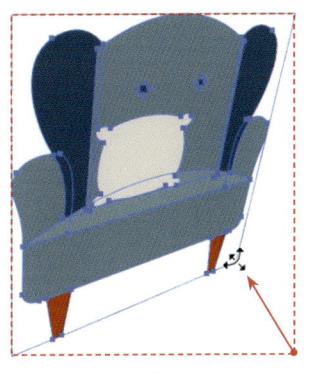
클릭+Ctrl+드래그 :
모퉁이를 드래그하는 방향으로
왜곡합니다.

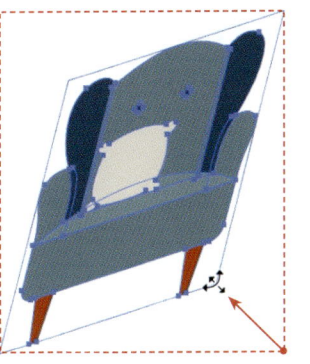
클릭+Ctrl+Alt+드래그 :
모퉁이를 드래그하는 방향으로
대칭 왜곡합니다.

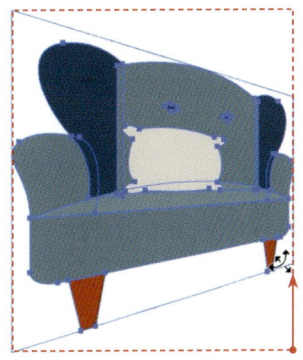
클릭+Ctrl+Alt+Shift+드래그 :
모퉁이를 드래그하는 방향으로
시점을 왜곡합니다.

### ❸ Perspective Distort(원근 왜곡)

보조 패널에서 이 버튼을 클릭한 뒤 모서리를 드래그하면, 별도의 단축키 없이 원하는 방향으로 시점이 왜곡되어 원근감을 표현할 수 있습니다. 가로 및 세로 방향으로 드래그가 가능합니다.

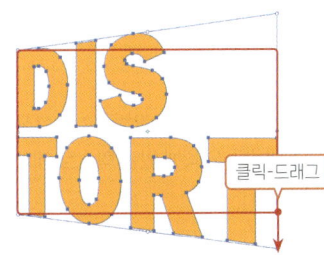
클릭-드래그
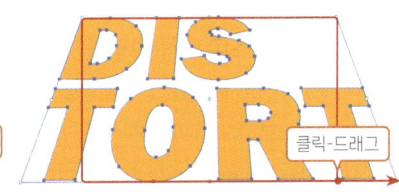
클릭-드래그

### ❹ Free Distort(자유 왜곡)

보조 패널에서 이 버튼을 클릭한 뒤 모서리를 드래그하면, 별도의 단축키 없이 원하는 방향으로 자유롭게 개체를 왜곡할 수 있습니다.

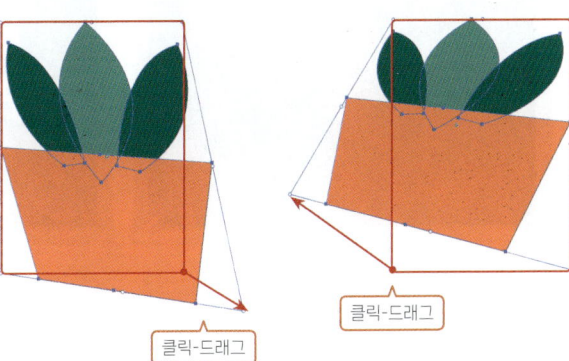
클릭-드래그
클릭-드래그

## PRACTICE 01 원근 왜곡을 이용한 문자 디자인

# Perspective Distort

■ 예제 파일 : S7-P1.ai

자유 변형 도구와 회전 도구를 활용하여 텍스트를 복제하고 원근감 있게 배치하는 방법을 배워봅니다.

### 01 텍스트 복제하기

[File] - [Open] (Ctrl+O)으로 'S7-P1.ai' 파일을 엽니다. 미리 아웃라인 처리된 텍스트 개체를 선택하고 Alt+Shift 키를 누른 채 아래로 드래그하여 복사한 뒤, Ctrl+D 키를 두 번 더 눌러 총 4개의 텍스트 개체를 만듭니다. 모든 개체가 준비되면 전체 선택한 뒤 Ctrl+G 키를 눌러 그룹으로 묶습니다.

S Transform Again(변형 반복) Ctrl+D   S Group(그룹) Ctrl+G

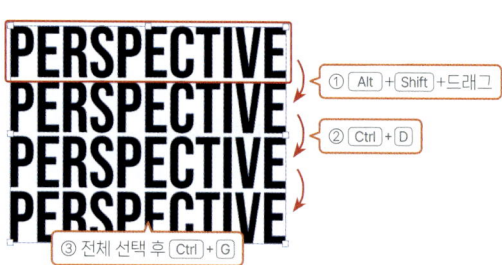

### 02 배경 및 텍스트 색상 설정하기

'210×210mm' 크기의 정사각형을 만들고 면 색은 검은색, 선 색은 '없음'으로 설정합니다. 정사각형을 문서의 가운데로 정렬하고 Ctrl+Shift+[ 키를 눌러 가장 하단으로 배열합니다. 앞쪽에 있는 텍스트 개체를 선택하여 면 색을 흰색으로 변경합니다.

S Send to Back(맨 뒤로 보내기) Ctrl+Shift+[

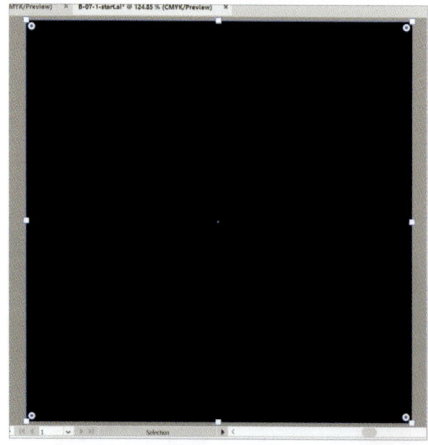

## 03 바운딩 박스를 이용해 텍스트 배치하기

'50×50mm' 크기의 정사각형을 만들고 면 색은 흰색, 선 색은 '없음'으로 설정한 뒤 문서의 가운데로 정렬합니다. 이어서 텍스트 개체를 선택하고, 바운딩 박스를 조절하여 그림과 유사하게 만듭니다.

## 04 원근 왜곡을 이용해 텍스트 배치하기

다시 텍스트 개체를 선택하고 Free Transform Tool(E)에서 Perspective Distort를 선택합니다. 상단 모서리를 드래그하여 그림과 같이 왜곡합니다.

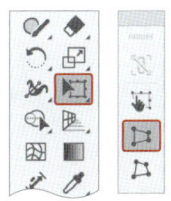

## 05 회전 도구를 이용한 복제 및 마무리

텍스트 개체가 선택된 상태에서 Rotate Tool(R)을 클릭하고, 하얀 사각형의 중심에 대고 Alt 키를 누른 채 클릭합니다. 옵션 창에서 Angle을 '90도'로 입력한 뒤 Copy를 누르고 Ctrl + D 키를 두 번 더 눌러 복제합니다. 그림과 같이 작업이 완료되었으면 저장 후 마무리합니다.

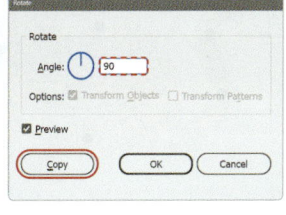

# THEORY 02 | 퍼펫 뒤틀기 도구로 개체 변형하기

# Puppet Warp Tool

■ 예제 파일 : S7-2.ai

퍼펫 뒤틀기 도구는 개체에 핀을 추가하여 특정 지점을 고정하고 나머지 부분을 자유롭게 변형할 수 있게 해줍니다. 핀을 이동하거나 추가하여 원하는 형태로 조정할 수 있으며, 이는 캐릭터 디자인이나 움직임을 표현하는 작업을 할 때 유용합니다.

## Puppet Warp Tool  퍼펫 뒤틀기 도구

도구바의 Free Transform Tool(자유 변형 도구) 안에 위치해 있습니다. Puppet Warp Tool(퍼펫 뒤틀기 도구)은 아트웍을 부분적으로 자연스럽게 왜곡할 때 사용합니다. 핀을 추가, 이동, 회전하여 매끄럽게 변형할 수 있습니다.

### ❶ 생성된 망에 핀 추가하기

개체를 선택하고 Puppet Warp Tool을 클릭하면, 선택한 개체 위에 망(Mesh)이 입혀지고 임의의 위치에 핀이 생성됩니다. 원하는 위치를 클릭하여 핀을 추가할 수 있습니다.

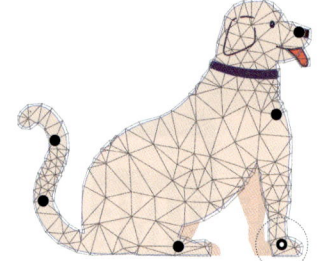
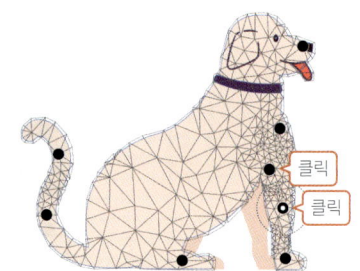

### ❷ 핀 이동 및 회전으로 모양 왜곡하기

핀을 드래그하면 해당 핀 위치의 모양이 왜곡되면서 이동합니다. 이때, 주변에 핀이 많으면 더 섬세하고 작은 변화가 생기고, 핀이 적으면 넓은 범위에 걸쳐 큰 변화가 일어납니다.

❸ **핀 다중 선택 및 제거하기**

핀을 다중 선택하려면 Shift 키를 누른 채 핀을 선택합니다. 선택한 핀을 제거할 때는 Delete 키를 누릅니다.

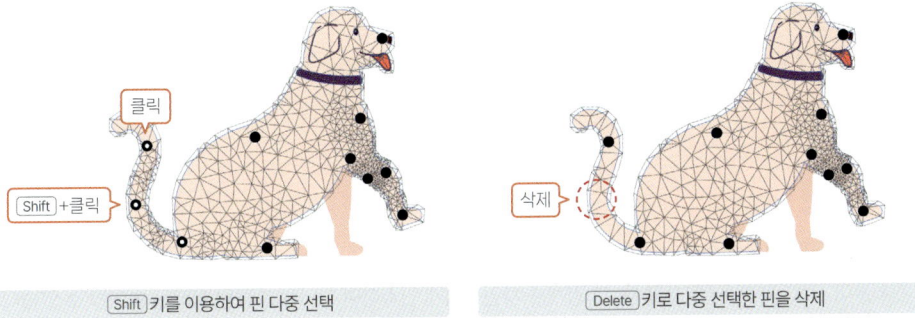

❹ **이동 시 주변 움직임 제한하기**

선택한 핀 주위의 아트워크 변경을 제한하려면 Alt 키를 누른 채 드래그합니다. 마치 자석처럼 주변 영역을 끌어당기거나 밀어내는 효과를 주며, 원하는 부분만 선택적으로 변형하고 싶을 때 유용합니다.

T 예시 이미지에서 꼬리 끝의 움직임이 제한된 것을 확인할 수 있습니다.

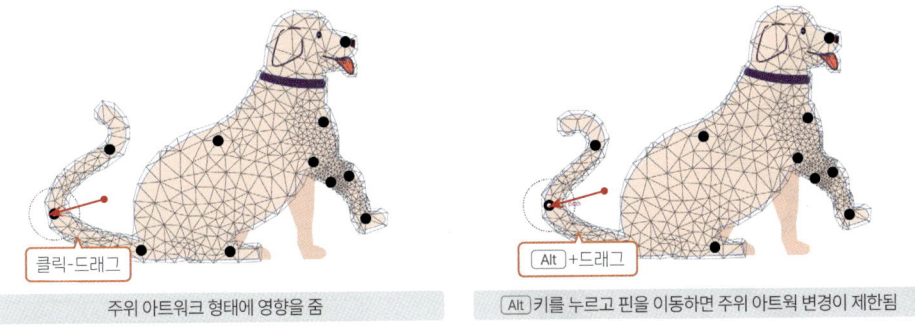

❺ **망 미리보기 및 범위 설정**

Puppet Warp Tool로 개체를 선택한 뒤, [Properties] 패널을 보면 망의 표시 여부를 설정하거나, 확장 범위를 조절할 수 있습니다.

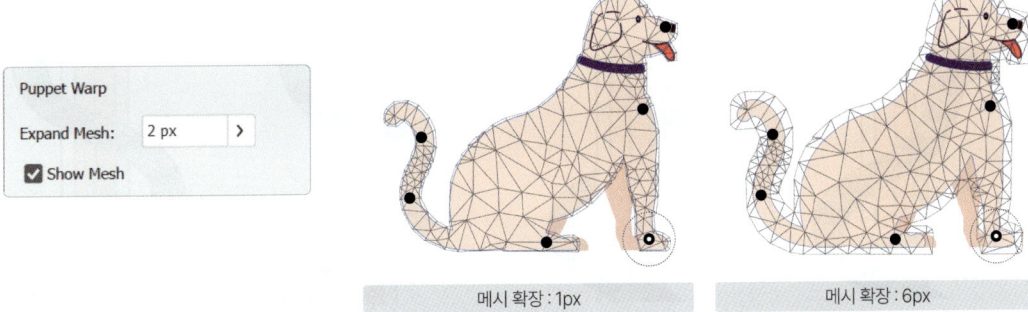

# THEORY 03 얽힘 기능 알아보기

# Intertwine

■ 예제 파일 : S7-3.ai

얽힘 기능은 두 개 이상의 개체를 서로 엮어 복잡한 형태를 만드는 데 사용되는 기능으로 Adobe Illustrator CC 2024 버전부터 새로 추가되었습니다.

## Intertwine 얽힘

Intertwine(얽힘) 기능을 사용하려면 먼저 두 개 이상의 개체를 선택한 후, [Object] - [Intertwine]을 선택합니다. 이 명령을 사용하면 선택한 개체들이 서로 겹치거나 교차할 때, 그 경계를 자연스럽게 연결하여 하나의 통합된 형태로 변형할 수 있습니다.

### ① 명령 실행하기

두 개의 오브젝트가 겹쳐져 있을 때 이 기능을 사용할 수 있습니다. 검과 뱀의 개체를 서로 겹치도록 배치합니다. 이때 뱀이 검의 왼쪽과 오른쪽을 자유롭게 빠져나가는 것처럼 배치해야 합니다. 두 개의 오브젝트를 선택하고 [Object] - [Intertwine] - [Make]를 클릭합니다.

 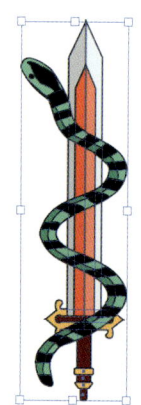 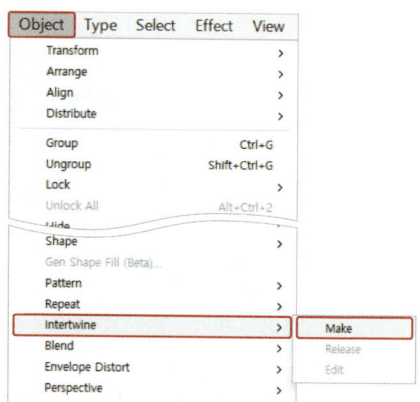

### ② 드래그로 편집하기

앞뒤 배열을 바꾸고 싶은 부분을 클릭-드래그하여 영역으로 지정합니다. 이때, 변경하려는 모든 부분이 정확히 포함되도록 주의해야 합니다. 작업을 마치면 해당 부분의 앞뒤 배열이 달라진 것을 확인할 수 있습니다.

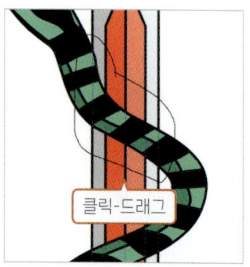 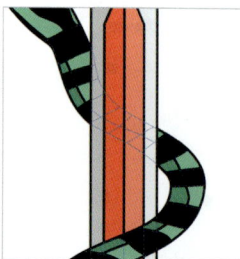 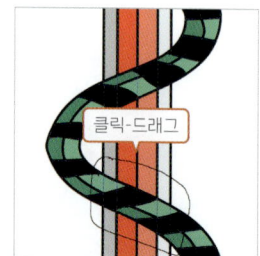 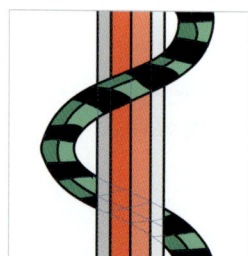

또는 클릭하여 영역을 자동으로 지정할 수 있습니다. 겹친 부분에 마우스 포인터를 올리면 점 패턴 표시가 나타납니다. 이 때 클릭하면 자동으로 얽힘 기능이 적용됩니다.

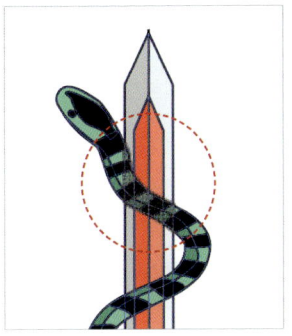
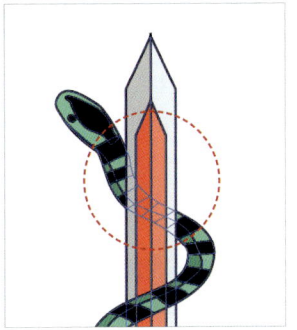

❸ **종료 및 추가 변경하기**

작업을 마무리하려면 Selection Tool(선택 도구)로 빈 화면을 클릭합니다. 만약 Intertwine이 적용된 상태에서 추가적인 변경이 필요하다면, 변경하려는 개체를 선택하고 [Object] - [Intertwine] - [Edit]를 눌러 추가로 편집할 수 있습니다.

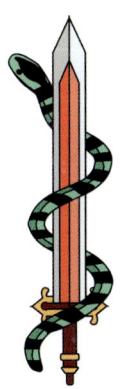
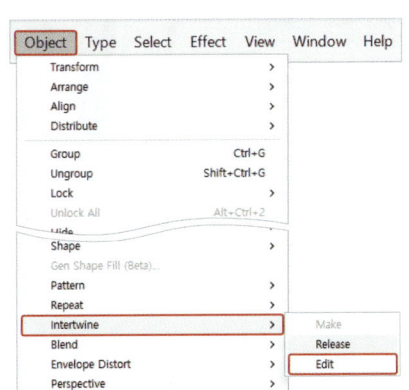

❹ **기능 해제하기**

Intertwine 기능을 해제하려면, 해당 개체를 선택한 뒤 [Object] - [Intertwine] - [Release]를 클릭합니다. 그러면 효과가 해제되고, 개체들의 배열은 Intertwine을 작업하기 이전 상태로 돌아갑니다.

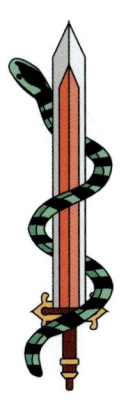
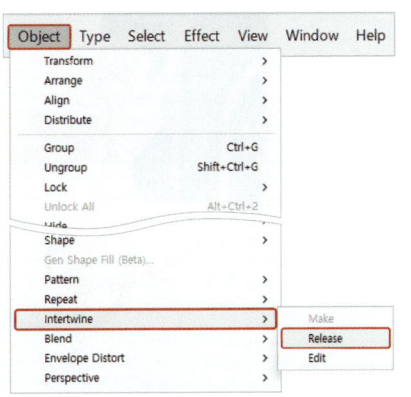
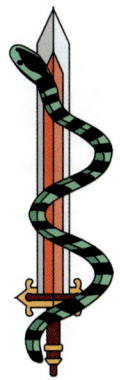

## PRACTICE 02 자유 변형 및 퍼펫 뒤틀기 실습하기

# Free Transform, Puppet Warp

■ 예제 파일 : S7-P2.ai

자유 변형 도구, 퍼펫 뒤틀기 도구 그리고 얽힘 기능을 활용하여 오브젝트를 자유롭게 변형하고 디테일하게 배치하는 방법을 익혀봅니다. 이 과정에서 디자인 요소를 더욱 섬세하게 다루는 능력을 기를 수 있습니다.

### 01 자유 변형 도구로 왜곡하기

[File] - [Open] (Ctrl + O)으로 'S7-P2.ai' 파일을 엽니다. 아치형 창문을 선택하고 Free Transform Tool(E)을 클릭합니다. 오른쪽 하단 모퉁이를 먼저 클릭한 상태에서 Ctrl + Alt + Shift 키를 누른 채 위로 드래그합니다.

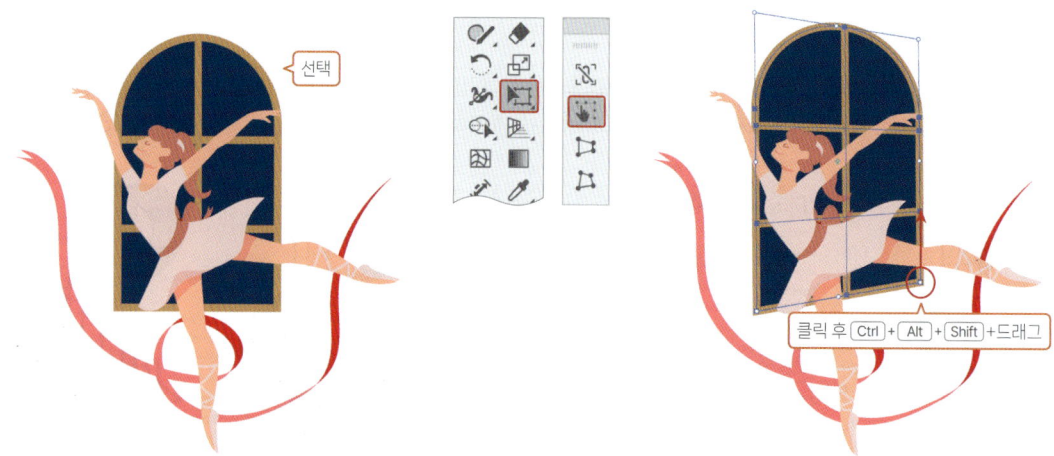

### 02 창문 크기 및 위치 조정하기

창문의 상단 중간 포인트에 마우스 포인터를 올리면 커서 모양이 변합니다. 이때 창문의 비율을 원하는 대로 조절합니다. 창문을 왼쪽으로 이동하여 그림과 같이 배치한 후 Reflect Tool(O)을 선택합니다.

## 03 창문 반사 복제하기

창문의 오른쪽 빈 공간에 마우스를 놓고 Alt 키를 누른 채 클릭합니다. 옵션 창에서 'Vertical'을 선택한 뒤, Angle이 90도인지 확인하고 Copy를 누릅니다.

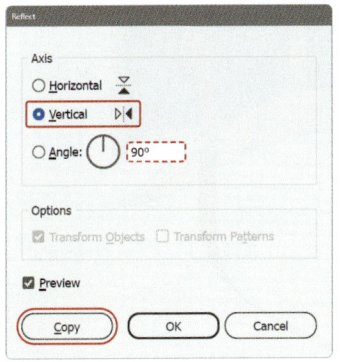

## 04 퍼펫 뒤틀기 도구로 발레리나 변형하기

발레리나 개체를 선택하고 Puppet Warp Tool을 클릭합니다. 발레리나의 무릎, 손목, 허리 등 원하는 부위에 핀을 추가한 뒤, 핀을 이동하거나 회전하여 자세를 원하는 모양으로 다듬습니다. 이때 Alt 키로 핀 주변의 변형을 제한하거나, 필요 없는 핀은 Delete 키로 삭제합니다.

## 05 얽힘 기능으로 리본 엮기 1

발레리나와 리본 개체를 함께 선택하고 메뉴에서 [Object] - [Intertwine] - [Make]를 클릭합니다. 다리와 리본이 겹치는 부분 중 한 곳을 그림과 같이 드래그하여 엮어줍니다.

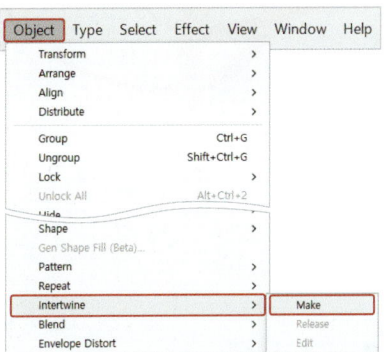
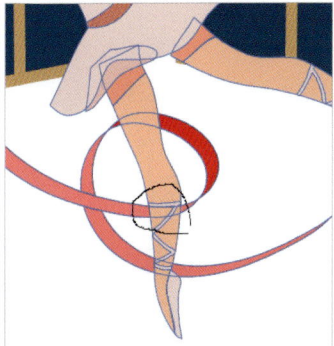

## 06 얽힘 기능으로 리본 엮기 2

오른쪽 다리와 리본이 겹치는 부분도 드래그하여 그림과 같이 리본이 다리보다 위로 올라오도록 만듭니다.

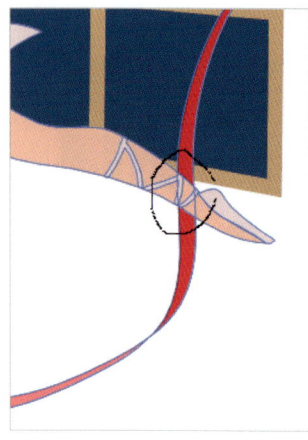 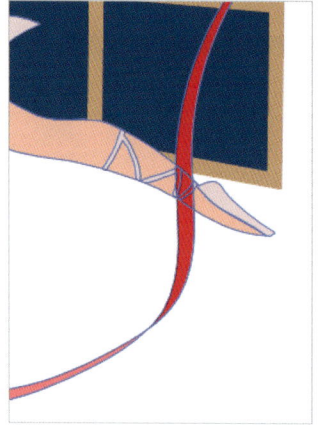 

## 07 작업 저장 및 마무리

배웠던 기능을 활용해 오브젝트에 추가로 반영하고 싶은 부분을 자유롭게 왜곡해보며 디자인을 완성해봅니다.

# THEORY 04 수정 도구 7가지

# Warp~Wrinkle

▣ 예제 파일 : S7-4.ai

선택된 오브젝트의 형태를 직접 조작하여 유기적이고 비정형적인 모양을 만듭니다. 이 도구들을 사용하면 기존 패스를 파괴적으로 변형하여 왜곡, 휘어짐, 뾰족하거나 흔들리는 모양 등을 표현할 수 있습니다.

## ★ Warp~Wrinkle Tool 변형~주름 도구

Width Tool(폭 도구)을 길게 클릭하면 숨겨진 메뉴에서 변형, 돌리기, 오목, 볼록, 조개, 수정화, 주름 도구까지 총 7가지의 수정 도구가 나타납니다.

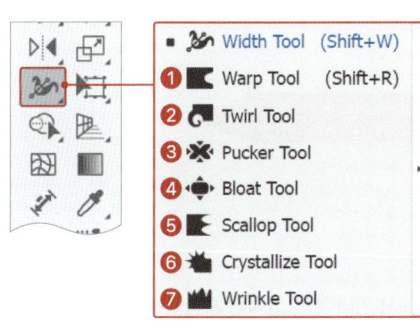

❶ Warp Tool(변형 도구) S Shift + R
❷ Twirl Tool(돌리기 도구)
❸ Pucker Tool(오목 도구)
❹ Bloat Tool(볼록 도구)
❺ Scallop Tool(조개 도구)
❻ Crystallize Tool(수정화 도구)
❼ Wrinkle Tool(주름 도구)

T 작업 중 다른 도구를 사용하고 있더라도 Ctrl 키를 누르고 있으면 일시적으로 Selection Tool(선택 도구)로 전환됩니다. 키를 놓으면 원래 사용하던 도구로 돌아오므로, 마우스를 오가며 도구를 바꿀 필요 없이 빠르게 개체를 선택하고 편집할 수 있어 편리합니다.

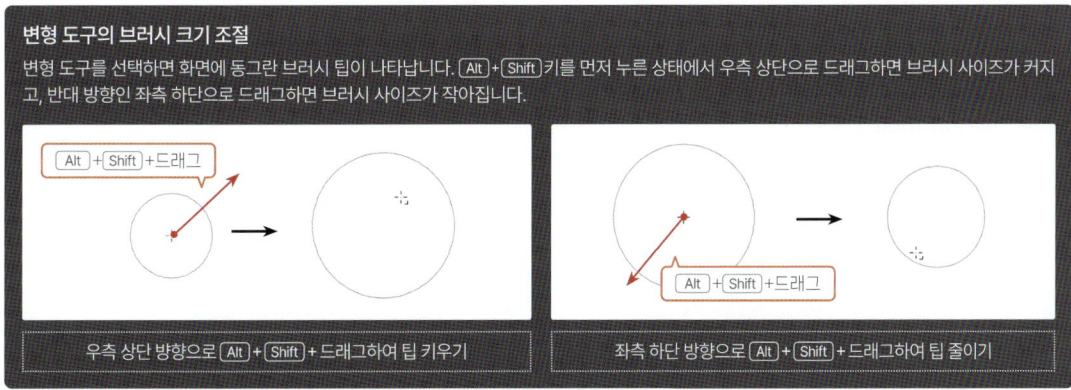

### ❶ Warp Tool(변형 도구) S Shift + R

Ctrl 키를 누른 채 개체를 클릭하여 선택합니다. 브러시로 개체의 원하는 부분을 드래그하면 드래그한 방향으로 개체의 모양이 왜곡됩니다. 안쪽이든 바깥쪽이든 자유롭게 드래그할 수 있습니다.

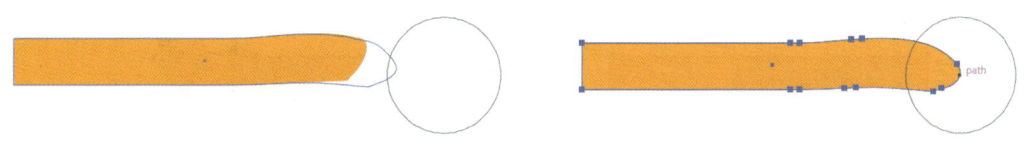

❷ **Twirl Tool(돌리기 도구)**

Ctrl 키를 누른 채 개체를 클릭하여 선택합니다. 브러시로 개체를 누른 상태에서 기다리면, 클릭한 지점을 중심으로 개체가 왼쪽 방향으로 회오리치듯이 회전하며 왜곡됩니다.

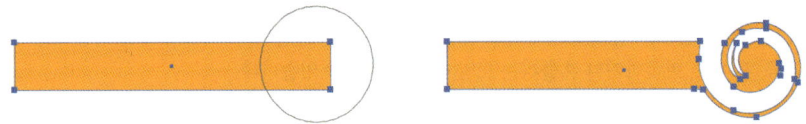

❸ **Pucker Tool(오목 도구)**

Ctrl 키를 누른 채 개체를 클릭하여 선택합니다. 브러시로 개체를 누른 상태에서 기다리면, 클릭한 지점을 중심으로 주변 패스들이 모여들어 오목한 모양으로 왜곡됩니다.

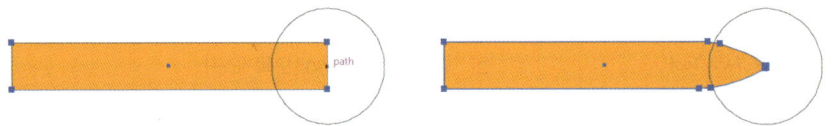

❹ **Bloat Tool(볼록 도구)**

Ctrl 키를 누른 채 개체를 클릭하여 선택합니다. 브러시로 개체를 누른 상태에서 기다리면, 클릭한 지점을 중심으로 주변 패스들이 퍼져나가 볼록한 모양으로 왜곡됩니다.

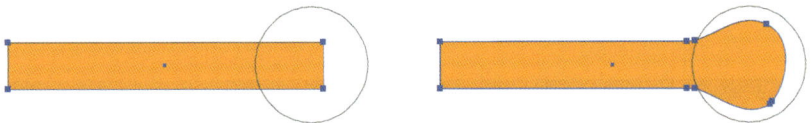

❺ **Scallop Tool(조개 도구)**

Ctrl 키를 누른 채 개체를 클릭하여 선택합니다. 브러시로 개체를 누른 상태에서 기다리면, 클릭한 지점을 중심으로 패스가 안쪽으로 모여들면서 불규칙한 뾰족한 모양으로 왜곡됩니다.

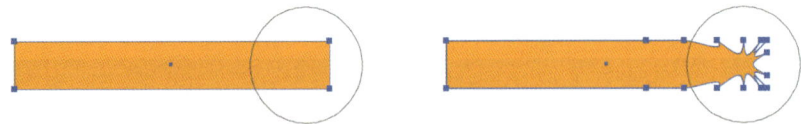

❻ **Crystallize Tool(수정화 도구)**

Ctrl 키를 누른 채 개체를 클릭하여 선택합니다. 브러시로 개체를 누른 상태에서 기다리면, 클릭한 지점을 중심으로 패스가 바깥으로 퍼져나가면서 불규칙한 뾰족한 모양으로 왜곡됩니다.

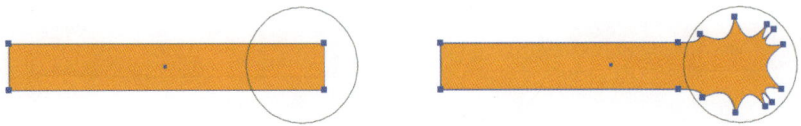

### ❼ Wrinkle Tool(주름 도구)

Ctrl 키를 누른 채 개체를 클릭하여 선택합니다. 브러시로 개체를 누른 상태에서 기다리거나, 드래그하면 클릭한 지점을 중심으로 위아래 세로 방향에 커튼 주름진 것 같은 물결 모양으로 왜곡됩니다. 가로 방향에는 적용되지 않으며, 적용하려면 옵션 창에서 설정이 필요합니다.

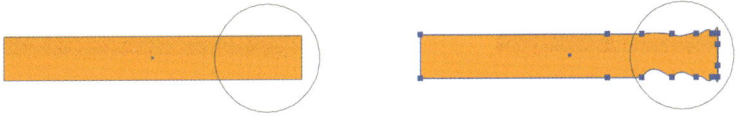

T Warp부터 Wrinkle 도구까지는 개체를 선택하지 않고도 적용할 수 있지만, 여러 개체가 있는 복잡한 작업 환경에서는 개체를 선택하고 효과를 적용하는 습관을 들이는 것이 좋습니다. 이렇게 하면 의도치 않은 변형을 방지하고 작업 효율성을 높일 수 있습니다.

## Options 옵션

각 변형 도구는 옵션을 가지고 있습니다. 특정 도구의 옵션 창을 열기 위해서는 해당 도구가 선택된 상태에서 도구바에 있는 아이콘을 더블클릭합니다.

### ❶ Warp Tool(변형 도구) 옵션

### ❷ Twirl Tool(돌리기 도구) 옵션

- Ⓐ Width/Height(폭/높이) : 브러시의 가로 및 세로 값을 입력합니다.
- Ⓑ Angle(각도) : 브러시의 적용 각도를 설정합니다.
- Ⓒ Intensity(강도) : 브러시 효과의 강도를 조절합니다. 기본값은 50%입니다.
- Ⓓ Use Pressure Pen(압력 펜 사용) : 압력 감지 펜 마우스를 사용할 때 적용됩니다.
- Ⓔ Detail(세부) : 결과물의 세밀한 정도를 조절합니다. 기본값은 2이며, 값이 높을수록 생성되는 점의 개수가 증가합니다.
- Ⓕ Simplify(단순화) : 결과물의 단순화 정도를 조절합니다. 기본값은 50이며, 원하지 않으면 체크를 해제할 수 있습니다.
- Ⓖ Show Brush Size(브러시 크기 표시) : 브러시 팁의 크기를 시각적으로 보여주는 옵션입니다. 항상 체크되어 있는 것이 좋습니다.
- Ⓗ Twirl Rate(돌리기 비율) : 돌리기 도구의 회전 각도를 입력합니다. 마이너스 값을 입력하면 회전 방향이 반대로 설정됩니다.

❸ ✱ **Pucker Tool(오목 도구)** / ❹ ✦ **Bloat Tool(볼록 도구)**

Pucker Tool(오목 도구)과 Bloat Tool(볼록 도구)의 옵션은 Warp Tool(변형 도구)의 옵션과 동일합니다.

❺ ▓ **Scallop Tool(조개 도구)**   ❻ ✦ **Crystallize Tool(수정화 도구)**

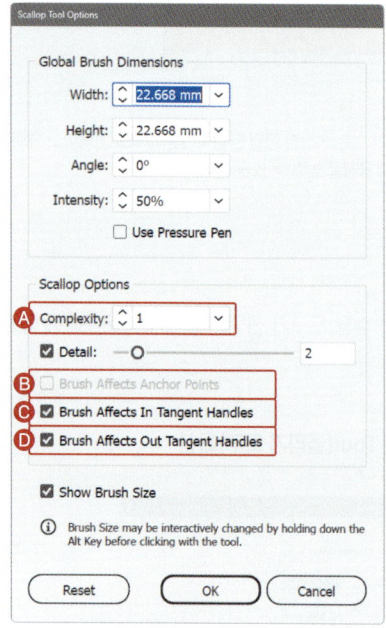 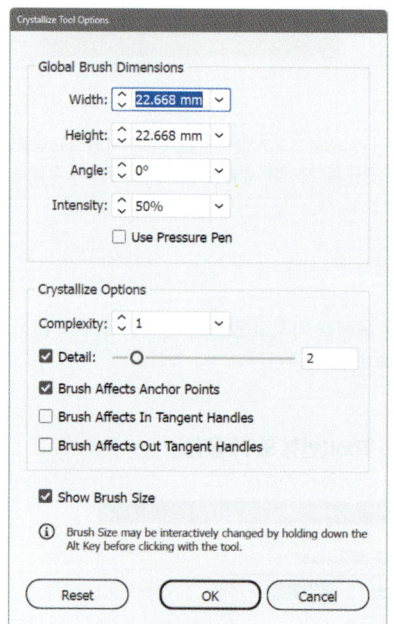

🅐 Complexity(복합성) : 숫자가 높을수록 모양이 더 얇고 작아집니다.

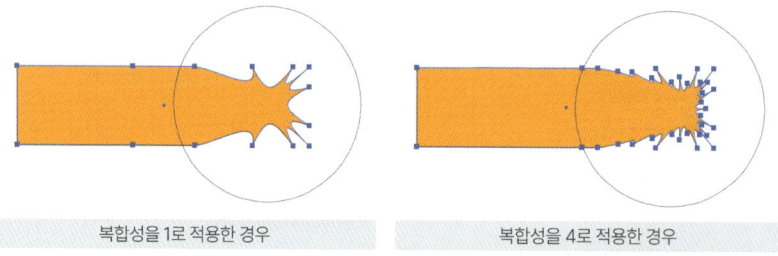

복합성을 1로 적용한 경우    복합성을 4로 적용한 경우

🅑 Brush Affects Anchor Points(고정점에 브러시 효과 적용) : 브러시가 적용될 때 앵커 포인트의 위치와 형태에 직접적인 영향을 줍니다.

🅒 Brush Affects In Tangent Handles(접선 핸들 내부에 브러시 효과 적용) : 브러시 효과가 곡선의 진입 방향을 조절하는 안쪽 접선 핸들에 적용되어 곡선 형태를 변화시킵니다.

🅓 Brush Affects Out Tangent Handles(접선 핸들 외부에 브러시 효과 적용) : 브러시 효과가 곡선의 이탈 방향을 조절하는 바깥쪽 접선 핸들에 적용되어 곡선 형태를 변화시킵니다.

## ❼ Wrinkle Tool(주름 도구)

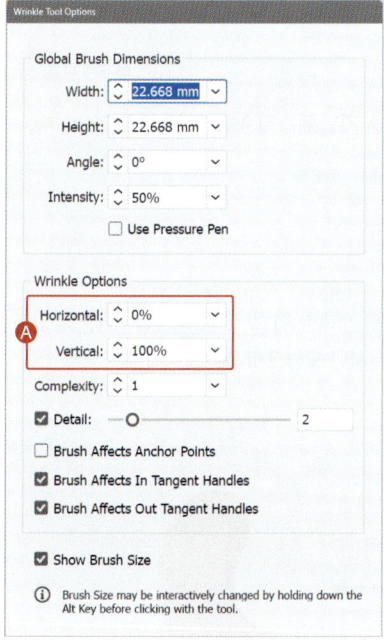

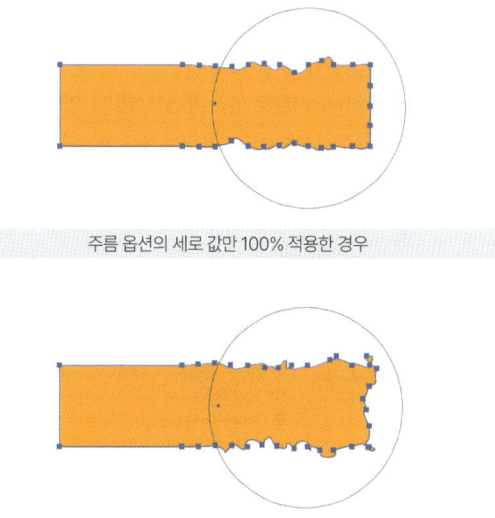

Ⓐ Horizontal(가로)/Vertical(세로) : 이 옵션으로 효과를 가로 또는 세로 방향에 따라 적용할 수 있습니다. 기본으로는 Vertical(세로) 값이 100%로 설정되어 주름이 세로 방향으로만 적용됩니다. 만약 모든 방향으로 주름 효과를 적용하려면, Horizontal(가로) 값도 100%로 변경하면 됩니다.

주름 옵션의 세로 값만 100% 적용한 경우

주름 옵션의 세로와 가로 값 모두 100% 적용한 경우

## PRACTICE 03  다양한 수정 도구로 몬스터 만들기

# Warp~Wrinkle Tool

■ 예제 파일 : S7-P3.ai

형태 변형 도구인 Warp부터 Wrinkle까지 중점적으로 활용하여 다양한 개성을 지닌 몬스터 3종을 만들어 보겠습니다.

### Monster 1

#### 01 변형 도구로 몸체 형태 만들기

[File] - [Open](Ctrl + O)으로 'S7-P3.ai' 파일을 엽니다. 첫 번째 아트보드를 선택한 뒤 Ctrl + 0 을 눌러 화면에 맞춥니다. 빨간색 개체를 선택하고 Warp Tool(Shift + R)로 클릭-드래그하여 그림과 유사한 모양으로 왜곡합니다.

S Fit Artboard in Window(창에 대지 맞추기) Ctrl + 0

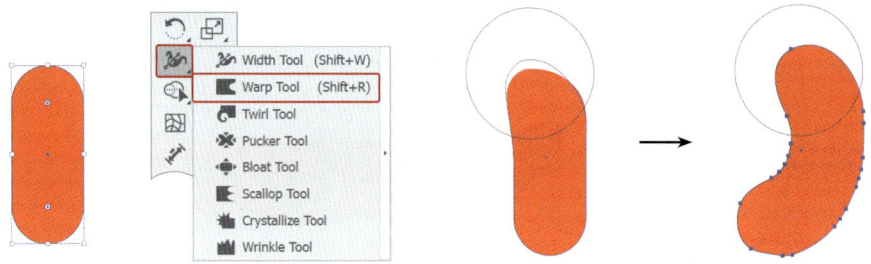

#### 02 부드럽게 외곽선 다듬기

외곽선을 둥글게 다듬기 위해 [Object] - [Path] - [Smooth]를 선택합니다. 조절 창이 나타나면 슬라이더를 오른쪽으로 드래그하여 원하는 만큼 부드럽게 조절합니다.

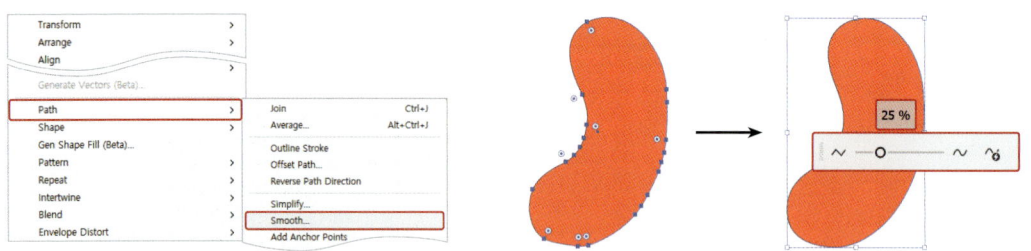

#### 03 칼 도구로 줄무늬 만들기

Knife Tool로 그림과 유사하게 개체를 3번 가로질러 자른 후, 잘라진 일부 개체에 다른 색을 적용하여 두꺼운 줄무늬를 만듭니다.

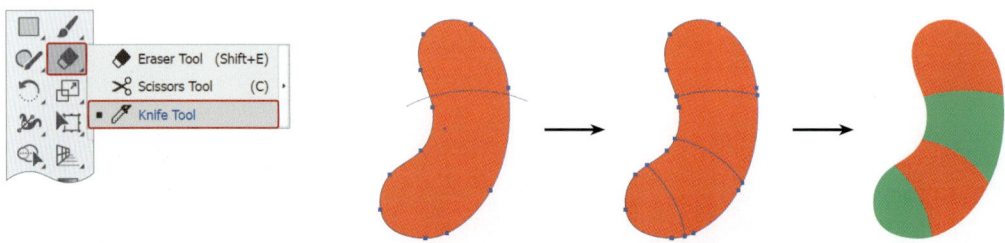

## 04 변형 도구로 눈 형태 만들기

빨간색 원 3개를 그려 그림과 같이 배치합니다. 각 원을 Warp Tool( Shift + R )로 드래그하여 그림처럼 몸통 쪽으로 왜곡한 뒤, [Object] - [Path] - [Smooth]를 '10~15%'로 적용합니다.

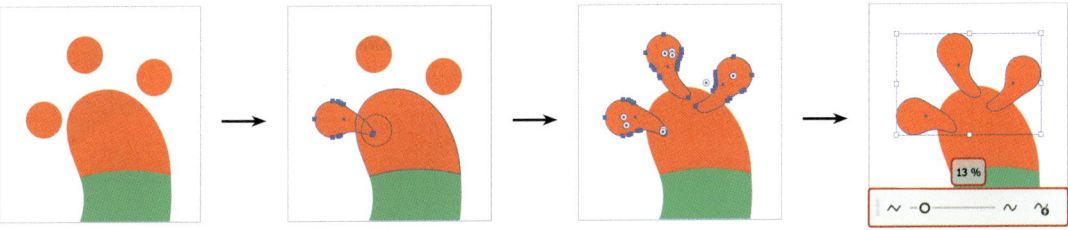

## 05 눈 및 입 모양 만들기

흰색과 검은색 원으로 눈 모양을 만들고, 3군데 배치합니다. 입 모양을 만들기 위해 어두운 면 색으로 사각형을 그린 후 모퉁이를 둥글립니다. Warp Tool( Shift + R )로 드래그하여 불규칙한 모양으로 만든 뒤, [Object] - [Path] - [Smooth]를 '10~15%'로 적용합니다.

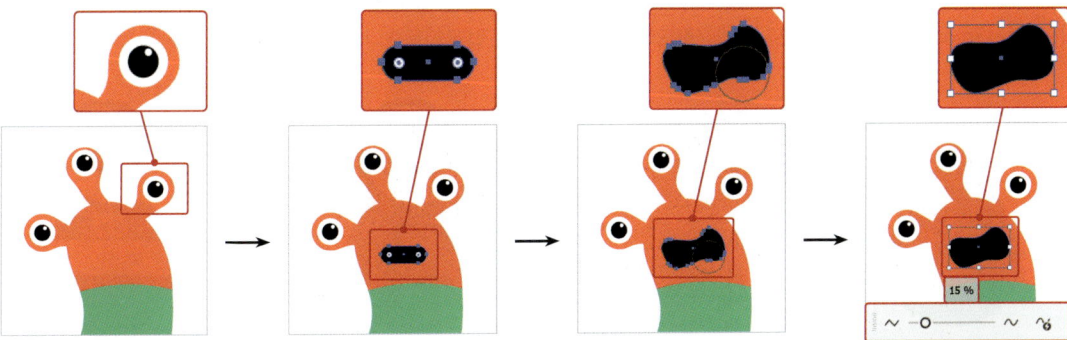

## 06 연필 도구로 이빨 모양 만들기

화면을 확대한 뒤 Pencil Tool( N )로 그림과 같이 이빨 모양의 닫힌 패스를 입 개체 위로 그립니다. 만든 후에는 면 색을 흰색으로 적용합니다. 같은 작업을 3번 더 반복하여 총 4개의 이빨 모양을 만듭니다. 이빨 4개와 입 개체를 모두 선택한 뒤, Shape Builder Tool( Shift + M )로 Alt 키를 누른 채 입 바깥쪽 부분을 드래그 또는 클릭하여 제거합니다.

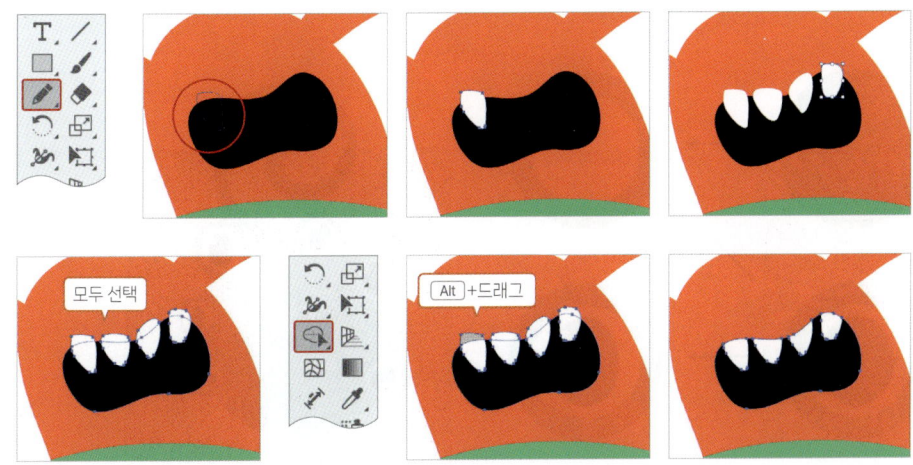

## 07 타원 배치 및 마무리

타원을 만들어 입과 눈 사이의 빈 공간에 배치합니다. 이때 면 색의 CMYK 값은 '0-48-38-0'으로 지정합니다. 불규칙하게 크고 작은 타원들을 배치한 뒤 작업을 마무리합니다.

# Monster 2

### 01 돌리기 도구로 몸체 형태 만들기

두 번째 아트보드의 녹색 개체를 선택합니다. Twirl Tool로 개체 상단을 길게 클릭하여 회오리 모양을 만든 뒤, [Object] - [Path] - [Smooth]를 선택하고 '20~30%' 정도의 값을 적용해 부드럽게 다듬습니다.

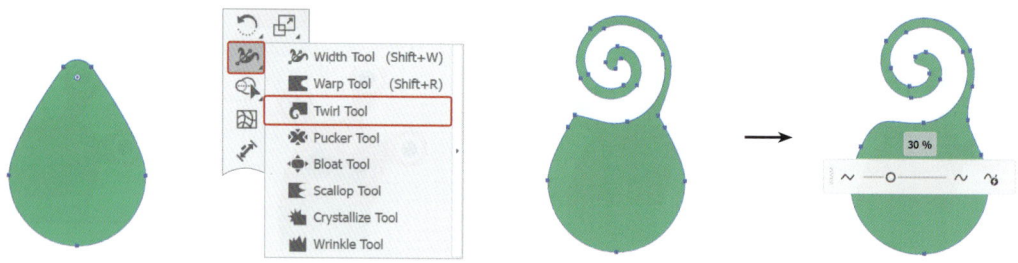

### 02 눈 모양 만들기

임의의 크기로 원을 그리고, 기존 개체와 동일한 면 색을 지정합니다. 그 위에 더 작은 흰색 원, 다시 검은색 원, 그리고 하이라이트용 흰색 원을 순서대로 추가합니다. 이 원들을 모두 선택하고 Ctrl + G 를 눌러 그룹으로 묶은 뒤, 개체 위에 다양한 크기로 복사하여 배치합니다.

S Group(그룹) Ctrl + G

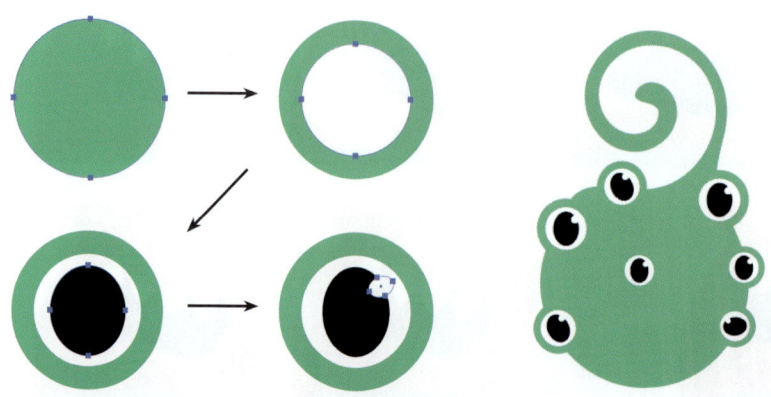

## 03 펜 도구로 발 형태 만들기

Pen Tool([P])로 아래 부분에 면 색 없이 검은색 선으로 그림처럼 발 모양의 선을 그립니다. [Stroke] 패널([Ctrl]+[F10])에서 선 두께를 '2pt', Cap 모양을 둥글게 설정합니다. 이어서 Width Tool([Shift]+[W])로 선 두께를 조절하여 그림과 같이 발 형태를 만듭니다.

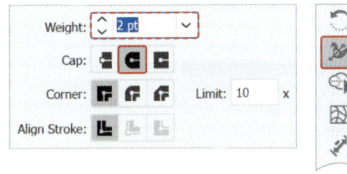
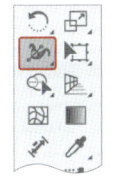

## 04 면으로 변환 및 합치기

발 개체를 모두 선택하고 [Object] - [Path] - [Outline Stroke]를 클릭하여 선을 면으로 변환합니다. 변환 후 [Pathfinder] 패널([Ctrl]+[Shift]+[F9])에서 'Unite'를 클릭해 개체를 합칩니다.

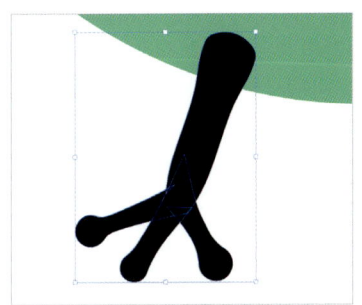
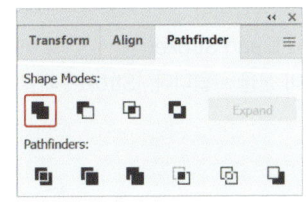
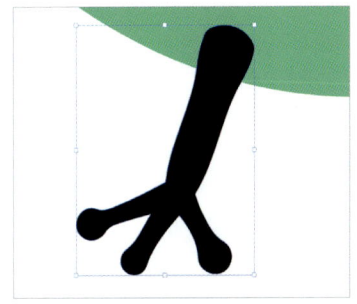

## 05 색상 지정 및 마무리

면 색을 원하는 색으로 지정한 뒤, [Ctrl]+[Shift]+[ [ ] 키를 눌러 가장 하단으로 배열합니다. 이후 복사, 반전, 회전 등을 활용하여 원하는 모양으로 배치하고 소스로 제공된 입 개체를 올려준 뒤 작업을 마무리합니다.

ⓢ Send to Back(맨 뒤로 보내기) [Ctrl]+[Shift]+[ [ ]

## Monster 3

### 01 수정화 도구로 몸체 형태 만들기

세 번째 아트보드의 보라색 개체를 선택합니다. Crystallize Tool을 선택한 뒤, 도구를 더블클릭해 옵션 창이 나타나면 Complexity 값을 '2'로 입력하고 OK를 누릅니다. Alt + Shift 키를 누른 채 대각선 방향으로 드래그하여 브러시 크기를 그림과 유사한 크기로 맞춥니다.

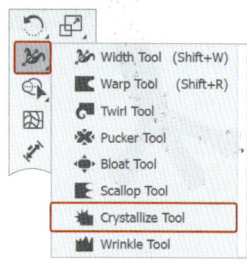 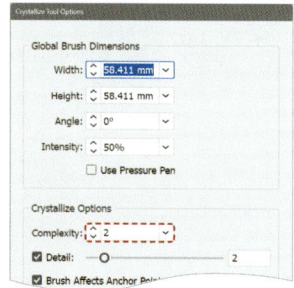 

### 02 더듬이 모양 만들기

개체를 2번 정도 클릭하여 원하는 모양으로 왜곡합니다. Ctrl 키를 누른 채 빈 화면을 클릭하여 선택을 해제합니다. Pen Tool(P)을 선택한 뒤, 도구 바 하단의 Swap Fill and Stroke(Shift + X) 버튼을 눌러 면 색은 없음, 선 색은 보라색으로 바꿉니다. Pen Tool로 윗부분에 그림처럼 더듬이 선을 그립니다. [Stroke] 패널(Ctrl + F10)에서 선 두께는 '6pt', Cap 모양은 둥글게 지정합니다.

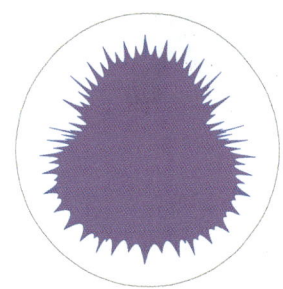 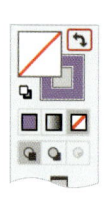 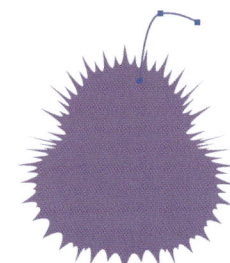 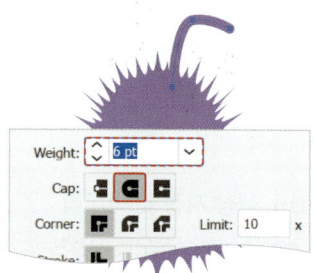

### 03 눈과 입 만들고 마무리

이전 몬스터와 같은 방법으로 눈 개체를 그린 뒤 반전 및 복사하여 2개로 만듭니다. 입 개체도 이전과 동일하게 만들어 배치하고 마무리합니다.

T 기존 개체를 복사하여 가져온 후 변형해도 좋습니다.

# Exercise

## 변형 도구를 활용해 일러스트 그리기　　　　　　　　　　📁 S7_Exercise 예제

Warp부터 Wrinkle까지 다양한 변형 도구의 특성을 이해하고 적용하여, 오브젝트의 형태를 자유자재로 왜곡하며 일러스트를 완성합니다.

### 1. 머리카락 다듬고 배경 만들기

[File] - [Open]으로 'S7-E1.ai' 파일을 엽니다. 캐릭터의 머리카락 개체를 선택한 뒤, Warp Tool을 선택합니다. [Alt] + [Shift] 키를 누른 채 화면에서 대각선으로 드래그하여 브러시 팁의 사이즈를 조절한 뒤, 머리카락을 드래그하며 풍성하고 자연스러운 웨이브 모양이 되도록 다듬어봅니다.

[Layers] 패널을 열고 'Layer1'을 선택합니다. 큰 정원을 그린 뒤, Warp Tool이나 Twirl Tool 등을 활용하여 자유롭게 모양을 변형시켜 배경을 만듭니다. 이어서 더 다양한 변형된 모양들을 만들어 배경에 추가합니다.

Ⓢ Open(열기) [Ctrl] + [O]　　Ⓢ Layers(레이어) 패널 [F7]

 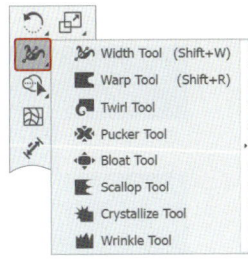 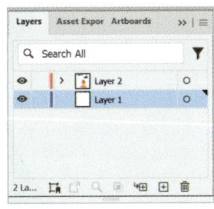 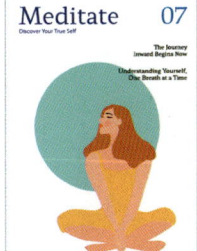 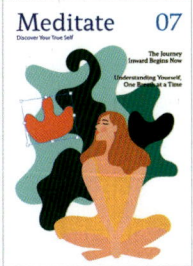

### 2. 자연물과 꽃 모양 표현하기

이전 기초 편집에서 배웠던 도형 도구 및 회전 기능 등을 활용하여 꽃 개체를 만든 뒤 패스파인더 기능으로 합쳐줍니다. Warp부터 Wrinkle Tool까지 다양한 변형 도구들을 자유롭게 활용하여 꽃의 모양을 변형합니다. 같은 작업을 반복하여 다양한 형태의 자연물이나 꽃 모양들을 만들고 배치하여 작업을 완성합니다.

Ⓢ Pathfinder(패스파인더) 패널 [Ctrl] + [Shift] + [F9]

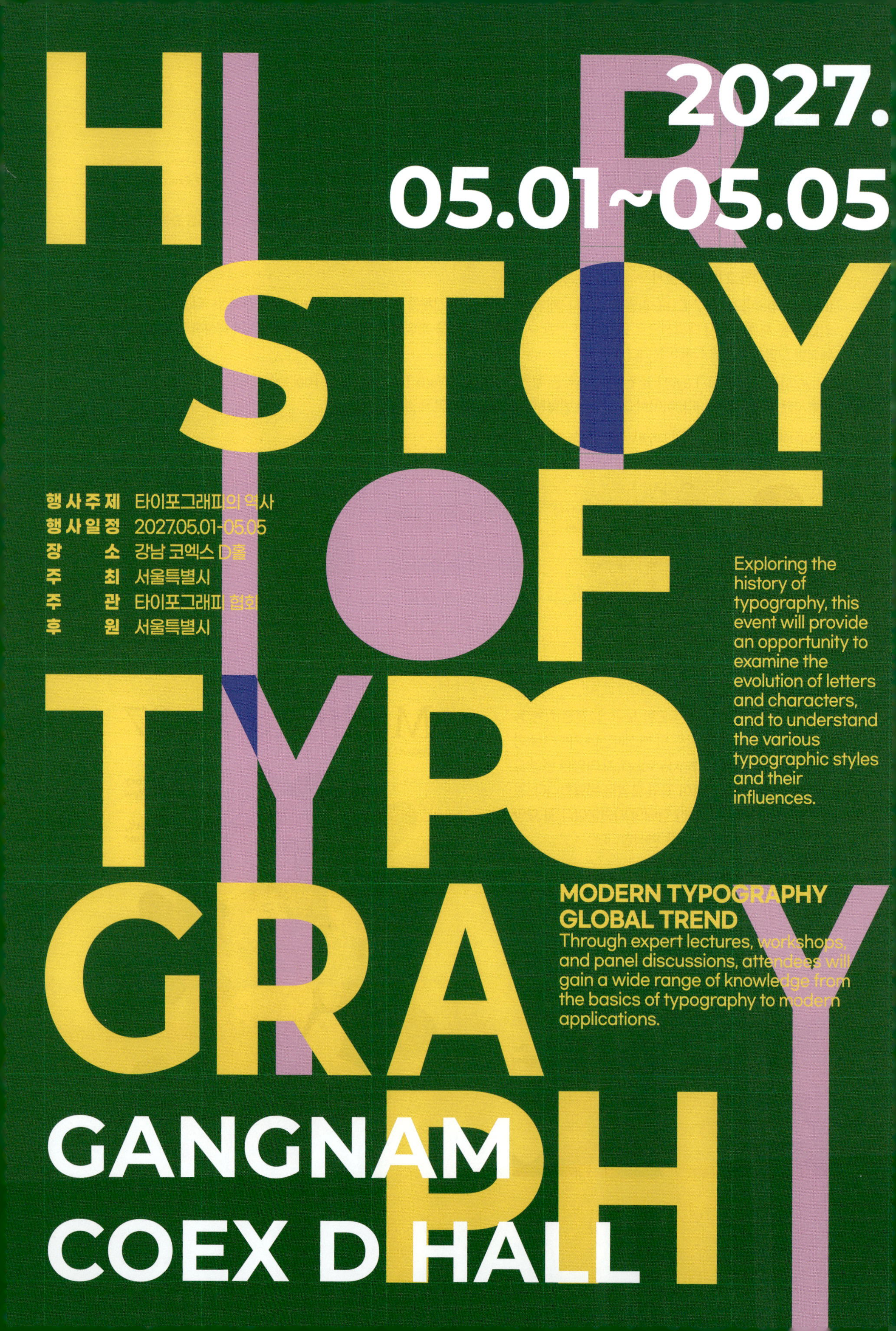

# HISTORY OF TYPOGRAPHY

**2027. 05.01~05.05**

행사주제    타이포그래피의 역사
행사일정    2027.05.01-05.05
장　　소    강남 코엑스 D홀
주　　최    서울특별시
주　　관    타이포그래피 협회
후　　원    서울특별시

Exploring the history of typography, this event will provide an opportunity to examine the evolution of letters and characters, and to understand the various typographic styles and their influences.

**MODERN TYPOGRAPHY GLOBAL TREND**
Through expert lectures, workshops, and panel discussions, attendees will gain a wide range of knowledge from the basics of typography to modern applications.

**GANGNAM COEX D HALL**

Section 08

# Text Edit
## 텍스트 편집

**MISSION**

일러스트레이터에서 문자 도구는 단순히 글자를 입력하는 것을 넘어 다양한 글꼴, 크기, 색상, 정렬 등을 활용해 텍스트를 디자인 요소로 만드는 데 중요한 역할을 합니다. 명함부터 웹 디자인, 영상 작업까지 모든 그래픽 분야에서 문자는 핵심적인 요소이므로, 문자 도구와 함께 문자 패널 및 단락 패널의 기본기를 익혀두는 것이 매우 중요합니다.

**KEYWORD**

#문자 도구 #문자 패널 #단락 패널 #영역 문자 옵션
#윤곽선으로 만들기 #글리프 패널 #오픈 타입 패널

## THEORY 01  문자 도구로 입력하기

# Type Tool

📄 예제 파일 : S8-1.ai

문자를 입력하는 도구는 총 7가지로 영역 지정 방식, 가로 및 세로 방향 등 다양한 방식으로 텍스트를 입력할 수 있습니다. 본 섹션에서 사용된 다양한 폰트는 기능의 차이를 시각적으로 보여주기 위한 예시입니다. 학습 시에는 기본 서체로 작업해도 무방합니다.

### ★★ Type Tool  문자 도구

문자를 입력하는 방법은 크게 두 가지로 나뉩니다. 첫 번째는 빈 곳을 클릭하여 독립적인 문자 개체를 만드는 방식이고, 두 번째는 클릭-드래그하여 문자 영역 박스를 생성한 뒤 그 안에 단락 형태로 문자를 입력하는 방식입니다. Type Tool(문자 도구)로 문자를 입력하고 수정하는 방법을 알아보겠습니다.

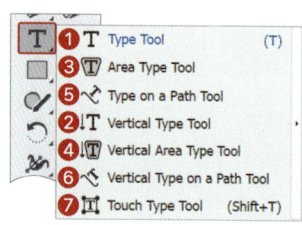

❶ T  Type Tool(문자 도구)  S  [T]
❷ ↓T Vertical Type Tool(세로 문자 도구)
❸ T  Area Type Tool(영역 문자 도구)
❹ ↓T Vertical Area Type Tool(세로 영역 문자 도구)
❺ ✎  Type on a Path Tool(패스 상의 문자 도구)
❻ ✎  Vertical Type on a Path Tool(패스 상의 세로 문자 도구)
❼ 🔲 Touch Type Tool(문자 손질 도구)  S  [Shift]+[T]

T 도구바에 나열된 도구 순서와 설명하는 도구들의 순서는 다르니 참고 바랍니다.

### ❶ T Type Tool(문자 도구) S [T]

Ⓐ 빈 화면을 클릭하여 문자 입력하기

문자를 입력하는 가장 기본적인 방법은 Type Tool(문자 도구)로 빈 화면을 클릭하는 것입니다. 그러면 자동으로 'Lorem ipsum'이라는 샘플 문자가 입력됩니다. 입력을 종료하려면 Selection Tool(선택 도구)로 바꾸거나, [Esc] 키 또는 [Ctrl] + [Enter] 키를 누르면 입력이 종료되고 바운딩 박스가 나타납니다.

T 타이틀처럼 한두 줄 정도의 짧은 단어나 문장을 입력할 때 주로 사용됩니다.

문자 입력 전

Lorem ipsum

빈 화면을 클릭하여 문자를 입력한 직후의 상태

Lorem ipsum

문자 입력을 종료한 상태

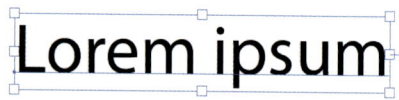

Abcdefghi

기존 단어는 [Backspace] 키로 삭제 후 새 문자 입력

문자 입력을 종료한 상태

**Lorem ipsum이란?**
Lorem ipsum은 디자인 작업 시 텍스트가 들어갈 자리를 채우기 위한 샘플(가상) 텍스트를 의미합니다. 실제 내용을 입력하기 전, 텍스트의 배치나 시각적인 효과를 미리 확인하기 위해 사용됩니다. Adobe Illustrator의 경우, CC 2018 버전까지는 빈 화면을 클릭해도 샘플 문자가 자동으로 생성되지 않았지만, CC 2019 버전 이후부터는 사용자가 헷갈리지 않도록 HTML 자동 채우기에서 흔히 쓰이는 'Lorem Ipsum' 앞 두 단어가 자동으로 입력되도록 변경되었습니다.

**문자 입력 후 종료하는 방법**
❶ 도구바의 선택 도구 (▶) 클릭
❷ [Ctrl] + [Enter] 키 누르기
❸ [Esc] 키 누르기

**B 문자 정렬하기**

Direct Selection Tool(직접 선택 도구)로 문자를 선택하면, 일반적인 바운딩 박스는 사라지고 글자 아래에 한 줄의 패스가 남게 됩니다. 이때 이 패스 위 점의 위치가 현재 문자의 정렬 상태를 나타냅니다. 이 점을 기준으로 [Control] 패널의 Paragraph(단락) 목록에서 왼쪽 정렬, 가운데 정렬, 오른쪽 정렬로 손쉽게 변경할 수 있습니다.

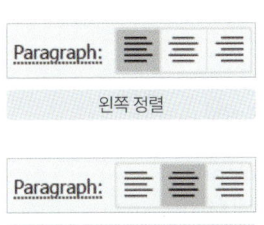

왼쪽 정렬

가운데 정렬

오른쪽 정렬

**C 박스 조절하여 텍스트 크기 조절하기**

Selection Tool(선택 도구)을 클릭하여 나타나는 바운딩 박스의 꼭짓점을 드래그하면 텍스트의 크기나 가로세로 비율이 바로 조절됩니다. 이때 Shift 키를 누른 채로 드래그하면 비율을 유지할 수 있습니다.

> 텍스트 박스 크기를 조절하는 동안에는 문자가 해당 레이어의 패스 가이드 색으로 변합니다.

선택 도구로 문자 선택 | 바운딩 박스 크기 조절하기 | Shift + 드래그하여 비율 유지

**D 클릭-드래그하여 영역 문자 박스 만들기**

글의 양이 많을 때 주로 사용하는 방법입니다. Type Tool을 선택한 뒤, 빈 화면을 클릭-드래그하면 지정한 범위만큼 영역 문자 박스가 생성됩니다. 이때 별도로 문자를 입력하지 않아도 자동으로 샘플 텍스트가 채워집니다.

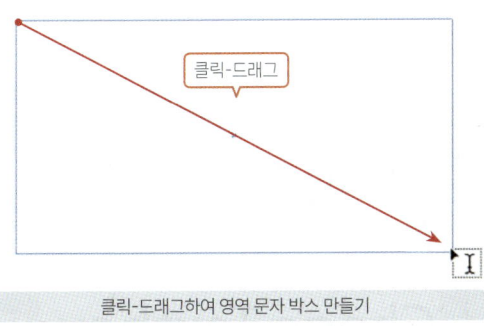

클릭-드래그하여 영역 문자 박스 만들기 | 자동으로 단락이 채워진 후 입력이 종료된 상태

**ⓔ 영역 문자 박스 크기 조절하기**

Selection Tool로 텍스트 박스의 꼭짓점을 드래그하여 크기를 키우면, 텍스트 박스 자체의 크기는 커지지만 텍스트 크기는 변하지 않습니다. 대신 한 줄에 들어가는 내용이 늘어나거나 다음 줄로 넘어갑니다. 반면, 기존 텍스트 양보다 텍스트 박스가 작아지면 텍스트가 넘치게 되는데, 이때 박스의 우측 하단에 빨간색 '+' 표시(⊞)가 경고 표시로 나타납니다.

🅣 텍스트 박스 크기를 조절하는 동안에는 문자가 해당 레이어의 패스 가이드 색으로 변합니다.

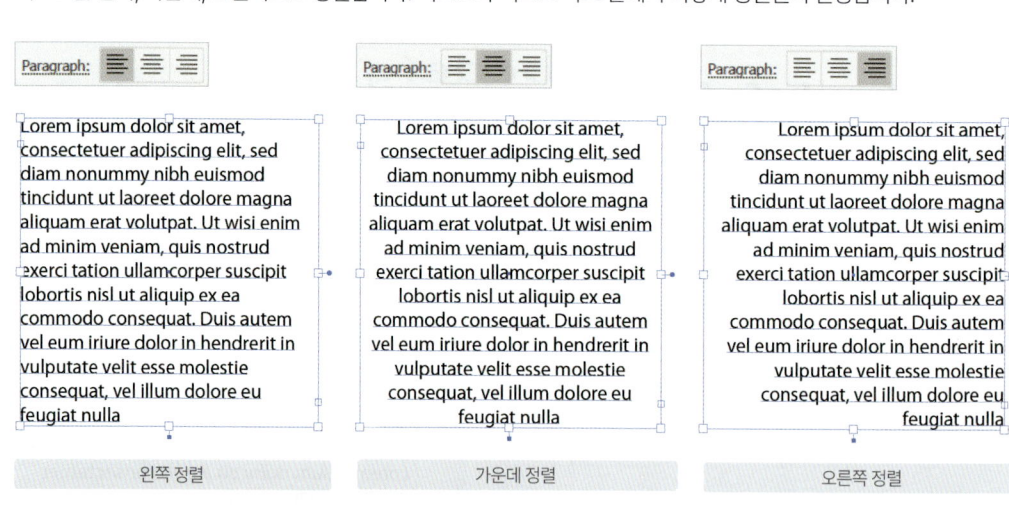

🅣 문자 박스에 글자가 넘칠 때 나타나는 + 모양은 오버셋 텍스트(Overset Text) 표시입니다. 이는 현재 텍스트 박스의 크기가 입력된 글자를 모두 담기에는 부족하다는 것을 의미합니다. 이 상태에서 텍스트 박스의 크기를 키우면 숨겨진 글자들이 보이게 됩니다.

**ⓕ 텍스트 박스 내에서 문자 정렬하기**

텍스트를 왼쪽, 가운데, 오른쪽으로 정렬합니다. 텍스트가 텍스트 박스 안에서 어떻게 정렬될지 결정합니다.

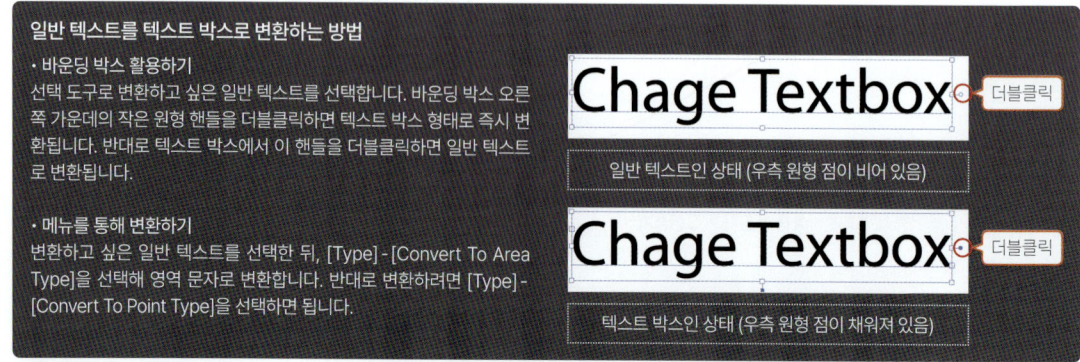

❷ **Vertical Type Tool(세로 문자 도구)**

Vertical Type Tool(세로 문자 도구) 는 Type Tool(문자 도구)과 사용법이 동일합니다. 다만, 문자를 가로 방향이 아닌 세로 방향으로 입력합니다.

Ⓐ 빈 화면을 클릭하여 세로 문자 입력하기
Type Tool과 동일하게 빈 화면을 클릭하면 세로 방향으로 자동으로 샘플 문자가 입력됩니다.

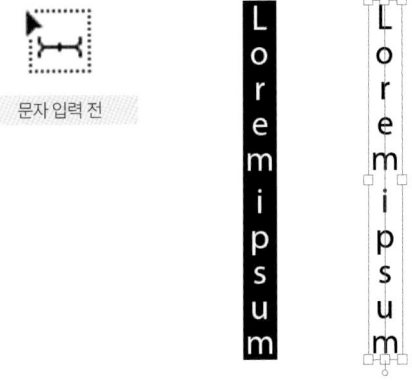

문자 입력 전

문자 입력 / 종료 상태

Ⓑ 문자 정렬하기
Direct Selection Tool로 세로 방향의 문자를 선택합니다. 글자 옆에 세로 방향으로 패스가 나타나며, 이 패스 위의 점이 정렬의 기준점이 됩니다. [Control] 패널의 Paragraph 목록에서 각 정렬 옵션을 선택하면, 이 기준점을 중심으로 문자가 정렬됩니다.

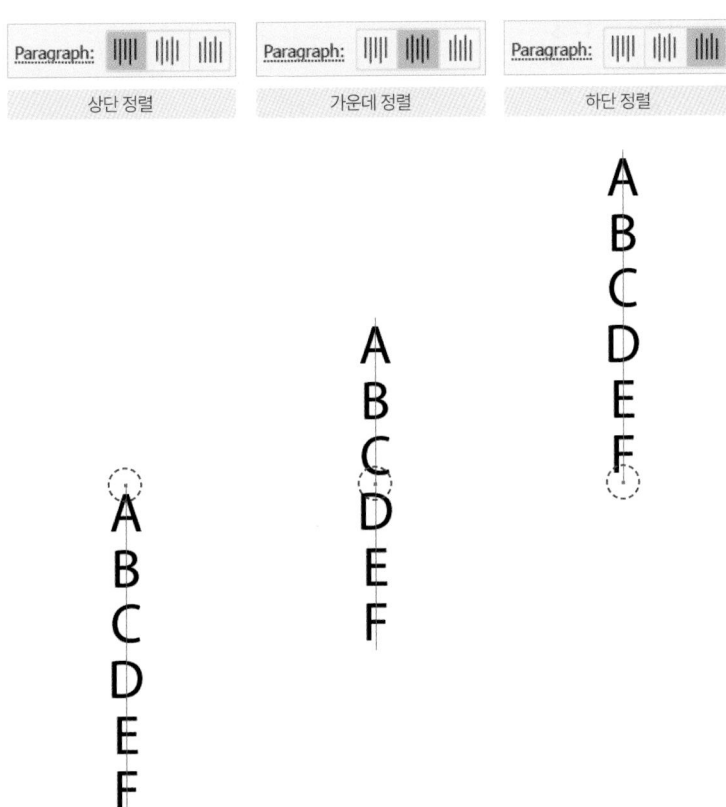

상단 정렬     가운데 정렬     하단 정렬

**ⓒ 박스 조절하여 텍스트 크기 조절하기**

Selection Tool을 클릭하면 텍스트 주위에 바운딩 박스가 나타납니다. 이 바운딩 박스의 꼭짓점을 드래그하여 텍스트의 크기나 가로세로 비율을 조절할 수 있습니다. 이때 Shift 키를 누른 채로 드래그하면 텍스트의 비율을 유지하며 크기를 조절할 수 있습니다.

> T 영문의 경우 일반적으로 세로쓰기는 잘 사용하지 않으며, 텍스트를 -90도 회전하여 사용하는 경우가 많습니다.

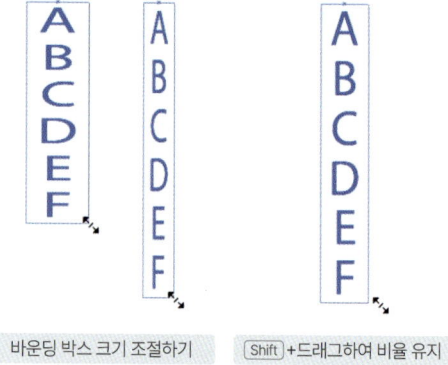

바운딩 박스 크기 조절하기    Shift +드래그하여 비율 유지

**ⓓ 클릭-드래그하여 영역 문자 박스 만들고 크기 조절하기**

Type Tool과 동일하게 빈 화면을 클릭-드래그하면 해당 범위만큼 세로 영역 문자 박스가 만들어지고, 자동으로 샘플 문자가 채워집니다. 박스를 드래그하면 텍스트 크기가 아닌 박스의 사이즈만 조절됩니다. 기존 텍스트 양보다 텍스트 박스가 작아지면 텍스트가 넘치게 되며, 박스의 좌측 하단에 빨간색 '+' 표시(▣)가 경고 표시로 나타납니다.

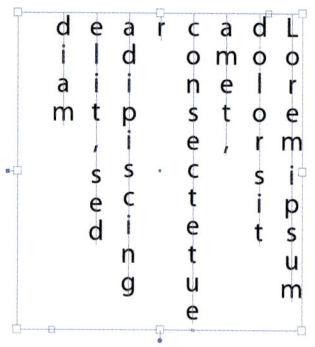 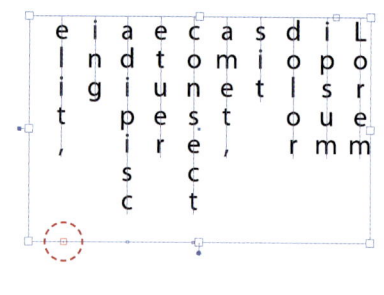

**ⓔ 텍스트 박스 내에서 문자 정렬하기**

텍스트를 위쪽, 가운데, 아래쪽으로 정렬합니다. 텍스트가 텍스트 박스 안에서 어떻게 정렬될지 결정합니다.

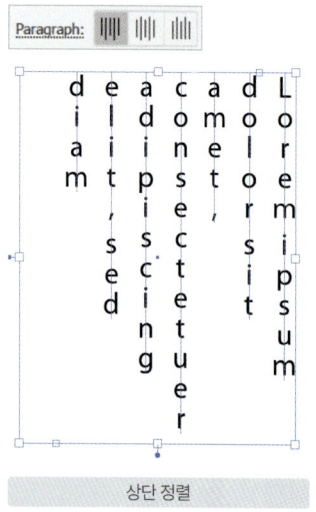 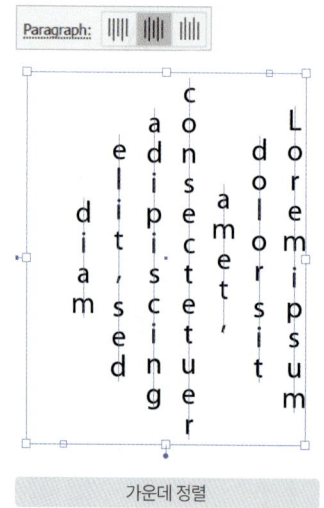 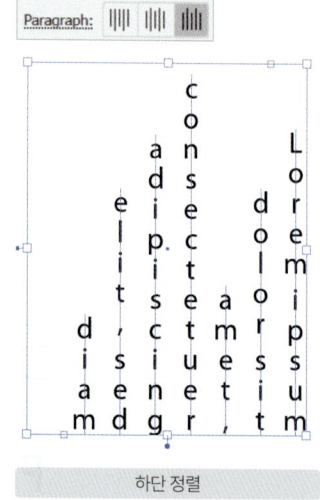

상단 정렬      가운데 정렬      하단 정렬

❸ **Area Type Tool(영역 문자 도구)**

Area Type Tool(영역 문자 도구)을 사용하면 임의의 개체 안쪽 모양에 맞춰 문자를 입력할 수 있습니다. 원하는 개체의 패스(윤곽선)를 클릭하면 해당 개체 영역 안에 문자가 입력됩니다.

> 면이나 선이 적용된 패스에 문자를 입력하면 원래 패스의 면 색과 선 색은 자동으로 투명해집니다.

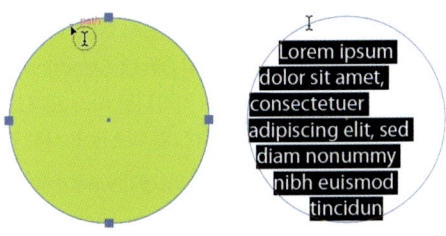

영역 문자 도구를 선택한 후 오브젝트의 패스를 클릭한 상태

❹ **Vertical Area Type Tool(세로 영역 문자 도구)**

Area Type Tool과 동일하게 개체의 패스를 클릭하면 해당 개체 영역 안에 텍스트를 입력할 수 있습니다. 이때, 입력되는 텍스트는 세로 방향으로 생성됩니다.

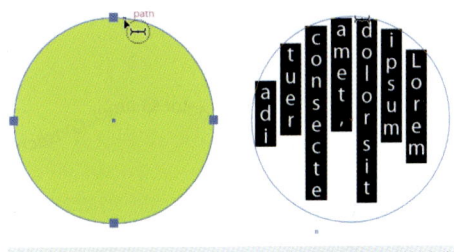

세로 영역 문자 도구를 선택한 후 오브젝트의 패스를 클릭한 상태

❺ **Type on a Path Tool(패스 상의 문자 도구)**

Ⓐ 패스를 따라 문자 입력하기

Type on a Path Tool(패스 상의 문자 도구)을 선택한 뒤, 문자를 입력할 패스 위에 마우스 포인터를 올립니다. 이때 마우스 커서 모양(🗇)이 변경되면서 'Path'라고 표시될 때 클릭합니다. 해당 지점을 시작으로 문자가 해당 패스를 따라 입력됩니다.

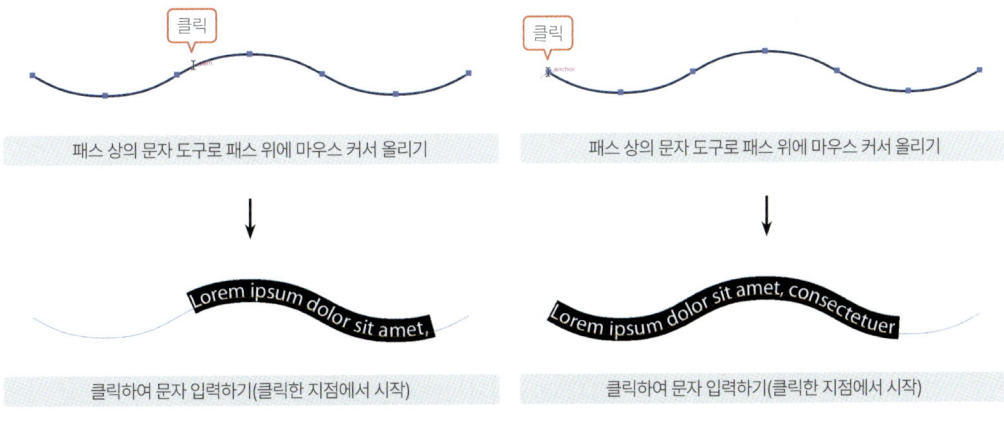

이후에 Direct Selection Tool로 전환하면 클릭한 지점에는 시작점, 패스의 마지막 부분에는 끝점이 생성된 것을 확인할 수 있습니다.

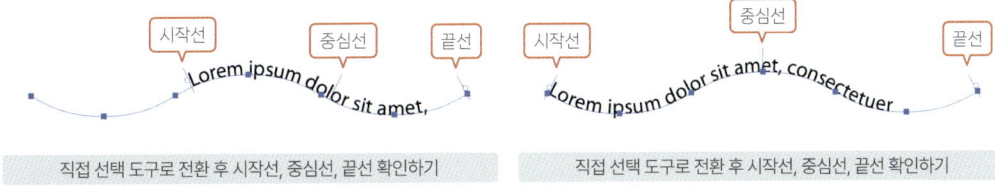

### ⓑ 시작선과 끝선을 이동하여 범위 정하기

패스에 문자를 입력한 뒤 Direct Selection Tool을 선택합니다. 시작선 위에 마우스 포인터를 올리면 커서가 검은색 화살표로 변하는데, 이때 시작점을 따라 드래그하여 시작선을 이동시킬 수 있습니다. 끝선 또한 같은 방법으로 조절할 수 있습니다. 이를 통해 패스 위 텍스트의 시작 및 끝 위치를 정밀하게 조정할 수 있습니다.

> ⓣ 중심선 또한 마우스 포인터를 올리면 커서가 검은색 화살표( )로 변합니다.

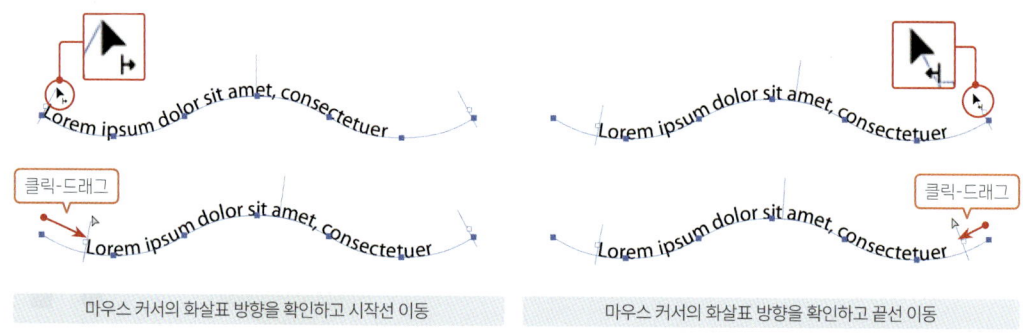

### ⓒ 시작과 끝선이 글자 영역보다 좁은 경우

패스에 입력된 텍스트의 양이 시작선과 끝선의 범위를 초과할 경우 텍스트가 넘치게 됩니다. 이때 빨간색 '+' 경고 표시가 나타납니다.

### ⓓ 시작선과 끝선을 기준으로 정렬하기

패스 상의 문자는 패스 자체가 아닌, 시작선과 끝선으로 지정된 범위를 기준으로 정렬됩니다.

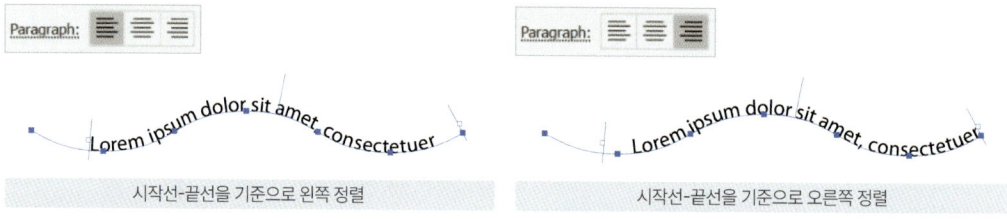

### ⓔ 중심선을 이동하여 문자 방향 바꾸기

Direct Selection Tool로 중심선 위에 마우스 포인터를 올리면 커서가 검은색 화살표 모양으로 변합니다. 이때 드래그하여 패스의 반대 방향으로 중심선을 이동시키면 글자의 방향을 반대로 바꿀 수 있습니다.

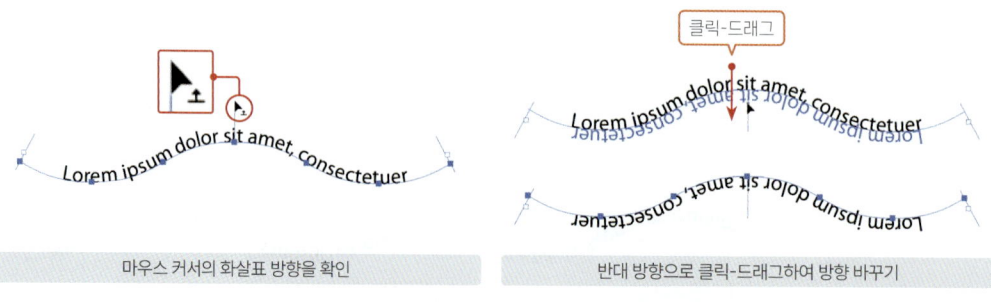

### ❸ 🖋 Area Type Tool(영역 문자 도구)

Area Type Tool(영역 문자 도구)을 사용하면 임의의 개체 안쪽 모양에 맞춰 문자를 입력할 수 있습니다. 원하는 개체의 패스(윤곽선)를 클릭하면 해당 개체 영역 안에 문자가 입력됩니다.

> 📝 면이나 선이 적용된 패스에 문자를 입력하면 원래 패스의 면 색과 선 색은 자동으로 투명해집니다.

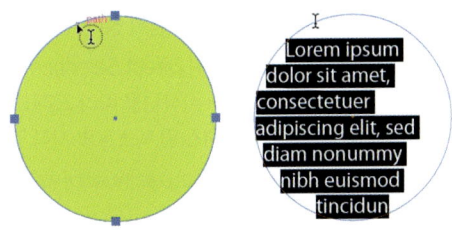

▲ 영역 문자 도구를 선택한 후 오브젝트의 패스를 클릭한 상태

### ❹ 🖋 Vertical Area Type Tool(세로 영역 문자 도구)

Area Type Tool과 동일하게 개체의 패스를 클릭하면 해당 개체 영역 안에 텍스트를 입력할 수 있습니다. 이때, 입력되는 텍스트는 세로 방향으로 생성됩니다.

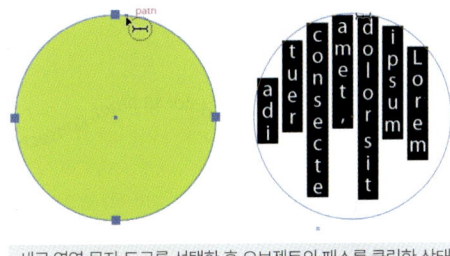

▲ 세로 영역 문자 도구를 선택한 후 오브젝트의 패스를 클릭한 상태

### ❺ ⤸ Type on a Path Tool(패스 상의 문자 도구)

#### Ⓐ 패스를 따라 문자 입력하기

Type on a Path Tool(패스 상의 문자 도구)을 선택한 뒤, 문자를 입력할 패스 위에 마우스 포인터를 올립니다. 이때 마우스 커서 모양(🖋)이 변경되면서 'Path'라고 표시될 때 클릭합니다. 해당 지점을 시작으로 문자가 해당 패스를 따라 입력됩니다.

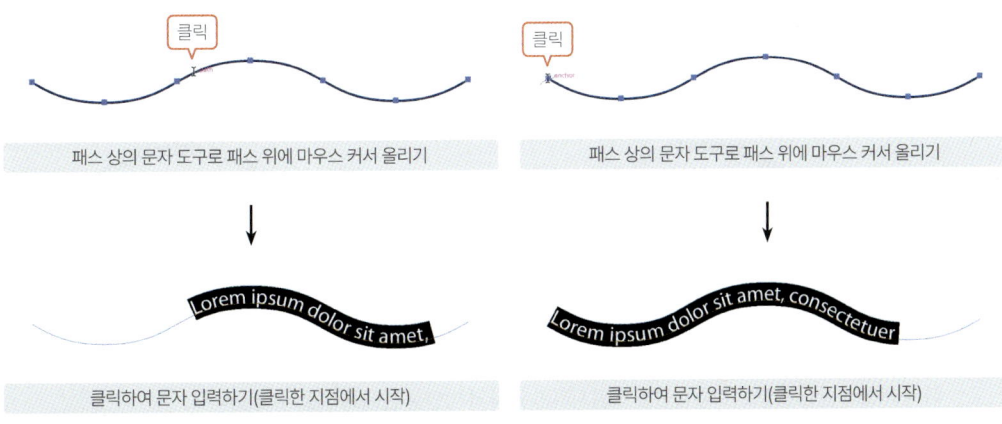

이후에 Direct Selection Tool로 전환하면 클릭한 지점에는 시작점이, 패스의 마지막 부분에는 끝점이 생성된 것을 확인할 수 있습니다.

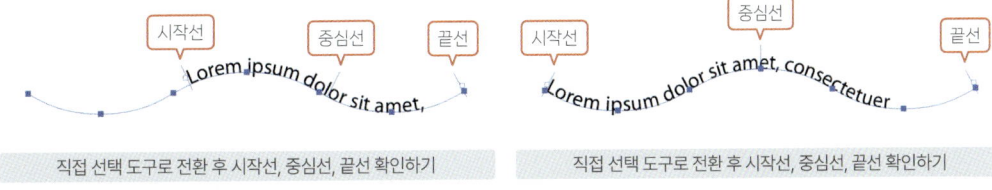

**B 시작선과 끝선을 이동하여 범위 정하기**

패스에 문자를 입력한 뒤 Direct Selection Tool을 선택합니다. 시작선 위에 마우스 포인터를 올리면 커서가 검은색 화살표로 변하는데, 이때 시작점을 따라 드래그하여 시작선을 이동시킬 수 있습니다. 끝선 또한 같은 방법으로 조절할 수 있습니다. 이를 통해 패스 위 텍스트의 시작 및 끝 위치를 정밀하게 조정할 수 있습니다.

T 중심선 또한 마우스 포인터를 올리면 커서가 검은색 화살표( )로 변합니다.

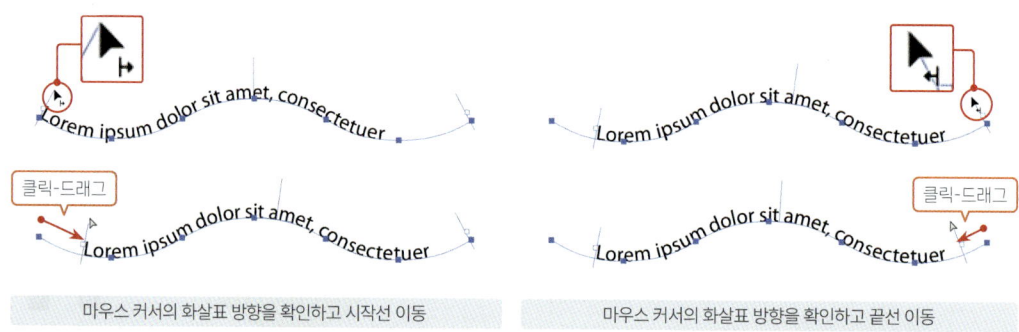

마우스 커서의 화살표 방향을 확인하고 시작선 이동 / 마우스 커서의 화살표 방향을 확인하고 끝선 이동

**C 시작과 끝선이 글자 영역보다 좁은 경우**

패스에 입력된 텍스트의 양이 시작선과 끝선의 범위를 초과할 경우 텍스트가 넘치게 됩니다. 이때 빨간색 '+' 경고 표시가 나타납니다.

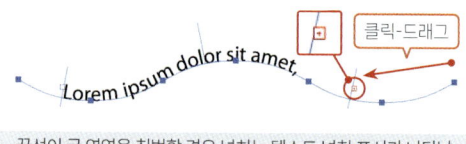

끝선이 글 영역을 침범할 경우 넘치는 텍스트 넘침 표시가 나타남

**D 시작선과 끝선을 기준으로 정렬하기**

패스 상의 문자는 패스 자체가 아닌, 시작선과 끝선으로 지정된 범위를 기준으로 정렬됩니다.

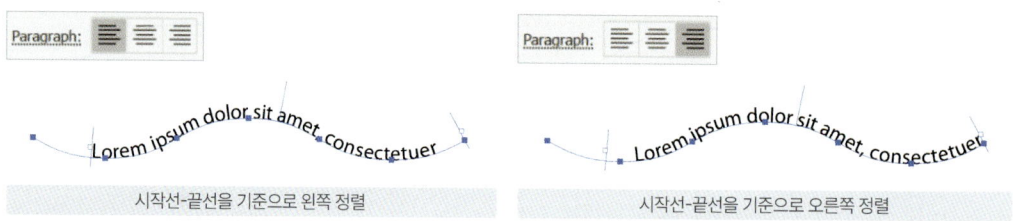

시작선-끝선을 기준으로 왼쪽 정렬 / 시작선-끝선을 기준으로 오른쪽 정렬

**E 중심선을 이동하여 문자 방향 바꾸기**

Direct Selection Tool로 중심선 위에 마우스 포인터를 올리면 커서가 검은색 화살표 모양으로 변합니다. 이때 드래그하여 패스의 반대 방향으로 중심선을 이동시키면 글자의 방향을 반대로 바꿀 수 있습니다.

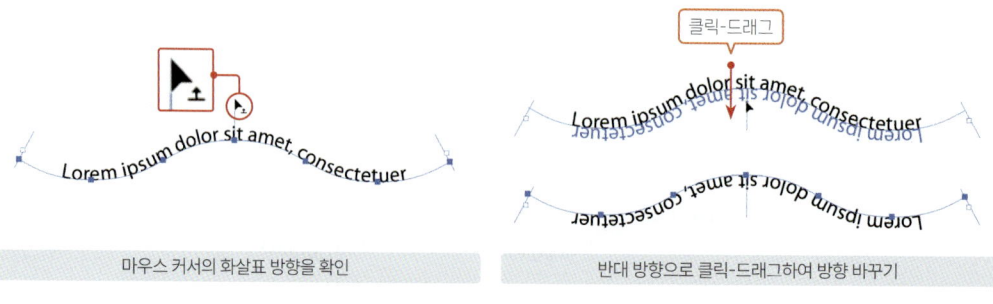

마우스 커서의 화살표 방향을 확인 / 반대 방향으로 클릭-드래그하여 방향 바꾸기

## ❻ Vertical Type on a Path Tool(패스 상의 세로 문자 도구)

Vertical Type on a Path Tool(패스 상의 세로 문자 도구)은 Type on a Path Tool(패스 상의 문자 도구)과 사용법이 동일합니다. 다만, 문자를 가로 방향이 아닌 세로 방향으로 입력한다는 점이 다릅니다.

### Ⓐ 패스를 따라 문자 입력하기

Vertical Type on a Path Tool을 선택한 뒤, 패스 위에 마우스 포인터를 올립니다. 마우스 커서에 'Path'라고 표시될 때 클릭하면, 해당 지점을 시작으로 문자가 세로 방향으로 입력됩니다. 이후 Direct Selection Tool로 전환하면, 클릭했던 지점에는 시작점이, 패스의 마지막 부분에 끝점이 생성된 것을 확인할 수 있습니다.

### Ⓑ 시작선과 끝선을 이동하여 범위 정하기

패스에 문자를 입력한 뒤 Direct Selection Tool을 선택합니다. 시작선 위에 마우스 포인터를 올리면 커서가 검은색 화살표 모양으로 변하는데, 이때 시작점을 따라 드래그하여 시작선을 이동시킬 수 있습니다. 끝선 또한 같은 방법으로 조절할 수 있습니다.

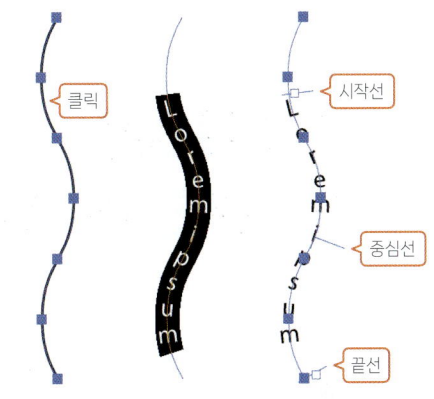

직접 선택 도구로 전환 후 시작선, 중심선, 끝선 확인하기

### Ⓒ 시작과 끝선이 글자 영역보다 좁은 경우

패스에 입력된 텍스트의 양이 시작선과 끝선의 범위를 초과할 경우 텍스트가 넘치게 됩니다. 이때 빨간색 '+' 경고 표시가 나타납니다.

### Ⓓ 시작선과 끝선을 기준으로 정렬하기

패스 상의 문자는 패스 자체가 아닌, 시작선과 끝선으로 지정된 범위를 기준으로 정렬됩니다.

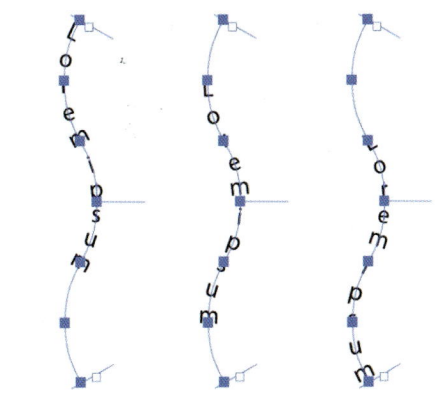

상단 정렬, 가운데 정렬, 하단 정렬

### Ⓔ 중심선을 이동하여 문자 방향 바꾸기

Direct Selection Tool로 중심선 위에 마우스 포인터를 올리면 커서가 검은색 화살표 모양으로 변합니다. 이때 드래그하여 패스의 반대 방향으로 중심선을 이동시키면 글자의 방향을 반대로 바꿀 수 있습니다.

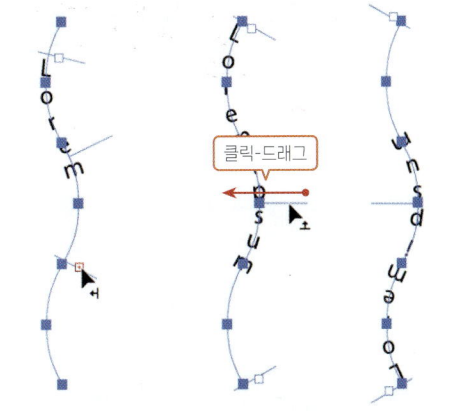

텍스트 넘침 표시  반대 방향으로 클릭-드래그하여 방향 바꾸기

❼ Touch Type Tool(문자 손질 도구) `S` `Shift`+`T`

Ⓐ 개별 선택 및 크기 조절하기

Touch Type Tool(문자 손질 도구)을 선택한 뒤 문자를 클릭하면, 한 글자씩 개별적으로 선택 및 편집할 수 있습니다. 선택된 글자 상자의 우측 상단 모서리점을 드래그하면 정비율로 크기를 조절할 수 있습니다.

한 글자씩 개별로 선택하기 / 대각선 모서리점을 드래그하여 크기 조절하기

Ⓑ 가로 넓이 및 세로 높이 조절하기

글자 상자의 우측 하단점을 드래그하여 글자의 가로 넓이를 조절하고, 좌측 상단점을 조절하여 세로 높이를 조절할 수 있습니다.

글자의 가로 넓이 조절하기 / 글자의 세로 높이 조절하기

Ⓒ 이동 및 회전하기

각 글자를 개별적으로 드래그하여 이동시킬 수 있습니다. 또한 글자 위에 작은 동그란 점에 마우스 포인터를 올리면 회전 표시가 나타나며, 이때 드래그하면 글자를 개별적으로 회전시킬 수 있습니다.

개별 선택 및 이동하기 / 개별 선택 및 회전하기

---

**닫힌(막힌) 개체에서 Type on a Path Tool 빠르게 사용하기**

Type Tool(문자 도구)을 선택한 뒤, `Alt`키를 누른 채로 원하는 패스를 클릭합니다. 자동으로 Type on a Path Tool(패스 상의 문자 도구)을 사용한 것과 동일하게 해당 패스를 따라 문자가 입력됩니다.

문자 도구로 `Alt`+패스 클릭

## PRACTICE 01  패스 상의 문자 도구로 로고 완성하기

# Type on a Path Tool

■ 예제 파일 : S8-P1.ai

문자 도구를 활용하여 원형 엠블럼 로고를 만들어봅니다. 이 형태는 실무에서도 자주 사용되므로 기본 원리를 정확히 이해하면서 적용해보는 것에 초점을 맞춰 학습합니다.

### 01 정원 만들기

[File] - [Open] (Ctrl + O)으로 'S8-P1.ai' 파일을 엽니다. 문서 중앙에 '66mm' 크기의 정원을 만들고 임의의 색상을 채웁니다. Type on a Path Tool을 선택합니다.

T Type on a Path Tool로 패스 위에 문자를 입력하면, 기존 오브젝트의 선 색과 면 색은 모두 사라집니다.

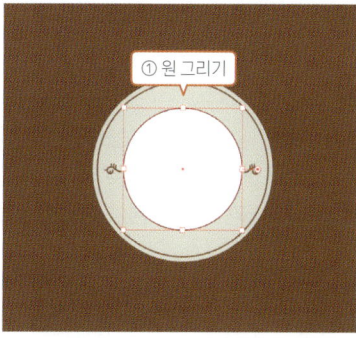
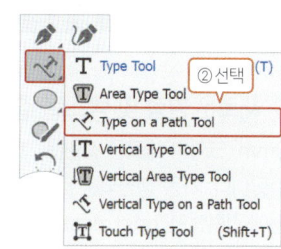

### 02 패스에 문자 입력하기

원의 가장 상단 점을 클릭합니다. 자동으로 채워지는 샘플 문자는 Backspace 키를 눌러 삭제하고, 'gold roastery cafe'라고 입력합니다.

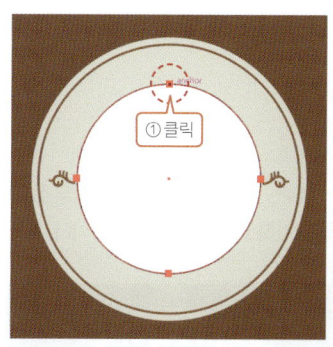

### 03 글꼴 설정하기

[Character] 패널(Ctrl + T)에서 원하는 폰트와 크기를 지정합니다. 기능을 학습하기 위한 예제이므로 기본 글꼴로 작업하여도 무방합니다.

T 폰트 다운로드 및 설치 방법은 'Section 08의 Advice'를 참고합니다.
T 예제에서는 'Swistblnk Monthoers', 크기는 '42pt'로 작업하였습니다.

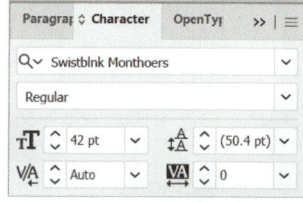

## 04 문자 정렬 및 회전하기

기본 왼쪽 정렬 상태에서 [Control] 패널의 가운데 정렬을 클릭하여 글씨를 중심선에 맞춰 정렬합니다. 이어서 Rotate Tool(R)을 더블클릭하고 옵션 창이 나타나면 Angle을 '180도'로 입력한 후 OK를 누릅니다. 바탕색과 동일한 색상으로 지정합니다.

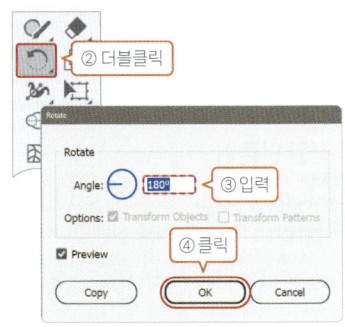

## 05 새로운 원형 및 텍스트 추가하기

'88mm' 크기의 새로운 정원을 그리고 문서 중앙에 배치합니다. 임의의 색으로 지정한 뒤, Type on a Path Tool로 상단 점을 클릭합니다. 자동 생성되는 텍스트를 지우고 'only premium coffee'라고 입력합니다. Eyedropper Tool(I)을 선택한 뒤, 이전에 입력했던 'gold roastery cafe' 텍스트를 클릭하여 폰트, 색상, 정렬 속성 등을 추출합니다.

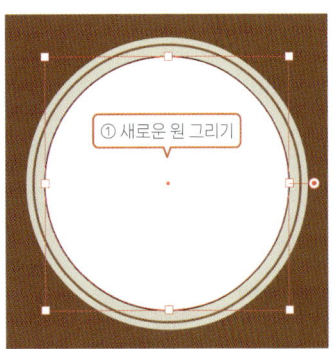

## 06 텍스트 위치 조정하기

Direct Selection Tool(A)로 새로 만든 'only premium coffee' 글씨의 중심선 위에 마우스 포인터를 올립니다. 마우스 커서 모양이 변하면 중심선을 원 안쪽으로 드래그하여 방향을 바꾸고, 원하는 위치에 글씨를 배치하고 작업을 마무리합니다.

# THEORY 02 문자 패널 알아보기

# Character

■ 예제 파일 : S8-2.ai

문자 패널에서는 글꼴의 종류, 크기, 행간(줄 간격), 자간(글자 간격), 장평(글자의 폭), 자폭(글자의 너비), 기준선 이동 외에도 텍스트 디자인을 위한 다양한 고급 옵션들을 세밀하게 설정할 수 있습니다.

## ★★ Character Panel 문자 패널

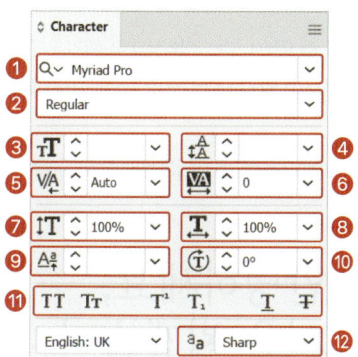

문자의 속성을 다양하게 변형할 수 있는 패널입니다. 문자를 입력하면 [Properties] 패널에 자동으로 [Character] 패널이 활성화됩니다. 또는 [Window] - [Type] - [Character]를 선택하거나, 단축키 Ctrl + T 를 눌러도 문자 패널이 나타납니다.

**S** Character(문자) 패널 Ctrl + T

**T** 더 많은 옵션을 보려면 보조 메뉴에서 Show Options(옵션 표시)를 선택합니다.

# Typography
# Set the leading

### ❶ Font Family(글꼴 군)

글꼴 종류는 목록을 열어 직접 선택하거나, 원하는 폰트의 이름을 입력하여 찾을 수 있습니다.

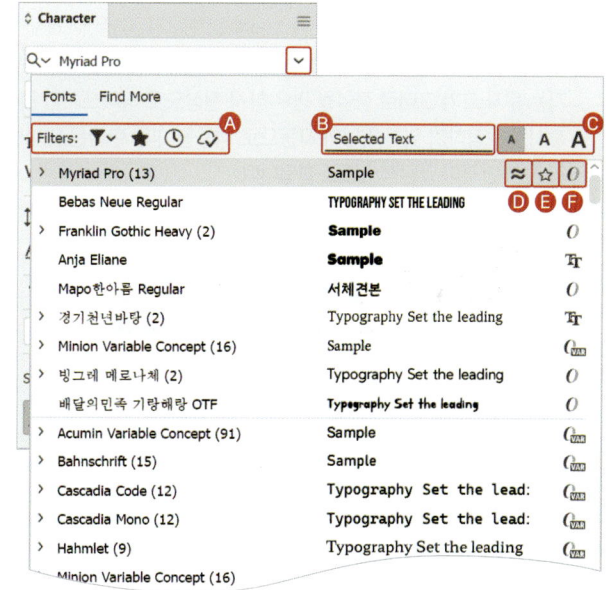

- Ⓐ **Filters(필터)** : 분류별, 자주 사용하는 폰트, 최근 추가된 폰트, Adobe Fonts에 활성화된 폰트 등 다양한 기준으로 폰트를 검색할 수 있습니다.
- Ⓑ **Sample Text Options(샘플 텍스트 옵션)** : 대소문자, 숫자, 기호 등 다양한 미리보기를 선택하여 실제 텍스트가 어떻게 보이는지 확인할 수 있습니다.
- Ⓒ **Sample Text Size(샘플 텍스트 크기)** : 미리보기 샘플 텍스트의 크기를 Smaller, Default, Larger로 선택하여 볼 수 있습니다.
- Ⓓ **Show Similar Fonts(유사한 글꼴 표시)** : 현재 선택된 폰트와 유사한 디자인의 폰트를 찾아 추천해 줍니다.
- Ⓔ **Add to Favorites(즐겨찾기에 추가)** : 자주 사용하는 폰트를 즐겨찾기 목록에 추가하여 빠르게 찾을 수 있습니다.
- Ⓕ **Font Type(폰트 유형)** : OpenType, TrueType 등 폰트의 형식을 나타냅니다.

  **T** OpenType은 다양한 디자인 옵션을 제공하여 전문적인 작업에 유리하며, TrueType은 어떤 컴퓨터 환경에서도 높은 호환성을 가졌다는 특징이 있습니다.

## ❷ Font Style(글꼴 스타일)

이 기능은 선택된 폰트에 다양한 스타일 옵션이 포함된 경우에만 활성화됩니다. 일반적으로 글꼴 시리즈는 두께(Light, Regular, Bold 등)와 기울기(Italic) 등의 옵션이 있습니다.

> **T** 모든 폰트가 스타일을 제공하는 것은 아닙니다. 이러한 스타일 옵션은 폰트를 제작할 때 해당 기능이 포함된 경우에만 활성화됩니다.

## ❸ Font Size(글꼴 크기)

글자의 크기는 목록에서 선택하거나 원하는 값을 직접 입력하여 조절할 수 있습니다.

## ❹ Leading(행간)

글줄과 글줄 사이의 간격을 의미합니다. 목록에서 선택하거나 직접 입력하여 조절할 수 있습니다. 기본적으로 행간은 글꼴 크기의 약 1.2배 값으로 적용됩니다. 이는 영문 본문 기준으로, 한글 본문의 경우 영문보다 약간 더 넓게(약 1.5배 정도) 설정하는 것이 일반적입니다.

> **T** 영문은 대소문자 높이 차이로 글줄 간 여백이 적당하지만, 한글은 네모꼴 특성상 글줄 간 여백이 적어 1.2배 행간은 답답해 보일 수 있어 본문에서는 권장하지 않습니다.

| Hello, Nice to meet you. | Hello, Nice to meet you. | 안녕하세요, 처음 뵙겠습니다. |
|---|---|---|
| 경기천년 바탕체, 크기 20pt, 행간 30pt(영문) | 경기천년 바탕체, 크기 20pt, 행간 24pt(영문) | 경기천년 바탕체, 크기 20pt, 행간 24pt(한글) |

## ❺ Kerning(커닝)

라틴어를 기반으로 하는 알파벳 언어에서 W, A, V와 같은 사선 문자의 사이 간격을 미세하게 조절하는 기능입니다. 사선 문자는 문자 크기 그대로 정렬될 경우 착시 현상으로 띄어쓰기한 것처럼 보일 수 있어 영문을 기반으로 하는 문자들은 이러한 착시를 보정하기 위해 커닝이 자동으로 적용됩니다. 한글은 알파벳 언어를 사용하지 않으므로, 이 기능을 적용하면 모든 글자 사이 간격이 일괄적으로 조절됩니다.

커닝을 0으로 설정할 경우 사선 문자 간격이 서로 침범하지 않음

커닝을 Auto로 설정한 경우 사선 문자가 서로의 영역을 침범함

## ❻ Tracking(자간)

문자 자체의 크기는 변하지 않고, 글자와 글자 사이의 빈 공간 간격을 조절하는 기능입니다. 이를 통해 텍스트의 밀도와 가독성을 제어할 수 있습니다.

| TRACKING | TRACKING | TRACKING |
|---|---|---|
| 자간 조절을 0으로 설정한 경우 | 자간 조절을 -100으로 설정한 경우 | 자간 조절을 100으로 설정한 경우 |

## ❼ Vertical Scale(세로 크기) / ❽ Horizontal Scale(가로 크기)

문자의 세로 크기와 가로 크기는 목록에서 선택하거나 값을 직접 입력하여 조절할 수 있습니다. 100%가 기준값이며, 조절하면 문자 크기가 변경됩니다.

## ❾ Baseline Shift(기준선 이동)

문자의 기준선 위치를 조절할 수 있습니다. 폰트마다 기준선이 다를 수 있으며, 이 기능을 활용해 특정 문자만 블록 지정하여 기준선 높이를 변경하여 위첨자나 아래첨자 등을 만들 수 있습니다.

| 블록 지정 후 기준선을 -5pt 적용한 경우 | 기준선 이동한 결과 확인 | 숫자만 기준선을 4pt 적용 후 크기도 줄인 경우 |

## ❿ Rotation(회전)

문자의 회전 각도를 설정할 수 있습니다. 원하는 문자를 블록으로 지정한 다음, 회전 각도를 목록에서 선택하거나 직접 입력하면 됩니다.

## ⓫ Text Properties(문자 속성)

모든 문자를 대문자로 표시하거나, 작은 대문자로 바꿀 수 있습니다. 특정 문자를 위첨자나 아래첨자로 만들고, 밑줄 또는 취소선 등의 속성도 적용 가능합니다. 적용 가능한 속성은 폰트마다 다르므로, 일부 폰트는 속성이 매우 적거나 없을 수도 있습니다.

| 아무 속성도 적용하지 않음 | 소문자를 작은 대문자로 적용한 경우 | 일부 문자에만 취소선을 적용한 경우 |

## ⓬ Anti-Aliasing(앤티 앨리어싱)

문자는 벡터 기반으로 제작되므로 해상도의 영향을 받지 않으나 문자의 곡선을 처리하는 방식은 앤티 앨리어싱(Anti-Aliasing) 옵션에서 조절할 수 있습니다. 기본적으로 'Sharp(선명하게)'가 설정되어 있습니다. 단, 비트맵 폰트의 경우 12pt 미만 크기에서는 'None(없음)'으로 설정하면 더욱 선명하게 표현될 수 있습니다. 그 외의 경우에는 대부분 기본 설정을 그대로 사용하면 됩니다.

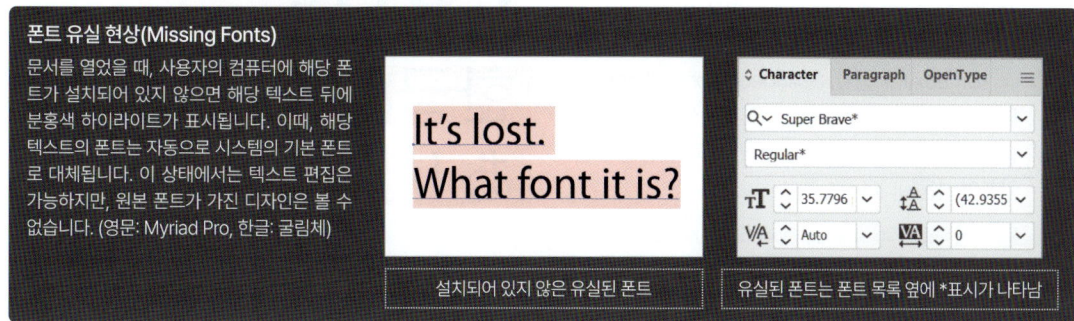

**폰트 유실 현상(Missing Fonts)**

문서를 열었을 때, 사용자의 컴퓨터에 해당 폰트가 설치되어 있지 않으면 해당 텍스트 뒤에 분홍색 하이라이트가 표시됩니다. 이때, 해당 텍스트의 폰트는 자동으로 시스템의 기본 폰트로 대체됩니다. 이 상태에서는 텍스트 편집은 가능하지만, 원본 폰트가 가진 디자인은 볼 수 없습니다. (영문: Myriad Pro, 한글: 굴림체)

| 설치되어 있지 않은 유실된 폰트 | 유실된 폰트는 폰트 목록 옆에 *표시가 나타남 |

## 추가된 신규 기능

[Character] 패널에서 보조 메뉴를 클릭한 뒤, 'Show Snap to Glyph Options(글리프 물리기 옵션 표시)'와 'Show Font Height Options(글꼴 높이 옵션 표시)'를 활성화하면 기존에 없던 메뉴가 추가됩니다.

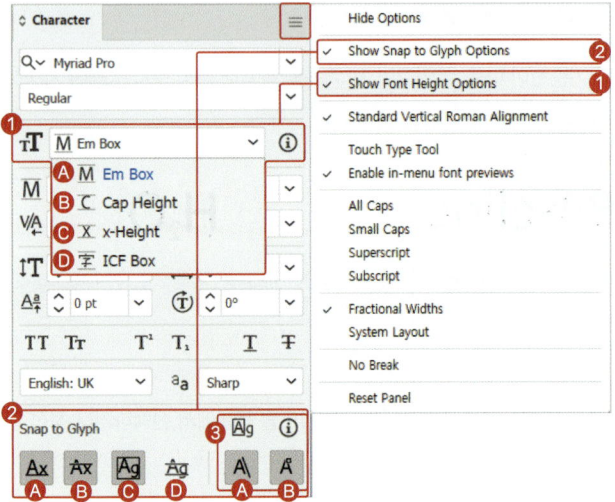

### ❶ Font Height Options(글꼴 높이 옵션)

폰트 크기는 글꼴 테두리 상자(Em Box)의 높이를 포함하기 때문에 이 테두리 상자보다 작습니다. 글꼴 높이 참조는 Cap Height(대문자 높이), x-Height(x-높이) 또는 ICF Box(ICF 상자)를 기준으로 설정할 수 있습니다. 기본 설정은 Em Box(전각 상자)입니다.

Ⓐ M Em Box(전각 상자) : 기본 설정입니다. 글꼴의 높이 기준을 글꼴의 테두리 상자 전체로 설정합니다. 따라서 실제 폰트 크기는 설정된 값보다 작게 보입니다.

Ⓑ C Cap Height(대문자 높이) : 글꼴의 높이 기준을 대문자의 높이로 정합니다. 영문 폰트의 경우, 소문자의 높이가 대문자보다 높은 경우도 있어 시각적으로 차이가 있을 수 있습니다.

Ⓒ X x-Height(x 높이) : 소문자 'x'의 높이를 기준으로 설정합니다. 이 옵션을 선택하면 결과물의 폰트가 설정된 크기보다 훨씬 더 크게 보일 수 있습니다.

Ⓓ 字 ICF Box(ICF 상자) : ICF(Ideographic Character Face) 상자를 기준으로 글꼴 크기를 설정합니다. 이 옵션은 주로 CJK(중국어, 일본어, 한국어) 글꼴과 관련하여 사용됩니다.

> T CJK 글꼴은 China(중국), Japan(일본), Korea(한국)를 의미하며, 이 세 국가의 언어에 사용되는 글꼴을 통칭합니다.

❷ **Snap to Glyph Option(글리프에 물리기 옵션)**

글리프에 물리기는 윤곽선이나 안내선 없이 오브젝트를 텍스트에 정밀하게 맞추는 기능입니다. 이 옵션을 활성화하면 오브젝트를 그리거나 조절 및 이동할 때 Live Text(라이브 텍스트)에 물리기 안내선이 자동으로 표시되며, 이를 통해 텍스트에 정확히 오브젝트를 정렬할 수 있습니다.

> 글리프에 물리기 기능을 사용하려면 [View] - [Snap to Glyph]와 [View] - [Smart Guides] 두 가지 명령을 활성화해야 합니다.

Ⓐ **Baseline(기준선)** : 글리프의 기준선에 정렬합니다.

Ⓑ **x-Height(x-높이)** : 소문자의 x-높이에 정렬합니다.

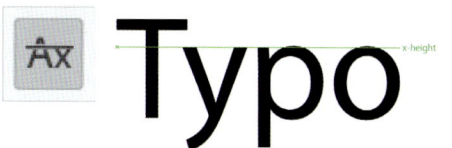

Ⓒ **Glyph Bounds(글리프 테두리)** : 글리프의 상단, 하단, 왼쪽, 오른쪽 테두리에 정렬합니다.

Ⓓ **Proximity Guides(근접 안내선)** : 기준선, x-높이, 그리고 글리프 테두리 근처에 생성되는 안내선을 따라 정렬합니다.

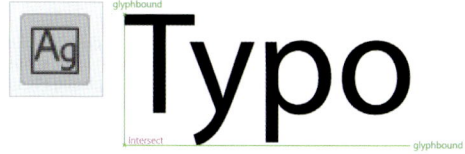

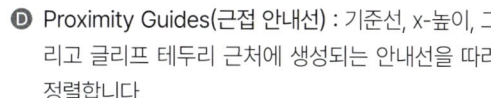

❸ **Snap to a Specific Glyph(선택 항목 뒤의 개별 글리프에 스냅)**

특정 글리프에 물리기 기능을 사용하려면, 해당 글리프를 마우스 오른쪽 버튼으로 클릭한 뒤 '글리프에 물리기[글리프 이름]'를 선택합니다. 선택된 글리프는 강조 표시되며, 모양에 따라 테두리, 가운데, 선형 및 각진 세그먼트 주위에 물리기 선이 나타납니다. 이 선들을 활용하여 오브젝트를 정밀하게 정렬할 수 있습니다.

Ⓐ **Angular Guide(각진 안내선)** : 이 옵션은 각진 세그먼트가 있는 글리프를 선택하거나 텍스트 프레임을 회전할 때 나타나는 각진 안내선에 오브젝트를 맞춥니다.

Ⓑ **Anchor Point(고정점)** : 고정점 물리기는 펜 도구로 그릴 때 활성화됩니다. 또는 오브젝트가 글리프의 고정점에 가깝게 이동할 때 해당 고정점에 정확하게 오브젝트를 물릴 수 있습니다.

**영역 텍스트에 물리기**

글리프에 물리기 기능은 Point Type(점 텍스트)과 Area Type(영역 텍스트) 모두 사용할 수 있습니다. 한 줄 텍스트에서는 모든 안내선과 앵커가 표시되지만, 단락에서는 간소화하기 위해 글리프 바운드만 나타납니다. 단락 내 특정 글리프에 맞추려면, 해당 글리프를 먼저 선택한 다음 글리프 안내선을 활용해 원하는 위치에 정렬할 수 있습니다.

# THEORY 03 단락 패널 알아보기

# Paragraph

■ 예제 파일 : S8-3.ai

단락 패널은 텍스트의 단락 스타일을 조정하는 데 사용됩니다. 이 패널을 사용하면 텍스트의 정렬, 간격, 들여쓰기 및 기타 다양한 서식 옵션을 손쉽게 설정할 수 있습니다.

## ★ Paragraph Panel 단락 패널

[Paragraph] 패널은 문단 정렬의 속성 패널입니다. [Character] 패널을 활성화하면 함께 열리며 [Window] - [Type] - [Paragraph]를 선택하거나, 단축키 Ctrl + Alt + T 를 눌러도 단락 패널이 나타납니다.

S Paragraph(단락) 패널 Ctrl + Alt + T

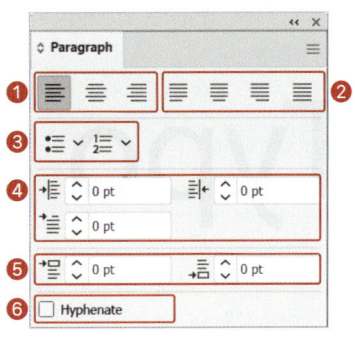

❶ 문단 정렬하기

텍스트를 왼쪽, 가운데, 오른쪽으로 정렬합니다.

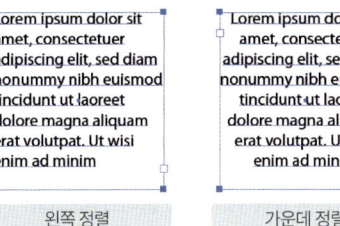

왼쪽 정렬 / 가운데 정렬 / 오른쪽 정렬

❷ 문단 균등 배치 후 마지막 줄 정렬(Justify with last line aligned Left, Center, Right, All lines)

문단을 양쪽으로 균등하게 배치한 후, 마지막 줄을 왼쪽, 가운데, 오른쪽, 강제 정렬합니다. (강제 정렬은 모든 줄을 양쪽으로 균등하게 배치하는 것입니다.)

양쪽 정렬 (마지막 행 왼쪽 정렬) / 양쪽 정렬 (마지막 행 가운데 정렬) / 양쪽 정렬 (마지막 행 오른쪽 정렬) / 강제 정렬

### 엔터 키와 문단

사용자가 Enter 키를 누르기 전까지 입력한 모든 텍스트를 하나의 문단으로 인식합니다. 따라서 엔터 키는 문단의 시작과 끝을 구분하는 역할을 합니다. 예를 들어, 애국가를 1절부터 4절까지 입력할 때 각 절마다 Enter 키를 눌러 구분했다면, 해당 텍스트 상자 안에는 4개의 문단이 생성됩니다. 만약 Enter 키를 누른 위치를 알고 싶다면, [Type] - [Show Hidden Characters]를 클릭합니다. 가려진 문자가 표시되면서 문단 아이콘을 확인할 수 있습니다.

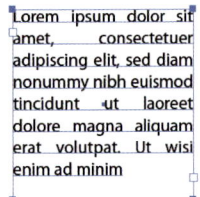

왼쪽 정렬
문단이 4개인 상태

가려진 문자 표시를 활성화하여
띄어 쓰기와 문단 구분 확인

❸ **글머리 기호 및 번호 매기기**

문단의 왼쪽에 글머리 기호 또는 번호를 표시할 수 있습니다. 목록을 열어 다양한 불릿이나 숫자 형식을 선택할 수 있으며, 기타 옵션 버튼(...)을 클릭하면 옵션 창이 열리면서 정렬, 간격 등을 더욱 세밀하게 설정할 수 있습니다.

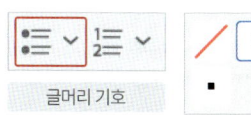
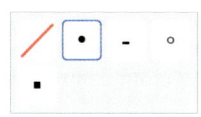

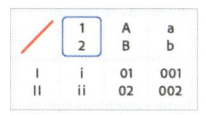

❹ **문단 들여쓰기 설정**

문단을 왼쪽, 오른쪽으로 들여쓰기할 수 있으며, 첫 줄만 왼쪽으로 들여쓰기도 가능합니다. 기능은 텍스트 박스 전체를 선택하면 모든 문단에 적용되며, 마우스 커서가 특정 문단 내에서 활성화된 경우 해당 문단에만 적용됩니다.

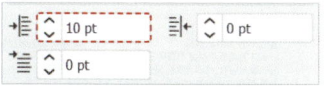
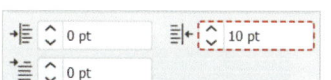
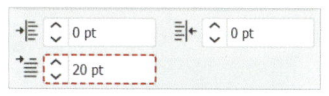

마우스 커서를 2절에 두고 왼쪽 들여쓰기 / 마우스 커서를 4절에 두고 오른쪽 들여쓰기 / 마우스 커서를 1절에 두고 첫줄 왼쪽 들여쓰기

❺ **문단 앞/뒤 공백 설정**

문단 앞이나 뒤에 공백을 추가합니다. 이 기능은 텍스트 박스 전체를 선택하면 모든 문단에 적용되며, 마우스 커서가 특정 문단 내에서 활성화된 경우 해당 문단에만 적용됩니다.

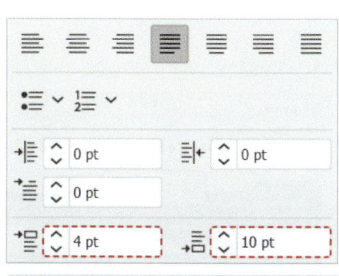

마우스 커서를 2절에 두고 단락 앞 공백 4pt / 단락 뒤 공백 10pt인 경우

❻ **하이픈 연결**

텍스트 상자 끝에서 단어가 끊길 때 하이픈을 넣어 다음 줄과 연결할 수 있습니다. 이 기능은 Justify all lines(강제 정렬) 상태일 때 주로 확인 가능합니다.

PRACTICE 02 › 문자 관련 도구들로 페이지 디자인하기

# Character, Paragraph

■ 예제 파일 : S8-P2.ai, 봄맞이.txt

주어진 자료를 활용하여 텍스트 프레임에 내용을 입력하고 연결합니다. 이어서 문자와 단락 패널을 활용해 페이지 디자인을 완성해 보겠습니다. 본 실습은 기능을 학습하기 위한 예제이므로 기본 글꼴로 작업하여도 무방합니다.

## 텍스트 프레임 작업

### 01 텍스트 프레임 입력하기 1

[File] - [Open](Ctrl + O)으로 'S8-P2.ai' 파일을 엽니다. Type Tool(T)로 연두색 사각형의 패스를 클릭하면 자동으로 샘플 텍스트가 채워집니다. '봄맞이.txt' 파일을 열고, '서문(봄이 오면 ~ 찾을 수 있을 것이다.)' 부분만 복사(Ctrl + C)한 뒤 일러스트레이터로 돌아와 붙여넣기(Ctrl + V) 합니다. [Character] 패널(Ctrl + T)에서 원하는 폰트와 크기, 행간을 지정합니다.

T 예제에서 폰트는 '리디 바탕', 크기는 '11pt', 행간은 '14pt'로 작업하였습니다.

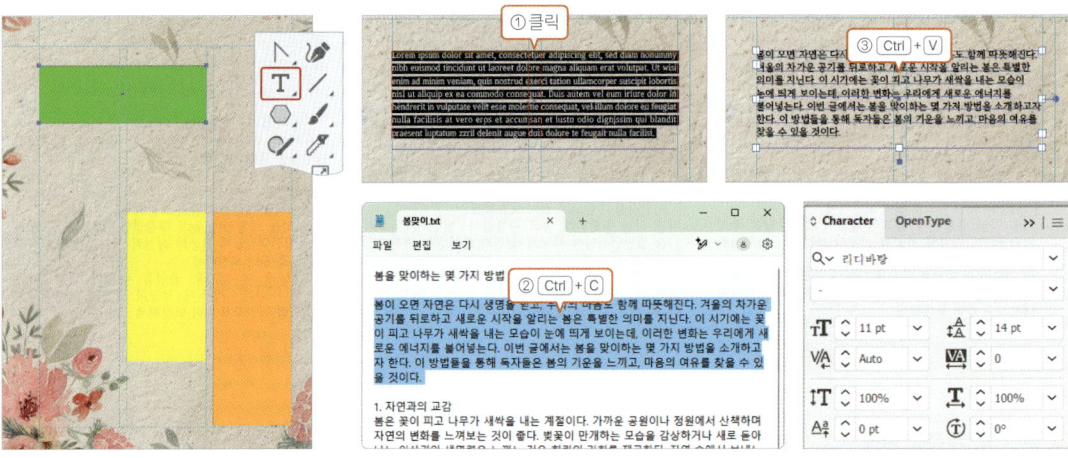

### 02 텍스트 프레임 입력하기 2

노란색 사각형을 선택하고 Type Tool(T)로 클릭하여 텍스트를 채웁니다. 메모장 파일에서 '본문(1. 자연과의 교감 ~ 5. 마음의 여유 찾기)'의 내용을 복사(Ctrl + C)합니다.

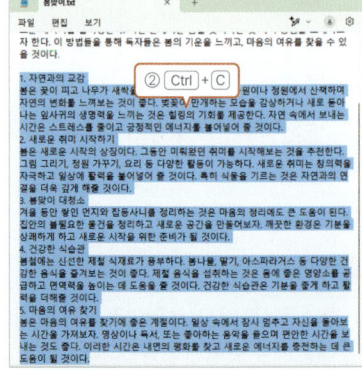

## 03 텍스트 연결하기

복사한 텍스트를 붙여넣기(Ctrl+V)하면 글의 양이 많아 텍스트 넘침 표시가 나타납니다. 이 표시를 클릭하여 마우스 커서가 텍스트 스레드 아이콘 모양으로 변하면, 오렌지색 사각형의 좌측 상단 패스를 클릭하여 넘치던 텍스트를 연결하고, 텍스트 스레드 라인을 확인합니다.

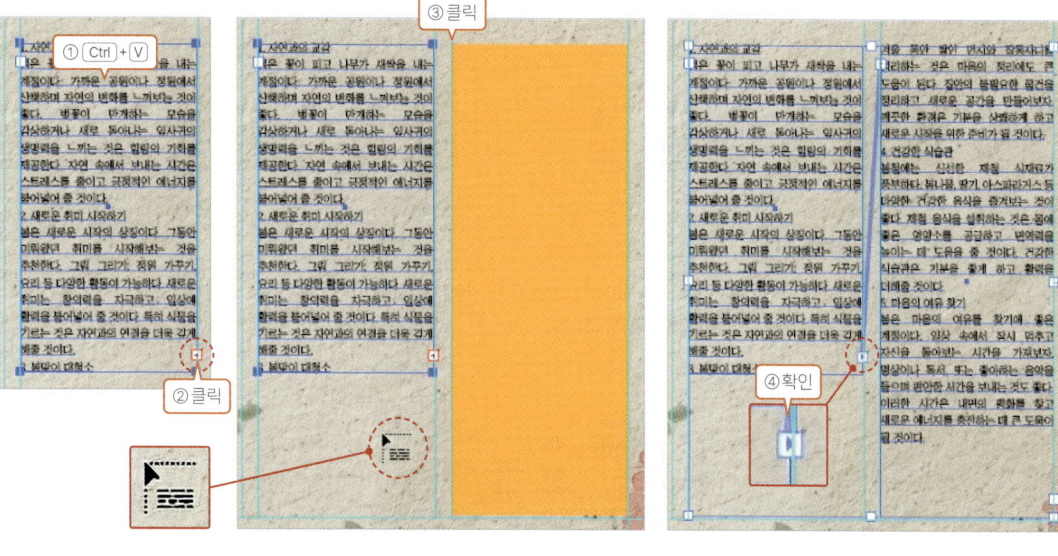

## 텍스트 및 단락 스타일 적용

### 01 단락 스타일 지정하기

[Character] 패널(Ctrl+T)을 열고 원하는 폰트와 크기, 행간, 자간 등을 지정합니다. 이어서 [Paragraph] 패널(Ctrl+Alt+T)을 열고 '양쪽 정렬(마지막 행 왼쪽 정렬)' 버튼을 클릭합니다. 보조 메뉴에서 'Justification...'을 선택한 뒤, Mininum은 '80%', Desired는 '100%', Maximum을 '133%'로 설정합니다.

T 예제에서 폰트는 '조선일보명조', 크기는 '10pt'로 설정하고 행간 '14pt', 자간 '-20', 장평 '95%'로 작업하였습니다.

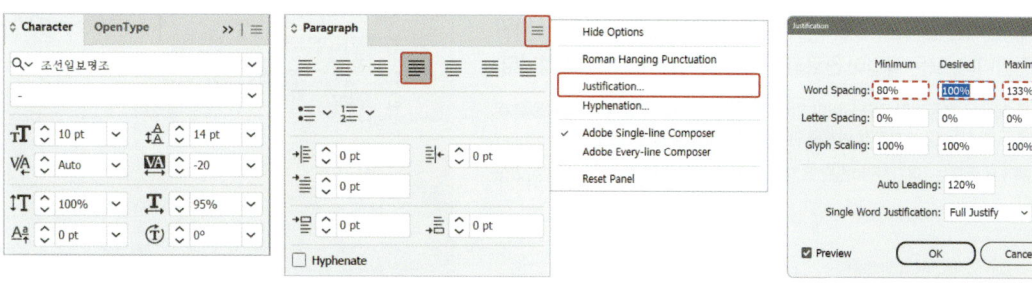

### 02 문단 간 공백 추가하기

Type Tool(T)로 1번 글의 가장 마지막 줄을 클릭하여 커서를 활성화합니다. [Paragraph] 패널에서 단락 뒤 공백을 '10pt' 입력합니다. 2번, 3번, 4번 글도 동일하게 작업합니다.

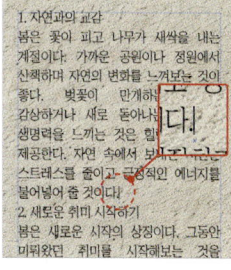
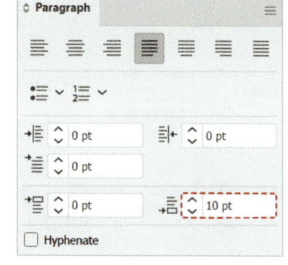

## 03 제목 스타일 적용하기

'1번 글의 제목(1. 자연과의 교감)' 부분을 세 번 클릭하여 블록으로 지정하고 원하는 폰트와 스타일을 지정합니다.

T 예제에서 폰트는 '경기천년바탕', 스타일은 'Bold'로 작업하였습니다.

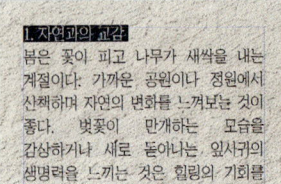 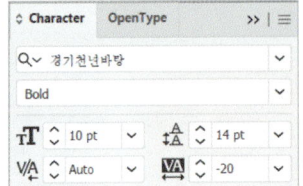

## 04 제목 스타일 복사하기

2번 글의 제목 부분을 세 번 클릭하여 블록으로 지정합니다. Eyedropper Tool(I)로 1번 글의 제목을 클릭하여 스타일을 복사합니다. 3번부터 5번 글 제목에도 같은 방식으로 적용합니다.

T 스포이드 도구로 서체를 클릭하면, 단순히 색상뿐만 아니라 글꼴, 크기, 자간 등 문자 속성도 복사됩니다.

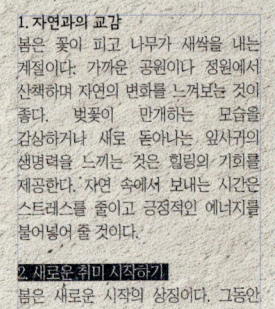  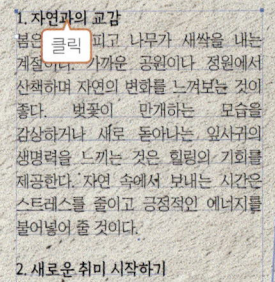 

## 05 큰 제목 추가 및 저장하기

Type Tool(T)로 문서 상단에 '봄을 맞이하는 몇 가지 방법'을 입력합니다. 면 색을 원하는 색으로 설정하고, 원하는 폰트와 크기, 스타일을 지정합니다. 모든 작업이 완료되면 파일을 저장하고 마무리합니다.

T 보통 제목은 본문보다 강조되어야 합니다. 글자 크기를 더 크게 하거나 글꼴 두께를 굵게 하는 등의 시각적 위계를 만들면 가독성을 높일 수 있습니다.

T 예제에서 폰트는 '경기천년바탕', 크기는 '20pt', 스타일은 'Bold'로 작업하였습니다.

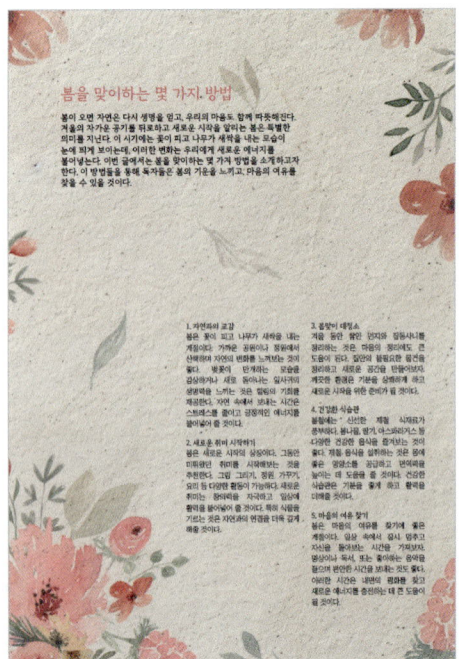

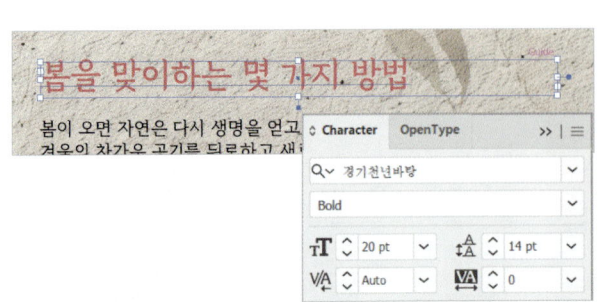

# THEORY 04 영역 문자 옵션 알아보기

# Area Type

■ 예제 파일 : S8-4.ai

드래그하여 입력된 단락 오브젝트는 특정 영역 내에서 문자를 정렬할 수 있습니다. 이 기능을 활용하면 들여쓰기나 정렬, 하이픈 등 다양한 옵션을 적용하여 디테일한 레이아웃을 완성할 수 있습니다.

## Area Type 영역 문자

문자 오브젝트를 선택하면 [Properties] 패널에 영역 문자 옵션 창이 나타납니다. 텍스트 박스 영역을 기준으로 영역 상단 정렬, 가운데 정렬, 하단 정렬, 세로 양쪽 맞춤의 4가지 방식으로 정렬할 수 있습니다.

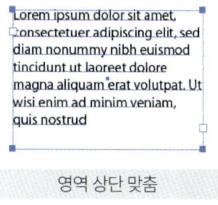
영역 상단 맞춤

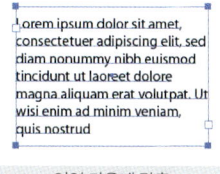
영역 가운데 맞춤

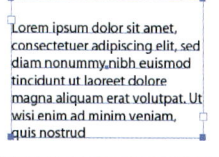
영역 하단 맞춤

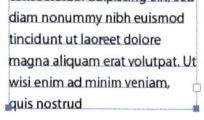
영역 세로 양쪽 맞춤

## Area Type Options 영역 문자 옵션

[Properties] 패널의 Area Type(영역 문자)에서 열린 영역 유형 선택 사항 버튼( ··· )을 클릭하거나, [Type] - [Area Type Options...]을 클릭하여 옵션 창을 열 수 있습니다.

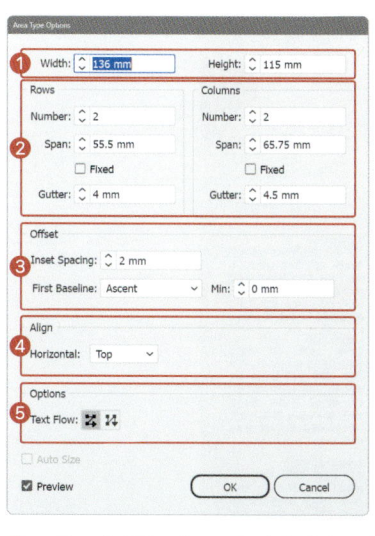

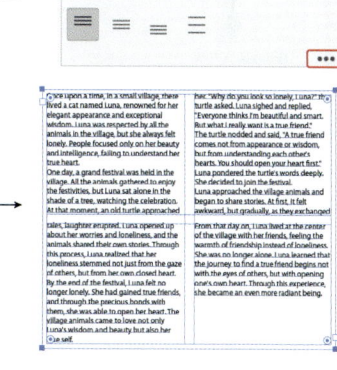

❶ **Width / Height(폭 / 높이)** : 텍스트 영역의 전체 너비와 높이를 정합니다.

❷ **Rows / Columns(열 / 단)** : 텍스트 영역을 Rows(열)와 Columns(단)로 분할합니다. 몇 개의 행과 열로 나눌지 설정할 수 있으며, 각 분할된 영역의 크기는 자동으로 계산됩니다. Gutter(사이값)는 분할된 영역 사이의 빈 공간을 의미합니다.

❸ **Offset(이동)** : 텍스트를 전체 영역보다 안쪽으로 들여 쓰는 기능입니다. First Baseline(첫 번째 기준선)은 텍스트의 첫 줄이 시작되는 기준선을 의미하며, 기본적으로 위쪽에 정렬됩니다. 최소값을 Spacing(간격)과 동일한 값으로 설정하면 텍스트가 지정된 만큼 안쪽으로 들어갑니다.

❹ **Align(정렬)** : 텍스트를 영역의 위쪽 또는 아래쪽 등 어느 방향으로 정렬할지 정합니다.

❺ **Options(옵션)** : 텍스트가 영역 내에서 흐르는 방향을 설정할 수 있습니다.

# THEORY 05   편집 가능한 윤곽선으로 만들기

# Create Outlines

■ 예제 파일 : S8-5.ai

텍스트를 윤곽선화 하면 일반 벡터 개체로 변환되어 더 이상 글꼴이 아닌 개별 패스가 됩니다. 이는 텍스트 편집은 불가능하지만, 폰트 유실 문제없이 어떤 환경에서든 동일한 모양을 유지할 수 있는 장점이 있습니다.

## ★★ Create Outlines  윤곽선 만들기

윤곽선으로 만들 문자를 선택한 후 [Type] - [Create Outlines]를 클릭하면 텍스트가 윤곽선화(Outlined) 되어 더 이상 글꼴이 아닌 일반 벡터 개체로 변환됩니다. 텍스트 박스나 개체를 선택한 뒤 마우스 오른쪽 버튼을 눌러도 'Create Outlines(윤곽선 만들기)' 명령을 찾을 수 있습니다.

**S** Create Outlines(윤곽선 만들기) Ctrl + Shift + O

**T** 실무에서는 텍스트를 윤곽선으로 변환하는 작업을 흔히 '폰트를 깬다'고 표현합니다. 이는 텍스트를 일반적인 패스 형태로 변환하여, 해당 폰트가 설치되어 있지 않은 환경에서도 서체 모양이 그대로 유지되도록 하는 중요한 작업입니다.

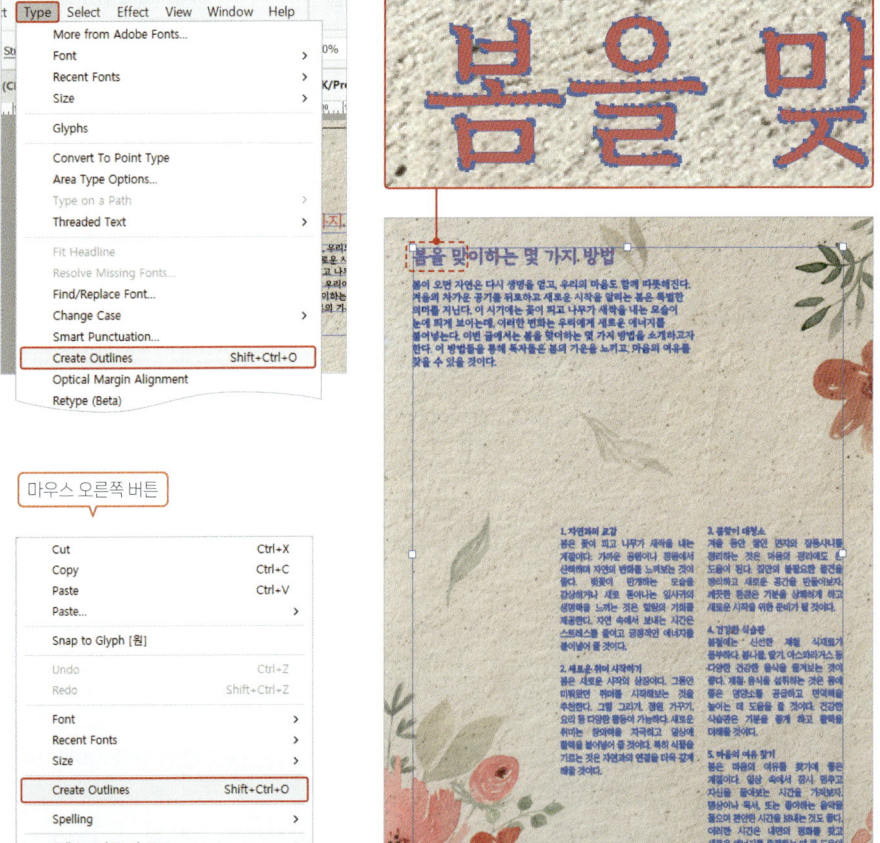

**T** Expand 또는 Expand Appearance 경우 글자뿐만 아니라 선택된 도형의 면과 선, 효과까지 모두 패스 형태로 변환합니다. 반면 Create Outlines의 경우는 오직 글자만 인식하므로, 도형이 함께 선택되어 있어도 글자만 윤곽선으로 변환됩니다.

윤곽선화를 통해 폰트를 자유롭게 다루고 호환성을 높일 수 있다는 장점이 있지만, 편집 제한이 생기므로 작업 단계를 고려해야 합니다.

**❶ 텍스트 형태의 자유로운 조정**

텍스트가 더 이상 편집 가능한 글꼴이 아니라 독립적인 벡터로 변환됩니다. 이로 인해 각 글자의 모양을 자유롭게 조정할 수 있는 이점이 있습니다.

**❷ 글꼴 호환성 문제 해결**

다른 사용자와 파일을 공유할 때, 상대방이 해당 글꼴을 설치하고 있지 않아도 텍스트가 표시됩니다. 이는 글꼴 자체가 아닌 벡터 형태로 변환되었기 때문에 글꼴 문제로 인한 오류 발생을 방지해 줍니다.

**❸ 편집 불가 및 작업 단계 고려**

단, 텍스트를 윤곽선으로 변환하면 더 이상 텍스트 편집 도구를 사용하여 내용을 수정할 수 없습니다. 따라서 이 작업은 최종 디자인 단계에서 수행하는 것을 권장하며, 아웃라인 처리한 파일과 하지 않은 원본 파일을 반드시 따로 저장하여 필요시 원본 텍스트를 수정할 수 있도록 하는 것이 좋습니다.

> **T** 텍스트 박스를 선택한 후 [Object] - [Expand]를 클릭해도 윤곽선 만들기처럼 텍스트가 윤곽선화됩니다. 이 기능은 만약 다른 효과가 함께 적용되었다면, 텍스트뿐만 아니라 효과도 모두 면이나 선으로 처리한다는 차이점이 있습니다.

## PRACTICE 03  윤곽선을 활용한 타이포 디자인

# Create Outlines

▶ 예제 파일 : S8-P3.ai

텍스트를 윤곽선으로 만들어 벡터 개체처럼 다루는 방법을 배워봅니다. 이를 통해 다양한 텍스트 디자인을 만들 수 있습니다. 단, 윤곽선으로 변환하기 전에 원본 텍스트 개체는 따로 보존해두는 것이 좋습니다.

### 입체 타이포 디자인

#### 01  텍스트 윤곽선화 및 잠금

[File] - [Open] (Ctrl + O)으로 'S8-P3.ai' 파일을 엽니다. 'PAPER' 글씨 개체를 선택하고 [Character] 패널(Ctrl + T)을 열어 원하는 폰트와 크기를 지정합니다. Ctrl + Shift + O 를 눌러 문자를 윤곽선으로 만듭니다. 윤곽선화된 개체를 Ctrl + C 로 복사한 뒤 Ctrl + 2 를 눌러 개체를 잠급니다.

- **S** Create Outlines(윤곽선 만들기) Ctrl + Shift + O   **S** Lock(잠금) Ctrl + 2
- **T** 예제에서 폰트는 'Bebas Regular', 크기는 '150pt'로 작업하였습니다.

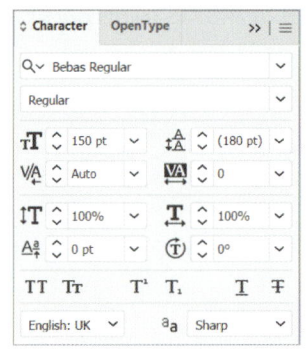

#### 02  라인 추가하기

Ctrl + F 로 제자리에 붙여넣기 한 뒤, 면 색을 원하는 색으로 변경합니다. Line Segment Tool(\)로 글씨의 중앙을 가로지르는 선을 만들고, 선 색과 면 색은 '없음'으로 설정합니다.

- **S** Paste in Front(앞에 붙이기) Ctrl + F

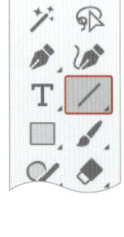

## 03 텍스트 분할 및 제거하기

윤곽선화된 텍스트와 가로지르는 선을 함께 선택한 뒤 [Pathfinder] 패널(Ctrl + Shift + F9)을 열어 'Divide'를 클릭합니다. 자동으로 그룹 처리되므로 Ctrl + Shift + G로 그룹을 해제합니다. Shape Builder Tool(Shift + M)로 Alt 키를 누른 채 'A' 사이의 빈 공간을 제거합니다.

S Ungroup(그룹 풀기) Ctrl + Shift + G

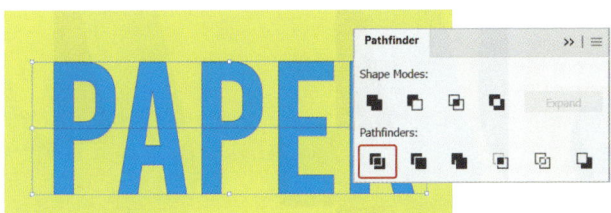 

## 04 하단 색상 변경하기

'P'와 'R'의 빈 공간도 Shape Builder Tool(Shift + M)로 제거한 뒤, 아래쪽 개체들을 선택하여 면 색을 기존 색보다 어둡게 변경합니다.

## 05 문자 기울이기 1

Shear Tool을 선택하고 마우스 포인터로 가장 왼쪽 글자(P)의 가운데 점을 Alt 키를 누른 채 클릭합니다. 옵션 창에서 Shear Angle을 '-15도'로 입력하고 'Horizontal'을 선택한 다음 OK를 누릅니다.

  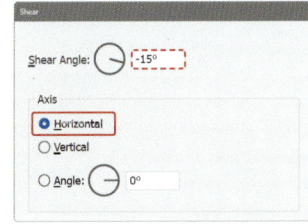

## 06 문자 기울이기 2

위쪽의 밝은색 개체 5개를 선택한 뒤 05번과 동일하게 작업합니다. 이때 Shear Angle은 '15도'로 입력합니다.

## 07 편집 및 마무리

Ctrl + Alt + 2 를 눌러 잠금을 해제합니다. 검은색 개체를 오른쪽으로 이동시켜 그림과 같이 만듭니다. 'E'자의 가운데 검은색 튀어나온 부분을 점 편집 도구로 이동하여 조절합니다. 그 외 나머지 개체들도 편집이 필요한 부분을 다듬고, 모든 작업이 완료되면 파일을 저장합니다.

S Unlock All (모두 잠금 해제) Ctrl + Alt + 2

윤곽선화를 통해 폰트를 자유롭게 다루고 호환성을 높일 수 있다는 장점이 있지만, 편집 제한이 생기므로 작업 단계를 고려해야 합니다.

### ❶ 텍스트 형태의 자유로운 조정

텍스트가 더 이상 편집 가능한 글꼴이 아니라 독립적인 벡터로 변환됩니다. 이로 인해 각 글자의 모양을 자유롭게 조정할 수 있는 이점이 있습니다.

### ❷ 글꼴 호환성 문제 해결

다른 사용자와 파일을 공유할 때, 상대방이 해당 글꼴을 설치하고 있지 않아도 텍스트가 표시됩니다. 이는 글꼴 자체가 아닌 벡터 형태로 변환되었기 때문에 글꼴 문제로 인한 오류 발생을 방지해 줍니다.

### ❸ 편집 불가 및 작업 단계 고려

단, 텍스트를 윤곽선으로 변환하면 더 이상 텍스트 편집 도구를 사용하여 내용을 수정할 수 없습니다. 따라서 이 작업은 최종 디자인 단계에서 수행하는 것을 권장하며, 아웃라인 처리한 파일과 하지 않은 원본 파일을 반드시 따로 저장하여 필요시 원본 텍스트를 수정할 수 있도록 하는 것이 좋습니다.

> 텍스트 박스를 선택한 후 [Object] - [Expand]를 클릭해도 윤곽선 만들기처럼 텍스트가 윤곽선화됩니다. 이 기능은 만약 다른 효과가 함께 적용되었다면, 텍스트뿐만 아니라 효과도 모두 면이나 선으로 처리한다는 차이점이 있습니다.

## PRACTICE 03 | 윤곽선을 활용한 타이포 디자인

# Create Outlines

■ 예제 파일 : S8-P3.ai

텍스트를 윤곽선으로 만들어 벡터 개체처럼 다루는 방법을 배워봅니다. 이를 통해 다양한 텍스트 디자인을 만들 수 있습니다. 단, 윤곽선으로 변환하기 전에 원본 텍스트 개체는 따로 보존해두는 것이 좋습니다.

### 입체 타이포 디자인

#### 01 텍스트 윤곽선화 및 잠금

[File] - [Open] (Ctrl + O)으로 'S8-P3.ai' 파일을 엽니다. 'PAPER' 글씨 개체를 선택하고 [Character] 패널(Ctrl + T)을 열어 원하는 폰트와 크기를 지정합니다. Ctrl + Shift + O를 눌러 문자를 윤곽선으로 만듭니다. 윤곽선화된 개체를 Ctrl + C로 복사한 뒤 Ctrl + 2를 눌러 개체를 잠급니다.

S Create Outlines(윤곽선 만들기) Ctrl + Shift + O  S Lock(잠금) Ctrl + 2

T 예제에서 폰트는 'Bebas Regular', 크기는 '150pt'로 작업하였습니다.

#### 02 라인 추가하기

Ctrl + F로 제자리에 붙여넣기 한 뒤, 면 색을 원하는 색으로 변경합니다. Line Segment Tool(\)로 글씨의 중앙을 가로지르는 선을 만들고, 선 색과 면 색은 '없음'으로 설정합니다.

S Paste in Front(앞에 붙이기) Ctrl + F

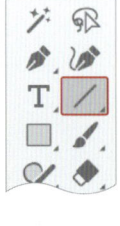

## 라인 타이포 디자인

### 01 텍스트 윤곽선화 및 병합

하단 아트보드의 'DESIGN' 글씨 개체를 선택하고 원하는 폰트와 크기를 지정합니다. Ctrl + Shift + O 를 눌러 문자를 윤곽선으로 만듭니다. 해당 폰트는 조각난 상태로 윤곽선화 되기 때문에 [Pathfinder] 패널( Ctrl + Shift + F9 )에서 'Unite'를 클릭하여 합쳐줍니다.

T 예제에서 폰트는 'MontSerrat', 크기는 '75pt'로 작업하였습니다.

### 02 라인 추가하기

Line Segment Tool( \ )을 선택한 뒤 빈 화면을 클릭합니다. Length를 '40mm', Angle을 '120도'로 설정하고 OK를 누릅니다. 생성된 라인을 첫 글자 위에 그림과 같이 글자를 넘어가도록 사선 방향으로 배치합니다. 면 색은 '없음', 선 색은 검은색으로 설정한 뒤, 복제하여 각 글자마다 배치합니다.

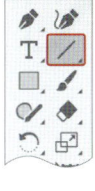
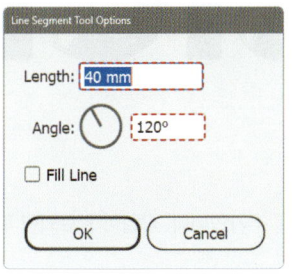
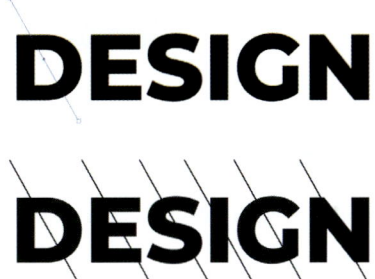

### 03 텍스트 분할 및 제거

텍스트와 가로지르는 선을 함께 선택한 뒤 [Pathfinder] 패널( Ctrl + Shift + F9 )을 열어 'Divide'를 클릭합니다. Shape Builder Tool( Shift + M )로 Alt 키를 누른 채 'D', 'E', 'S', 'G'자 안에 막힌 부분을 드래그하여 제거합니다. 완료 후 Ctrl + Shift + G 를 눌러 그룹을 해제합니다.

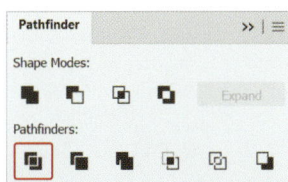

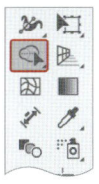

## 04 선 스타일 적용하기

글자마다 나눠진 사선에서 오른쪽 개체들을 모두 선택합니다. 면 색은 '없음'으로, 선 색은 검은색으로 설정합니다. [Stroke] 패널( Ctrl + F10 )을 열고 선 두께를 '0.5pt', 정렬을 안쪽으로 지정합니다.

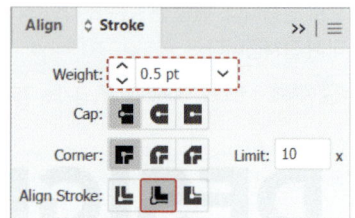

## 05 패스 이동 적용하기

[Object] - [Path] - [Offset Path]를 클릭한 뒤 Offset 값을 '-0.5mm'로 입력하고 OK를 눌러 사방으로 작아진 개체를 만듭니다.

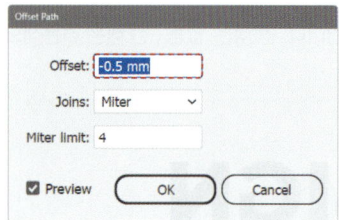

## 06 패스 이동 반복 및 마무리

[Object] - [Path] - [Offset Path]를 3번 더 눌러 같은 값을 반복 적용하여 패스를 추가합니다. 작업이 완료되면 파일을 저장하고 마무리합니다.

## THEORY 06 글리프 패널 알아보기

# Glyphs

■ 예제 파일 : S8-6.ai

글리프 패널은 특정 글꼴에 포함된 모든 글리프(문자, 기호, 특수 문자 등)를 표시해주는 유용한 도구입니다. 이 패널을 통해 현재 선택된 글꼴이 가진 모든 글리프를 한눈에 확인할 수 있으며, 일반적으로 사용하는 문자 외에도 다양한 특수 문자와 기호를 손쉽게 찾아 활용할 수 있습니다.

## Glyphs Panel 글리프 패널

[Type] - [Glyphs]를 클릭하면 [Glyphs] 패널이 나타납니다. 이 패널은 현재 선택된 폰트를 기반으로 글리프를 표시하며, 폰트에 따라 패널 내에 보여지는 글리프의 양은 다를 수 있습니다.

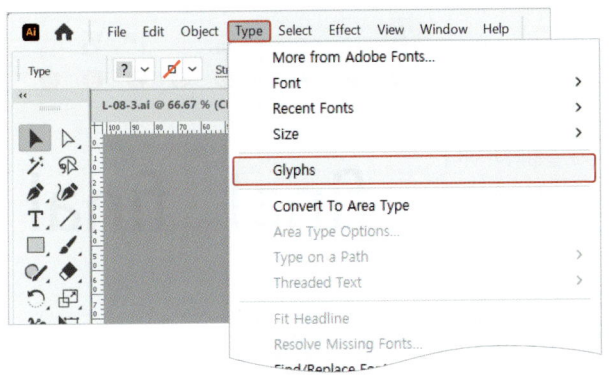
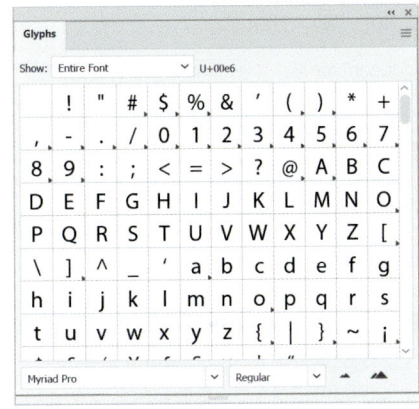

### ❶ 글리프 기호 삽입

텍스트 편집 도중 원하는 위치에 마우스 커서를 놓은 뒤, [Glyphs] 패널을 열어 목록에서 원하는 해당 특수 기호를 더블클릭하면 커서가 있던 자리에 해당 기호가 바로 삽입됩니다.

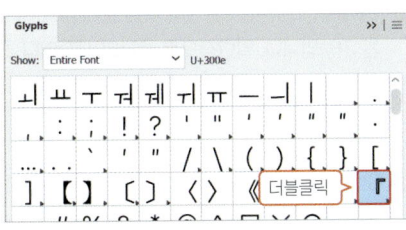

### ❷ 글리프 목록 탐색

[Glyphs] 패널은 기본적으로 전체 글꼴 보기로 설정되어 있습니다. 폰트 종류에 따라 구두점, 확장된 라틴어, 작은 대문자 등 다양한 카테고리로 글리프가 목록화되어 있어 원하는 기호를 쉽게 찾을 수 있습니다.

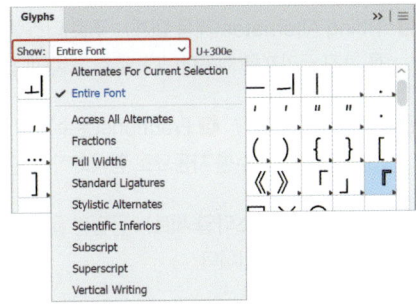

## THEORY 07 오픈 타입 패널 알아보기

# Open Type

■ 예제 파일 : S8-7.ai

글꼴은 크게 TTF(TrueType Font) 형식과 OTF(OpenType Font) 형식으로 구분할 수 있습니다. 특히 OpenType 형식은 그래픽적으로 추가된 다양한 기능을 제공하며, 별도의 패널이 존재합니다.

### OpenType Panel 오픈 타입 패널

메뉴의 [Window] - [Type] - [OpenType]을 클릭하거나 단축키 Ctrl + Alt + Shift + T 를 누르면 [OpenType] 패널이 나타납니다. 이 패널은 OpenType 형식의 텍스트를 선택해야만 활성화됩니다. 단, 제작 시 특정 옵션이 포함되지 않았다면 해당 옵션 적용 기능이 비활성화되어 있을 수 있습니다.

S OpenType 패널 Ctrl + Alt + Shift + T

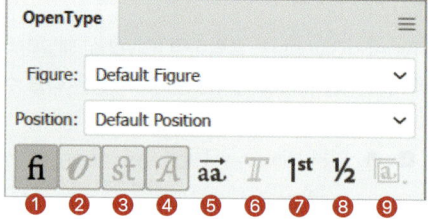

❶ **Standard Ligatures(표준 합자)** : 두 개 이상의 글자가 결합되어 하나의 글자처럼 보이도록 만들어주는 기능입니다. 예를 들어, 'fi'와 같은 특정 글자 조합이 서로 겹치거나 부자연스럽게 보이는 것을 방지하여 매끄러운 텍스트 흐름을 제공합니다.

❷ **Contextual Alternates(문맥 대체)** : 글자의 위치나 주변 글자에 따라 자동으로 대체 글자를 선택하여 적용하는 기능입니다. 더욱 자연스럽고 유기적인 타이포그래피를 구현할 수 있습니다.

❸ **Discretionary Ligatures(임의 합자)** : 특정 글자 조합에 대해 선택적으로 적용되는 장식적인 합자(Ligatures)를 제공합니다. 예를 들어, 특정 글꼴에서 'st', 'ct'와 같은 조합이 더욱 예술적이거나 독특한 형태로 결합되어 시각적인 흥미를 더할 수 있습니다.

❹ **Swash(스와시)** : 글꼴의 특정 문자에 대해 장식적인 변형을 제공하는 기능입니다. 일반적으로 글자의 시작이나 끝 부분에 추가적인 곡선이나 장식적인 요소가 추가되어 스타일을 더욱 독창적이고 예술적으로 만들어 줍니다.

❺ **Stylistic Alternates(문체 대체)** : 영문 활자의 스타일을 대체하는 기능으로, 동일한 글자라도 다양한 디자인 변형 중 하나를 선택하여 적용할 수 있게 해줍니다.

❻ **Titling Alternates(제목 대체)** : 주로 디스플레이(Display) 용도로 사용되며, 일반 텍스트의 대문자와는 다른 특별한 형태를 가진 글리프를 제공합니다. 주로 제목이나 강조하고 싶은 부분에 사용하여 시각적인 효과를 높입니다.

❼ **Ordinals(서수)** / ❽ **Fractions(분수)** : '1st', '2nd'와 같이 서수를 올바르게 표시할 수 있도록 도와주는 기능과 '1/2', '3/4'과 같이 분수를 자동으로 형식화하여 깔끔하고 읽기 쉽게 표시할 수 있는 기능입니다.

❾ **Stylistic Sets(스타일 세트)** : 동일한 글꼴 내에서 여러 가지 디자인 옵션(미리 정의된 글리프 대체 세트)을 선택하여 적용할 수 있는 기능입니다.

## Advice | 디자이너가 추천하는 무료 폰트 사이트

폰트 하나만으로도 디자인의 분위기를 바꿀 수 있으며, 좋은 폰트를 선별하는 안목은 디자이너의 중요한 역량 중 하나입니다. 이러한 작업을 효율적으로 지원하기 위해 다양한 폰트를 다운로드할 수 있는 무료 사이트들을 소개합니다. 폰트 또한 이미지와 마찬가지로 저작권 문제로 인해 제약을 받을 때가 많습니다. 무료 폰트라도 변형이나 재배포를 금지하는 등의 라이선스 항목이 있으므로, 상업적으로 이용 시에는 저작권을 반드시 확인해야 합니다.

### 1. dafont.com

영문 폰트가 테마별로 분류되어 있어 원하는 스타일을 빠르게 찾을 수 있는 곳입니다. 별도의 가입 절차 없이도 폰트를 다운로드할 수 있으며, '100% Free'를 선택하면 상업적으로도 무료 사용이 가능합니다. 다만, 해당 사이트에 업로드된 일부 폰트 중에는 저작권 문제가 있는 경우가 간혹 있으므로, 라이선스 내용을 꼼꼼히 확인하고, 판단이 어려운 경우에는 공식 제작사의 사이트나 저작자를 통해 재확인하는 것이 좋습니다.

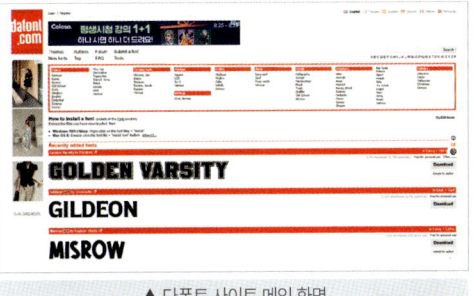

▲ 다폰트 사이트 메인 화면

### 2. noonnu.cc

다양한 무료 한글 폰트를 편리하게 찾아볼 수 있도록 돕는 플랫폼입니다. 폰트 파일을 직접 제공하는 것이 아니라, 각 폰트의 원본 제작사나 배포처로 연결해주는 역할을 합니다. 입력한 문장으로 폰트를 미리 확인하거나 라이선스 조건을 한눈에 볼 수 있는 장점이 있습니다. 폰트의 저작권 정책은 수시로 변경될 수 있으므로, 해당 사이트에 연결되면 라이선스 내용을 확인한 후 다운로드할 것을 권장합니다.

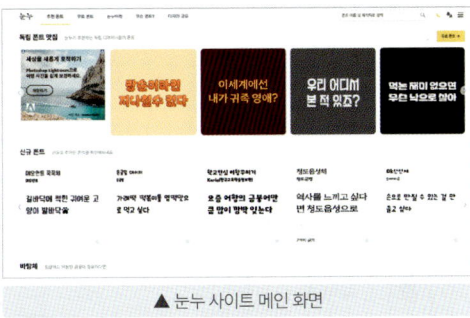

▲ 눈누 사이트 메인 화면

### 다운로드 폰트 설치 및 사용 방법

1. 다운로드한 폰트 압축 파일을 해제한 후, TTF나 OTF 파일을 찾아 더블클릭합니다. 나타나는 창에서 설치 버튼을 누르면 폰트 설치가 완료됩니다.

   > T  TTF(TrueType Font)는 호환성이 뛰어나 일반적인 용도에 적합하며, OTF(OpenType Font)는 고급 타이포그래피 기능을 제공하여 전문 디자인 작업에 유용합니다.

2. 폰트를 설치할 때 일러스트레이터가 실행 중이었다면, 폰트 목록에 나타나지 않을 수 있으므로 프로그램을 종료하고 다시 실행합니다.

3. 글꼴 목록에서 설치한 폰트 이름을 찾아 적용합니다.

   > T  설치된 폰트는 컴퓨터에 설치된 다른 모든 프로그램에서도 사용 가능합니다.

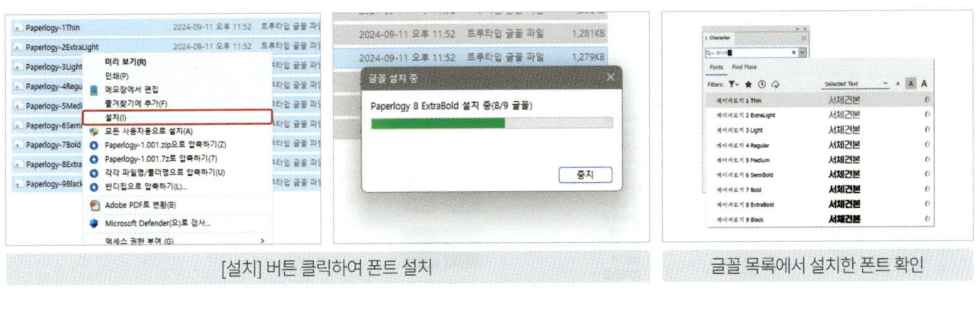

[설치] 버튼 클릭하여 폰트 설치     글꼴 목록에서 설치한 폰트 확인

## Advice — 산돌구름 폰트 플랫폼 활용하기

산돌구름(SandollCloud)은 다양한 브랜드의 고품질 폰트를 통합 제공하는 클라우드 기반 폰트 플랫폼입니다. 산돌 자체 폰트는 물론, 다양한 외부 브랜드의 폰트와 상업적으로 사용 가능한 무료 폰트도 한 곳에서 쉽게 검색하고 사용할 수 있습니다. '산돌구름 클라우드'의 설치 방법과 프로그램에서의 연동법을 함께 알아보겠습니다.

- https://www.sandollcloud.com/home에 접속하여 회원가입 또는 로그인합니다.
- 메뉴에서 '다운로드'를 클릭하여 '산돌구름 클라우드' 프로그램을 PC에 설치합니다.

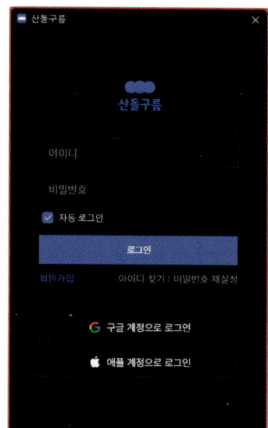

- 메뉴에서 '무료 폰트'를 클릭하여 사용하고 싶은 폰트를 선택할 수 있습니다. 무료 폰트 내에서 '자유 사용'의 경우에는 상업적 이용을 포함해 자유롭게 사용할 수 있습니다(산돌구름이 실행 중인 상태에서 폰트를 사용할 수 있습니다).

- 폰트가 활성화되면 '내 폰트 관리'에서 폰트를 확인할 수 있습니다. 프로그램 내에서 폰트가 활성화되었는지 확인하여 사용합니다. 비활성화가 되었다면 '산돌구름 클라우드'를 종료하고 재로그인 후 폰트 동기화하여 확인하도록 합니다.

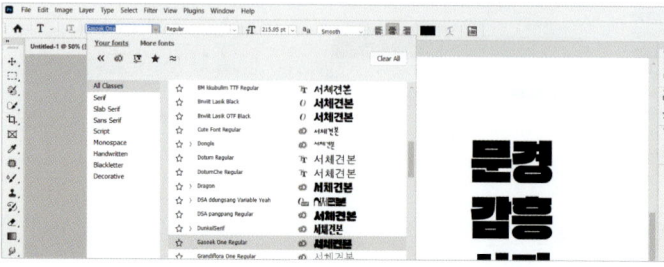

# Exercise

## 타이포그래피 포스터 만들기     📁 S8_Exercise 예제

텍스트를 윤곽선으로 만들고, 직접 선택 도구를 활용해 텍스트 형태를 자유롭게 디자인합니다. 정렬 및 글꼴 스타일을 조정하여 타이포그래피 중심의 포스터 디자인을 완성해 보세요.

### 1. 폰트 윤곽선 변형을 활용한 제목 디자인

[File] - [Open]으로 'S8-E1.ai' 파일을 엽니다. 포스터 디자인의 기본적인 레이아웃과 그리드가 준비되어 있습니다. 제목 폰트를 윤곽선화한 후, Direct Selection Tool로 그리드에 맞춰 자유롭게 형태를 변형합니다. 이때 다른 개체들은 잠시 숨기거나 옮겨둔 뒤 작업하면 편리합니다. 영문 'O' 안쪽 패스를 삭제하여 원으로 만들고, Shape Builder Tool로 의도적으로 겹친 부분을 자연스럽게 연결합니다.

- ⓢ Open(열기) `Ctrl` + `O`
- ⓢ Direct Selection Tool(직접 선택 도구) `A`
- ⓢ Shape Builder Tool(도형 구성 도구) `Shift` + `M`
- ⓢ Create Outlines(윤곽선 만들기) `Ctrl` + `Shift` + `O`

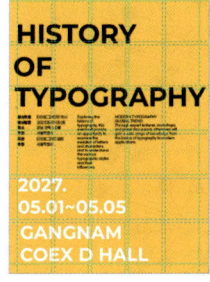 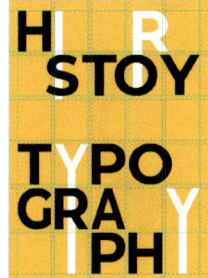 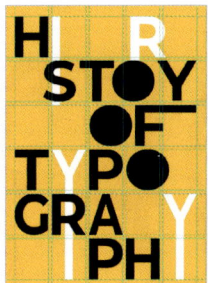 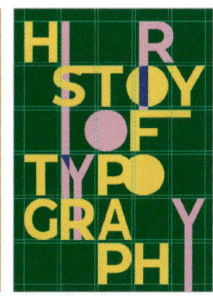 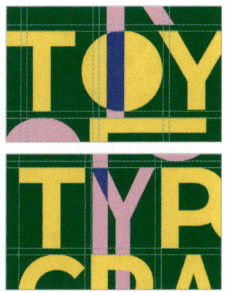

### 2. 텍스트 정렬 및 스타일 설정

텍스트의 정렬은 강제 정렬 또는 왼쪽 정렬 등으로 가독성을 고려해 결정합니다. 또한, 글의 중요도에 맞춰 제목은 크고 두껍게, 본문은 제목보다 작고, 얇게 하는 등 어울리는 글꼴, 두께, 행간, 자간 등을 조절합니다. 원하는 대로 색상을 적용한 뒤 저장하여 작업을 마무리합니다.

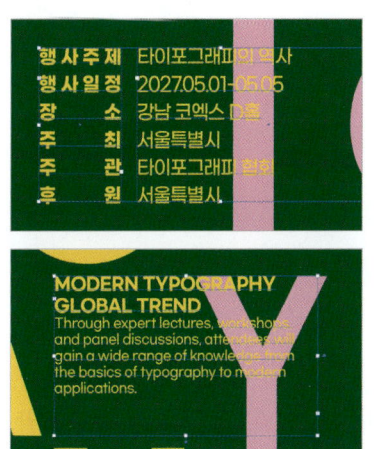

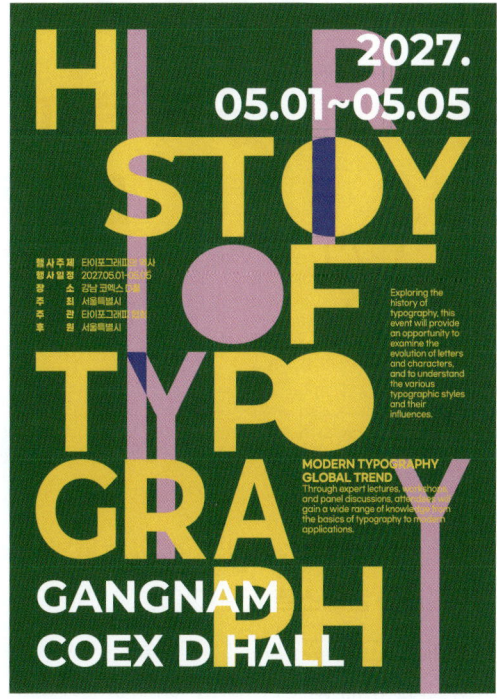

- **국내외 희귀 꽃 전시회:** 쉽게 볼 수 없는 특별한 꽃들을 한자리에서 만나보세요.
- **플라워 디자인 콘테스트:** 전문가들의 화려한 꽃 장식 기술을 감상하고, 직접 투표에도 참여하세요!
- **꽃꽂이 체험 교실:** 온 가족이 함께 즐거운 시간을 보낼 수 있는 꽃꽂이 체험에 참여하세요. (사전 예약 필수)
- **꽃 관련 상품 판매 부스:** 다양한 꽃 관련 상품들을 저렴하게 구매할 수 있는 기회!

## 05.05~06.27

Section 09

# Brush, Freeform Draw

## 브러시, 자유형상 드로잉

**MISSION**

단순한 라인으로 표현되는 선(획)에 브러시를 사용하면 자연스러운 질감의 손그림, 캘리그라피, 붓 터치 등의 느낌을 손쉽게 표현할 수 있습니다. 선 효과의 일종인 이 브러시 기능은 브러시 도구로 직접 그리는 방식 외에도 이미 만들어진 패스에 브러시를 적용하는 것도 가능합니다. 브러시의 종류는 매우 다양하기 때문에 라이브러리 목록에서 여러 브러시를 사용해보는 것이 좋으며, 또한 직접 만든 개체를 브러시로 등록하여 사용할 수 있습니다.

**KEYWORD**

#브러시 도구 #브러시 패널 #브러시 등록과 옵션
#물방울 브러시 도구 #모양 도구 #연필 도구 #매끄럽게 도구

# THEORY 01 | 브러시 도구와 옵션 알아보기

# Brush Tool

■ 예제 파일 : S9-1.ai

브러시는 제작한 후 등록하여 사용하는 제작 브러시와 일러스트레이터에서 기본으로 제공되는 기본 브러시로 구분됩니다. 도구와 패널에서 브러시를 더 효과적으로 사용할 수 있는 방법을 알아보겠습니다.

## ★ Paint Brush Tool 페인트 브러시 도구

Paint Brush Tool(페인트 브러시 도구)을 선택한 후 화면에 드래그하여 브러시를 직접 드로잉할 수 있습니다. 브러시는 선으로 적용되므로, 작업 시 Stroke(획)에만 색을 적용하고 Fill(칠)은 '없음'으로 설정하는 것이 편리합니다. 브러시의 기본 설정으로 클릭-드래그하면 5pt 두께의 모퉁이가 둥근 선이 적용되는 것을 확인할 수 있습니다. 브러시 팁 크기는 [ 키로 작게, ] 키로 크게 조절할 수 있습니다.

S Paint Brush Tool(페인트 브러시 도구) B

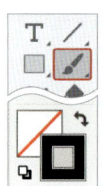

브러시의 기본 설정으로 화면에 클릭-드래그 했을 경우

브러시 크기 조절에 따른 모양 변화

T 브러시로 작업할 때 Caps Lock 키를 누르면, 마우스 커서가 십자 모양(X)으로 바뀝니다. 다시 누르면 원래의 브러시 모양으로 돌아옵니다.

## Paint Brush Tool Options 페인트 브러시 도구 옵션

도구 바에서 Paintbrush Tool을 더블클릭하면 브러시 도구의 속성을 변경할 수 있는 옵션 창이 나타납니다.

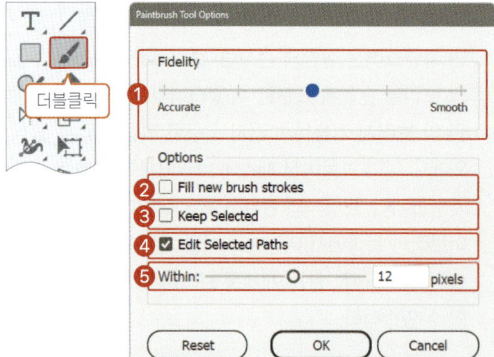

① **Fidelity(정확도)** : 움직임을 얼마나 정밀하게 반영할지를 조절합니다. Accurate(정확하게)에 가까울수록 미세하게 반영하며, Smooth(매끄럽게)에 가까울수록 부드럽게 보정하여 패스를 생성합니다.

② **Fill new brush strokes(새 브러시 획 칠)** : 면 색에 설정된 색상을 패스로 만들 때 적용합니다. 닫힌 패스를 만들 때 유용합니다.

③ **Keep Selected(선택 유지)** : 드로잉 작업이 완료된 후에도 현재 개체의 선택 상태를 유지합니다.

④ **Edit Selected Paths(선택 패스 편집)** : 브러시로 만든 패스 앞에 다시 브러시를 드래그했을 때 패스가 수정되도록 설정합니다. 브러시 작업을 다듬는 용도로 사용합니다.

⑤ **Within(한도)** : 선택된 패스 편집 시, 꺾임이 적은 구간에서 앵커 포인트(점) 생성 거리를 조절합니다.

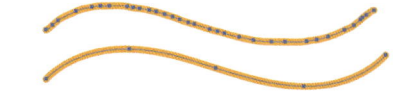

정확도를 각각 정확하게(위) / 부드럽게(아래)에 가깝게 설정한 경우

한도의 값을 각각 2pixels(위) / 20pixels(아래)로 설정한 경우

# THEORY 02 브러시 패널 알아보기

# Brushes

예제 파일 : S9-2.ai

브러시 패널은 다양한 브러시를 관리하고 적용하는 곳으로, 기본 브러시를 선택하거나 직접 만든 브러시를 등록하여 선(획)에 다양한 스타일과 질감을 입힐 수 있습니다.

## ★★ Brushes Panel 브러시 패널

다양한 종류의 브러시들을 모아 놓은 [Brushes] 패널은 [Window] - [Brushes]를 선택하거나 단축키 F5 를 눌러 불러올 수 있습니다. 브러시 패널을 열면 해당 문서의 기본 설정으로 지정되어 있는 브러시들이 나타납니다.

S Brushes(브러시) 패널 F5

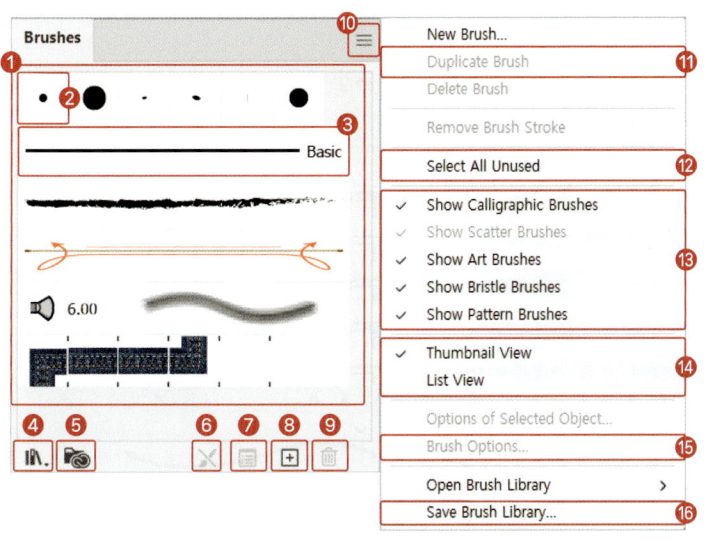

① **Brushes List**(브러시 목록) : 패널에 등록된 브러시들이 순서대로 표시되는 영역입니다.

② **5pt. Round**(5pt. 원) : 페인트 브러시 도구의 기본 브러시입니다.

③ **Basic**(기본) : 연필 도구 및 펜 도구의 기본 브러시로, 1pt 두께의 단순한 일자형 선입니다.

④ **Brush Libraries Menu**(브러시 라이브러리 메뉴) : 다양한 테마의 브러시 모음이 있는 메뉴입니다.

⑤ **Libraries Panel**(라이브러리 패널) : Adobe Creative Cloud 라이브러리에 브러시를 저장하고 공유할 수 있습니다. (Adobe ID 및 구독 설정이 필요합니다.)

⑥ **Remove Brush Stroke**(브러시 선 제거) : 적용된 브러시 속성을 삭제하고 패스를 원래의 기본 선 모양으로 되돌립니다.

⑦ **Options of Selected Object**(선택한 오브젝트의 옵션) : 브러시가 적용된 개체의 세부 옵션을 조절할 수 있습니다.

⑧ **New Brush**(새 브러시) : 새로운 브러시를 생성하고 등록합니다.

⑨ **Delete Brush**(브러시 삭제) : 선택된 브러시를 삭제합니다.

⑩ 브러시 패널의 추가 기능을 제공하는 보조 메뉴입니다.

⑪ **Duplicate Brush**(브러시 복제) : 선택된 브러시를 복제합니다.

⑫ **Select All Unused**(미사용 심볼 모두 선택) : 문서에서 현재 사용되지 않는 모든 브러시를 선택합니다.

⑬ **Show [Type] Brushes**(브러시 [유형] 표시) : 붓글씨, 산포, 강모, 아트, 패턴 브러시 등 특정 유형의 브러시만 패널에 표시하도록 필터링합니다. 일반적으로 모두 선택하고 작업합니다.

⑭ **Thumbnail View/List View**(축소판/목록 보기) : 브러시를 미리보기 이미지(썸네일) 또는 이름 목록 형태로 표시합니다.

⑮ **Brush Options…**(브러시 옵션) : 현재 선택된 브러시의 개별 속성을 상세하게 조절하는 옵션 창을 엽니다.

⑯ **Save Brush Library…**(브러시 라이브러리 저장) : 현재 브러시 패널의 브러시들을 브러시 파일(.ai)로 저장합니다.

## Brush Library 브러시 라이브러리

[Brushes] 패널에서 라이브러리를 열면 일러스트레이터에서 기본적으로 제공하는 다양한 브러시들을 선택하여 활용할 수 있습니다.

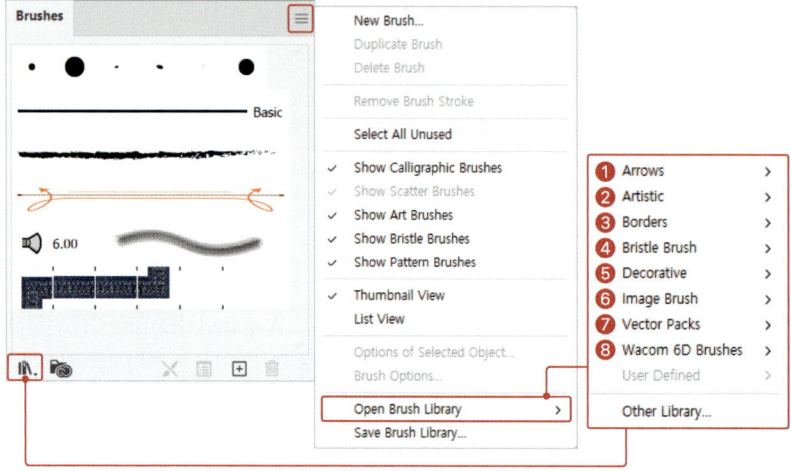

① **Arrows(화살표)** : 패스의 시작점과 끝점에 화살표 모양을 적용하는 브러시 모음입니다.

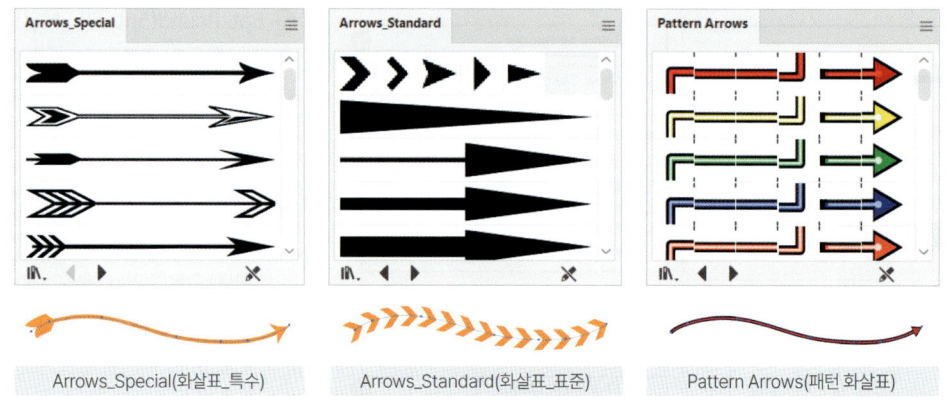

② **Artistic(예술)** : 거친 붓, 흐르는 잉크, 동양화, 수채화 등 회화적인 느낌을 표현하는 브러시 모음입니다.

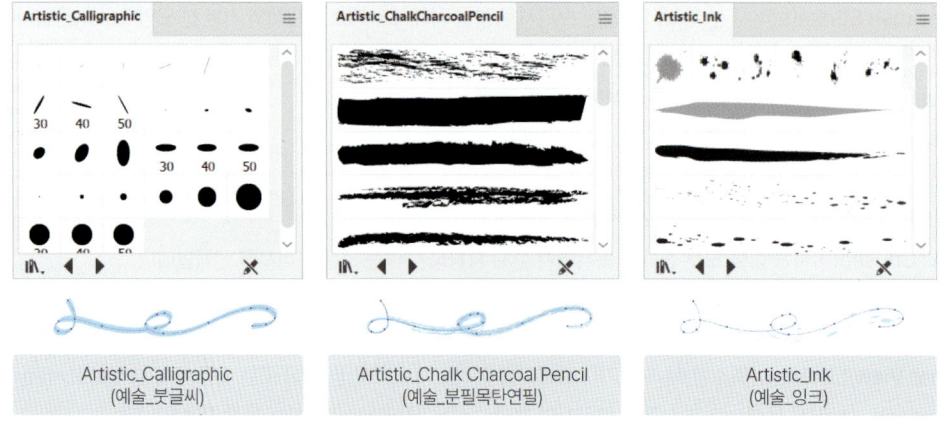

Artistic_Paintbrush
(예술_페인트브러시)

Artistic_ScrollPen
(예술_스크롤 펜)

Artistic_Watercolor
(예술_수채화 효과)

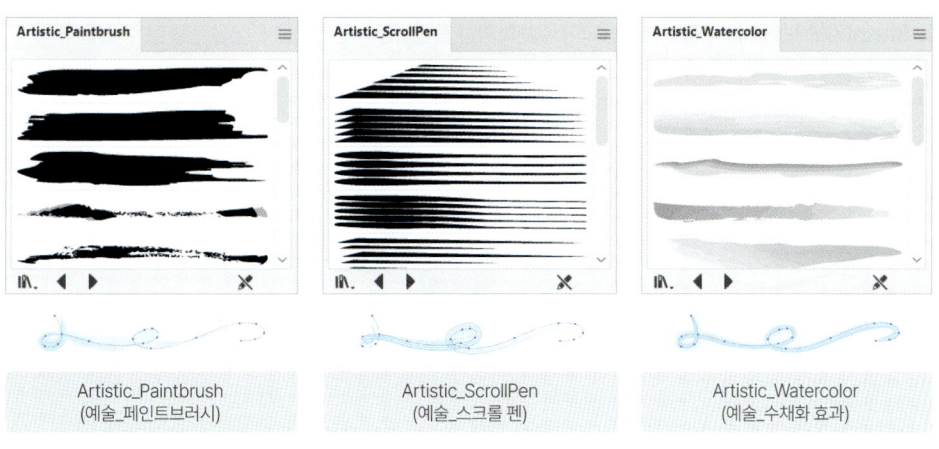

❸ Borders(테두리) : 주로 액자 형태의 프레임 모양으로 만들어진 패턴 브러시로, 반복되는 부분과 시작/끝 지점 모양을 등록하여 사용합니다.

Borders_Dashed(테두리_점선)

Borders_Decorative(테두리_장식)

Borders_Frames(테두리_프레임)

Borders_Gemetric(테두리_기하)

Borders_Indigenous(테두리_기본)

Borders_Lines(테두리_선)

Borders_Novelty(테두리_새문양)

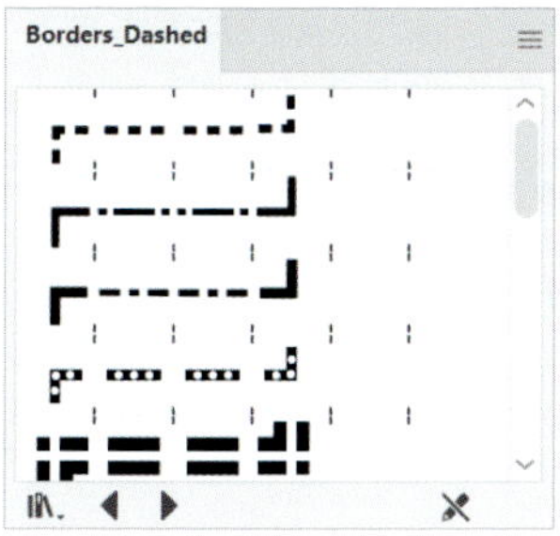

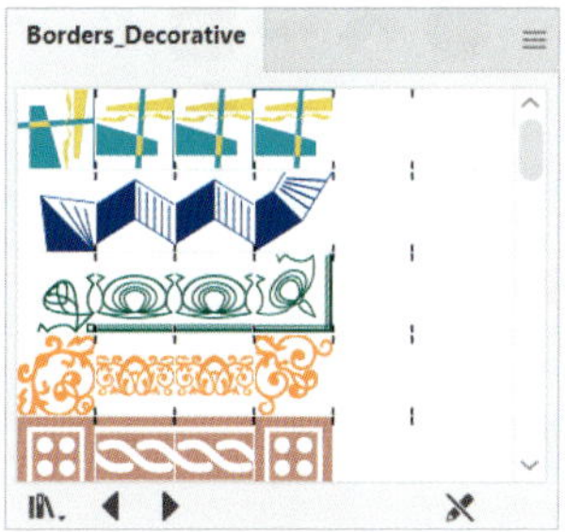

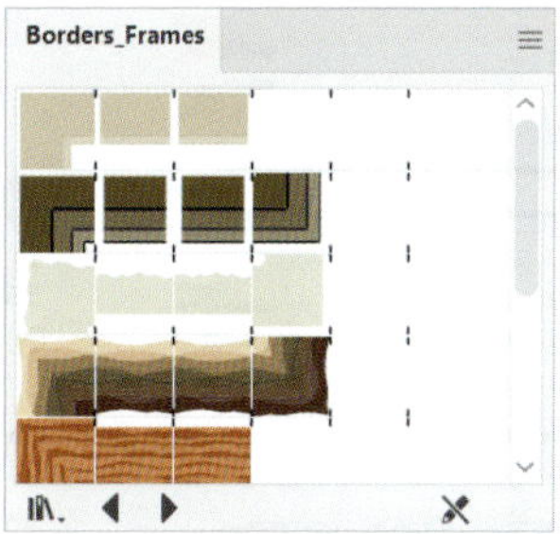

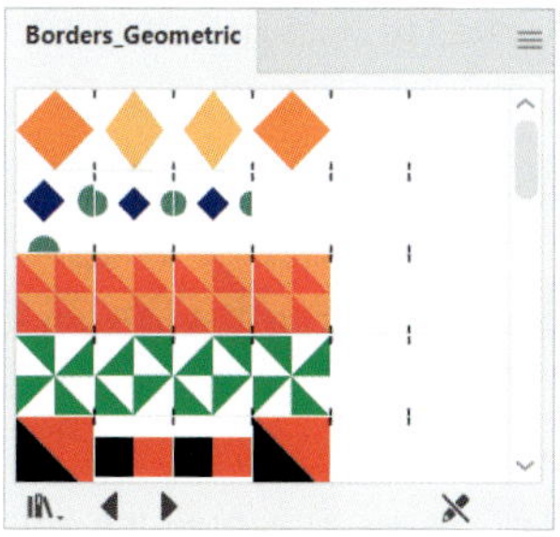

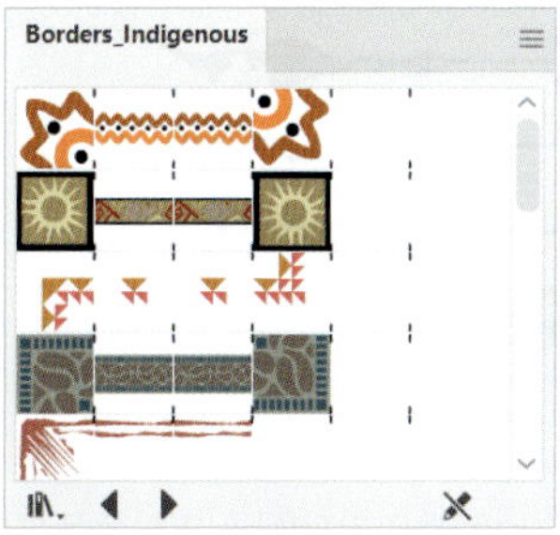

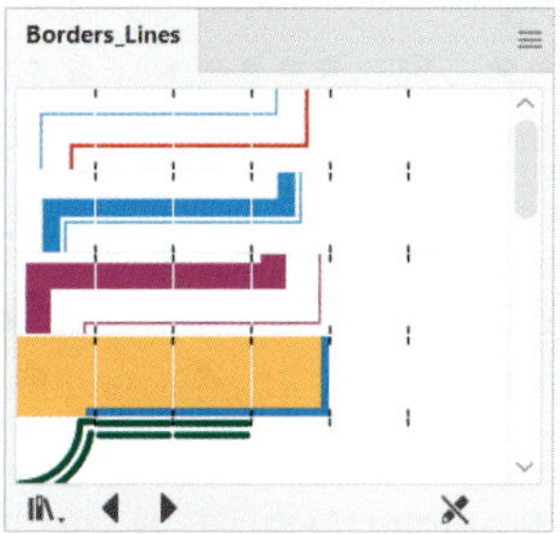

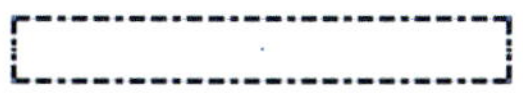

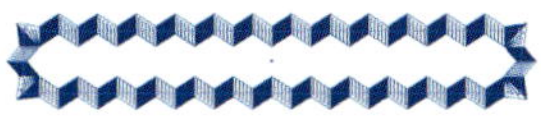

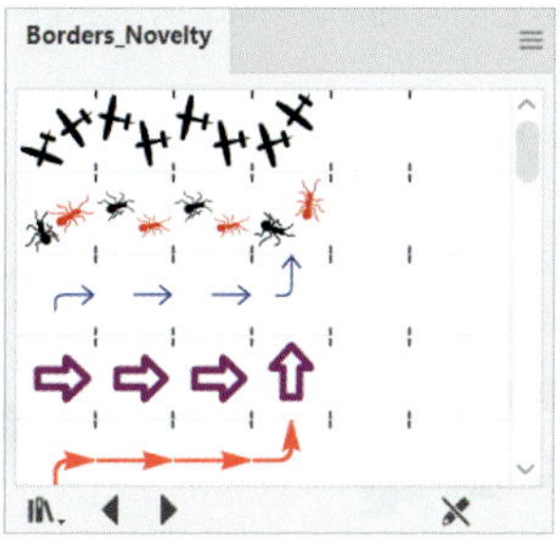

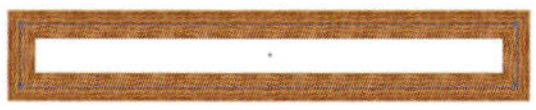

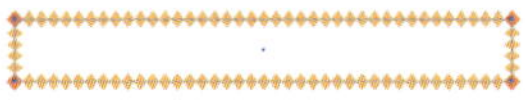

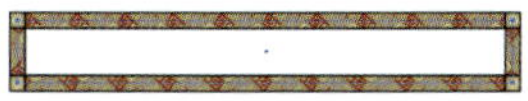

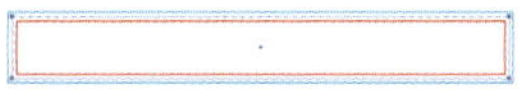

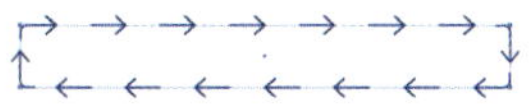

❹ **Bristle Brush(강모 브러시)** : 투명도가 적용되어 수채화처럼 중첩되는 자연스러운 느낌을 연출할 수 있습니다.

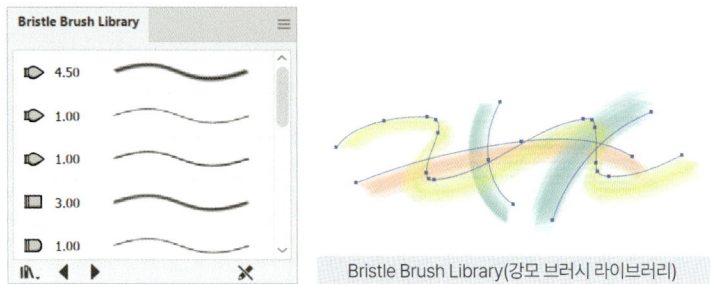

Bristle Brush Library(강모 브러시 라이브러리)

❺ **Decorative(장식)** : 텍스트를 꾸미는 리본이나 다양한 장식 요소를 표현할 때 유용한 브러시 모음입니다.

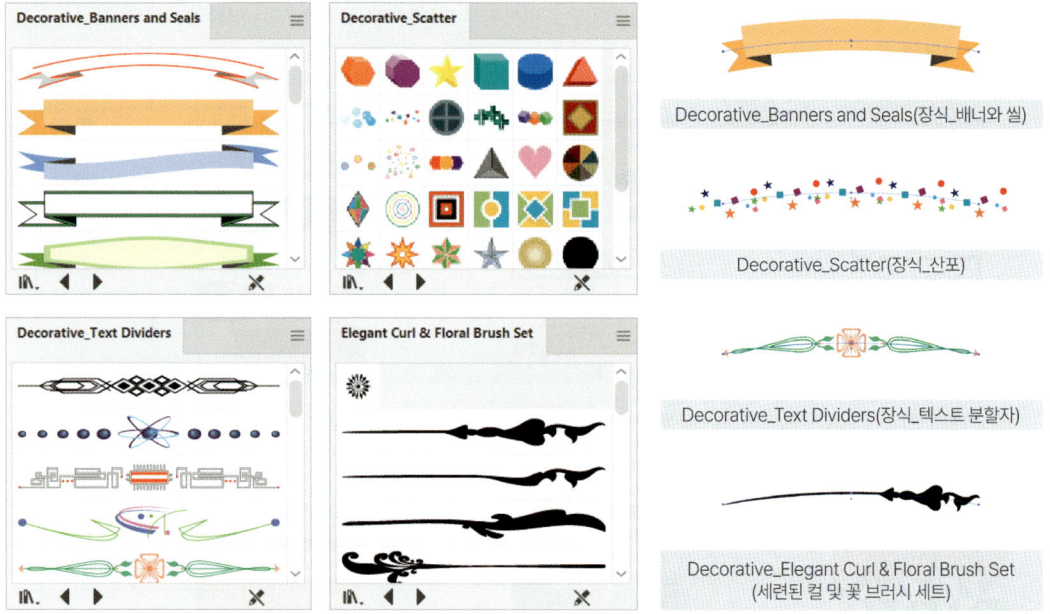

Decorative_Banners and Seals(장식_배너와 씰)

Decorative_Scatter(장식_산포)

Decorative_Text Dividers(장식_텍스트 분할자)

Decorative_Elegant Curl & Floral Brush Set
(세련된 컬 및 꽃 브러시 세트)

❻ **Image Brush(이미지 브러시)** : 래스터 이미지(비트맵 이미지)를 브러시로 등록하여 패스에 적용할 수 있습니다. 이미지가 선을 따라 반복되거나 늘어나도록 표현합니다.

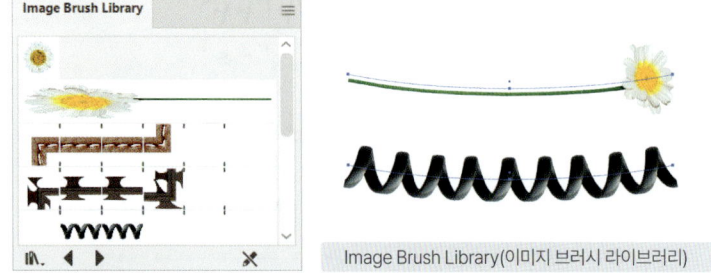

Image Brush Library(이미지 브러시 라이브러리)

❼ **Vector Packs(벡터 팩)** : 예술의 목탄 계열 브러시와 유사하나 디테일과 퀄리티가 더 우수합니다. 붓 느낌을 주지만 강모 브러시처럼 투명도가 적용되지는 않으며, 사양이 낮은 컴퓨터에서는 느릴 수 있습니다.

Grunge brushes vector pack(그런지 브러시 벡터 팩)

Hand Drawn brushes vector pack(손으로 그린 브러시 벡터 팩)

❽ **Wacom 6D Brushes(Wacom 6D 브러시)** : 와콤 태블릿 연결 시 필압에 따른 조절이 가능하며, 태블릿 미연결 시에는 균일한 두께로 적용됩니다.

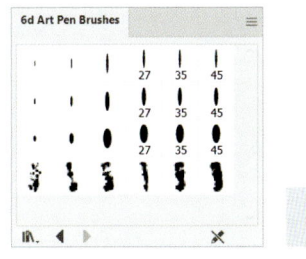 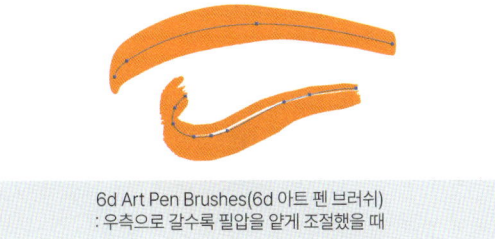

6d Art Pen Brushes(6d 아트 펜 브러쉬)
: 우측으로 갈수록 필압을 얇게 조절했을 때

## Brush Type 브러시의 유형

일러스트레이터의 브러시는 Calligraphic(붓글씨), Scatter(산포), Art(아트), Bristle(강모), Pattern(패턴)의 다섯 가지 종류가 있습니다.

❶ **Calligraphic Brushs(붓글씨 브러시)** : 만년필, 펜촉 등의 스타일로 패스에 적용되며, 주로 영문 손글씨나 빈티지한 캘리그래피 느낌을 표현할 때 사용됩니다.

Artistic_Calligraphic(예술_붓글씨) - 10pt. Plat(10pt. 평평하게)

❷ **Scatter Brushs(산포 브러시)** : 아트워크가 패스를 따라 산포되어 흩뿌려지는 느낌을 줍니다. 간격, 거리, 각도, 크기 등을 자유롭게 조절하여 자연스러운 효과를 낼 때 유용합니다.

Decorative_Scatter(장식_산포) - Confetti(색종이)

❸ **Art Brushs(아트 브러시)** : 패스 길이에 따라 모양이 늘어지는 브러시로, 양쪽 끝점을 다르게 디자인할 수 있습니다. 부드럽게 늘어지는 특징 때문에 가장 많은 라이브러리에 사용됩니다.

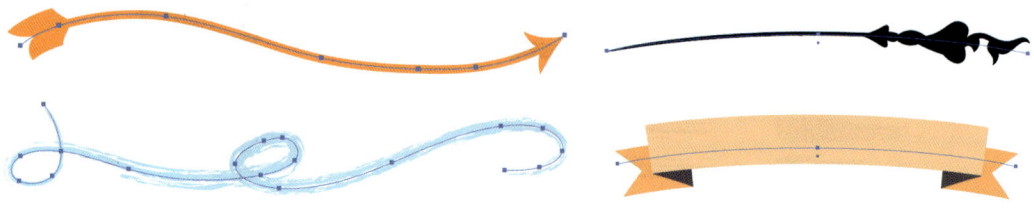

Arrows_Special(화살표_특수) - Arrow 2.01(화살표 2.01)
/ Decorative_Elegant Curl & Floral Brush Set(세련된 컬 및 꽃 브러시 세트) - Floral Stem 2(줄기2)
/ Artistic_Chalk Charcoal Pencil(예술_분필목탄연필) - Charooal Tapered(목탄 가늘어짐)
/ Decorative_Banners and Seals(장식_배너와 씰) - Banner 2(배너 2)

❹ **Bristle Brushs(강모 브러시)** : 투명한 붓 느낌의 브러시로, 투명도 등 옵션을 세밀하게 조절할 수 있으나 파일 용량이 무거워질 수 있습니다.

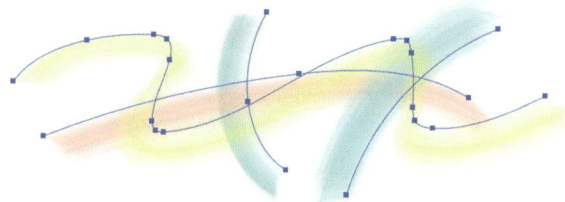

Bristle Brush(강모 브러시) - Bristle Brush Library(강모 브러시 라이브러리)

❺ **Pattern Brushs(패턴 브러시)** : 패스에 반복되는 패턴이 적용되는 브러시입니다. 꺾이는 부분을 자동으로 생성하는 기능이 있어 주로 액자형처럼 사방이 꺾이는 개체에 많이 사용됩니다.

Borders_Indigenous(테두리_기본) - Aztec(아즈텍) / Borders_Decorative(테두리 _장식) - Accordian Fold(아코디언 주름)

---

**브러시로 패스 닫기**

브러시로 그리는 패스는 기본적으로 열린 패스로 그려집니다. 이때 드래그하여 그리는 동안 Alt 키를 누른 채 패스의 시작점 가까이에서 드래그를 마무리하면 막힌 패스로 개체를 완성할 수 있습니다.

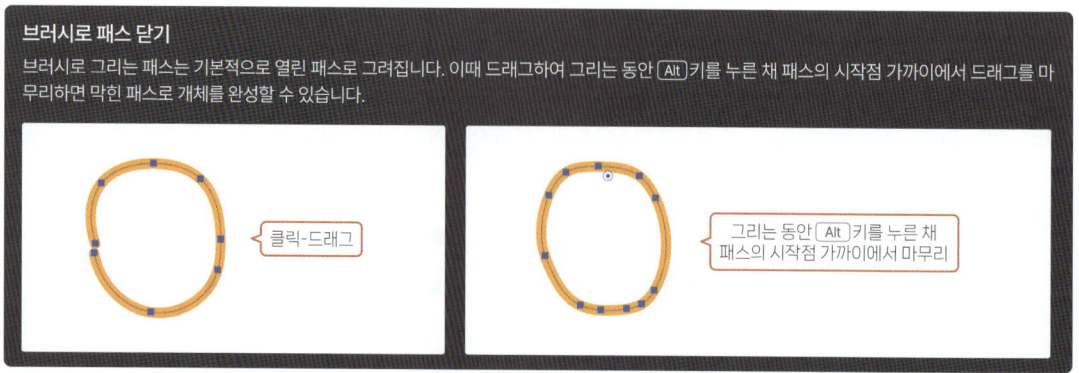

# THEORY 03 · 브러시 등록과 옵션 알아보기

# New Brush, Options

■ 예제 파일 : S9-3.ai

브러시들을 직접 등록해 보고, 사용해 보면서 각 브러시가 가진 세부 옵션을 이해하는 것이 중요합니다. 각 브러시 유형의 특성과 옵션을 제대로 활용한다면 획(선)만으로도 풍부한 표현을 할 수 있습니다.

## Calligraphic Brush 붓글씨 브러시

❶ 붓글씨 브러시 등록하기

개체를 선택한 후 [Brushes] 패널 하단의 새 브러시 버튼(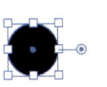)을 눌러 'Calligraphic(붓글씨)'를 선택하고 OK를 누르면 브러시가 등록됩니다. 등록과 동시에 옵션 창이 나타나며, 여기서 브러시의 납작한 정도, 각도, 크기 등을 조절할 수 있습니다. 각 옵션은 고정하거나 랜덤으로 변화하도록 설정하는 것이 가능합니다.

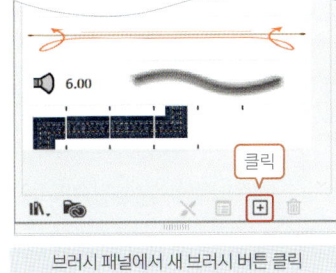

검은색 원 선택 / 브러시 패널에서 새 브러시 버튼 클릭 / 붓글씨 브러시 선택

❷ 붓글씨 브러시 옵션 살펴보기

Ⓐ **Name(이름)** : 브러시의 이름을 설정합니다.

Ⓑ **Brush Shape Editor(브러시 모양 편집기)** : 마우스 드래그로 브러시 형태를 직접 설정하며, 하단의 각도 및 원형율 설정과 연동됩니다.

Ⓒ **Angle(각도)** : 브러시의 각도를 조절합니다.

Ⓓ **Roundness(원형율)** : 브러시의 납작한 정도를 조절합니다.

Ⓔ **Size(크기)** : 브러시의 크기를 조절합니다.

Ⓕ **Fixed~Rotation(고정~회전)** : 각 설정값(각도, 원형율, 크기)을 고정하거나, 랜덤 또는 압력에 따라 다양하게 변경되도록 조절합니다.

Ⓖ **Variation(변경)** : 값을 랜덤으로 적용할 경우, 해당 랜덤 값의 변화 범위를 설정합니다.

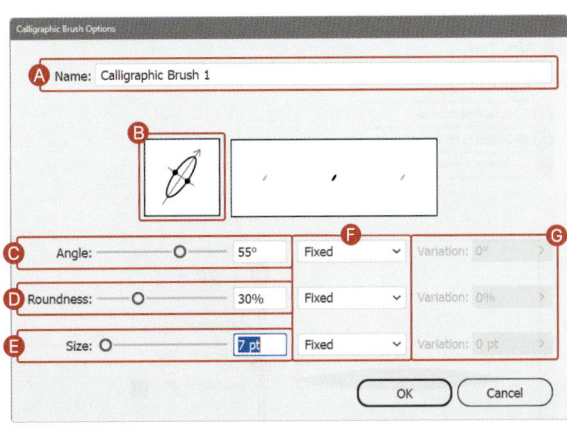

### ❸ 붓글씨 브러시 적용하기

선으로 된 개체에 브러시를 적용하면, 해당 브러시의 설정된 옵션 모양대로 적용됩니다.

| 붓글씨 브러시 적용 전 | 붓글씨 브러시 적용 후 |

## Art Brush 아트 브러시

### ❶ 아트 브러시 등록하기

개체를 선택한 후 [Brushes] 패널 하단의 새 브러시 버튼(▣)을 눌러 'Art Brush(아트 브러시)'를 선택하고 OK를 누르면 브러시가 등록됩니다.

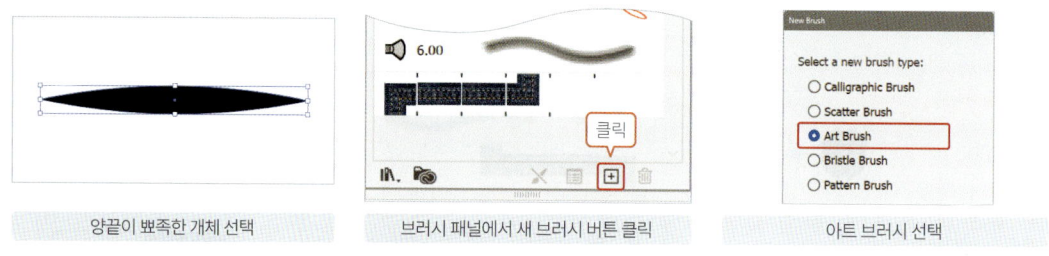

양끝이 뾰족한 개체 선택 / 브러시 패널에서 새 브러시 버튼 클릭 / 아트 브러시 선택

### ❷ 아트 브러시 옵션 살펴보기

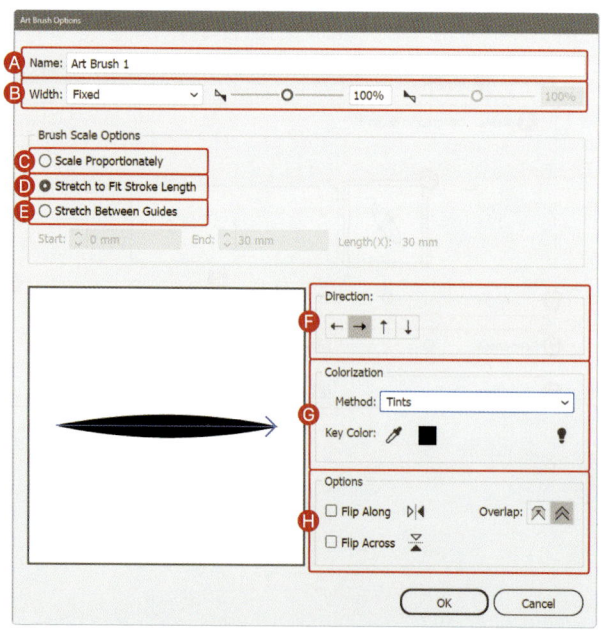

**Ⓐ Name(이름)** : 브러시의 이름을 설정합니다.

**Ⓑ Width(폭)** : 등록한 개체에서 가장 두꺼운 부분의 두께를 조절합니다. 이 값은 고정시키거나 무작위로 변경할 수 있습니다.

**Ⓒ Scale Proportionately(비례적으로 크기 조절)** : 브러시의 원본 형태가 늘어지지 않고 최대한 비율이 유지되도록 합니다. (단, 획 두께가 1pt일 때 주로 적용됩니다.)

**Ⓓ Stretch to Fit Stroke Length(선 길이에 맞게 늘이기)** : 기본 설정으로 획의 길이에 따라 브러시 모양이 자동으로 늘어납니다.

**Ⓔ Stretch Between Guides(안내선 사이에서 늘이기)** : 브러시가 늘어나는 특정 구간을 지정하여 원본 모양을 유지하며 늘어나도록 조절합니다.

**Ⓕ Direction(방향)** : 브러시가 적용되는 드래그 방향을 설정합니다. 일반적으로 오른쪽 방향을 많이 사용합니다.

**Ⓖ Colorization(색상화)** : 브러시 색상이 적용되는 방식을 선택합니다. Key Color(키 색상)를 정하고, 주로 Tint(농도) 방법으로 색을 입힙니다.

**Ⓗ Options(옵션)** : 브러시 모양을 가로 또는 세로로 뒤집거나, 선이 꺾이는 부분의 겹침 모양을 설정합니다.

### ❸ Stretch Between Guides(안내선 사이에서 늘이기) 옵션

아트 브러시의 Stretch Between Guides 옵션을 선택하면, 브러시가 늘어나는 시작점과 끝점 구간을 직접 지정할 수 있습니다. 이 지정된 구간 외의 부분은 늘어지지 않고 최대한 원본 형태를 유지하게 됩니다.

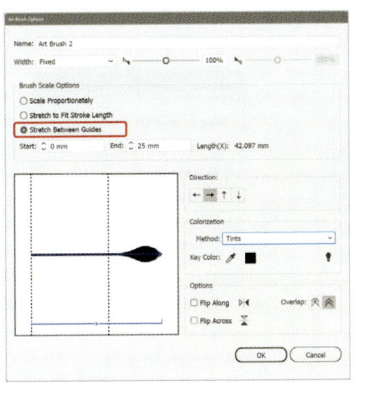

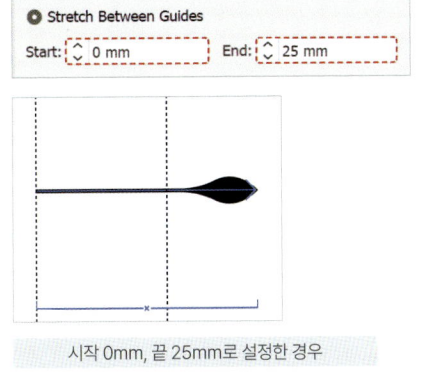

시작 0mm, 끝 25mm로 설정한 경우

### ❹ 아트 브러시 적용하기

선으로 된 개체에 브러시를 적용하면, 길이에 맞춰 브러시 형태가 조절되어 적용됩니다. 브러시는 초기 등록 시의 크기를 1pt로 인식하며, 필요에 따라 Stroke(획) 두께를 조절하여 더욱 얇거나 두껍게 만들 수 있습니다.

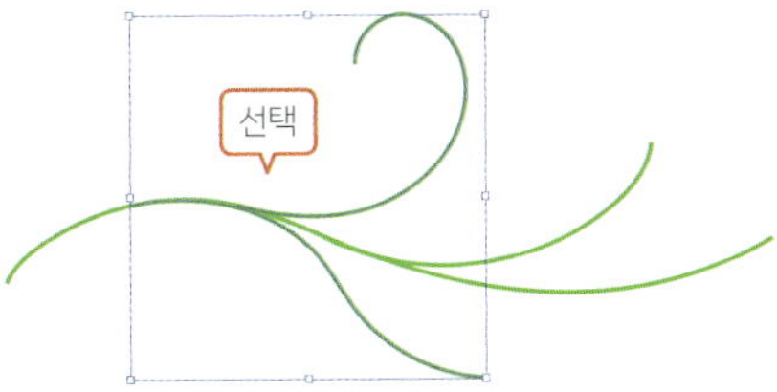

| 왼쪽의 라인 개체 2개 선택 | 브러시 선택 | 아트 브러시 적용 후 |

| 안쪽의 라인 개체 2개 선택 | 브러시 선택 | 아트 브러시 적용 후 |

| 아트 브러시가 적용된 왼쪽의 라인 개체 2개 선택 | 선 두께 조절(0.5pt 축소) | 선 두께 변경 후 |

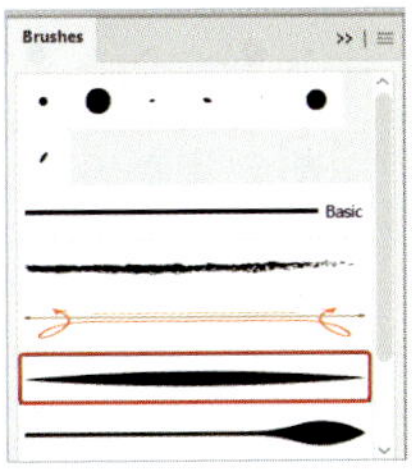

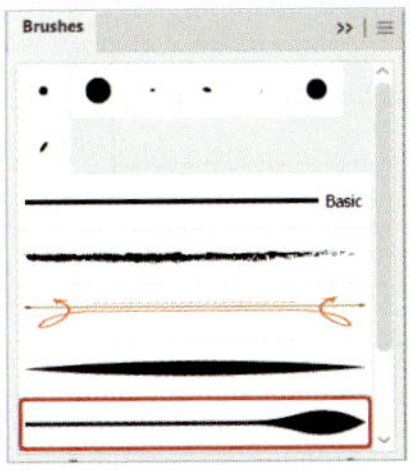

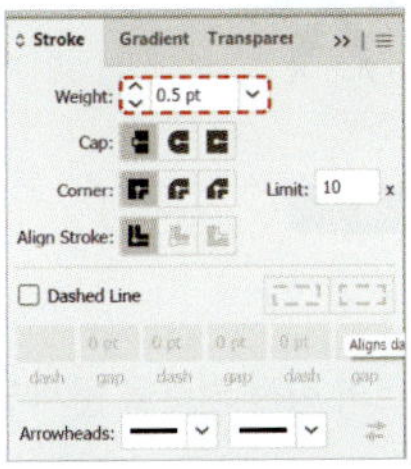

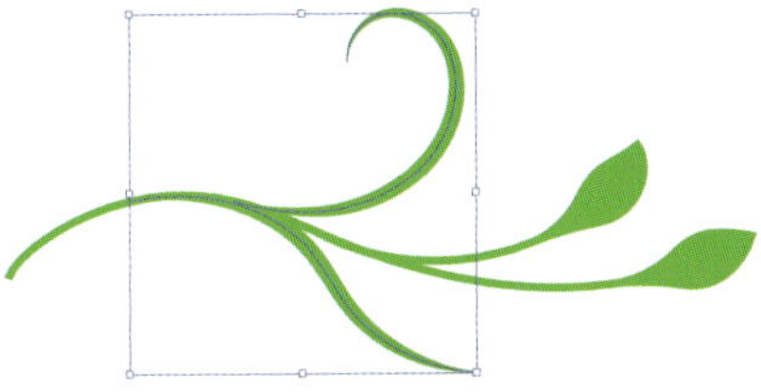

## Scatter Brush 산포 브러시

### ❶ 산포 브러시 등록하기

개체를 선택한 후 [Brushes] 패널 하단의 새 브러시 버튼(📥)을 눌러 'Scatter Brush(산포 브러시)'를 선택하고 OK를 누르면 브러시가 등록됩니다.

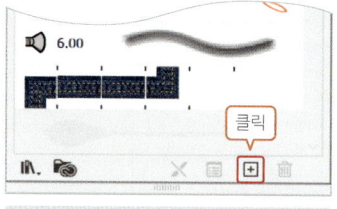
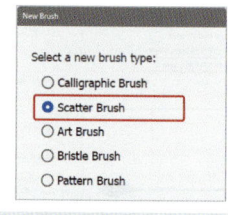

눈 결정 개체 선택 　　　　브러시 패널에서 새 브러시 버튼 클릭 　　　　산포 브러시 선택

### ❷ 산포 브러시 등록 시 주의사항

산포 브러시를 등록할 때는 옵션을 즉시 조절하기보다는 먼저 등록을 하고 수정하는 것이 효율적입니다. 이는 해당 브러시의 미리보기가 불규칙하여 옵션 변화를 사전에 예측하기 어렵기 때문입니다. 따라서 브러시 등록 후, Stroke(획)가 적용된 개체를 선택한 상태에서 해당 브러시를 더블클릭하여 옵션 창을 엽니다. 이 상태에서 미리보기를 확인하며 세부 옵션을 조정하는 것을 권장합니다.

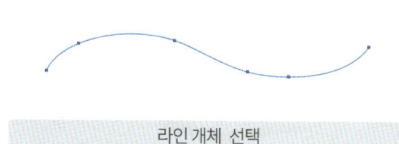
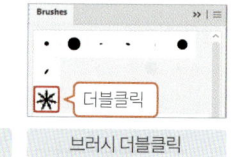

라인 개체 선택 　　　　브러시 더블클릭 　　　　브러시를 처음 적용한 후 (옵션 설정 전)

### ❸ 산포 브러시 옵션 살펴보기

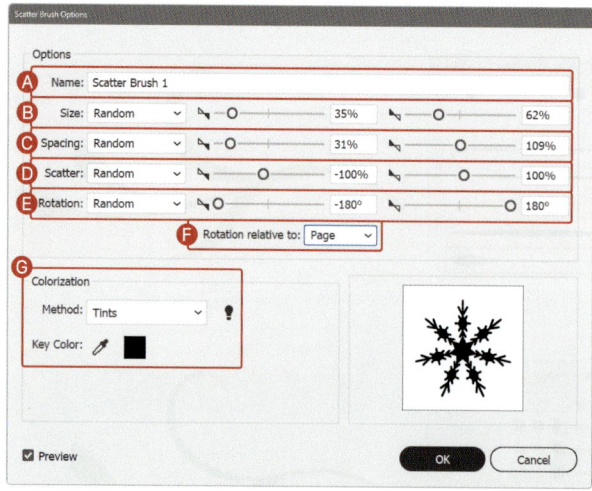

🅐 **Name(이름)** : 브러시의 이름을 설정합니다.

🅑 **Size(크기)** : 브러시로 뿌려지는 오브젝트의 크기를 얼마나 크게 또는 작게 할지 정합니다. 원본 크기를 기준으로 최소/최대 범위를 조절할 수 있습니다.

🅒 **Spacing(간격)** : 뿌려지는 오브젝트들 사이의 거리를 조절합니다. 오브젝트 크기를 기준으로 얼마나 떨어뜨릴지 최소/최대 범위를 정할 수 있습니다.

🅓 **Scatter(산포)** : 패스를 기준으로 오브젝트들이 양옆으로 얼마나 퍼지게 할지 정하는 옵션입니다. 값을 높이면 더 넓게 퍼집니다.

🅔 **Rotation(회전)** : 뿌려지는 오브젝트들이 돌아가는 각도를 정합니다. -180도~180도까지 360도로 자유롭게 설정할 수 있습니다.

🅕 **Rotation relative to(회전 기준)** : 오브젝트의 회전 기준을 문서 방향 또는 패스 방향 중 하나로 설정할 수 있습니다.

🅖 **Colorization(색상화)** : 브러시 색상이 적용되는 방식을 선택합니다. Key Color(키 색상)를 정하고, 주로 Tint(농도) 방법으로 색을 입힙니다.

## ④ 산포 브러시 적용하기

라인으로 된 개체에 브러시를 적용하면, 해당 브러시의 설정된 옵션 모양대로 적용됩니다. 패스에 오브젝트의 양을 늘리려면 Spacing(간격) 값을 최소와 최대 모두 줄여 오브젝트 간의 간격을 좁히고, 오브젝트 크기를 크게 하려면 Size(크기) 값을 늘려 조정합니다.

산포 브러시 옵션 변경 전

산포 브러시 옵션 변경 후

### 브러시 복제하기

같은 브러시를 옵션만 변경해 활용하려면 사본을 만드는 것이 효과적입니다. ① 브러시 복제는 [Brushes] 패널에서 해당 브러시를 새 브러시 버튼(⊞) 위로 드래그하거나, ② 보조 메뉴에서 'Duplicate Brush(브러시 복제)'를 선택하여 복제할 수 있습니다.

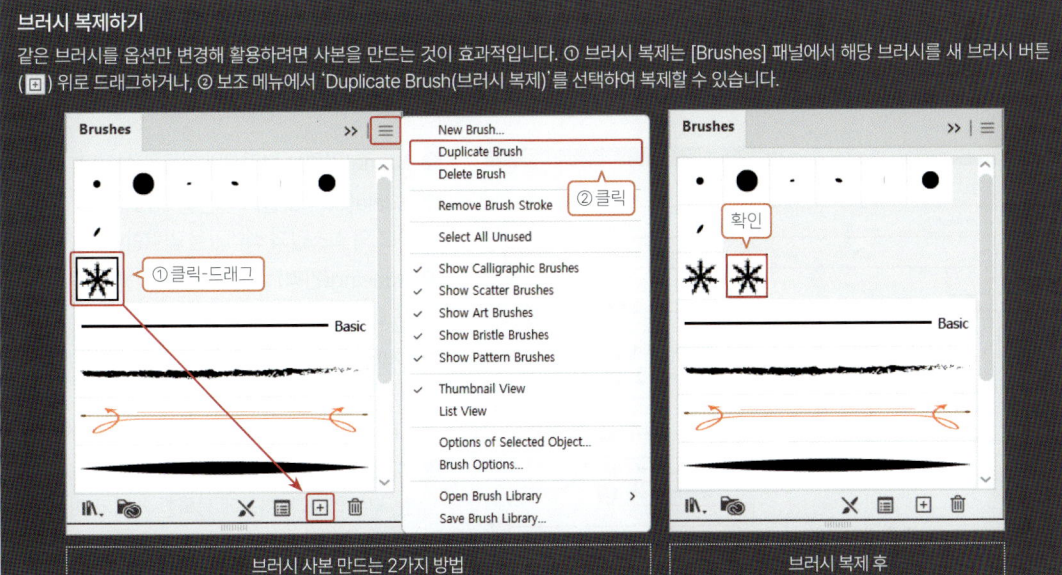

브러시 사본 만드는 2가지 방법 / 브러시 복제 후

# Pattern Brush 패턴 브러시

### ❶ 패턴 브러시 등록하기

개체를 선택한 후 [Brushes] 패널 하단의 새 브러시 버튼(   )을 눌러 'Pattern Brush(패턴 브러시)'를 선택하고 OK를 누르면 브러시가 등록됩니다. 패턴 브러시는 반복될 패턴 오브젝트 외에도 시작, 끝, 바깥쪽 꺾임, 안쪽 꺾임 부분까지 총 5개의 타일을 각각 등록할 수 있습니다. 처음 브러시를 등록할 때는 패턴으로 반복될 부분의 개체만 선택하여 등록합니다.

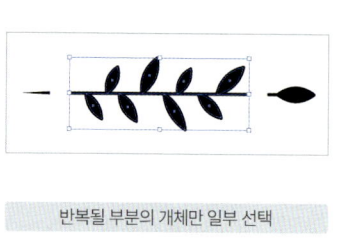

반복될 부분의 개체만 일부 선택

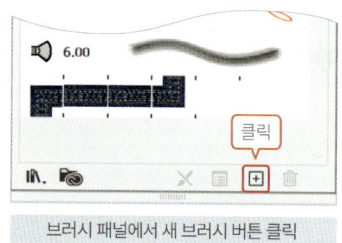

브러시 패널에서 새 브러시 버튼 클릭

패턴 브러시 선택

### ❷ 패턴 브러시 옵션 살펴보기

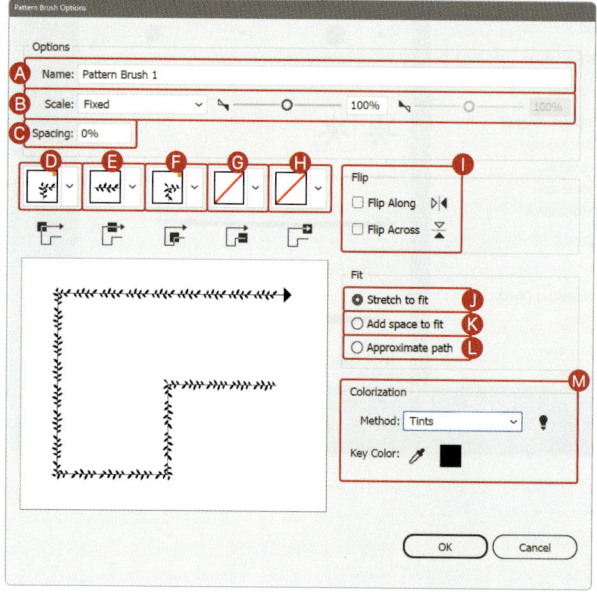

- ⓐ **Name(이름)** : 브러시의 이름을 설정합니다.
- ⓑ **Scale(크기 조절)** : 원본을 100% 기준으로 사이즈의 최소값과 최대값을 입력합니다.
- ⓒ **Spacing(간격)** : 패턴 사이 간격을 띄웁니다. 보통 0%로 설정합니다.
- ⓓ **Outer Corner Tile(외부 모퉁이 타일)** : 외곽으로 꺾이는 부분에 적용되는 모양입니다. 사용자가 만들거나 옵션 중에 선택할 수 있습니다.
- ⓔ **Side Tile(옆 타일)** : 패턴이 반복적으로 이어지는 부분입니다. 처음에 등록한 개체가 이 부분에 사용됩니다.
- ⓕ **Inner Corner Tile(내부 모퉁이 타일)** : 안쪽으로 꺾이는 부분에 적용되는 모양입니다. 사용자가 만들거나 옵션 중에 선택할 수 있습니다.
- ⓖ **Start Tile(시작 타일)** : 패턴 브러시가 시작되는 부분의 모양입니다. 사용자가 직접 등록해야 합니다.
- ⓗ **End Tile(끝 타일)** : 패턴 브러시가 끝나는 부분의 모양입니다. 사용자가 직접 등록해야 합니다.
- ⓘ **Flip(뒤집기)** : 브러시의 시작과 끝을 반전시키거나, 상단과 하단을 반전시킬 수 있습니다.
- ⓙ **Stretch to Fit(강제로 맞추기)** : 패턴이 이어지는 부분이 패스 길이에 맞춰 늘어나도록 자동으로 조절됩니다. 이 옵션은 기본으로 설정되어 있습니다.
- ⓚ **Add space to fit(공간 추가하여 맞추기)** : 패턴이 이어지는 부분에 공간을 추가하여 패스 길이에 맞춥니다.
- ⓛ **Approximate path(패스에 맞추기)** : 패턴이 이어지는 부분을 근사값으로 맞춰 적용합니다.
- ⓜ **Colorization(색상화)** : 브러시 색상이 적용되는 방식을 선택합니다. Key Color(키 색상)를 정하고, 주로 Tint(농도) 방법으로 색을 입힙니다.

### ❸ 패턴 브러시 시작과 끝 타일 등록하기

사용자가 직접 만든 개체를 패턴 브러시의 시작 또는 끝 타일로 등록할 수 있습니다. 등록하려는 오브젝트를 선택한 후, Alt 키를 누른 채로 [Brushes] 패널에서 해당 브러시의 시작 또는 끝 타일 자리에 드래그하여 놓으면 각각 등록됩니다.

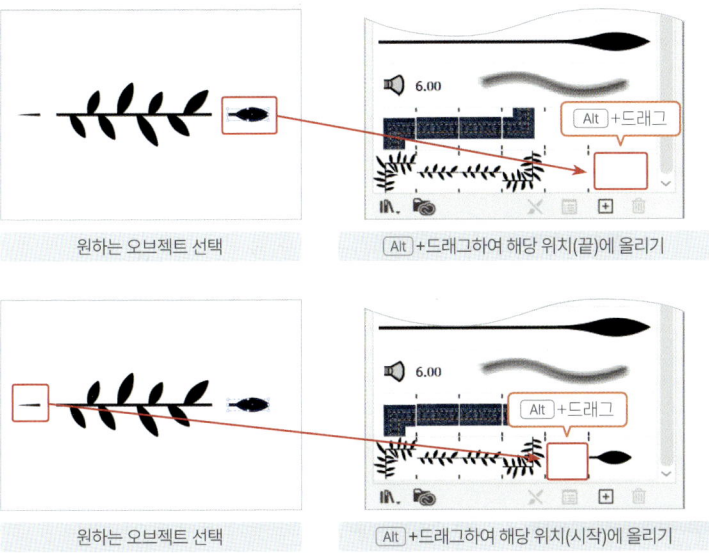

### ❹ 코너 타일 추천 사용하기

코너 부분(내부 모퉁이 타일)의 타일은 사용자가 만들어 등록할 수도 있지만, 일러스트레이터에서 자동으로 계산하여 네 가지 스타일의 코너를 제안합니다. 또한 외곽 꺾임 타일과 안쪽 꺾임 타일도 목록을 열어 원하는 스타일을 선택할 수 있습니다.

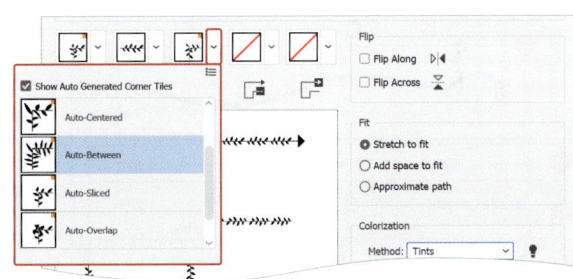

### ❺ 브러시 적용 확인하기

Stroke(획)가 적용된 개체에 브러시를 적용하면, 해당 브러시의 모양이 선을 따라 나타납니다. 코너 부분이 어떻게 표현되는지 확인하려면, 충분히 꺾인 형태의 개체에 적용해보는 것이 좋습니다. 다만, 꺾임 각도가 지나치게 날카로우면 브러시 모양이 왜곡될 수 있으니 유의해야 합니다.

# Bristle Brush 강모 브러시

## ❶ 강모 브러시 등록하기

[Brushes] 패널 하단의 새 브러시 버튼(⊞)을 눌러 'Bristle Brush(강모 브러시)'를 선택하고 OK를 누르면 브러시가 등록됩니다.

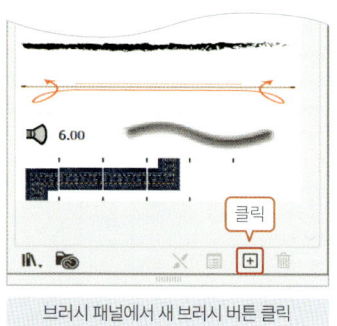
브러시 패널에서 새 브러시 버튼 클릭

강모 브러시 선택

## ❷ 강모 브러시 옵션 살펴보기

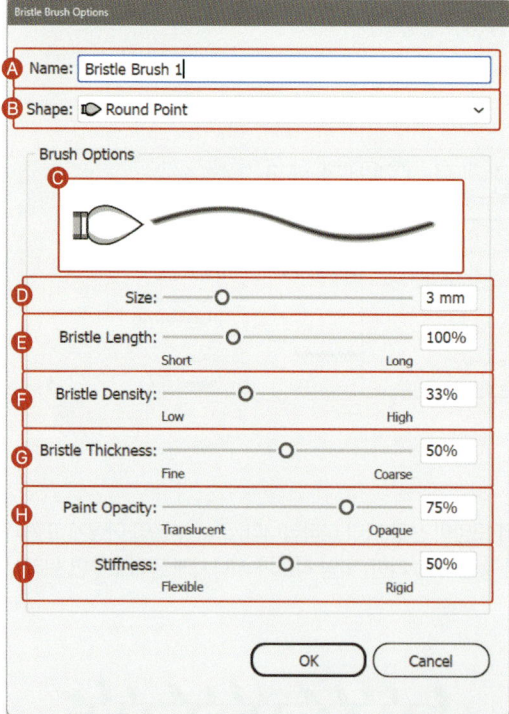

Ⓐ **Name(이름)** : 브러시의 이름을 설정합니다.

Ⓑ **Shape(모양)** : 브러시의 기본적인 형태를 10가지 중 하나로 결정합니다.

Ⓒ **Preview(미리보기)** : 현재 설정된 브러시의 모양을 실시간으로 보여줍니다.

Ⓓ **Size(크기)** : 브러시의 전체적인 크기를 설정합니다.

Ⓔ **Bristle Length(강모 길이)** : 브러시의 길이를 짧거나 길게 조절합니다.

Ⓕ **Bristle Density(강모 밀도)** : 브러시의 밀도를 설정합니다. 이 값은 브러시 크기 및 길이에 따라 자동으로 계산되어 적용됩니다.

Ⓖ **Bristle Thickness(강모 두께)** : 브러시의 두께를 설정합니다. 슬라이더를 왼쪽으로 옮기면 가늘게, 오른쪽으로 옮기면 굵게 조절됩니다.

Ⓗ **Paint Opacity(페인트 불투명도)** : 채색될 페인트의 투명도를 설정합니다.

Ⓘ **Stiffness(강성)** : 브러시의 굳기(탄성)를 의미합니다. 설정값이 낮을수록 유연하게 표현되며, 값이 클수록 단단한 느낌을 줍니다.

## PRACTICE 01 패턴 브러시로 로프 모양 만들기

# Pattern Brush

■ 예제 파일 : S9-P1.ai

브러시와 패턴을 직접 등록하고 활용하는 방법을 익힙니다. 이를 통해 오브젝트에 독창적인 선 효과를 적용하고, 반복적인 디자인 요소를 효율적으로 관리할 수 있습니다.

## 패턴 만들기

### 01 모양 변형하기

[File] - [Open] (Ctrl + O)으로 'S9-P1.ai' 파일을 엽니다. Direct Selection Tool(A)로 검은색 사각형의 하단 두 점을 선택한 다음, 도구를 더블클릭하여 옵션 창을 엽니다. Horizontal은 '10mm', Vertical은 '0mm'를 입력하고 OK를 눌러 기울인 형태로 변형합니다.

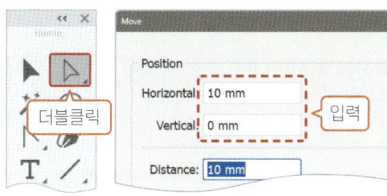
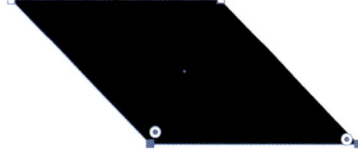

### 02 모퉁이 둥글리기

Selection Tool(V)로 개체를 다시 선택합니다. [Effect] - [Stylize] - [Round Corners]를 선택하고, Radius 값을 '4mm'로 입력한 뒤 OK를 눌러 모퉁이를 둥글립니다. 이때 라이브 코너 위젯이 아닌 효과를 사용해야 합니다.

> [Effect] - [Stylize] - [Round Corners]에 대한 내용은 'Section 15의 THEORY 03'을 참고합니다.

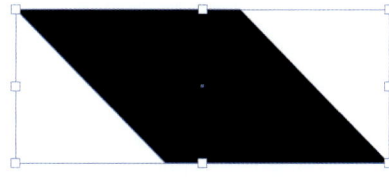
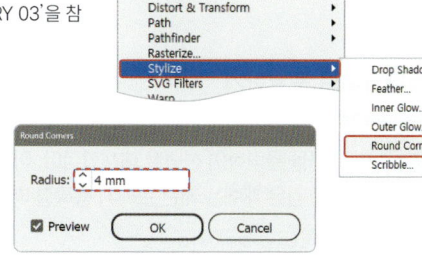

### 03 효과 확장하기

[Object] - [Expand Appearance]를 클릭하여 적용된 'Round Corners' 효과를 확장합니다.

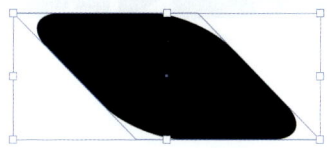
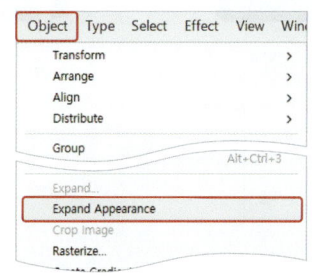
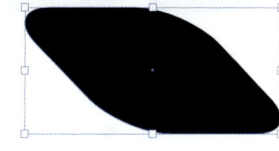

## 04 개체 복제 및 반복하기

Selection Tool(Ⓥ)을 더블클릭합니다. Horizontal을 '16mm', Vertical을 '0mm'로 입력하고 Copy를 누릅니다. Ctrl + D 를 한 번 더 눌러 동일한 작업을 반복하여 총 세 개의 개체를 만듭니다.

Ⓢ Transform Again(변형 반복) Ctrl + D

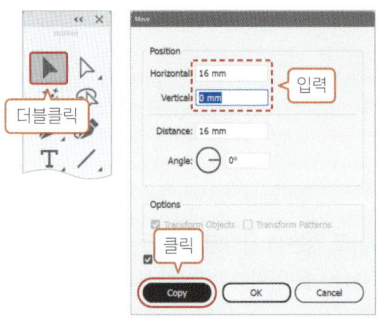
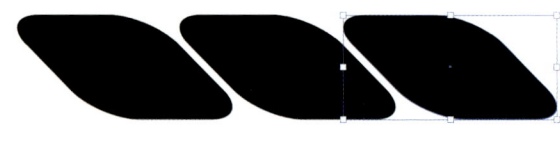

## 05 사각형 생성 및 배치하기

'32×20mm' 크기의 사각형을 만들고 임의의 색상을 지정합니다. Ctrl + Shift + [ 를 눌러 이 사각형을 가장 뒤로 배열한 뒤, 그림과 같이 세 개의 기울어진 개체 중앙에 배치합니다.

Ⓢ Send to Back(맨 뒤로 보내기) Ctrl + Shift + [

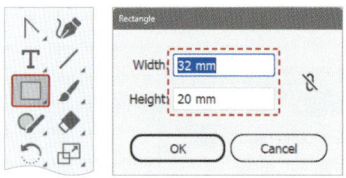
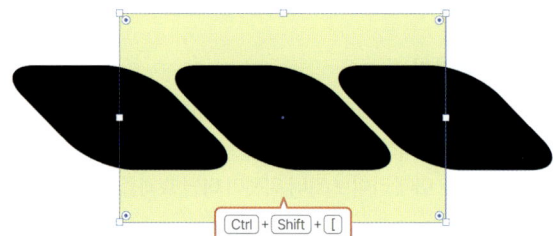

## 06 패스파인더로 분할하기

모든 개체를 선택하고 [Pathfinder] 패널(Ctrl + Shift + F9)을 엽니다. 'Divide'를 클릭한 다음, Ctrl + Shift + G 를 눌러 그룹을 해제하고 빈 화면을 클릭하여 선택을 해제합니다. 이후 양쪽 검은 개체는 왼쪽, 오른쪽으로 이동시키고, 가운데 사각형 개체만 삭제합니다. 안쪽 검은 개체는 패턴 브러시 등록할 때 사용됩니다.

Ⓢ UnGroup(그룹 풀기) Ctrl + Shift + G

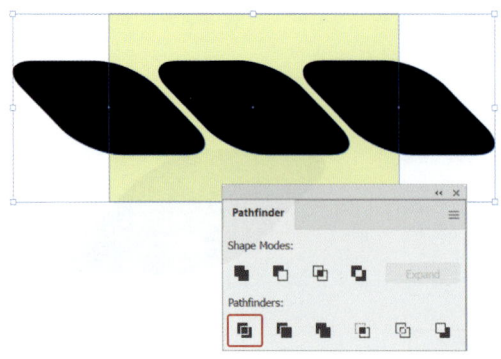

## 07 모퉁이 조절하기

Direct Selection Tool(A)로 왼쪽 개체의 상단 두 점을 선택합니다. 라이브 코너 위젯을 드래그하여 모퉁이를 최대한 둥글립니다. 반대쪽 개체도 우측 하단 두 점을 선택하여 동일하게 모퉁이를 최대한 둥글립니다.

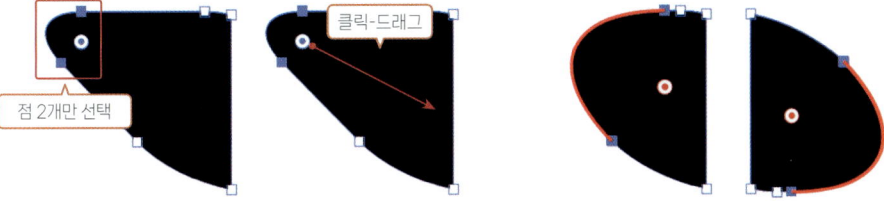

## 패턴 타일 등록 및 패턴 브러시 등록

### 01 패턴 타일 등록하기

왼쪽 개체를 먼저 선택한 뒤 [Swatches] 패널로 드래그하여 패턴 타일로 등록합니다. 오른쪽 개체도 동일한 방법으로 등록합니다.

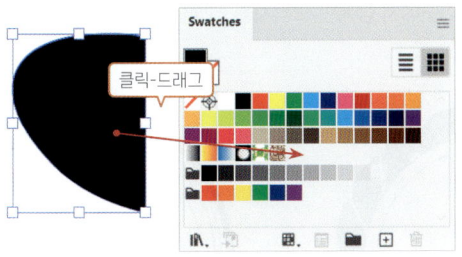 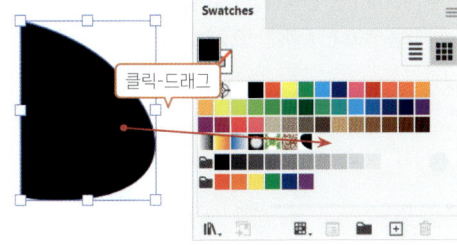

### 02 패턴 브러시 생성 및 설정하기

양쪽 개체 두 개를 제외한 나머지 개체들을 선택합니다. [Brushes] 패널(F5)을 열고 하단의 New Brush 버튼(□)을 클릭한 다음 'Pattern Brush'를 선택한 뒤 OK를 누릅니다. 옵션 창이 나타나면 세 번째 타일을 'Auto-Sliced'로 설정합니다. 이어서 네 번째와 다섯 번째 타일 목록을 열어, 앞서 등록했던 패턴 타일을 찾아 각각 선택한 다음 Colorization은 'Tint'로 지정하고 OK를 누릅니다. 설정을 마쳤으면 [Brushes] 패널의 마지막에 새로 등록된 패턴 브러시를 확인합니다.

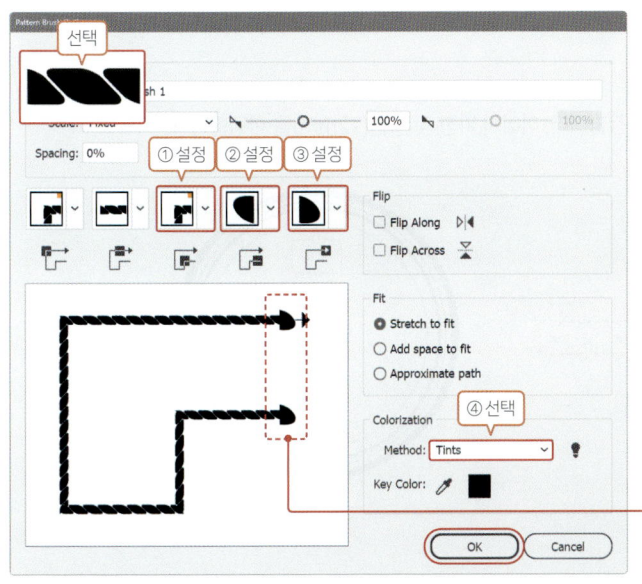 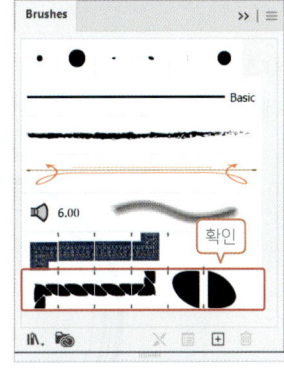

T Start / End 타일과 패턴 타일은 크기 기준을 다르게 잡기 때문에 브러시 옵션 패널이나 견본 패널의 미리보기에서 크기가 맞지 않아 보일 수 있습니다.

## 브러시 적용하기

### 01 기본 원형 준비하기

면 색을 없애고 선 색의 CMYK 값을 '100-87-31-0'으로 설정합니다. '90mm', '84mm', '80mm', '72mm' 크기의 정원을 각각 그린 뒤, 모두 가운데 정렬합니다.

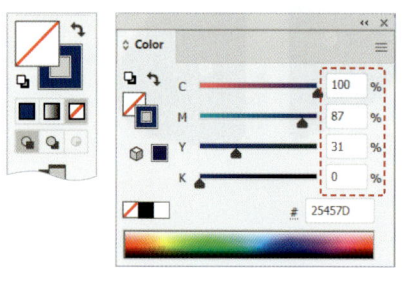
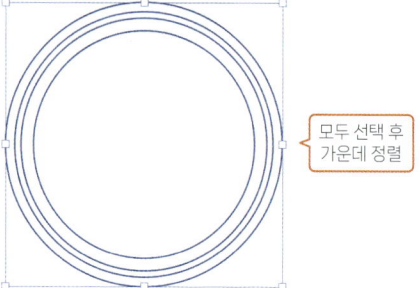

### 02 브러시 적용하기

가장 큰 원(90mm)을 선택하고 [Brushes] 패널(F5)을 엽니다. 이곳에서 등록한 브러시를 선택합니다. 이어서 [Stroke] 패널(Ctrl+F10)을 열고 선 두께를 '0.25pt'로 입력합니다.

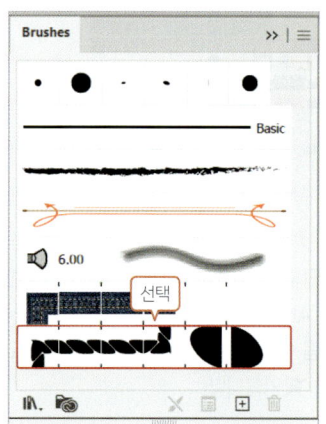
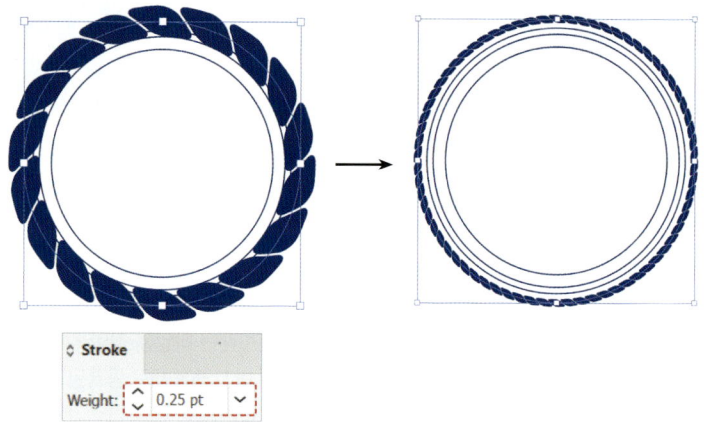

### 03 선 두께 적용하기

세 번째 원(80mm)을 선택하고 선 두께를 '3pt'로 수정합니다. 이어서 가장 작은 원(72mm)을 선택합니다.

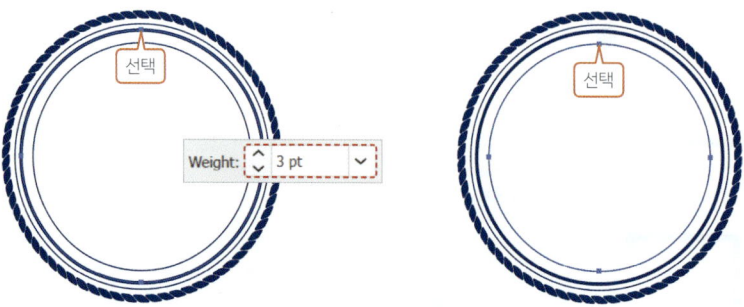

## 04 고정점 추가하기

[Object] - [Path] - [Add Anchor Points]를 선택하여 고정점을 추가하면 점이 2배로 늘어납니다. 이 작업을 두 번 더 반복하여 그림과 같이 점이 많아지도록 만듭니다.

T 고정점 추가 명령은 선택된 패스의 각 선분(Segment)에 자동으로 새로운 기준점을 추가합니다.

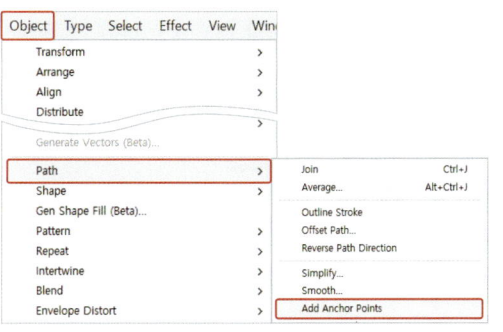 

## 05 고정점 삭제하기

Direct Selection Tool(A)로 가장 상단 점의 일부를 선택하고 Delete 키를 눌러 삭제합니다. 이어서 아래쪽, 왼쪽, 오른쪽 점도 Delete 키를 눌러 총 네 곳의 일부 점들을 삭제합니다. 네 개의 분리된 선이 생성됩니다.

T 똑같이 따라 하는 것보다 기능을 익히는 것이 중요합니다. 따라서 예제와 동일하지 않아도 무방하므로 자유롭게 만들어 봅니다.

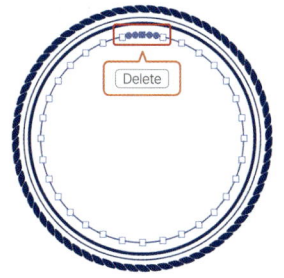 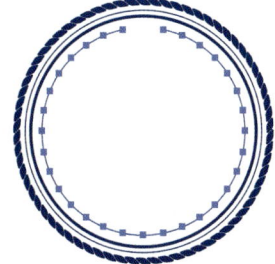 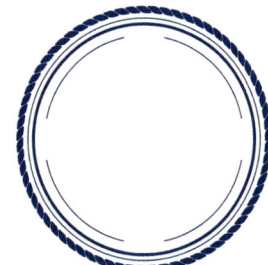

## 06 분할된 선에 브러시 및 텍스트 적용하기

① 4개로 분리된 선에 과정 03에서 사용했던 브러시를 적용하고, 선 두께는 '0.25pt'로 설정합니다. ② 중앙에 '45mm' 크기의 정원을 만들고 Type on a Path Tool로 'NEXT NAUTICAL'을 입력하고 원하는 폰트와 크기를 지정합니다. 가운데 정렬 및 180도 회전합니다. ③ 이어서 '58mm' 크기의 정원을 그리고 하단의 다른 텍스트(MARINE CREW)도 동일하게 작업합니다. (이때 텍스트가 중심 안쪽으로 들어가도록 작업합니다.)

T 텍스트 작업 과정의 내용은 'Section 08의 PRACTICE 01'을 참고합니다.

T 폰트를 다운로드받지 않고 기본 서체로 작업하여도 무방합니다. 예제에서는 'akaPosse', 크기는 '24pt'로 작업하였습니다.

## 07 삼각형 배치 및 회전하기

자료로 준비된 삼각형 개체를 그림과 같이 안쪽 원의 가장 상단 위쪽으로 배치합니다. Rotate Tool(R)을 선택하고 원의 중심에서 Alt 키를 누른 채 클릭하여 나타나는 옵션 창에서 Angle을 '90도'로 입력하고 Copy를 누릅니다.

## 08 삼각형 복제 및 마무리

Ctrl + D 를 두 번 더 눌러 회전 복제 작업을 반복합니다. 상하좌우 4개의 삼각형이 만들어지면, 마지막으로 준비된 돛 개체를 가운데에 배치하여 작업을 마무리합니다.

# THEORY 04 물방울 브러시 도구 알아보기

# Blob Brush Tool

■ 예제 파일 : S9-4.ai

물방울 브러시는 획(선)을 그리는 것처럼 보이지만, 실제로는 칠(면)로 만들어지는 독특한 브러시입니다. 이 브러시의 속성은 캘리그래피 브러시처럼 크기나 각도 등을 수정하여 다양하게 활용할 수 있습니다.

## Blob Brush Tool 물방울 브러시 도구

도구바의 Paint Brush Tool(페인트 브러시 도구) 안에 위치해 있습니다. Blob Brush Tool(물방울 브러시 도구)도 페인트 브러시 도구처럼 화면에 직접 드래그하여 그릴 수 있습니다. 작업 시에는 Stroke(획) 색상으로 그려지지만 드로잉이 완료된 개체를 선택하면 결과물이 Stroke(획)가 아닌 Fill(면) 속성으로 적용된 것을 확인할 수 있습니다.

S Blob Brush Tool(물방울 브러시 도구) `Shift` + `B`

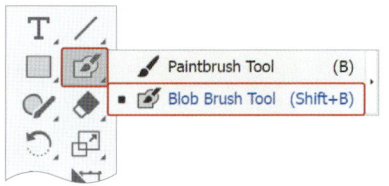

드래그로 그리면 선이 아닌 면으로 된 개체가 만들어짐

## Blob Brush Tool Option 물방울 브러시 도구 옵션

도구바에서 Blob Brush Tool을 더블클릭하면 브러시 도구의 상세 옵션을 설정할 수 있습니다.

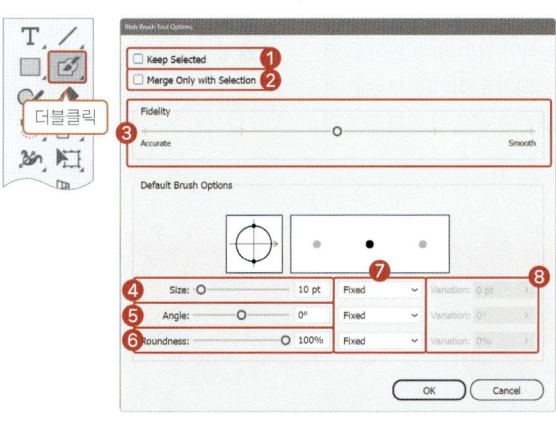

① **Keep Selected(선택 유지)** : 드로잉 작업이 완료된 후에도 현재 개체의 선택 상태를 유지합니다.

② **Merge Only with Selection(선택 항목만 병합)** : 이 옵션을 활성화하면, 이미 선택된 개체 위로 브러시를 칠할 때만 기존 개체와 합쳐집니다. 선택을 해제한 상태에서 작업하면 새로운 개체로 생성됩니다.

③ **Fidelity(정확도)** : 움직임을 얼마나 정밀하게 반영할지를 조절합니다. Accurate(정확하게)에 가까울수록 미세하게 반영하며, Smooth(매끄럽게)에 가까울수록 부드럽게 보정하여 패스를 생성합니다.

④ **Size(크기)** : 브러시의 크기를 조절합니다.

⑤ **Angle(각도)** : 브러시의 각도를 조절합니다.

⑥ **Roundness(원형율)** : 브러시의 납작한 정도를 조절합니다.

⑦ **Fixed~Rotation(고정~회전)** : 각 설정값(각도, 원형율, 크기)을 고정하거나, 랜덤 또는 압력에 따라 다양하게 변경되도록 조절합니다.

⑧ **Variation(변경)** : 값을 랜덤으로 적용할 경우, 해당 랜덤 값의 변화 범위를 설정합니다.

## 옵션 설정에 따라 달라지는 물방울 브러시 도구

### ❶ 기본 옵션으로 작업하기

기존에 만들어진 개체 위로 브러시를 사용할 때, 새로 그리는 색상이 밑에 있는 개체의 색상과 같다면 두 개체는 하나로 합쳐집니다. 그러나 선 색이나 면 색을 다른 색으로 설정한 뒤 같은 조건으로 그리면, 새로운 선은 기존 개체와 합쳐지지 않고 분리된 다른 개체로 생성됩니다.

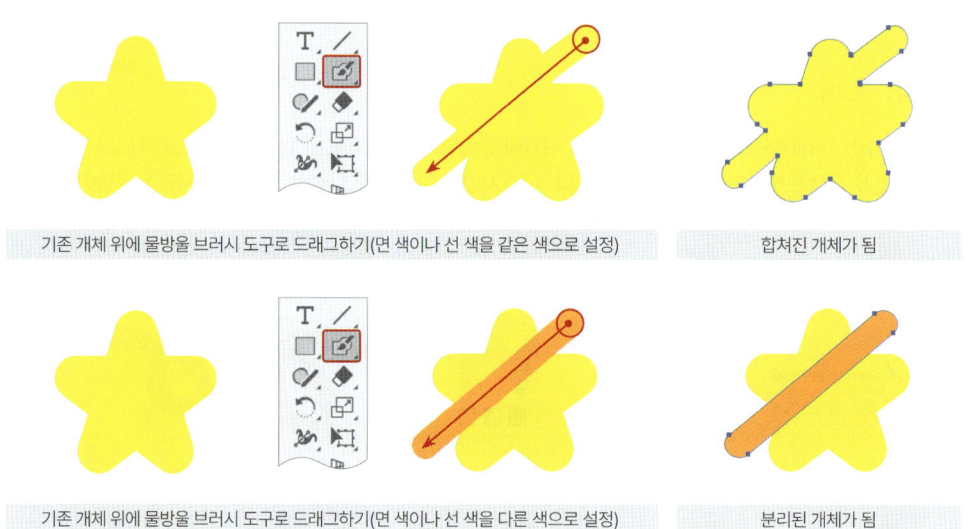

### ❷ 선택 유지 옵션 활성화하기

Blob Brush Tool의 기본 설정으로는 같은 색의 개체 위에서 브러시를 사용하면 자동으로 합쳐집니다. 만약 옵션에서 'Keep Selected(선택 유지)'와 'Merge Only with Selection(선택 항목만 병합)'을 활성화하면 병합 방식이 달라집니다. 이 옵션들이 켜진 상태에서는 같은 색상일지라도 원본 개체가 선택되어 있어야만 새로운 선이 합쳐집니다. 만약 원본 개체가 선택되어 있지 않다면, 새로운 선은 색상과 관계없이 독립적인 개체로 생성됩니다.

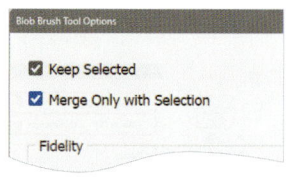

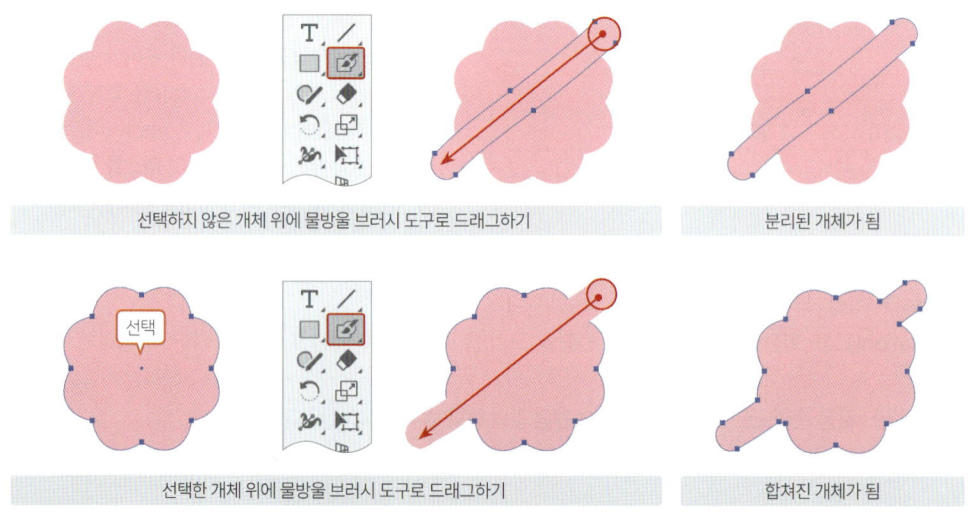

# THEORY 05 — 모양 도구 알아보기

# Shaper Tool

■ 예제 파일 : S9-5.ai

모양 도구는 사각형, 원, 육각형 등 간단한 도형을 빠르게 그릴 수 있도록 돕습니다. 또한, 스크리블(낙서 제스처)을 통해 겹쳐진 도형들을 자르거나 합치는 등 직관적인 편집이 가능합니다.

## Shaper Tool 모양 도구

Shaper Tool(모양 도구)을 사용하면 작업 화면에 도형을 그리는 동시에 벡터 도형으로 자동 변환됩니다. 이 도구를 클릭한 뒤 마우스나 터치 장치로 사각형, 원, 삼각형, 또는 기타 다각형 모양을 그리면 일러스트레이터가 그 제스처를 감지하여 실시간으로 면 색은 회색, 선 색은 1pt 검은색으로 자동 설정되어 벡터 도형으로 만들어 줍니다.

⑤ Shaper Tool(모양 도구) `Shift` + `N`

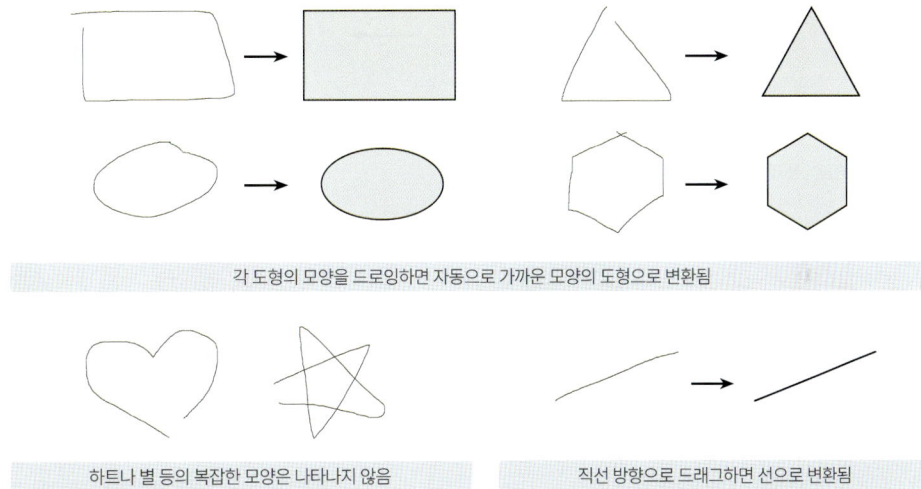

각 도형의 모양을 드로잉하면 자동으로 가까운 모양의 도형으로 변환됨

하트나 별 등의 복잡한 모양은 나타나지 않음

직선 방향으로 드래그하면 선으로 변환됨

## 모양 도구의 사용 방법

### ❶ 미리보기로 개체 편집 영역 확인하기

이미 그려진 개체 위에 마우스 포인터를 올리면 해당 패스의 외곽이 점선으로 표시됩니다. 이렇게 점선으로 나타난 개체들은 따로 선택하지 않아도 Shaper Tool을 이용하여 합치거나 삭제할 수 있습니다. 다만, 이 기능은 서로 겹쳐진 오브젝트에만 적용됩니다.

마우스 포인터를 개체 위에 올리지 않았을 때

모양 도구를 선택하고 마우스 포인터를 개체 위에 올렸을 때

Section 09 - 브러시, 자유형상 드로잉

## ❷ Scribble(스크리블) 기능

스크리블을 활용하면 구분된 패스에서 개체를 합치거나 지울 수 있습니다. 스크리블을 시작할 때, 겹쳐진 부분이 아니라면 처음 클릭한 지점의 정보를 기준으로 작업이 진행됩니다.

T 스크리블은 지그재그 모양으로 낙서하듯 그리는 제스처를 의미합니다.

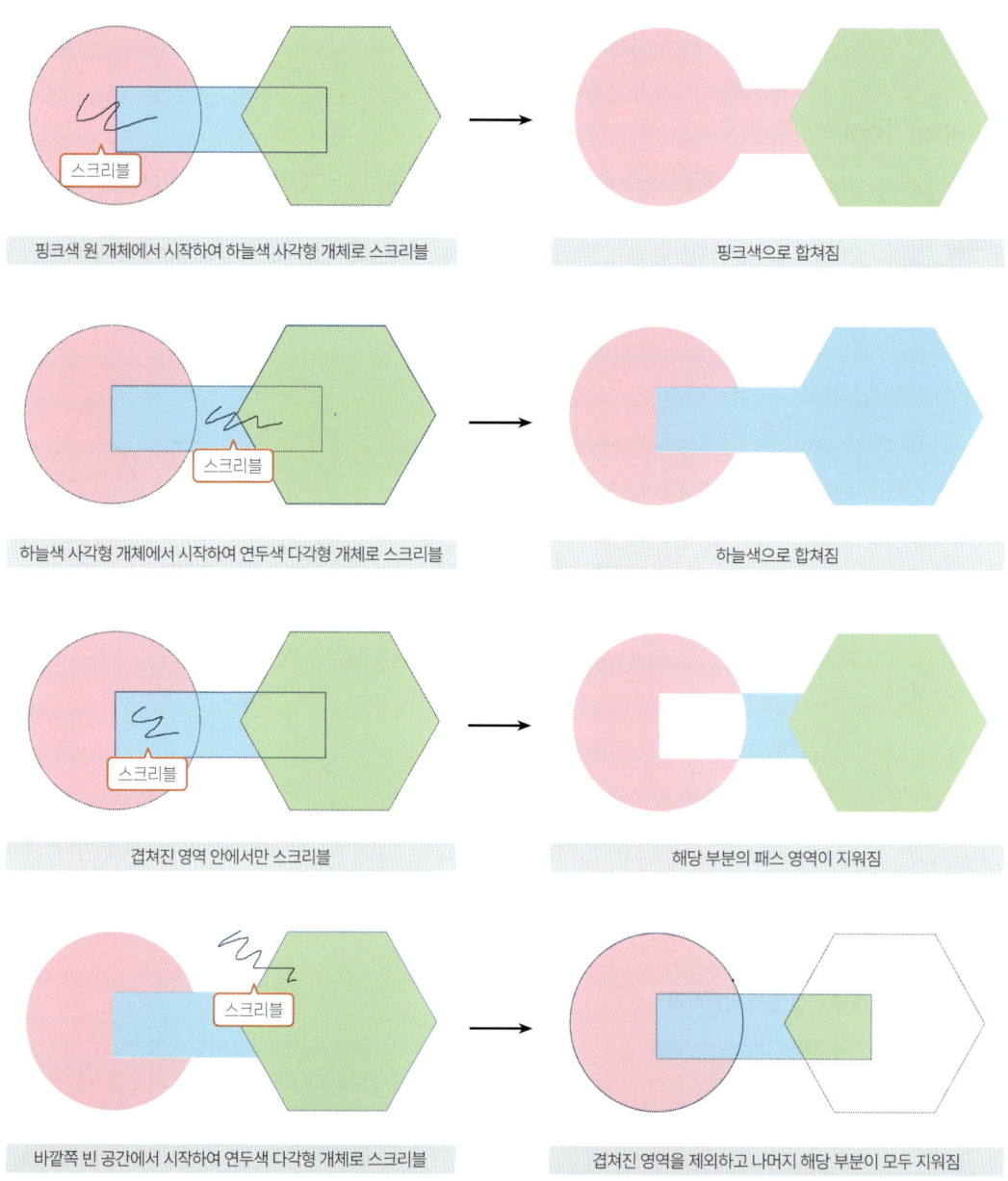

# THEORY 06  연필 도구 알아보기

# Pencil Tool

📁 예제 파일 : S9-6.ai

연필 도구는 브러시, 펜, 모양 도구와 같이 드로잉에 사용되는 도구입니다. 화면에 클릭-드래그하여 자유롭게 패스를 만들 수 있으며, 다른 도구들과 달리 자동으로 닫힌 패스를 생성할 수 있는 기능을 가지고 있습니다.

## Pencil Tool 연필 도구

도구바의 Shaper Tool(모양 도구) 안에 위치해 있습니다. 선 색상을 설정하고 면 색상은 '없음'으로 지정한 뒤 화면에 클릭-드래그하면 1pt 기본 선을 가진 개체가 그려지며, 이는 열린 패스나 닫힌 패스로 자유롭게 생성됩니다. 이 도구는 빠른 스케치나 손으로 그린 듯한 느낌을 표현할 때 유용하며, 패스 생성 후 즉시 수정도 가능합니다.

Ⓢ Pencil Tool(연필 도구) [N]

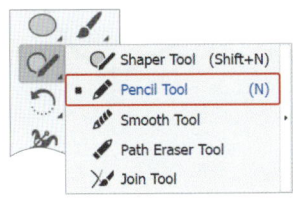
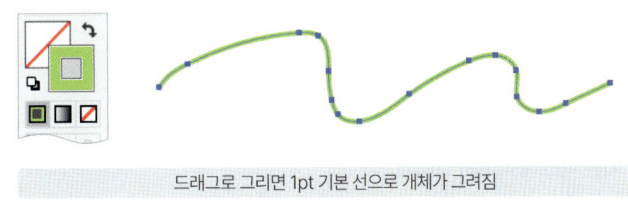

드래그로 그리면 1pt 기본 선으로 개체가 그려짐

## Pencil Tool Options 연필 도구 옵션

도구바에서 Pencil Tool을 더블클릭하면 해당 도구의 상세 옵션을 설정하고 확인할 수 있습니다.

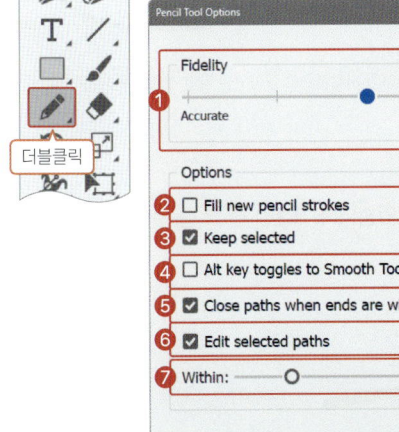

더블클릭

❶ **Fidelity**(정확도) : 움직임을 얼마나 정밀하게 반영할지를 조절합니다. Accurate(정확하게)에 가까울수록 미세하게 반영하며, Smooth(매끄럽게)에 가까울수록 부드럽게 보정하여 패스를 생성합니다.

❷ **Fill new pencil stroke**(새 연필 획 칠) : 면에 색이 설정되어 있다면 자동으로 채워주는 기능입니다. 이 옵션을 해제하면, 면에 색이 있어도 드로잉 시 자동으로 면 색을 '없음'으로 만듭니다.

❸ **Keep Selected**(선택 유지) : 드로잉 작업이 완료된 후에도 현재 개체의 선택 상태를 유지합니다.

❹ **Alt key toggles to Smooth Tool**(Alt 키로 매끄럽게 도구 켜기/끄기) : 드로잉 도중 [Alt] 키를 누르면 일시적으로 매끄럽게 도구로 전환되어 패스를 부드럽게 수정할 수 있습니다. 키에서 손을 떼면 다시 연필 도구로 돌아옵니다.

❺ **Close paths when ends are within**(끝이 다음 범위 내에 있으면 패스 닫기) : 드래그 시 시작점 근처로 오면 자동으로 패스를 닫아주는 기능입니다. 시작점에 얼마나 가까워져야 닫을지 거리를 입력할 수 있으며, 기본값은 15px입니다.

❻ **Edit selected paths(선택 패스 편집)** : 개체가 선택된 상태에서 끊긴 패스의 마지막 점에 대고 드래그하면, 기존 패스와 연결하여 이어서 그릴 수 있습니다. 이 옵션을 해제하면, 연결되지 않고 추가로 그려집니다.

❼ **Within(한도)** : 패스 끝점에 마우스를 가져다 대어 이어 그릴 때, 얼마나 가까운 거리에서 이어 그리기 기능이 활성화될지 설정합니다. 기본값은 6px입니다.

## 연필 도구의 사용 방법

### ❶ 닫힌 패스로 만들기

드로잉을 이어가다가 시작점 근처로 돌아오면, 마우스 포인터가 닫힌 패스를 의미하는 원형 모양( )으로 바뀝니다. 이 모양을 확인하고 마우스를 놓으면 자동으로 닫힌 패스가 완성됩니다. 이때 Fidelity(정확도) 설정에 따라 패스 모양이 약간 변형될 수 있습니다.

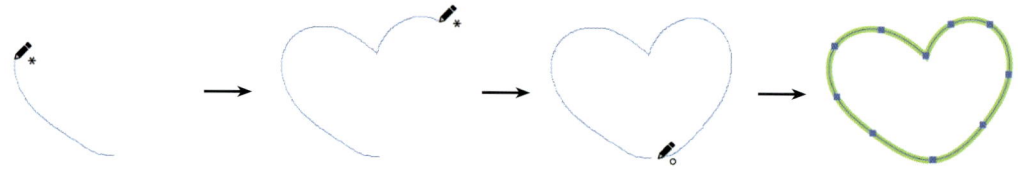

### ❷ 기존 패스에 이어서 그리기

열린 패스 개체를 선택한 후, Pencil Tool로 개체의 끝 점에 마우스를 가져가면 포인터 모양( )이 변합니다. 이 상태에서 드래그하면 기존 개체에 이어서 새로운 패스를 그릴 수 있으며, 다시 시작점으로 돌아와 마무리하면 막힌 개체로 완성됩니다.

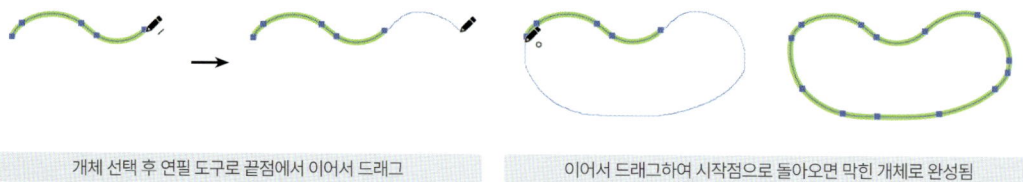

개체 선택 후 연필 도구로 끝점에서 이어서 드래그     이어서 드래그하여 시작점으로 돌아오면 막힌 개체로 완성됨

### ❸ 정확한 직선 그리기

Shift 키를 누른 채 드래그하면 수직, 수평, 또는 45도 각도의 직선을 그릴 수 있습니다. 또한, Alt 키를 누른 채 드래그하면 자유로운 방향으로 흔들림 없는 깔끔한 직선을 만들 수 있습니다.

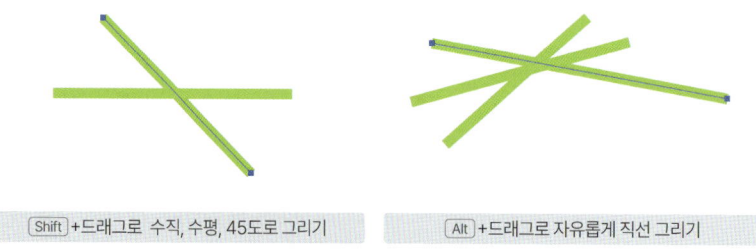

Shift +드래그로 수직, 수평, 45도로 그리기     Alt +드래그로 자유롭게 직선 그리기

# THEORY 07  매끄럽게 도구 알아보기

# Smooth Tool

■ 예제 파일 : S9-7.ai

개체를 그린 후 패스가 울퉁불퉁하거나 고정점(앵커 포인트)의 양이 지나치게 많다면, 매끄럽게 도구를 사용해 다듬을 수 있습니다. 이 도구는 패스를 부드럽게 만들어주고 불필요한 고정점을 줄여줍니다.

## ★ Smooth Tool 매끄럽게 도구

도구바의 Shaper Tool(모양 도구) 안에 위치해 있습니다. Smooth Tool(매끄럽게 도구)은 직접 그림을 그리는 드로잉 도구가 아니므로 미리 그려진 개체를 먼저 선택해야 합니다. 개체를 선택하면 자동으로 해당 개체를 다듬어주는 조절 창이 나타납니다.

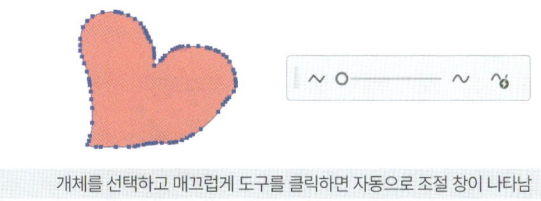

개체를 선택하고 매끄럽게 도구를 클릭하면 자동으로 조절 창이 나타남

## Smooth Tool Options 매끄럽게 도구 옵션

도구바에서 Smooth Tool을 더블클릭하면 해당 도구의 상세 옵션을 설정할 수 있습니다.

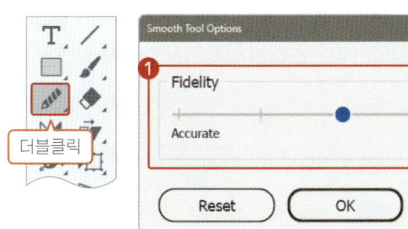

더블클릭

❶ Fidelity(정확도) : 패스를 그릴 때 마우스 움직임의 정밀도를 조절하는 옵션입니다. 이 값을 Accurate(정확하게)에 가깝게 설정하면 마우스의 미세한 흔들림까지도 세밀하게 반영하여 정교한 패스가 만들어지며, Smooth(매끄럽게)에 가깝게 설정하면 흔들림을 부드럽게 처리하여 완만한 곡선 형태의 패스가 생성됩니다.

## 매끄럽게 도구의 사용 방법

Smooth 기능을 사용하려면, 조절 창에서 % 값을 조절하거나 'Auto-Smooth(자동-부드럽게)' 버튼( )을 클릭하여 패스를 다듬을 수 있습니다. 만약 패스의 특정 부분만 수정하고 싶다면, Smooth Tool로 해당 부분의 점들을 선택한 뒤 마우스로 직접 드래그하여 조절할 수 있습니다.

T Smooth 기능은 [Object] - [Path] - [Smooth]를 통해서도 조절할 수 있습니다.

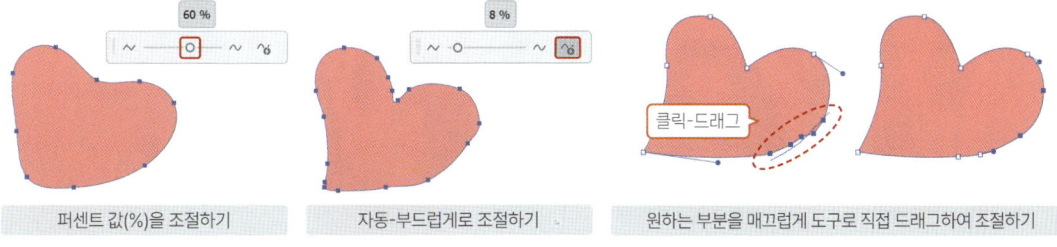

퍼센트 값(%)을 조절하기    자동-부드럽게로 조절하기    원하는 부분을 매끄럽게 도구로 직접 드래그하여 조절하기

## PRACTICE 02 　 드로잉 도구로 캘리그래피 장식 만들기

# Pencil & Smooth Tool

■ 예제 파일 :S9-P2.ai

이번 실습에서는 연필 도구로 패스를 수정하고 매끄럽게 다듬는 방법을 배웁니다. 이 도구들을 활용하면 기존 드로잉을 간편하면서도 섬세하게 보완할 수 있어 더욱 완성도 높은 결과물로 만들 수 있습니다.

### 01 연필 도구로 패스 수정하기

[File] - [Open] (Ctrl + O)으로 'S9-P2.ai' 파일을 엽니다. 미리 윤곽선으로 만들어진 글씨 개체에서 영문 'P' 부분을 확대합니다. 개체를 선택한 뒤 Pencil Tool(N)로 좌측 끝점에서 우측 끝점까지 원하는 모양으로 클릭-드래그하여 패스를 연결하고 새로운 모양을 만듭니다.

   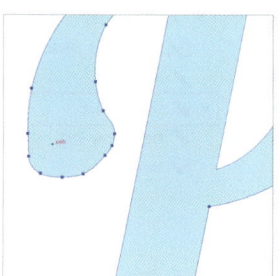

### 02 매끄럽게 도구로 패스 다듬기

Smooth Tool을 선택하고 조절 창에서 % 값을 약간 조절하거나, 새로 연결된 개체 부분의 점 개수가 많다면 Smooth Tool로 해당 부분을 여러 번 문질러 드래그합니다. 해당 부분의 점 개수가 적절하게 조절되어 자연스럽게 다듬어질 때까지 작업을 반복합니다.

 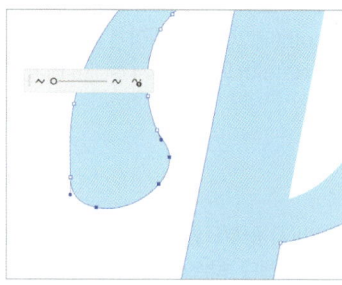  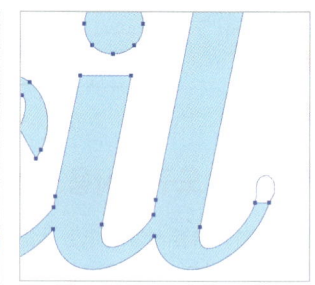

# Exercise

## 브러시 도구로 플로럴 디자인 포스터 만들기    📁 S9_Exercise 예제

새로운 아트, 패턴 브러시를 직접 등록합니다. 브러시를 활용하여 메인 개체 주변을 다채롭게 꾸미면 빈티지하고도 감성적인 느낌의 포스터를 완성할 수 있습니다.

### 1. 브러시 등록하기

[File] - [Open]으로 'S9-E1.ai' 파일을 엽니다. 파일 안에 꽃 개체들을 각각 하나씩 선택하여 모두 패턴 브러시로 등록합니다. 이때 별도의 옵션 조절 없이 기본 설정으로 등록합니다. 추가적으로 몇몇 꽃들은 아트 브러시로도 한 번 더 등록합니다. 아트 브러시 등록 시에는 방향을 아래에서 위 방향으로 설정하여 등록합니다.

- Ⓢ Open(열기) `Ctrl` + `O`　Ⓢ Brushes(브러시) 패널 `F5`

 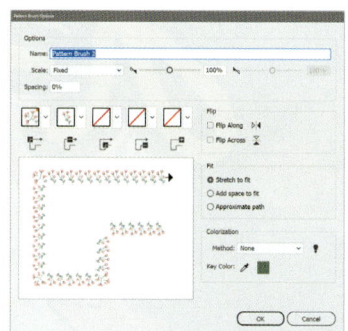 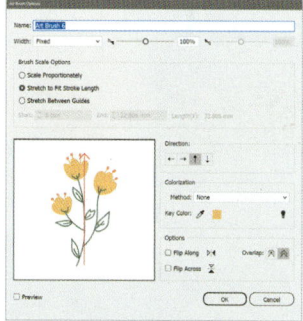

### 2. 메인 개체 꾸미기

메인 오브제 주변에 원하는 대로 선으로 된 개체들을 그린 다음 브러시를 적용합니다. 예시에서는 길이가 긴 라인에는 패턴 브러시를, 길이가 짧은 라인에는 아트 브러시를 적용했습니다. 마지막으로 이전 꽃 개체들의 일부를 그룹 해제하여 자유롭게 가져와 배치하고 꾸며줍니다.

- Ⓢ Line Segment Tool(선분 도구) `\`
- Ⓢ UnGroup(그룹 풀기) `Ctrl` + `Shift` + `G`

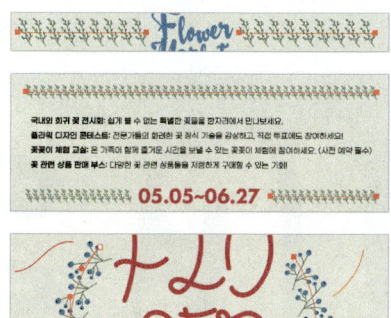

**Section 10**

# Mask, Blending Mode

## 마스크, 혼합 모드

### MISSION

이번 섹션에서는 원본 개체를 유지하며 특정 부분만 보이도록 설정하는 마스크 기능을 학습합니다. 상위 개체가 프레임처럼 가려지는 클리핑 마스크와 개체를 점차 투명하게 만들어 자연스럽게 가릴 수 있는 불투명 마스크 방식이 있습니다. 특히 투명도 패널에서는 혼합 모드 적용도 가능하며, 혼합 모드는 레이어가 서로 겹쳐졌을 때 색상이 어떻게 합성될지 결정하는 기능입니다.

### KEYWORD

#클리핑 마스크 #투명도 패널 #불투명도 마스크
#혼합 모드

# THEORY 01  클리핑 마스크 적용하기

# Clipping Mask

■ 예제 파일 : S10-1.ai

클리핑 마스크는 상위 개체가 프레임 역할을 하여 그 아래 개체들을 가리는 기능입니다. 마치 틀 안에 그림을 넣는 것과 같습니다. 이 기능을 사용하면 원본을 그대로 유지하면서 원하는 형태로 보이게 할 수 있다는 큰 장점이 있습니다.

## ★★ Clipping Mask 클리핑 마스크

Clipping Mask(클리핑 마스크) 기능을 사용하려면 마스크로 적용할 개체를 모두 선택한 후, [Object] - [Clipping Mask]를 선택하거나 단축키 Ctrl + 7 을 누릅니다. 이 기능은 자주 사용되므로 단축키를 외워두는 것이 좋습니다.

S Clipping Mask(클리핑 마스크) Ctrl + 7

### ❶ 클리핑 마스크 적용하기

클리핑 마스크를 적용하려면 최소 2개 이상의 개체를 선택해야 합니다. 이때 마스크의 형태는 가장 위에 있는 개체를 기준으로 적용됩니다. 적용할 개체들을 모두 선택한 뒤 마우스 오른쪽 버튼을 클릭하여 'Make Clipping Mask(클리핑 마스크 만들기)'를 누르거나, 단축키 Ctrl + 7 을 누릅니다.

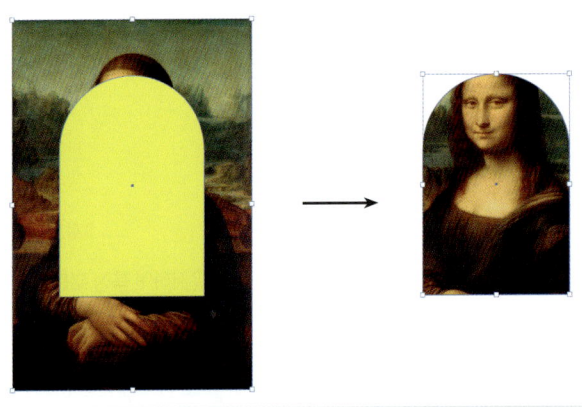

이미지와 최상위 개체를 한 번에 선택한 후 클리핑 마스크 적용

마우스 포인터 올려보기

마우스 포인터를 이미지 위에 올리면 이미지 크기가 가이드로 표시됨

  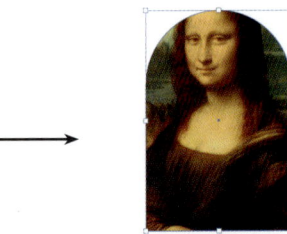

최상위 개체가 면이 아닌 선이거나, 면과 선 없이 패스만 있는 경우에도 결과는 동일하게 적용됨

❷ **클리핑 마스크 적용 개체 편집하기**

클리핑 마스크가 적용된 개체를 Selection Tool(선택 도구)로 클릭하면 최상위 마스크 개체의 모양이 선택됩니다. 반면 Direct Selection Tool(직접 선택 도구)로 클릭하면 마스크 속에 있는 개체가 선택됩니다.

마스크 안의 이미지 위치를 옮기고 싶다면, Direct Selection Tool로 이미지를 클릭하여 드래그하면 됩니다. 또한 최상위 마스크 개체의 패스 모양을 수정하고 싶다면 Direct Selection Tool로 수정할 수 있습니다.

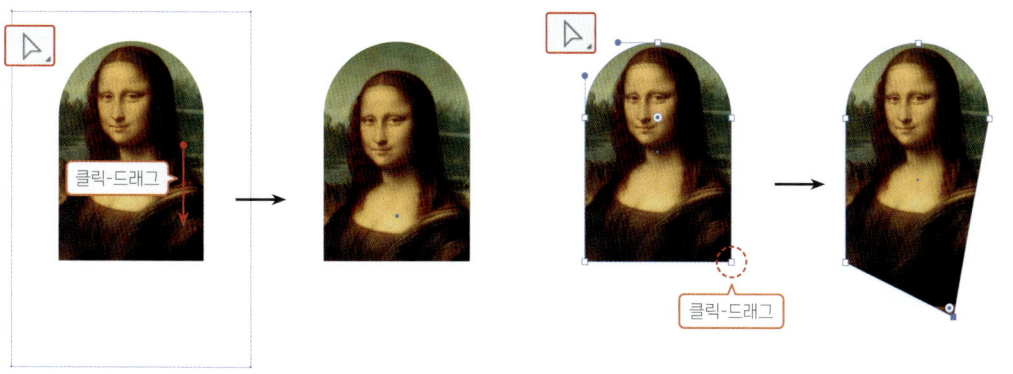

마스크 안의 이미지 크기를 조절하고 싶다면, Direct Selection Tool로 이미지를 선택한 후 바로 Selection Tool로 전환하면 바운딩 박스가 나타나 마스크 안에 있는 이미지의 크기를 조절할 수 있습니다.

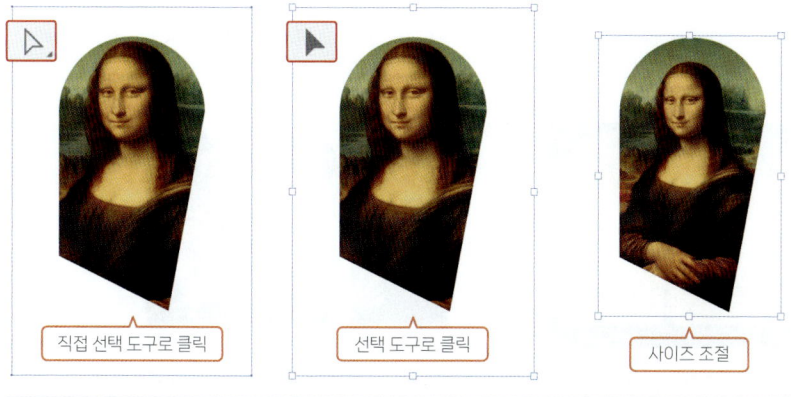

❸ 클리핑 마스크 해제하기

클리핑 마스크를 해제하려면 해당 개체를 선택한 뒤 마우스 오른쪽 버튼을 클릭하여 'Release Clipping Mask(클리핑 마스크 풀기)'를 누르거나, 단축키 Ctrl + Alt + 7 을 누르면 됩니다.

마스크가 해제되면 개체는 원래의 상태로 복원됩니다. 하지만 처음 마스크 역할을 했던 최상위 개체는 면 색과 선 색이 사라진 상태로 패스만 남게 됩니다. 이 패스가 더 이상 필요하지 않을 경우에는 찾아서 삭제해야 합니다.

T 남게 되는 패스는 면 색과 선 색이 없어 잘 보이지 않을 수 있습니다. 따라서 패스의 위치를 기억해두거나, Ctrl + Y 를 눌러 Outline 모드로 전환하여 찾아서 삭제하면 편리합니다.

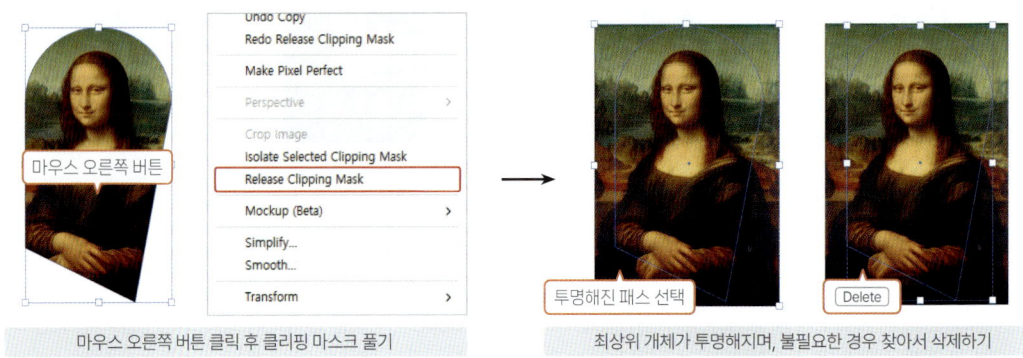

마우스 오른쪽 버튼 클릭 후 클리핑 마스크 풀기 / 최상위 개체가 투명해지며, 불필요한 경우 찾아서 삭제하기

## ★★ Compound Path  컴파운드 패스

컴파운드 패스는 '결합 개체'라고도 하며, 서로 떨어져 있는 여러 개체를 하나의 완전한 개체로 인식하게 만듭니다. 그룹(Group)은 개체들을 임시로 묶어줄 뿐 여전히 각각의 개체로 인식되는 것과 달리, 컴파운드 패스로 만들면 개체들이 단일 개체처럼 작동합니다. 클리핑 마스크는 하나의 최상위 개체로만 적용할 수 있기 때문에 서로 떨어진 여러 모양을 마스크로 사용하고 싶다면 컴파운드 패스를 함께 활용해야 합니다. Compound Path 기능을 사용하려면 마스크를 적용할 개체를 선택한 후, [Object] - [Compound Path]를 선택하거나 단축키 Ctrl + 8 을 누릅니다.

S Compound Path(컴파운드 패스) Ctrl + 8

T 이 기능 또한 자주 사용되므로 단축키를 외워두는 것이 좋습니다.

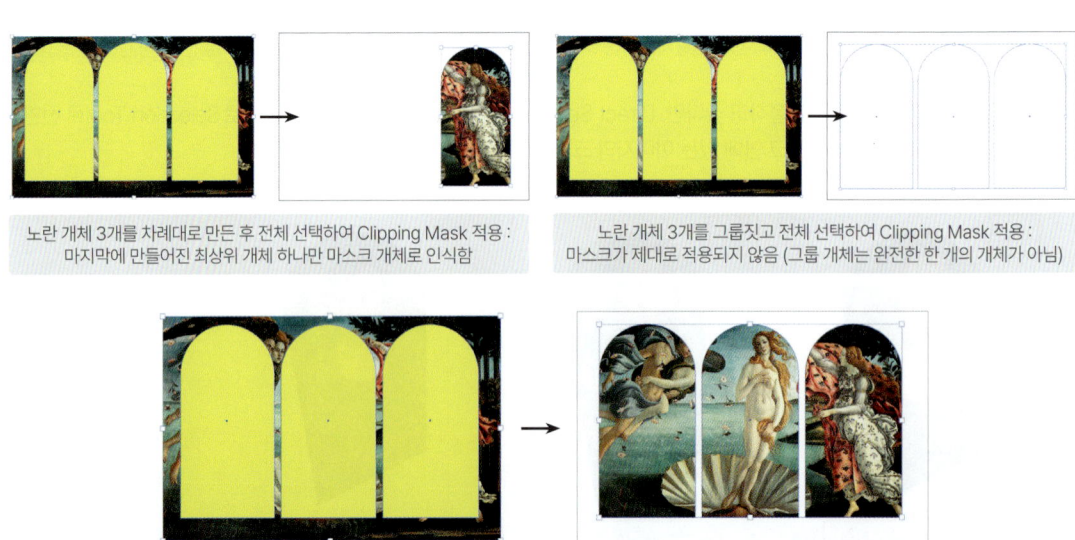

노란 개체 3개를 차례대로 만든 후 전체 선택하여 Clipping Mask 적용 : 마지막에 만들어진 최상위 개체 하나만 마스크 개체로 인식함

노란 개체 3개를 그룹짓고 전체 선택하여 Clipping Mask 적용 : 마스크가 제대로 적용되지 않음 (그룹 개체는 완전한 한 개의 개체가 아님)

노란색 개체 3개를 Ctrl + 8 을 눌러 Compound Path로 만든 후 전체 선택하여 Clipping Mask 적용 : 만들어진 개체 3개를 한 개로 인식함

## 다중 오브젝트에 클리핑 마스크 적용 및 수정하기

마스크 기능은 다수의 오브젝트, 비트맵 이미지, 브러시, 심볼 등 종류와 관계없이 대부분 적용할 수 있습니다. 단, 마스크로 사용할 최상위 개체는 단일 개체이거나 컴파운드 개체여야 하며, 반드시 닫힌 패스(막힌 패스)여야 합니다. 마스크 적용 후 수정할 경우를 대비해, 마스크 안의 다중 개체들을 각각 그룹으로 묶어두면 편리하게 관리할 수 있습니다.

> 클리핑 마스크를 적용할 때, 마스크 역할을 할 개체는 반드시 가장 상위에 위치해야 하고, 단일 개체여야 합니다. 만약 여러 개가 겹친 그룹 개체가 최상위에 있다면, 클리핑 마스크가 제대로 작동하지 않아 아무것도 보이지 않을 수 있습니다.

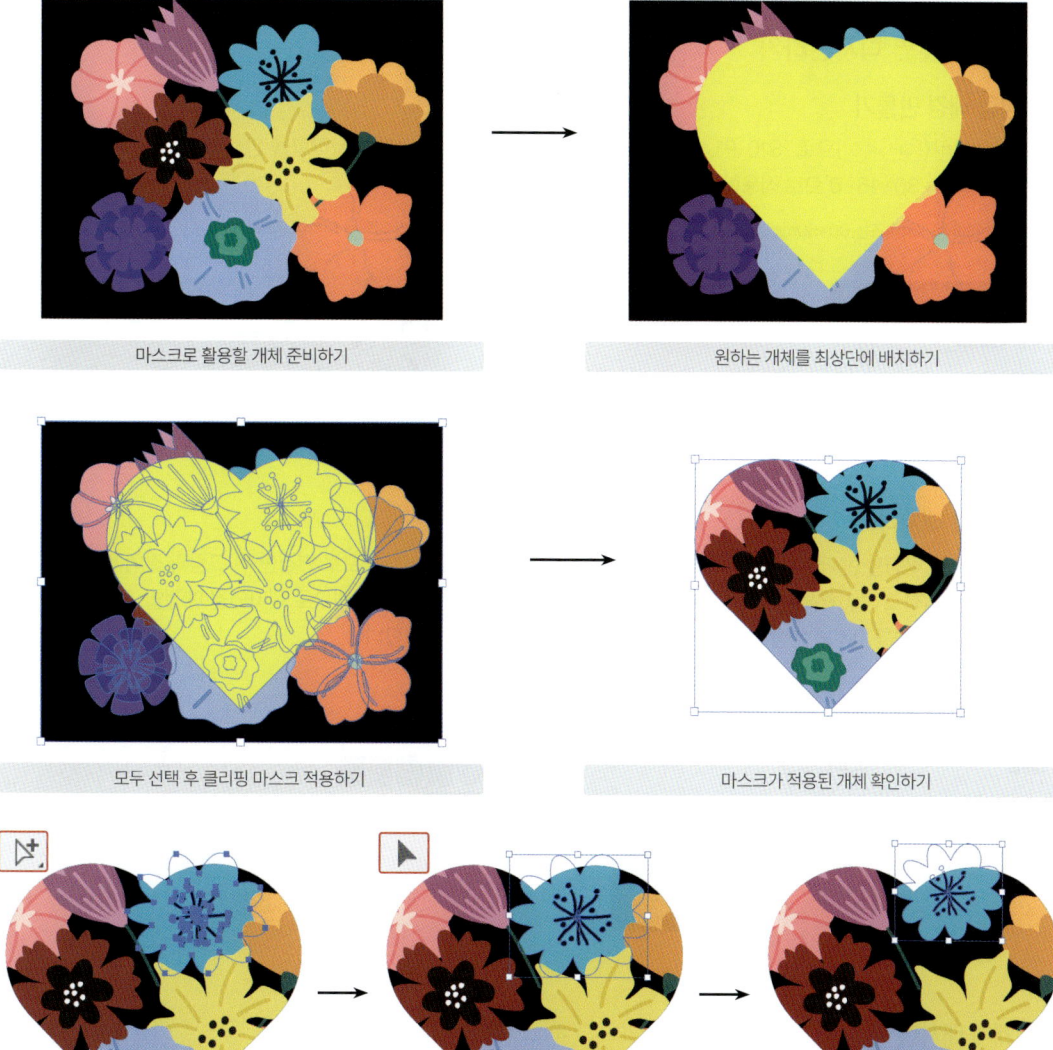

PRACTICE 01 클리핑 마스크 적용하여 명함 파일 만들기

# Clipping Mask

■ 예제 파일 : S10-P1.ai

명함 디자인은 실무에서 자주 활용됩니다. 클리핑 마스크를 이용해 이미지를 깔끔하게 정돈하고, 이어서 인쇄용 파일 제작 시 필요한 재단선 만드는 방법까지 알아보겠습니다.

## 명함 앞면/뒷면 디자인하기

### 01 명함 배경 만들기

[File] - [Open] (Ctrl + O)으로 'S10-P1.ai' 파일을 엽니다. '92×52mm' 크기의 사각형을 만들고 선 색은 '없음', 면 색의 CMYK 값을 '0 - 30 - 15 - 0'으로 적용합니다.

T 명함의 일반적인 사이즈는 90×50mm지만, 인쇄용 파일은 재단 오차를 고려해 사방 1mm씩 여백을 더하여 만듭니다.

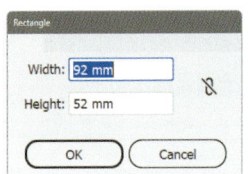  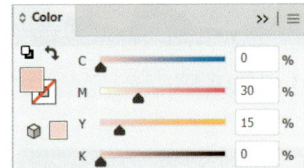

### 02 타이틀 배치하기

'92×52mm' 사각형을 한 개 더 만듭니다. 면 색의 CMYK 값을 '100 - 100 - 0 - 0'으로 변경한 뒤 그림과 같이 배치합니다. 사각형 2개를 선택하고 Ctrl + Shift + [ 를 눌러 맨 뒤로 배열합니다. 각각 앞면과 뒷면으로 디자인될 예정입니다. 미리 준비되어 있는 타이틀 개체를 가져와 명함의 앞면이 될 분홍색 사각형 개체 위에 배치합니다.

S Send to Back(맨 뒤로 보내기) Ctrl + Shift + [

### 03 개체 배치하기

주소 개체를 가져와 그림과 같이 좌측 하단에 배치합니다. 햄버거 개체도 우측 하단에 배치하여 명함 크기 바깥을 일부 벗어나도록 크기와 각도를 조절합니다.

## 04 복사 및 상위에 붙여넣기

하단의 분홍색 사각형만 선택합니다. 클리핑 마스크로 사용하기 위해 Ctrl + C 로 복사한 뒤, Ctrl + Shift + V 를 눌러 제자리에 붙여넣기 합니다. 붙여넣은 개체는 원본이 있던 레이어의 맨 위에 배치됩니다.

S Paste in Place(제자리 가장 상위에 붙이기) Ctrl + Shift + V

T 하단에 있는 원본 분홍색 개체를 직접 최상위로 올리지 않습니다. 원본의 속성과 위치가 그대로 유지되어야 다음 작업에 활용할 수 있기 때문입니다.

## 05 클리핑 마스크 적용하기

가장 상위에 붙여넣은 분홍색 사각형 개체와 햄버거 개체를 함께 선택하고 Ctrl + 7 을 눌러 클리핑 마스크를 적용합니다.

S Clipping Mask(클리핑 마스크) Ctrl + 7

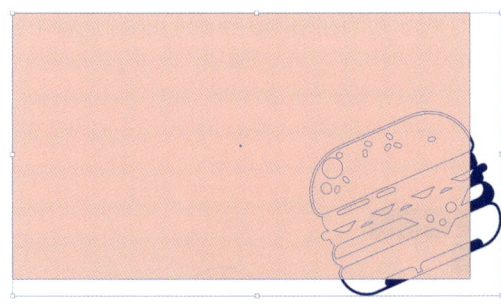 

## 06 명함 뒷면 디자인하기

준비된 분홍색 개체들을 명함 뒷면으로 사용될 파란색 사각형 위로 자유롭게 배치하여 디자인합니다.

# 칼선 만들기

## 01 재단선 설정하기

여백 크기의 '92×52mm' 사각형과 재단 크기의 '90×50mm' 사각형을 각각 한 개씩 만듭니다. 명함 중앙에 배치한 후 맨 위로 배열하고, 두 사각형 모두 선 색과 면 색은 '없음'으로 처리합니다. 만든 두 사각형 중 재단 크기의 90×50mm 사각형만 선택합니다.

> T 재단선은 최종 인쇄물의 크기를 표시해 주는 가이드라인 역할을 합니다.

## 02 재단선 표시 적용하기

[Effect] - [Crop Marks]를 클릭하여 선택된 90×50mm 사각형에 재단선을 표시합니다. 이 사각형과 여백 크기의 92×52mm 사각형을 함께 선택하여 뒷면 개체에도 복사하고 파일을 저장하면 명함 인쇄 파일이 완성됩니다.

> T Crop Mark 기능은 선택된 개체의 바운딩 박스 외곽에 얇은 실선 형태의 재단 표시를 생성합니다. 이 선들은 개체의 모서리에 자동으로 만들어져 인쇄 시 재단의 기준선으로 사용됩니다.

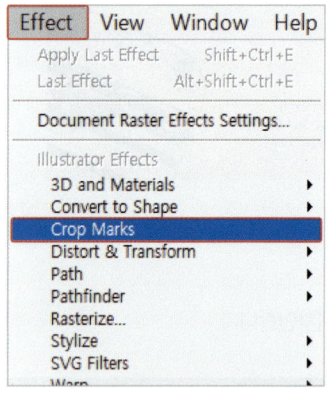

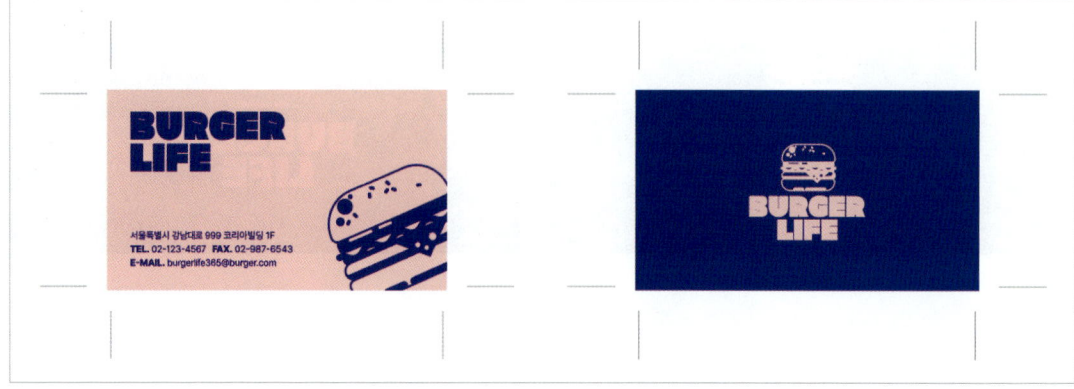

# PRACTICE 02 | 컴파운드 패스를 이용한 타이틀 디자인

# Compound Path

■ 예제 파일 : S10-P2.ai

클리핑 마스크와 컴파운드 패스를 활용하여 이미지나 복잡한 개체를 텍스트 안으로 삽입하고, 여러 개의 개체를 하나의 형태로 만드는 방법을 익힐 수 있습니다.

## 배경 개체에 마스크 적용하기

### 01 배경 잠금 및 개체 배치하기

[File] - [Open] (Ctrl + O)으로 'S10-P2.ai' 파일을 엽니다. 가장 하단의 큰 배경 사각형을 선택하고 Ctrl + 2를 눌러 개체를 잠급니다. 이후 각각의 나뭇잎 개체들의 크기와 각도를 조절하고, 필요하다면 Recolor Artwork 기능 등을 활용해 자유롭게 색을 변환하여 그림과 유사하게 외곽 부분에 배치합니다.

S Lock(잠금) Ctrl + 2

### 02 마스크 적용 및 잠그기

'200×200mm' 크기의 사각형을 그린 뒤 문서의 가운데로 배치합니다. 모든 개체를 Ctrl + A로 전체 선택한 후, Ctrl + 7을 눌러 클리핑 마스크를 적용하여 외곽 부분을 깔끔하게 정리합니다. 이 마스크 개체도 Ctrl + 2를 눌러 잠급니다.

S Clipping Mask(클리핑 마스크) Ctrl + 7

## 문자에 마스크 적용하기

### 01 텍스트 윤곽선 처리하기

Type Tool(T)로 'Fall in'과 'CAMP'를 각각 입력합니다. 서로 다른 폰트를 적용하여 두 개의 개별 텍스트 개체를 만듭니다. 두 개체를 선택하고 [Type] - [Create Outlines](Ctrl + Shift + O)로 윤곽선 처리합니다.

> 마스크로 적용할 텍스트는 면적이 넓어 마스크 효과가 잘 보이는 두꺼운 폰트를 선택하는 것이 좋습니다. 예제에서는 'Gecko Lunch'나 '창원단감아 삭'과 같은 폰트로 작업하였습니다.

> Create Outlines(윤곽선 만들기) Ctrl + Shift + O

### 02 컴파운드 패스 적용 및 이미지 불러오기

윤곽선 처리된 텍스트 개체들을 Ctrl + 8 을 눌러 컴파운드 패스로 만듭니다. [File] - [Place](Ctrl + Shift + P)를 선택하여 'fall camping.jpg' 파일을 가져옵니다. 빈 화면에 클릭하여 사진을 배치한 뒤, [Control] 패널에서 'Embed' 버튼을 눌러 사진의 'X' 표시를 제거합니다.

> Compound Path(컴파운드 패스) Ctrl + 8

> 불러온 이미지를 Embed(포함) 하지 않으면, 동일한 이미지가 없는 다른 컴퓨터에서 파일을 열었을 때 이미지가 유실될 수 있습니다. 자세한 내용은 'Section 11의 THEORY 04'를 참고합니다.

 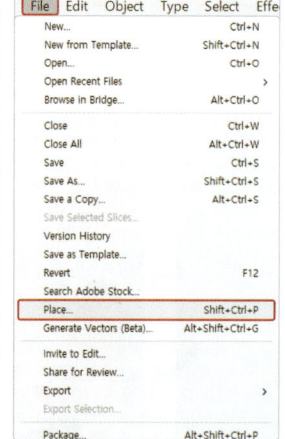 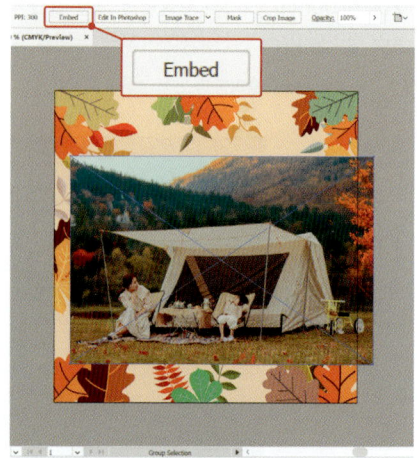

## 03 클리핑 마스크 적용하기

불러온 사진을 Ctrl + [ 를 눌러 한 단계씩 아래로 배열하여 텍스트 개체 뒤로 배치합니다. 이미지 크기를 조절하고 원하는 위치에 맞춥니다. 이미지와 컴파운드 패스를 적용한 텍스트 개체를 함께 선택한 후, Ctrl + 7 을 눌러 클리핑 마스크를 적용합니다.

ⓢ Send Backward(뒤로 보내기) Ctrl + [

이미지를 텍스트 뒤로 배치

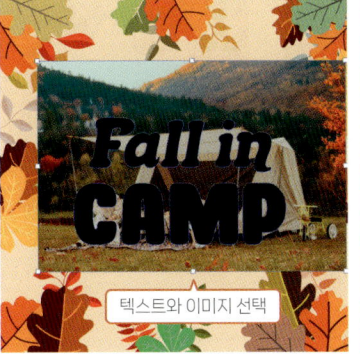
텍스트와 이미지 선택

Ctrl + 7 로 클리핑 마스크 적용

## 문자 외곽에 패스 이동 적용하기

### 01 텍스트 외곽선 생성하기

Group Selection Tool을 선택합니다. 마스크가 적용된 개체의 외곽을 같은 자리에서 세 번 클릭하여 문자 외곽 패스 전체를 선택합니다. Ctrl + C 로 복사한 뒤, Ctrl + Shift + V 로 제자리에 붙여넣기 합니다. 면 색을 임의의 색으로 지정합니다. [Object] - [Path] - [Offset Path]를 클릭하여 Offset 값을 '3mm'로 입력하고 'Round'를 선택한 뒤 OK를 누릅니다.

ⓢ Paste in Place(제자리 가장 상위에 붙이기) Ctrl + Shift + V

3번 클릭 후 Ctrl + C

Ctrl + Shift + V

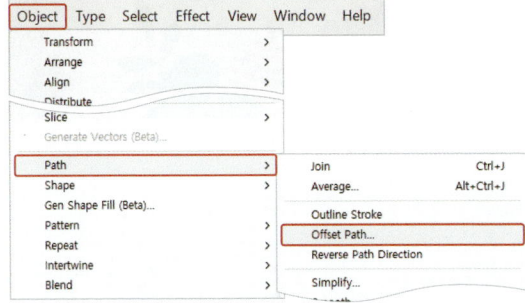

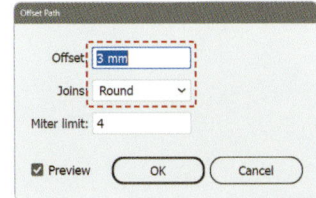

## 02 불필요한 개체 삭제하기

이전에 생성한 Offset Path 개체의 면 색을 흰색으로 적용합니다. Ctrl 키를 누른 채로 빈 화면을 클릭하여 선택을 해제한 뒤, 흰색 개체를 제외하고 이전 과정에서 임의의 색으로 붙여넣기해둔 텍스트 개체(원래 마스크된 텍스트)를 선택하여 Delete 키로 삭제합니다.

## 03 외곽선 배열 및 저장하기

흰색 개체를 선택하고 Ctrl + [ 를 눌러 한 단계씩 아래로 배열하다 보면 메인 개체가 다시 나타나면서 테두리 효과를 표현할 수 있습니다. 작업을 저장한 후 마무리합니다.

# THEORY 02 | 투명도 패널 알아보기

# Transparency

■ 예제 파일 : S10-2.ai

투명도 패널은 선택된 개체나 이미지의 불투명도를 조절하고, 혼합 모드를 적용할 수 있으며, 마스크 기능까지 활용할 수 있는 중요한 패널입니다. 디자인 작업 시 활용도가 높기 때문에 반드시 익혀두는 것이 좋습니다.

## ★★ Transparency Panel 투명도 패널

클리핑 마스크와 다르게 그레이디언트를 이용해 마스크를 자연스럽게 적용하거나 해제할 수 있는 것이 특징입니다. 또한, Blending Mode(혼합 모드)와 Opacity(불투명도) 조절 등의 다양한 기능을 제공합니다. [Window] - [Transparency]를 선택하거나 단축키 Ctrl + Shift + F10 을 누르면 투명도 패널이 나타납니다.

S Transparency(투명도) 패널 Ctrl + Shift + F10

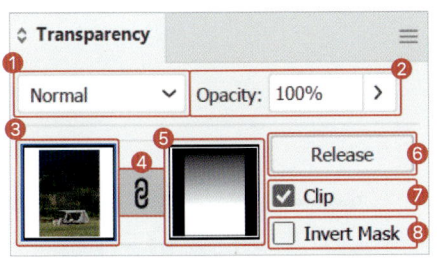

❶ **Blending Mode(혼합 모드)** : 겹쳐진 개체들이 서로 다른 방식으로 색상을 합성하도록 선택합니다. 개체가 겹쳐져 있어야 효과를 확인할 수 있습니다.

❷ **Opacity(불투명도)** : 선택된 개체나 이미지 등의 불투명도를 조절합니다. 기본값은 100%로 설정되어 있으며, 값을 낮출수록 투명해집니다.

❸ **Thumbnail(축소판)** : 선택한 개체의 미리 보기 이미지를 보여줍니다.

❹ **Link(링크)** : 마스크와 개체의 위치를 연결합니다. (불투명도 마스크 사용 시)

❺ **Mask Thumbnail(마스크 축소판)** : 불투명도 마스크가 적용된 개체의 썸네일을 표시합니다. Alt 키를 누른 채 클릭하면 마스크만 단독으로 볼 수 있으며, 이 상태에서 마스크 개체를 수정하거나 이동할 수 있습니다. 수정을 마친 후에는 다시 해당 썸네일을 클릭하여 원래의 보기 모드로 돌아와야 합니다.

❻ **Make Mask / Release(마스크 만들기 / 풀기)** : 불투명도 마스크를 적용하거나, 이미 적용된 마스크를 해제합니다.

❼ **Clip(클립)** : 이 옵션이 설정되어 있으면 클리핑 마스크와 유사한 효과가 나타납니다. 필요에 따라 이 기능을 해제해야 할 경우도 있습니다.

❽ **Invert Mask(마스크 반전)** : 마스크 개체의 색상을 반전시켜서 보이거나 가려지는 부분을 반대로 바꿉니다.

### 개별 개체와 그룹 개체의 불투명도 적용 차이

불투명도(Opacity)는 개별 개체와 그룹으로 묶인 개체에 다르게 적용됩니다.
- 개별 개체 : 각 개체의 불투명도가 누적되어 겹쳐 보이며, 개체들이 겹쳐지면 뒤의 색상이 비쳐 보일 수 있습니다.
- 그룹 개체 : 그룹으로 묶인 개체들은 하나의 덩어리로 인식되어 불투명도가 그룹 전체에 일괄적으로 적용됩니다. 따라서 그룹 내 개체들의 겹침 여부와 관계없이, 그룹 전체의 투명도만 반영됩니다.

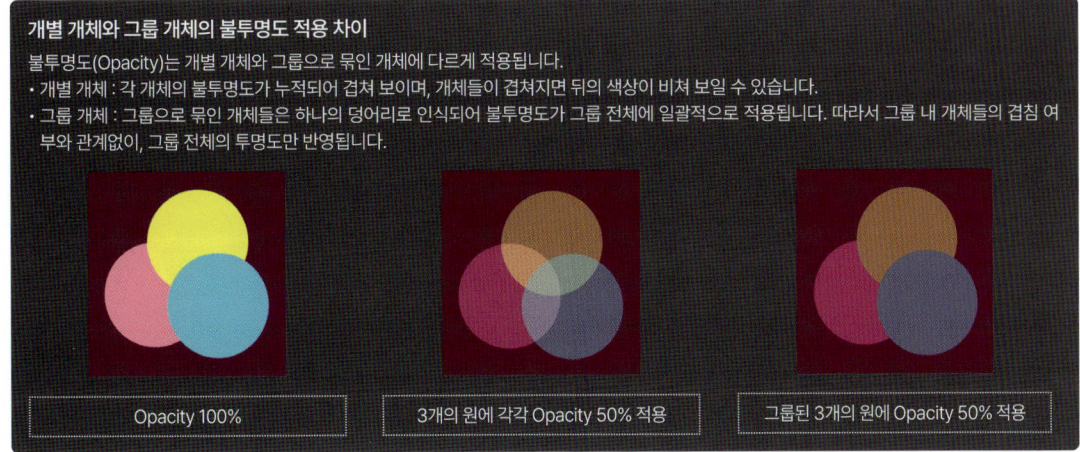

# THEORY 03 　불투명 마스크 적용하기

# Opacity Mask

■ 예제 파일 : S10-3.ai

클리핑 마스크가 최상위 개체 형태로 보여질 영역만 설정하는 반면, 불투명 마스크는 그레이디언트 개체를 활용하여 보여지는 영역(흰색)과 가려지는 영역(검은색), 그리고 반투명한 영역(회색 음영)을 섬세하게 조절할 수 있습니다.

## ★★ Opacity Mask 불투명 마스크

불투명도 마스크를 적용하려면, 먼저 마스크할 이미지나 개체 위에 Gradient(그레이디언트)를 적용해야 합니다. 이미지와 그레이디언트가 적용된 개체를 모두 선택한 뒤, [Transparency] 패널에서 'Make Mask(마스크 만들기)' 버튼을 클릭하면 그레이디언트의 흰색 부분은 이미지가 보이고, 검은색 부분은 가려지며, 회색 농도에 따라 투명하게 표현됩니다.

T 이 예시에서는 이미지와 동일한 크기의 사각형을 만들어 그레이디언트를 적용했습니다.

이미지 크기와 동일한 그레이디언트가 적용된 사각형을 만들어 이미지 위로 배치하기

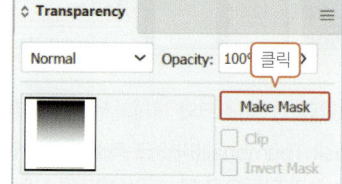
개체와 그레이디언트를 모두 선택한 뒤 마스크 만들기 적용

이미지에 마스크가 적용되었습니다. 그레이디언트의 검은색 영역은 이미지를 가리고, 흰색 영역은 이미지를 보이게 만듭니다. 이로 인해 이미지가 자연스럽게 사라지는 듯한 효과가 연출됩니다. 이 효과는 배경이 있는 다른 개체 위로 마스크 적용된 이미지를 옮겨보면 더욱 직관적으로 확인할 수 있습니다.

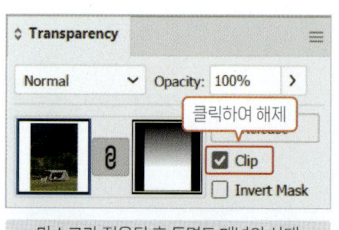
마스크가 적용된 후 투명도 패널의 상태

개체를 색이 있는 배경 위로 옮겨 마스크로 가려진 부분 재확인

## PRACTICE 03   불투명 마스크로 사라지는 반사 효과 만들기

# Opacity Mask 1

■ 예제 파일 : S10-P3.ai

이 실습에서는 불투명도 마스크를 활용해 개체의 일부분이 자연스럽게 사라지는 반사 효과를 적용하는 방법을 배웁니다.

### 불투명 마스크 적용하기

#### 01 반전 및 복사하기

[File] - [Open] (Ctrl + O)으로 'S10-P3.ai' 파일을 엽니다. Ctrl + A 를 눌러 전체 선택합니다. (이때 배경 개체는 잠겨 있습니다.) Reflect Tool(O)을 선택하고 개체의 아래 중간 부분에 마우스 포인터를 올린 뒤 Alt 키를 누른 채 클릭합니다. 옵션 창이 나타나면 'Horizontal'을 선택한 뒤 Copy를 눌러 개체 아래를 기준으로 반전 및 복사합니다.

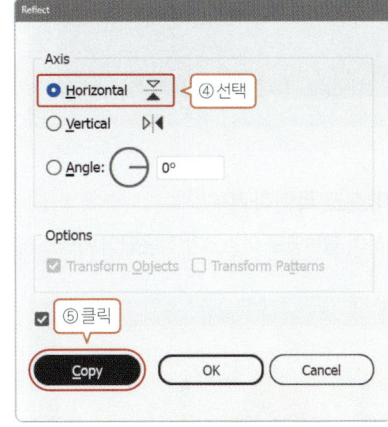

#### 02 그레이디언트 설정하기

반전 및 복사된 개체 위에 새로운 사각형을 그려 덮습니다. 사각형의 선 색은 '없음', 면 색은 그레이디언트를 적용합니다. [Gradient] 패널(Ctrl + F9)에서 각도를 '-90도'로 설정하고, 왼쪽 색상은 K 값만 '60%', 오른쪽 색상은 '100%'로 적용합니다. 이때 오른쪽 색상의 Location 값은 '80%'로 위치를 설정합니다.

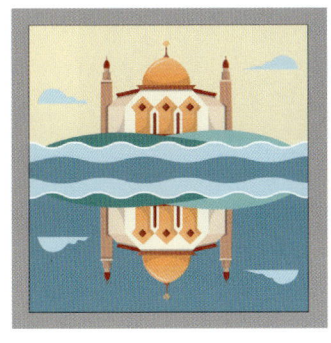

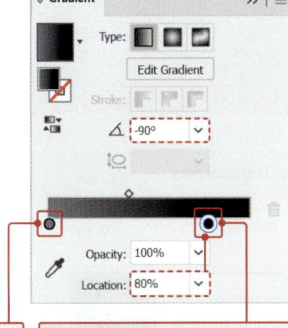
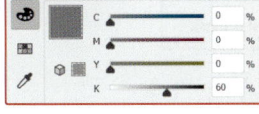

## 03 불투명도 마스크 적용하기

Selection Tool(V)로 개체의 아래 부분을 클릭-드래그하여 마스크 개체(그레이디언트 사각형)와 하단 개체(반사된 개체)를 모두 선택합니다. [Window] - [Transparency] (Ctrl + Shift + F10)를 클릭하여 패널을 연 뒤, 'Make Mask' 버튼을 누릅니다.

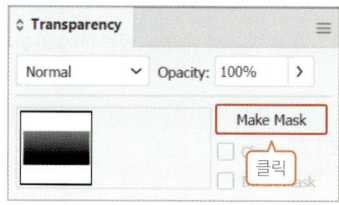

## 04 적용된 마스크 확인하기

빈 화면을 클릭하여 불투명도 마스크가 적용되어 자연스러운 반사 효과가 만들어진 것을 확인합니다.

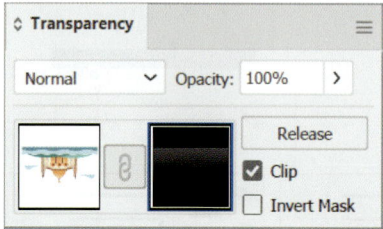

## 마스크 수정하기

### 01 마스크 그레이디언트 수정하기 1

마스크를 수정하려면 적용된 개체를 선택한 뒤 [Transparency](Ctrl + Shift + F10)패널에서 마스크 썸네일을 선택합니다. [Gradient] 패널(Ctrl + F9)을 열고 'Edit Gradient' 버튼을 클릭합니다.

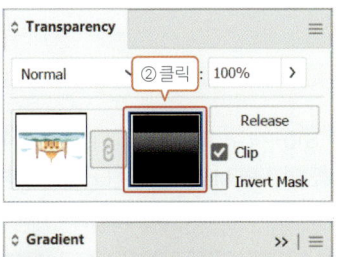
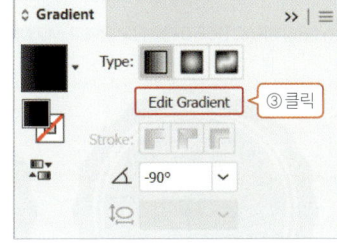

### 02 마스크 그레이디언트 수정하기 2

화면에서 아래쪽 색상점을 약간 위로 드래그하여 이동합니다. 위쪽 색상점은 더블클릭하여 K 값만 '80%'로 올려 더 많이 가려지도록 만듭니다. 모든 작업이 끝나면 Selection Tool(V)을 클릭한 뒤, [Transparency] 패널(Ctrl + Shift + F10)을 열어 마스크 썸네일이 아닌 원본 영역 썸네일을 클릭하여 원래 상태로 돌아옵니다.

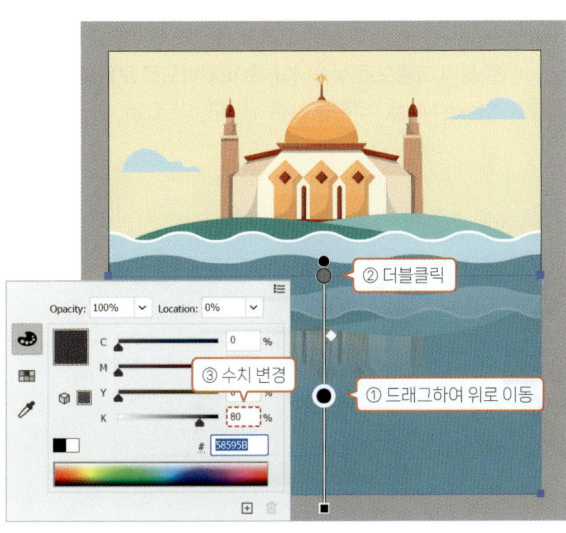

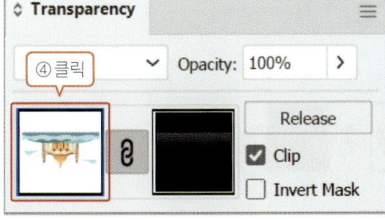

PRACTICE 04 › 불투명 마스크를 이용한 빈티지 스탬프 디자인

# Opacity Mask 2

■ 예제 파일 : S10-P4.ai

이번에는 불투명도 마스크를 활용해 텍스트와 개체를 복합적으로 마스킹하여 빈티지한 스탬프 효과를 만들어 보겠습니다.

## 01 원형 텍스트 생성하기

[File] - [Open] (Ctrl + O)으로 'S10-P4.ai' 파일을 엽니다. 가장 안쪽에 적당한 크기로 원 개체를 그린 뒤 Type on a Path Tool을 사용하여 그림과 같이 상단에 'PREMIUM COFFEE'를 입력하고 원하는 폰트와 크기를 지정합니다. 이 원형 텍스트의 사본을 만들어 아래쪽에는 'HAND DRIP ONLY'라고 입력합니다. (이때 텍스트가 중심 안쪽으로 들어가도록 작업합니다.)

T 텍스트 작업 과정의 내용은 'Section 08의 PRACTICE 01'을 참고합니다. 예제에서 폰트는 'Montserrat-Extra' 스타일은 'Bold'로 작업하였습니다.

## 02 마스크 적용하기 1

① '30×18mm' 크기의 사각형을 2개 만들어 그림처럼 양쪽 대칭으로 배치합니다. 사각형의 면 색은 검은색으로 설정합니다. ② 커피 머신 모양의 개체와 'PREMIUM COFFEE' 텍스트, 'HAND DRIP ONLY' 텍스트, 그리고 검은색 사각형 2개를 모두 선택합니다. ③ 모든 개체의 면 색이 검은색인지 확인한 후 Ctrl + G 를 눌러 그룹으로 묶습니다. ④ 마지막으로 모든 개체를 전체 다 선택한 후 [Transparency] 패널(Ctrl + Shift + F10)을 열고 'Make Mask' 버튼을 누른 뒤, 하단의 'Clip' 체크를 해제합니다.

S Group(그룹) Ctrl + G

  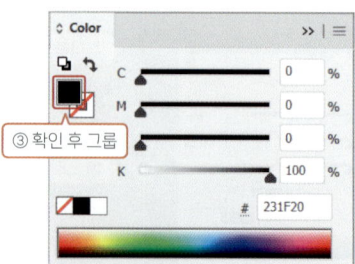

 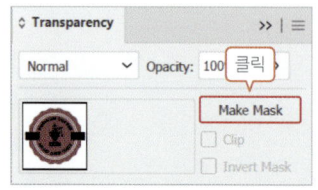 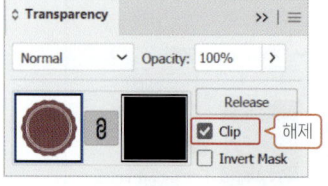

## 03 양끝 개체 배치하기

그룹화된 검은색 개체들이 마스크로 적용되면서 아래에 있던 원래 개체들을 가리게 됩니다. 준비되어 있던 개체를 가져와 그림처럼 배치하고 2개를 Ctrl + G 를 눌러 그룹으로 묶습니다.

## 04 숫자 텍스트 입력하기

Type Tool( T )로 가져온 개체 위에 각각 '19'와 '20'을 검은색으로 입력하고, 원하는 폰트와 크기로 지정합니다. 두 숫자 텍스트 개체를 Ctrl + G 를 눌러 그룹으로 묶습니다. 숫자 텍스트 그룹과 가져온 개체 그룹을 함께 선택합니다.

## 05 마스크 적용하기 2

[Transparency] 패널( Ctrl + Shift + F10 )에서 'Make Mask' 버튼을 누르고, 'Clip' 체크를 해제합니다. 검은색 숫자 텍스트 개체들이 마스크로 적용되면서 가져온 개체의 해당 부분을 가리게 됩니다.

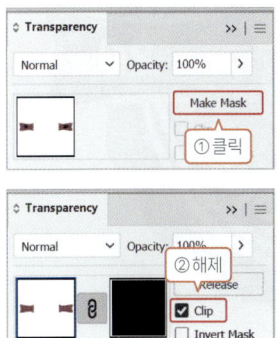  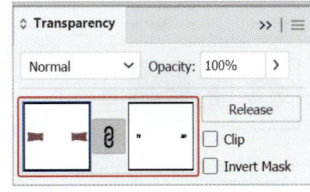

## 06 빈티지한 질감의 소스 최상위로 배치하기

현재까지 작업한 모든 개체를 전체 선택한 뒤 Ctrl + G를 눌러 그룹으로 묶습니다. 미리 준비되어 있던 빈티지한 질감의 개체를 선택하고 완성된 디자인 위에 Ctrl + Shift + ] 를 눌러 가장 상위로 배치합니다. 다음 Selection Tool( V )로 드래그하여 하단 개체까지 모두 한번에 선택합니다.

**S** Bring to Front(맨 앞으로 가져오기) Ctrl + Shift + ]

## 07 마스크 적용하기 3

[Transparency] 패널( Ctrl + Shift + F10 )을 엽니다. 'Make Mask' 버튼을 클릭한 뒤 'Clip' 체크를 해제하면, 마스크가 적용되어 전체 디자인에 스탬프 같은 효과를 연출할 수 있습니다.

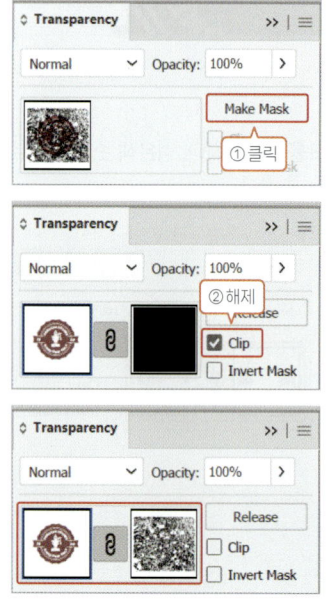

# THEORY 04 혼합 모드 알아보기
# Blending Mode

▪ 예제 파일 : S10-4.ai

혼합 모드는 하위 개체와 상위 개체가 겹칠 때, 두 개체의 RGB 값을 특정 수식으로 계산하여 명도와 채도 값을 다르게 표현하는 합성 효과입니다. 이 기능을 통해 개체들이 겹치는 부분의 색상을 다양하게 변화시킬 수 있습니다. 대비나 채도를 강화하고, 개체를 어둡거나 밝게 만드는 등 다채로운 시각 효과를 구현할 수 있습니다.

## ★★ Blending Mode 혼합 모드

혼합 모드의 결과물은 개체가 상단과 하단으로 겹쳐 있을 때 확인할 수 있습니다. 일반적으로 하단 개체에는 혼합 모드를 적용하지 않고, 상단 개체에만 적용하는 경우가 많습니다. 모든 혼합 모드 옵션은 [Transparency] 패널에서 'Normal(표준)'이라고 표시된 메뉴를 클릭하면 목록으로 확인할 수 있습니다.

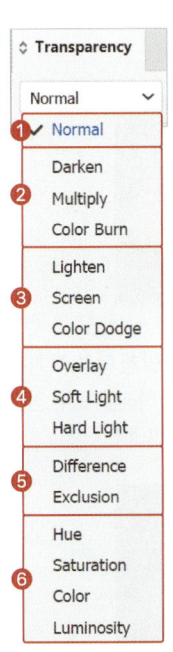

❶ Normal(표준) : 아래 개체를 투과하지 않고 상위 개체가 그대로 보여집니다.

❷ 어둡게 합성(Darken Blending Modes) : 공통적으로 검은색은 남고, 흰색은 사라지는 특징을 가집니다.

Ⓐ Darken(어둡게 하기) : [명도]에서는 어두운 색상은 남고 일정 이상 밝은 색상은 사라지며, 중간 명도에서만 약간 투과되고 일정 이상 어두우면 아래 개체를 거의 투과하지 않습니다. [채도]에서는 고채도 시 크게 변하지 않으며 아래 개체를 어둡게 투과하고, 저채도 시에는 밝은 계열의 색일수록 투과율이 높아집니다.

Ⓑ Multiply(곱하기) : [명도]에서는 완전한 흰색과 검은색을 제외한 모든 색상이 아래 개체를 투과하며, 어둡게 합성 중 가장 자연스럽게 투과되어 그림자 효과에 많이 사용됩니다. [채도]에서는 고채도 시 Darken과 마찬가지로 크게 변하지 않고 아래를 어둡게 투과하고, 저채도 시에도 밝기와 상관없이 원본보다 어두운 색으로 표현되며 아래를 투과합니다. 이는 하단 개체로 스며들듯이 투과하는 느낌을 줍니다.

ⓒ **Color Burn(색상 번)** : [명도]에서는 Multiply보다 더 어둡게 투과되며 하단 개체가 가진 색상이 Multiply보다 더 많이 표현됩니다. [채도]에서는 고채도 시 크게 변하지 않고 아래를 모두 투과하며, 저채도 시에는 하단 개체의 색상 영향을 많이 받으면서 어두워집니다. 이는 Multiply보다 하단 개체 색상의 영향을 더 많이 받는 특징이 있습니다.

❸ **밝게 합성(Lighten Blending Modes)** : 공통적으로 검은색은 사라지고, 흰색은 남겨지는 특징을 가집니다.

Ⓐ **Lighten(밝게 하기)** : [명도]에서는 밝은 색상은 남고 일정 이상 어두운 색상은 사라지며, 중간 명도에서만 약간 투과되고 일정 이상 밝으면 아래 개체를 거의 투과하지 않습니다. [채도]에서는 고채도 시 크게 변하지 않으며 아래 개체를 밝게 투과하고, 저채도 시에는 어두운 계열의 색일수록 투과율이 높아집니다.

Ⓑ **Screen(스크린)** : [명도]에서는 완전한 흰색과 검은색을 제외한 모든 색상이 아래 개체를 투과하며, 밝게 합성 중 가장 자연스럽게 투과되어 빛과 같은 효과에 많이 사용됩니다. [채도]에서는 고채도 시 크게 변하지 않고 아래를 모두 원래 색보다 밝게 투과하며, 저채도 시에도 밝기와 상관없이 원본보다 밝은 색으로 표현되며 아래를 투과합니다.

Ⓒ **Color Dodge(색상 닷지)** : [명도]에서는 대부분 Screen보다 더 밝게 투과되며 하단 개체가 가진 색상이 Screen보다 더 많이 표현됩니다. [채도]에서는 고채도 시 크게 변하지 않고 아래를 모두 원래 색보다 밝게 투과하며, 저채도 시에는 하단 개체 색상의 영향을 많이 받으면서 밝아집니다. 이는 Screen보다 하단 개체 색상의 영향을 더 많이 받는 특징이 있습니다.

❹ 대비 합성(Contrast Blending Modes) : 공통적으로 중간 회색이 사라지며, 중간 명도보다 어둡거나 밝은 색상은 각각 아래 개체를 어둡거나 밝게 만듭니다.

   ❶ Overlay(오버레이) : [명도]에서는 중간 회색이 사라지고, 회색보다 밝은 색은 아래를 밝게 투과하며, 회색보다 어두운 색은 아래를 어둡게 투과합니다. 검은색과 흰색이 완전히 남지는 않습니다. [채도]에서는 고채도 시 상단 개체의 채도는 크게 변하지 않지만, 하단 개체의 색상 채도가 투과되어 전체적으로 채도가 더 올라갑니다. 저채도 시에도 하단 개체 색의 영향을 받아 보다 채도가 높아지며 아래로 투과됩니다.

   ❷ Soft Light(소프트 라이트) : [명도]에서는 중간 회색이 사라지고, 회색보다 밝은 색은 아래를 밝게 투과하며, 회색보다 어두운 색은 아래를 어둡게 투과합니다. 검은색과 흰색이 그대로 남지 않습니다. Overlay와 명도 적용 방식은 동일하지만, 채도는 하단 개체의 채도를 강화하지 않기 때문에 Overlay에 비해 약하고 부드러운 느낌을 줍니다. [채도]에서는 고채도 시 채도는 크게 변하지 않으며 아래로 투과되지만 역시 Overlay보다는 채도를 강화하지 않습니다. 저채도 시에도 하단 개체 색의 영향을 덜 받기 때문에 투과되지만, 전반적으로 Overlay에 비해 약하고 부드러운 느낌이 듭니다.

   ❸ Hard Light(하드 라이트) : [명도]에서는 중간 회색이 사라지며, 밝은 쪽은 Screen처럼, 어두운 쪽은 Multiply처럼 합성 됩니다. 검은색과 흰색은 그대로 살아남으면서 투과되지 않습니다. [채도]에서는 고채도 시 투과되지 않으며 변화가 적용되지 않습니다. 저채도 시에는 아래를 투과합니다. Overlay나 Soft Light보다 상단 개체 색의 영향을 더 많이 받는 특징이 있습니다.

❺ 반전 합성(Inversion Blending Modes) : 명도, 채도, 또는 상단과 하단 개체를 기준으로 색을 반대로 적용합니다.

　Ⓐ **Difference(차이)** : [명도]에서는 중간색보다 어두우면 자연스럽게 사라지고, 중간색보다 밝으면 아래로 투과되면서 하단 개체의 색을 반전시킵니다. [채도]에서는 고채도 시 블루를 제외한 모든 색이 반전되며 아래로 투과되는데, 이는 블루가 명도상 어둡게 인지되기 때문입니다(어두울수록 투명해짐). 저채도 시에는 전체적으로 어두워지며 역시 블루를 제외한 모든 색이 반전되면서 아래로 투과됩니다.

　Ⓑ **Exclusion(제외)** : [명도]에서는 중간 회색을 그대로 살리며 투과하지 않고, 중간 회색보다 어둡거나 밝으면 자연스럽게 개체를 투과합니다. 회색이 불투명한 느낌을 주어 독특한 합성에 유용하게 사용됩니다. 어두운 색은 하단 개체의 색을 반전시키며 투과됩니다. [채도]에서는 고채도 시 Difference와 동일하게 블루를 제외한 모든 색이 반전되며 아래로 투과됩니다. 저채도 시에는 전체적으로 약간 불투명해지며 투과율도 전반적으로 낮아집니다.

❻ 색상 합성(Color Blending Modes) : 상단 또는 하단 개체의 색을 기준으로 합성합니다.

　Ⓐ **Hue(색조)** : [명도]에서는 무채색으로, 색이 없기 때문에 밝기와 상관없이 모두 회색으로 변하면서 하단 개체를 투과합니다. [채도]에서는 고채도와 저채도 시 채도에 상관없이 색의 종류만 인지하기 때문에 상단 개체의 색을 기준으로 아래를 투과합니다.

❸ **Saturation(채도=색의 양)** : [명도]에서는 무채색으로, 색이 없기 때문에 밝기와 상관없이 모두 회색으로 변하면서 하단 개체를 투과합니다. [채도]에서는 고채도 시 하단 개체 색의 채도를 강화하며 투과되고 상단 개체의 색은 무시됩니다. 저채도 시 채도가 낮아 표현되지 않으며 투명해집니다.

❹ **Color(색상)** : [명도]에서는 무채색으로, 색이 없기 때문에 밝기와 상관없이 모두 회색으로 변하면서 하단 개체를 투과합니다. [채도]에서는 고채도 시 상단 개체 색 그대로 하단으로 투과되며, Hue와 비슷하지만 채도가 높은 개체에 더 큰 영향을 받아 투과합니다. 저채도 시 상단 개체의 색으로, 하단으로 투과합니다. (Hue와 동일)

❺ **Luminosity(광도)** : [명도], [채도(고채도, 저채도)] 모두 하단 개체 색의 영향을 받고 상단 개체의 색은 밝기로만 적용됩니다. 하단 개체를 투과하며, 광원 합성만의 특이한 점은 하단 개체의 경계 부분이 흐림 처리되듯이 뭉개지는 듯한 효과를 낸다는 점입니다. 또한 검은색과 흰색은 투과 없이 그대로 남아 있습니다.

# Exercise

### 사진을 활용한 카툰 콘셉트의 포스터 만들기 　　　　　　　　　　📁 S10_Exercise 예제

클리핑 마스크, 컴파운드 패스, 합성 모드 등 앞에서 배운 기능을 활용해 인물 사진을 독특한 카툰 형태로 디자인하고, 이를 중심으로 개성 있는 포스터를 완성해 보세요.

### 1. 컴파운드 패스 및 클리핑 마스크 적용

[File] - [Open]으로 'S10-E1.ai' 파일을 엽니다. 좌측 상단에 있는 큰 분홍색 사각형 두 개를 선택한 뒤, Ctrl + 8 을 눌러 컴파운드 패스로 만듭니다. 이어서 [File] - [Place]를 선택하여 'girl-3.png' 파일을 불러온 뒤, 이미지에 표시된 'X' 표시가 사라지도록 Embed 버튼을 눌러 포함시킵니다. 컴파운드 패스 개체가 가장 상단에 오도록 배열 순서를 조절한 뒤, 이미지와 컴파운드 패스 개체를 함께 선택하고 Ctrl + 7 을 눌러 클리핑 마스크를 적용합니다.

- ⓢ Open(열기) Ctrl + O　　ⓢ Compound Path(컴파운드 패스) Ctrl + 8
- ⓢ Place(가져오기) Ctrl + Shift + P　　ⓢ Clipping Mask(클리핑 마스크) Ctrl + 7

 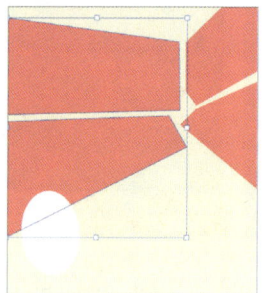  

### 2. 다각형 및 원형 클리핑 마스크 적용

우측 상단에 있는 분홍색 다각형 두 개도 Ctrl + 8 을 눌러 컴파운드 패스로 만든 뒤, 다른 사진을 불러와 클리핑 마스크를 적용합니다. 마스크에 '4pt' 두께의 분홍색 선을 적용하고, 선의 단면과 코너를 둥글게 처리합니다. 좌측 하단에 있는 동그란 원 뒤로 다른 이미지를 불러와 원과 이미지를 클리핑 마스크로 적용합니다. 이 원형 마스크에도 '4pt' 두께의 흰색 선을 적용합니다.

  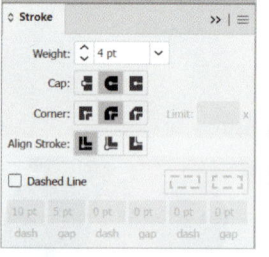 

  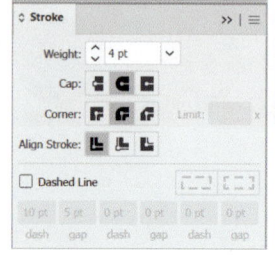 

## 3. 펜 도구로 마스크 및 패턴 배경 배치

또 다른 이미지를 불러옵니다. 그 위에 Pen Tool을 사용하여 인물의 형태를 따라 닫힌 패스를 만듭니다. 이미지와 이 패스를 함께 선택하고 `Ctrl` + `7`을 눌러 클리핑 마스크를 적용합니다. Group Selection Tool로 방금 만든 패스의 외곽만 복사한 뒤, `Ctrl` + `Shift` + `V`로 제자리에 붙여넣기 합니다. [Swatches] 패널을 열어 분홍색 질감 패턴을 찾아 면 색으로 적용합니다. 이 패턴 개체 배열 순서를 조절하여 소녀 사진 뒤로 자유롭게 배치합니다.

S Pen Tool(펜 도구) `P`   S Paste in Place(제자리 가장 상위에 붙이기) `Ctrl` + `Shift` + `V`

## 4. 오프셋 패스 적용 및 장식 요소 배치

'K-POP' 텍스트 개체를 가져와 원하는 위치에 배치한 뒤, [Object] - [Path] - [Offset Path]를 '3mm'를 적용하고 진한 갈색의 면 색을 적용합니다. 하단에 있는 'PRODUCE' 개체도 동일한 방식으로 작업합니다. 노란색 'PRODUCE' 개체만 따로 선택하여 `Ctrl` + `C`로 복사한 뒤, `Ctrl` + `F`를 눌러 앞으로 붙여넣기 합니다. 면 색은 [Swatches] 패널에서 원형 패턴을 찾아 적용합니다. 이 패턴 개체에는 혼합 모드를 'Multiply'로 적용하여 어둡게 투과되도록 합니다. 마지막으로 준비되어 있는 장식 요소들을 가져와 원하는 대로 배치하여 디자인을 완성합니다.

S Transparency(투명도) 패널 `Ctrl` + `Shift` + `F10`
S Paste in Front(앞에 붙이기) `Ctrl` + `F`

Section 11

# Pattern, Image Trace

## 패턴, 이미지 추적

**MISSION**

패턴 기능을 활용하면 어떤 개체든 다양한 각도와 모양으로 반복되는 패턴을 쉽게 만들 수 있습니다. 기존 패턴 라이브러리를 탐색하고, 새로운 패턴을 직접 만들어 보는 방법을 알아봅니다. 또한, 일러스트레이터에서도 포토샵처럼 이미지를 불러와 활용할 수 있습니다. 특히 이미지를 벡터 형태로 변환해주는 이미지 추적 기능을 통해 비트맵 이미지를 벡터 그래픽으로 변환하는 방법을 배워봅니다.

**KEYWORD**

#패턴 #패턴 등록/옵션 #패턴 변형
#이미지 포함/자르기 #이미지 추적

# THEORY 01 패턴 알아보기

# Pattern

예제 파일 : S11-1.ai

오브젝트의 면과 선은 단색, 그레이디언트, 패턴 세 가지 방식으로 채울 수 있습니다. 이 중 패턴은 종류가 방대하여 라이브러리에 별도로 정리되어 있습니다. 라이브러리를 탐색하며 다양한 패턴을 살펴보겠습니다.

## ★ Pattern Libraries 패턴 라이브러리

메뉴의 [Window] - [Swatches]를 클릭하여 견본 패널을 엽니다. 패널 왼쪽 하단에 있는 'Swatch Libraries menu(견본 라이브러리 메뉴)' 버튼 또는 패널의 보조 메뉴에서 'Open Swatch Library(견본 라이브러리 열기)'를 선택하면 다양한 견본 라이브러리 목록이 나타납니다. 여기서 'Patterns(패턴)'을 선택하면 여러 종류의 패턴을 탐색할 수 있습니다.

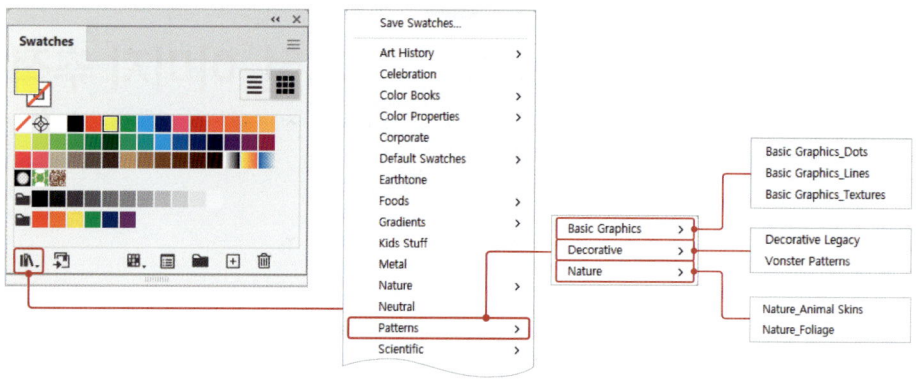

### ❶ 패턴 라이브러리 종류

**ⓐ Basic Graphics(기본 그래픽)** : 검은색으로만 이루어진 기본적인 패턴 모음입니다. 점, 줄무늬, 격자 등 기본적인 검은색 패턴들이 있으며, 이 패턴들에서 흰색 부분은 투명하게 처리되어 있습니다.

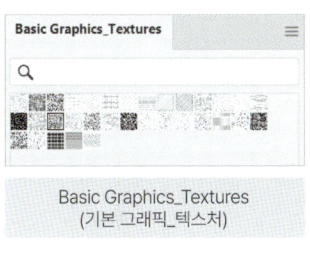 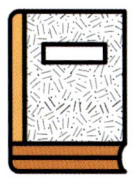 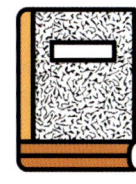 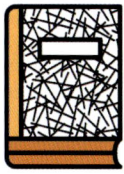 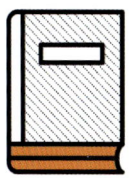

❷ **Decorative(장식)** : 벽지, 직물, 예술 작품에서 영감을 받은 장식적인 패턴 모음입니다. 기하학적 형태 등 복잡한 패턴들이 포함되어 있습니다.

❸ **Nature(자연)** : 자연적인 소재를 활용해 만들어진 패턴 모음입니다. 동물의 가죽 무늬나 꽃무늬 등으로 이루어져 있습니다.

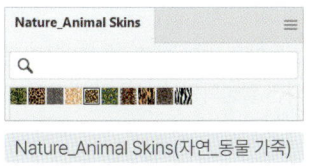 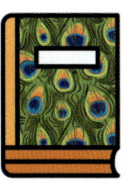   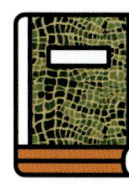

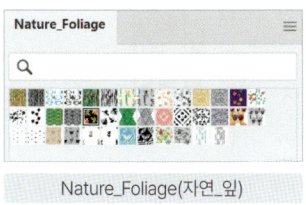    

❷ 축소판 보기 설정

[Swatches] 패널의 보조 메뉴를 선택하고, 'Medium Thumbnail View(중간 축소판 보기)'나 'Large Thumbnail View(큰 축소판 보기)'로 변경하면 견본의 썸네일을 더 크게 볼 수 있습니다.

작은 축소판 보기

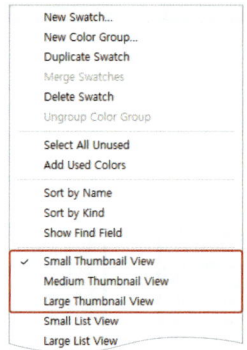

중간 축소판 보기

❸ 패턴 견본 표시

[Swatches] 패널 하단에 있는 'Show Swatch Kinds menu(견본 종류 표시 메뉴)' 버튼을 클릭하고 'Show Pattern Swatches(패턴 견본 표시)'를 선택하면 패턴만 표시되도록 설정할 수 있습니다.

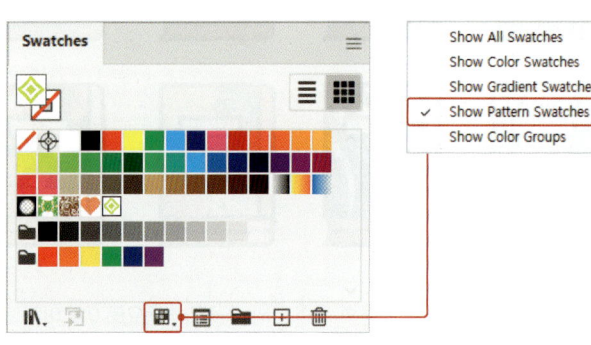

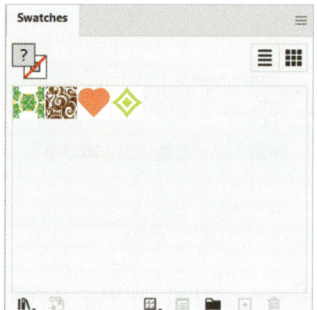

❹ 패턴 적용 시 주의할 점

패턴은 개체의 Fill(칠)과 Stroke(획) 모두에 적용할 수 있습니다. 따라서 작업을 할 때에는 면과 선 중 어느 것이 활성화되어 있는지를 먼저 확인하고 적용해야 합니다. 만약 패턴이 예상과 다르게 적용되었다면 활성화된 속성을 다시 확인하는 것이 중요합니다.

면에 패턴을 적용한 경우

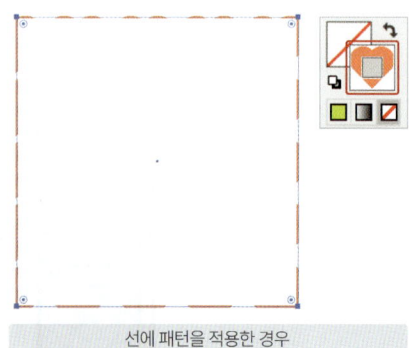
선에 패턴을 적용한 경우

## PRACTICE 01 패턴 적용 및 수정하기

# Pattern

■ 예제 파일 : S11-P1.ai

일러스트레이터에서 제공하는 다양한 패턴 라이브러리를 활용하고, 적용된 패턴의 색상을 수정하는 방법을 배워봅니다.

### 01 전구 그림자에 패턴 적용하기

[File] - [Open] (Ctrl + O)으로 'S11-P1.ai' 파일을 엽니다. 왼쪽 전구의 검은 그림자 개체를 선택합니다. [Swatches] 패널을 열고, 하단의 'Swatch Libraries menu'를 클릭하여 [Patterns] - [Basic Graphics] - [Basic Graphics_Lines]를 선택합니다. 목록에서 다섯 번째 패턴을 클릭하면 검은색 면 대신 선 패턴이 적용됩니다.

### 02 돋보기 그림자에 패턴 적용하기

손과 돋보기의 노란색 그림자 개체를 선택합니다. 다시 'Swatch Libraries menu'를 클릭하여 [Patterns] - [Basic Graphics] - [Basic Graphics_Dots]를 선택합니다. 목록에서 다섯 번째 패턴을 클릭하면 원 모양의 도트 패턴이 적용됩니다.

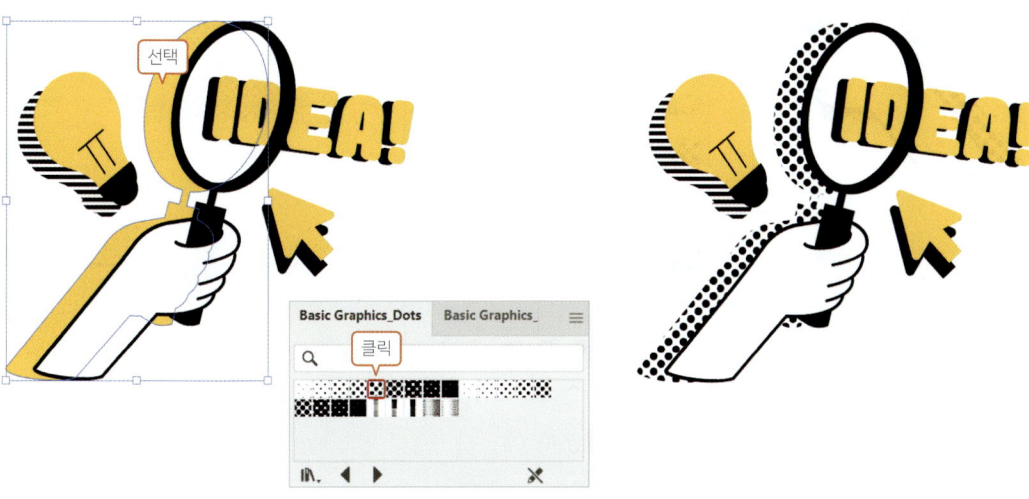

## 03 텍스트와 화살표 그림자에 패턴 적용하기

'IDEA' 텍스트와 화살표 모양의 검은색 그림자 개체를 함께 선택합니다. 'Swatch Libraries menu'를 클릭하여 [Pattern] - [Basic Graphics] - [Basic Graphics_Textures]를 선택합니다. 다양한 패턴 타일을 클릭해 보면서 원하는 패턴을 적용합니다.

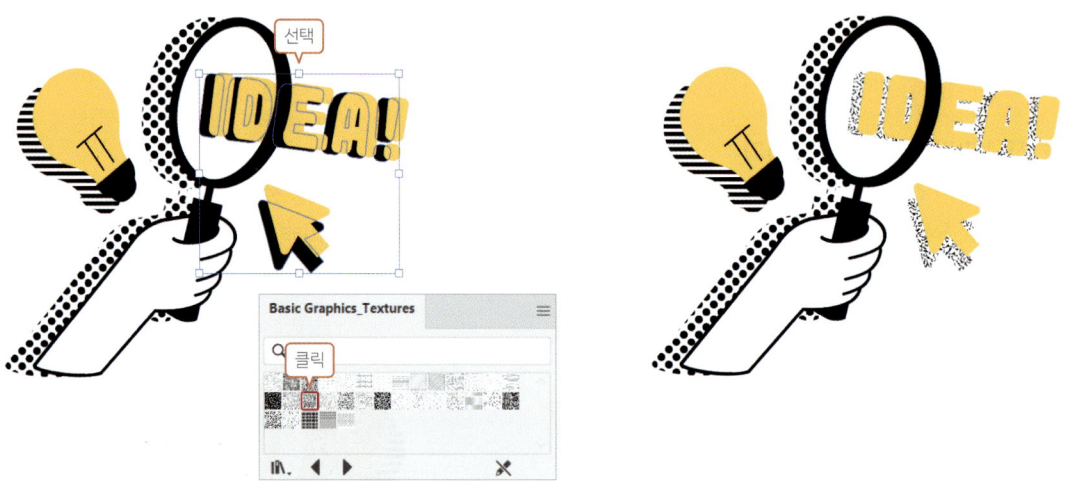

## 04 편집 모드 전환하기

적용된 패턴 색상을 수정하기 위해 원형 패턴이 적용된 개체를 선택합니다. [Swatches] 패널을 열고, 해당 개체에 적용된 패턴 썸네일을 더블클릭합니다. 화면이 해당 패턴의 속성을 편집하는 모드로 전환됩니다. Ctrl + A 를 눌러 패턴 내의 모든 요소를 선택합니다.

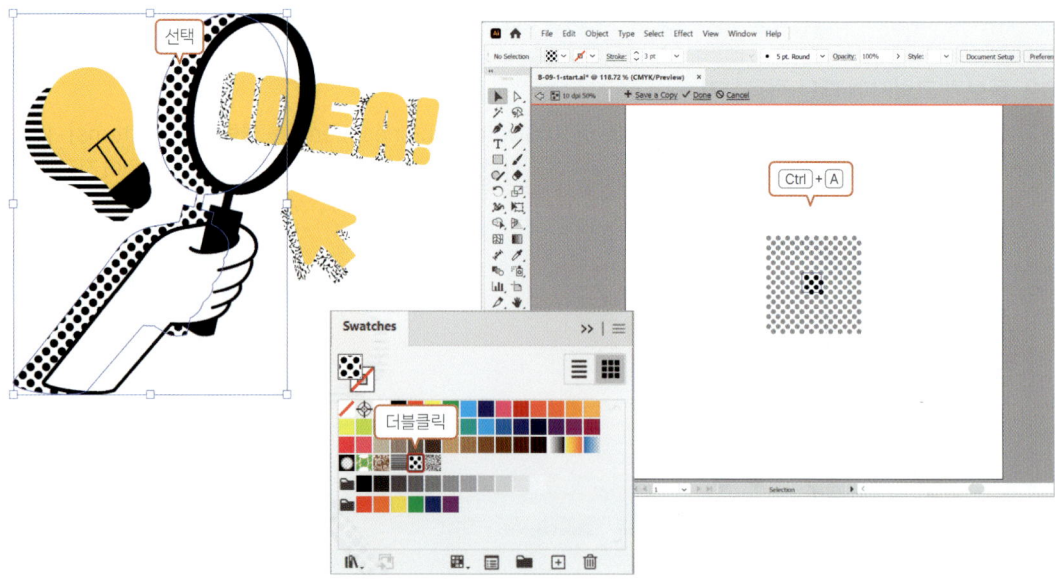

## 05 패턴 색상 변경하기

[Color] 패널(F6)을 열고 CMYK 값을 '0-35-95-0'으로 변경합니다. 패턴의 색상이 바뀐 것을 확인한 뒤 화면 상단의 'Done' 버튼을 클릭합니다.

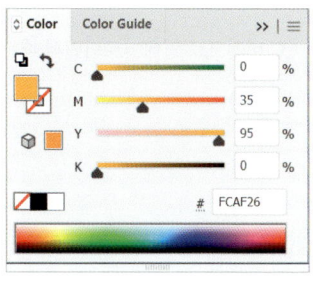
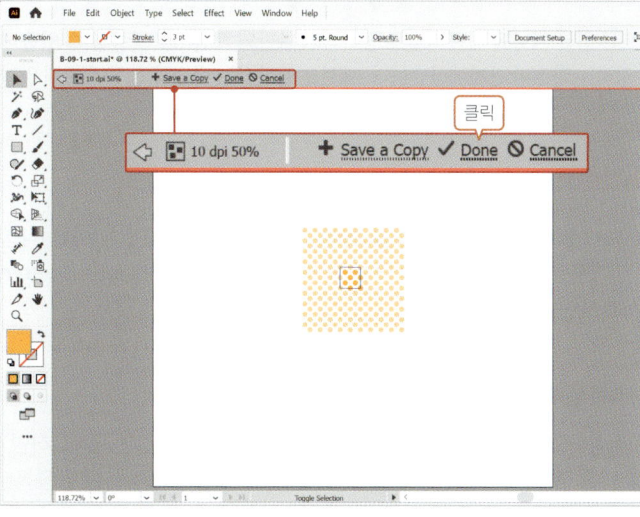

## 06 수정된 패턴 확인 및 마무리

패턴의 색상이 수정된 것을 확인할 수 있습니다. [Swatches] 패널의 해당 패턴 타일 역시 변경된 색상으로 함께 업데이트됩니다. 나머지 패턴들도 동일한 방법으로 색상을 수정할 수 있습니다.

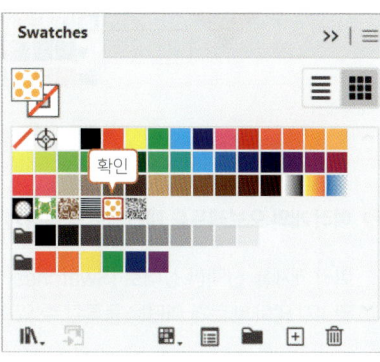

# THEORY 02 패턴 등록과 옵션 알아보기

# New Pattern, Options

■ 예제 파일 : S11-2.ai

어떤 오브젝트든 견본 패널에 패턴 타일로 등록하여 나만의 패턴으로 활용할 수 있습니다. CC 버전으로 업데이트되면서 패턴을 만들고 수정하는 과정이 간편해졌습니다. 패턴을 등록하는 방법과 옵션에 대해 알아보겠습니다.

## Make Pattern  패턴 등록하기

패턴 만들기(Make Pattern) 기능은 선택된 개체를 반복되는 패턴으로 만들어줍니다. 이 명령을 실행하면 패턴 편집 모드로 전환되며, 완성된 패턴은 자동으로 [Swatches] 패널에 등록됩니다. [Object] - [Pattern] - [Make]를 선택하면 패턴 옵션 창이 나타나 상세하게 패턴을 제작하고 등록할 수 있습니다.

❶ **단일 오브젝트를 패턴으로 등록하기**

패턴으로 등록하고자 하는 개체를 선택한 상태로 [Swatches] 패널에 드래그하면 해당 개체가 새로운 패턴으로 등록됩니다. 이후 패턴을 적용하고자 하는 오브젝트를 선택하고 Fill(칠)을 활성화한 뒤 등록된 패턴을 선택하면 적용됩니다.

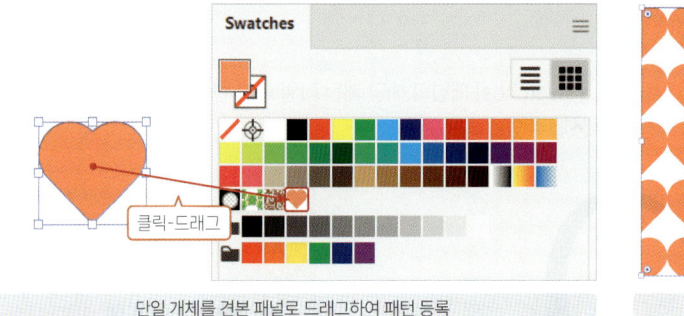
▲ 단일 개체를 견본 패널로 드래그하여 패턴 등록

▲ 적용된 패턴 확인

❷ **여러 개의 오브젝트를 패턴으로 등록하기**

여러 개체를 선택한 상태로 [Swatches] 패널에 드래그하여도 패턴으로 등록됩니다. 이 방법은 패턴 옵션 창이 자동으로 열리지 않아 빠르게 패턴을 등록할 수 있습니다.

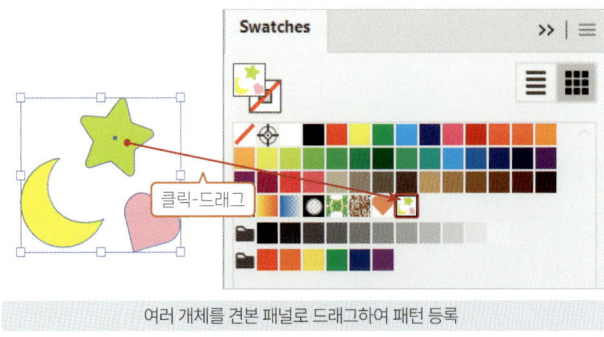
▲ 여러 개체를 견본 패널로 드래그하여 패턴 등록

▲ 적용된 패턴 확인

## ③ 패턴 수정 옵션 알아보기

오브젝트를 [Swatches] 패널에 등록했다면, 패턴을 더욱 편리하게 활용할 수 있습니다. 등록된 패턴 썸네일을 더블클릭하면 해당 패턴의 형태를 미리보기할 수 있는 전용 편집 모드로 전환됩니다. 이 모드에서는 실제 작업 화면에서 패턴이 어떻게 반복되는지 미리 확인하면서 패턴의 모양이나 요소들을 쉽게 수정할 수 있습니다.

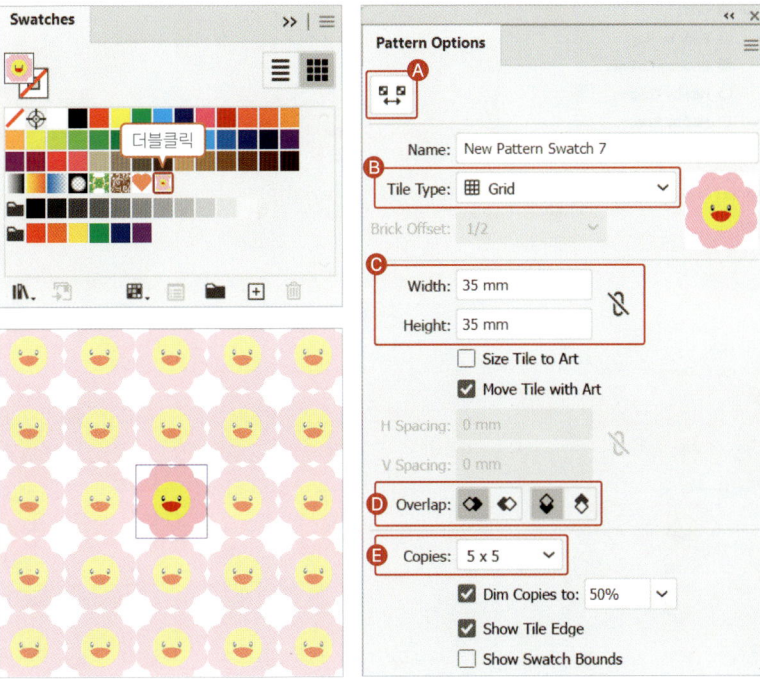

- ⓐ **Pattern Tile Tool(패턴 타일 도구)** : 패턴 타일 주변에 조절점이 나타납니다. 이 조절점을 드래그하여 패턴 타일의 크기를 직접 조절할 수 있으며, 변경 사항은 즉시 미리보기에 적용됩니다. 수치를 일일이 입력할 필요 없이 시각적으로 조절이 가능해 편리합니다.

패턴 타일 크기로 조절 박스가 나타남

패턴 타일 크기를 실시간으로 확인하며 변경 가능

❸ **Tile Type(타일 유형)** : 패턴을 이루는 개체가 어떤 방식으로 반복될지 결정합니다. 기본 설정은 Grid(격자) 형태이며, 이 외에 Brick(벽돌)처럼 지그재그로 엇갈리게 배치하는 방식을 선택할 수 있습니다. Brick 유형에서는 1/2, 2/3 등 타일이 겹치는 간격을 다양하게 지정할 수 있습니다.

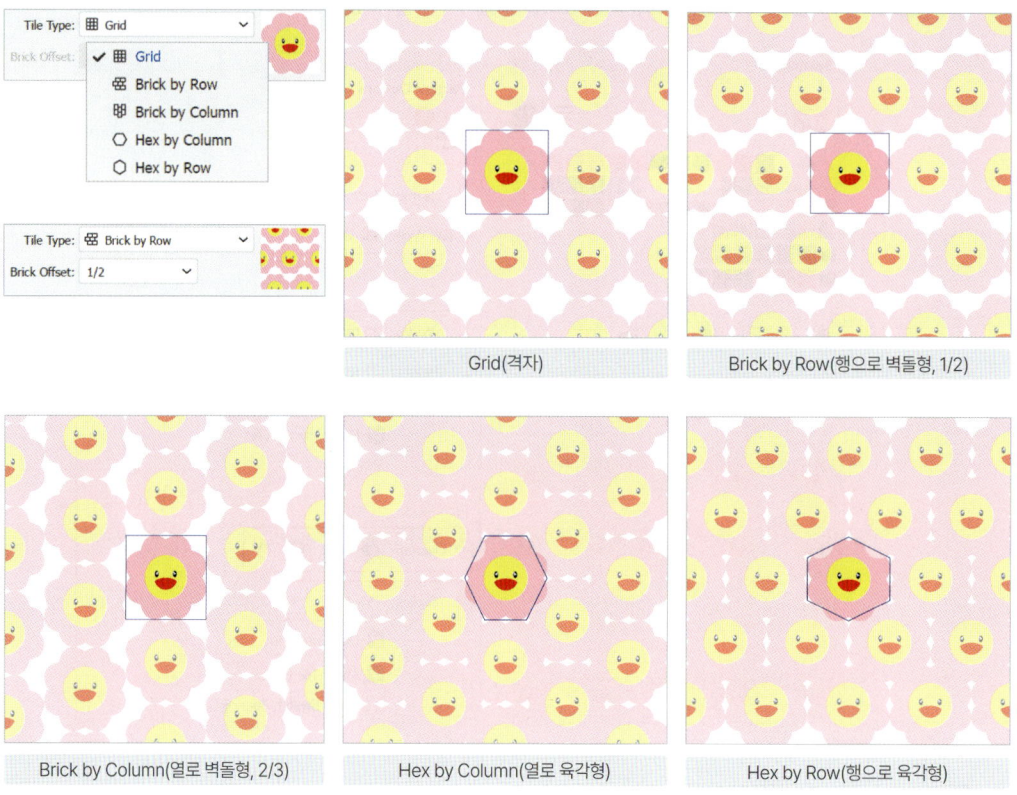

❹ **Width(폭)/Height(높이)** : 이 옵션들은 패턴을 구성하는 타일의 크기를 설정합니다. 기본값은 등록된 오브젝트의 실제 크기를 기준으로 합니다. 기본값보다 크게 입력하면 패턴 요소 사이에 여백이 생기고, 반대로 작게 입력하면 패턴 요소들이 서로 겹쳐서 나타납니다.

Ⓓ Overlap(겹침) : 패턴 내에서 여러 오브젝트가 겹쳐질 때 이들의 배열 순서를 지정합니다. 패턴 내의 요소들이 타일의 경계를 넘어설 때, 어떤 타일이 다른 타일 위에 보이도록 할지 결정합니다.

ⓐ Left in Front(왼쪽을 전면으로) : 왼쪽에 있는 타일이 오른쪽에 있는 타일 위로 겹쳐져 보입니다.
ⓑ Right in Front(오른쪽을 전면으로) : 오른쪽에 있는 타일이 왼쪽에 있는 타일 위로 겹쳐져 보입니다.
ⓒ Top in Front(위쪽을 전면으로) : 위에 있는 타일이 아래에 있는 타일 위로 겹쳐져 보입니다.
ⓓ Bottom in Front(아래쪽을 전면으로) : 아래에 있는 타일이 위에 있는 타일 위로 겹쳐져 보입니다.

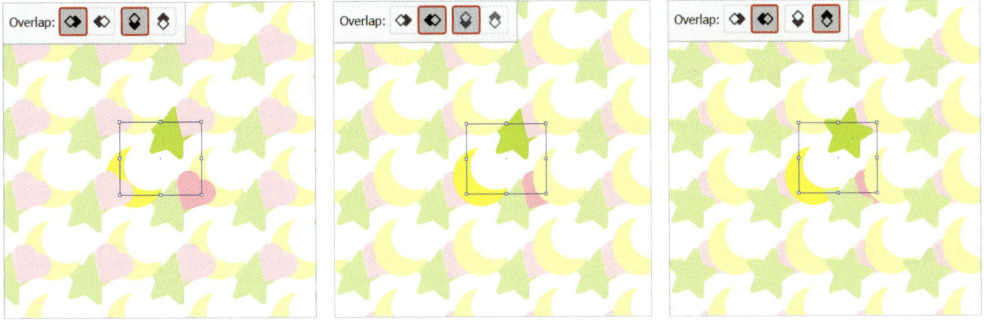

Ⓔ Copies(사본) : 패턴을 만들거나 수정할 때 미리보기 화면에서 보이는 패턴 타일의 가로 및 세로 개수를 설정합니다. 이 설정은 작업 중인 미리보기에만 적용되며, 최종 완성된 패턴은 상하좌우로 무한히 반복됩니다. 또한, 미리보기에서 중앙의 원본 타일을 제외한 반복되는 개체들은 50% 투명하게 표시되어 원본을 구분할 수 있습니다.

사본 3×3                              사본 5×3

## THEORY 03 ⟩ 패턴 변형하기

# Transform Patterns

■ 예제 파일 : S11-3.ai

패턴을 다양하게 변형하려면, 변형과 관련된 도구들을 먼저 익혀야 합니다. 회전 도구, 크기 조절 도구, 선택 도구, 반사 도구 등의 변형 도구 옵션에서 오브젝트가 아닌 패턴을 선택하여 이동하거나 변형할 수 있습니다.

### ★ Transform Patterns 패턴 변형

패턴 변형(Transform Patterns) 기능은 개체에 적용된 패턴을 개체와 독립적으로 변형하는 기능입니다. 이 기능을 활용하면 패턴이 채워진 개체의 크기나 모양은 그대로 둔 채로 패턴의 크기, 각도, 위치 등을 자유롭게 조절할 수 있습니다.

#### ❶ 패턴 크기 변경하기

패턴의 기본 크기는 [Swatches] 패널에 처음 등록된 크기입니다. 패턴이 적용된 개체를 선택한 뒤, Scale Tool(크기 조절 도구)을 더블클릭합니다. 옵션 창이 나타나면 원하는 Scale(크기 조절) 값을 입력해 패턴 크기를 조절합니다. 이때, 하단의 'Transform Objects(개체 변형)'는 체크 해제하고, 'Transform Patterns(패턴 변형)'만 체크하면 개체 크기는 그대로 유지한 채 패턴만 조절됩니다.

> T Uniform(균일)은 비율을 유지하며, Non-uniform(비균일)은 비율을 독립적으로 조절하여 패턴 크기를 변형합니다.

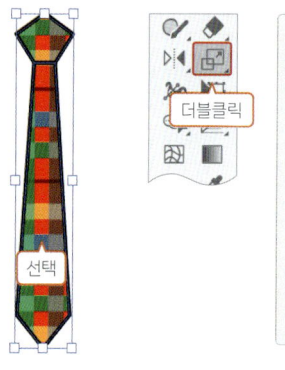 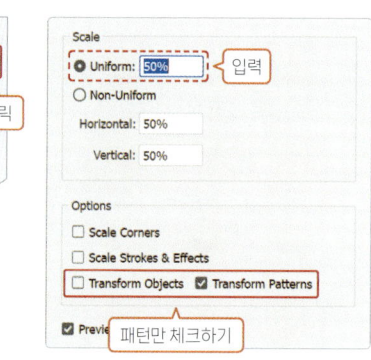 

#### ❷ 패턴 이동하기

패턴을 오브젝트와 함께 이동시키려면, Selection Tool(선택 도구)을 더블클릭한 후 나타나는 옵션 창에서 'Transform Patterns' 옵션을 체크해야 합니다. 이 옵션을 활성화하면 오브젝트를 움직일 때 패턴도 함께 이동하게 됩니다.

  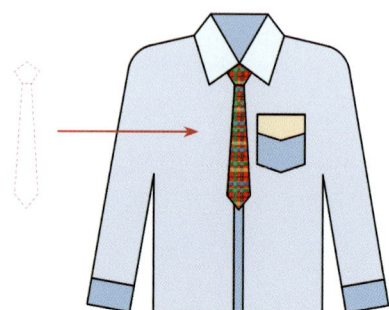

❸ 패턴 회전하기

패턴이 적용된 개체를 선택한 뒤, Rotate Tool(회전 도구)을 더블클릭합니다. 옵션 창이 나타나면 Angle(각도) 값을 입력해서 패턴을 회전할 수 있습니다. 이때, 하단의 'Transform Objects'는 체크 해제하고, 'Transform Patterns'만 체크하면 오브젝트는 그대로 유지한 채 패턴만 회전됩니다.

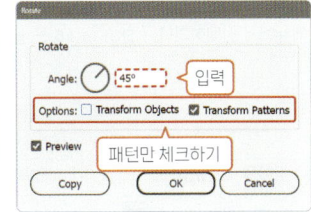

❹ 패턴 반전하기

패턴이 적용된 개체를 선택한 뒤, Reflect Tool(반사 도구)을 더블클릭합니다. 옵션 창이 나타나면 Axis(축) 옵션에서 Vertical(세로) 또는 Horizontal(가로)을 선택하여 반전 방향을 지정합니다. 이때, 하단의 'Transform Objects'는 체크 해제하고, 'Transform Patterns'만 체크하면 오브젝트는 변하지 않고, 패턴의 방향만 반전됩니다.

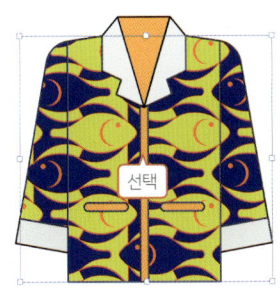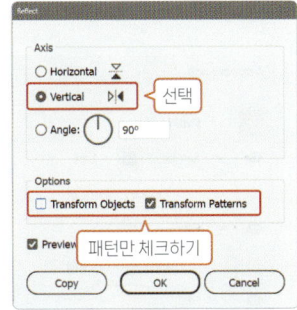

❺ 패턴 기울이기

패턴이 적용된 개체를 선택한 뒤, Shear Tool(기울이기 도구)을 더블클릭합니다. 옵션 창이 나타나면 Shear Angle(기울이기 각도) 값을 입력하여 패턴을 기울일 수 있습니다. 이때, 하단의 'Transform Objects'는 체크 해제하고, 'Transform Patterns'만 체크하면 오브젝트는 변하지 않고, 패턴만 지정된 각도로 기울어집니다.

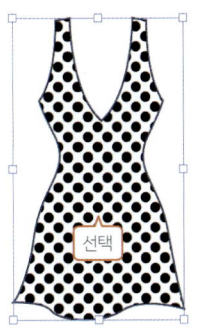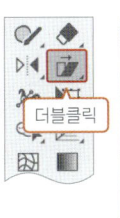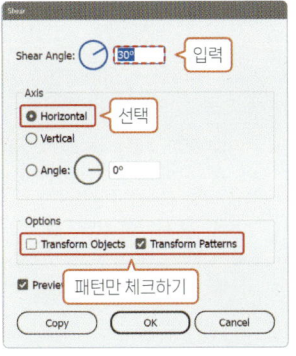

### ❻ 패턴의 배경색 채우기

패턴에서 흰색으로 보이는 영역은 대부분 투명하게 처리됩니다. 이러한 패턴에 배경색을 적용하기 위해 오브젝트를 하단으로 복제한 후 Fill(칠)을 적용하는 방법이 있으나, 이 방식은 관리가 불편할 수 있습니다. 이러한 경우 [Appearance] 패널을 활용하면 훨씬 효율적입니다. 하나의 오브젝트에 여러 개의 Fill(칠)과 Stroke(획)를 적용할 수 있어 배경색을 손쉽게 추가하고 관리할 수 있도록 돕습니다.

> 🅣 [Appearance] 패널은 [Window] 메뉴에서 선택하거나, Shift + F6 을 눌러 불러올 수 있습니다. 모양 패널에 대한 내용은 'Section 15의 THEORY 04'를 참고합니다.

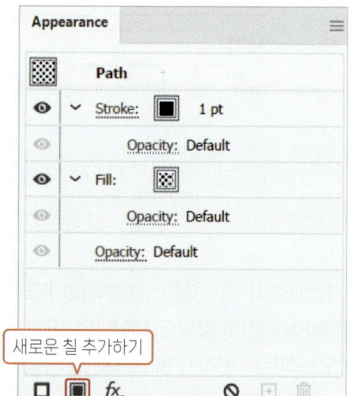
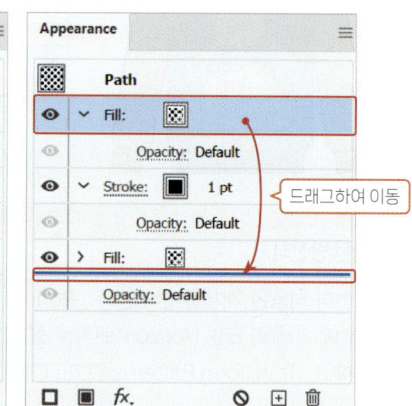

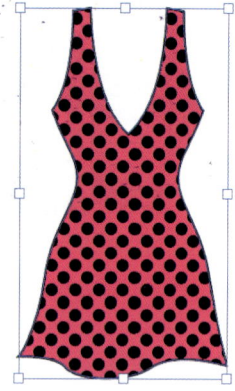
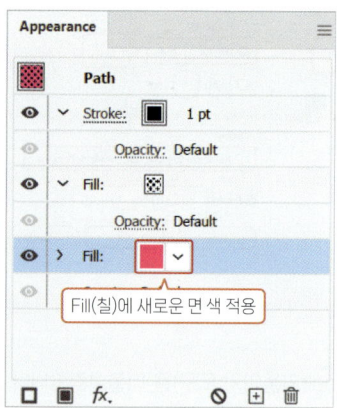

# THEORY 04 이미지 포함하고 자르기

# Image Embed & Crop

■ 예제 파일 : S11-4.ai, photo-1.png

일러스트레이터에서도 이미지를 불러와 다양한 작업을 할 수 있습니다. 이번에는 이미지를 문서에 포함시키는 방법과 필요한 부분만 자르는 방법에 대해 알아보겠습니다.

## ★★ Image Embed  이미지 포함

[File] - [Place]로 이미지를 가져오면 위에 'X' 표시가 나타나는데, 이는 이미지가 컴퓨터에 있는 원본 파일과 연결(Link)되어 있다는 뜻입니다. 이 상태로 문서를 저장하면 다른 컴퓨터에서는 해당 이미지 파일이 없어 보이지 않게 됩니다. 따라서 이미지의 'X' 표시를 없애기 위해 [Control] 패널이나 [Properties] 패널에서 'Embed(포함)' 버튼을 눌러 이미지를 문서 안에 포함시키는 것이 일반적입니다. 이렇게 하면 이미지 파일이 문서 안에 직접 저장되어 다른 컴퓨터에서 문서를 열어도 이미지가 제대로 보이게 됩니다.

T 일러스트레이터에서 사진을 사용할 경우 대부분 Embed 기능을 활용하여 'X' 표시를 없앱니다.

T 대기 상태에서 한 번 클릭하면 원본 크기로, 클릭-드래그하면 원하는 크기로 조절하며 배치할 수 있습니다.

[파일] - [가져오기] 선택

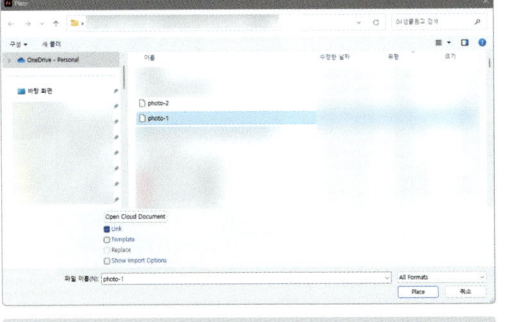
가져올 이미지 선택

마우스 포인터에 대기 상태 확인 후 클릭

이미지의 'X' 표시를 없애기 위해
제어 패널이나 속성 패널에서 포함하기 클릭

'X' 표시가 없어지면서 이미지가 문서에 포함되며
링크 패널에서도 확인 가능함

Section 11 - 패턴, 이미지 추적  349

## Crop Image 이미지 자르기

일러스트레이터 CC 버전부터는 이미지를 자르는 기능이 추가되었습니다. 이미지를 선택한 후 [Properties] 패널을 이용하거나, 이미지를 선택한 상태에서 마우스 오른쪽 버튼을 클릭하여 'Crop Image(이미지 자르기)'를 선택하면 이미지를 자를 수 있는 가이드라인이 나타납니다.

> Crop Image 기능은 이미지를 선택한 상태에서 상단 [Control] 패널, 우측 [Properties] 패널, 마우스 오른쪽 버튼 메뉴, 그리고 [Object] 메뉴 등 다양한 경로를 통해 사용할 수 있습니다.

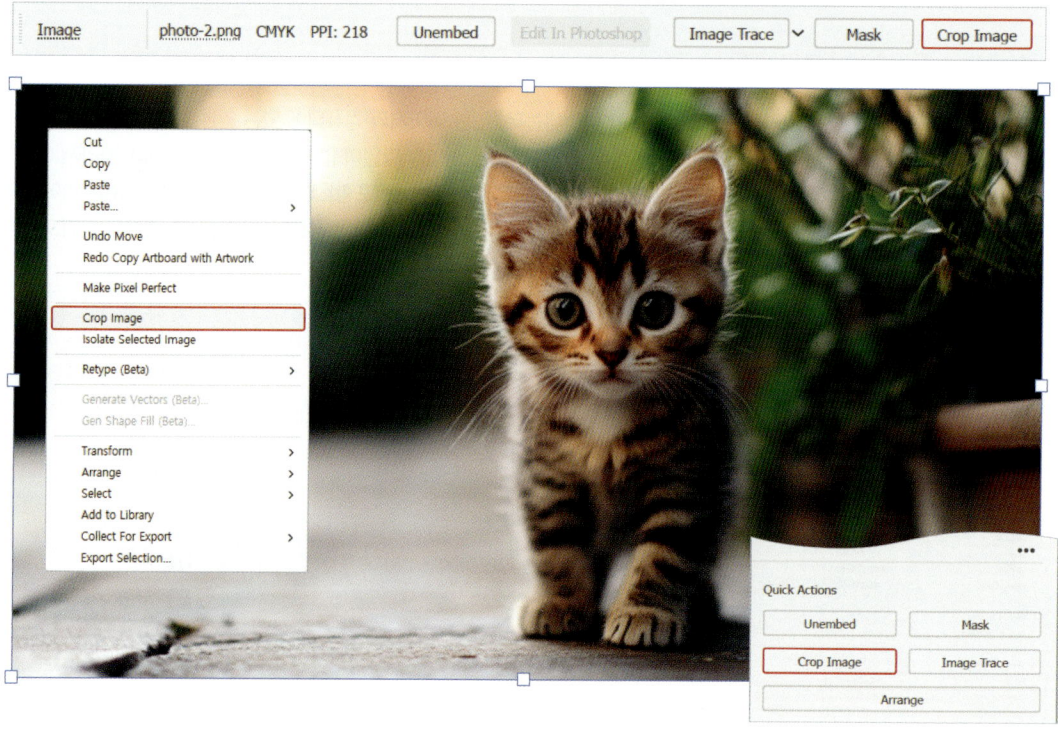

점선 부분을 드래그하여 자를 영역을 선택합니다. 영역 선택을 마쳤다면, 'Apply(적용)' 버튼을 누르거나, Enter 키를 눌러 이미지 자르기를 완료합니다.

PRACTICE 02 이미지를 문서에 포함하고 잘라보기

# Image Embed & Crop

■ 예제 파일 : S11-P2.ai, heart.png

일러스트레이터에 이미지를 불러와 문서에 포함하고, 원하는 대로 자르는 방법을 배워봅니다.

## 01 이미지 불러오기

[File] - [Open] (Ctrl + O)으로 'S11-P2.ai' 파일을 엽니다. [File] - [Place] (Ctrl + Shift + P)를 클릭하고 'heart.png' 이미지를 가져옵니다. 화면에 이미지를 배치할 수 있는 대기 상태가 나타나는데, 이때 클릭-드래그하여 이미지가 들어갈 원하는 영역을 설정합니다.

T 화면을 한 번 클릭하면 이미지가 원본 크기로 불러와지고, 클릭한 채로 드래그하면 원하는 영역만큼 크기를 지정하여 불러올 수 있습니다.

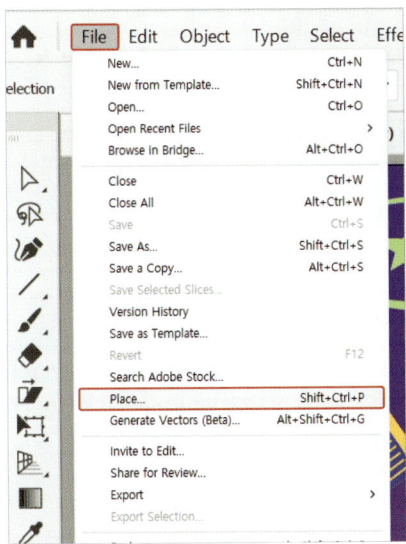

## 02 이미지 문서에 포함하기

이미지를 불러오면 'X' 표시가 나타납니다. [Control] 패널에서 'Embed' 버튼을 클릭하면 이 'X' 표시가 없어지면서 이미지가 문서에 포함됩니다.

Section 11 - 패턴, 이미지 추적   351

## 03 이미지 자르기

이미지를 선택하고 [Properties] 패널에서 'Crop Image' 버튼을 클릭하면 이미지를 자를 수 있는 가이드라인이 화면에 나타납니다.

## 04 자르기 영역 설정 및 완료

기본적으로 정사각형 형태로 자르기 영역이 설정되지만, [Control] 패널에서 원하는 사이즈나 위치를 직접 지정할 수 있습니다. 또는 마우스로 조절점을 직접 드래그하여 자르기 영역을 설정해도 됩니다. 자르기 영역을 확정했다면 [Control] 패널 또는 [Properties] 패널에서 'Apply' 버튼을 누르거나, Enter 키를 눌러 이미지 자르기를 완료합니다. 마지막으로 개체 배열 등을 원하는 대로 조절하여 작업을 마무리합니다.

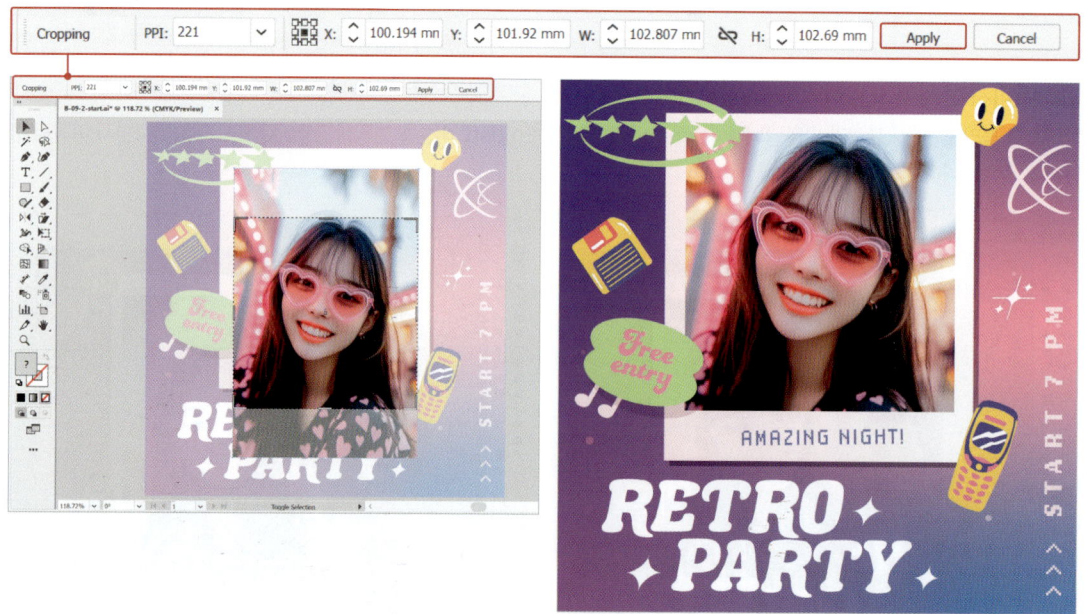

# THEORY 05 이미지 추적 적용하기

# Image Trace

📁 예제 파일 : S11-5.ai

이미지 추적 기능을 사용하면 JPG, PNG, GIF 등과 같은 픽셀 기반의 비트맵 파일을 벡터 이미지로 변환할 수 있습니다. 이때 색상의 개수, 패스의 복잡도, 코너의 꺾이는 정도 등 세밀하게 조절하여 다양한 방식으로 표현해봅니다. 설명을 읽고 넘어가기보다는 직접 여러 옵션을 변경하며 결과물의 변화를 살펴보면 기능을 더 깊이 이해하는 데 도움이 됩니다.

## Image Trace 이미지 추적

불러온 이미지를 클릭하면, [Control] 패널 상단에 'Image Trace(이미지 추적)' 버튼이 나타납니다. 이 버튼 옆에는 미리 설정된 다양한 추적 사전 설정 목록이 제공되어 빠르고 쉽게 이미지를 추적할 수 있습니다. 만약 더욱 세밀하게 설정을 조절하고 싶다면, [Window] - [Image Trace]로 해당 패널을 열어 자세한 옵션들을 관리할 수 있습니다.

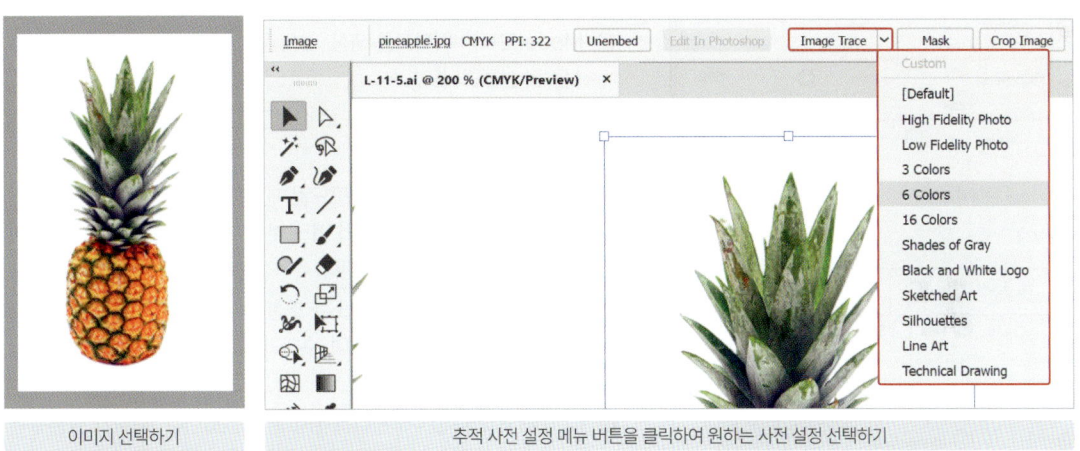

이미지 선택하기 / 추적 사전 설정 메뉴 버튼을 클릭하여 원하는 사전 설정 선택하기

[Image Trace] 패널에서는 이미지 추적 시 색상의 개수를 원하는 대로 조절할 수 있습니다. 또한, 패널 하단 목록에서 'Ignore Color(색상 무시)'를 체크하고 흰색을 선택하면, 최종적으로 이미지의 흰색 부분이 투명하게 처리되도록 설정됩니다. 모든 설정을 마친 후 하단의 'Expand(확장)' 버튼을 클릭하면, 이미지가 추적되어 벡터 개체로 변환되는 것을 확인할 수 있습니다.

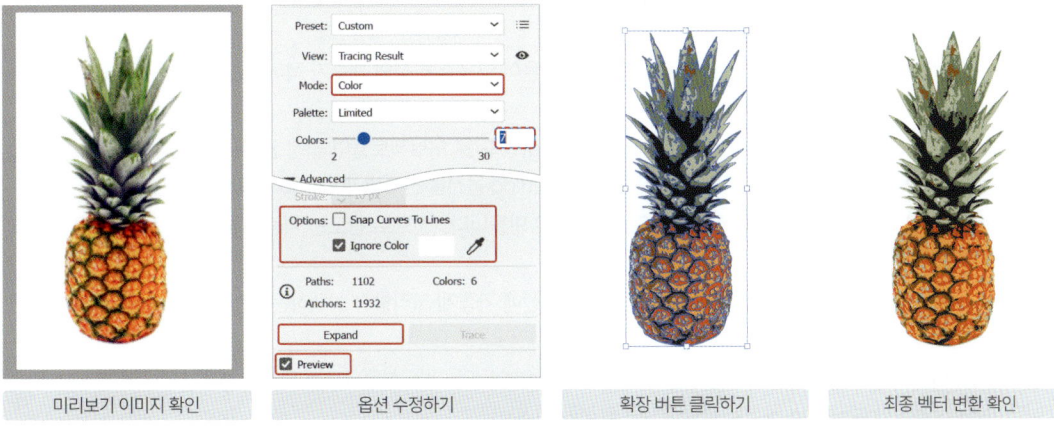

미리보기 이미지 확인 / 옵션 수정하기 / 확장 버튼 클릭하기 / 최종 벡터 변환 확인

💡 만약 [Image Trace] 패널이 활성화되지 않는다면, 이미지가 제대로 선택되지 않았을 가능성이 높습니다. 작업 화면의 빈 곳을 클릭한 뒤 이미지를 다시 클릭하면 패널이 활성화됩니다. [Image Trace] 패널은 이미지가 선택된 상태에서만 활성화됩니다.

# Image Trace Options 이미지 추적 옵션

이미지 추적 패널에서는 다양한 옵션을 조절하여 비트맵 이미지를 벡터로 변환하는 방식을 세밀하게 제어할 수 있습니다.

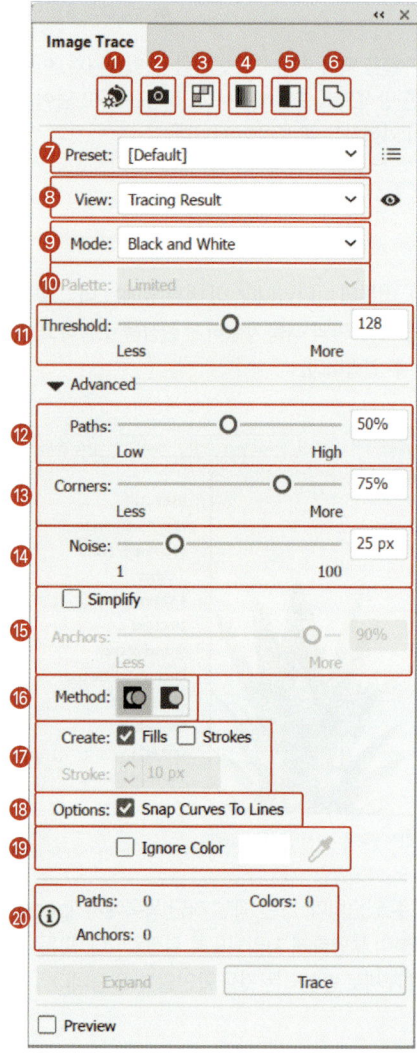

❶ 가장 많이 사용된 색상 위주로 자동으로 벡터를 생성합니다.
❷ 이미지를 고해상도의 벡터로 변환합니다.
❸ 이미지를 저해상도의 벡터로 변환합니다.
❹ 이미지를 회색 모드로 추적합니다.
❺ 이미지를 흑백 모드로 추적합니다.
❻ 이미지의 선을 강조하여 라인 아트로 변환합니다.
❼ **Preset(사전 설정)** : 미리 저장된 이미지 추적 설정 모음입니다. 이 중 하나를 선택하면 자동으로 관련 옵션들이 지정된 값으로 변경됩니다.
❽ **View(보기)** : 미리보기의 형식을 선택합니다. 일반적으로 Tracing Result(추적 결과)로 설정하여 최종 결과물을 확인합니다.
❾ **Mode(모드)** : 이미지를 색상, 회색 음영, 흑백 중 어떤 방식으로 추적할지 선택합니다.
❿ **Palette(팔레트)** : 색상 모드로 설정했을 때, 추적할 색상의 최대 개수를 지정합니다.
⓫ **Threshold(고대비)** : 흑백 모드일 때, 검은색과 흰색의 양을 조절합니다. 이 값을 통해 이미지의 어느 부분이 검은색으로, 어느 부분이 흰색으로 변환될지 결정됩니다.
⓬ **Paths(패스)** : 패스의 복잡도를 조절합니다. 수치가 높으면 세밀하고 짧은 패스가 많이 생성되며, 수치가 낮으면 단순한 패스가 생성됩니다.
⓭ **Corners(모퉁이)** : 모서리의 형태를 조절합니다. 수치가 높을수록 모서리가 뾰족하게 처리되고, 수치가 낮을수록 둥근 형태의 모서리를 만듭니다.
⓮ **Noise(노이즈)** : 이미지의 작은 노이즈(잡티) 처리 정도를 조절합니다. 수치가 낮으면 자잘하고 작은 개체들이 많이 생성되고, 수치가 높으면 크기가 커져 이미지가 단순해집니다.

⓯ **Simplify(단순화)** : 벡터 개체를 단순화하는 옵션입니다. 비율이 낮을수록 점의 개수가 적어 더 단순하게 표현되고, 비율이 높을수록 상대적으로 세밀하게 유지됩니다.
⓰ **Method(방법)** : 이미지 추적 방식을 설정합니다. Abutting(접촉)은 오브젝트들이 겹침 없이 만들어지고, Overlapping(겹침)은 오브젝트들이 겹침을 유지하며 만들어집니다. (Abutting 옵션을 선택해야만 Ignore Color가 활성화됩니다.)
⓱ **Create(만들기)** : 추적된 패스를 Fill(칠) 또는 Stroke(선)로 만듭니다. (선으로 만드는 기능은 Mode에서 흑백 옵션을 설정한 경우에만 가능합니다.)
⓲ **Snap Curves To Lines(곡선을 선에 물리기)** : 곡선을 직선에 가깝게 처리할지 선택하는 옵션입니다. 체크하면 더 뾰족한 느낌을 주고, 해제하면 상대적으로 둥근 느낌을 줍니다.
⓳ **Ignore Color(색상 무시)** : 특정 색상을 투명하게 처리할 수 있습니다. 기본 설정으로는 흰색이 투명 처리되도록 되어 있습니다. (Method에서 Abutting 옵션을 선택해야만 활성화됩니다.)
⓴ 최종적으로 추적된 이미지 결과물의 패스, 고정점, 색상 등의 상세 정보가 표시됩니다.

## Image Trace Preset 이미지 추적 사전 설정

이미지 추적 패널에서는 미리 저장된 이미지 추적 설정 모음이 있습니다.

❶ **Default(초기값)** : Default 프리셋은 Black and White(흑백) 모드로 설정되어 있습니다. 이 설정에서는 패스가 50%, 모퉁이가 75%, 노이즈가 25px로 지정되어 있어 패스가 섬세하지 않고 비교적 단순하게 표현됩니다.

❷ **High Fidelity Photo(충실도가 높은 사진)** / ❸ **Low Fidelity Photo(충실도가 낮은 사진)** : 이 두 가지 프리셋은 모두 Color 모드의 Full Tone(전체 톤)을 사용하며, 최대 100개까지 색상 설정이 가능합니다. 고화질 모드는 85개의 색상을 사용하고, 노이즈 크기가 5px로 작게 설정되어 있어 원본 이미지의 디테일을 비교적 잘 표현합니다. 저화질 모드는 20개의 색상을 사용하며, 노이즈 크기가 10px로 상대적으로 크게 설정되어 있어 더 단순화된 벡터 이미지를 생성합니다.

Default(초기값)　　　High Fidelity Photo(충실도가 높은 사진)　　　Low Fidelity Photo(충실도가 낮은 사진)

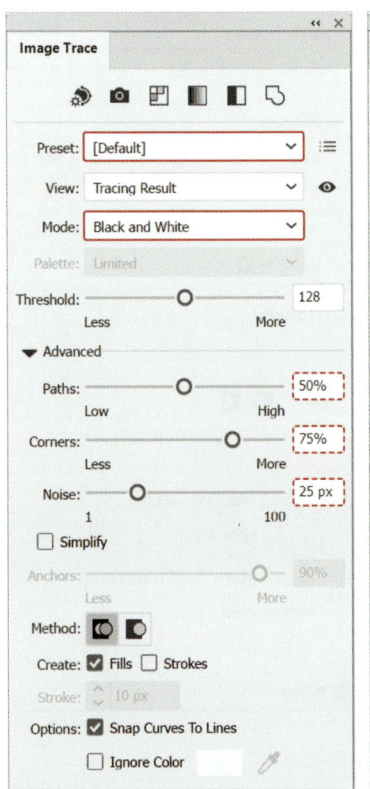 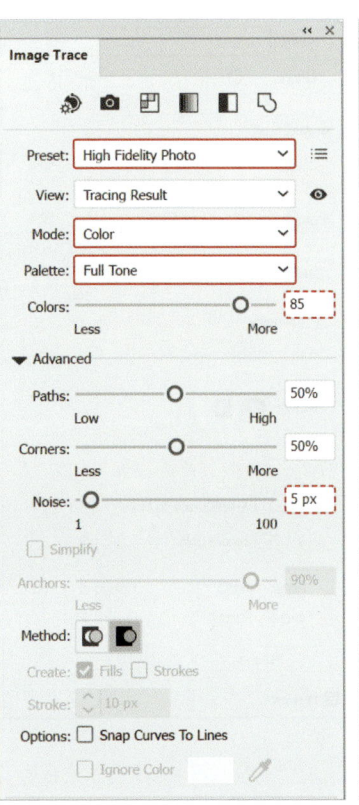 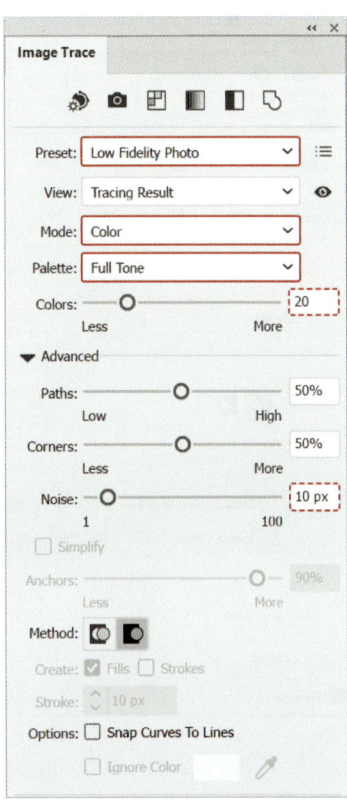

❹ **3 Colors** / ❺ **6 Colors** / ❻ **16 Colors(3, 6, 16색상)** : 이 세 가지 프리셋은 모두 Color 모드의 Limited(제한됨)를 사용하며, 최대 30개까지 색상 설정이 가능합니다. 각각 3가지, 6가지, 16가지의 색상을 적용한다는 점 외에 모든 옵션이 동일하게 설정됩니다.

3 Colors(3 색상)        6 Colors(6 색상)        16 Colors(16 색상)

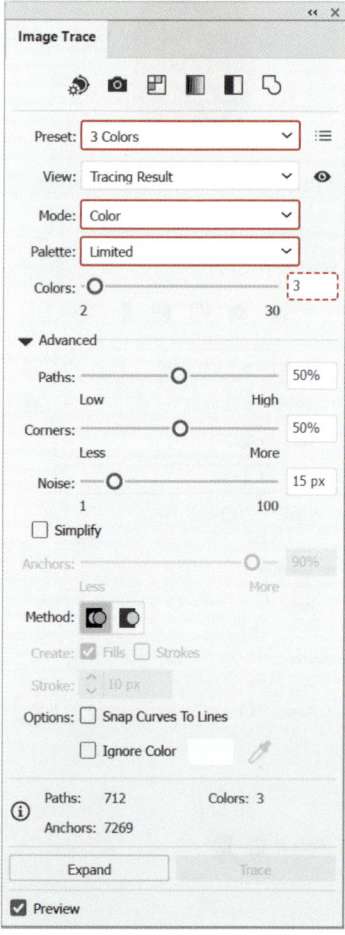
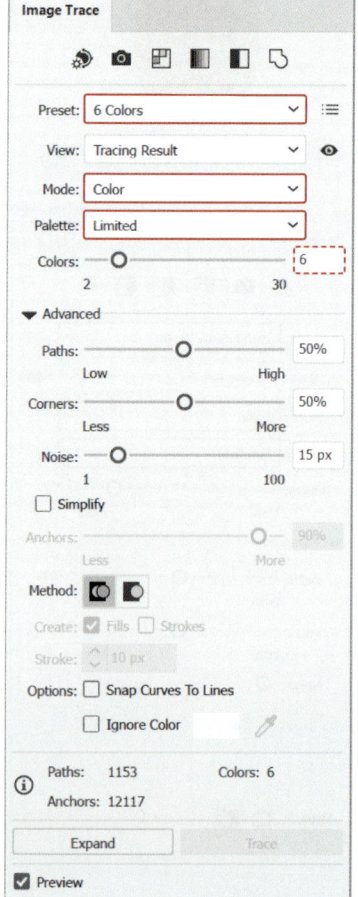
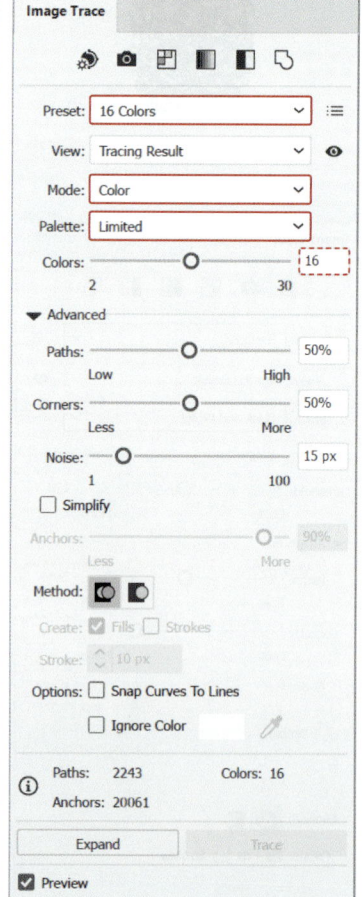

❼ **Shades of Gray(회색 음영)** : 모드가 Grayscale(회색 음영)로 설정되어 이미지가 회색 단계별로 벡터화됩니다. 이는 최대 100단계까지 설정할 수 있으며 기본값은 50입니다.

❽ **Black and White Logo(흑백 로고)** : 모드가 Black and White(흑백)로 설정되어 이미지를 검은색과 흰색으로만 된 패스로 만듭니다. 이 설정은 Default 프리셋과 동일한 옵션 값을 가집니다.

❾ **Sketched Art(스케치 아트)** : Black and White(흑백) 모드로 설정되어 있습니다. Line Art 프리셋과 비슷하게 보이지만, 모퉁이 값이 50%로 더 적고, 노이즈 값도 20px로 설정되어 있어 좀 더 세밀하게 표현됩니다. 또한, 'Ignore Color(색상 무시)'가 체크되어 있어 검은색으로만 벡터가 생성되는 특징이 있습니다.

Shades of Gray(회색 음영)

Black and White Logo(흑백 로고)

Sketched Art(스케치 아트)

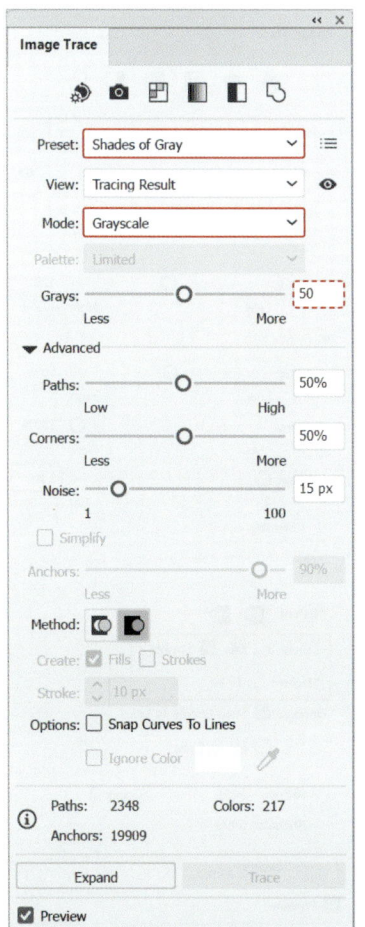
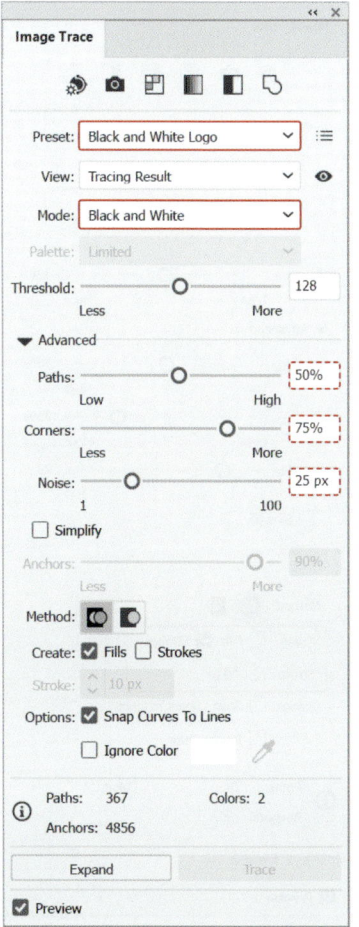
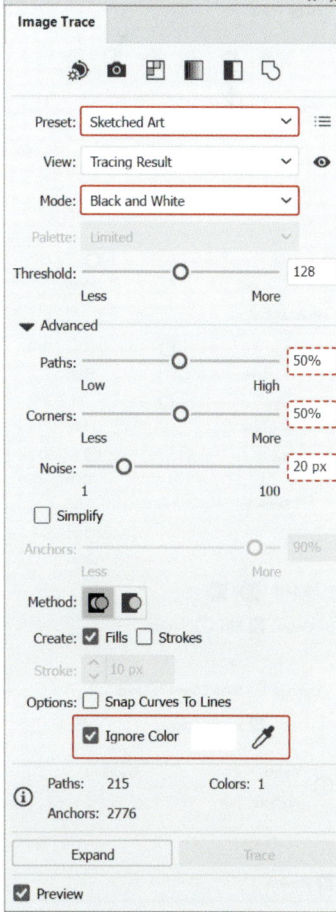

⑩ **Silhouettes(윤곽)** : Threshold(고대비)가 230으로 설정되어 있어 검은색의 양이 많아져 이미지가 전체적으로 검은색 면으로 처리됩니다. 노이즈 값이 90px로 높게 설정되어 있어 이미지가 단순하게 표현되는 특징이 있습니다.

⑪ **Line Art(라인 아트)** : 흑백 모드에서 면 없이 선만 사용하며, 선의 길이가 50px로 설정됩니다.

⑫ **Technical Drawing(기술 도면)** : Black and White(흑백) 모드에서 면 없이 선만 사용합니다. 노이즈 값이 최소로 설정되어 있어 매우 자잘하고 세밀하게 표현되며, 선의 길이는 10px로 짧게 설정됩니다.

Silhouettes(윤곽)

Line Art(라인 아트)

Technical Drawing(기술 도면)

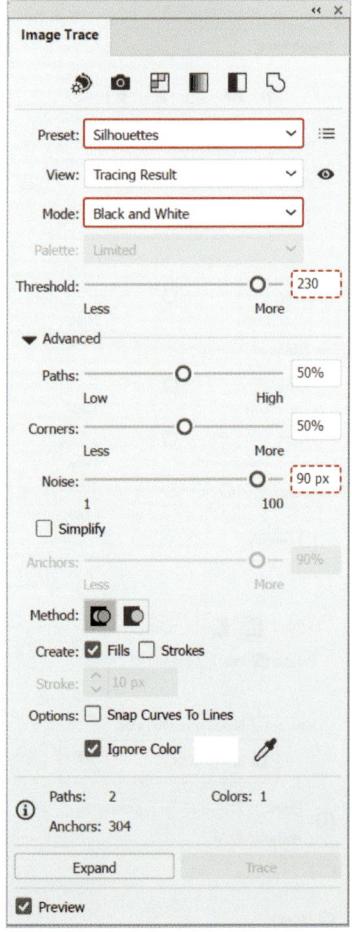

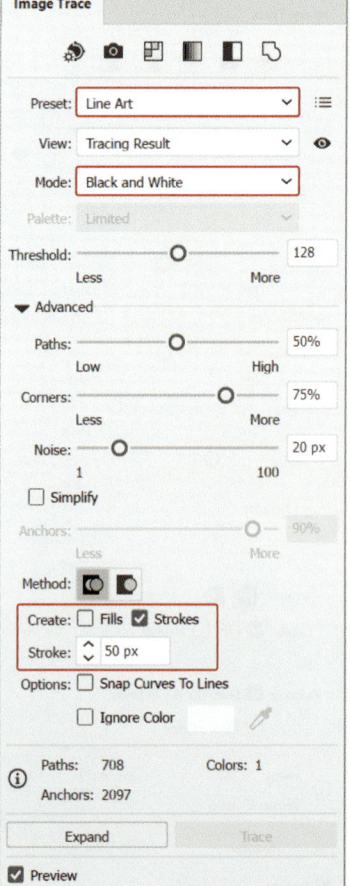

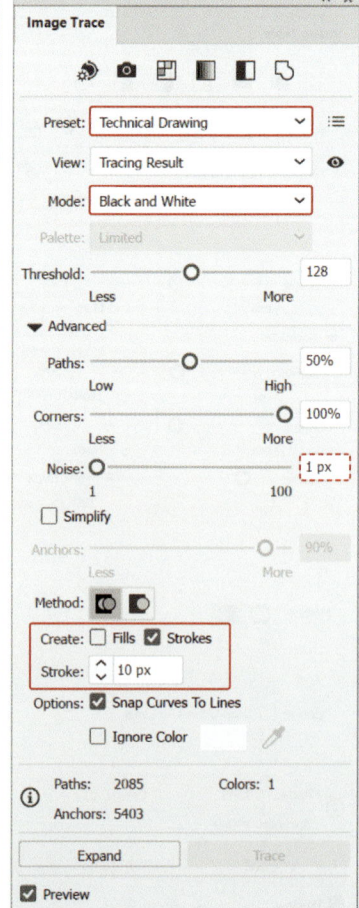

# PRACTICE 03  이미지 추적을 이용한 팝아트 디자인

# Image Trace

■ 예제 파일 : S11-P3.ai

이미지 추적 기능으로 비트맵 이미지를 벡터로 변환하고, Recolor Artwork 기능을 통해서 색상을 자유롭게 변경하는 방법을 배웁니다.

## 01 이미지 추적 설정하기

[File] - [Open] (Ctrl + O)으로 'S11-P3.ai' 파일을 엽니다. 이미지를 선택하고 [Window] - [Image Trace]를 클릭합니다. 옵션 창이 나타나면 ① Mode를 'Color'로, Palette를 'Limited'로 설정하고 색상 개수를 '5개'로 제한합니다. ② 이어서 Advanced 옵션을 열어 Paths는 '25%', Corners는 '75%', Noise 크기는 '65px'로 설정합니다. ③ 'Simplify'를 체크하고 '90%'로 설정하여 패스를 약간 단순화하며, ④ 'Snap Curves To Lines' 옵션은 해제합니다. ⑤ 모든 설정을 마친 후, 패널 하단의 'Expand' 버튼을 눌러 이미지를 벡터화합니다. (이때 'Preview'를 체크해야 미리보기가 활성화됩니다.)

T Image Trace 패널은 픽셀 기반의 이미지가 선택된 상태에서 활성화됩니다. 따라서 패널이 비활성화되었다면, 이미지를 다시 한번 클릭하여 패널을 활성화할 수 있습니다.

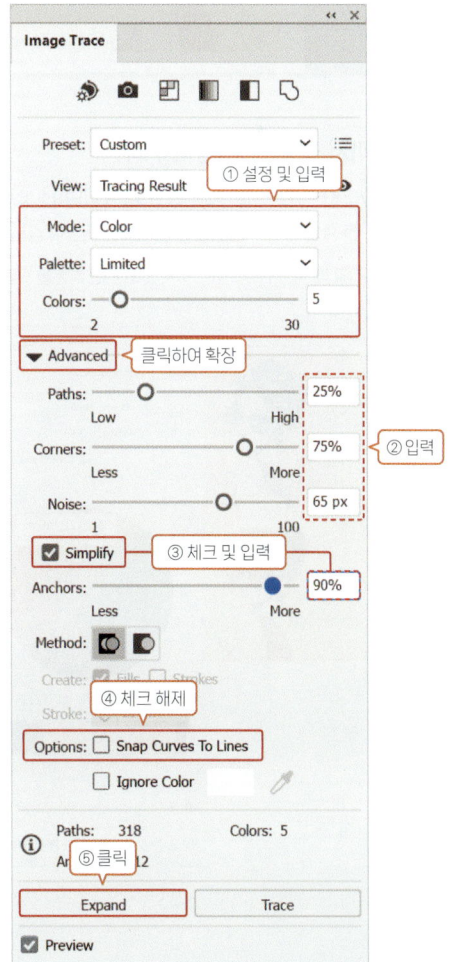

## 02 벡터 이미지 복제하기

Selection Tool(V)로 벡터화된 이미지를 Alt 키를 이용해 그림과 같이 3개 복사하여 배치합니다. 두 번째 이미지를 선택한 후, [Control] 패널에서 'Recolor Artwork' 버튼을 클릭합니다.

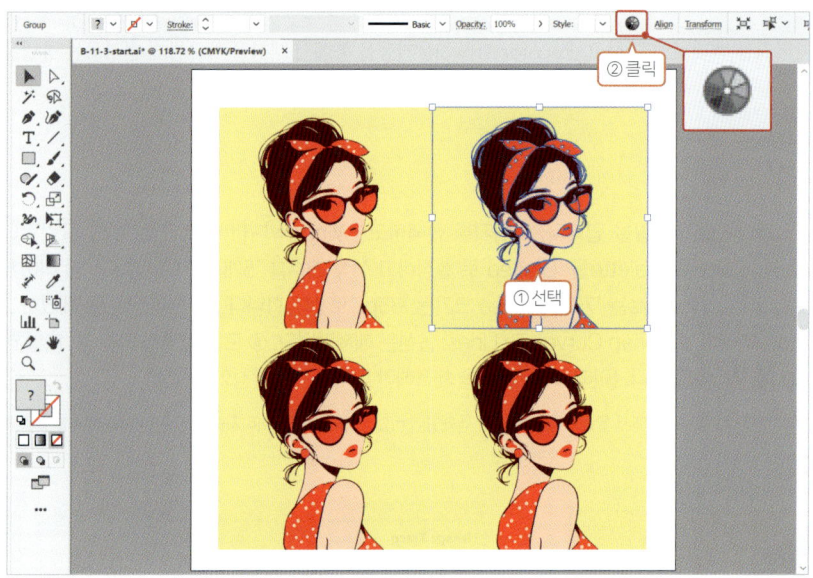

## 03 벡터 이미지 색상 변경 및 마무리

[Recolor Artwork] 패널이 열리면, 원형 슬라이더(Hue)를 드래그하여 이미지의 색상을 변경합니다. 나머지 2개의 개체도 각각 다른 색으로 변경합니다. 모든 변경을 완료하면 작업을 저장하고 마무리합니다.

T 슬라이더를 움직일 때 색상 점을 드래그하지 않고 라인 부분을 드래그하면, 명도 변화 없이 색조만 변경할 수 있습니다.

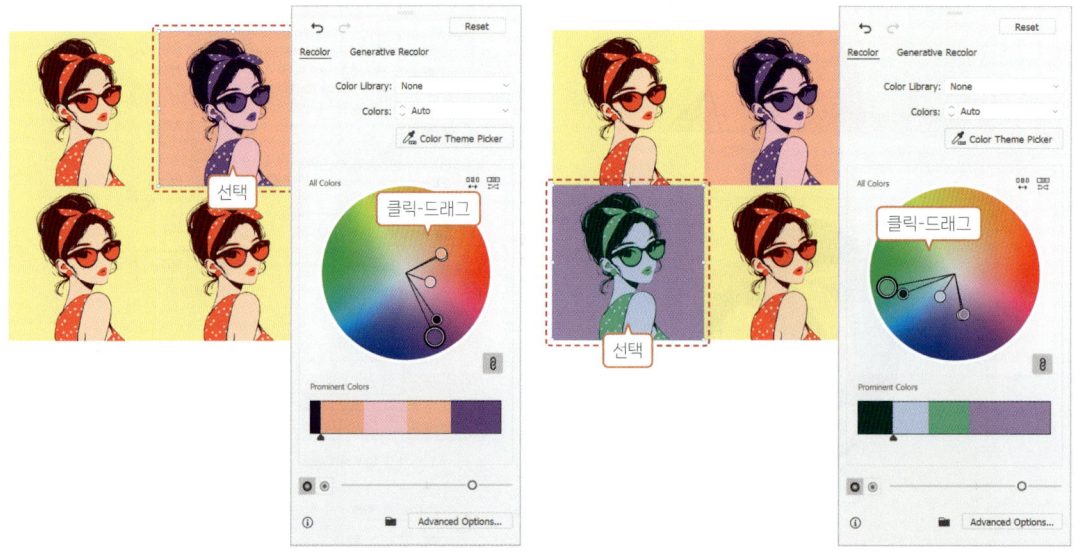

## Advice | 디자이너가 추천하는 무료 벡터 사이트

일러스트레이터 작업에 필요한 다양한 벡터 소스를 얻을 수 있는 무료 사이트들을 소개합니다. 최근 AI 기술의 영향으로 저작권 정책에 변화가 많은 만큼, 상업적 이용을 위해서는 라이선스를 반드시 확인하고 소스를 이용해야 합니다.

### 1. Freepik.com

Freepik 사이트의 경우, 자료를 검색한 뒤 라이선스 옵션에서 '무료'를 선택하고, 파일 유형에서 'SVG'를 선택하면 무료 벡터 소스를 다운로드할 수 있습니다.

> T  무료와 프리미엄으로 구분되어 있으며, 무료 소스를 사용할 경우 반드시 출처를 표기해야 합니다.

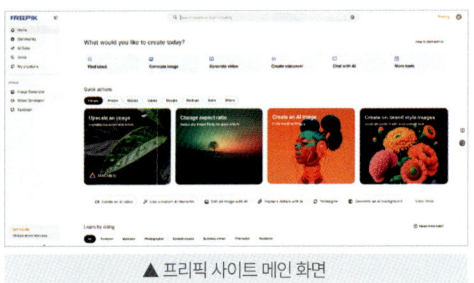 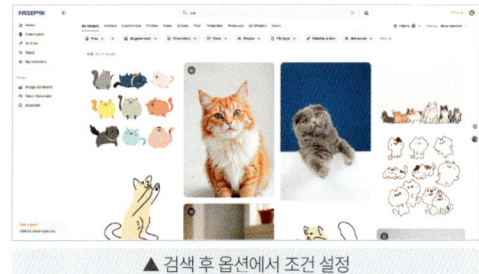

▲ 프리픽 사이트 메인 화면　　　　　　　　▲ 검색 후 옵션에서 조건 설정

### 2. Vecteezy.com

Vecteezy 사이트의 경우, 무료 소스에는 'Free'라고 명확하게 명시되어 있습니다. 이 무료 소스들은 출처를 표기하는 조건으로 상업적 이용이 가능합니다.

> T  무료 소스를 상업적으로 사용할 경우 반드시 출처를 표기해야 합니다.

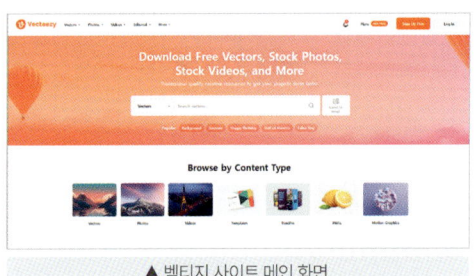 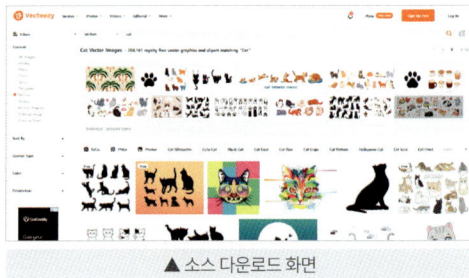

▲ 벡티지 사이트 메인 화면　　　　　　　　▲ 소스 다운로드 화면

### 3. thenounproject.com

무료로 벡터 아이콘을 다운로드 할 수 있습니다. 각 소스마다 무료와 단일 결제, 구독 결제 등의 옵션을 선택할 수 있습니다. 무료로 사용할 경우 이미지를 변경 없이 그대로 사용하고, 출처를 표기하는 조건으로 상업적 이용이 가능합니다.

> T  각 이미지마다 라이선스 조건이 명시되어 있으니, 무료 아이콘을 사용할 경우에는 출처 표기를 반드시 지켜야 합니다.

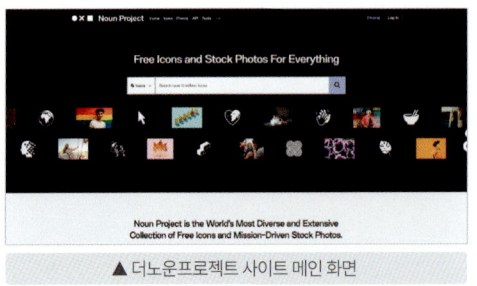 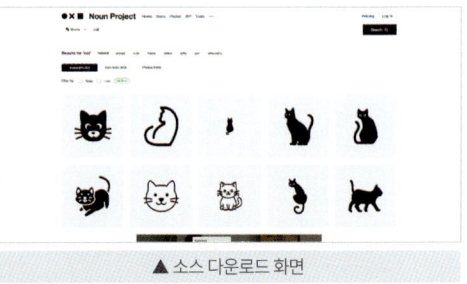

▲ 더노운프로젝트 사이트 메인 화면　　　　　▲ 소스 다운로드 화면

# Exercise

| 이미지 추적 기능을 활용한 트로피컬 패턴 아트 만들기 | 📁 S11_Exercise 예제 |
|---|---|
| 이미지 추적 기능을 활용해 비트맵 이미지를 벡터로 변환하고, 이 벡터 개체들을 조합해 트로피컬 패턴 아트를 직접 만들어 보세요. | |

### 1. 이미지 벡터화하기

[File] - [Open]으로 'S11-E1.ai' 파일을 엽니다. 이 파일에는 패턴 제작에 필요한 이미지 자료들이 포함되어 있습니다. Image Trace 기능을 사용하여 각 이미지를 벡터화합니다. 이때, 'Color' 모드와 'Limited' 팔레트를 활용하여 10개 미만의 색상으로 작업합니다. 'Ignore Color'를 흰색으로 설정하여 배경색이 나타나지 않도록 처리합니다. 'Paths', 'Corners', 'Noise' 등 세부적인 설정은 원하는 대로 조절합니다. 벡터화 작업 후, 불필요한 개체들은 그룹을 해제하지 않고 Shape Builder Tool 등을 사용하여 삭제합니다.

S Open(열기) Ctrl + O    S Shape Builder Tool(도형 구성 도구) Shift + M

### 2. 원하는 부분 색상 변경하기

벡터화된 개체들을 각각 그룹으로 묶습니다. 만약 특정 부분의 색상만 변경하고 싶다면, 그룹을 해제하지 않은 상태에서 Direct Selection Tool로 해당 색상의 개체를 선택합니다. 이어서 [Select] - [Same] - [Fill Color]를 활용하여 동일한 색상을 가진 모든 개체를 선택한 뒤 색상을 변경합니다.

S Group(그룹) Ctrl + G
S Direct Selection Tool(직접 선택 도구) A

### 3. 자유롭게 배치하고 패턴 만들기

벡터화 및 색상 조정이 완료된 개체들을 원하는 대로 자유롭게 배치합니다. 각도와 위치를 조절하고, 의도적으로 개체들을 겹쳐서 독특한 형태를 만들 수도 있습니다. 배치가 끝났다면, [Object] - [Pattern] - [Make]를 선택하여 패턴으로 만들고 작업을 마무리합니다.

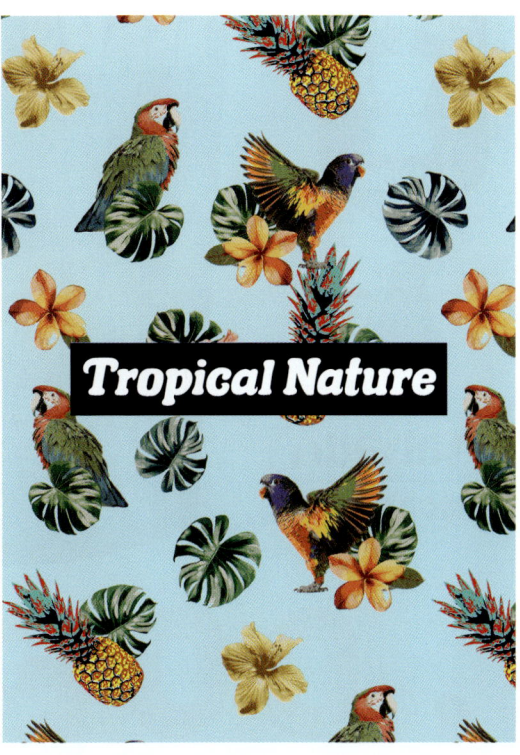

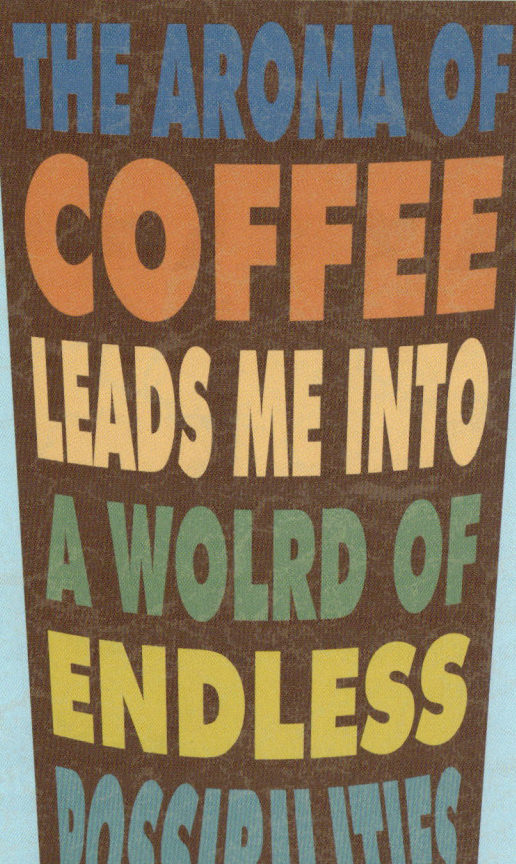

Section 12

# Envelope Distort, Repeat

## 둘러싸기 왜곡, 반복

**MISSION**

둘러싸기 왜곡 기능으로 개체나 텍스트를 다양한 모양으로 변형할 수 있습니다. 이 기능은 변형된 개체의 원본을 보존하면서도 다양한 왜곡 프리셋을 제공하거나, 사용자가 직접 모양을 만들고 다듬을 수 있도록 지원합니다. 또한, 반복 기능은 오브젝트를 손쉽게 패턴화하거나, 일일이 복사하고 정렬하는 번거로운 과정을 자동화하여 디자인 작업의 효율성을 높여줍니다.

**KEYWORD**

#변형으로 만들기 #망으로 만들기 #최상위 오브젝트로 만들기
#둘러싸기 왜곡 옵션 #반복(3가지)

# THEORY 01 — 변형으로 만들기

# Make with Warp

예제 파일 : S12-1.ai

둘러싸기 왜곡 메뉴에는 오브젝트를 다양하게 왜곡하는 세 가지 명령이 있습니다. 이 중 '변형으로 만들기'에 대해 먼저 알아보겠습니다. 둘러싸기 왜곡 명령의 가장 큰 장점은 개체를 여러 모양으로 왜곡하더라도 원본 개체를 보존할 수 있다는 점으로 유연하게 디자인을 수정하고 다양한 방식으로 응용할 수 있습니다.

## ★★ Make with Warp 변형으로 만들기

텍스트뿐만 아니라 다양한 도형 개체에도 Make with Warp(변형으로 만들기)를 적용할 수 있습니다. 개체를 선택하고 [Object] - [Envelope Distort] - [Make with Warp]를 선택하거나 단축키 Ctrl + Alt + Shift + W 를 누릅니다.

기본 설정은 Arc(부채꼴) 모양이며, Bend(구부리기) 값이 기본 50%로 지정됩니다. 만약 Bend 값을 -50%로 수정하면 부채꼴 모양이 아래를 향해 구부러진 형태로 변형됩니다.

S Make with Warp(변형으로 만들기) Ctrl + Alt + Shift + W

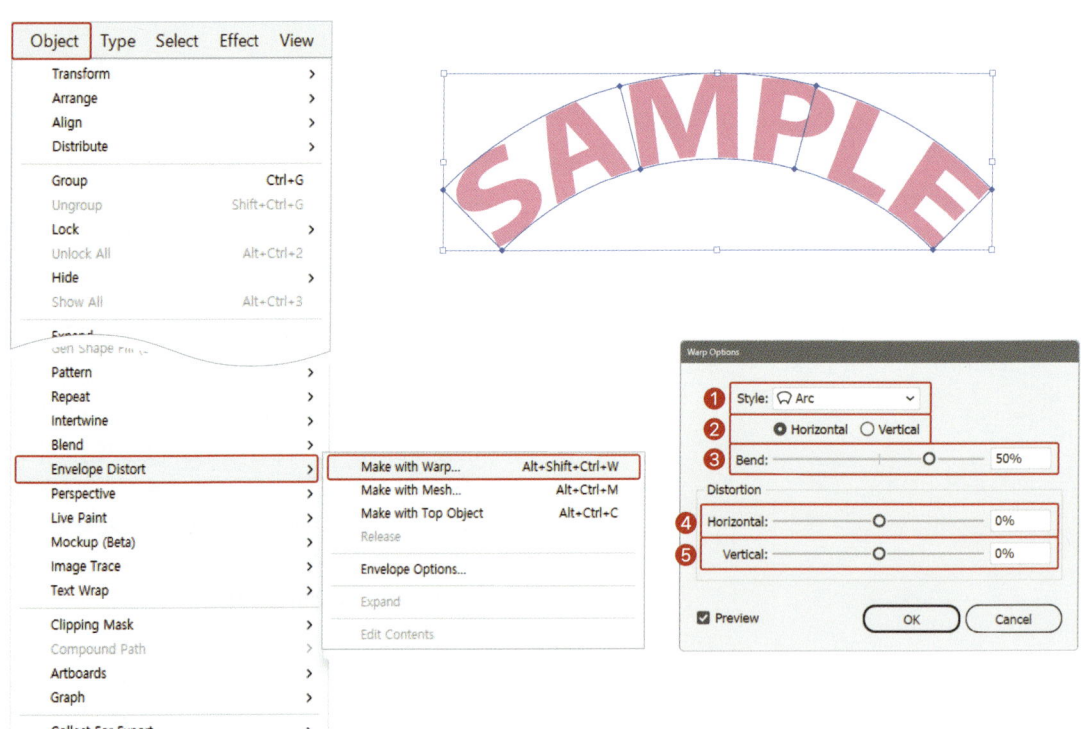

## ❶ Style(스타일)

미리 정해진 15가지 변형 스타일 중 하나를 선택하는 옵션입니다. 모든 스타일은 Bend(구부리기) 값이 50%로, Distortion(왜곡)의 Horizontal(가로)과 Vertical(세로) 값은 모두 0%로 설정된 기본 형태를 가집니다. 각 스타일별 변형 모양을 살펴봅니다.

효과 미적용

Arc  부채꼴

Arc Lower  아래 부채꼴

Arc Upper  위 부채꼴

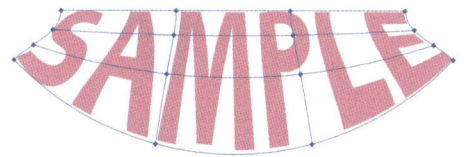

Arch  아치

Bulge  돌출

Shell Lower  아래쪽 조개모양

Shell Upper  위쪽 조개모양

Flag  깃발

Wave  파동

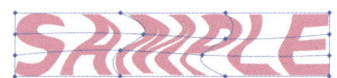

❷ **Horizontal / Vertical(가로 / 세로)**

변형이 적용되는 기본 방향을 설정합니다. 기본적으로 Horizontal(가로)이 선택되어 있습니다. 다만, 상하좌우 모든 방향으로 변형이 적용되는 FishEye(어안)와 Inflate(부풀리기)의 2가지 효과에서는 이 옵션이 비활성화됩니다.

## ❸ Bend(구부리기)

효과가 적용되어 구부러지는 정도를 조절하는 값입니다. 기본적으로 50%로 설정되어 있으며, 값을 마이너스로 입력하면 반대 방향으로 구부러짐이 적용됩니다.

## ❹ Distortion-Horizontal(가로 왜곡)

적용된 Style과 Bend 값에 추가적으로 가로 방향의 크기 비율을 다르게 적용할 수 있는 옵션입니다. 음수(-) 값을 입력하면 반대 방향으로 크기 비율이 왜곡됩니다.

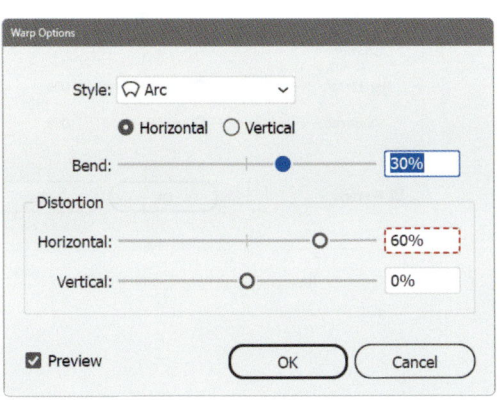
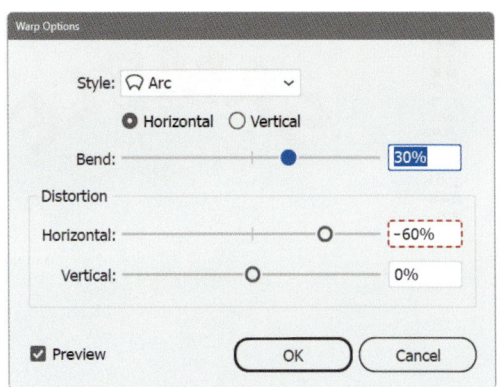

❺ **Distortion-Vertical(세로 왜곡)**

적용된 Style과 Bend 값에 추가적으로 세로 방향의 크기 비율을 다르게 적용할 수 있는 옵션입니다. 음수(-) 값을 입력하면 반대 방향으로 크기 비율이 왜곡됩니다.

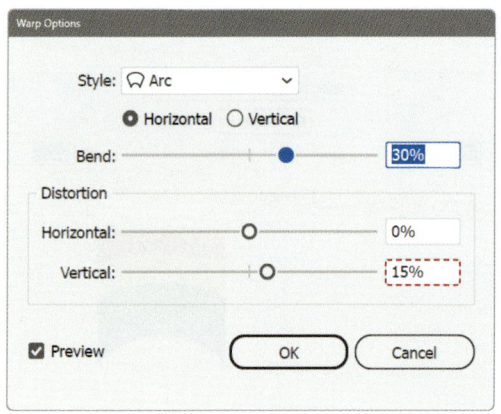
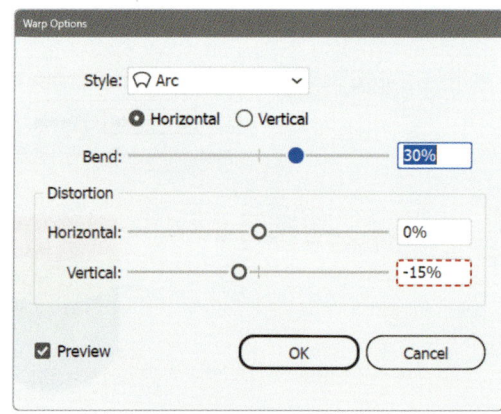

## Envelope Distort 수정하기

❶ **Edit Envelope(둘러싸기 편집)**

둘러싸기 왜곡 효과가 적용된 후에도 다른 스타일로 변경하거나 Bend 및 Distortion의 가로, 세로 비율 등 적용했던 설정 값을 수정할 수 있습니다. 효과가 적용된 개체를 선택한 뒤, [Object] - [Envelope Distort] - [Reset with Warp]를 다시 클릭하거나, 단축키 Ctrl + Alt + Shift + W 를 누릅니다. 또한, 상단의 [Control] 패널에서도 바로 수정할 수 있습니다.

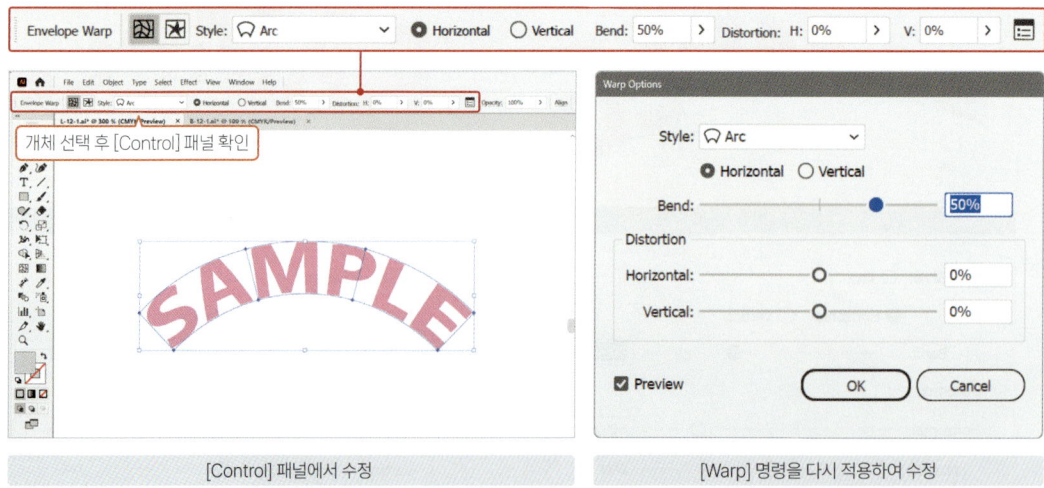

[Control] 패널에서 수정     [Warp] 명령을 다시 적용하여 수정

❷ **Edit Contents(내용 편집)**

Envelope Distort는 효과가 적용될 때 원본을 훼손하지 않고 보존합니다. 이 원본은 내용 편집 기능을 통해 선택하고 수정할 수 있습니다. 효과가 적용된 개체를 선택한 후, [Control] 패널의 'Edit Contents(내용 편집)' 버튼을 누르거나, [Object] - [Envelope Distort] - [Edit Contents]를 클릭합니다. 텍스트의 경우, 마우스 포인터를 개체 위로 올리면 패스 가이드 색상으로 원본 텍스트가 보입니다. Type Tool(문자 도구)로 텍스트를 수정하거나 글꼴을 변경할 수 있으며, 색을 바꾸는 등의 다양한 편집도 가능합니다.

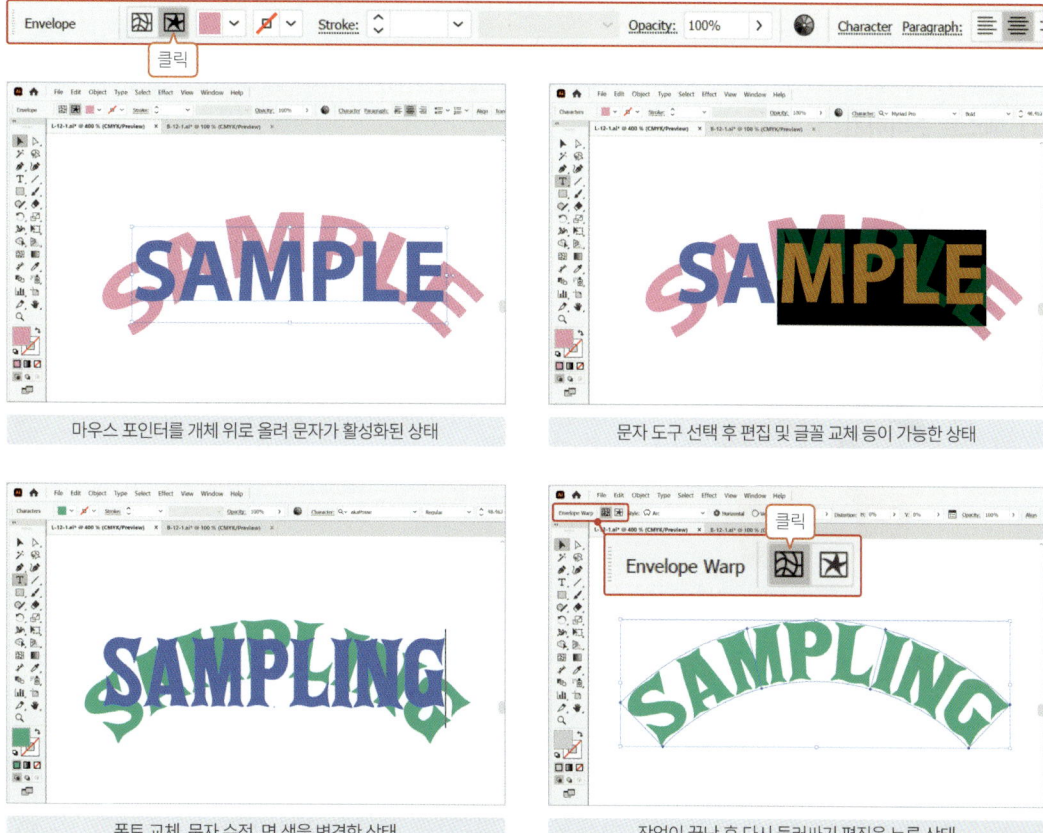

| 마우스 포인터를 개체 위로 올려 문자가 활성화된 상태 | 문자 도구 선택 후 편집 및 글꼴 교체 등이 가능한 상태 |
| 폰트 교체, 문자 수정, 면 색을 변경한 상태 | 작업이 끝난 후 다시 둘러싸기 편집을 누른 상태 |

Section 12 - 둘러싸기 왜곡, 반복

PRACTICE 01  변형으로 아이스크림 로고 만들기

# Make with Warp

■ 예제 파일 : S12-P1.ai

'Sweetcream' 텍스트에 변형으로 만들기를 적용하고, 패스 이동으로 외곽선을 추가하는 방법을 배웁니다. 이 두 가지 기능을 중점적으로 사용해 텍스트를 활용한 로고 디자인을 만들어 봅니다.

## 변형으로 로고 만들기

### 01 텍스트 준비하기

[File] - [Open] (Ctrl + O)으로 'S12-P1.ai' 파일을 엽니다. 'Sweetcream' 텍스트를 선택한 뒤, [Object] - [Envelope Distort] - [Make with Warp] (Ctrl + Alt + Shift + W)을 클릭합니다.

T 실습의 목적은 폰트 자체의 디자인보다 기능 학습에 있으므로, 폰트는 자유롭게 변경해도 무방합니다. 예제에서 폰트는 'GeckoLunch'로 작업하였습니다.

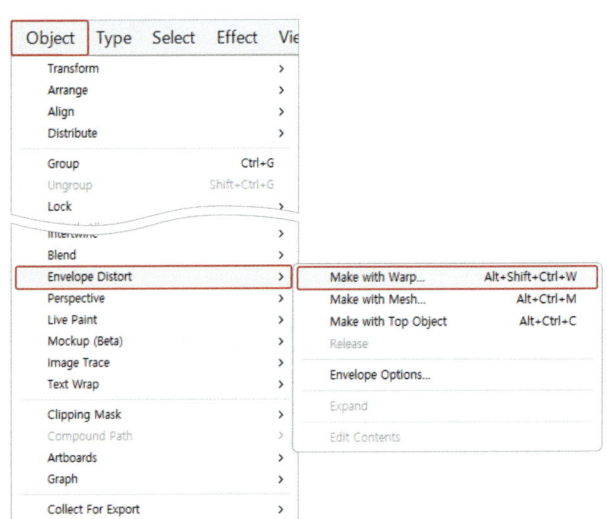

### 02 왜곡 효과 적용하기

나타나는 옵션 창에서 Style을 'Flag', Bend를 '50%'로 설정하고, Distortion의 Horizontal을 '-35%'로 적용합니다.

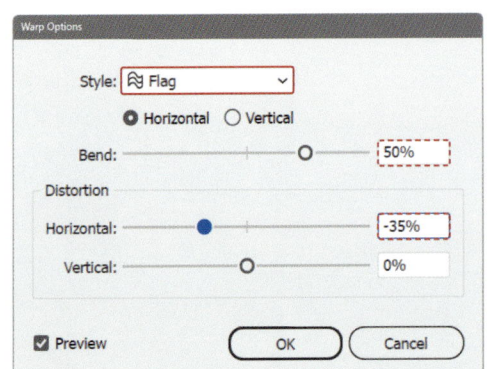

## 03 확장 및 컴파운드 패스 만들기

[Object] - [Expand]를 클릭하고 나타나는 창에서 'OK'를 누르면, 더 이상 편집 가능한 텍스트가 아닌 일반 도형과 같은 개체로 활성화됩니다. 이 개체를 선택한 상태에서 Ctrl + 8 을 눌러 컴파운드 패스로 만듭니다.

S Compound Path(컴파운드 패스) Ctrl + 8

T [Object] - [Envelope Distort] - [Expand]를 활용하면 다른 효과와 중첩 시 해당 효과만 확장할 수 있습니다.

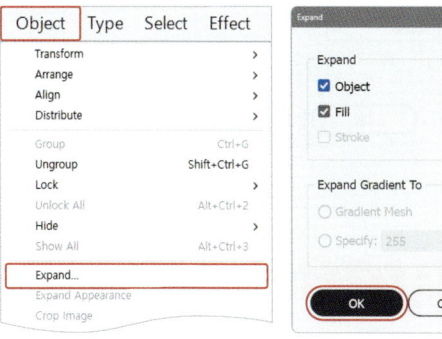

## 패스 이동 적용하기

### 01 첫 번째 외곽선 추가하기

[Object] - [Path] - [Offset Path]를 클릭합니다. Offset 값을 '2mm'로 입력하고, Joins 목록에서 'Round'를 선택한 뒤 OK를 누릅니다.

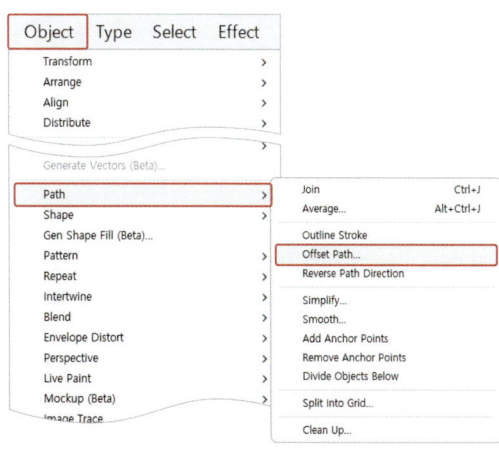
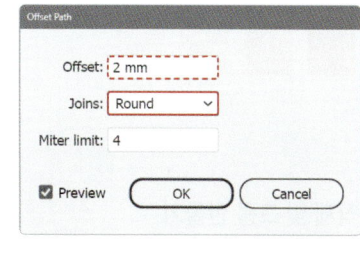
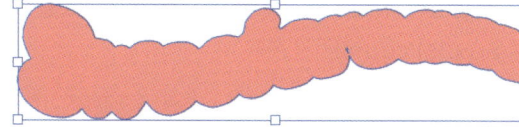

### 02 첫 번째 외곽선 색상 적용하기

[Swatches] 패널을 열어 면 색이 활성화가 되어있는지 확인한 후, 흰색을 클릭하여 면 색으로 적용합니다.

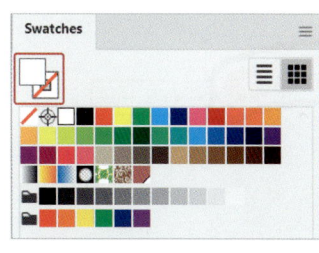

## 03 두 번째 외곽선 추가하기

다시 [Object] - [Path] - [Offset Path]를 클릭합니다. 이번에는 Offset 값을 '1.5mm'로 입력하고, Joins 목록에서 'Round'를 선택한 뒤 OK를 누릅니다.

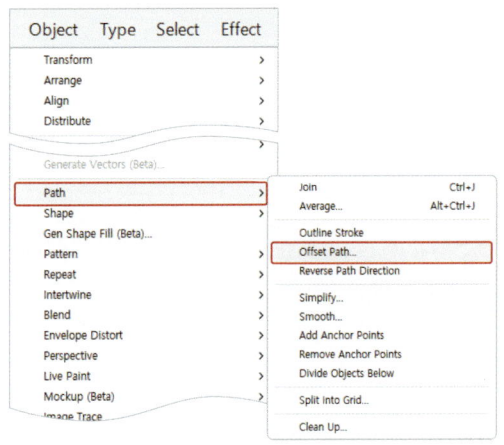
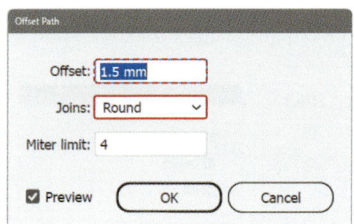

## 04 두 번째 외곽선 색상 적용하기

Eyedropper Tool(⬚)로 준비된 색상 중 가장 왼쪽 사각형의 색상을 추출해 두 번째 외곽선에 적용합니다.

## 05 불필요한 부분 삭제 및 그룹 만들기

화면을 확대하여 개체 사이의 구멍처럼 보이는 부분을 찾습니다. Direct Selection Tool(A)로 해당 패스를 클릭한 뒤 Delete 키를 두 번 눌러 삭제합니다. Selection Tool(V)로 로고를 모두 선택하고 Ctrl + G 를 눌러 그룹으로 묶습니다.

S Group(그룹) Ctrl + G

## 06 아이스크림 개체 외곽선 추가하기

왼쪽 아이스크림 개체를 선택하고 [Object] - [Path] - [Offset Path]를 클릭합니다. Offset 값을 '1.5mm', Joins 목록에서 'Round'를 선택한 뒤 OK를 누릅니다.

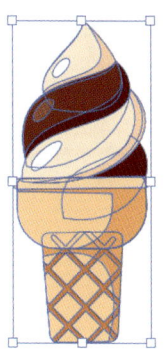
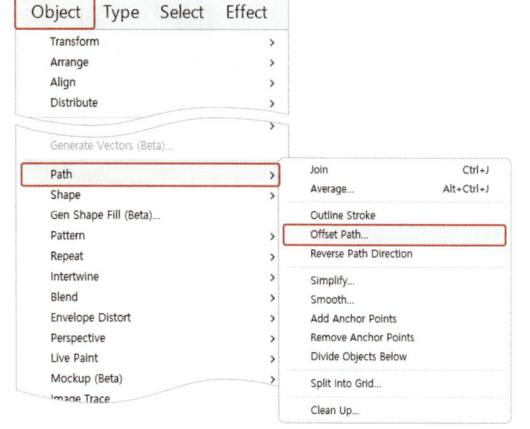
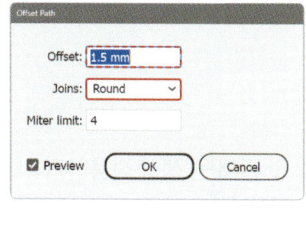

## 07 외곽선 합치기

[Pathfinder] 패널( Ctrl + Shift + F9 )을 열고, 'Unite'를 클릭하여 합쳐줍니다.

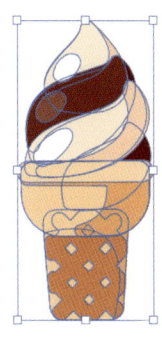
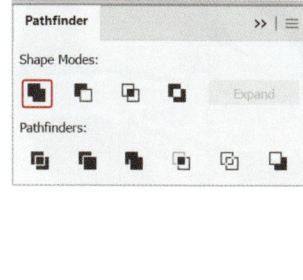
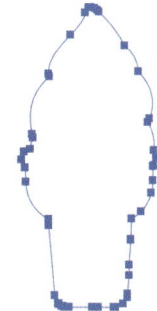

## 08 아이스크림 외곽선 색상 적용하기

Eyedropper Tool( I )로 가장 왼쪽 사각형 색상을 추출합니다. 이어서 Ctrl + Shift + [ 를 눌러 가장 하단으로 배열합니다. 다른 아이스크림도 동일하게 작업한 뒤에 아이스크림 개체를 각각 그룹지어 줍니다.

S Send to Back(맨 뒤로 보내기) Ctrl + Shift + [

## 레이아웃 및 배경 개체 만들기

### 01 개체 배열하기

'Sweetcream' 로고를 Ctrl + Shift + ] 로 가장 상단으로, 초코 아이스크림은 Ctrl + Shift + [ 로 가장 하단으로 배열합니다. 그림처럼 위치와 크기 및 각도를 조절하여 레이아웃을 완성합니다.

S Bring Forward(앞으로 가져오기) Ctrl + ]

### 02 첫 번째 원 색상 적용하기

'120mm' 크기의 정원을 그린 뒤 Ctrl + Shift + [ 로 가장 하단에 배치합니다. 면 색은 가장 왼쪽 사각형 색으로 맞춥니다. [Object] - [Path] - [Offset Path]에서 Offset 값을 '-10mm'로 입력하고 OK를 누릅니다.

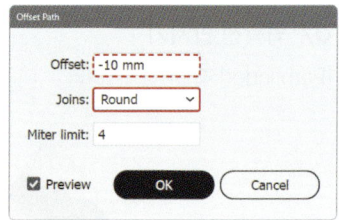

### 03 두 번째 원 색상 적용하기

작아진 원이 선택된 상태에서 Eyedropper Tool( I )로 준비된 색상 중 두 번째 사각형의 색상을 추출합니다.

## 04 세 번째 원 색상 적용하기

세 번째 원을 만들기 위해 [Object] - [Path] - [Offset Path]에서 Offset 값을 '-10mm'로 입력합니다. Eyedropper Tool( )로 세 번째 색을 추출해 적용합니다.

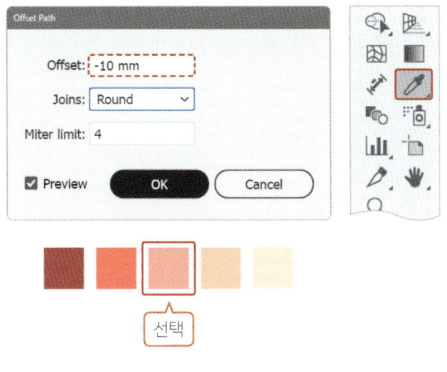 

## 05 네 번째, 다섯 번째 원 색상 적용하기

네 번째 원을 만들기 위해 [Object] - [Path] - [Offset Path]에서 Offset 값을 '-10mm'로 적용한 후 Eyedropper Tool( )로 네 번째 색을 추출합니다. 다섯 번째 원도 동일한 방법으로 작업하여 색상을 적용합니다.

## 06 작업 저장 및 마무리

작업이 완료되면 파일을 저장하고 마무리합니다.

## THEORY 02 · 망으로 만들기

# Make with Mesh

예제 파일 : S12-2.ai

오브젝트나 텍스트에 격자 형태의 제어점을 생성하여 정교하게 왜곡할 수 있습니다. 이 기능은 처음부터 개체에 왜곡을 적용한 다음에 사용자가 직접 메시 포인트를 조절하여 변형을 만든다는 점이 특징입니다.

### Make with Mesh 망으로 만들기

텍스트뿐만 아니라 다양한 도형 개체에도 Make with Mesh(망으로 만들기)를 적용할 수 있습니다. 개체를 선택하고 [Object] - [Envelope Distort] - [Make with Mesh]를 선택하거나 단축키 Ctrl + Alt + M 을 누릅니다. Rows(행)와 Columns(열)의 수를 입력하고 OK를 누르면, 해당 수만큼의 칸으로 계산된 망(메시)이 생성됩니다.

S Make with Mesh(망으로 만들기) Ctrl + Alt + M

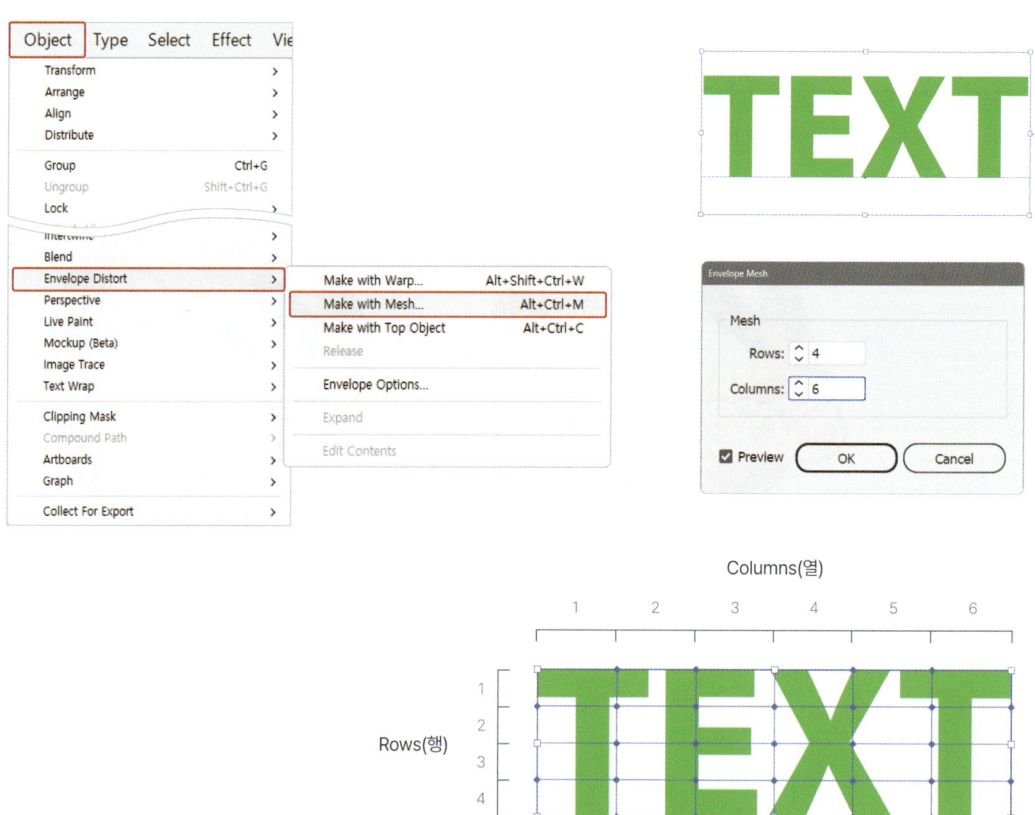

망(메시)이 생성되면 많은 점(앵커 포인트)들이 생겨납니다. 이 점들은 Direct Selection Tool(직접 선택 도구)로 개별적으로 선택할 수 있습니다. 일반적으로 앵커 포인트에는 두 개의 핸들이 생기지만, 메시의 점은 3~4개까지 핸들이 생성될 수 있습니다. 점을 선택하여 드래그하면, 그 움직임에 따라 개체가 왜곡되며 모양이 변형됩니다.

## Envelope Distort 수정하기

### ❶ Edit Envelope(둘러싸기 편집)

둘러싸기 왜곡 효과가 적용된 후에도 행과 열의 설정 값을 수정할 수 있습니다. 효과가 적용된 개체를 선택한 뒤 [Object] - [Envelope Distort] - [Reset with Mesh]를 다시 클릭하거나, 단축키 Ctrl + Alt + M 을 누릅니다. 망을 적용할 옵션 창이 다시 나타나며, 이때 Maintain Envelope Shape(둘러싸기 도형 유지)를 체크하면 기존 모양을 유지하면서 망의 개수를 변형할 수 있고, 체크하지 않으면 망이 Reset(재설정) 됩니다. 또한, 상단의 [Control] 패널에서도 바로 수정할 수 있습니다.

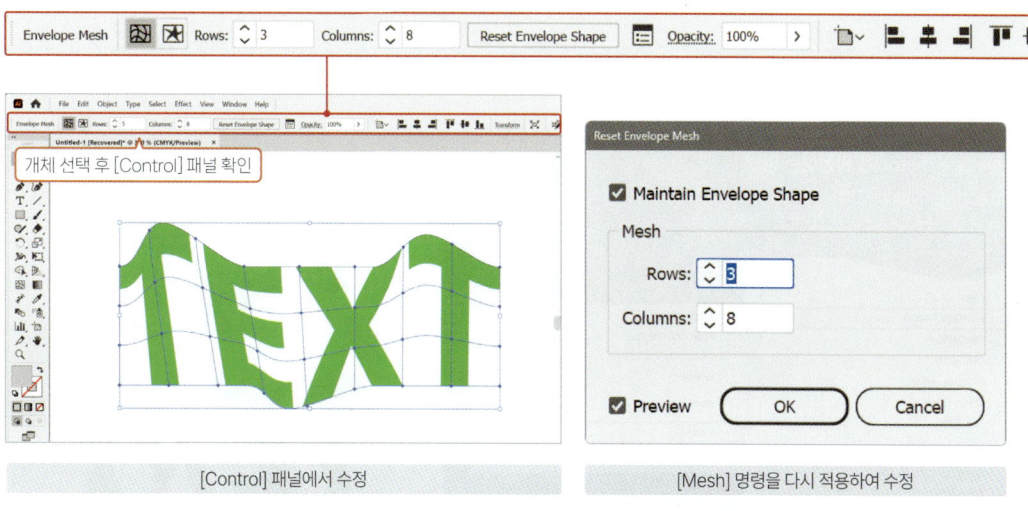

[Control] 패널에서 수정 　　　　　　　　　　[Mesh] 명령을 다시 적용하여 수정

❷ **Edit Contents(내용 편집)**

Envelope Distort는 효과가 적용될 때 원본을 훼손하지 않고 보존합니다. 이 원본은 내용 편집 기능을 통해 선택하고 수정할 수 있습니다. 효과가 적용된 개체를 선택한 후, [Control] 패널의 'Edit Contents(내용 편집)' 버튼을 누르거나, [Object] - [Envelope Distort] - [Edit Contents]를 클릭합니다. 텍스트의 경우, 마우스 포인터를 개체 위로 올리면 패스 가이드 색상으로 원본 텍스트가 보입니다. Type Tool(문자 도구)로 텍스트를 수정하거나 글꼴을 변경할 수 있으며, 색을 바꾸는 등의 다양한 편집도 가능합니다.

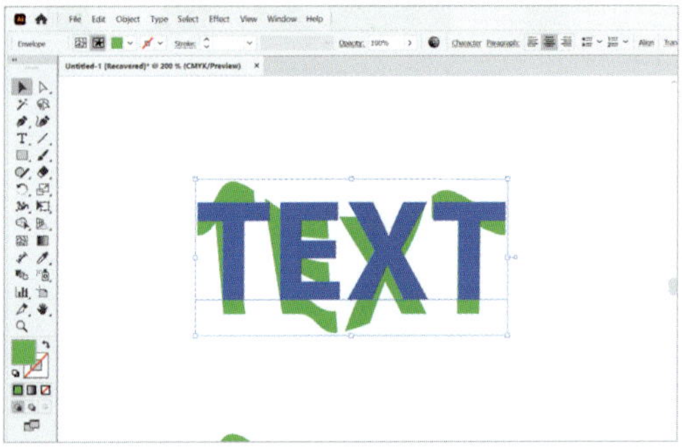

마우스 포인터를 개체 위로 올려 문자가 활성화된 상태

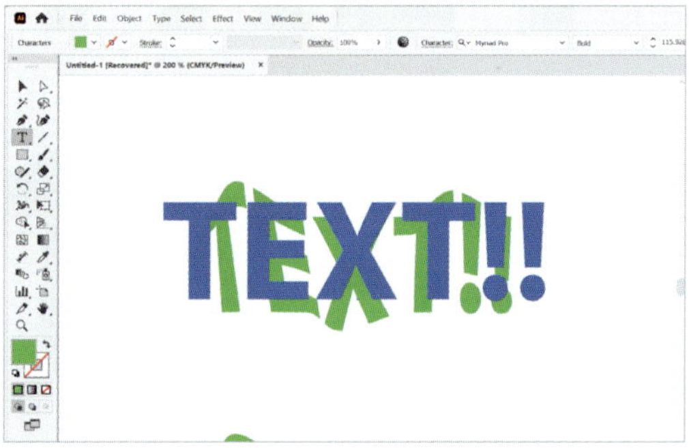

문자 도구 선택 후 편집 및 글꼴 교체 등이 가능한 상태

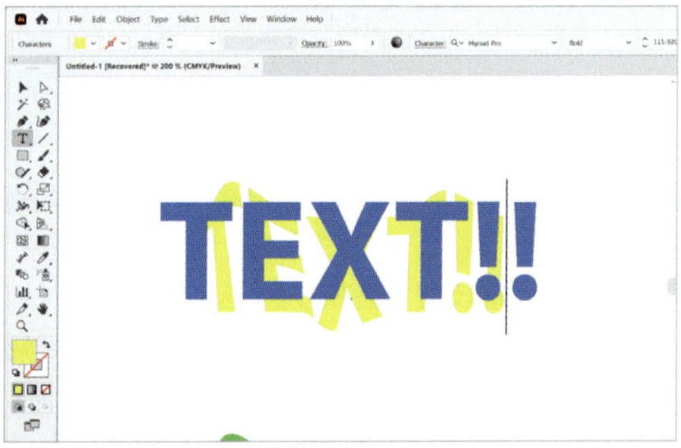

폰트 교체, 문자 수정, 면 색을 변경한 상태

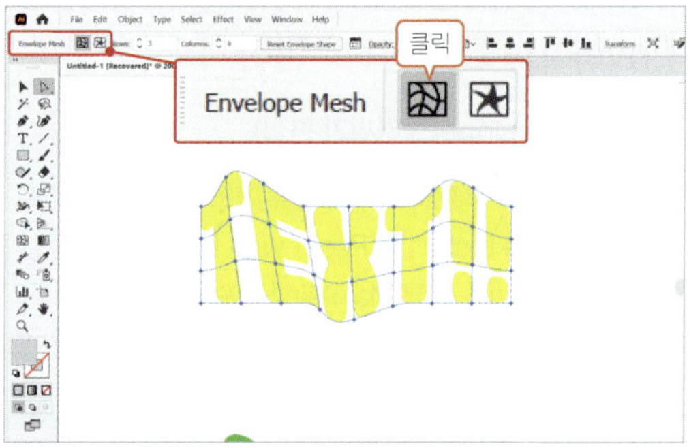

작업이 끝난 후 다시 둘러싸기 편집을 누른 상태

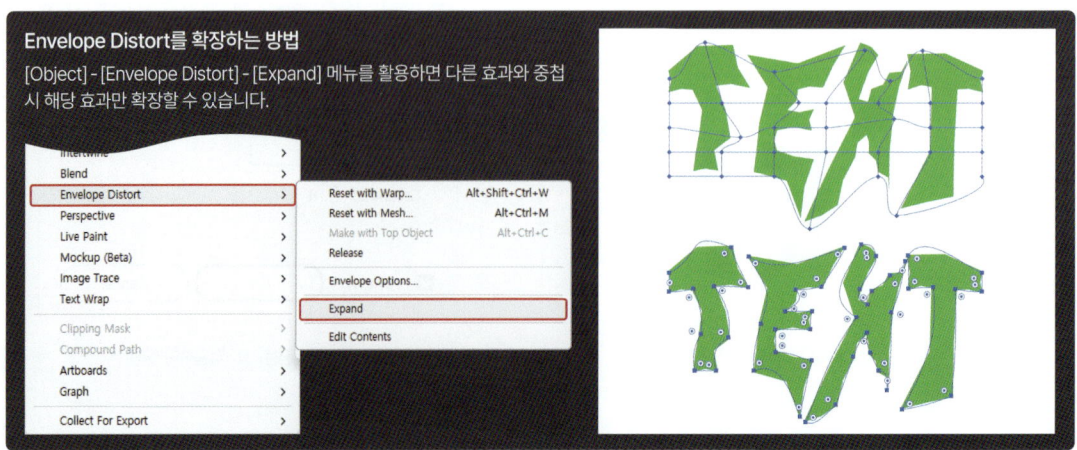

**Envelope Distort를 확장하는 방법**

[Object] - [Envelope Distort] - [Expand] 메뉴를 활용하면 다른 효과와 중첩 시 해당 효과만 확장할 수 있습니다.

# PRACTICE 02 | 망으로 텍스트가 일렁이는 효과 만들기

# Make with Mesh

■ 예제 파일 : S12-P2.ai

'WAVE' 텍스트에 망으로 만들기를 적용하고, 망점을 직접 조절하여 자연스럽게 왜곡하는 방법을 배워봅니다. 이를 통해 텍스트가 일렁이는 듯한 효과를 만들어 볼 수 있습니다.

## 01 개체 복사 및 색상 변경하기

[File] - [Open] (Ctrl + O)으로 'S12-P2.ai' 파일을 엽니다. 'WAVE' 텍스트를 선택하고 Ctrl + C, Ctrl + F를 눌러 제자리에 복사합니다. [Color] 패널(F6)을 열고 면 색의 CMYK 값을 '50-0-15-0'으로 변경합니다.

S Paste in Front(앞에 붙이기) Ctrl + F

 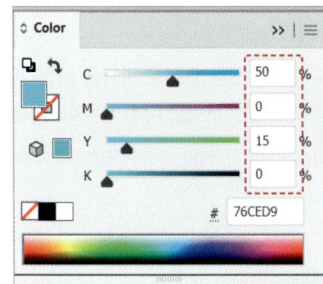

## 02 망으로 만들기

색상이 바뀐 개체를 선택한 뒤 [Object] - [Envelope Distort] - [Make with Mesh] (Ctrl + Alt + M)를 클릭합니다. Rows와 Columns 값을 각각 '8'로 입력하고 OK를 누릅니다.

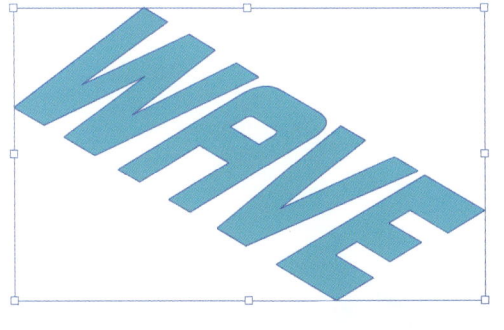 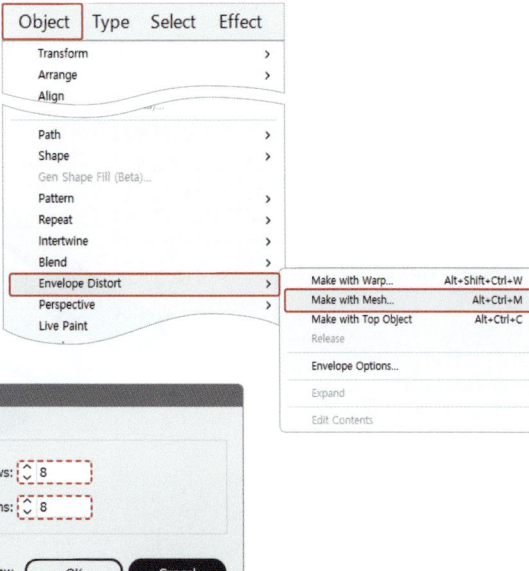

## 03 망점 조절하기

개체 위에 그물망 같은 망선(메시)이 생성됩니다. Direct Selection Tool(A)로 화면을 확대하여 일부 점을 드래그해 약간 위로 올립니다. 이렇게 작업하면 하단에 있는 원본 개체가 그림자처럼 보이게 됩니다.

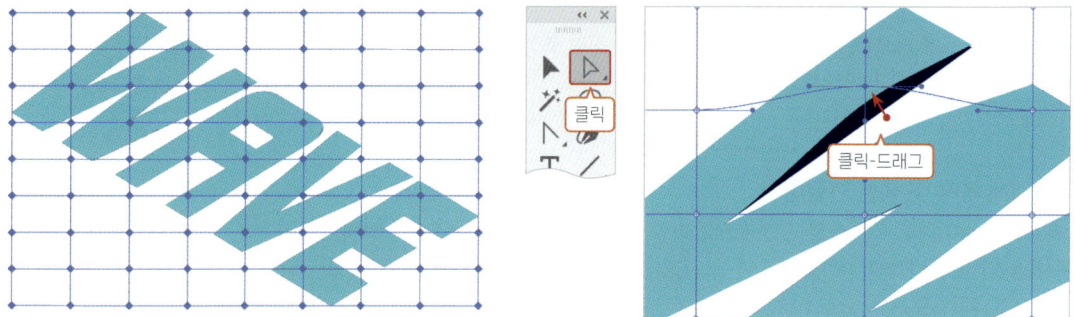

## 04 불규칙한 왜곡 만들기

랜덤으로 일부 망점들을 드래그하여 조금씩 위로 위치를 옮깁니다. 불규칙하게 일렁이는 글자 아래 그림자 효과를 연출합니다. 작업 후 Selection Tool(V)로 왜곡된 개체를 다시 선택하고 [Object] - [Expand]를 클릭합니다.

> 망점의 움직임을 살피고 제어하는 방법을 학습하는 것이 중요합니다. 예제와 동일하지 않아도 무방하니 자유롭게 만들어봅니다.

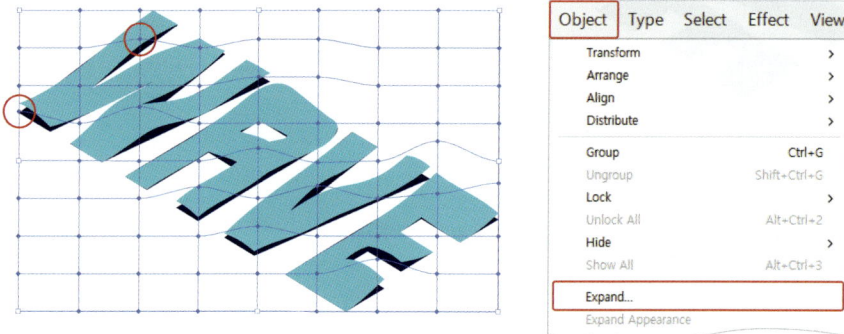

## 05 확장 및 마무리

[Expand] 옵션 창에서 OK를 누르면 왜곡이 적용된 효과가 개체로 변환됩니다. 작업을 저장하고 마무리합니다.

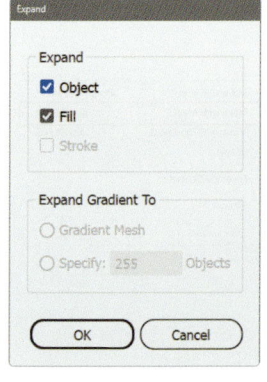 

# THEORY 03 최상위 오브젝트로 만들기

## Make with Top Object

■ 예제 파일 : S12-3.ai

이미지나 텍스트를 특정 모양 안으로 왜곡하여 배치할 수 있습니다. 이 기능의 특징은 두 개의 개체가 필요하며, 원하는 형태의 개체가 반드시 다른 개체보다 상위에 위치해야 한다는 점입니다.

### Make with Top Object 최상위 오브젝트로 만들기

텍스트나 개체를 선택하고, 추가로 닫힌 패스로 이루어진 최상위 개체를 선택합니다. 문자를 특정 모양으로 변형하고 싶다면 문자 개체는 아래에, 원하는 모양의 개체는 위에 배열된 상태로 둘 다 선택합니다. 그 후 [Object] - [Envelope Distort] - [Make with Top Object]를 클릭하거나 단축키 Ctrl + Alt + C 를 누르면, 아래에 있던 문자나 개체가 위에 있는 모양에 맞춰 변형됩니다.

S Make with Top Object(최상위 오브젝트로 만들기) Ctrl + Alt + C

T 기능을 사용할 때는 두꺼운 폰트 사용을 권장합니다. 왜곡 후 빈 공간이 생기는 것을 피하려면 두껍고 속이 채워진 폰트를 선택하는 것이 좋습니다.

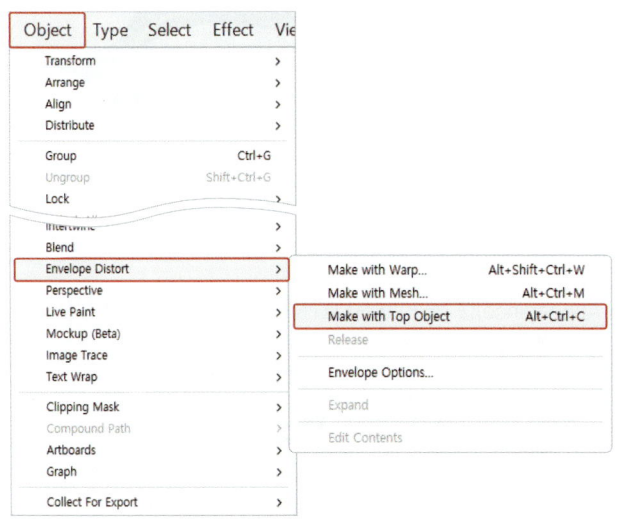
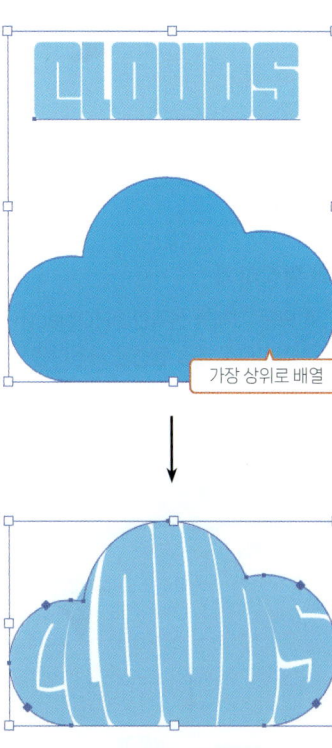

가장 상위로 배열

PRACTICE 03 ❯ 최상위 오브젝트로 문자 디자인하기

# Make with Top Object

■ 예제 파일 : S12-P3.ai

페인트 브러시 도구로 선을 확장하고 정리한 뒤, 최상위 오브젝트 만들기를 통해 텍스트를 돌고래 모양에 맞춰 왜곡합니다. 이 기능은 문자 디자인에서 자주 사용되지만, 너무 복잡한 오브젝트에 적용하면 형태가 틀어질 수 있어 주의하여 사용합니다.

### 01 브러시로 선 그리기

[File] - [Open] (Ctrl + O)으로 'S12-P3.ai' 파일을 엽니다. Paint Brush Tool(B)을 선택하고, 면 색은 '없음', 선 색은 임의의 노란색으로 설정합니다. 돌고래 실루엣 개체 위를 드래그하여 그림과 유사하게 선을 그립니다. 브러시 크기는 단축키 [, ]를 사용하여 조절합니다.

### 02 효과 확장하기

Ctrl + A로 모든 개체를 선택한 뒤 [Object] - [Expand Appearance]를 눌러 브러시 효과를 면 개체로 확장합니다. 선 두께는 효과로 처리되므로 해당 명령을 사용하면 선이 아닌 면으로 변환됩니다.

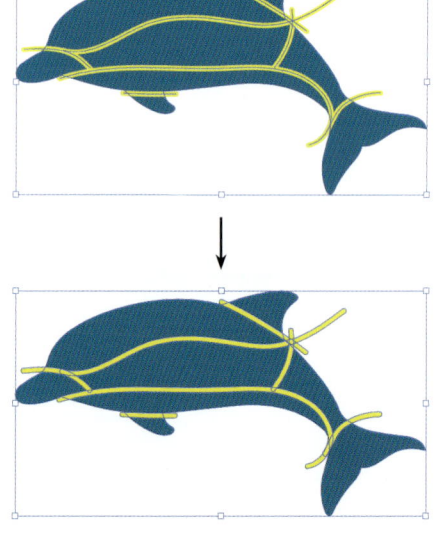
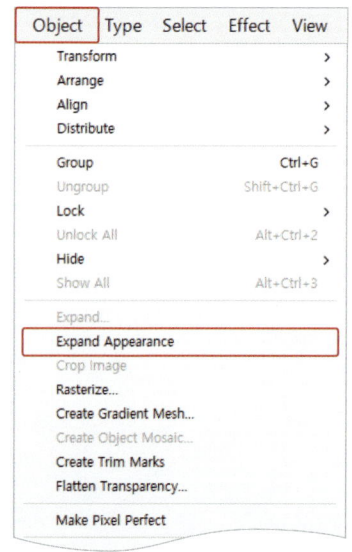

## 03 병합 및 그룹 해제하기

[Pathfinder] 패널( Ctrl + Shift + F9 )을 엽니다. 'Merge'를 클릭하여 개체를 눈에 보이는 대로 분리하면서, 같은 색이 겹쳐있는 부분은 합쳐줍니다. 이후 마우스 오른쪽 버튼을 눌러 'Ungroup'( Ctrl + Shift + G )을 선택하고 빈 화면을 클릭해 모든 선택을 해제합니다.

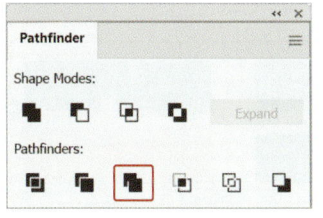
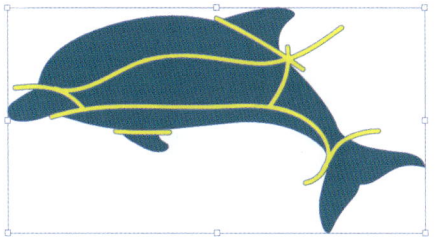
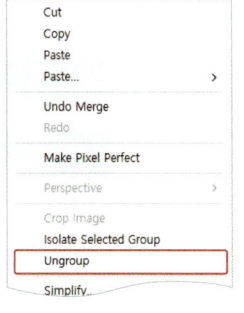

## 04 불필요한 개체 삭제하기

브러시로 그렸던 노란색 개체들은 삭제하고, 남겨진 개체들을 모두 선택합니다.

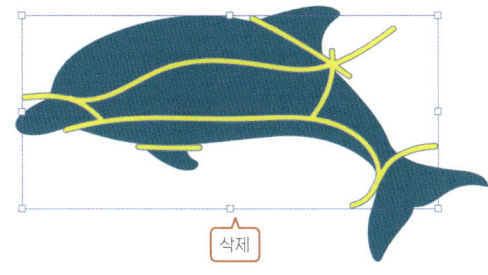
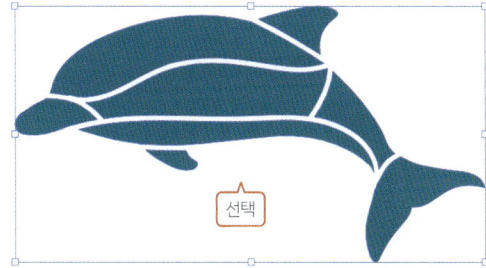

## 05 패스 부드럽게 만들기

개체의 테두리를 부드럽게 다듬기 위해 [Object] - [Path] - [Smooth]를 클릭하고, 조절 바를 드래그하여 원하는 만큼 적용합니다.

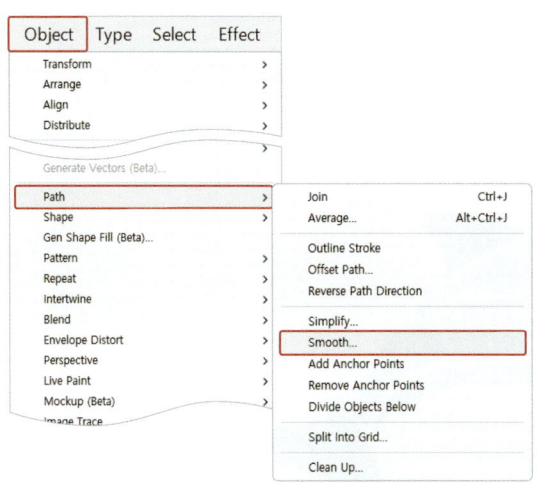
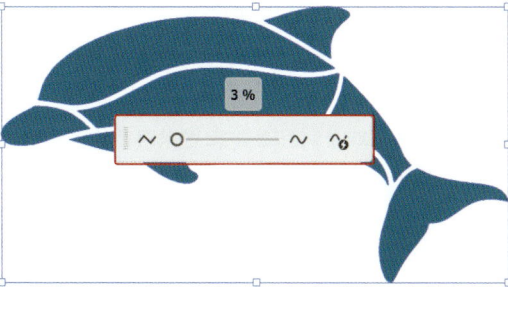

## 06 텍스트 준비 및 배열하기

Type Tool(T)로 'DOLPHIN'을 입력하고 원하는 폰트를 지정합니다. Alt 키로 3개 더 복사하여 총 4개를 만듭니다. 각각 임의의 색으로 면 색을 변경합니다. 모든 텍스트 개체를 선택한 뒤 Ctrl + Shift + [ 를 눌러 가장 하단으로 배열합니다.

S Send to Back(맨 뒤로 보내기) Ctrl + Shift + [

T 기능을 학습하기 위한 예제이므로 기본 글꼴로 작업하여도 무방합니다. 예제에서 폰트는 'pinkoya black'로 작업하였습니다.

  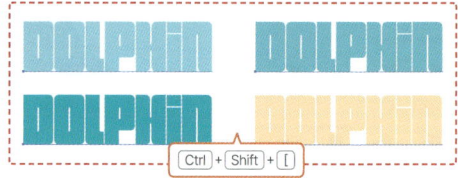

## 07 첫 번째 텍스트 최상위 오브젝트 만들기

Selection Tool(V)로 텍스트 개체 한 개와 분리된 돌고래 개체들 중 한 개를 선택합니다. [Object] - [Envelope Distort] - [Make with Top Object] (Ctrl + Alt + C)를 눌러 텍스트를 돌고래 모양으로 왜곡합니다.

T 예제와는 다르게 자유롭게 변형하며 작업해도 무방합니다.

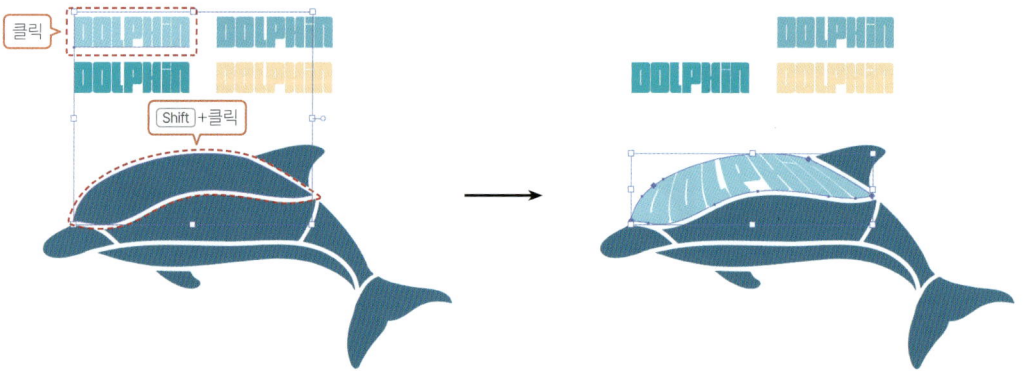

## 08 나머지 텍스트 왜곡 및 마무리

다른 텍스트와 분리된 돌고래 개체들을 선택하여 동일한 왜곡 작업을 반복합니다. 작업이 완료되면 파일을 저장하고 마무리합니다.

T 만약 적용된 왜곡 효과를 일반 도형 형태로 변환해야 한다면 [Object] - [Expand]를 적용합니다.

# THEORY 04 둘러싸기 왜곡 옵션

# Envelope Options

📁 예제 파일 : S12-4.ai

모든 둘러싸기 왜곡 기능은 공통적인 옵션을 사용하지만 일부 명령에는 기능적 한계가 있습니다. 따라서 작업을 시작하기 전에 이러한 특징들을 이해하면 시행착오를 줄이고 작업물을 보다 원활하게 만들 수 있습니다.

## ★ Envelope Options 둘러싸기 옵션

Envelope Distort(둘러싸기 왜곡)가 적용된 개체를 선택하고 [Object] - [Envelope Distort] - [Envelope Options...] 명령을 실행하면 상세 옵션 창이 나타납니다. 이 창에서 세부 설정을 조정하여 변형의 품질과 방식을 제어할 수 있습니다.

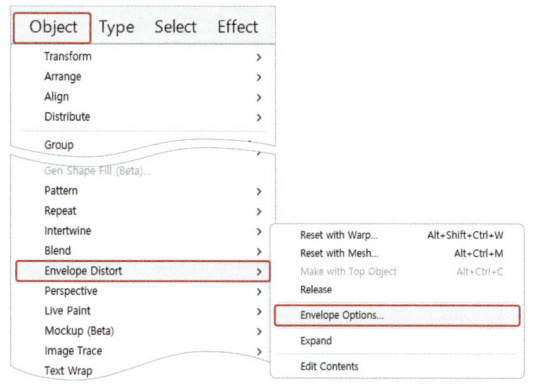
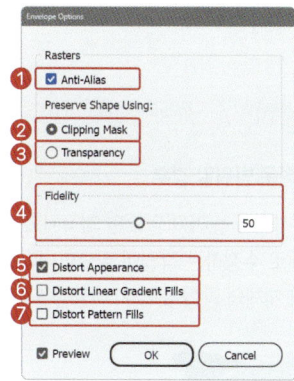

❶ **Anti-Alias(앤티 앨리어스)** : 래스터 이미지의 가장자리를 부드럽게 만들어 줍니다. Anti-Alias를 해제하면 변형 속도가 빨라질 수 있지만, 이미지의 품질이 저하될 수 있습니다.

❷ **Clipping Mask(클리핑 마스크)** : 왜곡이 적용된 개체가 원래 형태를 유지하도록 클리핑 마스크를 사용하여 표현합니다.

❸ **Transparency(투명도)** : 왜곡이 적용될 때 개체의 투명도 속성을 유지합니다.

❹ **Fidelity(정확도)** : 변형의 정밀도를 조절하는 설정입니다. 값이 높으면 더 정밀한 변형이 가능하지만 처리 속도가 느려질 수 있습니다. 반대로 값이 낮으면 변형 속도는 빨라지지만 세부적인 형태가 단순화될 수 있습니다.

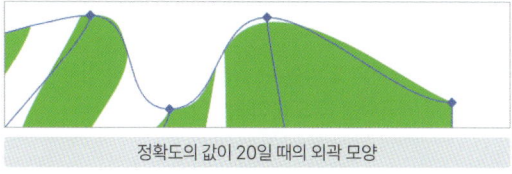

정확도의 값이 20일 때의 외곽 모양

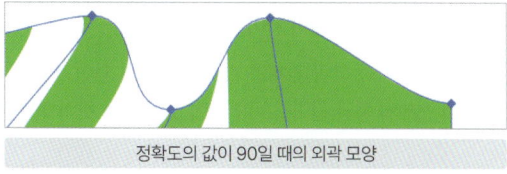

정확도의 값이 90일 때의 외곽 모양

❺ **Distort Appearance(모양 왜곡)** : 개체의 외관(획, 효과 등)이 왜곡될 때, 해당 외관 속성도 함께 변형된 형태에 맞춰 조정됩니다.

❻ **Distort Linear Gradient Fills(선형 그레이디언트 칠 왜곡)** : 면에 적용된 선형 그레이디언트가 왜곡된 형태에 맞춰 함께 조정됩니다. 이 옵션을 사용하면 그레이디언트의 방향과 비율이 변형에 따라 자연스럽게 변경됩니다. 단, 방사형 그레이디언트나 자유형 그레이디언트에는 적용되지 않습니다.

선형 그레이디언트 칠 왜곡 옵션 - 미적용

선형 그레이디언트 칠 왜곡 옵션 - 적용

❼ **Distort Pattern Fills(패턴 칠 왜곡)** : 면에 적용된 패턴이 변형된 형태에 맞춰 함께 조정됩니다.

# Envelope Distort의 한계점

둘러싸기 왜곡 기능은 매우 유용하지만, 간혹 변형이 불안정할 경우 예상과 다른 결과가 나올 수 있습니다. 이러한 한계점을 이해하고 적절히 대처하는 방법을 알아봅니다.

### ❶ 개체의 크기가 작은 경우

아주 작은 크기의 개체에 적용하면 모양이 제대로 나오지 않을 수 있습니다. 이런 경우 Shift 키를 누른 채 개체 크기를 정비율로 키워서 효과를 적용하는 것이 좋습니다. 만약 최종적으로 작은 사이즈의 개체가 필요하다면, [Object] - [Expand] 기능을 사용해 효과를 확장한 다음 다시 크기를 줄이는 방법으로 해결할 수 있습니다.

> T 효과를 확장한 후에는 편집 가능한 원본 속성이 사라지므로, 원본 개체를 보존하거나 최종 마무리 단계에서 적용하는 것이 좋습니다.

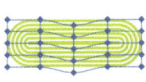
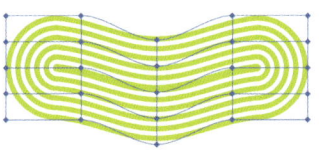

작은 크기에서는 세부적인 효과 표현이 어려움 / 크기를 키워 작업하면 디테일한 효과 표현이 가능함

### ❷ 물리적으로 적용하기 어려운 범위일 경우

최상위 개체가 너무 복잡하거나 높이가 얕으면 왜곡된 모양이 예측 불가능하게 변형될 수 있습니다. 이런 경우에는 최상위 개체를 좀 더 단순한 형태로 수정하는 작업이 필요합니다. 또한, 하위 개체의 각도에 따라 왜곡 모양이 다르게 적용될 수 있으니, 최상위 개체와 하위 개체의 방향 및 크기 비율을 되도록 맞춰서 작업하는 것이 좋습니다.

왜곡하려는 텍스트와 최상위 개체를 선택한 상태 / 최상위 개체의 형태에 맞춰 텍스트가 불규칙하게 왜곡됨

### ❸ 개체 간 가로세로 길이 차이가 날 경우

최상위 개체와 하위 개체의 가로세로 길이 차이가 크면 예상했던 왜곡 결과와 달라질 수 있습니다. 따라서 최상위 개체와 하위 개체의 폭과 길이를 비슷하게 맞춰 주는 것이 예측 가능한 형태로 왜곡하는 데 도움이 됩니다.

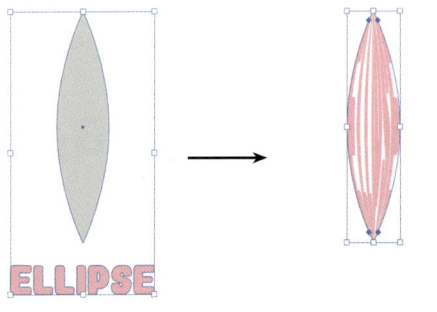
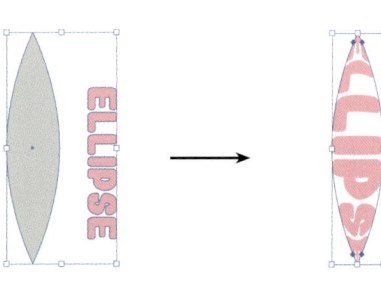

세로가 긴 상위 개체와 가로가 긴 텍스트를 왜곡한 경우 / 세로가 긴 상위 개체와 세로가 긴 텍스트를 왜곡한 경우

# THEORY 05 ▸ 반복 기능 알아보기

# Repeat

▪ 예제 파일 : S12-5.ai

대중적으로 많이 활용되는 방사형, 격자, 뒤집기 반복 기능에 대해 알아봅니다. 이 기능들은 복잡하고 반복적인 디자인 작업을 효율적으로 자동화하여 패턴과 배열을 손쉽게 만들 수 있도록 돕습니다.

## Repeat 반복

Radial(방사형) 반복은 중심점을 기준으로 개체를 원형으로 복제하고, Grid(격자) 반복은 개체를 행과 열로 규칙적인 배열로 만들며, Mirror(뒤집기) 반복은 개체의 축을 기준으로 대칭으로 복제합니다.

### ❶ Radial(방사형)

[Object] - [Repeat] - [Radial]을 클릭하여 적용합니다. 이 기능은 선택한 개체를 원형으로 자동으로 반복 배열해 줍니다. 바운딩 박스에 조절 기능이 있어 크기, 개수, 적용 면적 등을 실시간으로 변형할 수 있습니다.

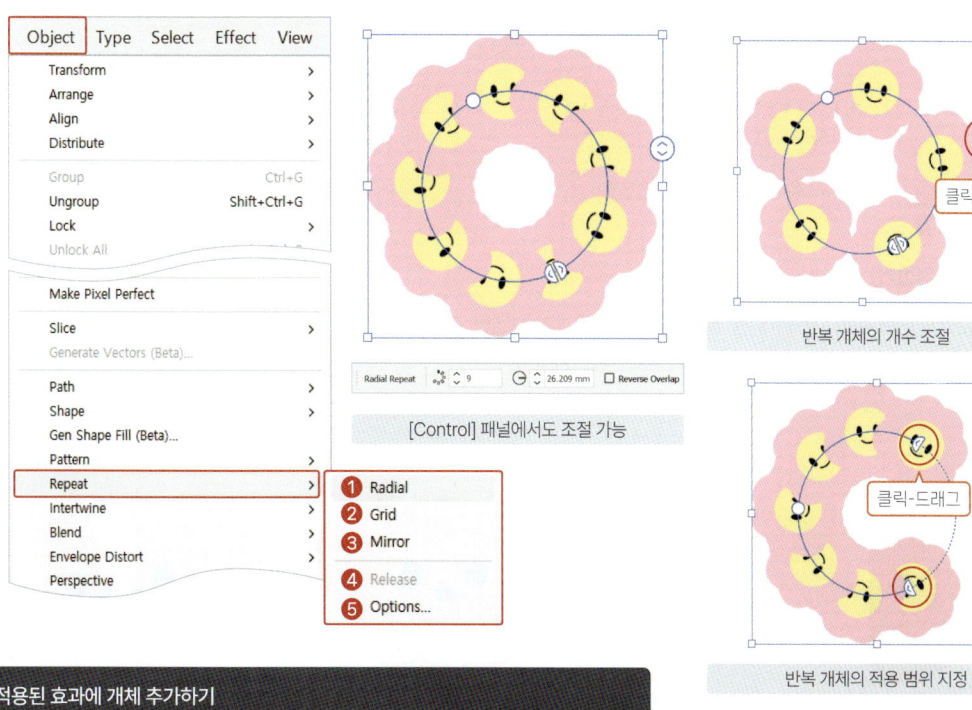

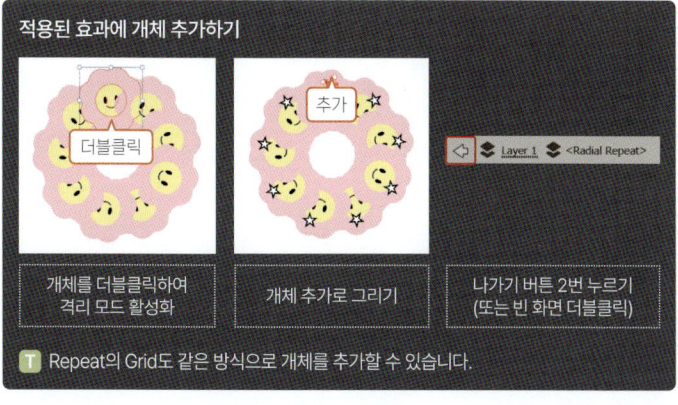

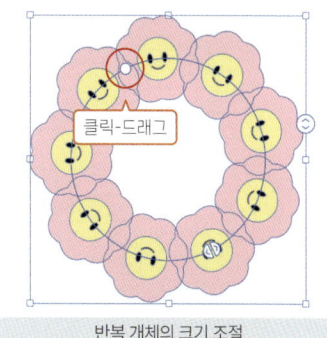

❷ **Grid(격자)**

[Object] - [Repeat] - [Grid]를 클릭하여 적용합니다. 선택한 개체를 격자 형태로 반복하여 배치합니다. 행과 열의 수를 조절하여 패턴처럼 반복할 수 있지만, [Swatches] 패널의 패턴으로 저장되지는 않습니다.

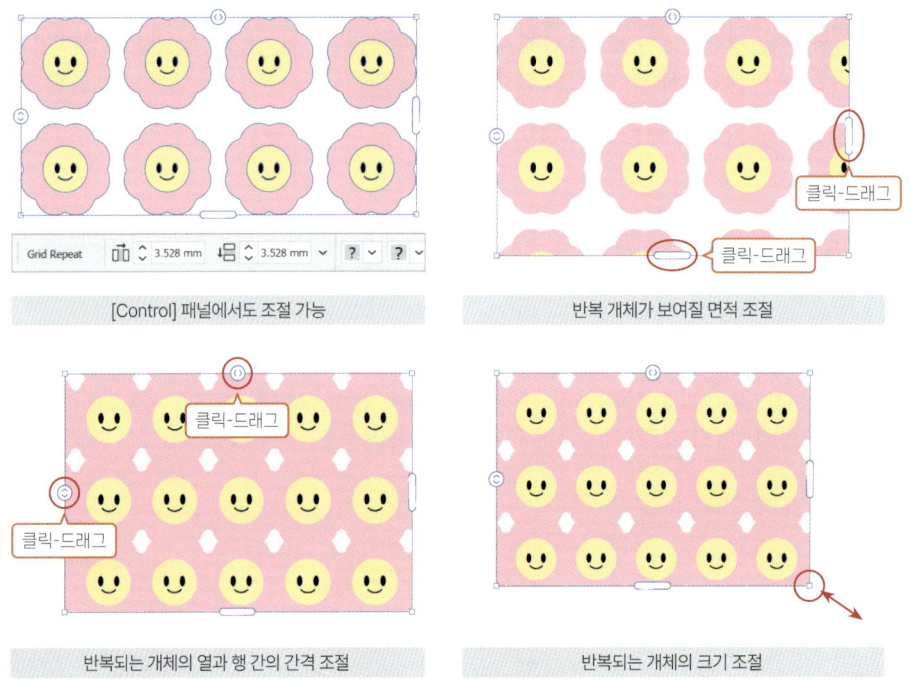

❸ **Mirror(뒤집기)**

[Object] - [Repeat] - [Mirror]를 클릭하여 적용합니다. 선택한 개체를 좌우 반전 형태로 만듭니다. 특징은 실시간으로 개체를 추가하거나 삭제하는 등의 작업이 반영된다는 점입니다.

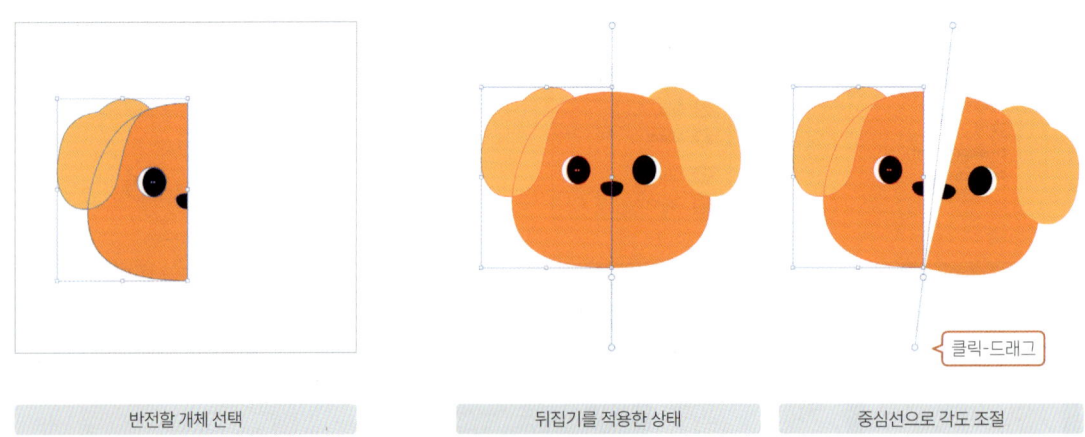

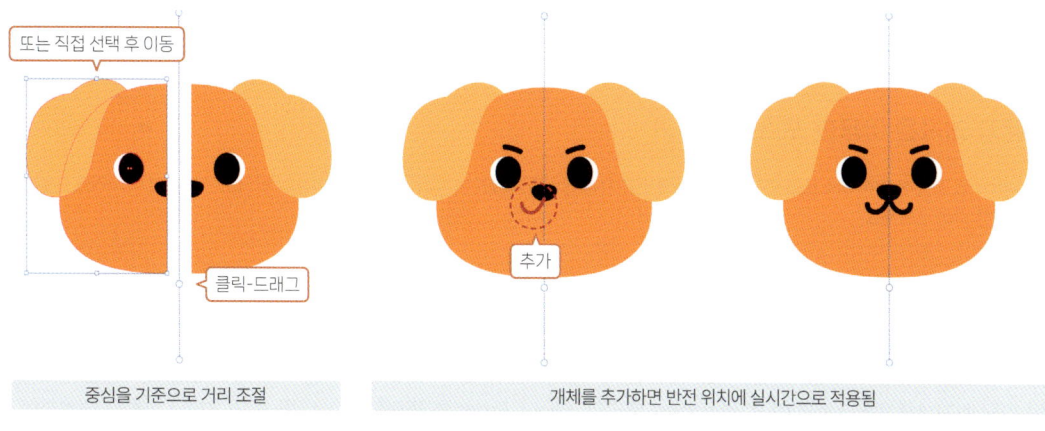

### ④ Release(풀기)

Repeat이 적용된 개체를 선택하고 [Object] - [Repeat] - [Release]를 클릭하면 반복 효과를 적용하기 이전의 처음 상태로 돌아옵니다. Mirror의 경우 반사되는 부분을 제외하고 이전 상태로 되돌아옵니다.

### ⑤ Options(옵션)

각 반복 종류별로 세부 옵션을 적용하여 반복 방식과 형태를 조절할 수 있습니다.

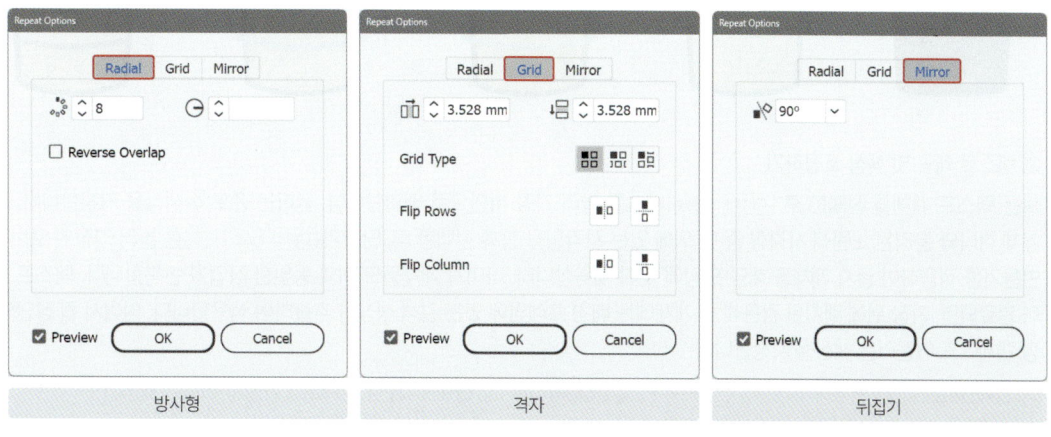

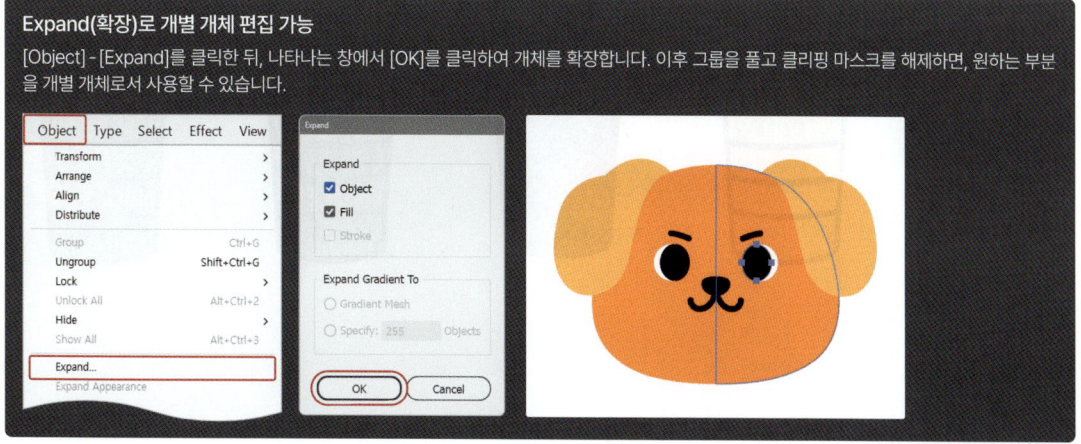

# Exercise

### 문자 왜곡을 이용한 포스터 만들기　　　　　　　　　　　　　📁 S12_Exercise 예제

준비된 컵 형태에 맞춰 텍스트를 왜곡하고 자유롭게 배치해 봅니다. 복잡한 디자인 요소를 통합하여 빈티지한 텍스트 디자인을 만들어 포스터를 완성해 보세요.

### 1. 개체 분리하기

[File] - [Open]으로 'S12-E1.ai' 파일을 엽니다. 컵 하단 개체를 선택한 뒤 Offset Path를 '-1.5mm' 적용하고 면 색을 노란색으로 변경합니다. 그 위에 눈에 띄는 색상으로 곡선 5개를 그린 후, Outline Stroke 기능으로 모두 면으로 확장합니다. 노란색 및 파란색 개체를 모두 선택하여 [Pathfinder] 패널의 'Minus Front'를 클릭합니다. 이후 노란 개체의 그룹을 해제하여 개별 개체로 변환합니다.

Ⓢ Open(열기) Ctrl + O　　Ⓢ Pathfinder(패스파인더) 패널 Ctrl + Shift + F9　　Ⓢ Ungroup(그룹 풀기) Ctrl + Shift + G

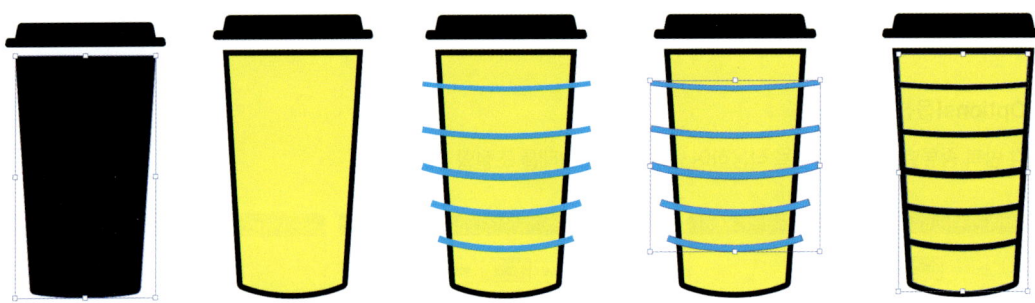

### 2. 텍스트 왜곡 및 색상 조정하기

모든 텍스트 개체를 선택한 후 Ctrl + Shift + [ 를 눌러 가장 하단으로 배열합니다. 원하는 폰트와 색상을 지정합니다. 폰트 개체 하나와 분리된 노란색 사각형 중 맨 위에 있는 사각형을 함께 선택한 후, 단축키 Ctrl + Alt + C 를 눌러 최상위 오브젝트 만들기를 적용하여 글자 개체를 해당 모양에 맞춰 왜곡합니다. 나머지 개체들도 이와 동일한 작업을 반복합니다. 텍스트 작업이 완료되면, 가장 뒤에 배치된 검은색 컵 개체에는 배경 프레임에 있는 갈색 색상을 추출하여 적용합니다. 이어서 컵 상단의 뚜껑 개체에도 어울리는 색상을 지정합니다.

Ⓢ Send to Back(맨 뒤로 보내기) Ctrl + Shift + [　　Ⓢ Make with Top Object(최상위 오브젝트로 만들기) Ctrl + Alt + C

  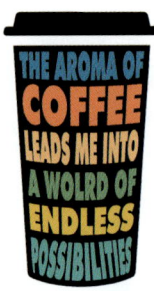 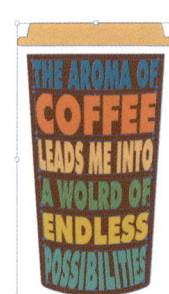

### 3. 다양한 폰트와 개체로 요소 꾸미기

각 텍스트에 원하는 폰트를 다르게 지정합니다. 텍스트 외의 개체는 사각형이나 점선 라인 등을 활용하여 꾸며줍니다. 필요에 따라 [Object] - [Envelope Distort] - [Make with Warp] 기능을 활용하거나, 텍스트의 자간을 조정하여 디자인합니다.

S Make with Warp(변형으로 만들기) Ctrl + Alt + Shift + W

### 4. 불투명도 마스크 적용하기

방패 모양 개체 위에 검은색 텍스트 개체를 배치하고, [Make with Warp]에서 'Arc' 스타일을 적용합니다. 아래에는 검은색 커피 포트 개체와 다른 텍스트를 배치한 뒤, 모든 검은색 개체를 그룹으로 묶습니다. 이후 그룹과 방패 모양 개체를 함께 선택하고 [Transparency] 패널에서 'Make Mask'를 클릭한 뒤 Clip 체크를 해제하면, 검은색 개체 그룹이 투명도 마스크로 적용됩니다.

S Transparency(투명도) 패널 Ctrl + Shift + F10

### 5. 반복 방사형 적용 및 레이아웃 완성

커피콩 개체를 선택하고 [Object] - [Repeat] - [Radial] 기능을 적용합니다. 원하는 수와 크기로 반복을 조절한 뒤, 중앙에는 텍스트 개체를 배치합니다. 만들어진 요소들이 준비된 배경과 조화롭게 어우러지도록 구성하고 작업을 마무리합니다.

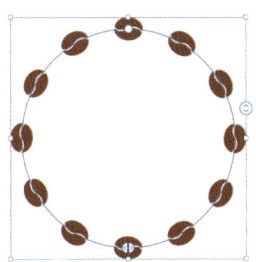

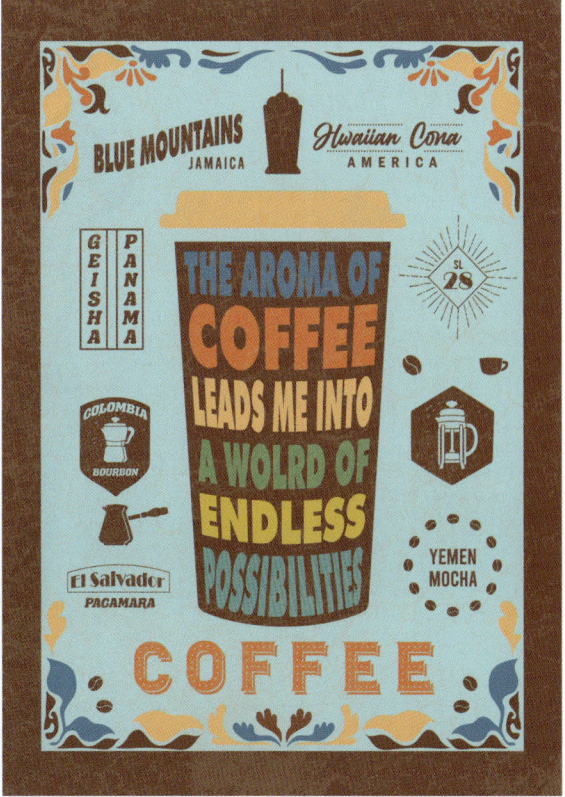

WELSH CORGI

Section 13

# Live Paint, Perspective Grid

라이브 페인트, 원근감 격자

**MISSION**

라이브 페인트 도구는 겹쳐진 패스를 하나의 개체처럼 인식하여 직관적인 색상 채우기 및 편집을 가능하게 합니다. 더불어 시점 격자 도구는 2D 평면에서 원근법이 적용된 3차원 공간을 시뮬레이션하여 개체를 배치하도록 돕습니다. 각각의 도구는 복잡한 형태의 면을 효율적으로 채색할 수 있고, 개체를 깊이감 있는 공간에 정교하게 배치함으로써 시각적으로 풍부하고 입체적인 디자인을 구현하는 데 효과적입니다.

**KEYWORD**

#라이브 페인트 통 도구 #라이브 페인트 메뉴
#원근감 격자 도구 #원근감 격자 메뉴

# THEORY 01 라이브 페인트 통 도구 알아보기

# Live Paint Bucket Tool

▶ 예제 파일 : S13-1.ai

라이브 페인트 통 도구는 패스의 구분을 인식하여 색상을 적용할 수 있습니다. 라이브 페인트 옵션을 수정하면 Fill(칠)뿐만 아니라 Stroke(선)에도 패스를 구분하여 색을 적용할 수 있습니다.

## ★ Live Paint 라이브 페인트

도구바의 Shape Builder Tool(도형 구성 도구) 안에 위치해 있습니다. 라이브 페인트는 패스로 구분된 영역에 색상을 적용하는 기능입니다. 색상을 채우는 Live Paint Bucket(라이브 페인트 통) 도구와 선택 및 수정이 가능한 Live Paint Selection Tool(라이브 페인트 선택 도구)이 있습니다. 이 도구는 이미 채색된 개체에도 다시 적용하여 수정할 수 있는 장점이 있습니다.

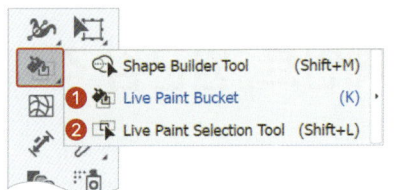

❶ Live Paint Bucket Tool(라이브 페인트 통 도구) S K
❷ Live Paint Selection Tool(라이브 페인트 선택 도구) S Shift + L

### ❶ Live Paint Bucket(라이브 페인트 통) S K

Ⓐ 라이브 페인트 통 도구 사용 방법

먼저 개체를 선택한 후 Live Paint Bucket Tool을 클릭합니다. 원하는 색상을 직접 지정하거나 [Swatches] 패널에서 선택하여 적용할 수 있습니다. 마우스 포인터를 패스로 구분된 영역 위에 올리면 해당 영역이 강조되며, 페인트 통 모양의 아이콘(🪣)이 나타납니다. 이 상태에서 클릭하면 선택된 면 색이 해당 영역에 적용됩니다.

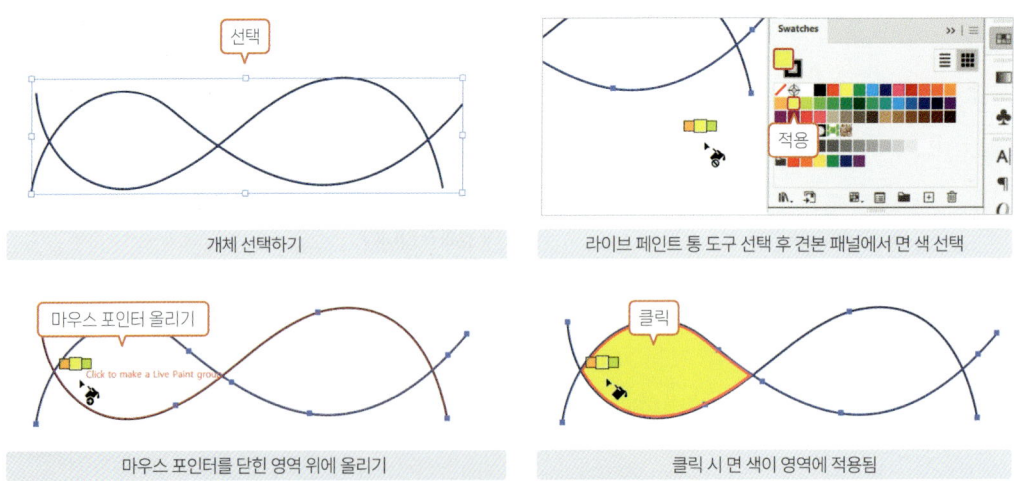

### ⓑ 라이브 페인트 통 도구 아이콘 모양

화살표는 마우스 클릭 지점을 나타내고, 페인트 통 아래의 금지 표시는 해당 영역에 색상을 채울 수 없음을 의미합니다. [Swatches] 패널에서 색상을 선택하면 상단에 해당 색상과 주변 색상이 표시됩니다. 가운데는 견본 패널에서 현재 선택한 색상이며, 양옆의 색은 선택된 견본의 좌우에 위치한 색상입니다. 키보드 방향키(←, →)를 눌러 [Swatches] 패널의 다른 색상으로 이동할 수 있습니다.

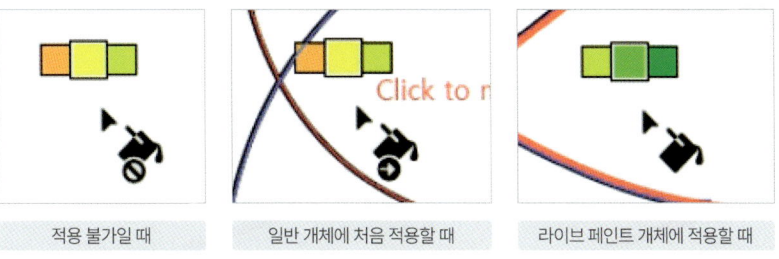

적용 불가일 때 / 일반 개체에 처음 적용할 때 / 라이브 페인트 개체에 적용할 때

### ⓒ 라이브 페인트 개체의 박스 모양

라이브 페인트가 적용된 개체는 일반 개체와 구분되는 라이브 페인트 개체로 분류됩니다. Selection Tool(선택 도구)로 선택하면 일반 개체의 바운딩 박스 형태와는 다른 모양으로 표시됩니다.

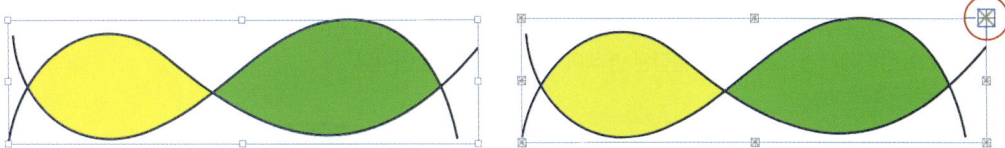

### ⓓ 브러시 적용 개체와 라이브 페인트의 중첩

브러시가 적용된 개체에는 라이브 페인트 효과를 중첩으로 적용할 수 없습니다. 만약 브러시가 적용된 개체를 선택한 상태에서 라이브 페인트를 시도할 경우 브러시, 투명도, 효과 등 기존 속성들이 손실될 수 있다는 경고창이 표시됩니다. OK를 클릭하면 해당 개체는 선에 적용되어 있던 브러시 속성을 잃고 1pt의 기본 선으로 변환됩니다.

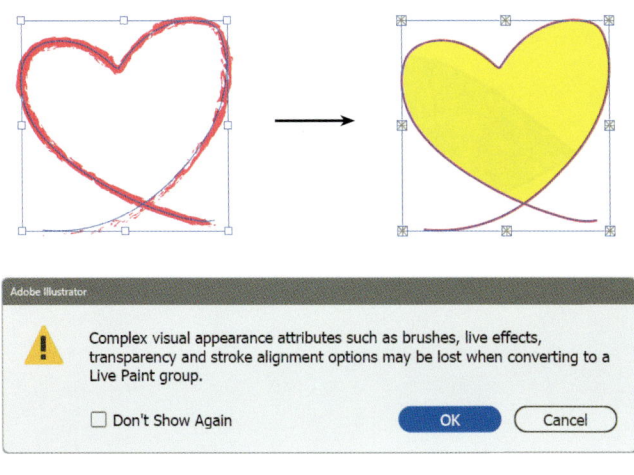

**ⓔ 브러시 적용 개체에 라이브 페인트 적용하기**

브러시가 적용된 모양을 그대로 유지하면서 라이브 페인트를 적용하려면, 먼저 [Object] - [Path] - [Outline Stroke] 명령으로 선을 면으로 변환하거나, 또는 [Object] - [Expand Appearance]를 눌러 효과를 확장해야 합니다. 이 과정을 거친 후 라이브 페인트를 적용하면 원하는 형태를 유지한 채 채색 작업을 수행할 수 있습니다.

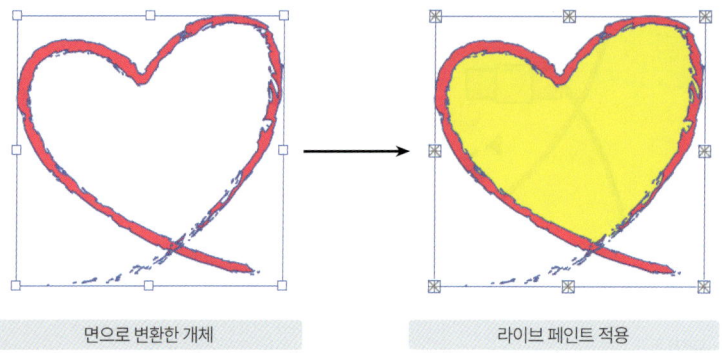

면으로 변환한 개체 → 라이브 페인트 적용

**ⓕ 라이브 페인트 적용 후 색상 변경하기**

라이브 페인트를 적용한 이후에도 색상 변경이 가능합니다. 개체를 선택하고 원하는 색상을 면 색으로 설정한 후, 마우스 포인터를 변경하고자 하는 영역 위에 올립니다. 이때 해당 부분의 테두리에 빨간색 4pt 두께의 하이라이트가 표시되며, 이 상태에서 클릭하면 현재 설정된 면 색이 해당 면적에 적용됩니다.

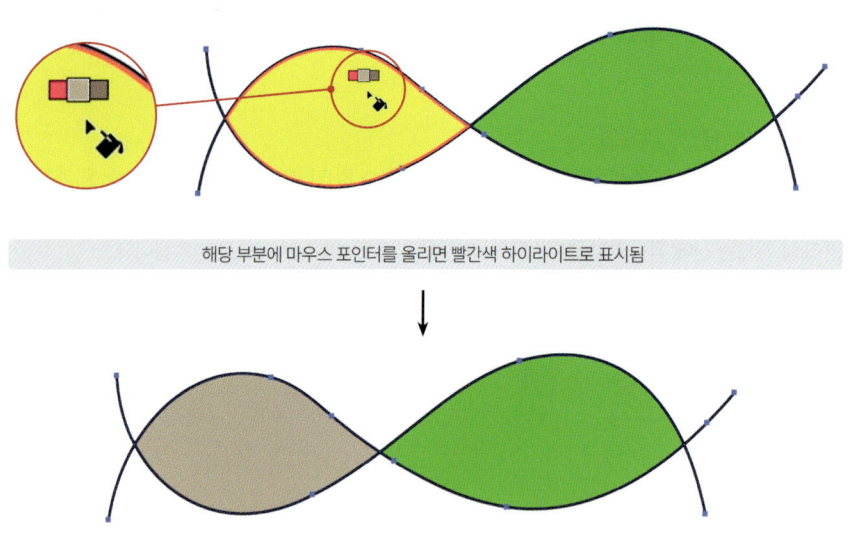

해당 부분에 마우스 포인터를 올리면 빨간색 하이라이트로 표시됨

이때 클릭하면 원하는 색으로 해당 부분에 면 색이 적용됨

### ⓖ Live Paint Bucket Options(라이브 페인트 통 옵션)

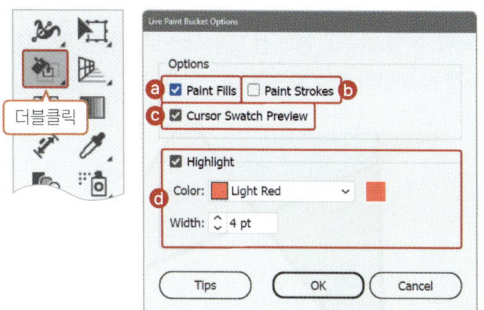

Live Paint Bucket(라이브 페인트 통) 도구를 더블클릭하면 해당 도구의 옵션 창을 열 수 있습니다.

- ⓐ **Paint Fills(페인트 칠)** : Fill(칠) 부분에 색상을 적용할지 여부를 설정하는 옵션입니다.
- ⓑ **Paint Strokes(페인트 선)** : Stroke(선) 부분에 색상을 적용할지 여부를 설정하는 옵션입니다.
- ⓒ **Cursor Swatch Preview(커서 견본 미리보기)** : [Swatches] 패널에서 색상을 적용할 경우, 마우스 포인터 상단에 현재 선택된 색상과 양옆의 색상까지 총 3개를 미리보기로 보여주는 기능입니다.
- ⓓ **Highlight(강조)** : 마우스 포인터를 개체의 칠이나 선 부분에 올렸을 때, 지정한 색상과 선 두께로 해당 영역에 하이라이트 표시를 해주는 기능입니다.

### ⓗ 라이브 페인트의 선 색상 변경하기

라이브 페인트 옵션에서 'Paint Strokes(페인트 선)' 설정을 체크해야 합니다. 라이브 페인트 개체를 선택한 뒤 Live Paint Bucket Tool을 선택합니다. 선을 활성화하고 원하는 선 색을 선택합니다. 마우스 포인터를 선 위에 올리고 붓 모양으로 바뀔 때 클릭하면 개체의 선 색이 변경됩니다. 이 기능은 선 전체의 색을 바꾸는 것이 아니라, 다른 패스와 교차되는 지점까지 선 색을 변경합니다.

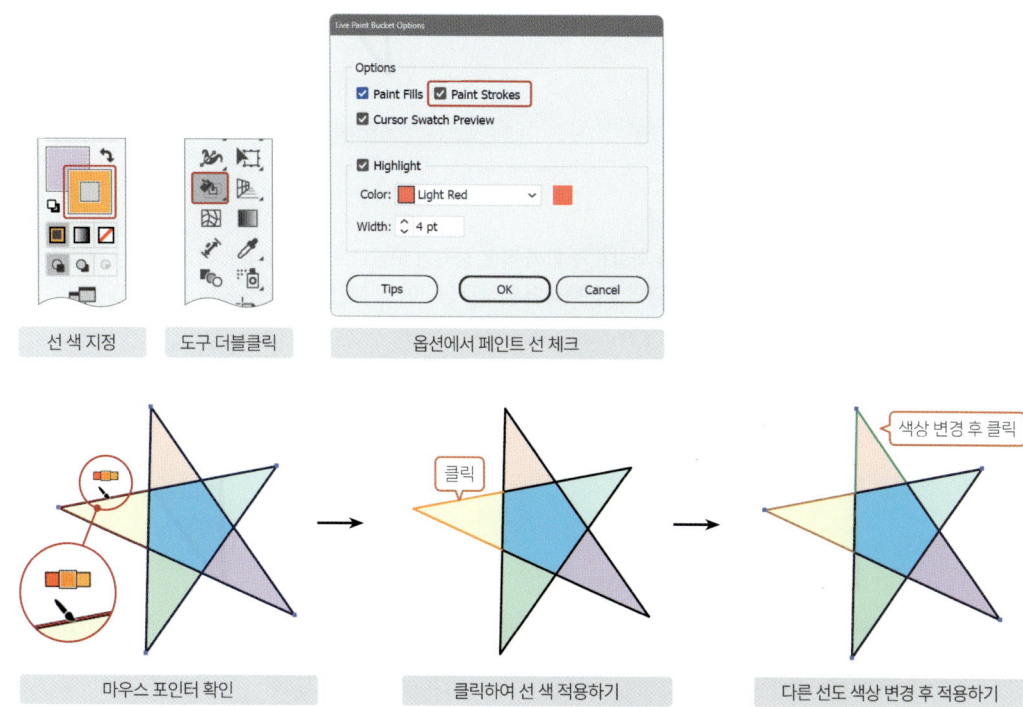

❷ **Live Paint Selection Tool(라이브 페인트 선택 도구)** S Shift + L

Ⓐ 라이브 페인트 선택 도구 사용 방법
라이브 페인트가 적용된 개체는 면과 선을 개별적으로 선택할 수 있습니다. 면과 선 모두 패스로 구분된 영역까지 인식하며, 이는 Shape Builder Tool(도형 구성 도구)과 유사하게 점 패턴이 해당 부분을 덮는 모습으로 표시됩니다.

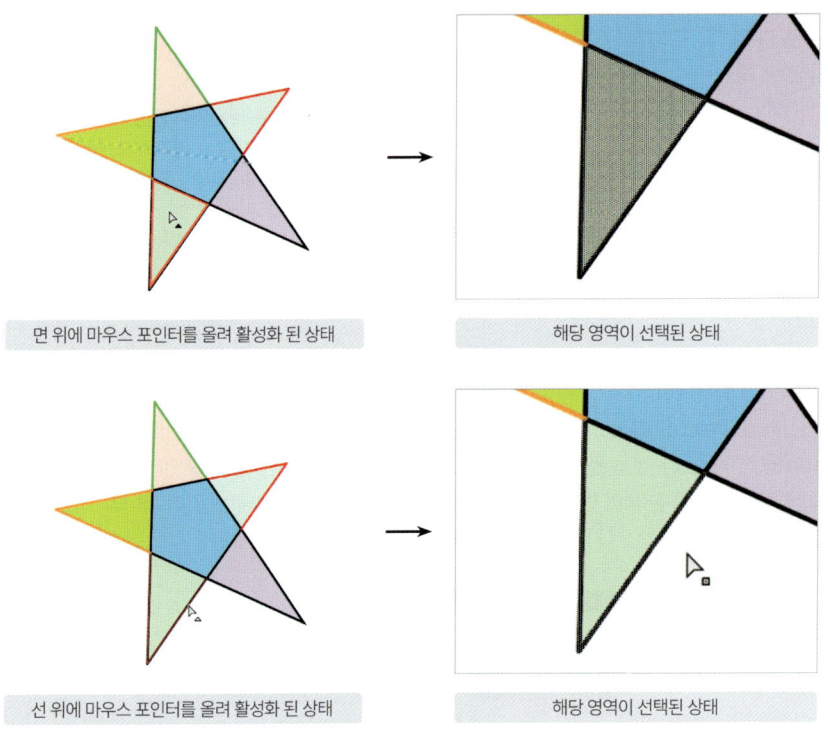

면 위에 마우스 포인터를 올려 활성화 된 상태 / 해당 영역이 선택된 상태

선 위에 마우스 포인터를 올려 활성화 된 상태 / 해당 영역이 선택된 상태

Ⓑ 라이브 페인트 선택 도구 아이콘 모양
도구를 활성화하면 마우스 포인터가 화살표와 함께 작은 삼각형 모양으로 나타납니다. 이 삼각형은 현재 선택 가능한 면이나 선 영역을 나타내며, 원하는 영역을 선택하면 인식된 영역에 점 패턴이 표시됩니다.

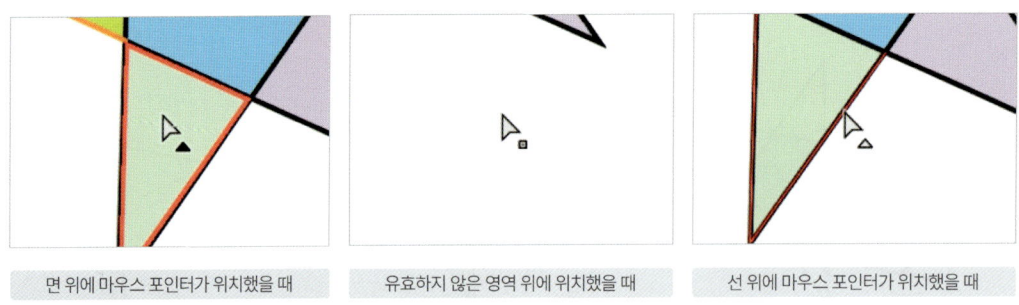

면 위에 마우스 포인터가 위치했을 때 / 유효하지 않은 영역 위에 위치했을 때 / 선 위에 마우스 포인터가 위치했을 때

### ⓒ 라이브 페인트 개체 편집

선택된 면이나 선은 삭제하거나 색상을 변경할 수 있으며 색상을 None(없음)으로 설정하는 것도 가능합니다. 단, Opacity(불투명도)나 Blending Mode(혼합 모드)는 적용할 수 없습니다.

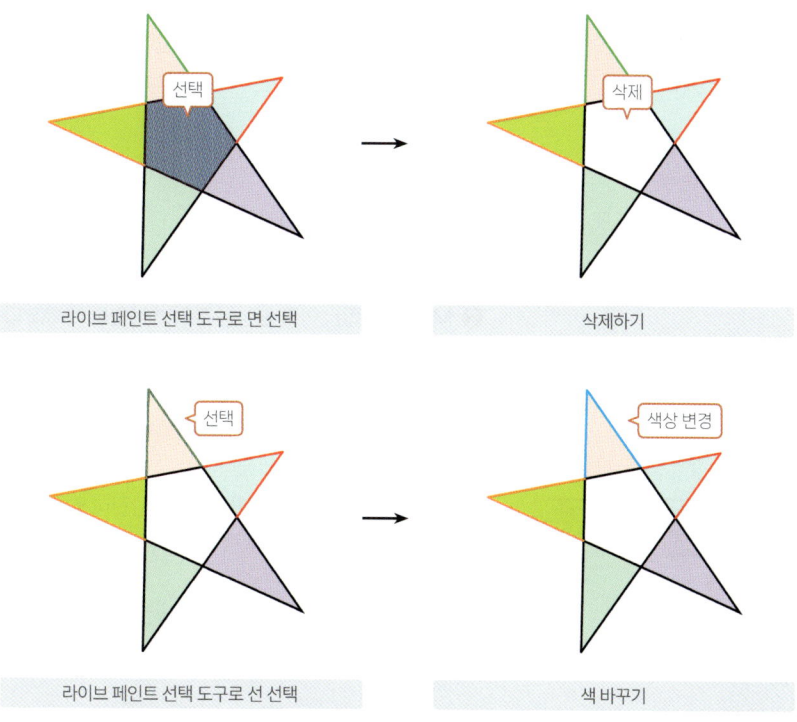

### ⓓ Live Paint Select Tool Options(라이브 페인트 선택 도구 옵션)

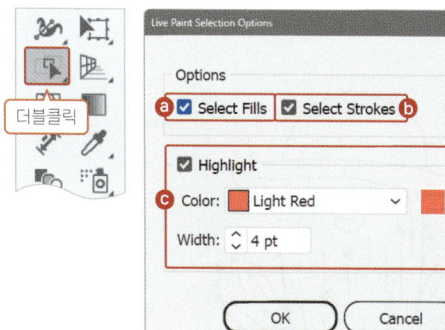

Live Paint Selection Tool(라이브 페인트 선택 도구)을 더블클릭하면 해당 도구의 옵션 창을 열 수 있습니다.

ⓐ **Select Fills(칠 선택)** : Fill(칠) 부분의 선택을 활성화하는 옵션입니다. 이 옵션이 켜져 있어야 면을 선택할 수 있습니다.

ⓑ **Select Strokes(선 선택)** : Stroke(선) 부분의 선택을 활성화하는 옵션입니다. 이 옵션이 켜져 있어야 선을 선택할 수 있습니다.

ⓒ **Highlight(강조)** : 마우스 포인터를 개체의 칠이나 선 부분에 올렸을 때, 지정한 색상과 선 두께로 해당 영역에 하이라이트 표시를 해주는 기능입니다.

# THEORY 02 라이브 페인트 메뉴 살펴보기

# [Object] - [Live Paint]

■ 예제 파일 : S13-2.ai

[Object] - [Live Paint] 메뉴에도 라이브 페인트와 관련된 다양한 명령들이 있습니다. 이 명령들을 통해 라이브 페인트 그룹을 생성 및 수정, 해제하거나 확장할 수 있습니다.

## Live Paint Menu 라이브 페인트 메뉴

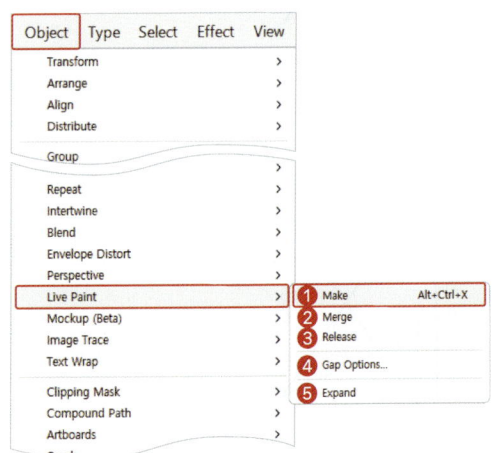

❶ **Make(만들기)** S Ctrl + Alt + X : 선택한 개체를 라이브 페인트 그룹으로 변환합니다.

❷ **Merge(병합)** : 이미 생성된 라이브 페인트 개체에 다른 개체를 추가하여 병합합니다.

❸ **Release(풀기)** : 라이브 페인트 효과를 해제하고 개체를 원래 상태로 되돌립니다. (이 과정에서 선 두께, 모양, 효과 등의 옵션은 사라질 수 있습니다.)

❹ **Gap Options(간격 옵션)** : 패스가 완전히 맞닿지 않아도 라이브 페인트가 유효하게 적용될 수 있는 허용 간격을 설정합니다.

❺ **Expand(확장)** : 라이브 페인트 효과를 확장하여 개체를 일반 도형 형태로 변환합니다.

❶ **Make(만들기)** S Ctrl + Alt + X

선택한 개체를 라이브 페인트 그룹으로 변환합니다. 개체를 선택한 후 [Object] - [Live Paint] - [Make]를 누르거나, 단축키 Ctrl + Alt + X 를 누르면 적용됩니다. 이 과정에서 3D 효과, 복잡한 효과, 그래픽 스타일, 브러시 적용, 폭, 획 정렬 등의 특정 속성들은 사라지게 됩니다.

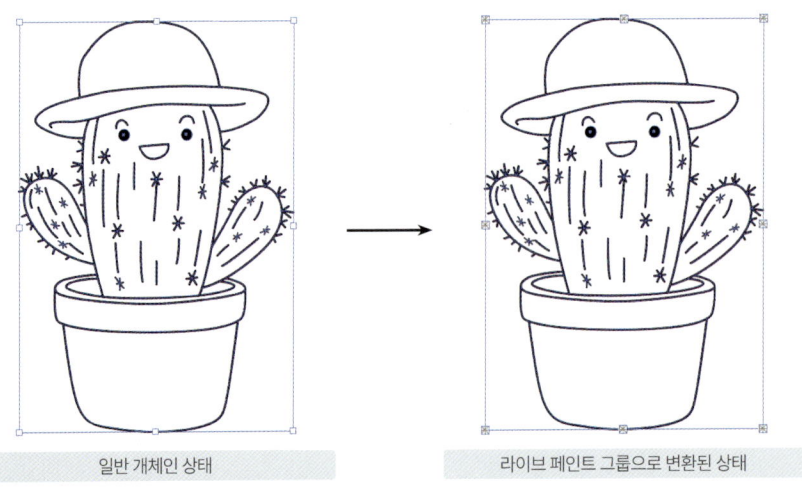

일반 개체인 상태 → 라이브 페인트 그룹으로 변환된 상태

T 라이브 페인트 개체에 선을 사용할 경우, 선 정렬은 오로지 가운데(Center)로만 설정할 수 있습니다.

❷ **Merge(병합)**

이미 생성된 라이브 페인트 개체에 다른 개체를 추가하여 하나의 라이브 페인트 그룹으로 합칠 수 있습니다. 추가된 개체와 라이브 페인트 개체를 함께 선택한 후 [Object] - [Live Paint] - [Merge]를 선택하면 추가된 개체가 라이브 페인트 개체로 병합됩니다.

라이브 페인트 개체 위에 추가로 다른 선을 그리기

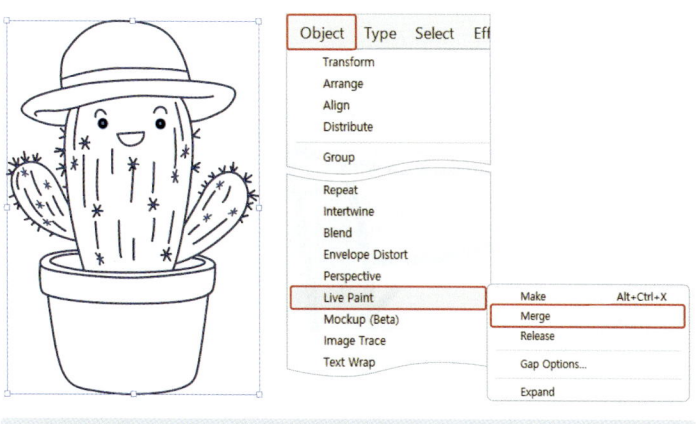

추가된 선과 라이브 페인트 개체를 함께 선택한 후 [Object] - [Live Paint] - [Merge] 적용

추가된 개체가 라이브 페인트 개체로 병합됨

❸ **Release(풀기)**

라이브 페인트 효과를 해제하여 개체를 작업 이전 단계로 되돌립니다. 라이브 페인트 도구로 적용했던 모든 색상과 선은 사라지며, 선에 적용되어 있던 Cap(단면)과 Corner(모퉁이)도 기본 형태로 변경됩니다. 또한, 선 두께도 기본 설정인 1pt 또는 0.5pt로 변환됩니다.

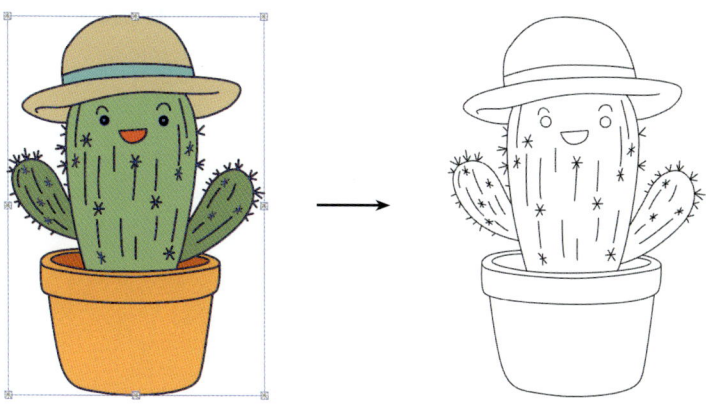

❹ **Gap Options(간격 옵션)**

라이브 페인트는 패스 구획을 나누어 색상을 적용합니다. 이때 패스가 완전히 맞닿아 있거나, 겹치거나, 또는 최소한 근접해야 패스 구획을 인식하고 나눌 수 있습니다. 간격 옵션은 이러한 패스 간의 허용 거리를 설정하는 기능입니다.

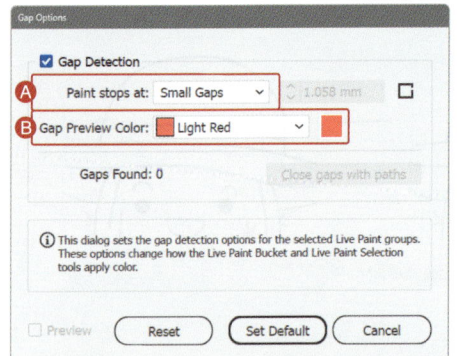

Ⓐ **Paint stops at(페인트 멈춤 간격)** : 얼마나 가까운 거리에서 패스 구획을 인식하고 색상 적용을 정지할지 결정합니다. Small(작은), Medium(중간), Large(큰) 간격 중 하나를 선택하거나, 직접 수치를 입력하고자 할 경우 Custom(사용자 정의 간격)을 선택하여 값을 입력합니다.

Ⓑ **Gap Preview Color(간격 미리보기 색상)** : 간격이 설정된 부분의 미리보기 색상을 결정합니다. 기본적으로 라이브 페인트 관련 미리보기 색상은 연적색입니다.

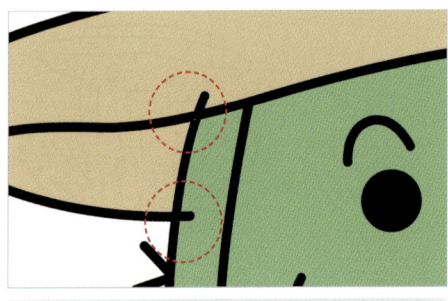

넘치는 패스
(안정적으로 채색이 가능하나, 외곽선이 지저분해 보일 수 있음)

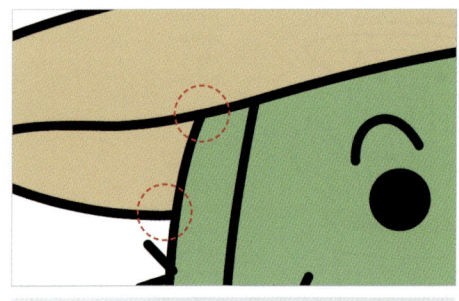

정확히 맞물린 패스
(가장 이상적인 상태로 칠하기 유용함)

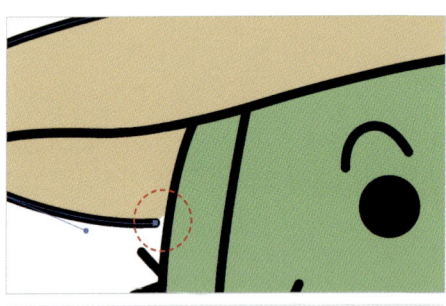

약간 떨어진 패스
(틈이 있어도 채색이 가능하나, 완성도가 떨어져보일 수 있음)

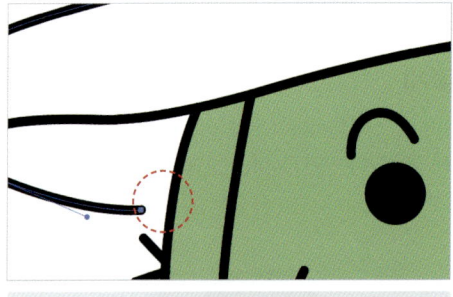

간격이 멀어진 패스
(영역 인식 불가로 채색할 수 없음)

# PRACTICE 01 ▸ 라이브 페인트로 색상 적용하기

# Live Paint

■ 예제 파일 : S13-P1.ai

라이브 페인트 기능을 활용하여 드로잉된 고양이 개체에 색상을 채우고 편집하는 과정을 배워봅니다. 더불어 획의 배열 순서를 조정하고, 라이브 페인트 효과를 일반 개체로 확장하여 마무리합니다.

## 개체를 라이브페인트화 하기

### 01 라이브 페인트 개체로 변환하기

[File] - [Open] (Ctrl + O)으로 'S13-P1.ai' 파일을 엽니다. 라인 드로잉된 고양이 개체들을 모두 선택한 후, [Object] - [Live Paint] - [Make] (Ctrl + Alt + X)를 눌러 해당 개체들을 라이브 페인트 개체로 변환합니다.

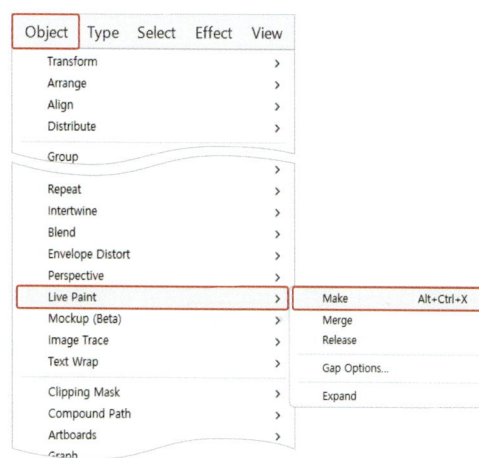

### 02 스포이드 도구로 색상 추출하기

변화된 바운딩 박스를 확인한 뒤 빈 화면을 클릭하여 선택을 해제합니다. Eyedropper Tool(I)을 선택한 후, 미리 준비된 색상 중 밝은 노란색을 클릭하여 색상을 추출합니다.

### 03 라이브 페인트 통 도구로 채색하기

Live Paint Bucket Tool(K)을 선택하고 마우스 포인터를 고양이 얼굴 안쪽에 올리면 빨간색 가이드가 나타납니다. 해당 영역을 클릭하여 색을 적용하고, 이어서 목과 팔 부분에도 클릭하여 색을 채웁니다.

### 04 페인트 선 옵션 활성화하기

Live Paint Bucket Tool을 더블클릭하여 옵션 창을 엽니다. 'Paint Strokes'를 체크한 뒤 OK를 클릭합니다. 도구바에서 선을 활성화시킨 뒤, Eyedropper Tool(I)을 선택하고 Shift 키를 누른 채 준비된 두 번째 색상을 클릭하여 선 색상으로 추출합니다.

T 스포이드 도구로 Shift 키를 누른 채 클릭하면, 현재 활성화된 속성에만 색상이 적용됩니다.

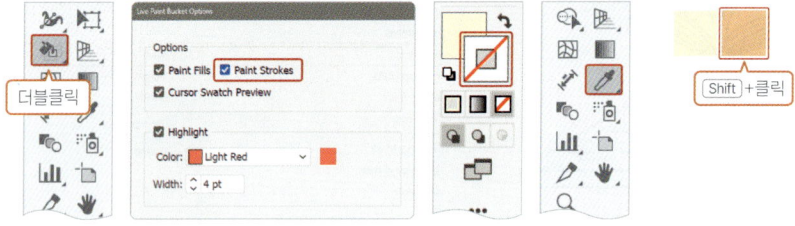

### 05 선 색상 적용하기

Live Paint Bucket Tool을 선택하고 마우스 포인터를 고양이 머리 위의 선에 올리면 붓 모양으로 바뀝니다. 이때 클릭하여 선 색상을 변경합니다. 얼굴 외곽 부분의 모든 선 색상을 동일하게 적용합니다.

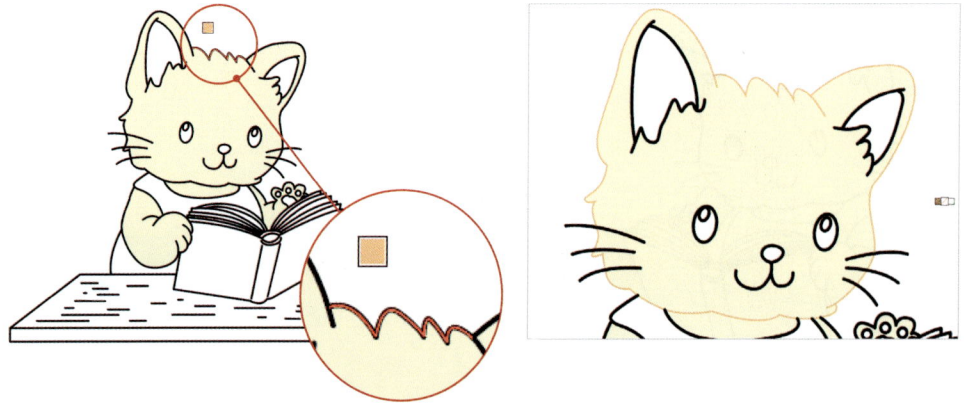

## 06  부위별 색상 채색하기 1

귀와 코 부분은 각각 연한 분홍색 면과 진한 분홍색 선을 추출하여 적용합니다. 눈과 옷은 연한 하늘색과 진한 하늘색을 원하는 대로 조합하여 채웁니다. 흰색으로 적용할 부분에는 면 색을 흰색으로 적용합니다. 그 외의 부분도 원하는 색상 또는 이전에 선택한 색상으로 채워 채색합니다.

## 07  부위별 색상 채색하기 2

책상 안에 나무결을 표현하는 많은 라인들을 하나씩 선택하는 것은 번거롭습니다. Lasso Tool(Q)로 드래그하여 해당 라인들을 모두 선택한 뒤, 선 색상을 진한 분홍색으로 적용합니다. 면 색은 Live Paint Bucket Tool(K)로 두 번째 색상을 적용합니다.

## 08  선 속성 조정하기

개체를 모두 선택한 뒤 [Stroke] 패널(Ctrl + F10)을 엽니다. 선 두께를 '2pt', Cap과 Corner를 모두 둥글게 설정합니다. 처음 문서를 열었을 때의 선 두께로 바뀝니다.

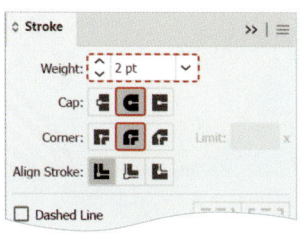

## 획의 배열 순서 정리하기

### 01 얼굴 부위 배열 조정하기

Direct Selection Tool(A)로 고양이 턱 부위와 옷이 겹치는 부분에서 얼굴 부분의 패스를 선택합니다. Ctrl + Shift + ]를 눌러 해당 패스를 가장 상위로 배열합니다.

S Bring to Front(맨 앞으로 가져오기) Ctrl + Shift + ]

 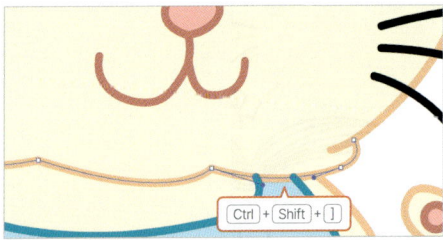 

### 02 왼쪽 팔 부위 배열 조정하기

Direct Selection Tool(A)로 왼쪽 팔 부분의 패스를 선택합니다. Ctrl + Shift + [를 눌러 가장 하위로 배열하여 옷보다 뒤쪽에 위치하도록 합니다.

S Send to Back(맨 뒤로 보내기) Ctrl + Shift + [

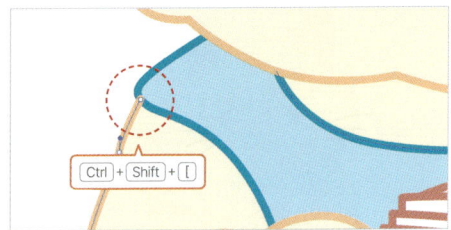 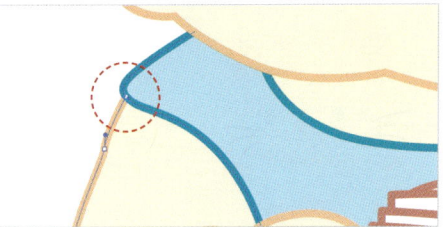

### 03 나머지 부위 배열 조정하기

팔 아래쪽 옷 부분의 패스를 선택하고 Ctrl + Shift + [를 눌러 가장 뒤로 배열합니다. 발과 책이 겹치는 부분에서 책의 패스를 선택하고 Ctrl + Shift + ]를 눌러 책이 위로 올라오도록 배열합니다. 수염 3개의 패스를 모두 선택하고 Ctrl + Shift + ]를 눌러 가장 상위로 배열합니다.

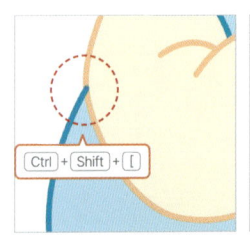 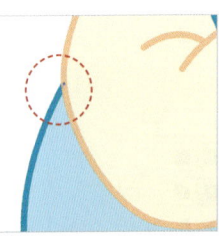 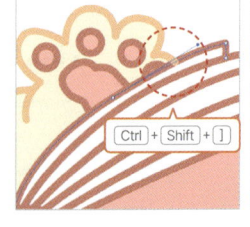 

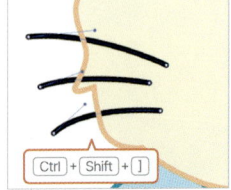 

## 라이브 페인트 효과 확장하기

### 01 효과 확장하기

전체적으로 배열 순서의 수정이 필요 없는지 확인합니다. 라이브 페인트 효과를 유지한 채로 저장할 수도 있으나, 예제에서는 라이브 페인트 효과를 확장하여 일반 개체로 변환해 보겠습니다. 개체를 선택한 후 [Object] - [Expand]를 누릅니다.

> [Object] - [Expand]는 적용된 모든 효과를 확장하는 반면, [Object] - [Live Paint] - [Expand]는 라이브 페인트 효과만을 확장하므로 적용된 효과에 따라 적절한 Expand 명령을 선택합니다.

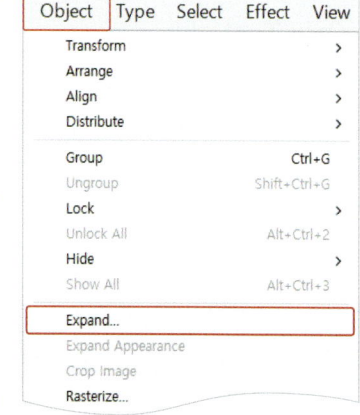

### 02 완료 및 저장하기

옵션 창이 나타나면 'Object', 'Fill', 'Stroke'가 모두 체크되어 있는지 확인한 뒤 OK를 누릅니다. 일반 개체로 확장되었으며, 면과 선 개체가 각각 생성됩니다. 바운딩 박스의 모양을 확인한 뒤 작업을 저장하고 마무리합니다.

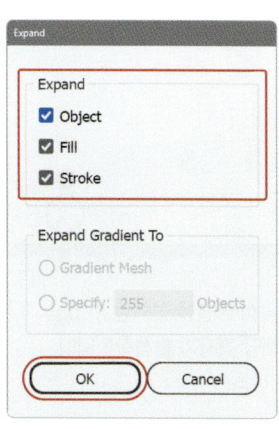

# THEORY 03 원근감 격자 도구 알아보기

# Perspective Grid Tool

■ 예제 파일 : S13-3.ai

소실점을 활용하여 평면 위에 원근감을 표현하는 도구입니다. 기본 2점 투시 격자를 제공하며, 1점 또는 3점 투시도로 변환이 가능합니다. 이 도구는 중심에서 멀어질수록 사물이 작아 보이는 깊이감 있는 시각적 디자인을 하는 데 큰 도움을 줍니다.

## Perspective Grid Tool 원근감 격자 도구

자동으로 2점 원근감 격자가 만들어지며, 이 격자는 개체를 적용할 수 있는 왼쪽면(파란색), 오른쪽면(주황색), 바닥면(초록색)의 세 가지 면으로 구성됩니다.

**S** Perspective Grid Tool(원근감 격자 도구) `Shift` + `P`

### ❶ 활성 평면 위젯 알아보기

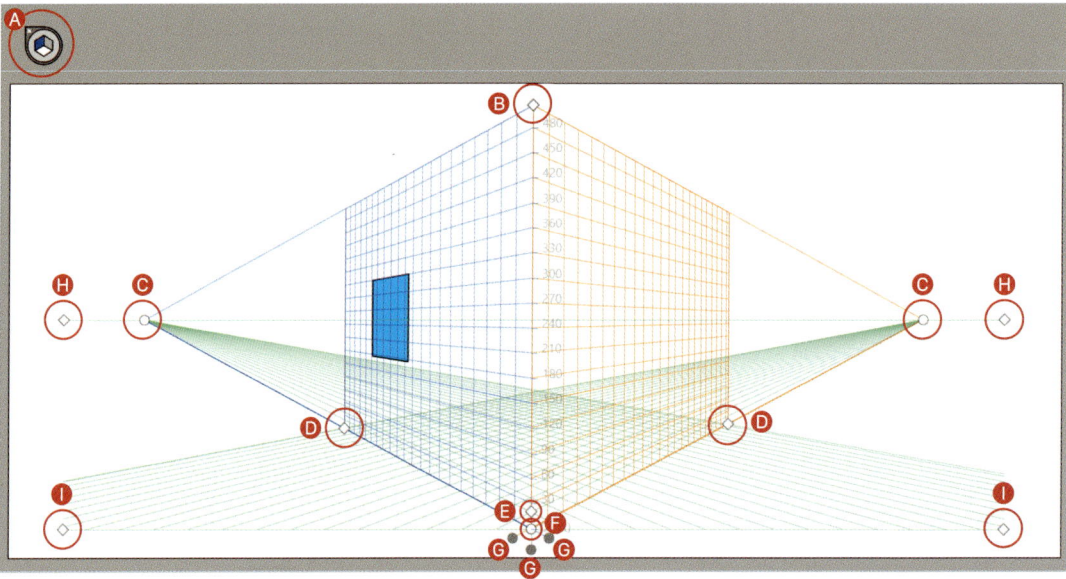

- **Ⓐ** **Grid Plane Switching Widget(평면 전환 위젯)** : 왼쪽, 오른쪽, 가로 격자 중 작업할 활성 평면을 선택할 수 있습니다. 기본적으로 왼쪽 격자(파란색)가 선택되어 있으며, 각 면을 클릭하면 색상이 바뀌면서 해당 격자가 활성화됩니다.
- **Ⓑ** **Perspective Grid Ruler(원근감 격자 눈금자)** : 원근감 격자 전체의 높이를 조절할 수 있습니다.
- **Ⓒ** **Vanishing Point(소실점)** : 시점이 최종적으로 모이는 점으로, 2점 소실점 격자에서는 왼쪽과 오른쪽 끝에 2개가 있습니다. 수평으로 드래그하여 소실점의 거리를 조절할 수 있습니다.
- **Ⓓ** **Grid Extent(격자 범위)** : 각각 왼쪽 격자와 오른쪽 격자가 보이는 정도를 조절합니다. 격자 라인에 따라서만 움직이며, 사전 설정에서 지정된 거리 이상으로는 보이지 않습니다.
- **Ⓔ** **Grid Cell Size(격자 셀 크기)** : 원근감 격자의 보이는 크기(촘촘한 정도)를 조절합니다. 디테일한 작업을 원한다면 크기를 작게 만듭니다.
- **Ⓕ** **Origin(원점)** : 왼쪽 격자와 오른쪽 격자가 교차하는 부분을 지정합니다. 보통 격자에 맞춰 지정되어 있습니다.
- **Ⓖ** **Right, Horizontal, Left Grid Plane Control(오른쪽, 가로, 왼쪽 격자 평면 컨트롤)** : 오른쪽, 가로(바닥), 왼쪽 그리드 평면의 위치를 개별적으로 제어합니다.

- ⓗ **Horizontal Plane Level(가로 레벨)** : 소실점이 끝나는 수평선의 높이입니다. 수직으로 드래그하여 조절 가능합니다.
- ⓘ **Horizontal Plane Height(가로 높이)** : 원근감 격자 전체를 드래그하여 원하는 위치로 이동시킬 수 있습니다.

### ❷ 원근감 격자 투시점 변경하기

Perspective Grid Tool(원근감 격자 도구)의 투시점을 변경하는 방법은 간단합니다. 1점 투시 격자는 [View] - [Perspective Grid] - [One Point Perspective] - [1P-Normal View]를 선택하면 소실점이 하나인 원근감 격자 도구가 나타나며, 3점 투시 격자는 [View] - [Perspective Grid] - [Three Point Perspective] - [3P-Normal View]를 선택하면 소실점이 세 개인 원근감 격자 도구가 나타납니다.

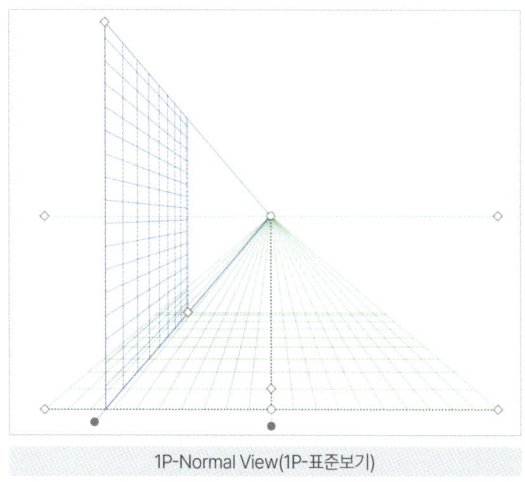

1P-Normal View(1P-표준보기)

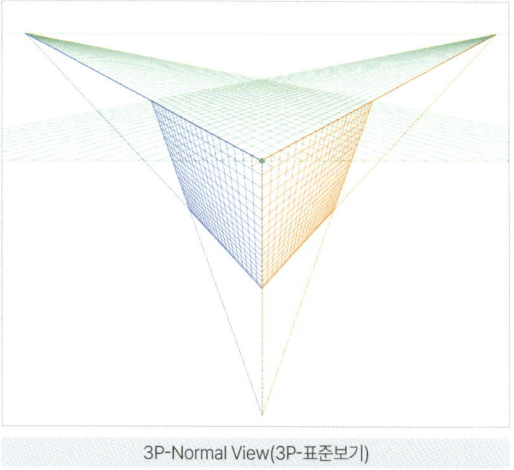

3P-Normal View(3P-표준보기)

### ❸ 활성 평면 위젯 상태 확인하기

이 격자는 개체를 적용할 수 있는 왼쪽 격자(파란색), 오른쪽 격자(주황색), 가로 격자(초록색)의 세 가지 면으로 구성되어 있습니다. 만약 원근감 그리드를 적용하고 싶지 않다면, Active Plane Widget(활성 평면 위젯)에서 육면체 바깥쪽인 비활성 격자를 클릭하여 하늘색으로 변경하면 됩니다.

Left Grid (왼쪽 격자)  Right Grid (오른쪽 격자)  Horizontal Grid (가로 격자)  No Active Grid (비활성 격자)

### ❹ 활성 평면 위젯 활성화 시 주의할 점

Perspective Grid Tool로 작업할 때, 현재 활성화된 격자 평면에 따라 개체의 시점이 결정된다는 점에 유의해야 합니다. 예를 들어, 시각적으로는 오른쪽 격자 면에 개체를 그리더라도 Active Plane Widget(활성 평면 위젯)에서 왼쪽 격자가 활성화되어 있다면 개체는 왼쪽 시점을 기준으로 만들어집니다. 따라서 원하는 시점에 맞춰 작업하려면, 좌측 상단에 위치한 활성 평면 위젯을 확인한 후 작업해야 합니다.

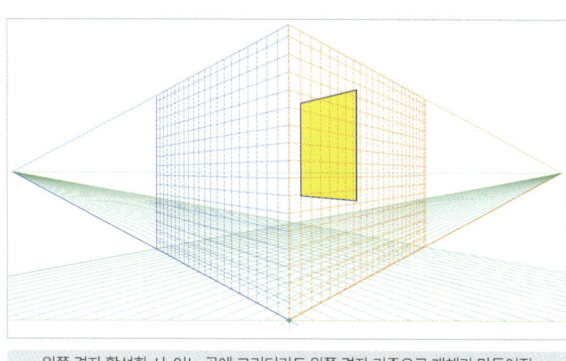

왼쪽 격자 활성화 시, 어느 곳에 그리더라도 왼쪽 격자 기준으로 개체가 만들어짐

### ❺ 선택된 격자에 따라 달라지는 도형의 각도 확인하기

활성화된 격자 평면에 따라 개체의 각도와 모양이 달라집니다. 이는 화면의 어느 곳에 그리더라도 활성화된 격자 시점을 기준으로 개체가 만들어지기 때문입니다.

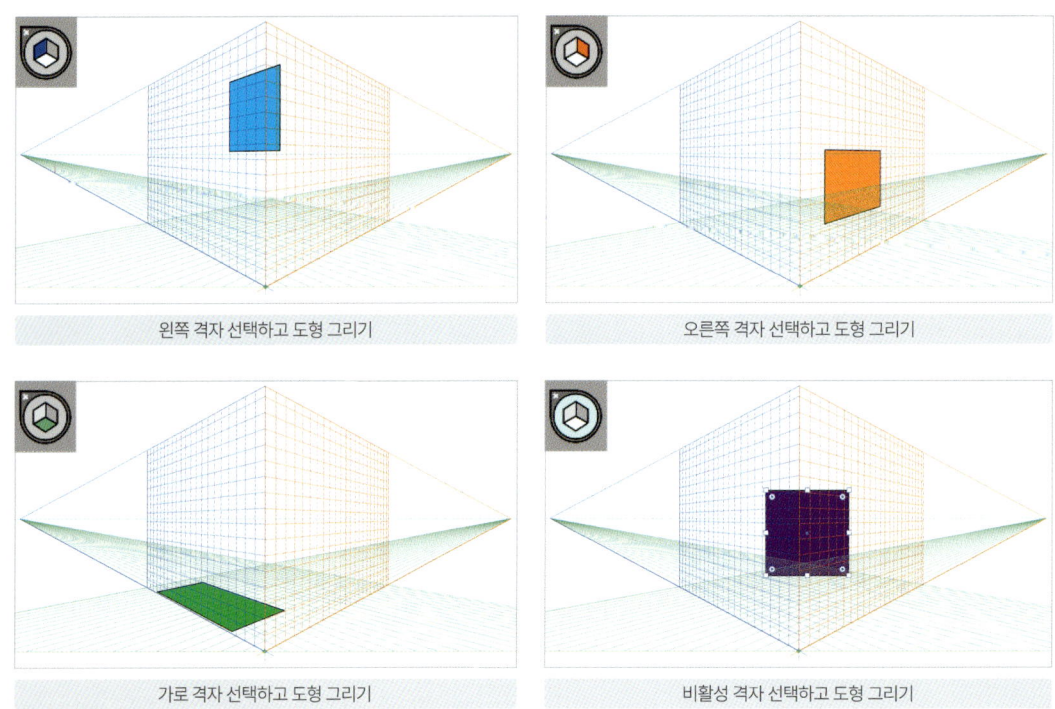

왼쪽 격자 선택하고 도형 그리기 | 오른쪽 격자 선택하고 도형 그리기
가로 격자 선택하고 도형 그리기 | 비활성 격자 선택하고 도형 그리기

## Perspective Selection Tool 원근감 선택 도구

도구바의 Perspective Grid Tool(원근감 격자 도구) 안에 위치해 있습니다. 이 도구는 원근감 격자에 그려진 개체를 선택하고 이동하는 데 사용됩니다. 개체를 클릭하면 해당 개체에 적용된 시점이 함께 활성화되며, 개체를 이동시키면 해당 원근감 시점에 맞춰 자동으로 크기가 조절됩니다.

🅢 Perspective Selection Tool(원근감 선택 도구) Shift + V

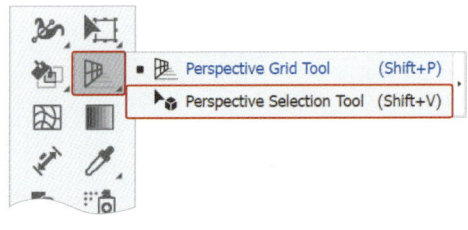
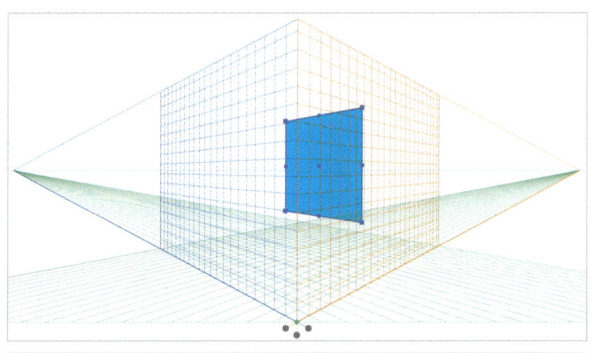

원근감 선택 도구로 드래그하면 시점에 맞춰 크기가 조절되면서 이동됨

## THEORY 04 원근감 격자 메뉴 살펴보기

# [View] - [Perspective Grid]

■ 예제 파일 : S13-4.ai

[View] - [Perspective Grid] 메뉴에서는 1점 및 3점 투시 보기 외에도 원근감 격자와 관련된 다양한 기능을 확인할 수 있습니다.

## Perspective Grid Menu 원근감 격자 메뉴

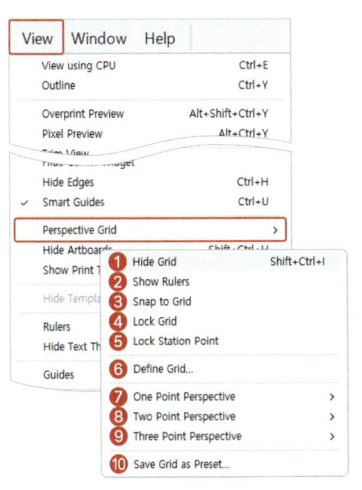

❶ Show / Hide Grid(격자 표시 / 숨기기) ⓢ Ctrl + Shift + I : 원근감 그리드 보기를 켜거나 끕니다.

> ⓣ 간혹 Ctrl + Shift + I 단축키를 실수로 눌러 원근감 격자가 화면에 나타나는 경우가 있습니다. 이럴 경우, 단축키를 다시 한번 눌러 격자를 없애면 됩니다.

❷ Show / Hide Rulers(눈금자 표시 / 숨기기) : 원근감 그리드의 높이에 수치를 표시할지 여부를 설정합니다.

❸ Snap to Grid(격자에 물리기) : 개체를 그리거나 이동할 때 격자 라인에 자동으로 스냅(정렬) 되도록 하는 기능입니다.

❹ Lock / Unlock Grid(격자 잠그기 / 풀기) : 현재 설정된 격자가 움직이지 않도록 잠그거나 잠금을 해제합니다. 격자 잠금 시에는 가시성과 평면 위치만 변경할 수 있습니다.

❺ Lock / Unlock Station Point(정점 잠그기 / 풀기) : 한 소실점을 다른 소실점과 동기화하여 함께 이동할 수 있도록 설정합니다.

❻ Define Grid...(격자 정의) : 그리드의 유형, 단위, 크기 조절(비율), 격자 간격, 보기 각도, 격자의 색상 및 불투명도 등 상세한 설정값을 입력하고 조절할 수 있는 대화 상자를 엽니다.

❼ One Point Perspective(1점 투시) : 소실점이 1개인 새로운 그리드를 열거나 기존 그리드를 1점 투시로 교체합니다.

❽ Two Point Perspective(2점 투시) : 소실점이 2개인 새로운 그리드를 열거나 기존 그리드를 2점 투시로 교체합니다. 원근감 격자 도구를 클릭하면 기본적으로 2점 투시 원근감 격자가 나타나도록 설정되어 있습니다.

❾ Three Point Perspective(3점 투시) : 소실점이 3개인 새로운 그리드를 열거나 기존 그리드를 3점 투시로 교체합니다.

❿ Save Grid as Preset...(사전 설정으로 격자 저장) : 현재 변경된 그리드 설정을 사전 설정으로 저장하여 필요할 때 다시 불러와 사용할 수 있습니다.

---

**자유 변형 도구의 원근 왜곡과의 차이점**

Free Transform Tool(자유 변형 도구)의 Perspective(원근 왜곡) 기능도 유사한 시점 효과를 낼 수 있습니다. 하지만 이 기능은 개체의 점을 수동으로 조작하여 원근감을 표현합니다. 반면 Perspective Grid Tool(원근감 격자 도구)은 시각적인 격자 시스템을 통해 정확하고 균일한 원근감 표현을 가능하게 한다는 점에서 차이가 있습니다. 자유 변형 도구의 원근 왜곡 기능은 상대적으로 왜곡이 더 심하게 나타날 수 있는 반면, 원근감 격자 도구는 여러 개의 도형을 같은 시점에서 균일하고 연속적으로 적용할 수 있다는 장점이 있습니다. 따라서 여러 요소를 일관된 원근감으로 표현할 때는 원근감 격자 도구를 사용하는 것이 효과적입니다.

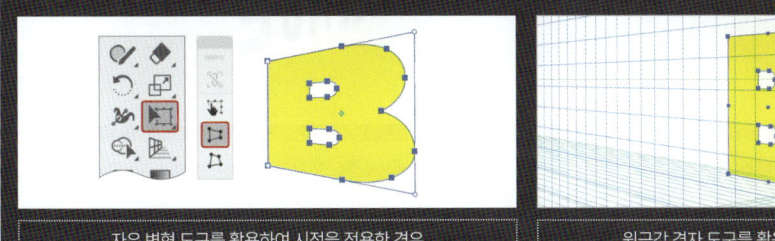

| 자유 변형 도구를 활용하여 시점을 적용한 경우 | 원근감 격자 도구를 활용하여 시점을 적용한 경우 |

## Define Perspective Grid 원근감 격자 정의

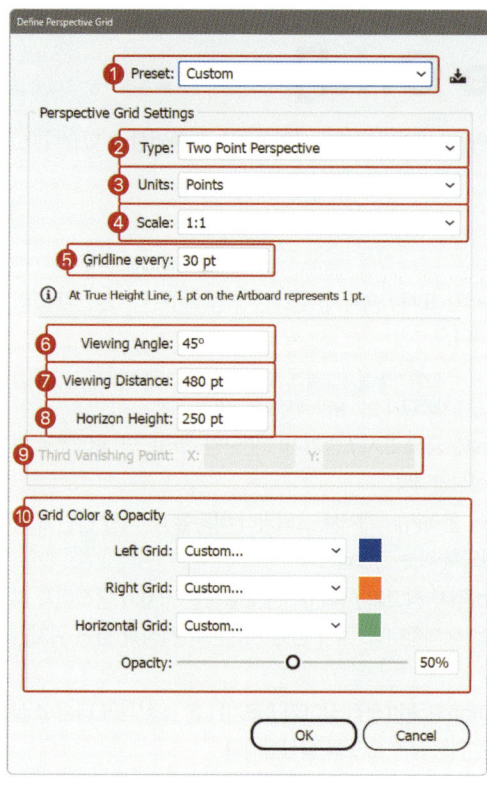

① **Preset(사전 설정)** : 미리 설정된 원근감 격자를 불러올 수 있습니다. 사용자가 그리드를 조절하면 자동으로 Custom (사용자 정의)으로 변경됩니다.

② **Type(유형)** : 1점, 2점, 3점 투시 중 원하는 그리드 유형을 지정합니다.

③ **Units(단위)** : 그리드에 적용될 단위를 설정합니다. 기본값은 Points(포인트)입니다.

④ **Scale(크기 조절)** : 아트보드와 실제 측정값을 설정하거나 사용자가 직접 지정할 수 있습니다.

⑤ **Gridline every(격자 간격)** : 그리드 셀의 크기, 즉 격자의 촘촘한 정도를 지정합니다.

⑥ **Viewing Angle(보기 각도)** : 관찰자를 기준으로 왼쪽과 오른쪽 소실점의 위치를 지정합니다.

⑦ **Viewing Distance(보기 거리)** : 관찰자를 기준으로 왼쪽 및 오른쪽 소실점의 거리를 지정합니다.

⑧ **Horizon Height(가로 높이)** : 지면으로부터 수평선의 높이를 지정합니다.

⑨ **Third Vanishing Point(세 번째 소실점)** : 이 옵션을 활성화 하려면 3점 투시도를 선택하고 X, Y 좌표를 지정합니다.

⑩ **Grid Color & Opacity(격자 색상 및 불투명도)** : 왼쪽, 오른쪽, 가로 격자의 색상을 변경하고 슬라이더를 사용하여 그리드의 불투명도를 조절할 수 있습니다.

## 원근감 격자 도구 사용 시 유의 사항

Perspective Grid Tool로 작업할 때는 몇 가지 유의 사항이 있습니다. 실수로 원근감 격자가 활성화된 경우, Ctrl + Shift + I 단축키로 빠르게 비활성화합니다. 또한, 개체를 그린 후 나중에 격자를 수정해도 기존 개체는 함께 변경되지 않으므로, 시점을 확정한 후에 개체를 그리는 것이 좋습니다. 이미 그려진 개체를 이동할 때는 Perspective Selection Tool을 사용해야만 시점이 유지됩니다.

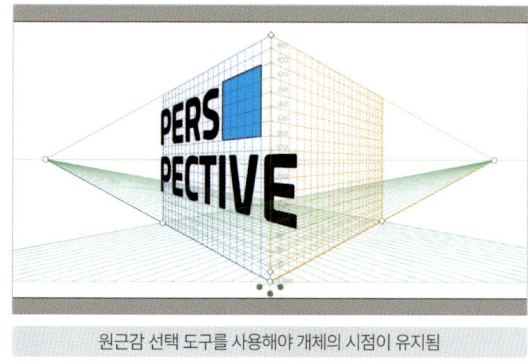
원근감 선택 도구를 사용해야 개체의 시점이 유지됨

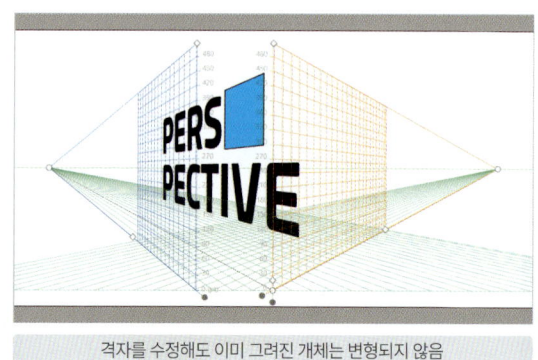
격자를 수정해도 이미 그려진 개체는 변형되지 않음

## PRACTICE 02 원근감 격자 도구로 타이포그래피 포스터 만들기

# Perspective Grid

■ 예제 파일 : S13-P2.ai, 포스터 정보.txt

원근감 격자 도구를 활용하여 평면적인 텍스트 요소를 입체적으로 변환하는 과정을 배워봅니다. 투시를 활용해 공간감을 표현하는 방법을 단계별로 알아보겠습니다.

### 01 텍스트 입력하기

[File] - [Open]( Ctrl + O )으로 'S13-P2.ai' 파일을 엽니다. 원근감 격자가 적용되지 않은 상태에서 Type Tool( T )로 'DESIGN', '&', 'SPACE'를 각각 입력하고 원하는 폰트와 크기를 지정합니다.

T 기능을 학습하기 위한 예제이므로 기본 글꼴로 작업하여도 무방합니다. 예제에서 폰트는 'PowerChord'로 작업하였습니다.

 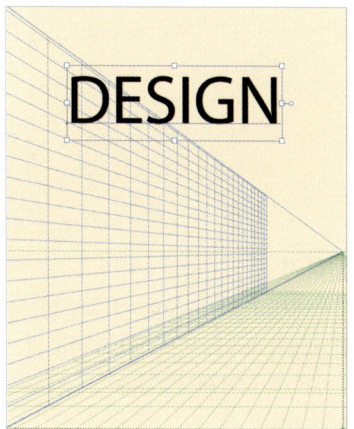 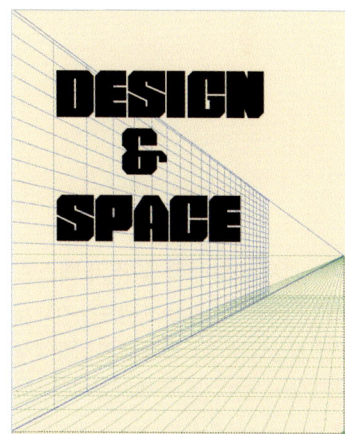

### 02 텍스트 윤곽선 처리하기

세 개의 텍스트 개체에 원하는 색상을 지정합니다. 모든 텍스트 개체를 선택한 후 Ctrl + Shift + O 를 눌러 윤곽선 처리합니다.

S Create Outlines(윤곽선 만들기) Ctrl + Shift + O

T 텍스트를 아웃라인 처리하지 않아도 작업이 가능하나, 이번 실습에서는 크기 조절의 편의성을 위해 아웃라인 처리 과정을 포함했습니다.

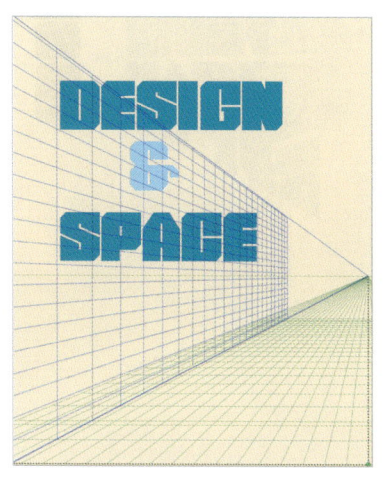 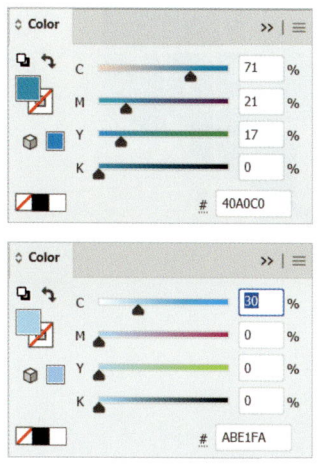 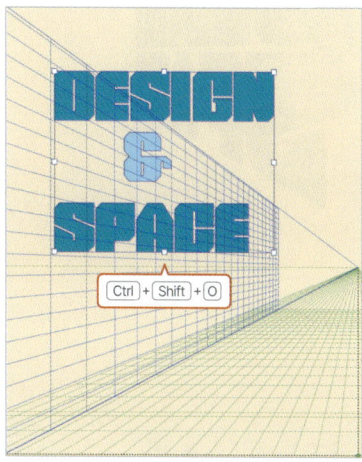

## 03 원근감 선택 도구로 텍스트 배치하기

Perspective Selection Tool(Shift+V)을 클릭합니다. 활성 평면 위젯에서 왼쪽면을 선택한 뒤 텍스트 개체를 각각 드래그하여 배치합니다. 각 텍스트 덩어리는 그룹으로 지정되어 있으며, 크기 조절은 개체의 모서리를 드래그하여 그림과 유사하게 맞춥니다.

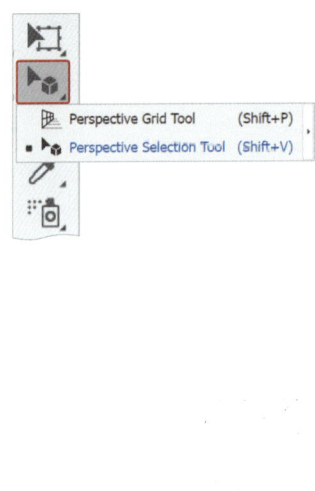

## 04 격자 비활성화 및 추가 텍스트 작업하기

Ctrl+Shift+I를 눌러 원근감 격자 보기를 해제하여 원하는 구도인지 확인합니다. 다시 Ctrl+Shift+I를 눌러 원근감 격자를 활성화합니다. 활성 평면 위젯에서 비활성 격자 상태로 만듭니다. 추가로 'INSIDE'를 입력하고 원하는 폰트로 변경합니다. Ctrl+Shift+O를 눌러 윤곽선 처리하고, 그림과 같이 회전합니다.

S Show / Hide Grid(격자 표시 / 숨기기) Ctrl+Shift+I

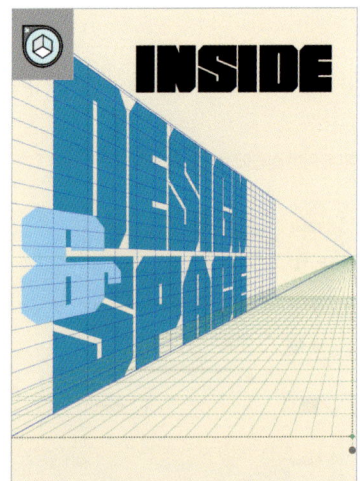

## 05 'INSIDE' 텍스트 배치하기

Perspective Selection Tool(Shift + V)을 선택한 후, 활성 평면 위젯에서 가로 격자인 아래쪽 면을 선택합니다. 윤곽선 처리한 'INSIDE' 텍스트를 드래그하여 배치한 뒤 크기와 색상을 그림과 유사하게 조절합니다.

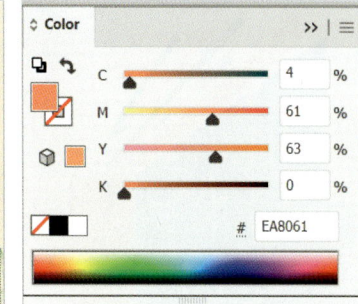

## 06 사각형 추가 및 배치하기

Perspective Selection Tool(Shift + V)로 활성 평면 위젯에서 왼쪽 면을 클릭합니다. 텍스트 위쪽에 여러 사각형을 자유롭게 그린 후 크기를 조절합니다. 아래쪽 면도 클릭하여 사각형을 그리고 다양한 색상을 설정합니다.

T 안내된 색상은 예시일 뿐, 본인의 디자인에 가장 적합한 색상을 선택하는 것이 중요합니다. 따라서 자유롭게 색상을 변경하며 작업하기 바랍니다.

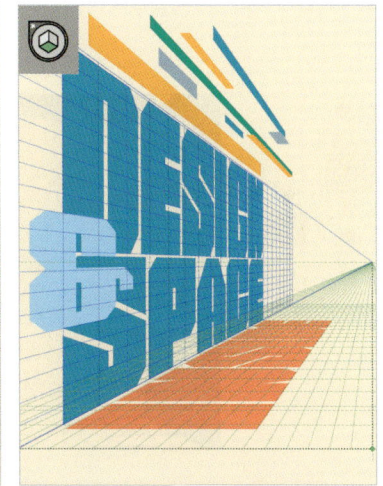

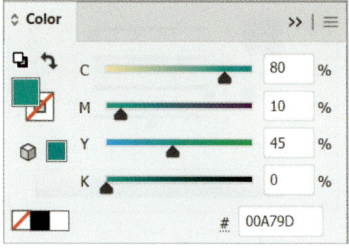
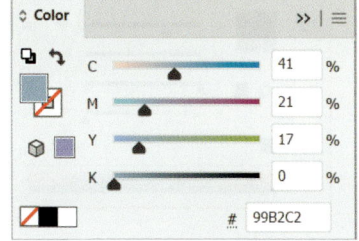
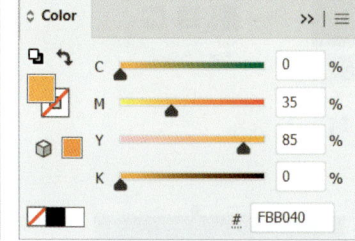

## 07 문과 배경 사각형 생성하기

Ctrl + Shift + I 를 눌러 원근감 격자를 해제합니다. 문 모양으로 표현될 사각형을 그림과 유사하게 그립니다. 가장 하단의 배경 개체를 선택하고 면 색의 CMYK 값을 '30 - 0 - 0 - 100'으로 적용합니다.

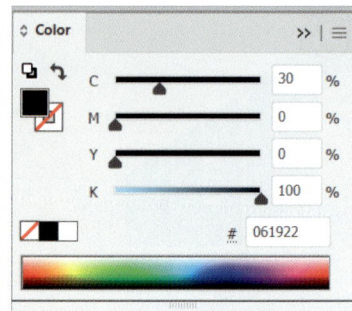

## 08 문 모양 도형 제작하기

문 모양의 사각형을 선택하고 Ctrl + C , Ctrl + F 로 앞에 붙여넣습니다. 복사된 개체의 크기를 왼쪽으로 약간 줄여 변형합니다. Free Transform Tool의 보조 패널에서 원근 왜곡 버튼을 클릭합니다. 오른쪽 위나 아래 부분을 드래그하여 그림과 같이 오른쪽 면을 사다리꼴 모양으로 만들고, 크기를 조절하여 문이 열린 듯한 형태로 만듭니다. 어두운 색상으로 선형 그레이디언트를 적용합니다. 뒤쪽의 사각형은 구분을 위해 밝은 노란색으로 변경합니다.

S Paste in Front(앞에 붙이기) Ctrl + F

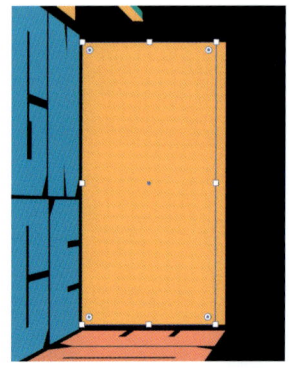
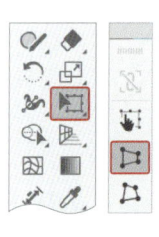
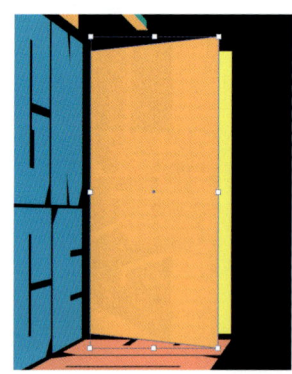
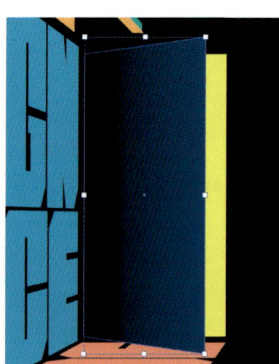

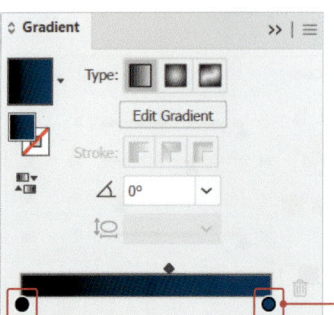
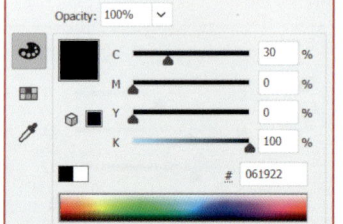
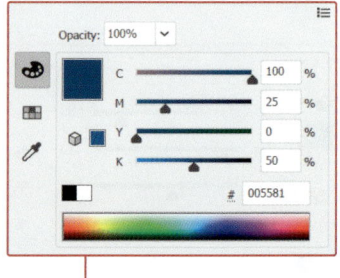

## 09 추가 정보 입력하기

원하는 폰트로 하단에 포스터 정보와 날짜, 장소 등을 입력합니다. 다른 정보를 추가하거나 강조해도 무방합니다.

> T 작업 효율을 위해 문구는 제공된 텍스트 파일에서 가져와도 좋습니다.

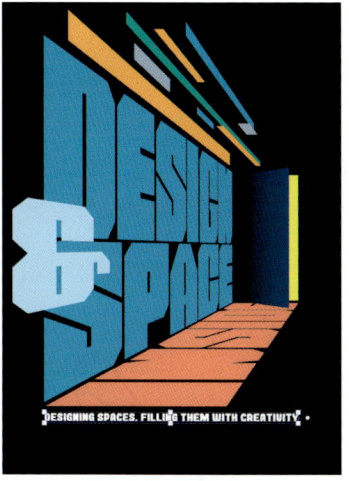  

## 10 마무리 및 저장하기

모든 개체를 선택하여 텍스트를 윤곽선 처리한 뒤, 파일을 저장하고 작업을 마무리합니다.

> T 포스터와 같이 내용 수정이 빈번한 실무 작업에서는 텍스트를 윤곽선으로 변환하기 전에 원본을 보관하는 습관이 중요합니다.

# Exercise

## 라이브 페인트로 동물 일러스트 그리기　　　　　　　　　　　　📁 S13_Exercise 예제

라이브 페인트 기능을 활용하여 복잡한 개체를 쉽게 채색하고 음영도 표현해 보세요. 선과 면을 분리하여 여러 색상을 디테일하게 적용하는 과정을 통해, 보다 완성도 높고 풍부한 시각적 결과물을 만들 수 있습니다.

### 1. 라이브 페인트 개체 변환하기

[File] - [Open]으로 'S13-E1' 파일을 엽니다. 미리 드로잉된 강아지 개체를 선택하고 Ctrl + Alt + X 를 눌러 라이브 페인트 개체로 변환합니다. 면 색을 검은색으로 설정하고, Live Paint Bucket Tool로 그림처럼 어두운 면적에 해당하는 부분을 모두 클릭하여 적용합니다.

🅢 Open(열기) Ctrl + O 　🅢 Live Paint Bucket Tool(라이브 페인트 통 도구) K

### 2. 음영 표현하기

밝은 오렌지색과 어두운 오렌지색 두 가지 색상을 임의로 설정합니다. Live Paint Bucket Tool로 이 색상들을 사용하여 그림과 같이 음영이 표현될 부분에 적용합니다.

## 3. 페인트 선 옵션 활성화하기

Live Paint Bucket Tool을 더블클릭하여 나타나는 옵션 창에서 'Paint Strokes'에 체크합니다. 선 색과 면 색을 모두 '없음'으로 설정한 뒤, 선이 필요 없는 부분에 적용합니다.

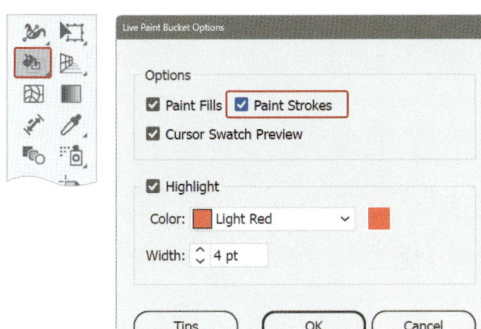 

## 4. 디테일 채색 및 배경 설정

화면을 확대하여 놓친 부분들이 있으면 적절한 색상을 Live Paint Bucket Tool로 채색합니다. 모든 작업을 마친 후, '196×266mm' 크기의 사각형을 그려 가장 아래로 배열한 뒤 어울리는 배경색을 설정합니다.

원하는 폰트로 'WELSH CORGI'를 입력하고 적절한 위치에 배치합니다. 강아지 이미지 하단에는 검은색 타원을 그려 그림자처럼 보이게 만듭니다. 작업을 마쳤으면 저장하여 마무리합니다.

Conveying Feelings Through Color

# Flow of Emotions
—
This event offers participants the opportunity to explore and express various emotions through color.

June 15 SAT, 2025

**Panel Discussion: Psychology of Color and Emotion**
A discussion with experts on the impact of color on emotion

## Colors Convey Emotions, Connecting Hearts!

Section 14

# Blend & Mesh
블렌드와 망

**MISSION**

블렌드 도구를 활용하여 개체 간 자연스러운 형태 및 색상 전환 효과를 구현합니다. 이를 통해 오브젝트들이 부드럽게 이어지거나 색상이 점진적으로 변화하는 시각적 흐름을 만들 수 있습니다. 또한, 망 도구를 사용하면 특정 지점에 포인트를 지정하여 색상 변화와 명암을 자유롭게 표현함으로써 입체적인 디자인을 할 수 있습니다.

**KEYWORD**

#블렌드 도구 #블렌드 메뉴 #망 도구

### THEORY 01 › 블렌드 도구 알아보기

# Blend Tool

예제 파일 : S14-1.ai

블렌드는 '섞이다'라는 의미처럼, 한 개체에서 다른 개체로의 자연스러운 변화를 적용하는 도구입니다. 블렌드 옵션은 총 세 가지로 제공되며, 도구바에서 블렌드 도구를 더블클릭하여 이 옵션들을 변경할 수 있습니다.

## ★★ Blend Tool 블렌드 도구

개체 간 변화를 표현하는 도구이므로, 두 개 이상의 개체를 선택한 상태에서 도구바의 Blend Tool(블렌드 도구)을 더블클릭합니다. 블렌드는 처음 적용할 때 미리보기가 활성화되지 않습니다. 기본 설정 그대로 'OK'를 눌러도 변화가 없습니다. 명령을 적용하려면, 첫 번째 개체와 두 번째 개체를 순서대로 각각 한 번씩 클릭하거나, 단축키 Ctrl + Alt + B 를 누르거나, [Object] - [Blend] - [Make]를 선택해 블렌드를 적용해야 합니다.

S Blend Tool(블렌드 도구) W

### ❶ Smooth Color(매끄러운 색상)

두 개체 사이의 색상과 형태 변화를 가장 자연스럽고 부드럽게 연결하는 블렌드 옵션입니다. 이 기능을 사용하면 자동으로 최적의 중간 단계를 생성하여, 한 개체에서 다른 개체로 색상이 점진적으로 변하고 형태가 자연스럽게 이어지도록 만들어 줍니다. 개체를 선택하고 Blend Tool을 더블클릭합니다. Spacing(간격) 목록에서 Smooth Color(매끄러운 색상)를 선택하고 OK를 누릅니다. 선택된 첫 번째 개체와 두 번째 개체를 순서대로 클릭하여 블렌드를 적용합니다.

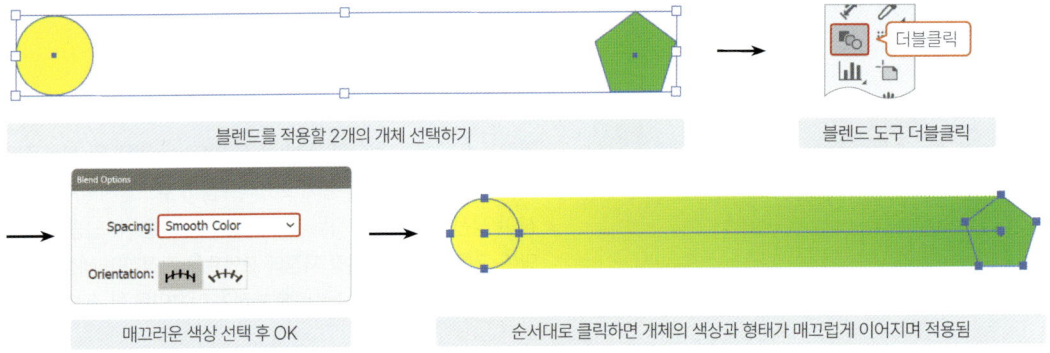

### ❷ Specified Steps(지정된 단계)

두 개체 사이의 변화를 원하는 수의 단계로 표현하는 블렌드 옵션입니다. 이 기능을 사용하면 입력한 숫자만큼의 개체가 생성되어, 한 개체에서 다른 개체로의 색상 및 형태 변화가 지정된 단계별로 명확하게 보이도록 만들어 줍니다. 개체를 선택하고 Blend Tool을 더블클릭합니다. Spacing(간격) 목록에서 Specified Steps(지정된 단계)를 선택하고 원하는 단계 수를 입력한 후 OK를 누릅니다. 선택된 첫 번째 개체와 두 번째 개체를 순서대로 클릭하여 블렌드를 적용합니다.

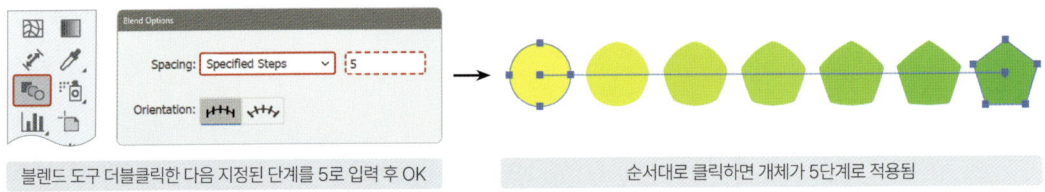

### ❸ Specified Distance(지정된 거리)

두 개체 사이의 변화를 각 단계별로 일정한 간격을 두어 표현하는 블렌드 옵션입니다. 이 기능을 사용하면 입력한 거리만큼의 간격으로 중간 개체들이 생성되어, 두 개체 사이의 색상 및 형태 변화가 균일한 간격으로 보이도록 만들어 줍니다. 개체를 선택하고 Blend Tool을 더블클릭합니다. Spacing(간격) 목록에서 Specified Distance(지정된 거리)를 선택하고 원하는 거리 값을 입력한 후 OK를 누릅니다. 선택된 첫 번째 개체와 두 번째 개체를 순서대로 클릭하여 블렌드를 적용합니다.

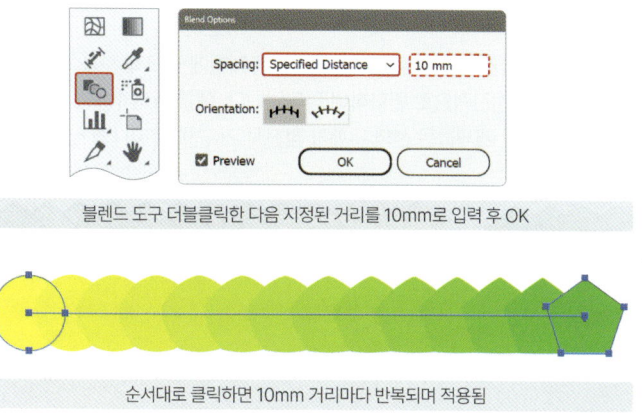

블렌드 도구 더블클릭한 다음 지정된 거리를 10mm로 입력 후 OK

순서대로 클릭하면 10mm 거리마다 반복되며 적용됨

## 블렌드 적용 개체의 변화

### ❶ 형태 변화

블렌드가 적용된 개체에서 Direct Selection Tool(직접 선택 도구)을 사용하여 1번 개체와 2번 개체의 형태를 변화시키면, 그 변화가 실시간으로 블렌드 된 개체에 바로 적용되어 보여집니다. 하지만 블렌드로 인해 생성된 중간 개체들은 직접 선택하거나 개별적인 변화를 줄 수 없습니다. 수정은 블렌드의 시작과 끝인 1번 개체와 2번 개체만 가능합니다.

직접 선택 도구로 1번 개체의 형태를 변화시킴     직접 선택 도구로 2번 개체의 형태를 변화시킴

### ❷ 색상 및 투명도 변화

블렌드가 적용된 개체에서 1번 개체나 2번 개체의 색상을 변경하면, 블렌드가 유지된 채로 그 색상 변화가 실시간으로 적용 되어 나타납니다. 이때 색상뿐만 아니라 투명도 변화 또한 함께 일어납니다. 변경하고 싶은 개체(1번 또는 2번 개체)는 Direct Selection Tool(직접 선택 도구)이나 Group Selection Tool(그룹 선택 도구)을 사용하여 선택해야 합니다.

2번 개체를 초록색에서 진한 핑크색으로 변경     2번 개체의 불투명도를 100%에서 20%로 변경

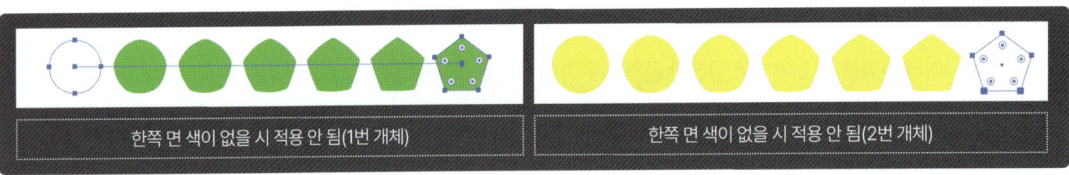

### ❸ Stroke(획)의 적용

블렌드의 변화는 면 색상뿐만 아니라 선 색상에도 동일하게 적용됩니다. 예를 들어, 한 개체에 핑크색 선을, 다른 개체에 검은색 선을 적용하면 블렌드 연결 과정에서 선의 색상이 점진적으로 변화하여 나타납니다. 예를 들어 1번 개체에 선이 없고 2번 개체에 두꺼운 선이 적용된 경우에도, 블렌드 된 중간 개체들은 선의 두께가 점진적으로 변화하며 나타납니다.

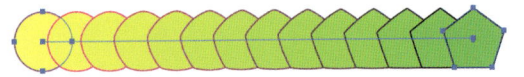

1번 개체에는 핑크색 선, 2번 개체에는 검은색 선 적용

1번 개체에는 선 없음, 2번 개체에는 3pt 두께의 선 적용

### ❹ Stroke(획)이 적용되지 않는 경우

블렌드 도구는 개체 간의 변화를 적용할 때 상위 개체를 우선적으로 인식합니다. 여기서 상위 개체란 일반적으로 나중에 만들어진 개체이거나, 두 개체 중 더 상위에 배열된 개체를 의미합니다. 예를 들어 하위 개체(1번 개체)에만 선이 적용되어 있고, 상위 개체(2번 개체)에는 선이 적용되어 있지 않다면, 선의 블렌드 변화는 적용되지 않습니다. 이 경우, 선은 하위 개체(1번 개체)에만 단독으로 표시됩니다.

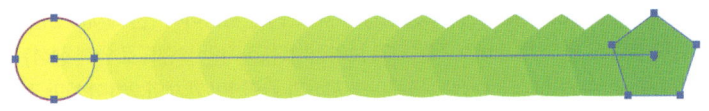

하위 개체에 선 색이 있어도 상위 개체에 선 색이 없으면 블렌드가 반영되지 않음

## 블렌드 개체 선택 및 편집 방법

### ❶ 바운딩 박스를 활용한 블렌드 개체 수정

블렌드가 적용된 개체를 Selection Tool(선택 도구)로 선택하면 바운딩 박스가 나타나며, 이를 통해 크기 조절 등 기본적인 변형을 할 수 있습니다. 이 상태에서 블렌드를 구성하는 1번 개체 또는 2번 개체를 선택하려면 Direct Selection Tool(직접 선택 도구) 또는 Group Selection Tool(그룹 선택 도구)을 사용해야 합니다. 그 후 바운딩 박스로 편집하려면 Selection Tool을 클릭하면 됩니다.

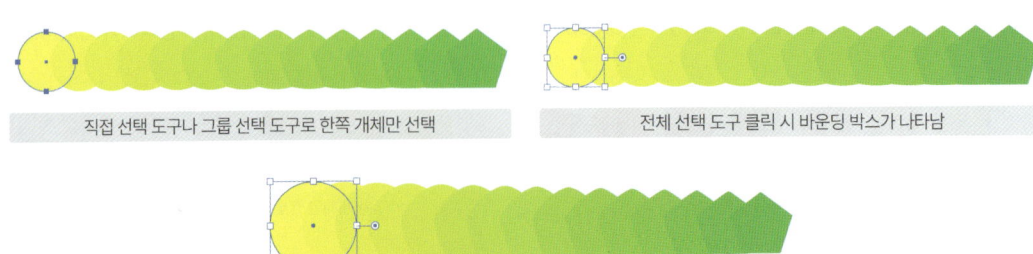

❷ 블렌드 연결선 제어하기

Direct Selection Tool(직접 선택 도구)을 사용해 1번 개체와 2번 개체를 잇는 블렌드의 연결 라인을 선택할 수 있습니다. 이 연결선은 일반적인 패스와 동일하게 취급됩니다. 따라서 연결선에 점을 추가하거나, 기존 점을 이동하거나, 점에서 핸들을 펼쳐 곡선으로 만들 수 있습니다. 특히 핸들을 조절하면 블렌드 된 개체들의 간격과 배열에 직접적인 영향을 주어 더욱 다양하고 유기적인 형태의 블렌드를 만들 수 있습니다.

❸ 블렌드의 방향 옵션

Blend Tool을 더블클릭하면 나타나는 옵션 목록 중 Orientation(방향)이 있습니다. 이 옵션은 블렌드 된 개체들의 정렬 방향을 결정합니다. 첫 번째 버튼인 Align to Page(페이지에 정렬)는 블렌드 된 개체들이 아트보드의 축에 맞춰 정렬됩니다. 두 번째 버튼인 Align to Path(패스에 정렬)는 블렌드 연결선의 모양에 따라 재정렬됩니다. 이 옵션을 선택하면 곡선 경로를 따라 개체들이 자연스럽게 회전하며 배치됩니다.

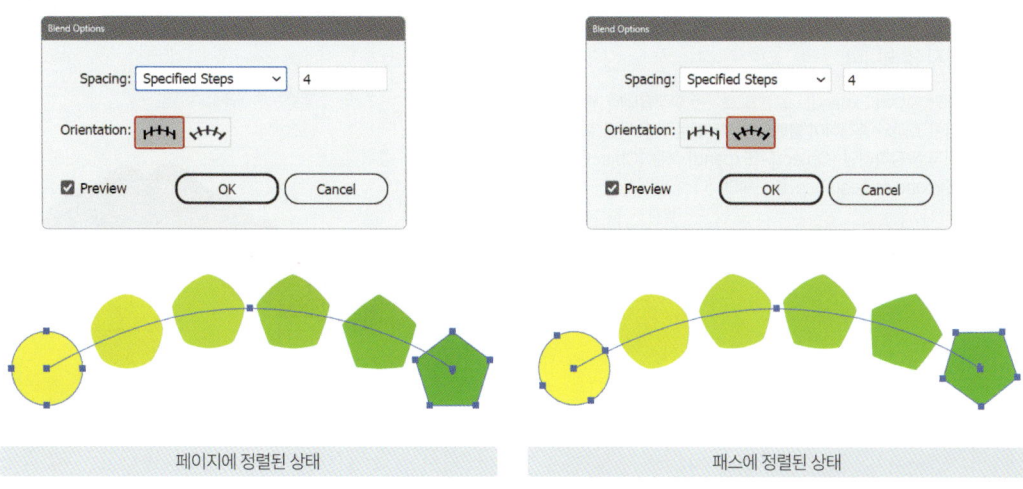

# THEORY 02 블렌드 메뉴 살펴보기

## [Object] - [Blend]

■ 예제 파일 : S14-2.ai

[Object] - [Blend] 메뉴를 통해서도 블렌드 기능을 사용할 수 있습니다. 메뉴에는 도구에서 제공하는 기본 기능보다 더욱 상세한 설정과 작업을 할 수 있습니다.

### ★ Blend Menu 블렌드 메뉴

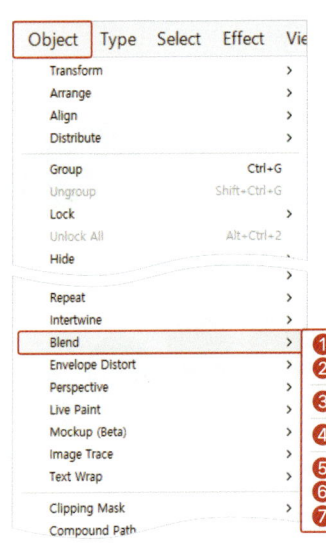

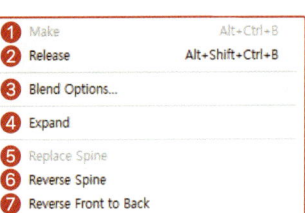

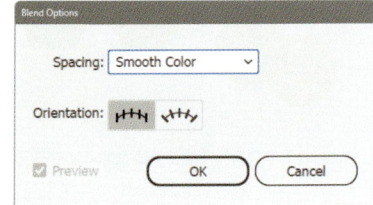

❶ **Make(만들기)** ⓢ Ctrl + Alt + B : 두 개 이상의 개체를 선택하면 활성화됩니다. 이전에 블렌드 옵션에서 설정했던 마지막 효과를 선택된 개체에 적용합니다.

❷ **Release(풀기)** ⓢ Ctrl + Alt + Shift + B : 적용된 블렌드 효과를 해제하여 블렌드의 시작 및 끝 개체만 남깁니다.

❸ **Blend Options...(블렌드 옵션)** : 블렌드의 옵션 창을 엽니다. 이 기능은 블렌드 도구를 더블클릭하는 것과 동일합니다. 여기에서 간격과 개체의 정렬 방향을 설정할 수 있습니다.

❹ **Expand(확장)** : 블렌드 개체의 효과를 확장하면 생성된 중간 개체들까지 모두 선택 가능한 일반 개체로 변환됩니다. 이 개체들은 각각 편집할 수 있습니다. 단, 점과 패스가 늘어나기 때문에 용량이 커지며, 더 이상 블렌드 개체로서의 작업이나 수정은 되지 않습니다.

> 해당 메뉴의 Expand는 블렌드 효과만 확장합니다. 만약 다른 효과와 중첩하여 블렌드를 적용했을 경우 다른 효과까지 확장하려면 [Object] - [Expand] 또는 [Object] - [Expand Appearance]를 선택합니다.

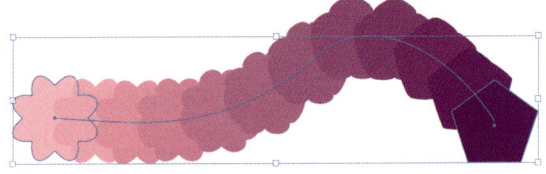

블렌드가 적용된 개체

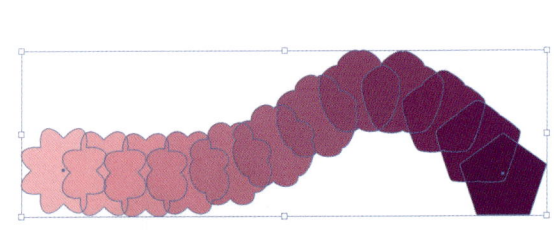

블렌드 효과가 확장된 개체

❺ Replace Spine(스파인 바꾸기) : 블렌드 개체와 다른 곡선을 함께 선택한 후 이 기능을 적용하면, 블렌드 된 개체들이 새로운 곡선 모양을 따라 재배치됩니다.

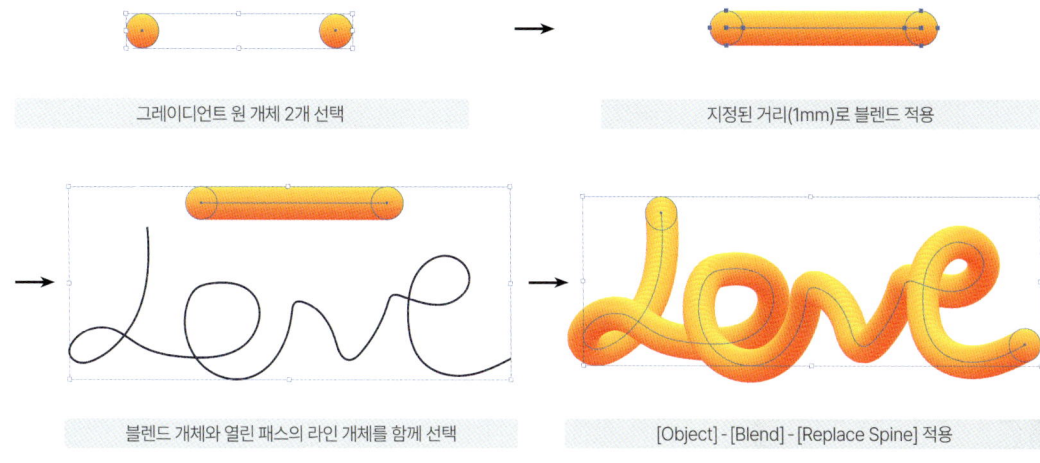

❻ Reverse Spine(스파인 반전) : 블렌드 된 개체들의 순서를 반대로 바꿉니다.

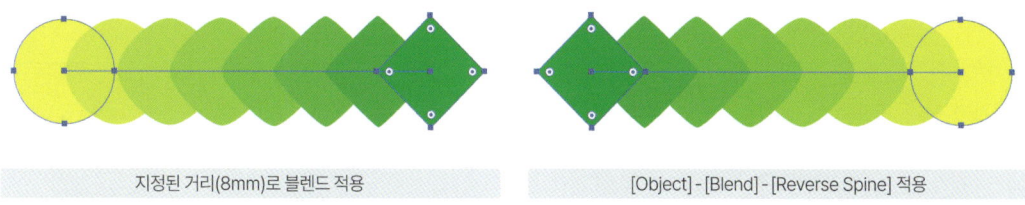

❼ Reverse Front to Back(앞과 뒤를 반전) : 블렌드 된 개체들의 배열 순서를 뒤집습니다. 블렌드 된 개체들 중 앞에 있던 개체는 뒤로 보내지고, 뒤에 있던 개체는 앞으로 옮겨집니다.

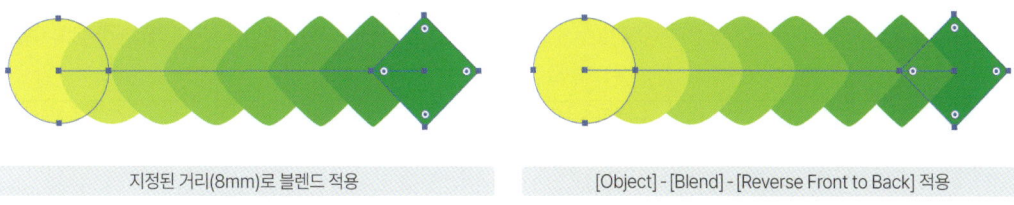

Section 14 - 블렌드와 망

## Blend의 특징

### ❶ 열린 패스 블렌드

열린 선 개체(시작점과 끝점이 연결되지 않은 선) 두 개를 블렌드할 때, 블렌드를 이어주는 별도의 연결선(곡선 패스)은 자동으로 생성되지 않습니다. 블렌드는 두 열린 선의 끝점을 기준으로 내부적으로 이루어집니다.

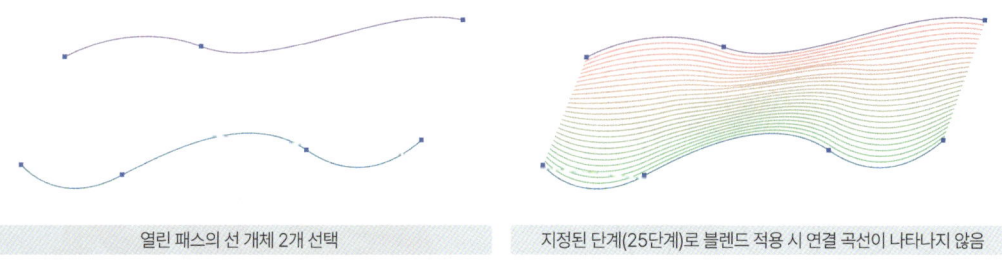

열린 패스의 선 개체 2개 선택 　　　　지정된 단계(25단계)로 블렌드 적용 시 연결 곡선이 나타나지 않음

### ❷ 연속 작업이 가능한 블렌드

블렌드 효과가 이미 적용된 상태에서도 다른 개체를 추가로 선택하여 블렌드를 적용하면 연속적인 작업이 가능합니다. 추가할 개체를 선택하고 Ctrl + Alt + B 를 누르면, 기존 블렌드와 동일한 타입의 블렌드가 연속으로 적용됩니다. 하지만 하나의 개체에 두 가지 블렌드 타입을 동시에 적용할 수는 없습니다. 예를 들어, Smooth Color와 Specified Steps를 한 개체에 동시에 부여하는 것은 불가능합니다.

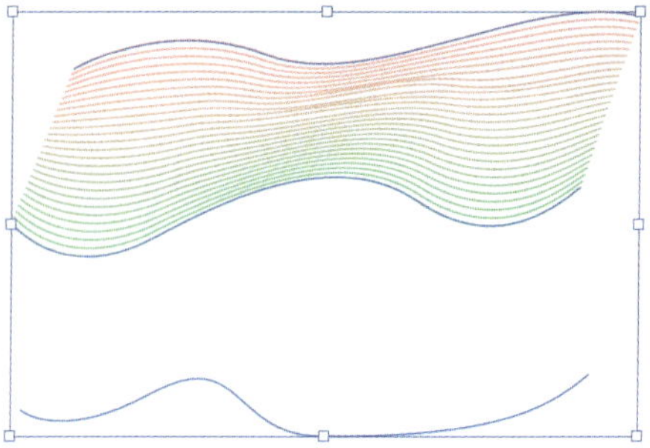

블렌드 개체와 추가로 다른 선 개체 선택 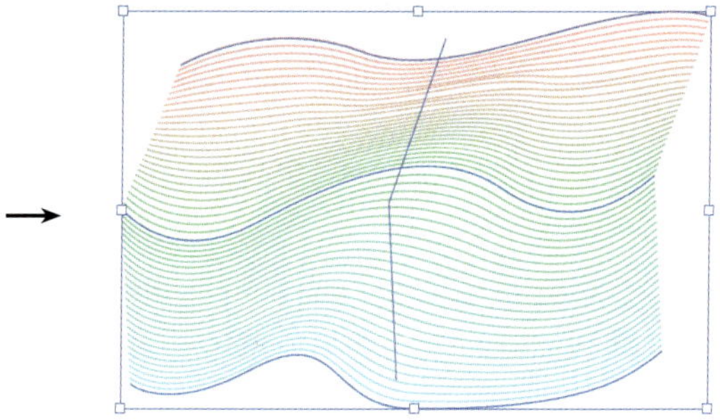 　　　　블렌드 적용 시 연결 곡선이 만들어지며 25단계가 추가로 적용됨

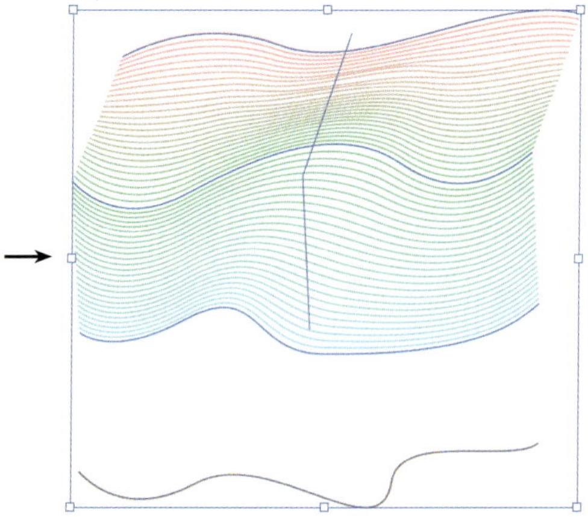

추가로 블렌드 개체와 다른 선 개체 선택 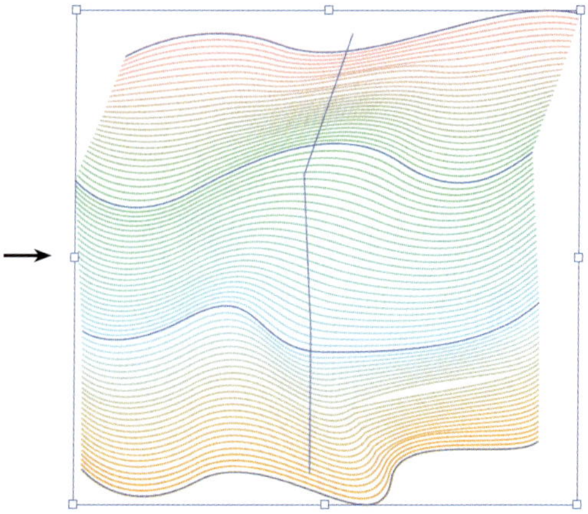 　　　　블렌드 적용 시 연결 곡선이 만들어지며 추가로 25단계가 다시 적용됨

### 만들어진 순서대로 반응하는 블렌드

여러 개의 개체를 블렌드로 적용할 때 순서에 따라 적용 된다는 점에 주의해야 합니다. 순차적으로 만들지 않고 배열이 섞여 있다면 만든 순서에 따라서 블렌드가 적용되기 때문에 원하지 않는 모양이 나올 수 있습니다.

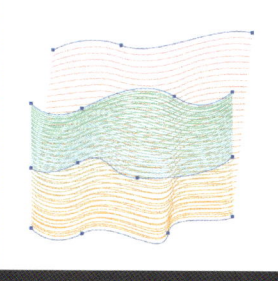
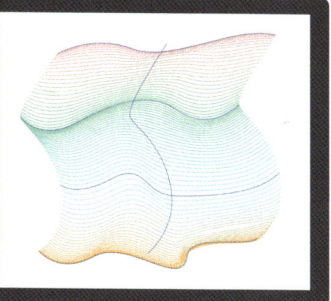

### ❸ 블렌드 경로 수정하기

블렌드의 연결 곡선에 있는 각 점을 이동하면 연결된 블렌드 개체들도 함께 움직입니다. 또한, 각 점마다 핸들을 펼쳐 블렌드 연결을 더욱 자연스럽게 만들 수 있습니다. 이때 핸들을 길게 펼치면 블렌드 개체들 사이의 간격이 넓어지고, 짧게 펼치면 간격이 좁아집니다.

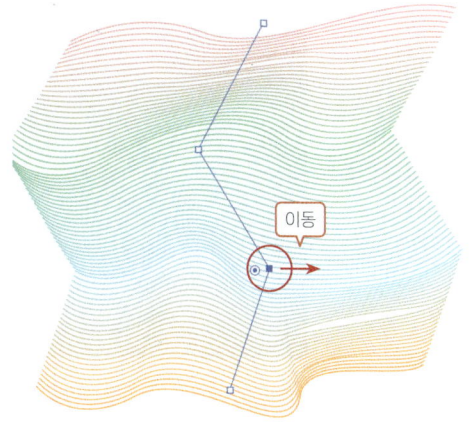

연결 곡선의 점을 직접 선택 도구로 이동하면 블렌드도 함께 이동됨

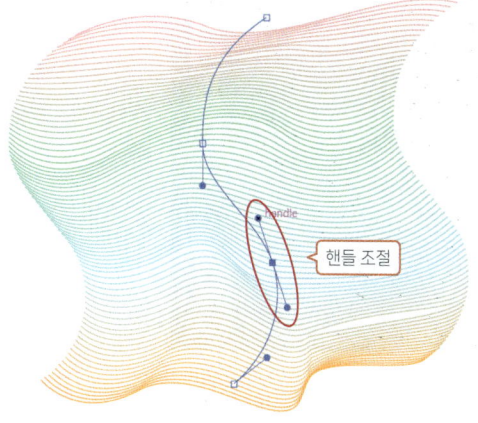

연결 곡선의 핸들을 조절하면 블렌드가 더욱 자연스럽게 표현됨

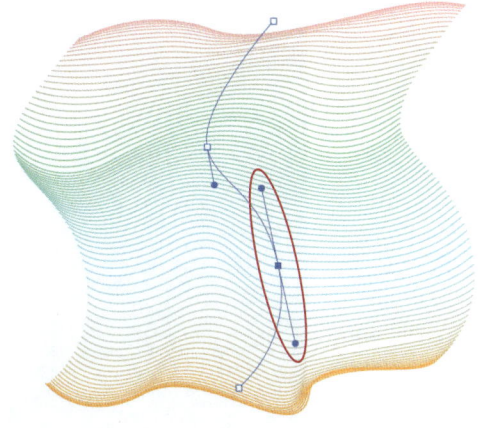

핸들을 길게 펼치면 해당 부분의 블렌드 개체 사이의 간격이 넓어짐

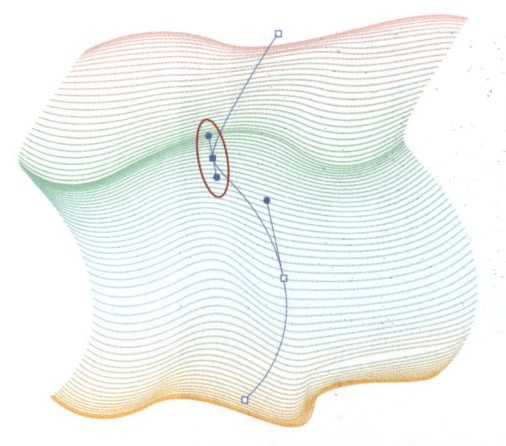

핸들을 짧게 펼치면 해당 부분의 블렌드 개체 사이의 간격이 좁아짐

PRACTICE 01 · 지정된 단계로 블렌드 만들기

# Specified Steps

■ 예제 파일 : S14-P1.ai

이번 실습에서는 점선, 그레이디언트, 블렌드 기능 등을 활용해 여러 개의 선과 색상이 유기적으로 연결된 결과물을 만들어 보겠습니다.

## 01 첫 번째 점선 설정하기

[File] - [Open] (Ctrl + O)으로 'S14-P1' 파일을 엽니다. 가장 왼쪽의 흰색 선을 선택하고 [Stroke] 패널(Ctrl + F10)을 연 다음, 선 두께를 '1pt', Cap은 둥글게 설정합니다. Dashed Line에 체크하고 dash는 '0', gap은 '3'을 입력하여 얇은 둥근 물방울 점선을 만듭니다.

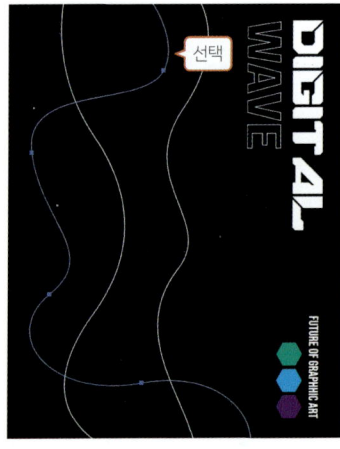
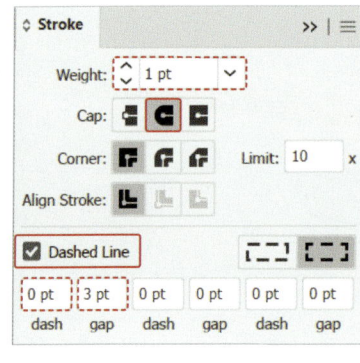
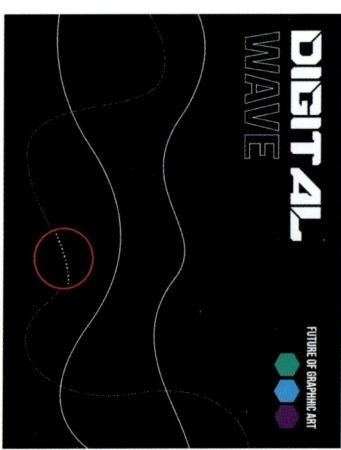

## 02 두 번째 점선 설정하기

두 번째 흰색 선을 선택하고, 선 두께를 '3pt', Cap은 둥글게 설정합니다. Dashed Line에 체크한 뒤 dash는 '0', gap은 '9'를 입력해 이전보다 더 두꺼운 물방울 점선을 만듭니다.

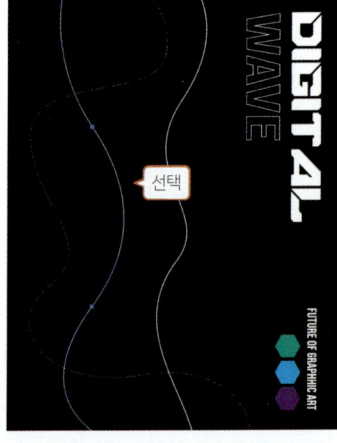
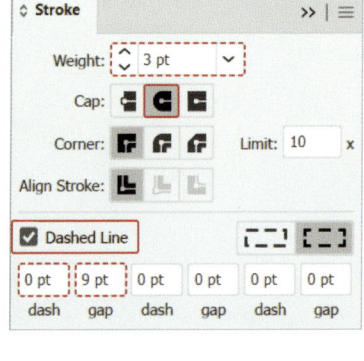
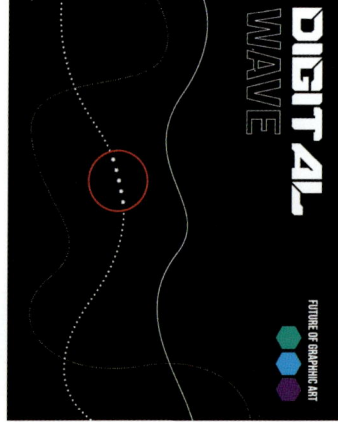

## 03 세 번째 점선 설정하기

세 번째 흰색 선은 첫 번째 선과 동일하게 설정합니다.

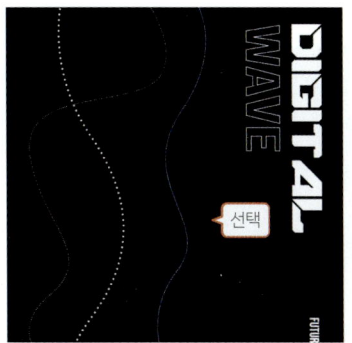 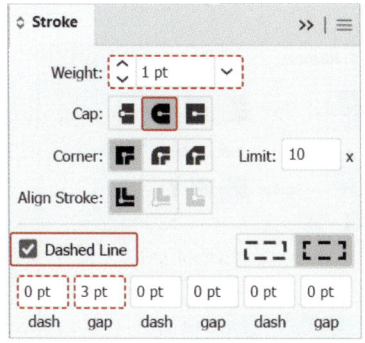 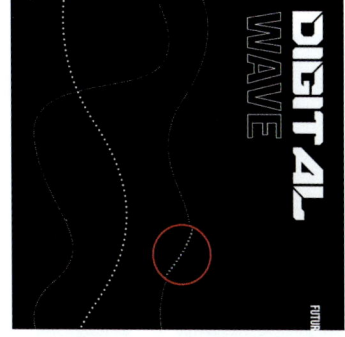

## 04 첫 번째 선에 그레이디언트 적용하기

첫 번째 선을 선택한 뒤 [Gradient] 패널(Ctrl+F9)을 열고 선이 활성화되어 있는지 확인합니다. 왼쪽 색상점의 CMYK 값을 '75-100-0-0', Opacity는 '0%'로, 오른쪽 색상점의 CMYK 값은 '75-100-0-0'으로 입력합니다.

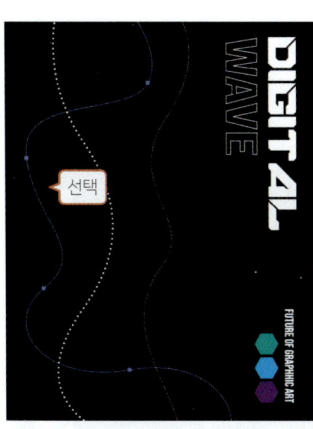 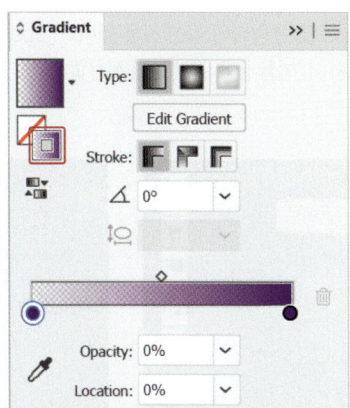 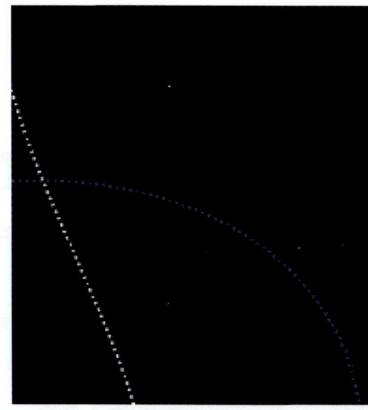

## 05 두 번째 선에 그레이디언트 적용하기

두 번째 선을 선택한 뒤 그레이디언트 색상점의 CMYK 값을 '80-10-45-0'으로 세 개 만듭니다. 양쪽은 Opacity를 '0%'로 설정하고 그레이디언트 각도를 '90도'로 입력합니다.

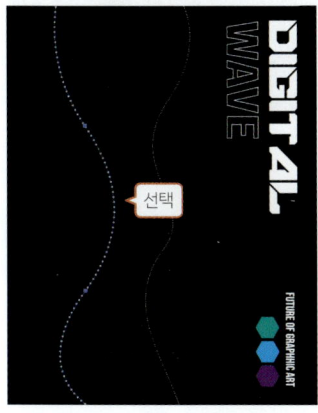 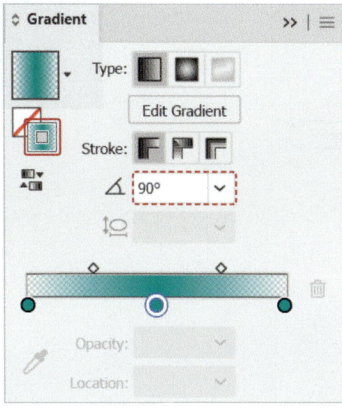 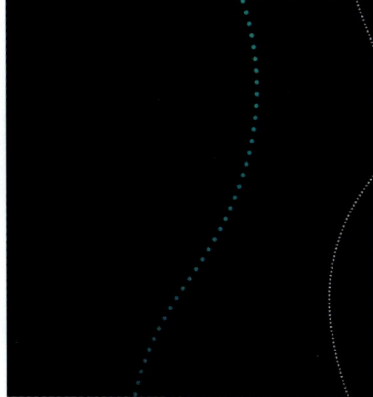

## 06 세 번째 선에 그레이디언트 적용하기

세 번째 선을 선택한 뒤 왼쪽 색상점의 CMYK 값은 '85-50-0-0'으로, 오른쪽 색상점의 CMYK 값은 '100-95-5-0', Opacity를 '0%'로 설정합니다.

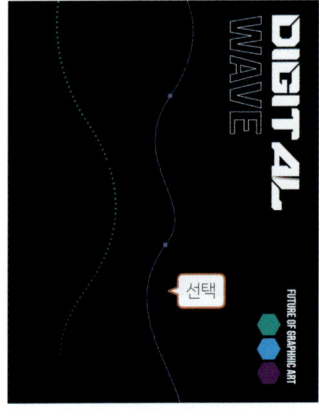
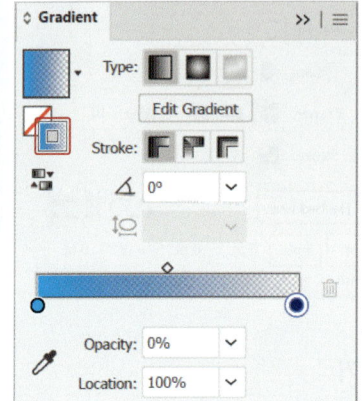

## 07 블렌드 단계 설정 및 적용하기

세 개의 선을 모두 선택한 뒤, Blend Tool(W)을 더블클릭하여 옵션 창을 엽니다. Spacing을 'Specified Steps'로 선택하고 값을 '25'로 입력한 뒤 OK를 누릅니다. Ctrl + Alt + B 를 눌러 블렌드를 적용합니다.

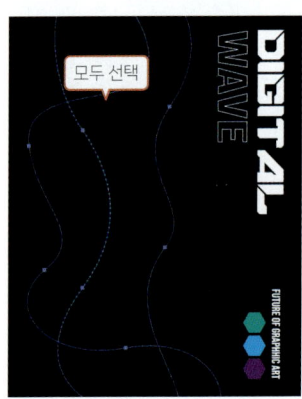
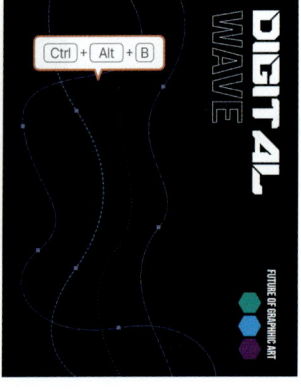
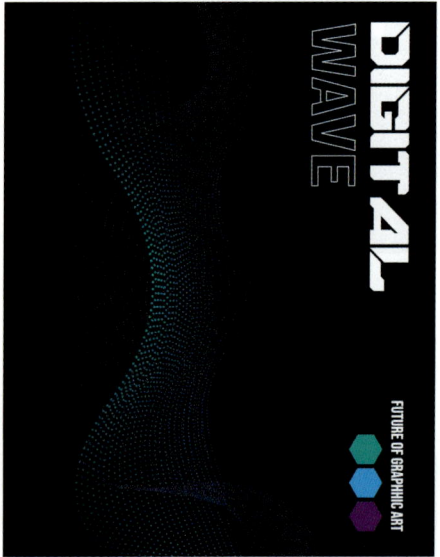

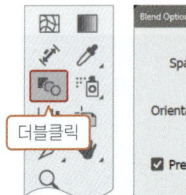
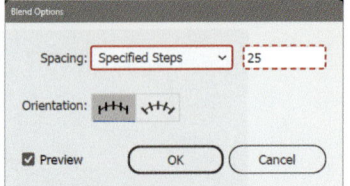

## 08 클리핑 마스크 준비하기

'200×250mm' 크기의 새로운 사각형을 만들고, [Align] 패널( Shift + F7 )에서 가로 및 세로 가운데 정렬을 눌러 문서 중앙에 배치합니다. Ctrl + A 를 눌러 모든 개체를 선택합니다.

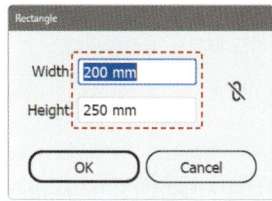

## 09 클리핑 마스크 적용하기

Ctrl + 7 을 눌러 클리핑 마스크를 적용하고 작업을 마무리합니다.

**S** Clipping Mask(클리핑 마스크) Ctrl + 7

# PRACTICE 02  지정된 거리로 블렌드 만들기

# Specified Distance

■ 예제 파일 : S14-P2.ai

블렌드 도구를 활용하여 사각형에 다채로운 색상 변화를 주고, 이를 통해 부드럽게 이어지는 그리드 패턴을 제작합니다.

### 01 첫 번째 사각형 복제하기

[File] - [Open] ( Ctrl + O )으로 'S14-P2.ai' 파일을 엽니다. 미리 준비된 분홍색 사각형 개체를 선택합니다. Selection Tool( V )을 더블클릭하여 나타나는 옵션 창에서 Horizontal은 '150mm', Vertical에 '0mm'를 입력하고 Copy를 눌러 오른쪽으로 150mm 이동된 복사 개체를 생성합니다.

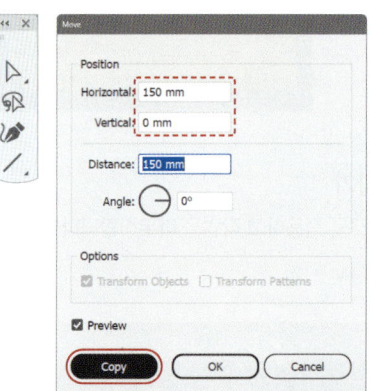

### 02 블렌드 설정 및 적용하기

복제된 사각형 면 색의 CMYK 값을 '75-100-0-0'으로 변경하고 선 색은 적용하지 않습니다. 두 개체를 함께 선택한 뒤 Blend Tool( W )을 더블클릭합니다. Spacing을 'Specified Distance'로 선택하고 '10mm'를 입력한 후 OK를 누릅니다. Ctrl + Alt + B 를 눌러 블렌드 명령을 적용합니다.

> T 디자인 감각을 익히기 위해 예시 색상 외에도 다양한 색상 조합을 시도해 보는 것을 권장합니다.

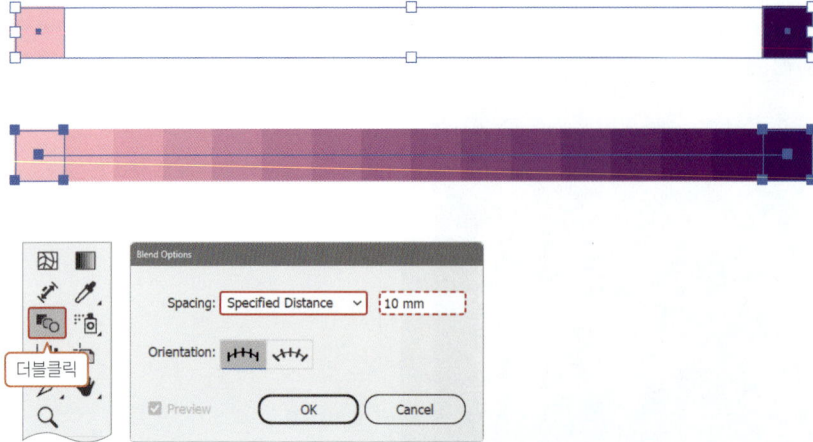

## 03 블렌드 개체 복제하기

개체가 선택된 상태에서 Selection Tool(Ⓥ)을 더블클릭합니다. Horizontal에 '0mm', Vertical에 '150mm'를 입력한 뒤 Copy를 눌러 아래로 150mm 이동된 복사 개체를 생성합니다.

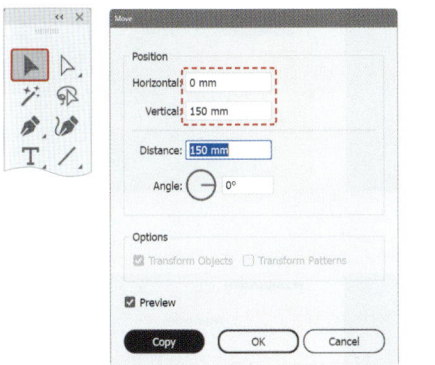
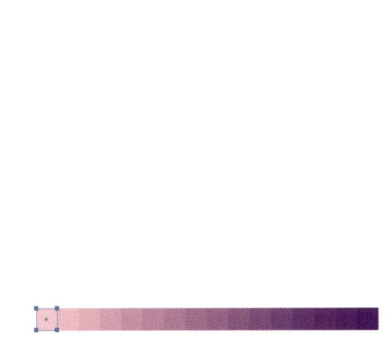

## 04 색상 변경 및 블렌드 확장하기

Direct Selection Tool(Ⓐ)로 좌측 하단 개체를 선택한 뒤, 면 색의 CMYK 값을 '0-0-100-0'으로, 이어서 우측 하단 개체를 선택한 뒤 면 색의 CMYK 값을 '100-20-100-40'으로 설정합니다. 블렌드가 적용되어 있기 때문에 안쪽의 개체들은 자동으로 변경됩니다. 모든 개체를 선택하고 [Object]-[Blend]-[Expand]를 눌러 블렌드 효과를 확장합니다.

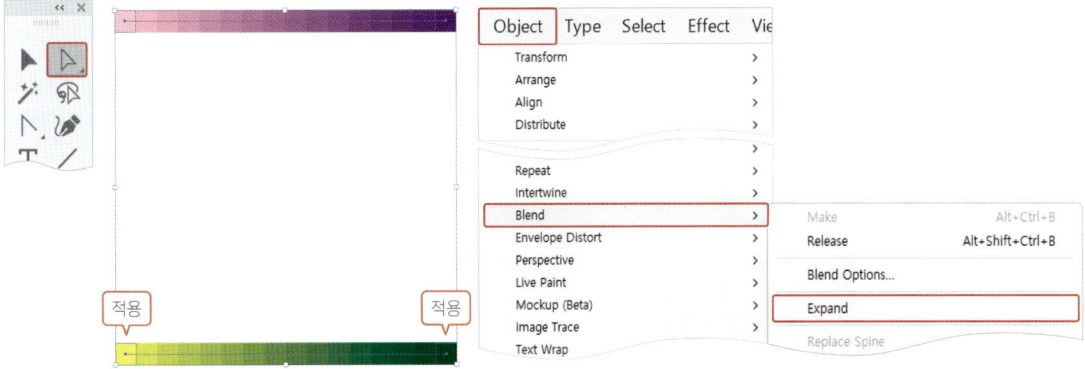

## 05 블렌드 재적용으로 색상 연결하기

모든 개체를 다시 선택한 뒤 Ctrl+Alt+B를 눌러 블렌드 명령을 적용합니다. 사각형들의 색상이 모두 자연스럽게 연결됩니다.

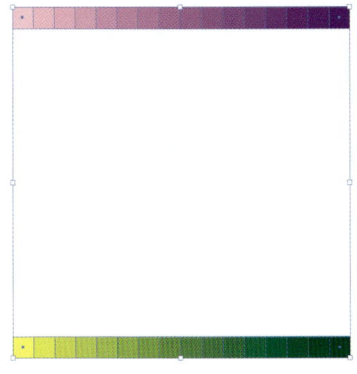
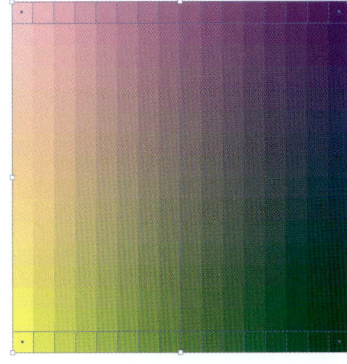

## 06 타이틀 배치 및 블렌드 확장하기

블렌드 개체를 선택한 뒤 [Object] - [Blend] - [Expand]를 눌러 효과를 확장합니다. 미리 준비되어 있는 타이틀 개체를 가져와 원하는 곳에 배치합니다.

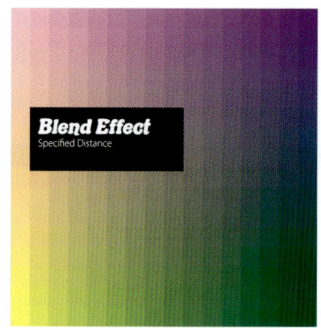 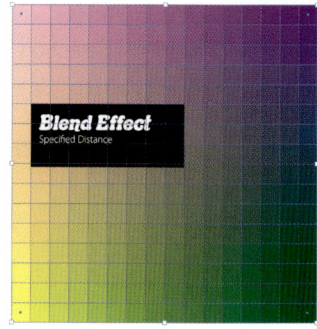

## 07 불규칙한 직사각형 그리기

Rectangle Tool(M)을 선택한 뒤 면 색을 임의의 색으로 설정합니다. 크기와 간격을 원하는 대로 설정하여 불규칙하게 긴 사각형을 여러 개 만듭니다.

## 08 색상 적용 및 마무리

그려진 사각형들 중 한 개를 선택하고, Eyedropper Tool(I)로 주변의 색을 임의로 클릭하여 적용합니다. 나머지 사각형들도 동일하게 작업합니다. 모든 작업을 마쳤으면 저장하고 작업을 마무리합니다.

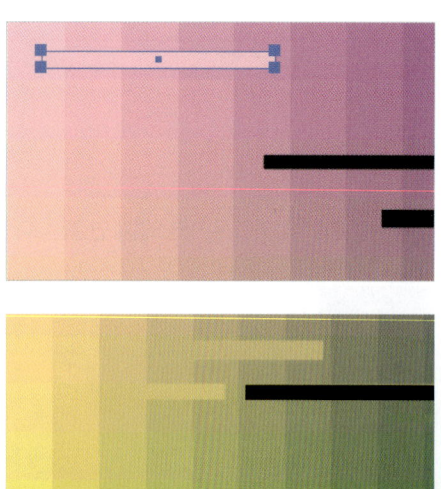 

PRACTICE 03 　매끄러운 색상으로 블렌드 만들기

# Smooth Color

■ 예제 파일 : S14-P3.ai

블렌드 도구를 활용하여 텍스트에 독특하고 깊이 있는 변형 효과를 주는 방법을 알아봅니다. 글자를 복사하고 색상 및 위치를 조정한 뒤 블렌드를 적용하면 새로운 형태의 타이포그래피 디자인을 표현할 수 있습니다.

### 01 'G' 개체 복사하기

[File] - [Open] (Ctrl + O)으로 'S14-P3.ai' 파일을 엽니다. 윤곽선 처리된 글자 중 'G'를 선택하고 Ctrl + C, Ctrl + B로 뒤로 붙여넣습니다. 이 개체의 크기를 키우고 왼쪽 상단으로 약간 위치를 옮깁니다. 면 색의 CMYK 값을 '15 - 95 - 85 - 10'으로 설정합니다.

S Paste in Back(뒤에 붙이기) Ctrl + B

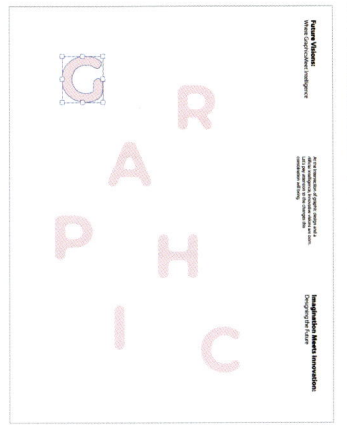

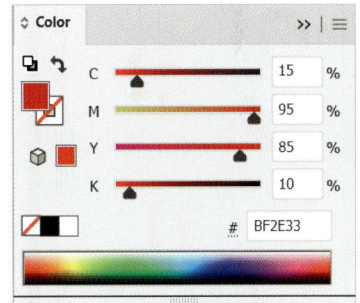

### 02 나머지 텍스트 개체 복사하기

나머지 텍스트들도 모두 하나씩 선택하여 Ctrl + C, Ctrl + B로 뒤로 붙여넣습니다. 각 개체의 크기를 키우고 위치를 조금씩 이동합니다. 면 색의 CMYK 값을 '15 - 95 - 85 - 10'으로 설정합니다. 분홍색 개체들보다 빨간색 개체들이 뒤로 배열되어 있는지 확인합니다.

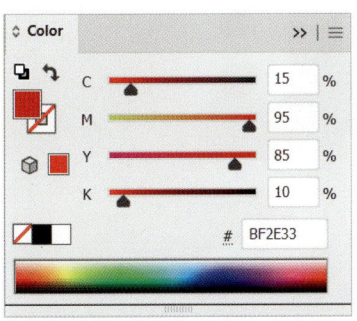
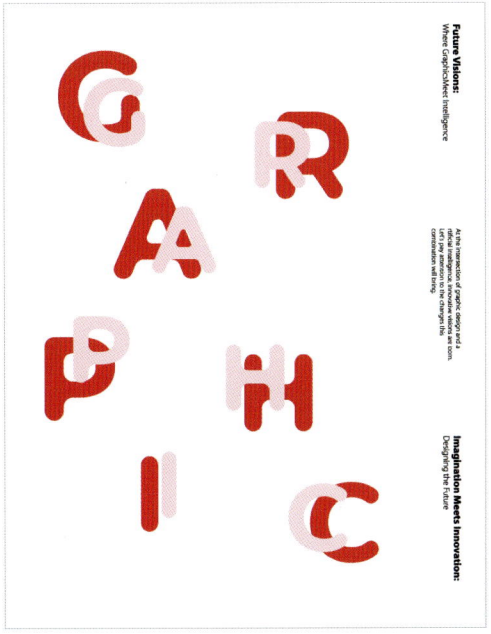

## 03 'G' 개체에 블렌드 적용하기

영문 'G' 모양의 개체 2개를 함께 선택합니다. Ctrl + Alt + B 를 눌러 블렌드 명령을 적용합니다. 기본 설정인 'Smooth Color'가 적용되어 부드럽게 이어지는 모양이 나타납니다.

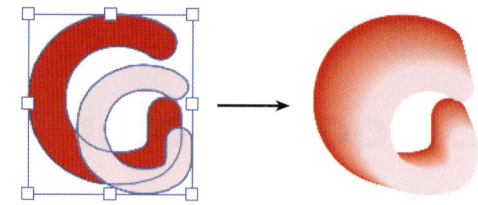

T 만약 다른 설정값으로 적용된 경우, 도구바의 Blend Tool을 더블클릭하여 'Smooth Color'를 선택한 뒤 다시 적용하면 됩니다.

## 04 나머지 텍스트 블렌드 적용 및 배경 만들기

나머지 개체들도 각각 2개씩 선택하여 Ctrl + Alt + B 를 눌러 블렌드 명령을 적용합니다. 블렌드 작업이 끝나면 '200×250mm' 크기의 사각형을 만들어 중앙에 배치하고, Ctrl + Shift + [ 를 눌러 가장 하단에 배열합니다. 면 색의 CMYK 값을 '15-95-85-10'으로 적용합니다.

S Send to Back(맨 뒤로 보내기) Ctrl + Shift + [

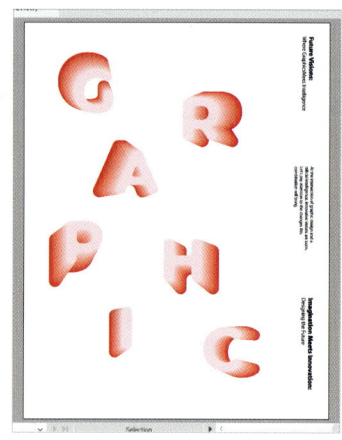
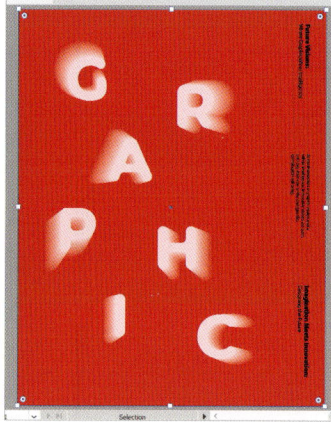
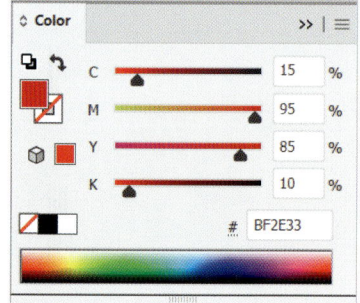

## 05 블렌드 개체 배치 및 저장하기

블렌드 개체들의 크기를 원하는 대로 조절하여 그림과 유사하게 배치합니다. 모든 작업이 완료되면 저장하여 마무리합니다.

T 남은 텍스트들도 색상을 적용하고, 필요한 요소들을 추가하여 전체 작업을 완성합니다.

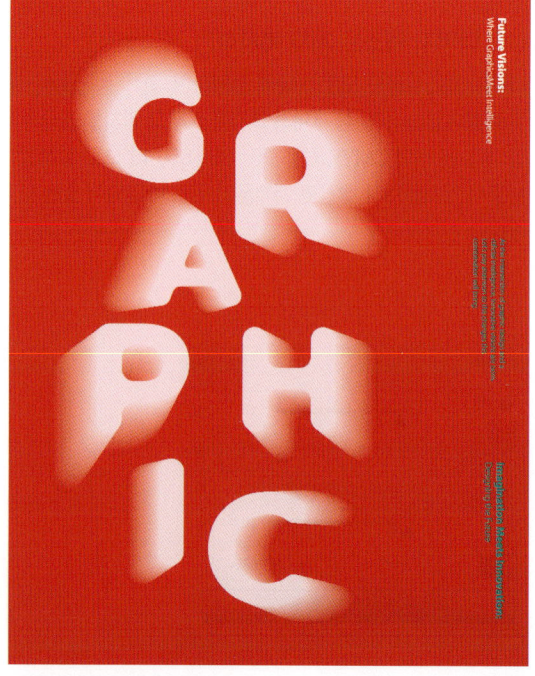

# THEORY 03 망 도구 알아보기

# Mesh Tool

■ 예제 파일 : S14-3.ai

망 도구를 통해 복잡한 곡면 위에서 색상과 명암을 유기적으로 제어하는 방법을 학습합니다. 각 지점의 위치와 색상 포인트를 세밀하게 조정하면 부드러운 색상 전환과 깊이감을 표현할 수 있습니다.

## Mesh Tool 망 도구

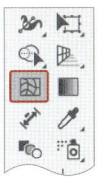

개체를 선택한 뒤 Mesh Tool(망 도구)로 개체 위를 클릭하면 Grid(격자) 모양의 Mesh(그물)가 생성되면서 망점들이 생겨납니다. 이 점들은 Direct Selection Tool(직접 선택 도구)이나 Lasso Tool(올가미 도구)로 선택할 수 있으며, 각 점마다 모두 다른 색을 적용할 수 있습니다. 점과 주변의 다른 점의 색상이 다르게 적용되면서 그레이디언트처럼 자연스럽게 번지면서 적용됩니다.

S Gradient Mesh Tool(망 도구) U

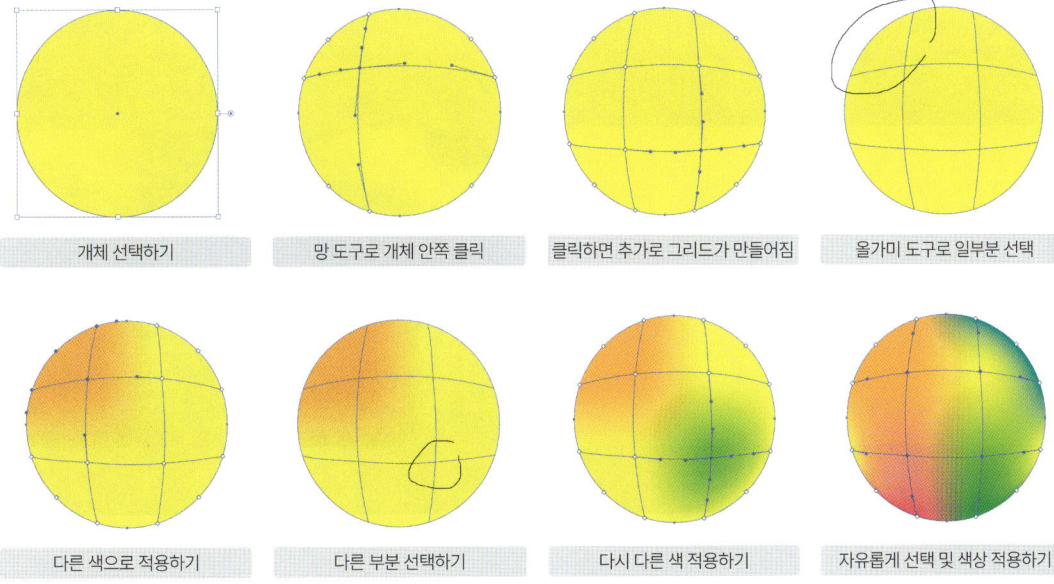

▲ 개체 선택하기 / 망 도구로 개체 안쪽 클릭 / 클릭하면 추가로 그리드가 만들어짐 / 올가미 도구로 일부분 선택
▲ 다른 색으로 적용하기 / 다른 부분 선택하기 / 다시 다른 색 적용하기 / 자유롭게 선택 및 색상 적용하기

### ❶ 망 점 범위 조절(핸들 사용)

색상이 번지는 정도를 점의 핸들로 결정합니다. 임의의 점을 선택하여 나오는 핸들의 길이와 방향을 조절하면, 해당 점에 적용된 그레이디언트의 색상 범위와 각도가 달라지는 것을 확인할 수 있습니다.

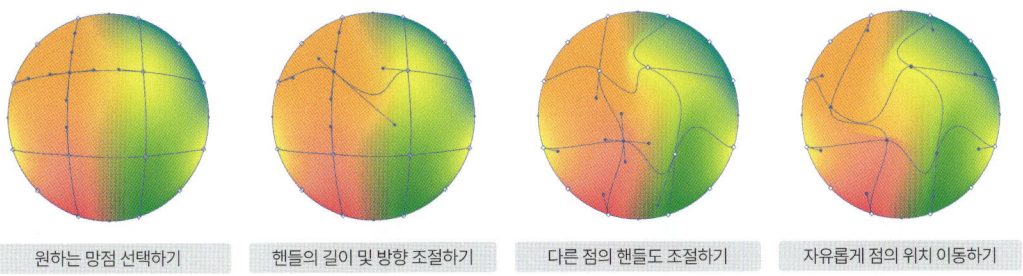

▲ 원하는 망점 선택하기 / 핸들의 길이 및 방향 조절하기 / 다른 점의 핸들도 조절하기 / 자유롭게 점의 위치 이동하기

❷ **스포이드 도구를 활용한 작업**

색상이 유기적으로 번지는 특성 때문에 자연스러운 입체감과 깊이감을 표현하는 데 효과적입니다. 사실적인 그레이디언트를 구현하려면 사물의 음영과 광원(빛의 방향)을 이해하는 것이 중요합니다. 모든 색상을 수동으로 계산하기보다는 Eyedropper Tool(스포이드 도구)을 함께 활용하면 보다 빠르게 작업할 수 있습니다.

> 또한 레퍼런스로 사용할 이미지에서 스포이드 도구를 활용하여 실제 색상 데이터를 추출하면 색상을 일일이 고민하는 수고를 덜 수 있습니다.

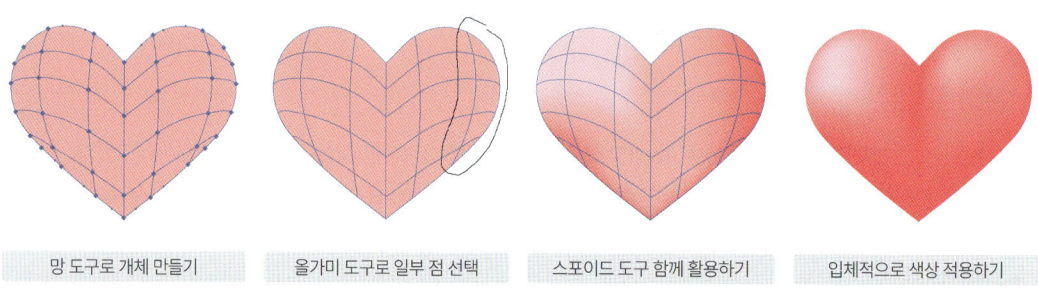

| 망 도구로 개체 만들기 | 올가미 도구로 일부 점 선택 | 스포이드 도구 함께 활용하기 | 입체적으로 색상 적용하기 |

**망 도구의 과거와 현재**

과거에는 Mesh Tool이 입체감 있는 표현을 구현하는 데 효과적이어서 복잡한 3D처럼 보이는 효과를 표현하는 데 주로 사용되었습니다. 그러나 최근 3D 기능이 대중화되고 접근성이 좋아지면서, 이제 망 도구는 주로 작은 오브제 제작이나 자연스러운 그레이디언트 배경을 만드는 방식으로 많이 활용됩니다.

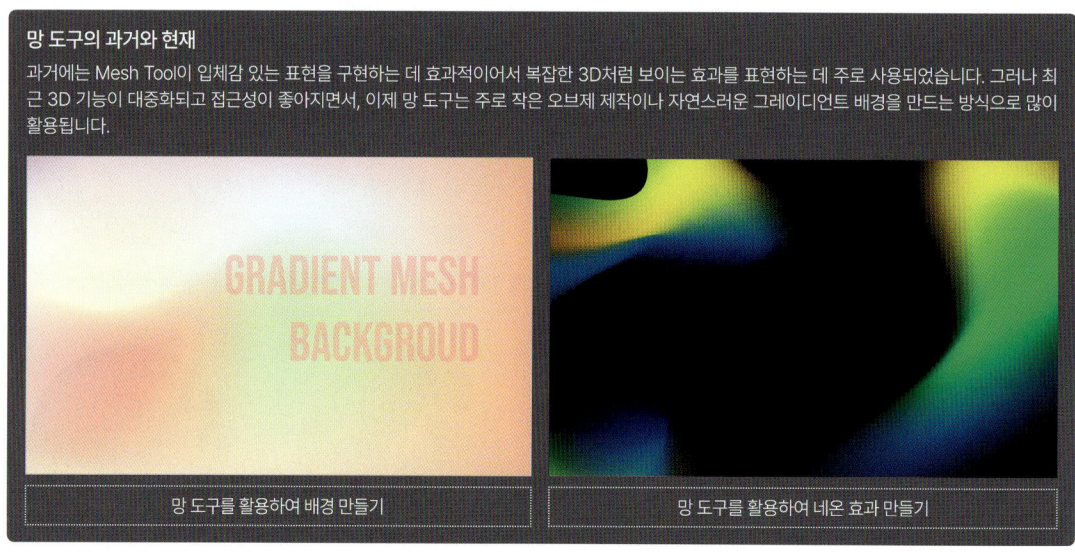

| 망 도구를 활용하여 배경 만들기 | 망 도구를 활용하여 네온 효과 만들기 |

# Exercise

### 망 도구와 블렌드로 타이포그래피 효과 만들기     📁 S14_Exercise 예제

망 도구를 활용해 배경에 깊이감을 더하고, 블렌드 도구로 텍스트에 독창적이고 입체적인 효과를 적용하여 본인만의 특별한 타이포그래피 디자인을 완성합니다. 예제와 다른 색상 및 폰트를 적용하여 개성 있는 스타일로 만들어 보세요.

### 1. 망 도구로 배경 만들기

[File] - [Open]으로 'S14-E1.ai' 파일을 엽니다. 배경에 만들어져 있는 Mesh 개체의 일부 점들을 클릭하여 자유롭게 색을 적용합니다. 이때 배경색에 맞춰 어두운 색 위주로 사용하는 것을 추천합니다. 적용했으면 미리 준비된 텍스트 개체를 그림과 유사하게 배치합니다.

- S Open(열기) `Ctrl` + `O`
- S Mesh Tool(망 도구) `U`

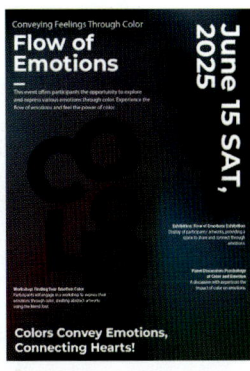

### 2. 텍스트에 블렌드 효과 적용하기

텍스트를 복사하여 `Ctrl` + `B`로 뒤로 붙여넣기 하고, 원하는 곳으로 이동시킵니다. 면 색 없이 선 색만 원하는 색을 적용합니다. 복사된 개체들이 뒤로 배열되어 있는지 확인합니다. 복사된 개체는 Opacity를 '0%'로 설정한 뒤 블렌드 옵션을 'Distance', '2mm'로 적용합니다. 블렌드 적용 후, 연결선을 곡선으로 조절하여 부드럽게 만들어 줍니다. 다섯 개의 텍스트 모두 선 색뿐만 아니라 선 두께나 간격 설정 또한 다르게 하여 다양하게 적용해 봅니다.

- S Paste in Back(뒤에 붙이기) `Ctrl` + `B`
- S Blend Tool(블렌드 도구) `W`

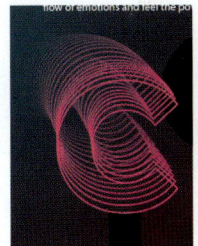
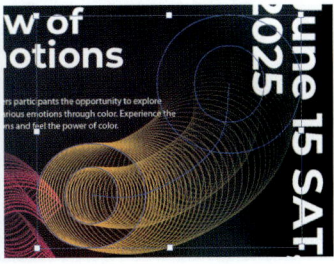

Section 15

# Effect, Appearance
## 효과, 모양

**MISSION**

이번 섹션에서는 효과와 모양 패널의 활용법을 집중적으로 다룹니다. 이 두 기능을 활용하여 개체의 원본을 훼손하지 않으면서도 다채로운 시각적 스타일을 적용하고, 이를 모양 패널에서 유연하게 제어하는 방법을 알아봅니다.

**KEYWORD**

#효과 #왜곡과 변형 #스타일화 #모양 패널 #그래픽 스타일 패널

## THEORY 01 효과 살펴보기

# Effect

■ 예제 파일 : S15-1.ai

일러스트레이터도 개체나 이미지에 다양한 시각적 효과를 적용할 수 있습니다. 이 중 일부는 [Object] 메뉴에 있는 기능들과 겹치거나, 패스파인더처럼 패널로도 따로 적용할 수 있는 효과들이 있지만, [Effect] 메뉴에서 적용하면 모양 패널에 등록되어 원본을 보존하며 편집할 수 있다는 큰 장점이 있습니다. 이를 통해 언제든 효과를 수정하거나 제거할 수 있습니다.

### ★★ Illustrator Effects 일러스트레이터 효과

메뉴의 [Effect]는 크게 일러스트레이터 효과와 포토샵 효과로 나뉩니다. 일러스트레이터는 벡터 기반의 효과로, 개체의 해상도를 유지하며 비파괴적으로 적용됩니다. 3D 및 재질, 왜곡 및 변형, 스타일화 등이 여기에 속합니다.

❶ **Apply Last Effect(마지막 사용 효과 적용)** : 개체에 마지막으로 적용했던 효과를 동일하게 다시 적용합니다.

❷ **Last Effect(마지막 사용 효과)** : 이전에 적용한 효과의 설정 창을 다시 열어 보여줍니다.

❸ **Document Raster Effects Settings…(문서 래스터 효과 설정값)** : 개체에 래스터 효과(비트맵 효과)가 포함될 경우, 해당 효과의 해상도나 배경 투명도 등을 설정합니다.

❹ **3D and Materials(3D 및 재질)** : 선택한 개체를 3D 형태로 만들고 다양한 질감을 입힐 수 있습니다.

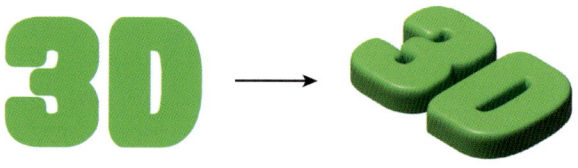

❺ **Distort & Transform(왜곡과 변형)** : 개체의 이동, 크기 조절, 회전, 반전, 복사와 같은 기본적인 변형과 지그재그, 부풀리기, 오목하게 하기 등 다양한 왜곡 효과를 적용합니다.

T 이 메뉴는 자주 사용되니 꼭 익혀두는 것이 좋습니다.

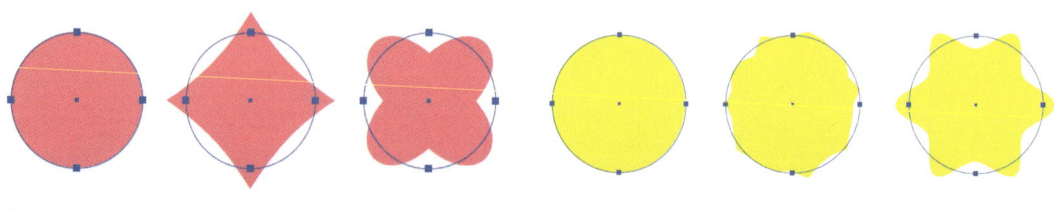

원 개체(원본) / Pucker & Bloat(-30%) / Pucker & Bloat(30%)   　　원 개체(원본) / Roughen(5%, 기본설정) / Zig Zag(2mm, Segment 2, Smooth)

❻ **Path(패스)** : [Object] - [Path] 메뉴에도 있는 패스 이동과 윤곽선 만들기 명령이 포함됩니다. 또한, 오브젝트 윤곽선 명령을 별도로 적용할 수 있습니다.

❼ **Pathfinder(패스파인더)** : [Window] - [Pathfinder] 패널과 동일한 기능을 제공합니다. 하지만 [Effect] 메뉴에서 적용하면 효과가 [Appearance] 패널에 등록되어 원본을 보존하며 편집할 수 있다는 장점이 있습니다.

❽ **Rasterize...(래스터화)** : 벡터 개체를 픽셀(비트맵) 기반의 래스터 개체로 변환합니다.

❾ **Stylize(스타일화)** : 그림자 효과, 내부 광선, 외부 광선, 스크리블 등 다양한 스타일 효과를 적용할 수 있습니다. 이때 생성되는 자연스럽게 번지는 모양은 픽셀(비트맵)로 만들어집니다.

    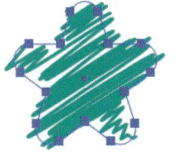

별모양 개체(원본) / Drop Shadow / Feather / Inner Glow(노란색으로 적용) / Scribble

❿ **SVG Filters(SVG 필터)** : 벡터 그래픽에 다양한 시각적 효과를 실시간으로 추가하는 데 사용되는 XML 기반의 필터입니다.

⓫ **Warp(변형)** : [Object] - [Envelope Distort] - [Make with Warp]와 동일한 기능을 제공합니다. 이 또한 [Appearance] 패널에 등록되어 원본을 보존하며 효과를 적용할 수 있습니다.

텍스트 개체(원본) / Warp-Flag(50%) / Warp-Bulge(50%)

# Photoshop Effects 포토샵 효과

포토샵에서 펜 도구나 셰이프 같은 벡터 기능을 활용할 수 있듯이 일러스트레이터에서도 다양한 효과를 적용할 수 있습니다. 이때 적용되는 효과들은 벡터 방식이 아닌 비트맵 방식으로 처리되어 픽셀이 생성됩니다. [Effect]의 'Photoshop Effects' 목록에 있는 기능들은 포토샵에 있는 기능들을 대부분 동일하게 적용할 수 있습니다.

T 픽셀(비트맵) 기반의 효과들은 확대할 경우 품질이 저하됩니다. 따라서 문서의 래스터화(Rasterize) 해상도를 일반적으로 300ppi로 설정하는 것을 권장하며, 작업 시작 전에 크기와 해상도를 지정하고 작업하는 것이 중요합니다.

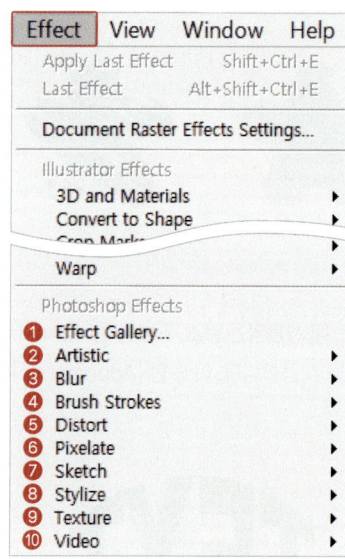

❶ Effect Gallery...(효과 갤러리) : 포토샵의 필터 갤러리 메뉴와 동일한 효과를 제공합니다.

❷ Artistic(예술 효과) : 수채화 등 회화적인 느낌의 예술적 효과를 개체에 적용할 수 있습니다.

❸ Blur(흐림 효과) : 개체를 흐리게 처리합니다. 가우시안 흐림이 가장 대중적으로 사용되며, 다양한 다른 흐림 효과들도 적용할 수 있습니다.

❹ Brush Strokes(브러시 획) : 붓터치 느낌을 낼 수 있는 다양한 효과들을 적용할 수 있습니다.

❺ Distort(왜곡) : 개체를 픽셀화하여 왜곡시킵니다. 깨진 느낌, 번지는 느낌, 흔들리는 느낌 등을 표현할 수 있습니다.

❻ Pixelate(픽셀화) : 픽셀을 조각내는 듯한 효과들이 많습니다. 모자이크 효과나 팝아트 스타일의 도트 느낌 등을 표현할 수 있습니다.

❼ Sketch(스케치 효과) : 손그림을 그린 듯한 흑백 계열의 회화적인 느낌을 표현할 수 있습니다.

❽ Stylize(스타일화) : 이미지를 어둡게 하고 밝은 선으로 라인을 표현하는 가장자리 광선 효과 기능을 적용할 수 있습니다.

❾ Texture(텍스처) : 다양한 질감 효과들을 개체에 적용할 수 있습니다.

❿ Video(비디오) : 비디오 관련 이미지 작업 시 활용됩니다. 이미지 품질을 더 선명하고 매끄럽게 만들거나 색상을 NTSC 시스템에 맞출 수 있습니다.

[Effect] - [Artistic] - [Colored Pencil]

[Effect] - [Artistic] - [Film Grain]

[Effect] - [Distort] - [Ocean Ripple]

[Effect] - [Pixelate] - [Color Halftone]

[Effect] - [Brush Strokes] - [Spatter]

[Effect] - [Sketch] - [Graphic Pen]

[Effect] - [Stylize] - [Glowing Edges]

[Effect] - [Texture] - [Patchwork]

## 래스터 효과 범위 설정하기

포토샵에서 가져온 효과들은 벡터가 아닌 픽셀(점)로 변환되어 적용됩니다. 이런 효과들을 래스터 효과(Raster Effects)라고 부릅니다. 이 픽셀 기반 효과들은 문서 설정에 따라 일부가 잘려서 보일 수 있기 때문에 범위 설정이 필요하며, 최대 720픽셀(px)까지 입력할 수 있습니다. [Effect] - [Document Raster Effects Settings] 옵션 창의 Add(추가)에서 설정할 수 있습니다.

> T 만약 설정을 변경했음에도 래스터 효과가 여전히 끊겨 보인다면, 개체를 선택한 후 [Appearance] 패널에서 해당 효과를 클릭합니다. 수치를 조절하면 변경된 설정이 바로 적용되어 문제가 해결될 수 있습니다. 또는 프로그램을 재실행해 보는 것도 하나의 방법입니다.

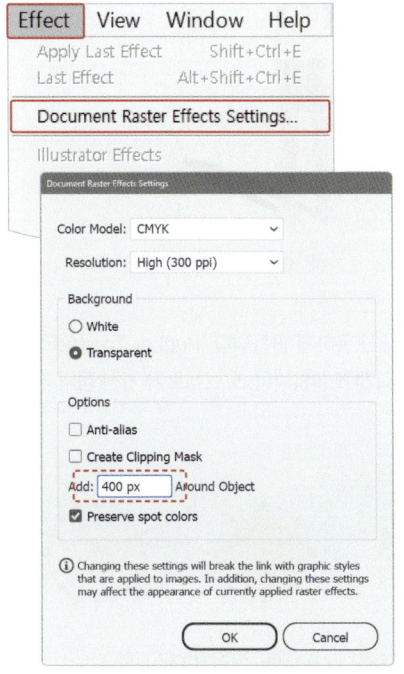

테두리의 번짐이 끊겨(잘려) 보이는 경우(Add : 36px)

테두리의 번짐이 부드럽게 처리된 경우(Add : 400px)

> T 일러스트레이터는 가우시안 흐림 효과나 그림자 만들기와 같은 비트맵 효과를 적용할 때 일시적으로 이미지를 픽셀 기반으로 변환하여 처리합니다. 이때, 사용자가 설정한 PPI 값에 따라 해상도가 결정됩니다. 낮은 PPI(예 : 72ppi)는 웹용 이미지에 적합하며, 파일 크기가 작고 처리 속도가 빠릅니다. 높은 PPI(예 : 300ppi)는 고해상도 인쇄물에 적합하며 선명하지만 파일 크기가 크고, 속도가 느려질 수 있습니다. 따라서 비트맵 효과를 적용할 때는 최종 결과물의 용도를 고려하여 적용하는 것이 중요합니다.

# THEORY 02  왜곡과 변형 알아보기

## Distort & Transform

■ 예제 파일 : S15-2.ai

왜곡과 변형 명령에는 디자인 작업에서 자주 활용되는 다양한 효과들이 포함되어 있습니다.

### ★★ Distort & Transform  왜곡과 변형

모양을 왜곡하는 도구들과 원리는 동일하지만, 이 효과들은 세기 등을 더 섬세하게 설정할 수 있어 자주 활용됩니다. 모든 효과는 [Appearance] 패널에 등록되어 언제든지 수정할 수 있다는 장점이 있습니다.

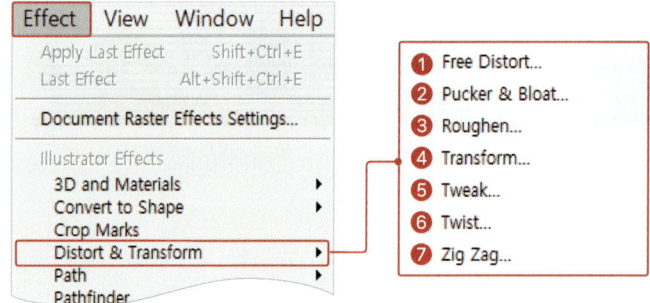

❶ **Free Distort(자유 왜곡)** : 개체를 자유롭게 왜곡합니다. Free Transform Tool(자유 변형 도구)과 유사하지만, 효과로 적용하면 실시간으로 결과를 확인하며 수정할 수 있어 편리합니다.

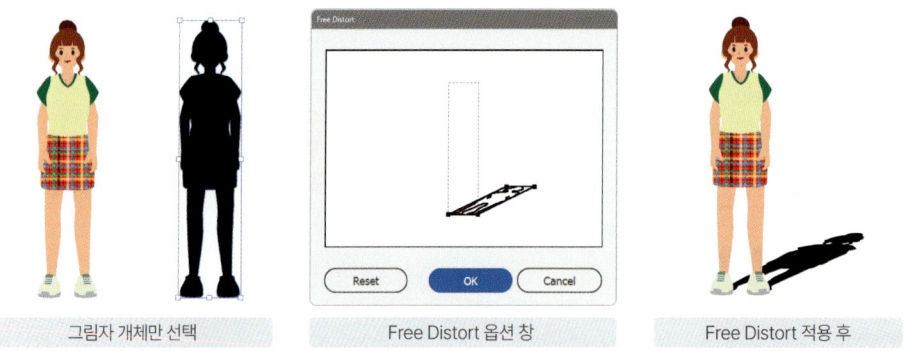

그림자 개체만 선택 / Free Distort 옵션 창 / Free Distort 적용 후

❷ **Pucker&Bloat(오목과 볼록)** : 개체의 점들 사이를 균일한 비율로 부풀리거나 오목하게 만듭니다. Pucker Tool(오목 도구), Bloat Tool(볼록 도구)과 유사하지만, 마우스 조작 대신 비율을 통해 정밀하게 조절합니다. 오브젝트가 가진 점의 개수에 따라 모양 변화가 달라집니다.

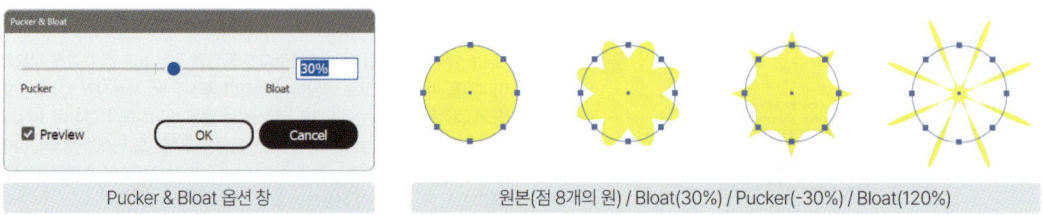

Pucker & Bloat 옵션 창 / 원본(점 8개의 원) / Bloat(30%) / Pucker(-30%) / Bloat(120%)

❸ **Roughen(거칠게 하기)** : 패스를 울퉁불퉁하게 만들어 거친 질감을 표현합니다. 비율을 조절하여 거칠기의 정도를 제어할 수 있으며, 손그림 같은 느낌을 연출할 때 유용하게 활용됩니다.

얼굴과 귀 개체만 선택

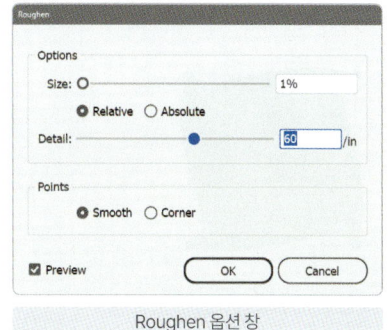
Roughen 옵션 창

Roughen 적용 후

❹ **Transform(변형)** : 개체의 크기 조절, 이동, 회전, 반전, 랜덤 변형 등 다양한 설정을 효과로 지정할 수 있습니다. 특정 참조점을 기준으로 적용하거나, 패턴과 오브젝트 설정을 구분하여 적용하는 것도 가능합니다. 또한, 여러 개의 복제본을 만들 수 있으며, 모든 효과는 누적되어 다음 개체에 영향을 주기 때문에 기하학적인 패턴을 만들 때 특히 유용합니다.

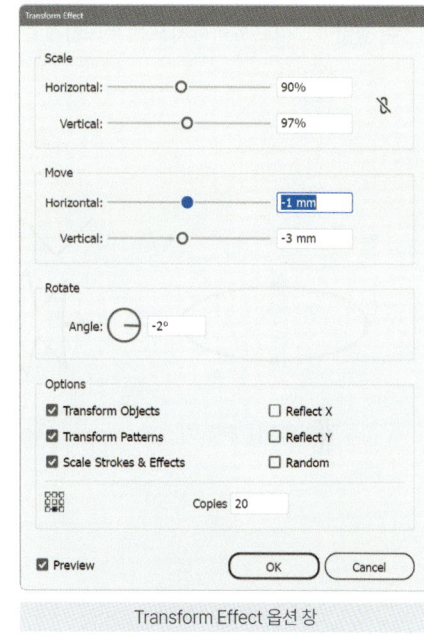

원본
(면 색 없는 사각형 선 개체)

Transform Effect
적용 후

Transform Effect 옵션 창

❺ **Tweak(비틀기)** : 개체의 가로와 세로를 점과 핸들 방향에 따라 비틀어 왜곡하는 기능입니다. 슬라이더를 이용해 어느 정도 비틀지 비율을 정할 수 있습니다.

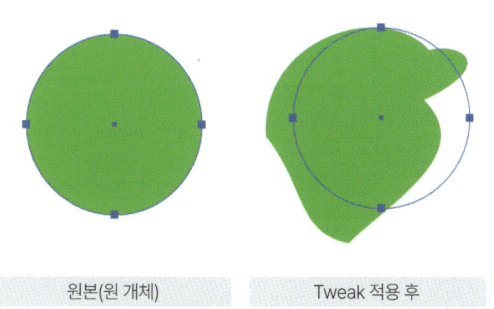
원본(원 개체)   Tweak 적용 후

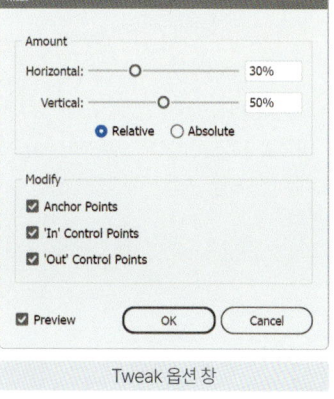
Tweak 옵션 창

❻ **Twist(비틀어 돌리기)** : 개체의 꺾인 부분에 각도를 입력하여 왜곡하는 기능입니다. 원과 같이 매끄러운 곡선에는 적용되지 않습니다. Twirl Tool(돌리기 도구)이 마우스로 일부만 조절하는 것과 달리, 이 효과는 개체의 점을 기준으로 균일하게 효과를 적용한다는 차이점이 있습니다.

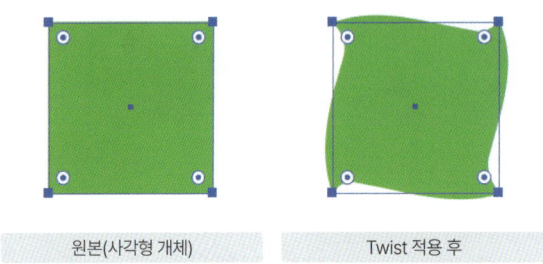 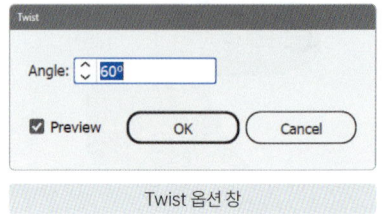

원본(사각형 개체)　　　Twist 적용 후　　　Twist 옵션 창

❼ **Zig Zag(지그재그)** : 패스에 규칙적인 톱니 또는 물결 모양의 굴곡을 만들어주는 기능입니다. 옵션 창에서 지그재그의 개수, 높낮이 그리고 뾰족하게 또는 부드럽게 같은 옵션 등을 설정할 수 있습니다.

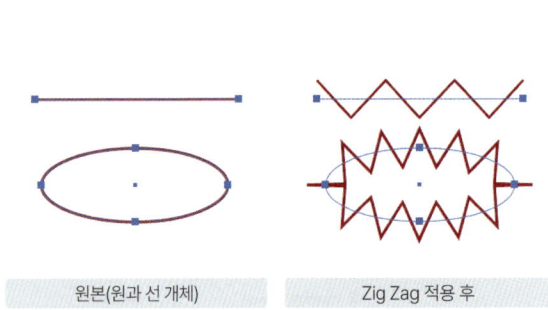 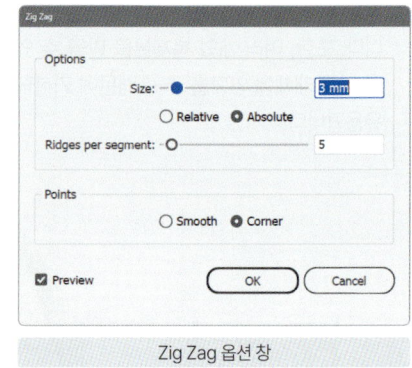

원본(원과 선 개체)　　　Zig Zag 적용 후　　　Zig Zag 옵션 창

# THEORY 03 스타일화 알아보기

## Stylize

■ 예제 파일 : S15-3.ai

[Effect] - [Stylize] 메뉴에는 대중적으로 많이 사용되는 다양한 효과들이 있습니다. 특히, 번지는 표현이 포함된 효과들은 픽셀 방식으로 처리된다는 점을 미리 알아둡니다.

### ★ Stylize 스타일화

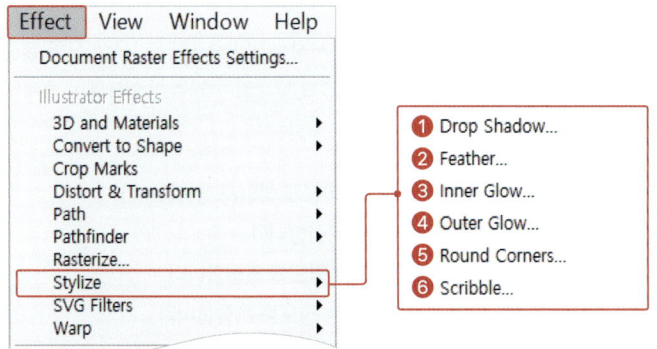

❶ **Drop Shadow(그림자 만들기)** : 오브젝트 뒤에 그림자를 만듭니다. X, Y 좌표를 조절해 그림자가 떨어지는 거리를 정하고 색상, 합성 모드, 불투명도 그리고 번지는 정도를 설정해서 부드럽거나 선명한 그림자를 만들 수 있습니다.

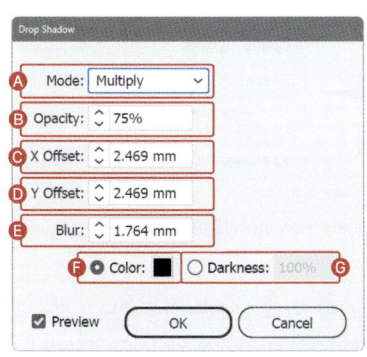

- Ⓐ **Mode(모드)** : 그림자가 배경과 어떻게 섞일지 설정합니다.
- Ⓑ **Opacity(불투명도)** : 그림자의 투명도를 조절합니다.
- Ⓒ **X Offset(X 옵셋)** : 가로 방향으로 얼마나 이동시킬지 조절합니다.
- Ⓓ **Y Offset(Y 옵셋)** : 세로 방향으로 얼마나 이동시킬지 조절합니다.
- Ⓔ **Blur(흐림 효과)** : 그림자의 경계를 얼마나 부드럽게 만들지 조절합니다.
- Ⓕ **Color(색상)** : 그림자의 색을 직접 지정합니다.
- Ⓖ **Darkness(어두움)** : 그림자 색을 따로 지정하지 않고, 원본 오브젝트보다 명도를 낮춰 어둡게 표현할 때 사용합니다.

원본 개체     Drop Shadow 기본 적용     Drop Shadow 설정 변경하여 적용

❷ Feather(패더) : 오브젝트의 가장자리 외곽 부분을 부드럽게 번지도록 만듭니다.

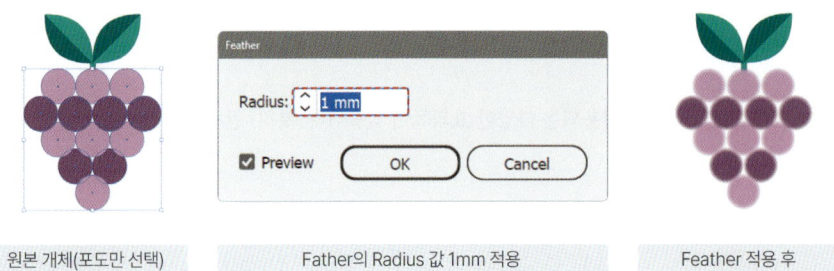

| 원본 개체(포도만 선택) | Father의 Radius 값 1mm 적용 | Feather 적용 후 |

❸ Inner Glow(내부 광선) : 오브젝트 안쪽에 빛 효과를 적용합니다. 빛이 테두리에서 시작하거나 중심에서 시작하도록 설정할 수 있습니다. 기본적으로 흰색과 스크린 합성 모드가 적용되지만, 원하는 색과 합성 모드를 자유롭게 적용해도 좋습니다. 빛이 번지는 정도는 Blur(흐림 효과) 값을 입력하여 결정합니다.

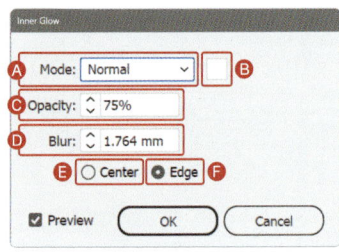

- ⓐ Mode(모드) : 내부 광선이 배경과 어떻게 섞일지 설정합니다.
- ⓑ Color(색상) : 내부 광선의 색상을 지정합니다.
- ⓒ Opacity(불투명도) : 내부 광선의 투명도를 조절합니다.
- ⓓ Blur(흐림 효과) : 내부 광선이 번지는 정도를 조절합니다.
- ⓔ Center(중심) : 내부 광선이 오브젝트의 중심에서 시작하도록 설정합니다.
- ⓕ Edge(가장자리) : 내부 광선이 오브젝트의 외곽 경계에서 시작하도록 설정합니다.

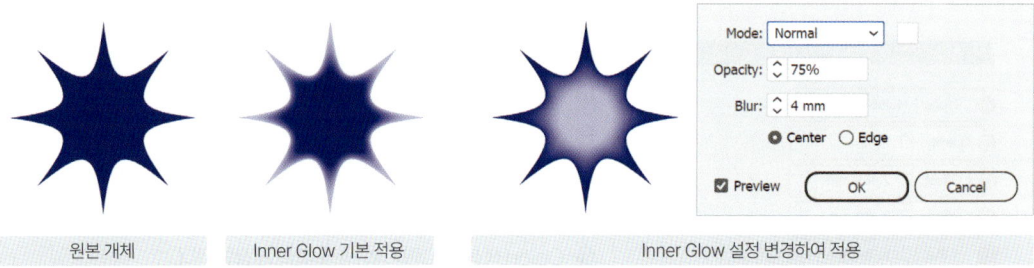

| 원본 개체 | Inner Glow 기본 적용 | Inner Glow 설정 변경하여 적용 |

❹ Outer Glow(외부 광선) : 오브젝트 바깥쪽에 빛 효과를 적용합니다. 기본적으로 흰색과 스크린 합성 모드가 적용되지만, 원하는 색과 합성 모드를 자유롭게 적용해도 좋습니다. 빛이 번지는 정도는 Blur(흐림 효과) 값을 입력하여 결정합니다.

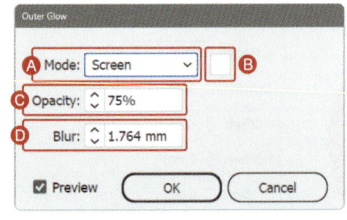

- ⓐ Mode(모드) : 외부 광선이 배경과 어떻게 섞일지 설정합니다.
- ⓑ Color(색상) : 외부 광선의 색상을 지정합니다.
- ⓒ Opacity(불투명도) : 외부 광선의 투명도를 조절합니다.
- ⓓ Blur(흐림 효과) : 외부 광선이 번지는 정도를 조절합니다.

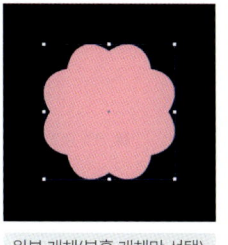
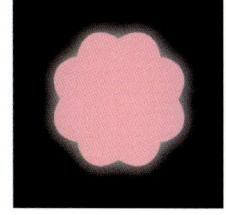

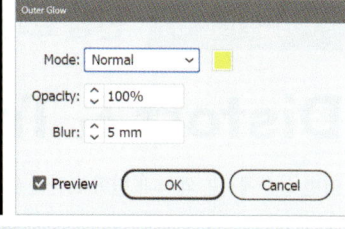

원본 개체(분홍 개체만 선택) | Outer Glow 기본 적용 | Outer Glow 설정 변경하여 적용

❺ **Round Corners(모퉁이 둥글기)** : 꺾임이 있는 패스의 모퉁이를 부드럽게 둥글립니다. 일반적인 평면 패스에서는 기본으로 제공되는 Corners 옵션과 유사하게 적용되지만, 기울기가 있는 꺾임의 경우에는 [Effect] - [Stylize] - [Round Corners] 기능을 활용해야 모퉁이를 정확하게 둥글릴 수 있습니다.

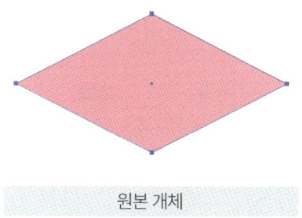
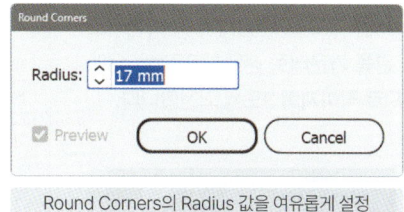
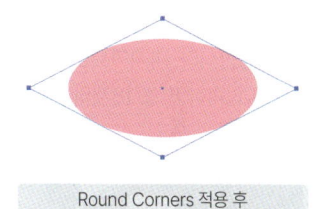

원본 개체 | Round Corners의 Radius 값을 여유롭게 설정 | Round Corners 적용 후

❻ **Scribble(스크리블)** : 오브젝트의 면을 선으로 낙서한 듯한 효과로 바꿔 줍니다. 선의 두께, 겹치는 정도, 반복되는 정도, 선의 복잡성 등을 상세하게 조절할 수 있습니다. 얇은 펜으로 그린 듯한 효과부터 두꺼운 펜으로 그린 듯한 느낌까지 다양한 연출이 가능합니다.

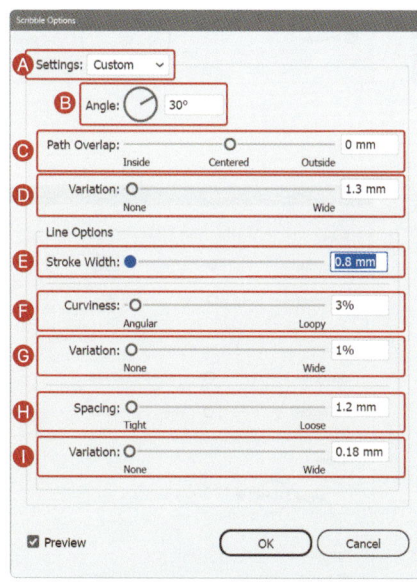

Ⓐ **Settings(설정)** : 미리 지정된 스크리블 효과 목록을 제공합니다.
Ⓑ **Angle(각도)** : 스크리블 선의 각도를 설정합니다.
Ⓒ **Path Overlap(패스 오버랩)** : 원본 패스와 스크리블 선이 겹치는 범위를 설정합니다.
Ⓓ **Variation(변경)** : 겹치기 범위의 변화 값을 입력합니다.
Ⓔ **Stroke Width(선 폭)** : 선의 두께를 지정합니다.
Ⓕ **Curviness(곡선도)** : 선이 꺾이는 곡률을 비율로 설정합니다.
Ⓖ **Variation(변경)** : 곡률 범위의 변화 값을 입력합니다.
Ⓗ **Spacing(간격)** : 스크리블 선들이 서로 겹치는 범위의 간격을 설정합니다.
Ⓘ **Variation(변경)** : 간격 범위의 변화 값을 입력합니다.

Scribble 기본 적용 | Scribble 설정 변경하여 적용

## PRACTICE 01 변형 효과 실습하기

# Distort & Transform

■ 예제 파일 : S15-P1.ai

이번 실습에서는 왜곡과 변형 효과를 활용해 개체의 크기, 이동, 회전, 복사를 누적 적용하여 다양한 반복 패턴을 만들어 보겠습니다.

### 01 첫 번째 원형 패턴 만들기

[File] - [Open] (Ctrl + O)으로 'S15-P1.ai' 파일을 엽니다. 우측 하단의 원을 선택한 다음, [Effect] - [Distort & Transform] - [Transform]을 클릭합니다. Scale의 Horizontal을 '96%'로, Move의 Horizontal을 '-1mm'로 입력합니다. Rotate의 Angle을 '3도'로 설정해 누적 회전되도록 설정합니다. 마지막으로 참조점을 왼쪽 가운데로 선택하고 Copies에 '17'을 입력하면, 총 18개의 원이 왼쪽으로 작아지며 3도씩 회전합니다.

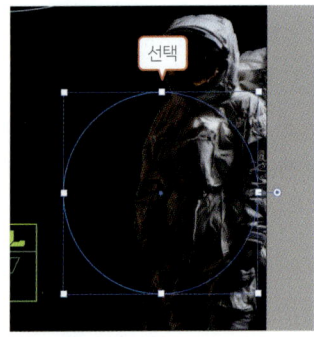
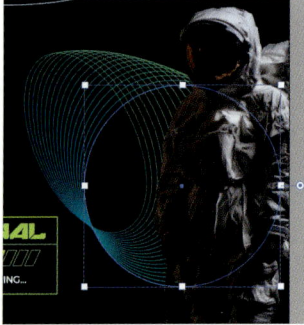
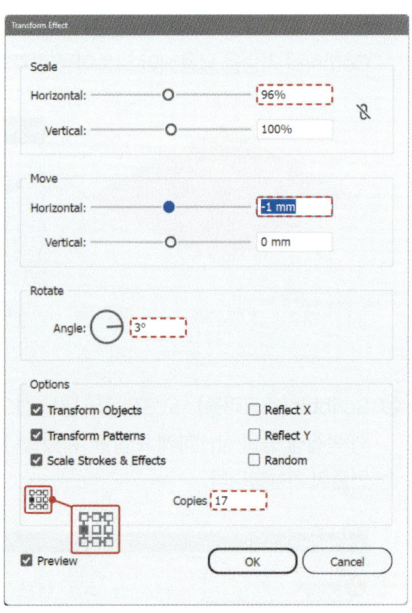

### 02 두 번째 사각형 패턴 만들기

우측 상단의 사각형 개체를 선택한 뒤 동일하게 [Transform] 효과를 적용합니다. Scale의 Horizontal과 Vertical을 모두 '95%'로, Angle을 '5도'로 입력합니다. 참조점은 가운데로 설정하고 Copies에 '60'을 입력합니다.

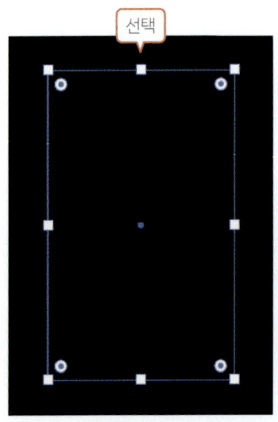
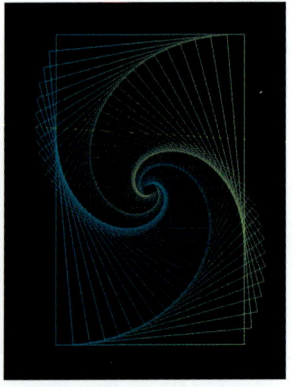
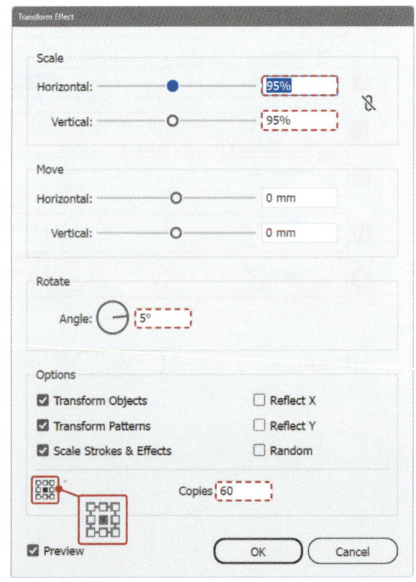

## 03 세 번째 타원 패턴 만들기

좌측 중간의 흰색 타원 개체를 선택합니다. 이전과 같은 [Transform] 효과를 적용합니다. Scale의 Horizontal만 '90%'로 줄이고, Copies에 '9'를 입력하여 총 10개의 원이 누적으로 가로 크기만 줄어들도록 작업합니다.

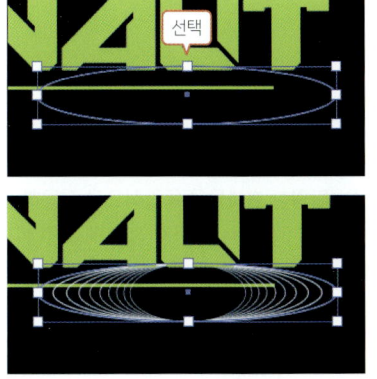
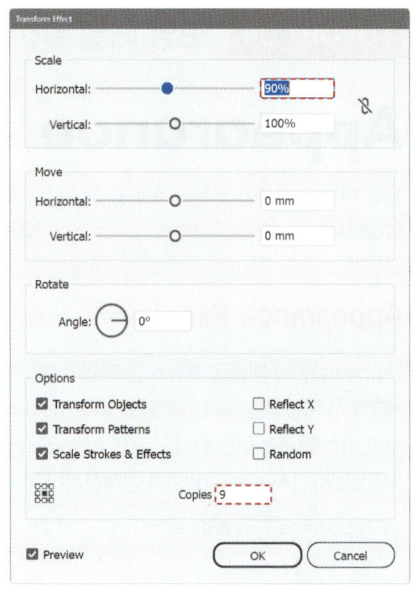

## 04 타원 전체 회전 및 저장하기

흰색 선의 타원 개체가 선택된 채로 Rotate Tool(R)을 더블클릭합니다. 옵션 창에서 Angle을 '15도'로 입력하고 OK를 누르면 개체 전체가 회전됩니다. 작업이 완료되면 저장합니다.

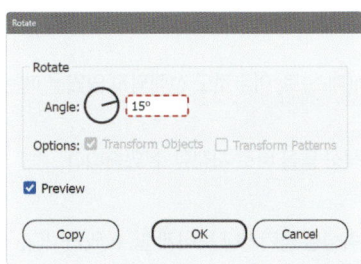
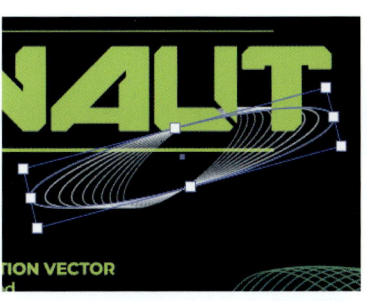
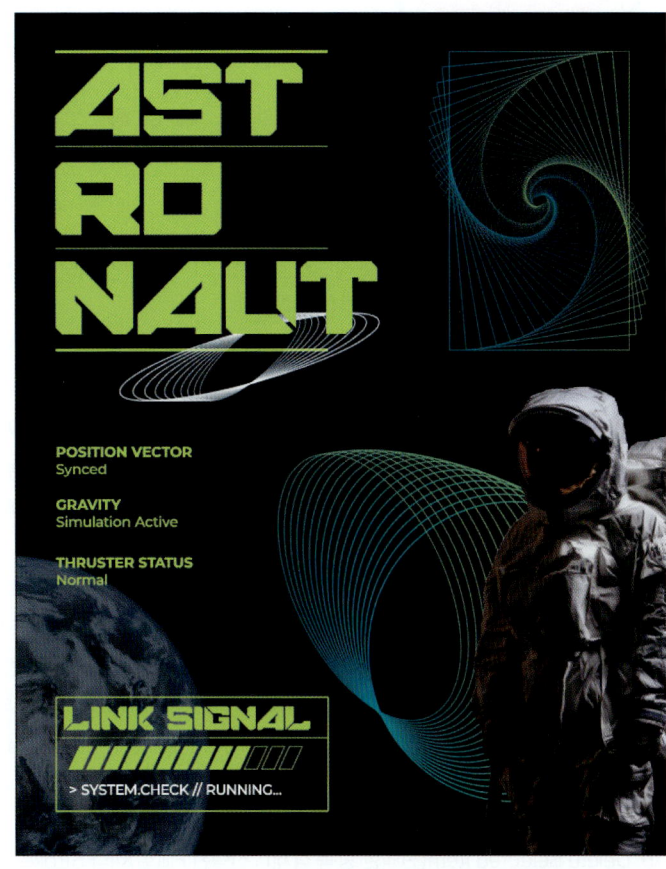

# THEORY 04 모양 패널 알아보기

## Appearance

▣ 예제 파일 : S15-4.ai

모양 패널은 개체에 적용된 효과를 관리하는 곳으로 이 패널에서 적용된 효과의 종류나 수치를 자유롭게 변경하고 수정할 수 있습니다.

### Appearance Panel 모양 패널

[Appearance] 패널을 활용하면 개체의 칠(Fill)과 선(Stroke)을 개별적으로 제어하거나, 면과 선을 여러 개 쌓아 올려 하나의 개체에서 복잡적인 디자인을 표현할 수 있습니다. 각 면과 선마다 [Effect] 메뉴에 있는 다양한 효과들을 독립적으로 적용하는 것도 가능합니다. 이는 디자인 유연성을 극대화하여 비파괴적인 방식으로 복잡한 스타일을 구현하는 데 큰 이점을 제공합니다. [Window] - [Appearance]를 선택하거나, 단축키 Shift + F6 을 누르면 모양 패널이 나타납니다.

§ Appearance(모양) 패널 Shift + F6

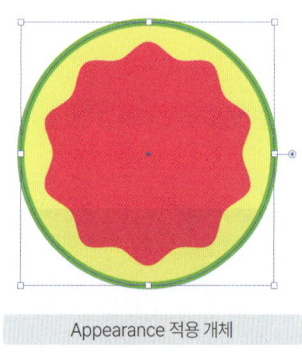

Appearance 적용 개체

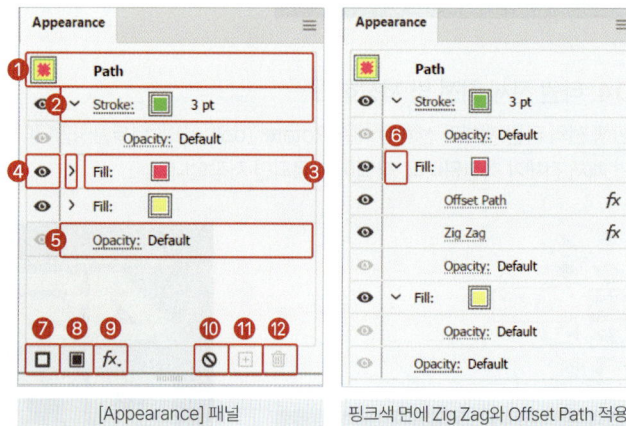

[Appearance] 패널     핑크색 면에 Zig Zag와 Offset Path 적용

❶ 패널 상단에 현재 선택된 개체의 상태를 보여줍니다. 일반적인 벡터 개체는 Path(패스)로, 아무것도 선택되지 않았을 때는 No Selection(선택 없음)으로 표시됩니다.

❷ 개체의 선 속성을 나타냅니다. 이름을 클릭하면 [Stroke] 패널이 열려 선 두께와 색상 등을 바로 지정할 수 있습니다.

❸ 개체의 면 속성을 나타냅니다. 클릭하여 면에 색상을 적용할 수 있습니다.

❹ 현재 선택된 Fill(칠) 또는 Stroke(선) 옆에 있는 눈 모양 아이콘을 클릭하여 해당 속성을 숨기거나 보이게 할 수 있습니다.

❺ 패널 가장 하단에 위치하며, 개체 전체의 Fill(칠)과 Stroke(선)에 대한 불투명도와 혼합 모드를 한 번에 조절합니다.

❻ **Toggle(꺾쇠)** : Fill(칠)이나 Stroke(획) 항목 옆의 토글 모양을 클릭하면 해당 속성의 상세 목록이 펼쳐지며, 각각 개별적으로 불투명도를 조절할 수 있습니다.

❼ **Add New Stroke(새 선 추가)** : 클릭하면 현재 선택된 면이나 선 위에 새로운 Stroke(선)를 추가합니다.

❽ **Add New Fill(새 칠 추가)** : 클릭하면 현재 선택된 면이나 선 위에 새로운 Fill(칠)을 추가합니다.

❾ **Add New Effect(새 효과 추가)** : 클릭하면 [Effect] 메뉴에 있는 다양한 효과 목록이 나타납니다. 선이나 면을 선택하지 않고 개체 전체에 효과를 적용할 수도 있고, 각각의 선이나 면을 개별적으로 선택하여 따로 효과를 줄 수도 있습니다.

❿ **Clear Appearance(모양 지우기)** : 개체에 적용된 모든 시각적 속성을 '없음' 상태로 되돌립니다.

⓫ **Duplicate Selected Item(선택한 항목 복제)** : 선택된 Fill(칠)이나 Stroke(선)를 복제합니다. (해당 Fill과 Stroke의 효과도 함께 복제합니다.)

⓬ **Delete Selected Item(선택한 항목 삭제)** : 선택된 Fill(칠)이나 Stroke(선)를 삭제합니다.

# PRACTICE 02   모양 패널로 다양한 효과 적용하기

# Appearance

■ 예제 파일 : S15-P2.ai

모양 패널을 활용해 개체에 여러 효과를 겹쳐 적용하고, 이를 그래픽 스타일로 등록하여 효율적으로 재사용하는 방법을 배워 봅니다.

## Appearance 효과 적용하기

### 01   첫 번째 Fill에 지그재그 효과 적용하기

[File] - [Open] (Ctrl + O)으로 'S15-P2.ai' 파일을 엽니다. 흰색 원 개체를 선택하고 [Appearance] 패널 (Shift + F6)을 연 뒤, 흰색 Fill을 선택합니다. 패널 하단의 'fx' 버튼을 클릭하고 목록에서 [Distort&Transform] - [Zig Zag]를 선택합니다.

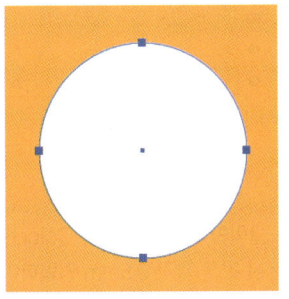
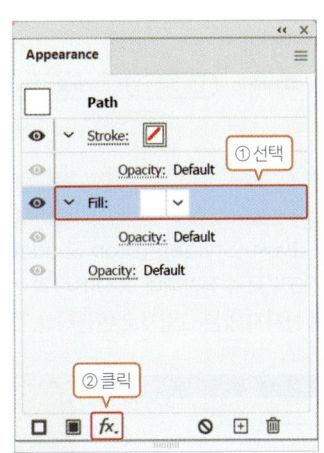
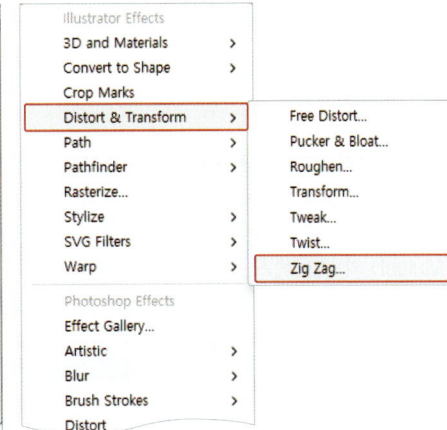

### 02   지그재그 효과 설정하기

옵션 창에서 Relative를 선택한 뒤 Size를 '1%'로 입력하고, Ridges per segment 값을 '15'로 입력합니다. 'Smooth'를 선택하고 OK를 누르면 흰색 원의 테두리 패스 모양이 둥근 지그재그 형태로 변하면서 흰색 Fill 하단에 Zig Zag 효과 목록이 생성됩니다.

> T   Fill이나 Stroke에 여러 효과를 연속적으로 적용하고 싶다면, 각 효과를 적용하기 전에 해당 Fill 또는 Stroke를 반드시 다시 선택해야 합니다. 이는 한 번 효과를 적용하면 자동으로 선택이 해제되기 때문입니다.

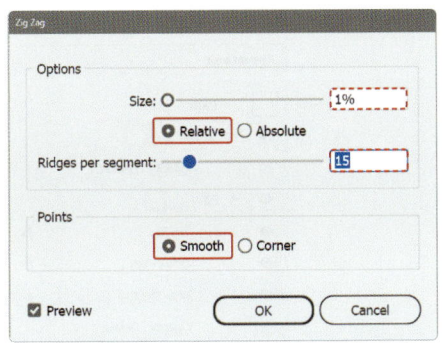
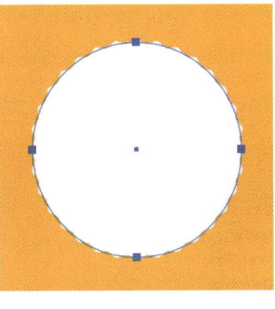
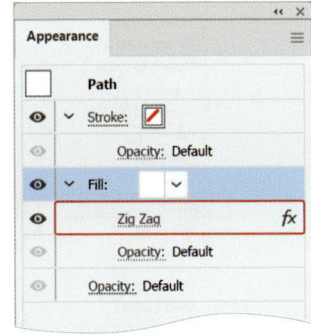

Section 15 - 효과, 모양

## 03 패스 이동 효과 적용하기

다시 한 번 Fill을 클릭하여 재선택합니다. 'fx' 버튼을 누르고 목록에서 [Path] - [Offset Path]를 클릭합니다. Offset 값을 '1mm'로 입력한 뒤, Joins 목록에서 'Round'를 선택하고 OK를 누릅니다. 해당 Fill의 면적이 원본 패스보다 사방으로 1mm 더 커진 것을 확인합니다.

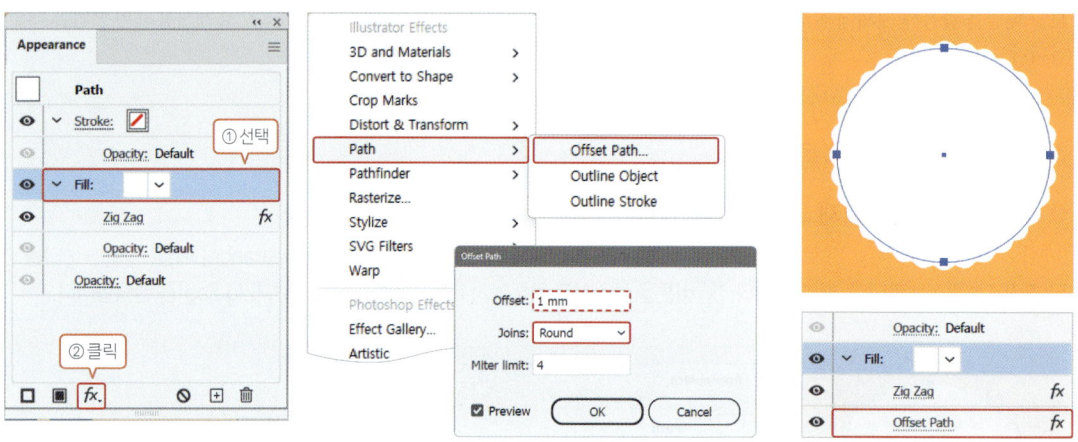

## 04 그림자 효과 적용하기

다시 한 번 Fill을 재클릭합니다. 'fx' 버튼을 눌러 목록에서 [Stylize] - [Drop Shadow]를 클릭합니다. Mode와 Color는 'Multiply'와 '검은색'으로 설정하고, Opacity 값을 '30%'로 수정합니다. X Offset과 Y Offset 값을 각각 0.5mm 입력하여 오른쪽 아래로 이동시키고, Blur를 '0mm'로 입력하여 번지지 않는 그림자로 만듭니다.

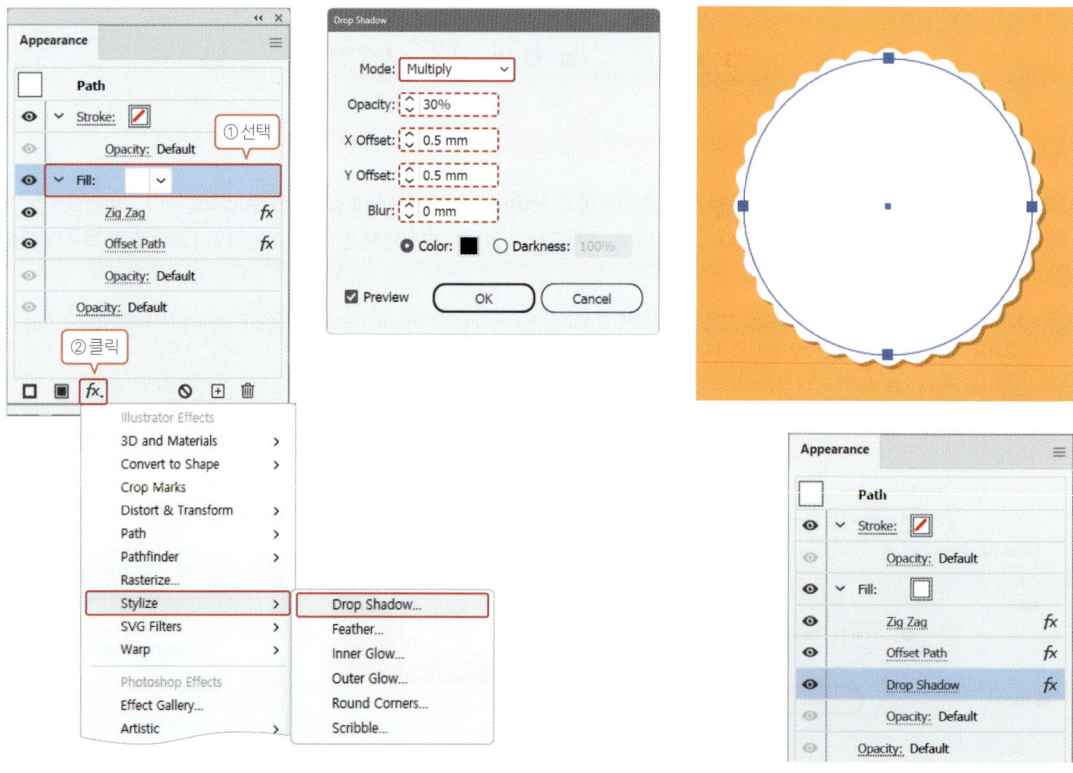

## 05 새로운 Fill 추가 및 지그재그 적용하기

[Appearance] 패널 하단의 'Add New Fill' 버튼을 클릭하여 새로운 면을 만듭니다. 새롭게 생성된 Fill의 색상 타일 모양을 클릭하고, 색상 혼합기를 선택한 뒤 CMYK 값을 '0-25-8-0'으로 입력합니다. 패널 하단의 'fx' 버튼을 클릭하고 목록에서 [Distort &Transform] - [Zig Zag]를 선택합니다.

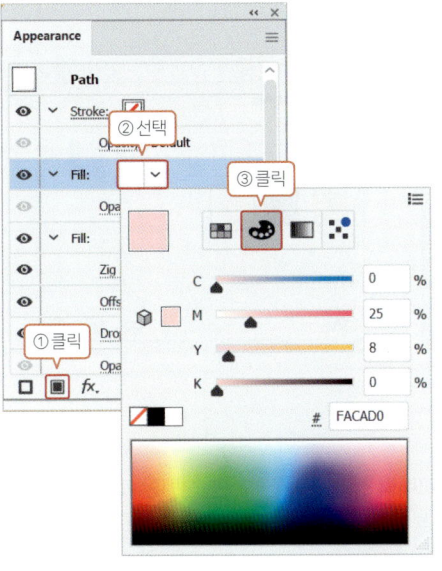
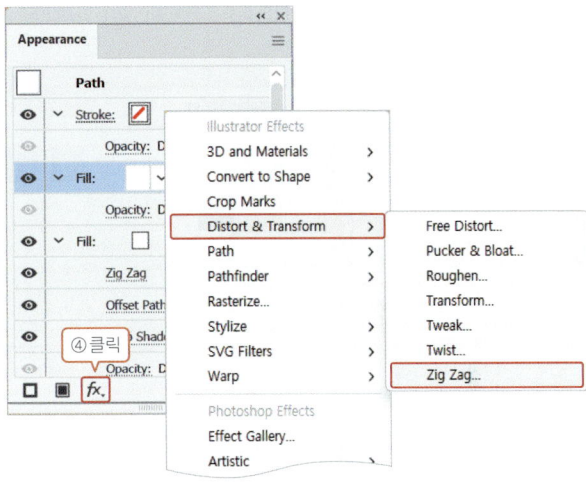

## 06 새 Fill에 지그재그 효과 설정하기

'Relative'를 선택한 뒤 Size를 '1%'를 입력하고, Ridges per segment 값을 '15'로 입력합니다. 'Smooth'를 선택하고 OK를 누르면 분홍색 원의 테두리 패스 모양이 둥근 지그재그 모양으로 변합니다.

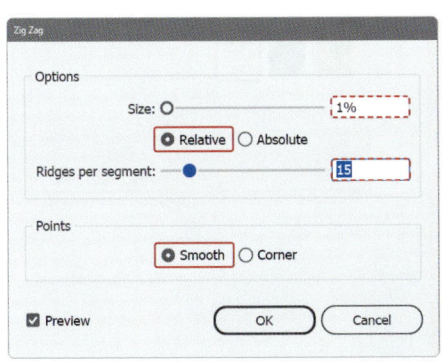
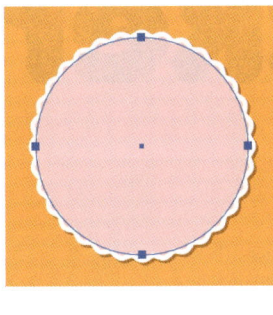
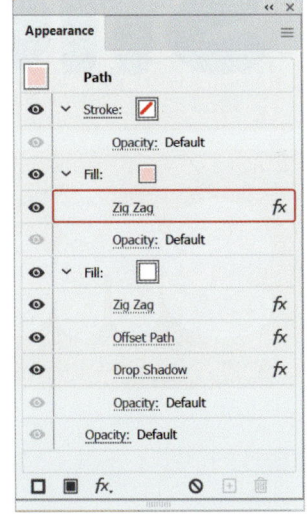

## Graphic Style로 등록하기

### 01 그래픽 스타일 등록하기

[Appearance] 패널에서 효과를 준 개체를 선택합니다. [Graphic Style] 패널(Shift + F5)을 연 다음, 선택한 개체를 드래그하여 패널 안으로 집어넣으면 해당 개체가 그래픽 스타일로 등록됩니다.

T 그래픽 스타일 패널의 더 자세한 내용은 다음 이론을 통해 확인할 수 있습니다.

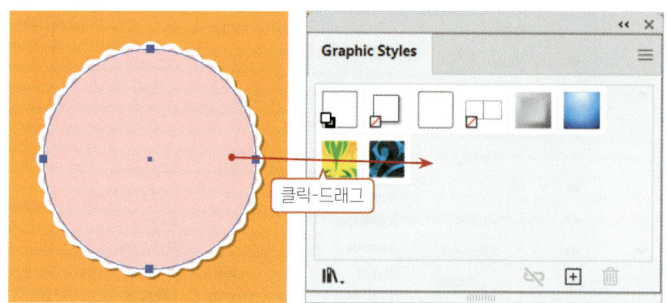
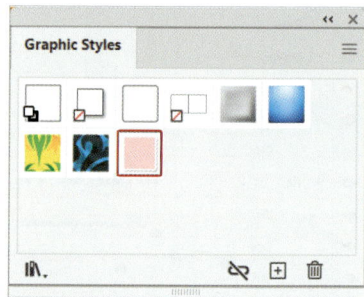

### 02 그래픽 스타일 적용하기

하단의 텍스트 개체를 선택합니다. [Graphic Style] 패널에서 방금 등록한 그래픽 스타일을 클릭하면, 선택한 개체에 해당 그래픽 스타일과 동일한 Appearance 속성이 적용됩니다. 텍스트 개체가 분홍색 면과 흰색 테두리의 둥근 지그재그 모양을 가진 스티커 느낌의 개체로 변합니다.

T 기능을 학습하기 위한 예제이므로 기본 글꼴로 작업하여도 무방합니다. 예제에서 폰트는 'Anja Eliane'로 작업하였습니다.

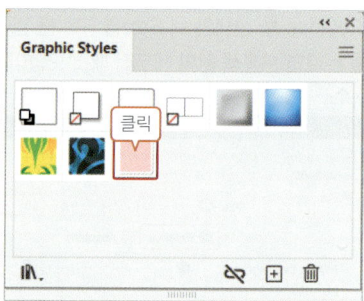

## Appearance 수정하기

### 01 지그재그 효과 삭제하기

지그재그 모양이 어울리지 않아 삭제해 보겠습니다. 변경된 텍스트 개체를 선택하고 [Appearance] 패널( Shift + F6 )을 엽니다. 분홍색 Fill 목록 안에 있는 'Zig Zag'를 선택하고, 하단의 휴지통 모양 아이콘을 눌러 삭제합니다. 다음으로 흰색 Fill 목록 안의 'Zig Zag'도 선택한 뒤 삭제합니다.

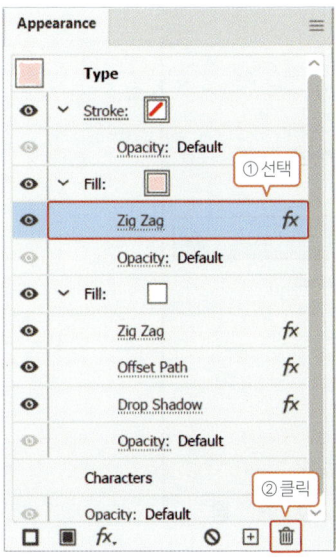 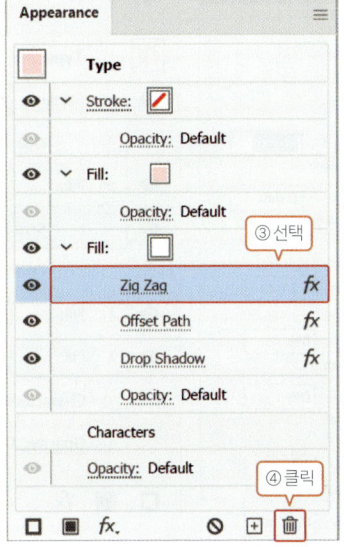 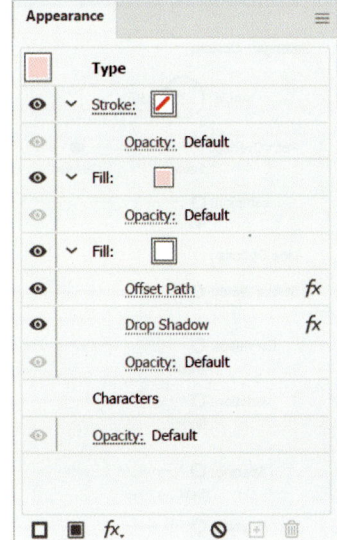

### 02 패스 이동 값 수정하기

[Appearance] 패널에서 흰색 Fill의 Offset Path를 더블클릭합니다. 옵션 창이 나타나면 Offset 값을 '2mm'로 수정한 뒤 OK를 누릅니다. 하단의 'Add New Fill' 버튼을 눌러 새로운 면을 만듭니다. 색상의 CMYK 값을 '0-83-49-0'으로 설정하여 진한 핑크색으로 만듭니다.

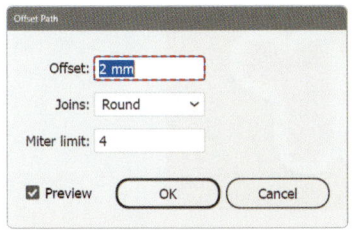

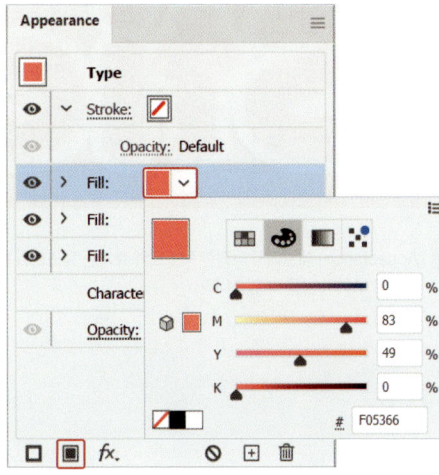

## 03 스크리블 효과 적용하기

진한 핑크색 Fill이 선택되어 있는 상태로 하단의 'fx' 목록에서 [Stylize] - [Scribble]을 클릭합니다. Angle은 '30도'로, Path Overlap은 '-1mm'를 입력하여 원본보다 사방으로 작아지게 만듭니다. Variation을 '0mm', Stroke Width를 '0.3mm'로 입력합니다. Curviness와 Variation은 '0%', Spacing은 '0.7mm', Variation은 '0.18mm'로 입력하고 OK를 누르면 얇고 가는 선들이 생성됩니다.

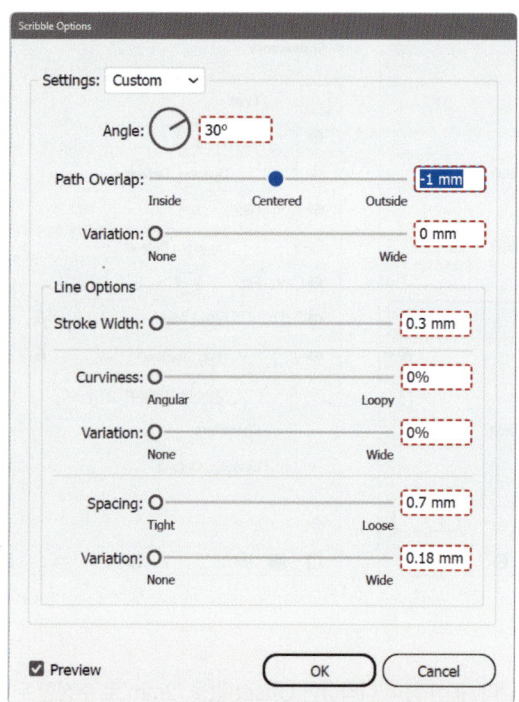
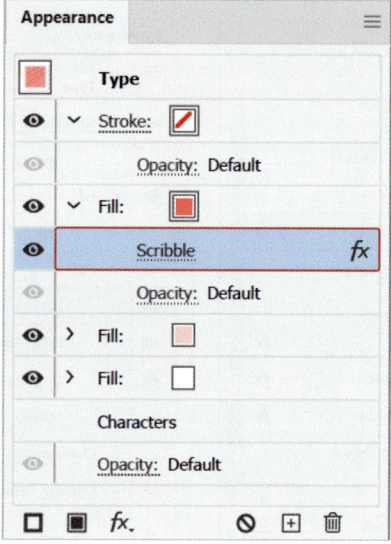

🅣 [Appearance] 패널에서 작업한 텍스트와 효과는 텍스트를 수정하거나, 글꼴을 바꾸어도 동일하게 유지됩니다. 단, 너무 얇은 폰트라면 적용된 효과가 제대로 보이지 않을 수 있습니다.

# THEORY 05 그래픽 스타일 패널 알아보기

# Graphic Styles

■ 예제 파일 : S15-5.ai

특정 개체에 그래픽 스타일을 적용한 뒤 모양 패널을 확인해보면, 해당 스타일이 어떤 칠, 선 그리고 효과 등으로 구성되어 있는지 즉시 확인하고 필요에 따라 수정할 수 있습니다.

## Graphic Styles Panel 그래픽 스타일 패널

[Graphic Styles] 패널은 Appearance 속성을 등록하고 적용하는 곳입니다. [Window] - [Graphic Styles]을 선택하거나, 단축키 Shift + F5 을 누르면 그래픽 스타일 패널이 나타납니다.

S Graphic Styles(그래픽 스타일) 패널 Shift + F5

T 그래픽 스타일을 활용하면 복잡한 스타일도 한 번의 클릭으로 다른 개체에 손쉽게 적용할 수 있습니다.

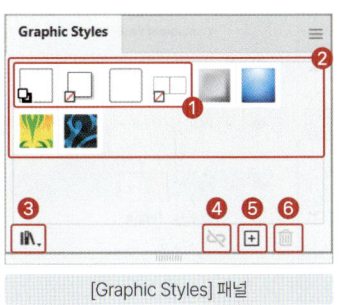

[Graphic Styles] 패널

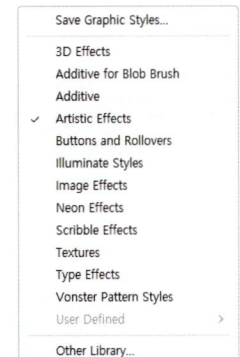

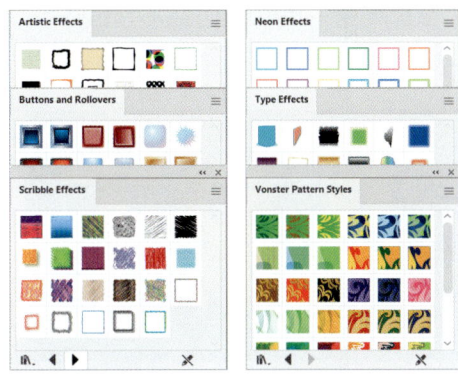

Graphic Styles Library 목록 중 일부

① 일부 그래픽 스타일은 면 색이 비어 있습니다. 이미 그래픽 스타일이 적용된 개체를 선택한 상태에서 Alt 키를 누른 채 해당 스타일을 선택하면, 해당 스타일이 기존 Appearance에 추가로 적용됩니다. 이러한 추가 기능이 있는 스타일은 Library(라이브러리) 목록에서 Additive(가색)라고 표시된 목록을 통해 확인할 수 있습니다.

② 등록된 그래픽 스타일의 시각적인 형태를 작은 축소판(썸네일)으로 보여줍니다.

③ Graphic Styles Libraries Menu(그래픽 스타일 라이브러리 메뉴) : 다양한 그래픽 스타일을 보관하는 라이브러리 창입니다. 이 목록을 열면 3D 효과, 네온 효과, 단추 및 롤오버 등 여러 가지 Appearance가 적용된 그래픽 스타일 개체들을 찾아볼 수 있습니다.

④ Break Link to Graphic Style(그래픽 스타일과 연결 끊기) : 선택한 개체와 적용된 그래픽 스타일 간의 연결을 해제하여, 해당 개체의 Appearance를 독립적으로 수정할 수 있게 합니다.

⑤ New Graphic Style(새 그래픽 스타일) : 새로운 그래픽 스타일로 등록할 수 있습니다. 그래픽 스타일은 반드시 Appearance가 만들어져 있는 개체만 등록할 수 있습니다.

⑥ Delete Graphic Style(그래픽 스타일 삭제) : 선택된 그래픽 스타일을 목록에서 삭제합니다.

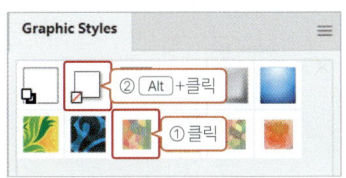

그래픽 스타일 적용 후, Alt 키를 누른 채 또 다른 그래픽 스타일을 적용하면 속성이 추가됨

# PRACTICE 03  긴 그림자 효과 만들기

# Appearance, Transform

■ 예제 파일 : S15-P3.ai

디자인에 많이 사용되는 롱 섀도우 효과는 블렌드 도구나 펜 도구를 사용해 직접 만들 수도 있지만, 일러스트레이터의 효과 중 변형 기능을 활용하면 훨씬 더 쉽고 효율적으로 제작할 수 있습니다.

## 01 텍스트에 두 번째 Fill 추가하기

[File] - [Open] (Ctrl + O)으로 'S15-P3.ai' 파일을 엽니다. 텍스트 개체를 선택한 뒤 [Appearance] 패널(Shift + F6)을 열고 노란색 Fill을 선택합니다. 패널 하단의 'Add New Fill' 버튼을 클릭하여 면을 하나 더 만듭니다. 새로 생성된 아래쪽 면을 선택한 뒤 CMYK 값을 '0 - 60 - 30 - 0'으로 적용합니다.

T 이 실습에서는 직접 문자를 입력하거나 제공된 예제 파일을 활용해도 무방합니다. 이때, 문자의 윤곽선 처리 여부는 작업 결과에 영향을 미치지 않으니 자유롭게 작업합니다.

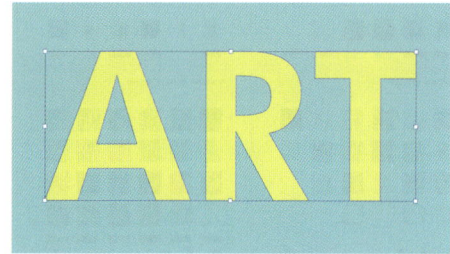
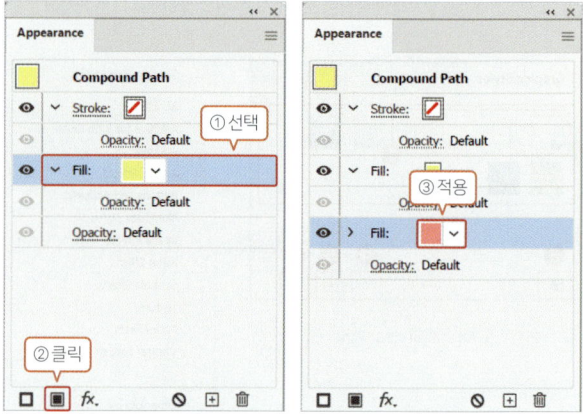

## 02 변형 효과로 그림자 표현하기

핑크색 면이 선택되어 있는지 확인한 뒤, 패널 하단의 'fx' 버튼을 클릭합니다. 목록에서 [Distort & Transform] - [Transform]을 선택합니다. Move에서 Horizontal과 Vertical을 각각 '0.1mm'씩 입력하고, 하단의 Copies 값을 '180'으로 입력한 뒤 OK를 누릅니다.

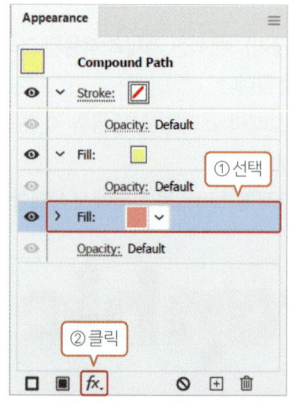
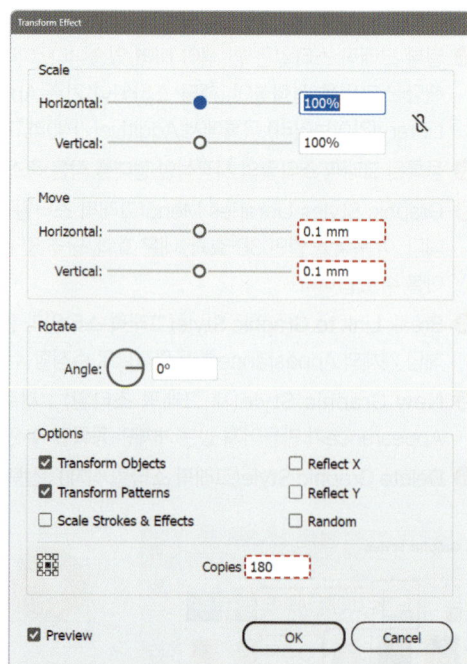

## 03 클리핑 마스크 준비하기

섀도우 효과는 적용되었지만, 문서 밖으로 빠져나간 부분을 정리해야 합니다. Rectangle Tool(M)을 선택하고 '70×35mm' 크기의 사각형 개체를 만들어 색상은 임의로 지정합니다. 이 사각형을 문서 가운데로 정렬합니다.

 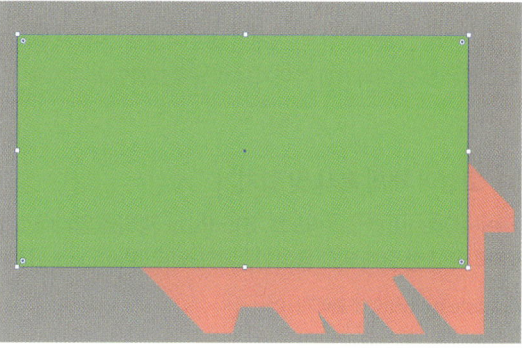

## 04 클리핑 마스크 적용 및 저장하기

Ctrl + A 를 눌러 개체 전체를 선택합니다. 이때 가장 하단의 배경으로 적용된 사각형 개체는 잠겨있으므로 선택되지 않습니다. Ctrl + 7 을 눌러 클리핑 마스크를 적용하고 작업을 저장한 뒤 마무리합니다.

S Clipping Mask(클리핑 마스크) Ctrl + 7

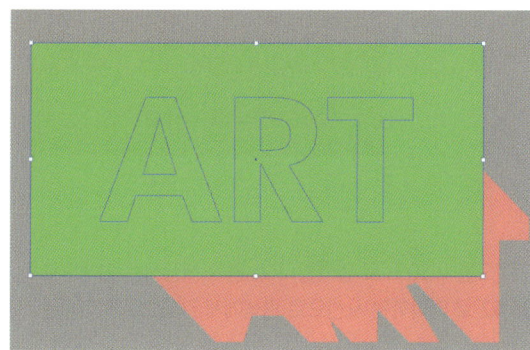 

PRACTICE 04 | 텍스처 효과로 질감 표현하기

# Grain Effect

■ 예제 파일 : S15-P4.ai

패스파인더, 그레이디언트, 그레인 텍스처 효과 등을 복합적으로 활용해 질감이 돋보이는 디자인을 만들어 봅니다. 필름 카메라로 찍은 듯한 빈티지한 분위기의 아날로그적인 분위기를 연출할 수 있습니다.

### 01 고양이 개체 복사 및 합치기

[File] - [Open] (Ctrl + O)으로 'S15-P4.ai' 파일을 엽니다. 그룹으로 묶인 고양이 개체를 선택한 뒤 Ctrl + C, Ctrl + F 를 눌러 제자리에서 한 단계 위로 붙여넣습니다. 바로 [Pathfinder] 패널(Ctrl + Shift + F9)을 열어 'Unite'를 클릭하여 합쳐줍니다.

S Paste in Front(앞에 붙이기) Ctrl + F

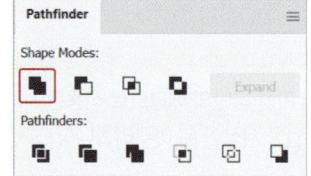

### 02 선형 그레이디언트 적용하기

[Gradient] 패널(Ctrl + F9)을 열어 Linear Gradient를 적용하고 각도를 '-30도'로 입력합니다. 왼쪽 색상점은 흰색으로 적용하고, 오른쪽 색상점을 더블클릭하여 CMYK 값을 '25 - 59 - 88 - 42'로 입력하면 사선으로 흰색에서 갈색으로 이어지는 그레이디언트가 적용됩니다.

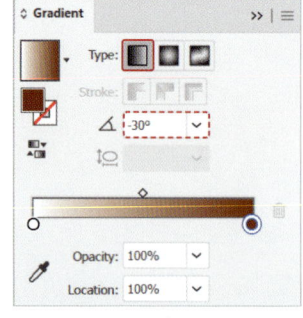
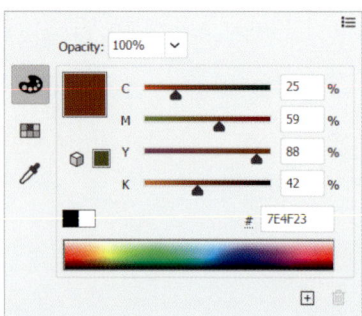

## 03 블렌드 모드 설정하기

[Transparency] 패널( Ctrl + Shift + F10 )을 열고 혼합 모드를 'Multiply'로 적용합니다. 그레이디언트의 흰색 부분은 투명하게 처리되고, 나머지 색상들은 아래에 있는 개체를 자연스럽게 투과합니다.

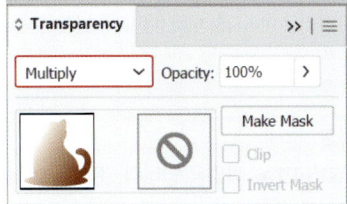

## 04 그레인 효과 적용 및 마무리

[Effect] - [Texture] - [Grain]을 클릭합니다. Intensity 값을 '50', Contrast 값을 '100'으로 입력한 뒤, Grain Type은 'Regular'로 선택합니다. OK를 누르면 모든 작업이 완료됩니다. 파일을 저장하고 마무리합니다.

# Exercise

### 스크리블 효과를 적용한 스케치 디자인     📁 S15_Exercise 예제

이미지 추적 기능으로 불러온 이미지를 벡터 이미지로 변환한 후, 스크리블 효과를 적용하여 손으로 직접 스케치한 듯한 디자인을 만들어 봅니다.

### 1. 이미지 트레이스 설정

[File] - [Open]으로 'S15-E1.ai' 파일을 엽니다. 준비된 이미지를 선택하고 [Window] - [Image Trace]를 클릭합니다. Mode에서 'Grayscale'을 선택한 뒤, Grays를 '10'으로 입력합니다. Paths는 '70%', Corners는 '25%'로, Noise 크기는 '5px'로 입력합니다. 'Simplify'에 체크하고 '75%'로 점의 개수를 줄여 단순하게 만듭니다. 하단의 옵션에서는 'Ignore Color'에 체크하여 흰색이 투명하게 처리되도록 설정합니다. 패널 하단의 Expand 버튼을 누릅니다.

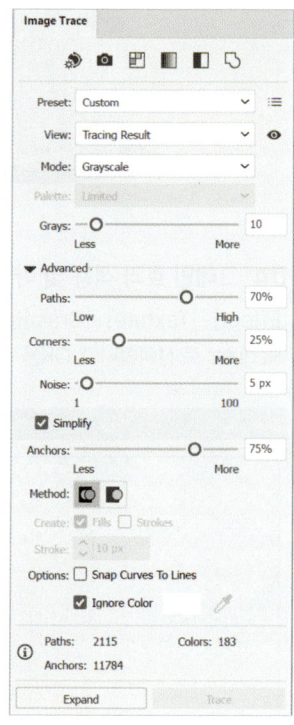

### 2. 이미지 하이라이트 삭제 및 그룹화

Direct Selection Tool이나 Group Selection Tool로 이미지의 하이라이트가 되는 가장 밝은 부분의 개체를 선택하여 Delete 키를 눌러 삭제합니다. 남겨진 개체는 모두 그룹 짓고, 사본을 하나 만듭니다.

🅢 Direct Selection Tool(직접 선택 도구) Ⓐ     🅢 Group(그룹) Ctrl + Ⓖ

## 3. 스크리블 효과 적용(두 가지 버전)

첫 번째 개체를 선택하고 [Effect] - [Stylize] - [Scribble]을 클릭합니다. Angle은 '30도', Path Overlap은 '0mm', Variation은 '0.5mm', Stroke Width는 '0.2mm', Curviness는 '32%', Variation은 '10%', Spacing은 '0.15mm', Variation는 '0.3'을 입력하고 OK를 누릅니다.

이어서 두 번째 개체를 선택하고 동일하게 [Effect] - [Stylize] - [Scribble]을 적용합니다. Angle는 '58도', Path Overlap은 '6mm', Variation은 '3mm', Stroke Width는 '0.15mm', Curviness는 '100%', Variation은 '15%', Spacing은 '1.76mm', Variation은 '2.4mm'를 입력하고 OK를 누릅니다. 두 번째 작업한 개체는 Ctrl + Shift + [ 를 눌러 뒤로 보냅니다.

S Send to Back (맨 뒤로 보내기) Ctrl + Shift + [

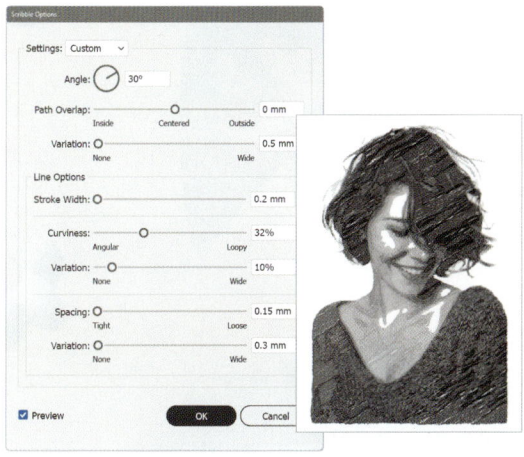
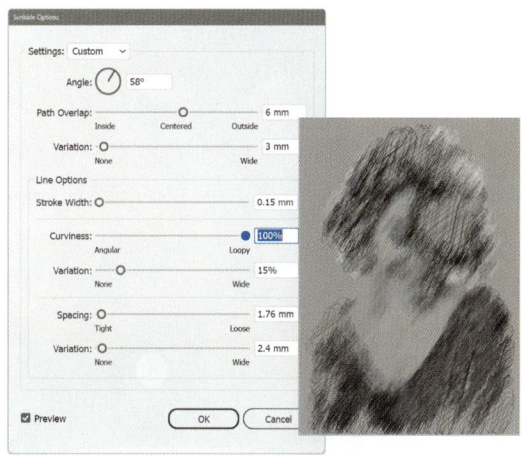

## 4. 개체 겹치기 및 최종 마무리

두 개체를 겹칩니다. 모두 선택하고 Ctrl + Shift + F10 을 눌러 [Transparency] 패널을 엽니다. Blending Mode를 'Multiply'로 변경합니다. '196×266mm' 크기의 사각형을 만들고, 면 색의 CMYK 값을 '0-21-70-0'으로 지정한 후, 가장 하단으로 보냅니다. 마지막으로 흰색 사각형 4개를 그림과 같이 만들어 마치 폴라로이드 사진 느낌을 연출합니다. 적절한 텍스트를 배치한 뒤 폰트를 아웃라인 처리하여 작업을 마무리합니다.

Section 16

# Symbol, Graph, 3D
## 심볼, 그래프, 3D

**MISSION**

심볼, 그래프, 그리고 3D 기능을 활용하면 디자인 요소를 효율적으로 관리하고 재사용하며, 데이터를 명확하게 시각화하고 개체에 입체감을 더할 수 있습니다. 이 기능들은 다방면의 프로젝트에서 디자인 효율성과 시각적 표현력을 크게 향상시켜 줍니다.

**KEYWORD**

#심볼 도구 #심볼 등록과 옵션 #그래프 도구
#3D 및 재질 #3D(기본) #3D(기본) 매핑

## THEORY 01 심볼 도구 알아보기

# Symbol Tool

■ 예제 파일 : S16-1.ai

심볼 도구는 반복적으로 사용되는 그래픽 요소를 효율적으로 활용할 수 있습니다. 동일한 요소를 여러 번 사용하더라도 심볼로 등록하면 프로그램이 해당 요소를 한 번만 저장하기 때문에 파일 크기를 줄일 수 있고, 원본 심볼 하나만 수정하면 모든 복사본에 변경 사항이 자동으로 반영되어 작업 시간을 절약할 수 있습니다.

### Symbol Panel 심볼 패널

반복적으로 사용되는 그래픽 요소를 저장하고 관리하는 곳입니다. [Window] - [Symbols]을 클릭하거나, 단축키 Ctrl + Shift + F11 을 누르면 심볼 패널이 나타납니다. [Symbols] 패널의 라이브러리에서 기본으로 제공하는 다양한 형태의 심볼을 사용할 수 있습니다.

S Symbols(심볼) 패널 Ctrl + Shift + F11

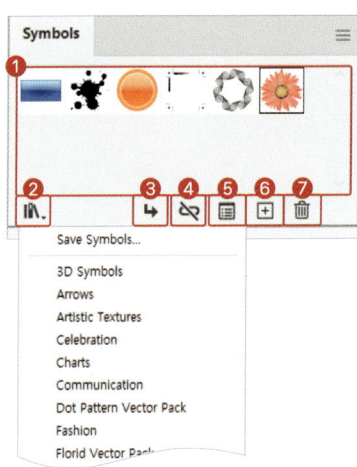

① 현재 활성화된 심볼 목록을 표시합니다. 기본으로 제공되는 심볼 중 일부가 나타나며, 문서 모드가 RGB일 경우 다른 심볼들이 나타날 수 있습니다.

② Symbol Libraries Menu(심볼 라이브러리 메뉴) : 미리 만들어진 다양한 심볼 라이브러리를 열 수 있습니다. 3D 개체부터 복잡한 효과가 적용된 개체들까지 대부분의 오브젝트를 심볼로 등록할 수 있어 매우 다양하게 제공됩니다.

③ Place Symbol Instance(심볼 예제 가져오기) : 선택된 심볼을 작업 화면 중앙에 한 개만 배치합니다.

④ Break Link to Symbol(심볼에서 연결 끊기) : 작업 화면에 배치된 심볼은 패널의 원본 심볼과 연결되어 있습니다. 이 기능을 사용하여 그 연결을 해제하고 개별적인 오브젝트로 만들 수 있습니다.

⑤ Symbol Options(심볼 옵션) : 선택된 심볼의 상세 설정을 변경할 수 있는 옵션 창을 엽니다.

⑥ New Symbol(새 심볼) : 새로운 심볼을 라이브러리에 등록합니다. 작업 화면에 있는 오브젝트를 선택한 상태에서 이 버튼을 클릭하여 등록할 수 있습니다.

⑦ Delete Symbol(심볼 삭제) : 선택된 심볼을 패널에서 삭제합니다.

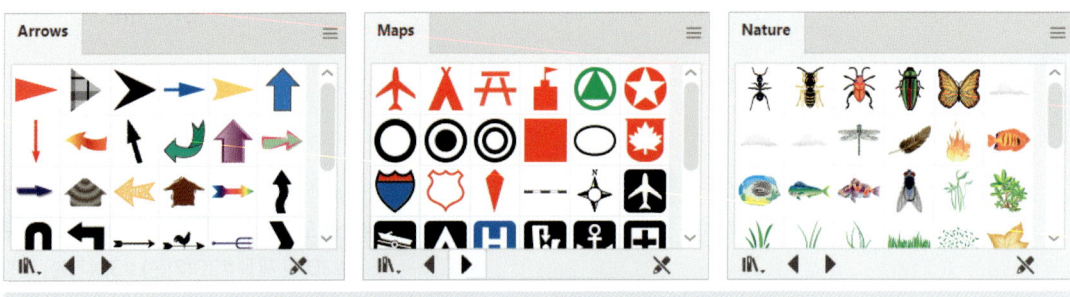

Symbol Library 목록 중 일부 : Arrows(화살표), Maps(맵), Nature(자연)

# Symbol Tool 심볼 도구

심볼 도구를 선택하고 [Symbols] 패널에서 사용할 심볼을 선택합니다. 작업 화면에 드래그하면, 마치 스프레이를 뿌리듯이 선택한 심볼 개체들이 나타납니다. 이때 드래그를 계속하면 더 많은 개체들을 뿌릴 수 있습니다.

**T** 심볼 도구로 작업할 때 브러시의 크기는 도구의 영향 범위를 결정합니다. [ 키를 누르면 브러시 크기가 작아지고, ] 키를 누르면 커집니다.

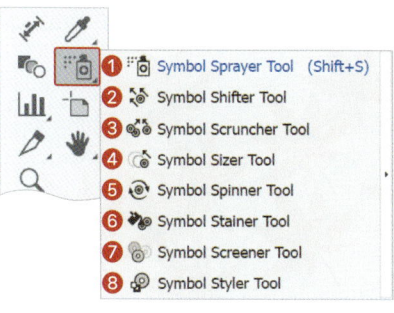

❶ Symbol Sprayer Tool(심볼 분무기 도구) `Shift` + `S`
❷ Symbol Shifter Tool(심볼 이동기 도구)
❸ Symbol Scruncher Tool(심볼 분쇄기 도구)
❹ Symbol Sizer Tool(심볼 크기 조절기 도구)
❺ Symbol Spinner Tool(심볼 회전기 도구)
❻ Symbol Stainer Tool(심볼 염색기 도구)
❼ Symbol Screener Tool(심볼 투명기 도구)
❽ Symbol Styler Tool(심볼 스타일기 도구)

## ❶ Symbol Sprayer Tool(심볼 분무기 도구) `Shift` + `S`

작업 영역에 심볼 개체를 빠르고 불규칙하게 배치합니다. 심볼을 흩뿌리려면 먼저 심볼 패널이나 심볼 라이브러리 패널에서 원하는 심볼을 선택합니다. Symbol Sprayer Tool을 클릭한 뒤, 화면을 한 번 클릭하면 심볼이 하나 나타나고, 드래그하면 여러 개의 심볼이 동시에 불규칙하게 뿌려져 심볼 그룹이 만들어집니다. 뿌려진 심볼을 삭제할 때는 `Alt` 키를 누른 채 해당 심볼을 클릭하면 됩니다.

원하는 심볼을 선택한 뒤, 심볼 분무기 도구 선택 | 심볼이 흩뿌려지며 하나의 개체가 됨(심볼 세트)

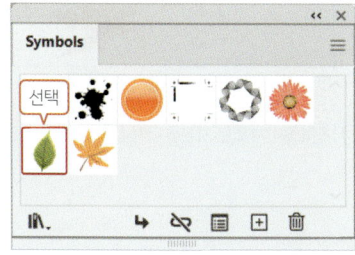 

심볼 세트가 선택된 상태에서 [Symbols] 패널의 다른 심볼 선택 | 기존 세트에 새로운 심볼이 추가됨

❷ 🔧 **Symbol Shifter Tool(심볼 이동기 도구)**

작업 화면에 배치된 심볼들을 드래그하여 이동시키는 도구입니다. 이때 브러시 크기를 조절하여 이동 범위와 선택 범위를 변경할 수 있습니다. 브러시 크기를 키우면 더 넓은 영역의 심볼을 선택하고 이동할 수 있으며, 브러시가 작아지면 선택 및 이동 범위도 좁아집니다.

클릭-드래그하여 이동 　　　　　　　　　　　　　　　이동된 모습

❸ 🔧 **Symbol Scruncher Tool(심볼 분쇄기 도구)**

클릭 지점을 기준으로 심볼들을 모이거나 흩어지게 하는 도구입니다. 만들어진 심볼 개체에서 Alt 키를 누른 채로 원하는 부분을 클릭하고 잠시 기다리면 심볼들이 흩어지는 것을 확인할 수 있습니다. Alt 키를 누르지 않은 채로 심볼을 클릭하면 퍼지기 전 상태로 돌아와 심볼들이 모입니다.

> T  심볼 분쇄기 도구는 심볼을 모으는 행위보다 퍼뜨리는 행위가 더 즉각적이고 강하게 작용하도록 설계되어 있습니다. 이는 심볼을 모으는 것보다 퍼뜨리는 작업이 더 큰 공간적 변화를 필요로 하는 경우가 많기 때문입니다.

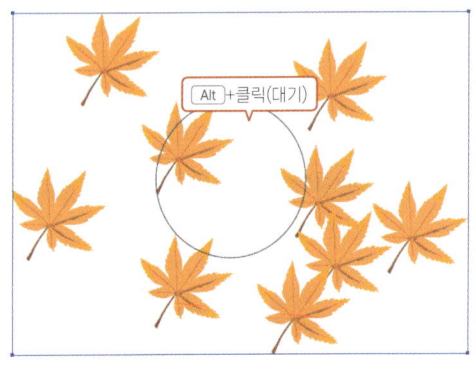

심볼이 뭉쳐 있는 지점을 Alt +클릭(대기)하면 심볼이 흩어짐 　　　　심볼이 흩어져 있는 지점을 다시 클릭(대기)하면 심볼이 모아짐

❹ **Symbol Sizer Tool(심볼 크기 조절기 도구)**

심볼의 크기를 키우거나 줄일 수 있습니다. 심볼 개체를 클릭하거나 드래그하면 심볼이 확대되고, Alt 키를 누른 채 클릭하거나 드래그하면 심볼의 크기가 축소됩니다. 이때 브러시 크기를 키우면 더 넓은 범위의 심볼을 한 번에 조절할 수 있습니다.

클릭하여 심볼 크기 키우기

Alt +클릭하여 심볼 크기 줄이기

❺ **Symbol Spinner Tool(심볼 회전기 도구)**

심볼들을 회전시킬 수 있습니다. 원하는 방향으로 드래그하여 회전할 수 있으며, 브러시의 사이즈가 클수록 더 넓은 범위의 심볼 개체들을 한 번에 회전시킵니다.

드래그하여 심볼 회전하기

회전된 모습

## ❻ Symbol Stainer Tool(심볼 염색기 도구)

심볼에 색상을 입힐 수 있습니다. 심볼 개체 위에 클릭하면 현재 선택된 면 색이 심볼에 덧입혀집니다. 이 방식은 한 번에 색이 완전히 변하는 것이 아니라, 투명한 톤이 점차적으로 쌓이는 방식이기 때문에 여러 번 클릭할수록 해당 색상이 더 진하게 입혀집니다. 적용된 색상을 빼내고 싶다면, Alt 키를 누른 채 클릭하면 초기 색상으로 돌아옵니다.

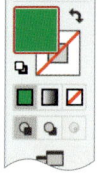  

면 색상 지정 후 1회 클릭했을 때  3회 정도 클릭했을 때

심볼 개체에 물들이듯이 색상을 적용합니다. 이미 색이 적용된 심볼 위에 새로운 면 색을 선택하여 다시 적용하면, 기존 색상 위에 다른 색이 겹쳐서 물들이듯이 입혀집니다. 이 도구는 채도와 명도의 영향을 받기 때문에 심볼 개체의 색상이 검은색일 경우에는 색상이 적용되지 않는다는 점을 유의해야 합니다.

  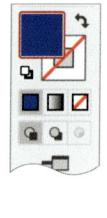 

면 색상 변경 후, 다시 3회 정도 클릭했을 때  다시 면 색상 변경 후, 4회 정도 클릭했을 때

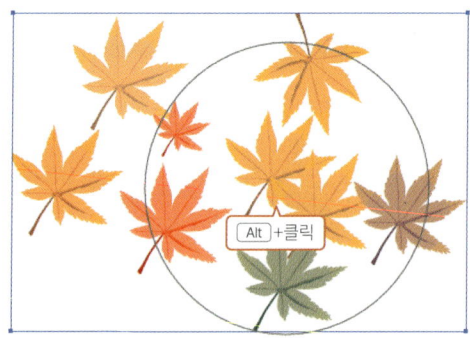

Alt 키 누른 채로 여러 번 클릭하여 되돌리기

## ❼ Symbol Screener Tool(심볼 투명기 도구)

심볼을 투명하게 만드는 데 사용됩니다. 만들어진 심볼 개체 위에 클릭하면 해당 심볼이 투명해지기 시작하면서 클릭 횟수가 늘어날수록 더욱 투명해집니다. 다시 불투명하게 만들고 싶다면, Alt 키를 누른 채 클릭하면 됩니다.

2회 정도 클릭했을 때

6회 정도 클릭했을 때

## ❽ Symbol Styler Tool(심볼 스타일기 도구)

심볼에 그래픽 스타일을 적용할 수 있는 기능입니다. 적용할 심볼을 선택한 다음, Symbol Styler Tool을 클릭하고 [Graphic Style] 패널에서 원하는 그래픽 스타일을 선택합니다. 이제 심볼 개체 위를 클릭하면 해당 부분의 심볼에 선택한 스타일이 추가로 적용됩니다. 이때, 심볼의 원래 크기나 모양에 맞지 않는 스타일을 적용하면 심볼의 형태가 의도치 않게 변형될 수 있으니 주의해야 합니다.

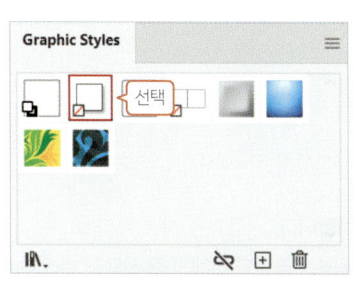
[Graphic Styles] 패널에서 그림자 스타일 선택

선택한 그래픽 스타일(그림자)이 심볼에 적용됨

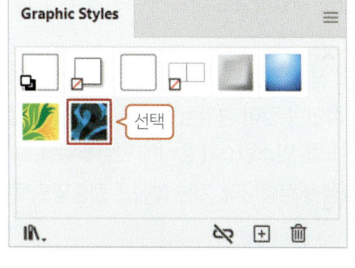
[Graphic Styles] 패널에서 패턴 스타일 선택

선택한 그래픽 스타일(패턴)이 심볼에 적용됨

# THEORY 02 심볼 등록과 옵션

# New Symbol, Options

■ 예제 파일 : S16-2.ai

기본 제공되는 심볼 외에도 사용자가 직접 만든 개체를 심볼로 등록해 활용할 수 있습니다. 직접 원하는 개체를 심볼로 등록하고 편집하는 방법을 알아보겠습니다.

## New Symbol 새 심볼

심볼로 등록할 개체를 선택한 후, Ctrl + Shift + F11 을 눌러 [Symbols] 패널을 엽니다. 패널 하단의 New Symbol(새 심볼) 버튼을 클릭하거나 개체를 심볼 패널 안으로 드래그합니다. 옵션 창에서 Export Type(내보내기 유형)은 Movie Clip(동영상 클립)과 Graphic(그래픽) 중 어느 것을 선택해도 2D 그래픽 작업에서는 기능상 차이가 없습니다. Symbol Type(심볼 유형)은 Dynamic Symbol(동적 심볼)로 선택하고 OK를 누릅니다.

T 동적 심볼은 개별적으로 수정할 수 있는 반면, 정적 심볼은 원본을 수정해야만 모든 복사본이 동일하게 변경됩니다. 이처럼 정적 심볼은 개별 수정이 불가능하다는 특징이 있습니다.

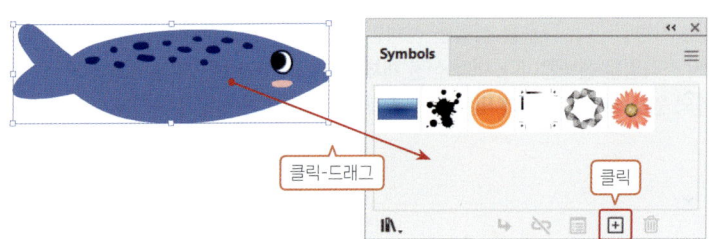
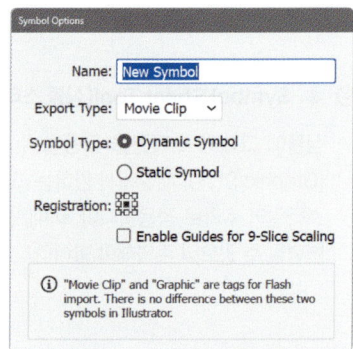

## Symbol Option 심볼 옵션

심볼 등록 시 나타나는 옵션 창에서는 다음과 같은 상세 설정을 할 수 있습니다.

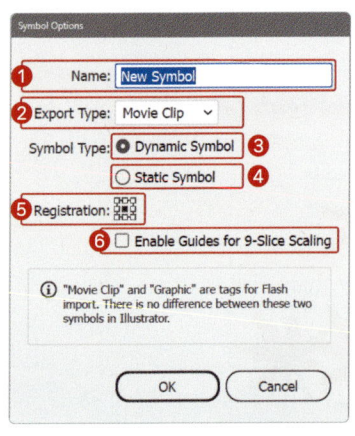

① **Name(이름)** : 심볼의 이름을 입력합니다.

② **Export Type(내보내기 유형)** : 동영상 클립과 그래픽 중 선택할 수 있습니다. 2D 그래픽 작업에서는 두 유형 간의 기능적 차이가 없으므로 자유롭게 선택합니다.

③ **Dynamic Symbol(동적 심볼)** : 동적 심볼은 원본을 수정해 모든 복사본을 바꾸는 것과 동시에, 각 심볼의 속성도 개별적으로 다르게 수정할 수 있는 유연성을 제공합니다.

④ **Static Symbol(정적 심볼)** : 정적 심볼은 모든 복사본이 원본의 형태와 속성을 그대로 따르는 방식으로, 개별적인 수정이 불가능합니다. 심볼을 수정하려면 반드시 해당 심볼을 변경해야만 모든 인스턴스가 동시에 변경됩니다.

⑤ **Registration(등록)** : 심볼의 중심점을 정합니다. 기본 설정은 정중앙으로 되어 있습니다.

⑥ **Enable Guides for 9-Slice Scaling(9-분할 영역 크기 조절에 안내선 사용 가능)** : 이 옵션을 활성화하면 심볼을 구성하는 9개의 영역에 대한 가이드라인이 표시됩니다. 이 가이드라인을 통해 심볼의 확대, 축소 시 그래픽의 변형을 예측하고 복잡한 요소의 비율을 쉽게 유지할 수 있습니다.

## 심볼 관리하기

### ❶ 심볼 그룹 관리하기

이미 만들어진 심볼 그룹을 선택한 상태에서 새로운 심볼을 추가하면, 새 심볼도 기존 그룹에 포함됩니다. 이로 인해 하나의 심볼 그룹 안에 여러 종류의 심볼이 함께 생성됩니다. 만약 새로운 심볼을 기존 그룹과 분리하여 적용하고 싶다면, 먼저 Selection Tool(선택 도구)로 빈 화면을 클릭해 현재 선택된 심볼 그룹을 해제합니다. 그 후 새로운 심볼을 선택하고 Symbol Sprayer Tool로 드래그하면, 새로운 심볼 그룹 개체로 생성됩니다.

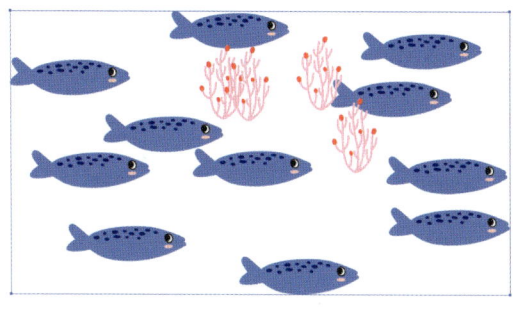

기존 심볼 세트가 선택된 상태에서 새로운 심볼 추가
(기존 심볼 그룹에 추가)

아무것도 선택되지 않은 상태에서 새로운 심볼 추가
(새로운 심볼 그룹 생성)

### ❷ 심볼 편집하기

Dynamic Symbol(동적 심볼)로 등록된 심볼은 모든 인스턴스를 한 번에 균일하게 수정할 수 있습니다. [Symbols] 패널에서 원하는 심볼을 더블클릭하여 격리 모드로 진입합니다. 심볼의 색상, 크기 등을 변경한 뒤 빈 화면을 더블클릭해 일반 모드로 나오면 적용된 심볼이 변경된 것을 확인할 수 있습니다.

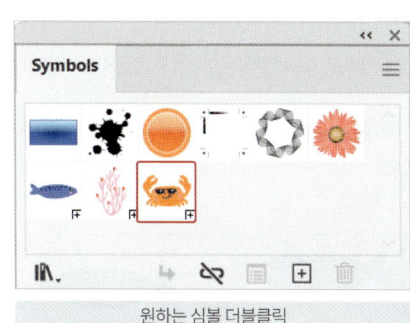

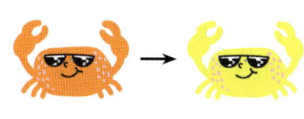

원하는 심볼 더블클릭

격리 모드로 변경 됨

색상 변경 후
빈 화면 더블클릭하여 격리 모드 해제

심볼 변경 전

심볼 변경 후

❸ 심볼 확장하기

심볼을 만들면 하나의 심볼 그룹으로 관리되기 때문에 개별 심볼을 따로 수정하거나 활용하기는 어렵습니다. 만약 심볼들을 개별 오브젝트로 다루고 싶다면, [Object] - [Expand]를 선택하여 심볼을 일반 오브젝트로 확장해야 합니다. 단, 한번 일반 오브젝트로 확장한 심볼은 다시 심볼 오브젝트로 되돌릴 수 없으니 신중하게 결정해야 합니다.

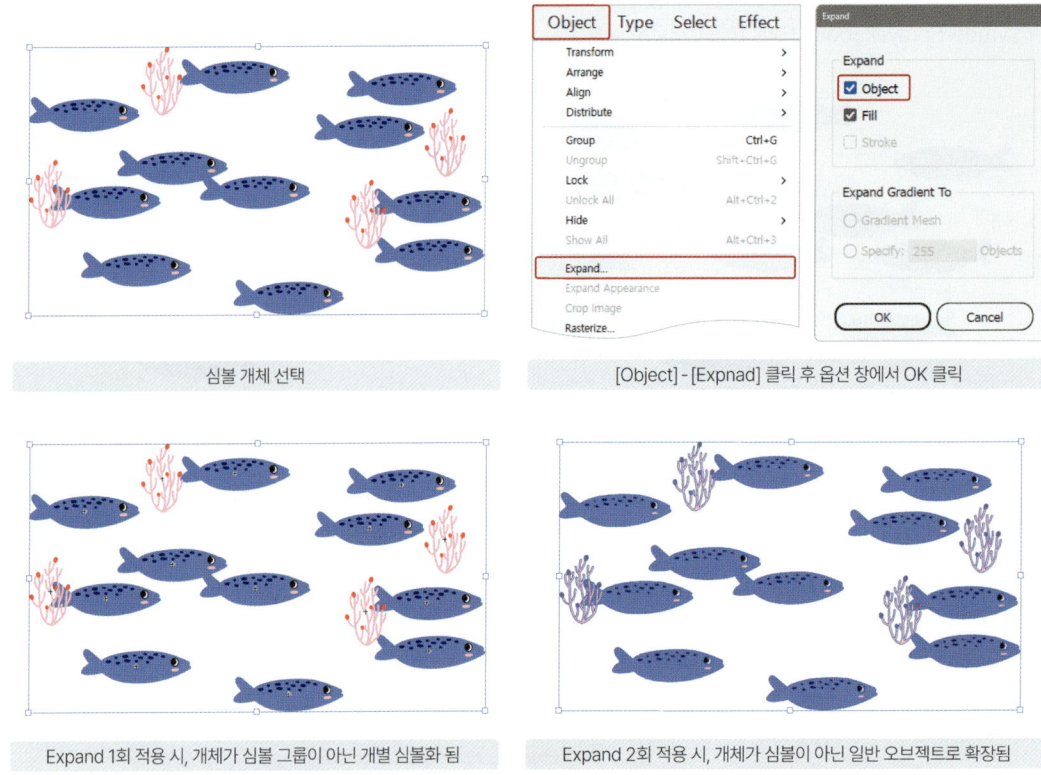

심볼 개체 선택

[Object] - [Expnad] 클릭 후 옵션 창에서 OK 클릭

Expand 1회 적용 시, 개체가 심볼 그룹이 아닌 개별 심볼화 됨

Expand 2회 적용 시, 개체가 심볼이 아닌 일반 오브젝트로 확장됨

[Symbols] 패널에서도 같은 작업을 할 수 있습니다. 심볼 개체를 선택한 후 Break Link to Symbol(심볼에서 연결 끊기) 버튼을 클릭하면, 바로 해당 심볼 인스턴스들이 모두 일반 개체로 확장됩니다.

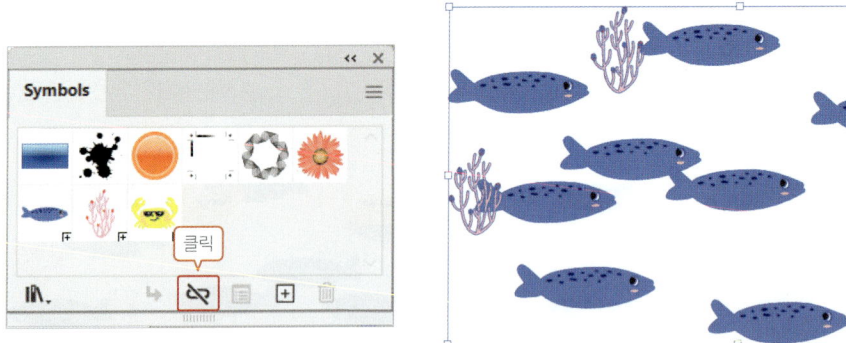

심볼 개체 선택 후 Break Link to Symbol 클릭

개별 심볼화 과정 없이 바로 일반 오브젝트로 모두 확장됨

# THEORY 03 그래프 도구

# Graph Tool

■ 예제 파일 : S16-3.ai

일러스트레이터는 수치 데이터를 기반으로 자동으로 그래프를 생성하는 기능을 제공합니다. 막대, 선, 산포, 파이 등 다양한 종류의 그래프를 손쉽게 만들 수 있습니다.

## ★ Graph Tool 그래프 도구

Graph Tool(그래프 도구)을 선택하고 빈 화면을 클릭-드래그하면 바로 그래프 제작을 위한 데이터 입력 창이 나타납니다. 옵션 창에서 원하는 숫자를 입력하고, Tab 키 또는 방향키를 누르면 칸을 이동할 수 있습니다. 각 칸에 다른 값을 입력한 뒤 우측 상단의 적용 버튼(✓)을 클릭하고, 닫기 버튼(✕)을 눌러 종료하면 그래프가 완성됩니다.

T 작업 화면을 한 번만 클릭하면 수치 입력 창이 나타납니다. 데이터를 입력하기 전에 그래프의 정확한 너비와 높이를 미리 설정할 수 있습니다.

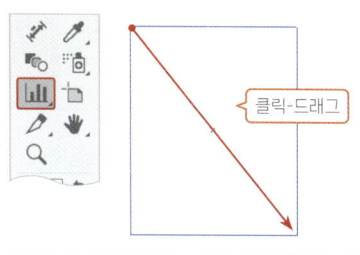
그래프 도구 선택 후 빈 화면에 클릭-드래그하여 영역 설정

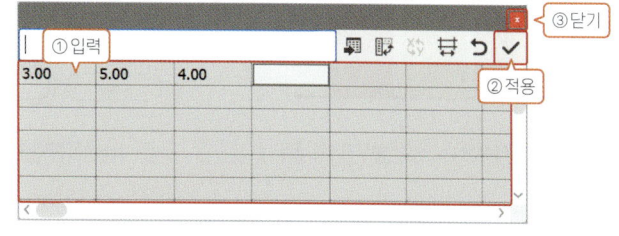
데이터 입력 후 적용 및 닫기 버튼 클릭

### ❶ 그래프의 개별 요소 선택하기

그래프 내부의 개별 요소들은 Selection Tool(선택 도구)로는 선택할 수 없습니다. 대신 Direct Selection Tool(직접 선택 도구)이나 Group Selection Tool(그룹 선택 도구)로 개별 요소를 선택하여 면 색이나 선 색을 변경할 수 있습니다. 선 개체는 두께나 색상을 자유롭게 적용할 수 있지만 삭제는 불가능합니다. 따라서 선을 보이지 않게 하려면 '색 없음'으로 설정해야 합니다. 텍스트 개체도 개별 선택 및 편집이 가능하며 글꼴 종류도 변경할 수 있지만, 삭제는 할 수 없습니다.

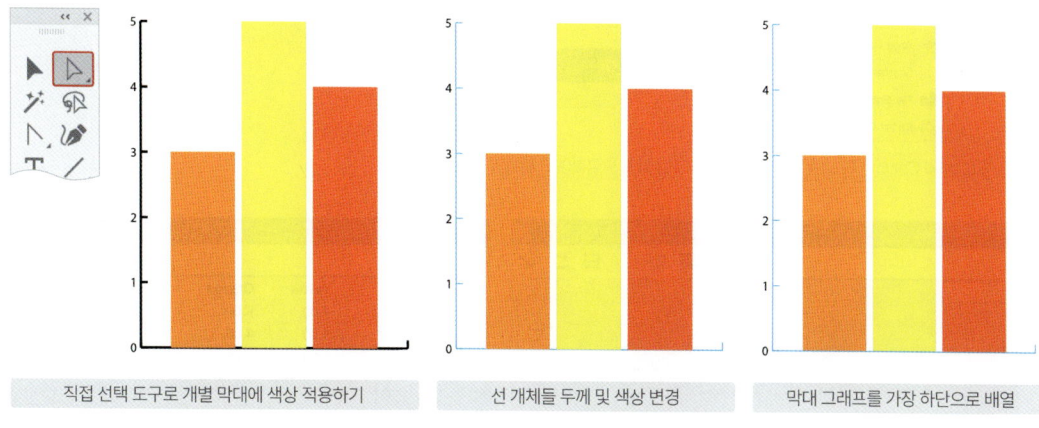

직접 선택 도구로 개별 막대에 색상 적용하기 / 선 개체들 두께 및 색상 변경 / 막대 그래프를 가장 하단으로 배열

❷ **그래프 크기나 방향 조절하기**

그래프 도구로 생성된 개체는 Selection Tool(선택 도구)로 선택해도 바운딩 박스가 나타나지 않습니다. 따라서 크기 조절이나 회전 같은 편집을 원한다면 Scale Tool(크기 조절 도구)이나 Rotate Tool(회전 도구)을 더블클릭하여 수치를 직접 입력하는 방식으로 적용해야 합니다.

> 회전 도구도 마찬가지로 더블클릭하여 원하는 각도를 입력하는 방식으로 그래프를 회전시킬 수 있습니다.

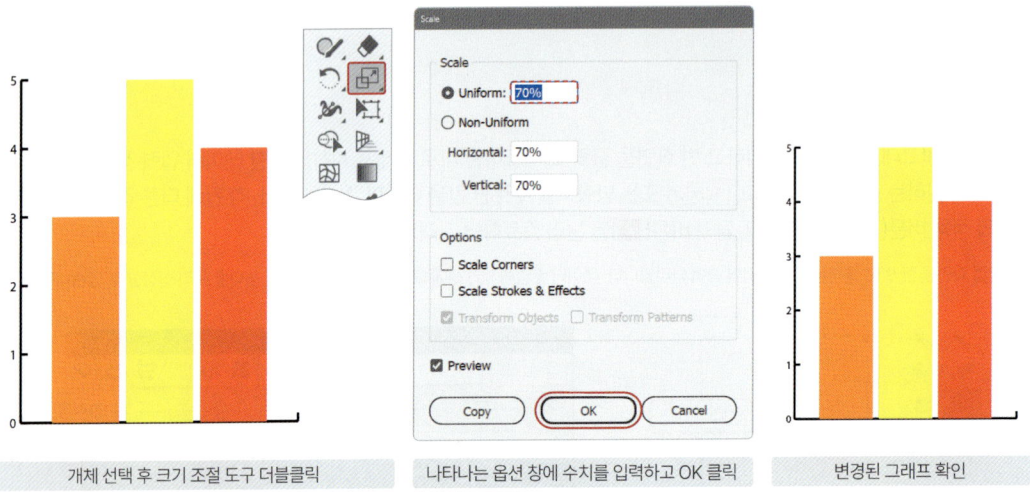

| 개체 선택 후 크기 조절 도구 더블클릭 | 나타나는 옵션 창에 수치를 입력하고 OK 클릭 | 변경된 그래프 확인 |

❸ **범례가 있는 막대 그래프 그리기**

카테고리가 나뉜 그래프를 만들 때, 데이터 입력 창에서 가로축과 세로축에 해당 카테고리의 이름(범례)을 먼저 지정한 후 수치를 입력합니다. 이렇게 카테고리를 나누어 입력하면, 입력된 수치에 따라 그래프의 막대나 선 색상이 자동으로 배정됩니다.

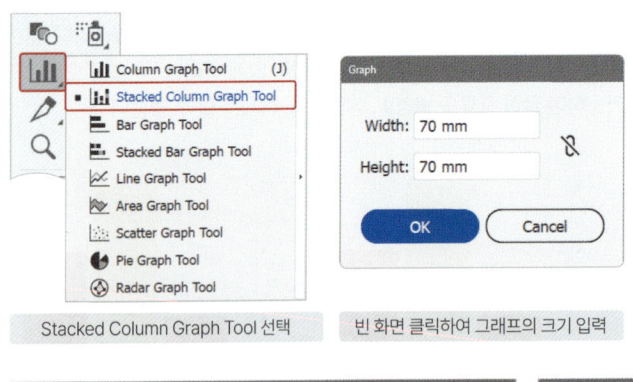

Stacked Column Graph Tool 선택 / 빈 화면 클릭하여 그래프의 크기 입력

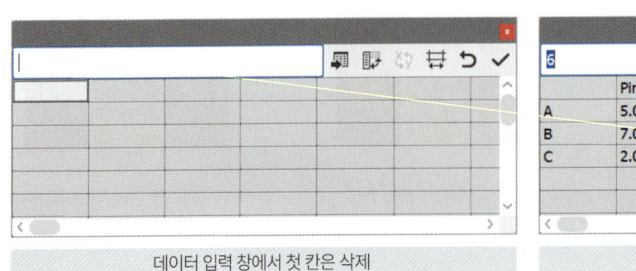
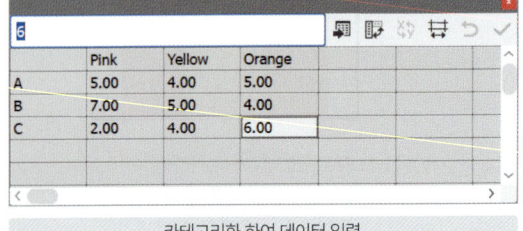

데이터 입력 창에서 첫 칸은 삭제 / 카테고리화 하여 데이터 입력

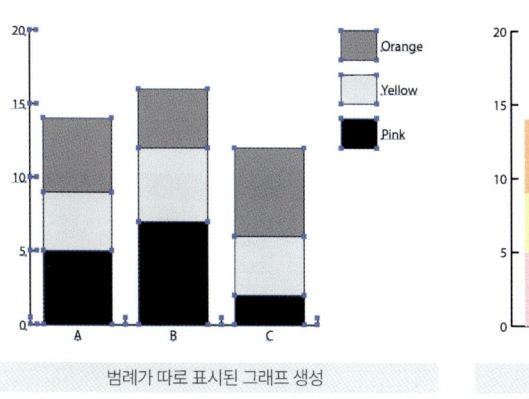
범례가 따로 표시된 그래프 생성

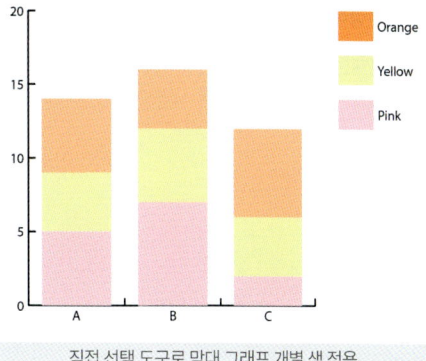
직접 선택 도구로 막대 그래프 개별 색 적용

### ④ 그래프 종류 변경하기

이미 만들어진 그래프를 다른 형태로 변경하고 싶다면, 해당 그래프 개체를 선택하고 [Object] - [Graph] - [Type]을 선택합니다.

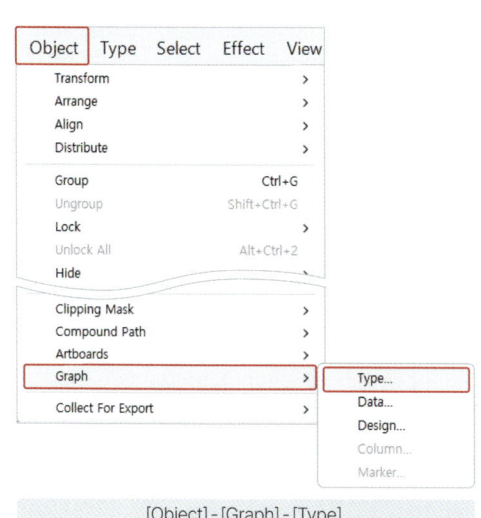
[Object] - [Graph] - [Type]

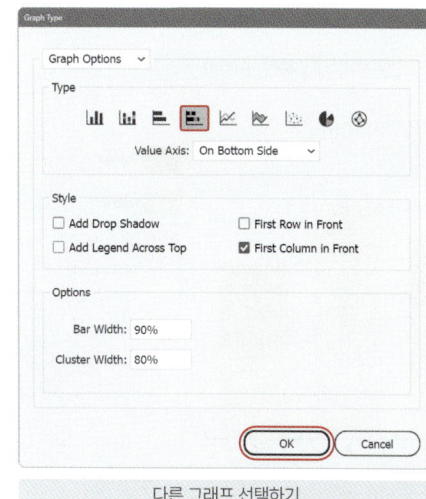
다른 그래프 선택하기

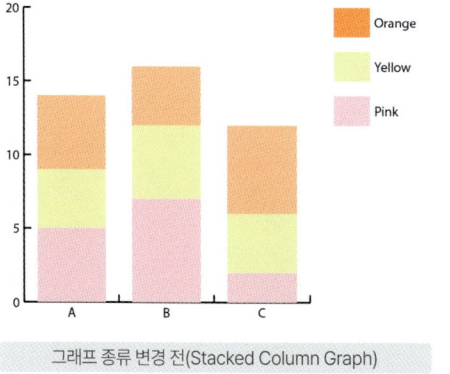
그래프 종류 변경 전(Stacked Column Graph)

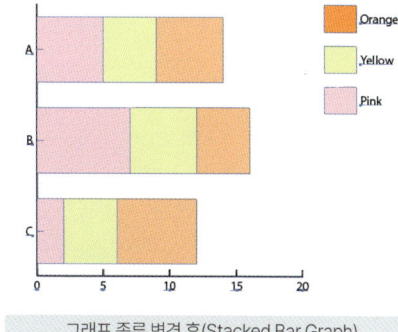
그래프 종류 변경 후(Stacked Bar Graph)

❺ **그래프 데이터 수정하기**

그래프 개체를 선택한 후, [Object] - [Graph] - [Data]를 클릭하면 그래프의 데이터 입력 창을 다시 불러올 수 있습니다. 원하는 수정 값을 입력한 뒤 적용 버튼을 누르면 수정된 데이터를 기반으로 그래프가 변경됩니다.

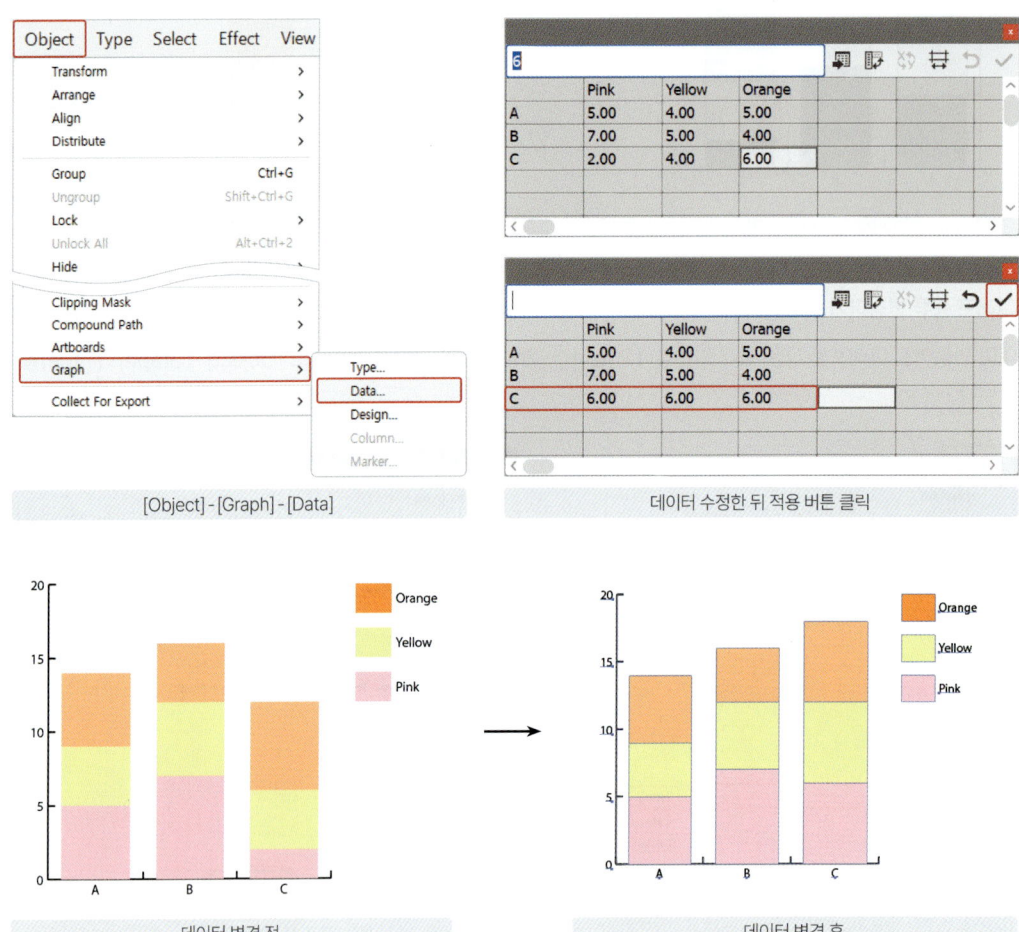

## ❻ 그래프 종류 살펴보기

그래프 도구를 길게 클릭하면 9가지 그래프 유형을 확인할 수 있습니다. 각 그래프의 종류를 살펴보겠습니다.

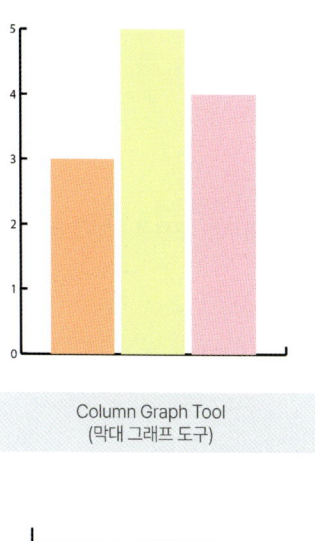
Column Graph Tool
(막대 그래프 도구)

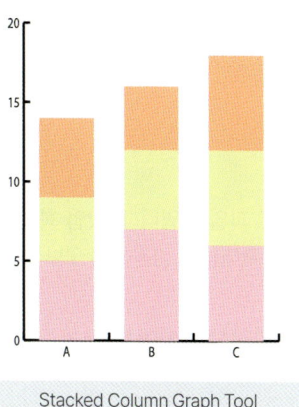
Stacked Column Graph Tool
(누적 막대 그래프 도구)

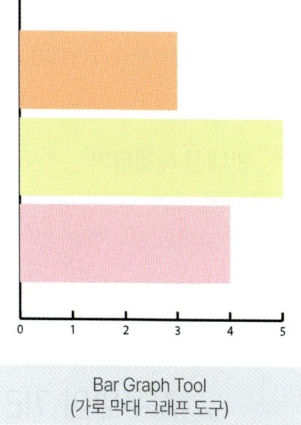
Bar Graph Tool
(가로 막대 그래프 도구)

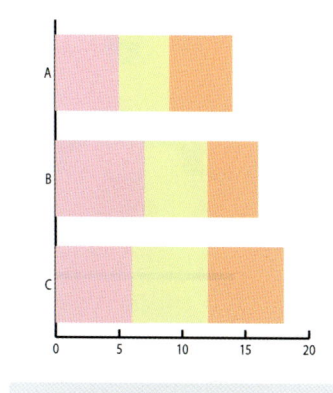
Stacked Bar Graph Tool
(가로 누적 막대 그래프 도구)

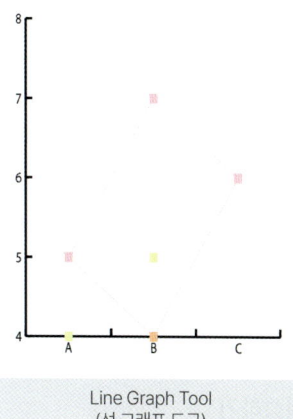
Line Graph Tool
(선 그래프 도구)

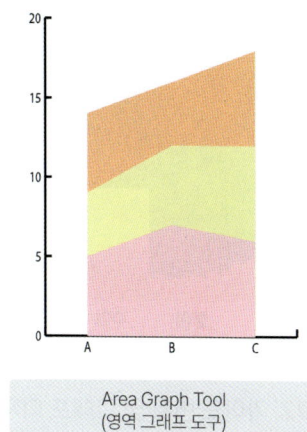
Area Graph Tool
(영역 그래프 도구)

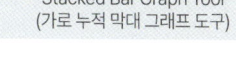
Scatter Graph Tool
(산포 그래프 도구)

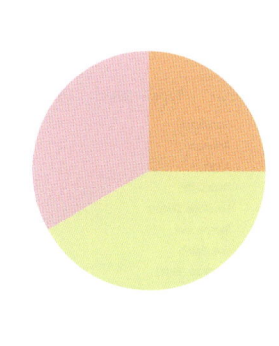
Pie Graph Tool
(파이 그래프 도구)

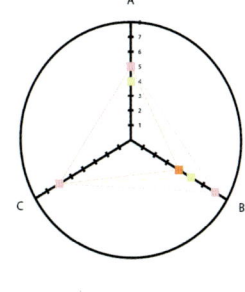
Radar Graph Tool
(레이더 그래프 도구)

## PRACTICE 01  그래프에 디자인 적용하기

# Column Design Graph

■ 예제 파일 : S16-P1.ai

직접 만든 개체를 막대그래프의 디자인으로 등록하고 적용하는 방법을 알아보겠습니다.

### 01 안내선 해제하기
[File] - [Open] (Ctrl + O)으로 'S16-P1.ai' 파일을 엽니다. 작업 화면의 빈 공간을 마우스 오른쪽 버튼으로 클릭한 뒤 'Unlock Guides'를 선택합니다. 로켓 부분을 확대한 후 검은색 선 오브젝트를 선택합니다.

S Unlock Guides(안내선 풀기) Ctrl + Alt + 5

T 만약 안내선이 이미 해제된 경우, 바로 로켓 개체의 검은색 선 오브젝트를 선택합니다.

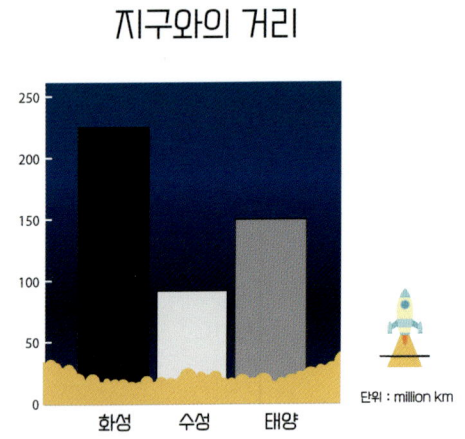
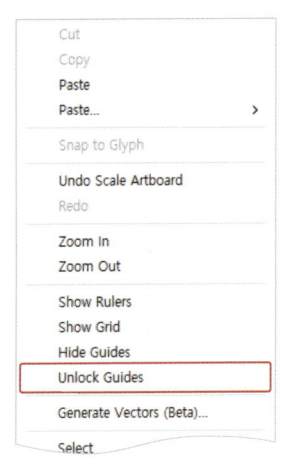

### 02 가이드 변환 및 그래프 디자인 생성하기
Ctrl + 5 를 눌러 검은색 선 오브젝트를 가이드로 만듭니다. 우주선 오브젝트와 새로 만든 가이드를 함께 선택합니다. [Object] - [Graph] - [Design]을 클릭하면 나타나는 옵션 창에서 'New Design' 버튼을 클릭합니다.

S Make Guides(안내선 만들기) Ctrl + 5

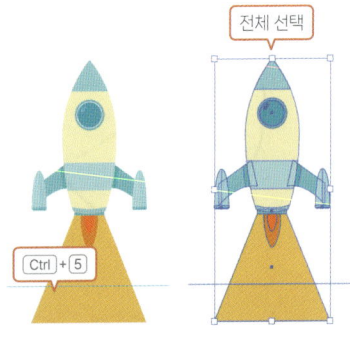
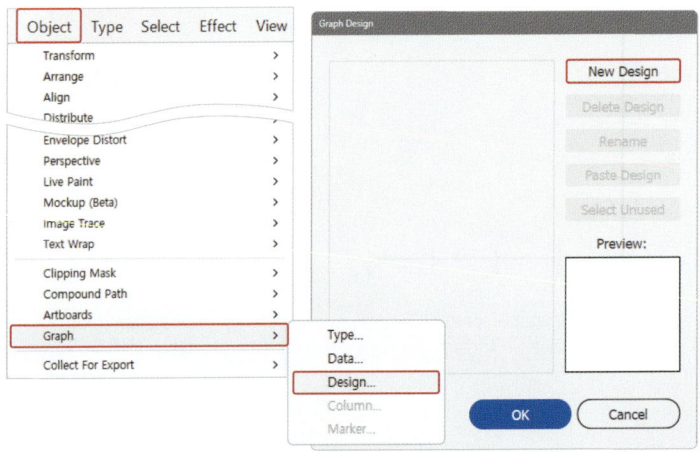

## 03 그래프 디자인 이름 지정하기

'New Design'으로 등록되면 'Rename'을 클릭합니다. 이름 입력 필드에 '로켓'이라고 입력한 뒤 OK를 클릭합니다. 이름이 변경된 것을 확인하고 다시 OK를 누릅니다.

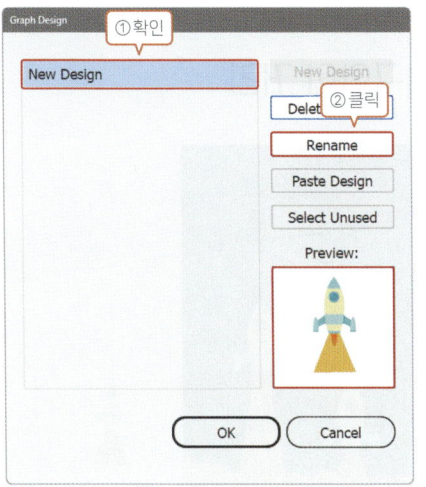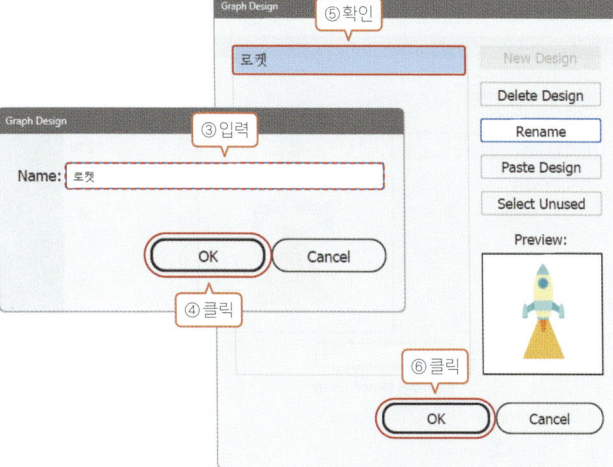

## 04 그래프에 디자인 적용하기

그래프를 선택하고 [Object] - [Graph] - [Column]을 클릭합니다.

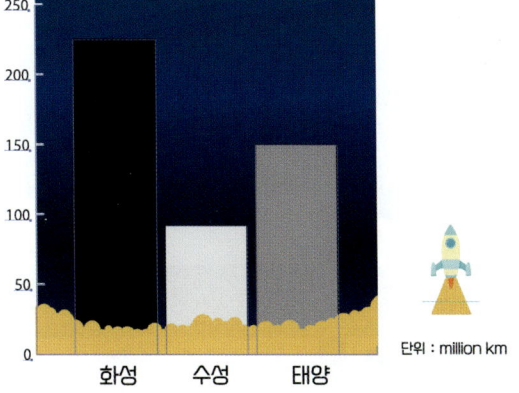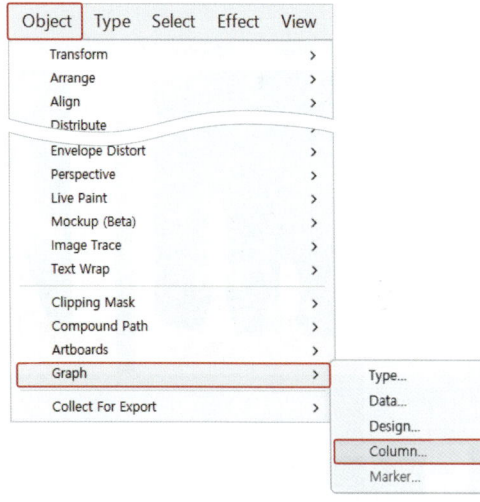

## 05 열 유형 설정 및 마무리

목록에서 '로켓'을 선택한 뒤, 하단의 Column Type에서 'Sliding' 옵션을 선택하고 OK를 누릅니다. 막대 그래프에 로켓 디자인이 적용되며 가이드 선을 기준으로 늘어나는 모양으로 완성됩니다. 마지막으로 Ctrl + ; 를 눌러 가이드를 숨깁니다.

S Hide Guides(안내선 숨기기) Ctrl + ;

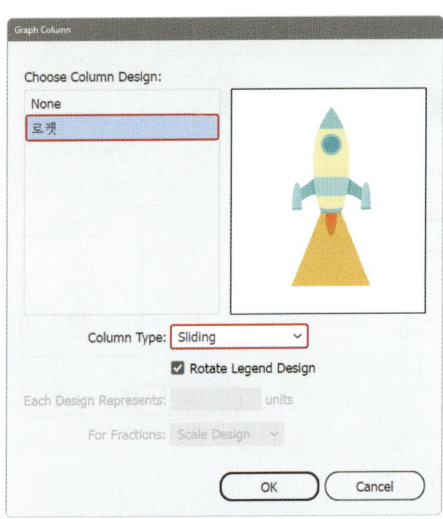

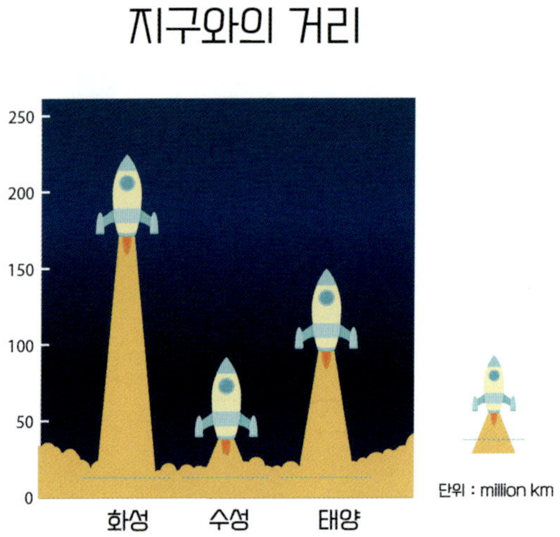

### Column Type(막대 유형) 살펴보기

예제의 Sliding(슬라이딩) 방식은 가이드를 함께 등록하여 디자인이 늘어나는 특정 부위를 지정하는 유형입니다.
이 외에도 다른 유형들을 선택하면 막대 그래프에 어떻게 디자인이 적용되는지 살펴보겠습니다.

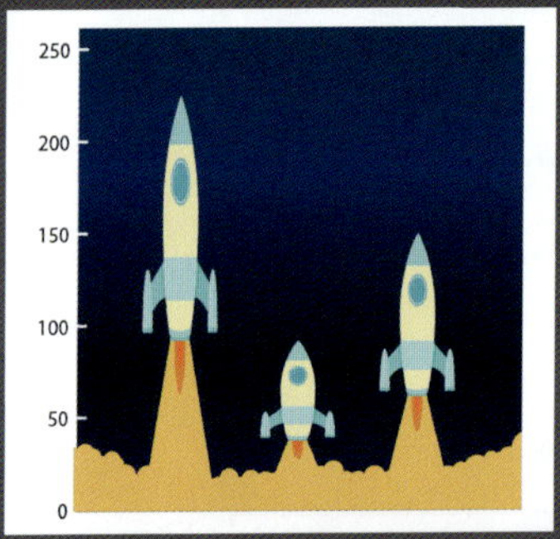

- Vertically Scaled(세로로 크기 조절) 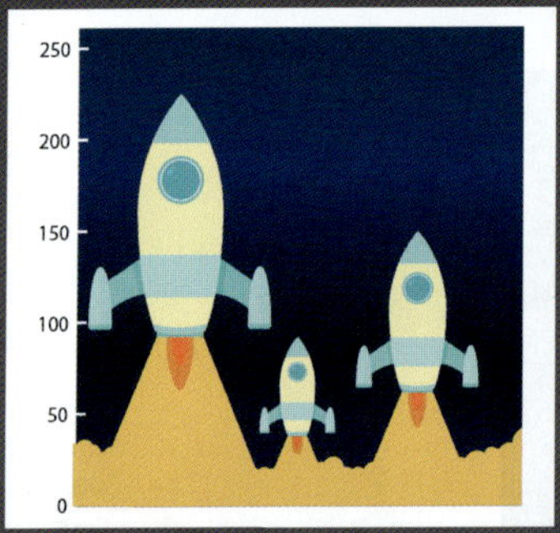
- Uniformly Scaled(균일하게 조절) 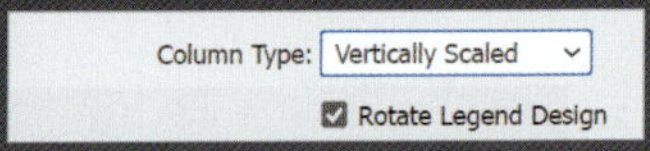 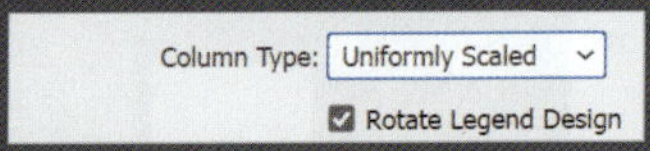 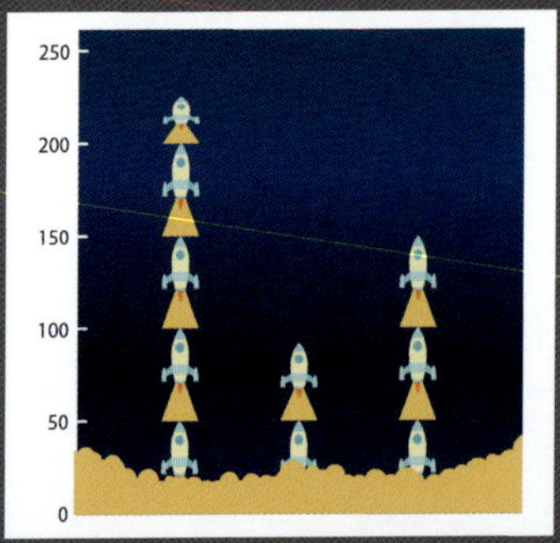
- Repeating - Scale Design (반복 - 디자인크기 조절) 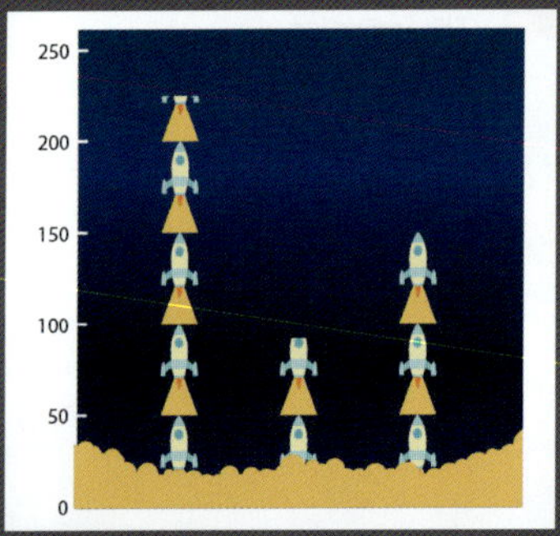
- Repeating - Chop Design (반복 - 디자인 절단)

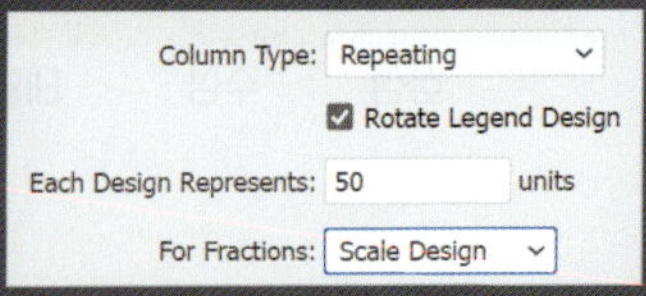

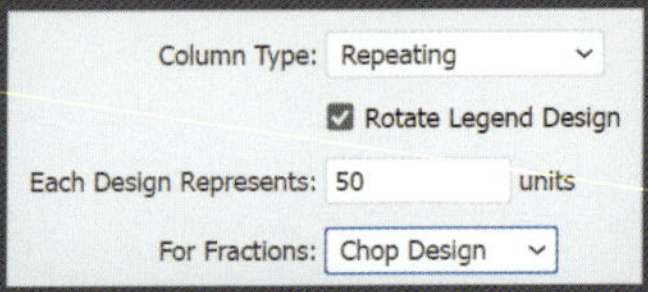

# THEORY 04  3D 및 재질 알아보기

# 3D and Materials

📁 예제 파일 : S16-4.ai

3D 및 재질 패널은 2D 개체를 입체적인 3D 형태로 변환해 주는 곳입니다. 이 패널은 입체를 구성하는 세 가지 요소인 오브젝트, 재질, 조명을 정밀하게 조절할 수 있도록 구성되어 있습니다.

### Object : Plane  오브젝트 : 평면

[3D and Materials] 패널의 Plane(평면) 옵션을 사용하면 개체의 입체감을 부여하지 않고도, 2D 평면 상태 그대로 각도만 조절할 수 있습니다. 이 기능은 [Window] - [3D and Materials] 패널에서 접근하거나 [Effect] - [3D and Materials] - [3D(Classic)] - [Rotate(Classic)] 메뉴에서도 같은 작업을 할 수 있습니다.

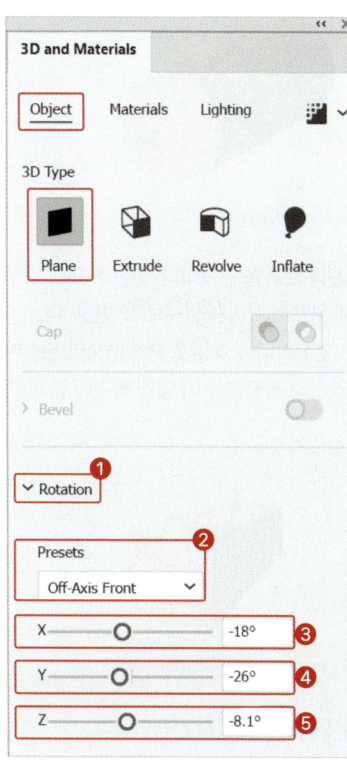

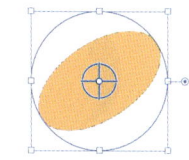

원 개체에 Plane(평면) 적용

Selection Tool(선택 도구)로 3D 입체 개체를 클릭하면, 화면에 조절점이 나타납니다. 가운데 조절점을 드래그하여 개체의 각도를 직접 조절할 수 있습니다.

❶ Rotation(회전) : 개체의 방향, 축, 투영 방식을 기반으로 회전시킵니다.

❷ Presets(사전 설정) : 자주 사용되는 각도 값들을 미리 지정해 놓은 메뉴입니다. 앞쪽, 왼쪽/오른쪽, 아래쪽 등 기본 설정과 Off-Axis(비축) 각도나 Isometric(등각) 각도 등 다양한 옵션이 있습니다.

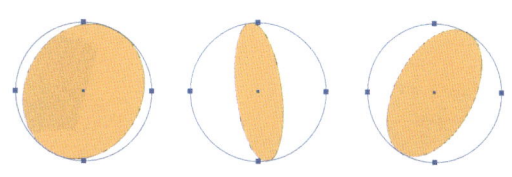

Off Axis-front(비축-앞쪽) / Off Axis-Right(비축-오른쪽) / Isometric-Right(등각-오른쪽)

❸ X : 개체를 -180도에서 180도까지 수직으로 회전시킵니다.

❹ Y : 개체를 -180도에서 180도까지 수평으로 회전시킵니다.

❺ Z : 개체를 -180도에서 180도까지 원을 그리듯이 회전시킵니다.

# Object : Extrude 오브젝트 : 입체화

개체의 뒤쪽으로 입체 기둥을 만듭니다. 기본적인 돌출 형태는 평행한 선형이지만, Bevel(경사) 옵션을 활용해 돌출되는 부분에 다양한 모양을 적용하여 개성을 더할 수 있습니다.

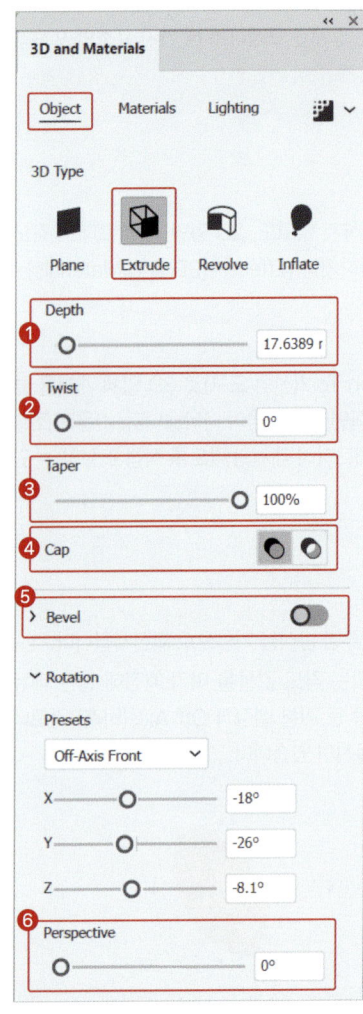

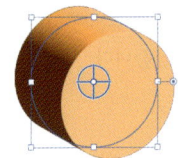

원 개체에 Extrude(입체화) 적용

Selection Tool(선택 도구)로 3D 입체 개체를 클릭하면, 화면에 조절점이 나타납니다. 가운데 조절점을 드래그하여 개체의 각도를 직접 조절할 수 있습니다.

❶ **Depth(심도)** : 돌출의 깊이를 설정하여 3D 형태가 얼마나 길게 뻗어나갈지 조절합니다.

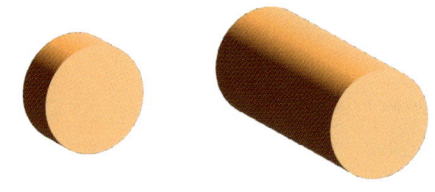

Depth(심도) : 10mm / 50mm

❷ **Twist(비틀기)** : 돌출면을 비틀어 나선형 효과를 만듭니다. 원본 개체의 각도와 돌출면의 각도를 다르게 하여 입체 부분이 꼬이는 형태로 표현됩니다.

❸ **Taper(뾰족한 끝)** : 돌출면의 크기를 조절합니다. 기본값은 100%로 돌출면이 원본 크기를 유지합니다. 값을 변경하여 돌출면을 더 넓게 하거나 좁게 만들 수 있습니다.

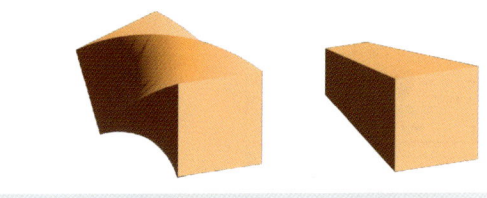

Twist(비틀기) : 107도 / Taper(뾰족한 끝) : 50%

❹ **Cap(단면)** : 속이 찬 모양(solid)을 위해 캡을 설정할지, 속이 빈 모양(hollow)을 위해 캡을 해제할지 선택합니다.

❺ **Bevel(경사)** : 돌출면의 가장자리에 다양한 모양을 적용하여 3D 형태에 장식적인 디테일을 추가하거나 모서리를 부드럽게 만들 수 있습니다.

❻ **Perspective(원근감)** : 원본 개체의 크기를 조절하여 원근감을 만듭니다. 개체가 멀어지는 것처럼 보이도록 깊이감을 부여합니다.

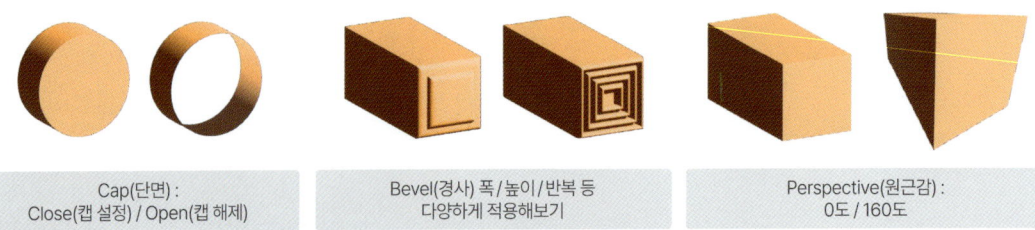

Cap(단면) : Close(캡 설정) / Open(캡 해제)

Bevel(경사) 폭/높이/반복 등 다양하게 적용해보기

Perspective(원근감) : 0도 / 160도

# Object : Revolve 오브젝트 : 축 중심

특정 축을 지정하고 그 축을 중심으로 2D 개체를 회전시켜 입체적인 형태를 만드는 기능입니다. 이때 개체를 왼쪽 축 또는 오른쪽 축 중 하나를 선택하여 회전시킬 수 있습니다.

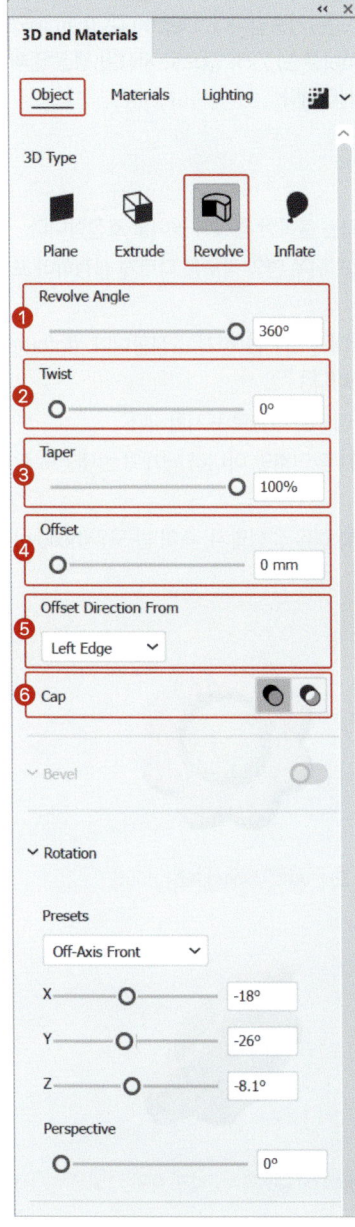

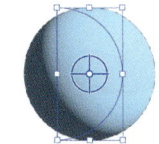

축을 중심으로 개체를 회전시켜 입체를 만들기 때문에 Sphere(구) 형태의 3D 오브젝트를 만들고 싶다면, 반원을 그린 후 이 옵션을 적용해야 합니다.

반원 개체에 Revolve(축 중심) 적용

① **Revolve Angle(회전 각도)** : 축을 중심으로 개체가 돌아가는 각도를 조절합니다. 기본값은 360도로, 이보다 작은 값을 입력하면 입체 형태가 불완전하게 끊긴 모습으로 보입니다.

② **Twist(비틀기)** : 시작 부분과 끝나는 부분의 각도를 다르게 설정하여 개체가 꼬아진 형태가 되도록 만듭니다.

③ **Taper(뾰족한 끝)** : 입체가 끝나는 부분의 크기를 더 작게 조절합니다.

④ **Offset(이동)** : 이 값은 회전축과 개체가 얼마나 떨어져 회전할지를 결정합니다. 값이 0일 때는 축에 붙어서 회전하고, 수치를 입력하면 입력한 값만큼 축과 개체가 떨어져서 회전합니다.

⑤ **Offset Direction From(오프셋 방향)** : 회전축을 개체의 Left Edge(왼쪽 모서리) 또는 Right Edge(오른쪽 모서리)에 둘지 선택할 수 있습니다.

⑥ **Cap(단면)** : 속이 찬 모양(solid)을 위해 캡을 설정할지, 속이 빈 모양(hollow)을 위해 캡을 해제할지 선택합니다.

Revolve Angle(회전 각도) : 360도

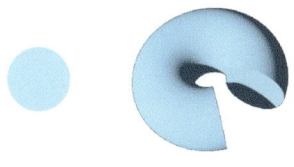

Revolve Angle(회전 각도) : 300도, Taper(뾰족한 끝) : 50%, Offset(이동) : 4mm

Revolve Angle(회전 각도) : 300도, Taper(뾰족한 끝) : 100%, Offset(이동) : 4mm / Twist(비틀기) : 228도

# Object : Inflate 오브젝트 : 부풀리기

개체의 평면 앞쪽으로 반원 형태의 돌출된 입체가 만들어집니다.

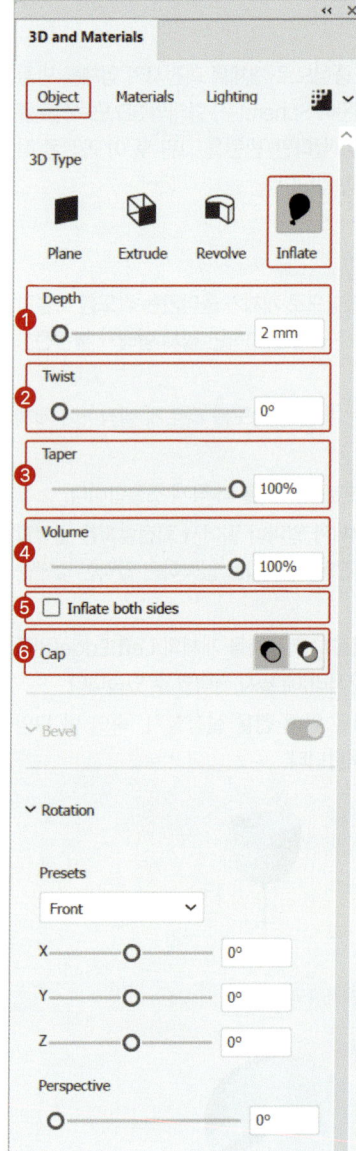

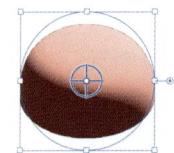

2D 개체 위에 볼록한 스티커가 올라오듯 입체를 만드는 기능입니다. Depth(깊이) 1mm와 Volume(볼륨) 72% 값으로 지정된 팽창 입체의 예시입니다.

원 개체에 Inflate(부풀리기) 적용

❶ **Depth(심도)** : 개체 평면 위로 생성되는 볼록한 입체의 높이를 조절합니다.
❷ **Twist(비틀기)** : 돌출된 입체의 앞면과 뒤쪽 면의 각도를 다르게 설정하여 꼬인 형태를 만듭니다.
❸ **Taper(뾰족한 끝)** : 돌출 입체의 반대쪽 크기를 작게 조절합니다. (Inflate both sides 옵션을 체크해야 적용됩니다.)
❹ **Volume(볼륨)** : 입체가 부풀려지는 정도를 비율로 표시합니다.
❺ **Inflate both sides(양쪽 부풀리기)** : 앞면뿐만 아니라 개체의 반대면도 함께 부풀어 오르도록 효과를 줍니다.
❻ **Cap(캡)** : 속이 찬 모양(solid)을 위해 캡을 설정할지, 속이 빈 모양(hollow)을 위해 캡을 해제할지 선택합니다.

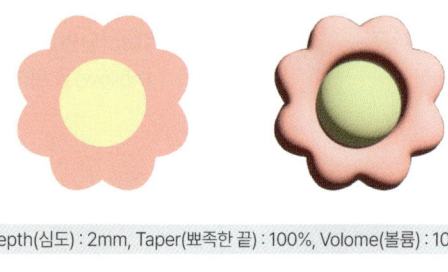

Depth(심도) : 2mm, Taper(뾰족한 끝) : 100%, Volome(볼륨) : 100%

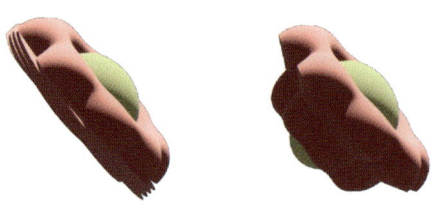

Twist(비틀기) : 157도 / Inflate both sides(양쪽 부풀리기) 적용

# Materials 재질

개체에 다양한 질감을 입힐 수 있습니다. 기본으로 제공되는 요소에서 나무, 천, 금속 등 다양한 재질감을 선택할 수 있습니다.

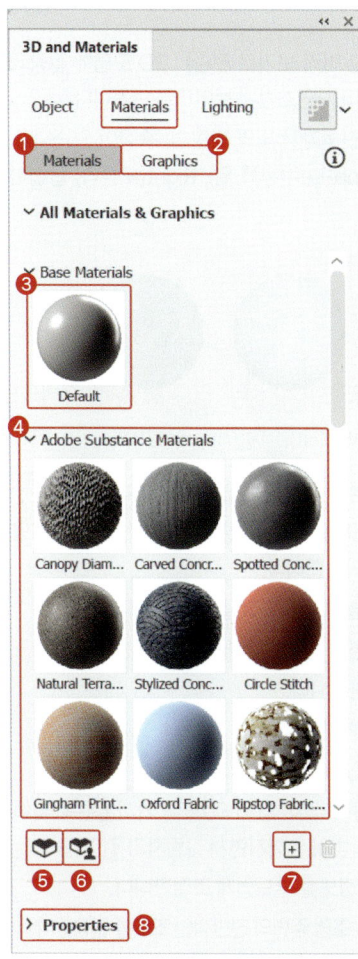

❶ **Materials(재질)** : 개체에 재질을 입히는 모드입니다.

❷ **Graphics(그래픽)** : 등록된 그래픽 심볼 개체를 입힐 수 있습니다.

❸ **Default(기본 재질)** : 유광 플라스틱을 기반으로 하는 기본 재질입니다.

❹ **Adobe Substance Materials(Adobe Substance 재질)** : Adobe에서 제공하는 Substance 재질 목록입니다.

❺ **Find more materials on Substance 3D Assets(Substance 3D 자산에서 추가 재질 찾기)** : Adobe 웹사이트에 접속하여 더 많은 Substance 재질을 찾아 추가하여 사용할 수 있습니다.

❻ **Find more materials on Substance 3D community Assets (Substance 3D 커뮤니티 자산에서 추가 재질 찾기)** : Adobe 커뮤니티에서 Substance 재질을 가져와 추가하여 사용할 수 있습니다.

❼ **Add new materials and graphics(재질 및 그래픽 추가)** : 패널에 새로운 Substance 재질이나 심볼과 같은 재료를 추가합니다.

❽ **Properties(속성)** : 선택된 재질감에 대한 속성을 조절할 수 있습니다. 예를 들어, 거칠기를 적용하거나 패턴이 적용되어 있다면 그 모양이나 반복 정도를 수정할 수 있습니다. 금속 속성이라면 하이라이트나 색상 등을 수정하는 등 각 재질마다 속성 옵션은 모두 다르게 나타납니다.

Default(초기값) 설정 후 Base Properties(기본 속성)에서 Matallic(금속) 값 올리기

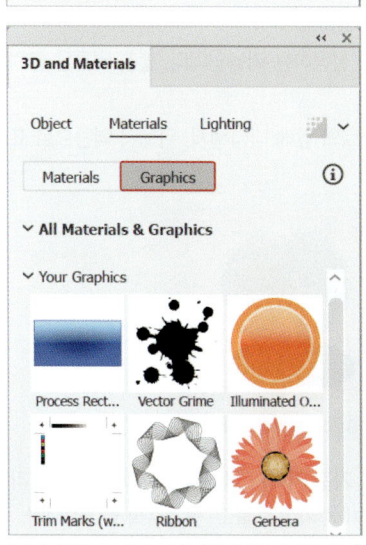

Graphics(그래픽)를 선택했을 때 패널 화면

Adobe Substance Materials(재질)의 다양한 예시들

# Lightning 조명

3D가 적용된 개체에 풍부한 빛 효과를 적용할 수 있습니다. 빛 번짐이나 그림자 효과를 자연스럽게 만들려면 Render(렌더) 옵션을 켜두는 것을 권장합니다.

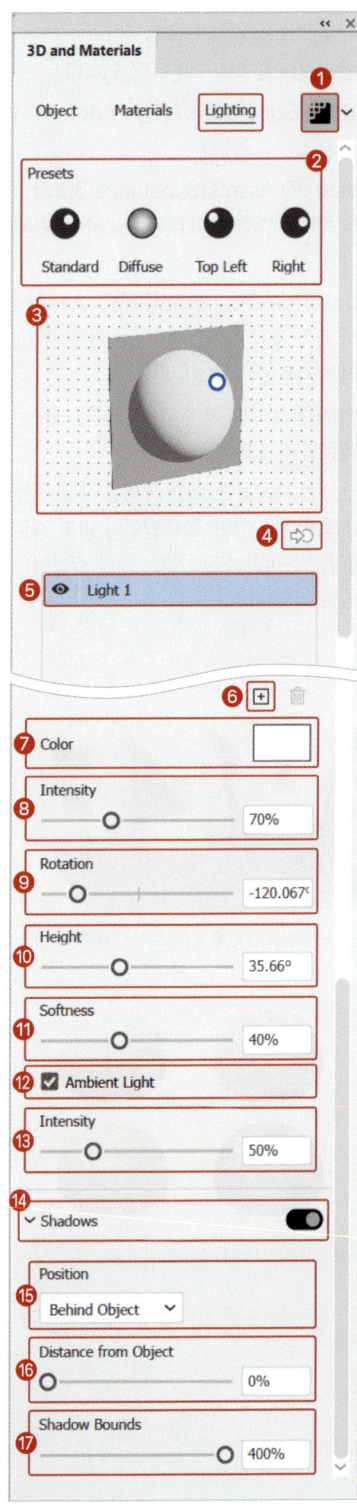

❶ **Render with Ray Tracing(실시간 미리 보기로 전환)** : 3D 모델에 질감과 광원 효과를 적용해 빛과 그림자를 더 자연스럽게 보이도록 만듭니다.

❷ **Presets(사전 설정)** : 미리 만들어진 4가지 빛의 방향 및 속성이 있습니다. Standard(표준), Diffuse(확산), Top-Left(왼쪽 위), Right(오른쪽) 옵션이 포함됩니다.

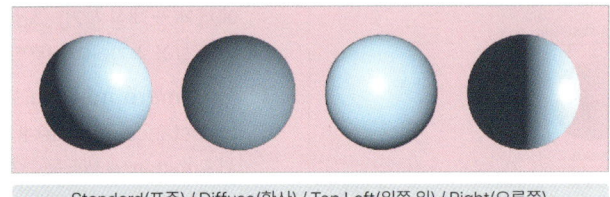

Standard(표준) / Diffuse(확산) / Top Left(왼쪽 위) / Right(오른쪽)

❸ 빛을 직접 드래그로 움직이면서 조명을 배치할 수 있는 공간입니다.

❹ 선택한 조명을 오브젝트 뒤쪽으로 이동시키는 버튼입니다. 단, 선택한 조명이 지면 아래로 내려가면 작업이 불가능합니다.

❺ 조명을 여러 개 만들고 선택하여 개별적으로 조절할 수 있습니다.

❻ **Add Light(조명 추가)** : 새로운 조명을 생성합니다.

❼ **Color(색상)** : 선택된 조명의 색을 바꿉니다.

❽ **Intensity(강도)** : 빛의 강도를 설정합니다.

❾ **Rotation(회전)** : 빛의 방향을 설정합니다.

❿ **Height(높이)** : 빛의 거리를 설정합니다. 이 값이 90도에 가까울수록 빛이 가까이 다가오고, 0도에 가까울수록 빛이 멀어지면서 그림자가 길어집니다.

⓫ **Softness(부드러움)** : 빛이 퍼지는 정도를 부드럽게 조절합니다.

⓬ **Ambient Light(주변광)** : 하이라이트 조명 주변의 전반적인 조도를 설정합니다.

⓭ **Intensity(강도)** : 주변광의 강도를 설정합니다.

⓮ **Shadow(어두운 영역)** : 그림자를 설정하는 기능입니다. 펼침 버튼을 클릭하면 숨겨진 메뉴가 확장됩니다.

⓯ **Position(위치)** : 그림자를 오브젝트의 앞에 나타낼지, 뒤에서 역광으로 표현할지 결정할 수 있습니다.

Object Behind(오브젝트 뒤로) / Object Below(오브젝트 아래로)

⓰ **Distance from Object(오브젝트 기준 거리)** : 물체와 그림자 사이의 거리를 설정합니다. 수치가 낮을수록 물체에 가깝게 붙고, 높을수록 떨어집니다.

⓱ **Shadow Bounds(그림자 테두리)** : 그림자가 일정 거리에서 끊어지도록 합니다. 수치가 낮을수록 짧은 거리에서 그림자가 잘립니다.

PRACTICE 02  3D 오브젝트에 로고 심볼 적용하기

# Symbol & 3D and Materials

■ 예제 파일 : S16-P2.ai

3D 및 재질 패널의 회전 기능을 활용하여 2D 개체의 캔을 입체적인 형태로 만들고, 사용자 정의 심볼을 활용해 3D 개체에 로고를 적용하는 방법을 배웁니다. 빛과 그림자를 조절하여 사실적인 표현을 완성해 봅니다.

## 01 로고 심볼 등록하기

[File] - [Open](Ctrl+O)으로 'S16-P2.ai' 파일을 엽니다. 텍스트가 아웃라인 처리되어 그룹으로 묶인 개체를 선택합니다. [Symbols] 패널(Ctrl+Shift+F11)을 엽니다. 패널 하단의 'New Symbol' 버튼을 클릭하고, 옵션 창이 나타나면 이름을 '로고'라고 입력한 뒤 OK를 눌러 [Symbols] 패널에 등록합니다.

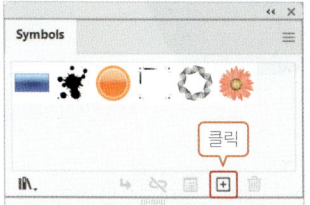
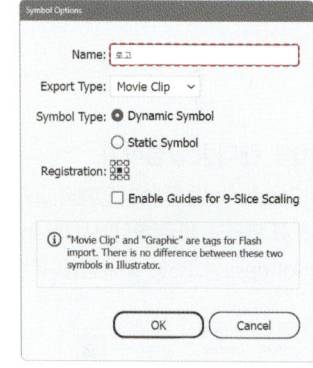

## 02 캔 형태의 3D 오브젝트 만들기

미리 준비된 단면 형태의 캔 개체를 선택하고, [Window] - [3D and Materials]를 클릭하여 패널을 엽니다. 'Object' 탭에서 'Revolve'를 클릭하여 캔 형태를 3D 오브젝트를 만듭니다. 이어서 'Lighting' 탭을 선택하여 기본적인 빛을 적용합니다.

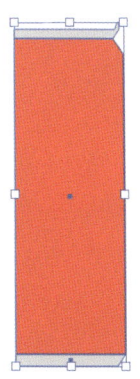

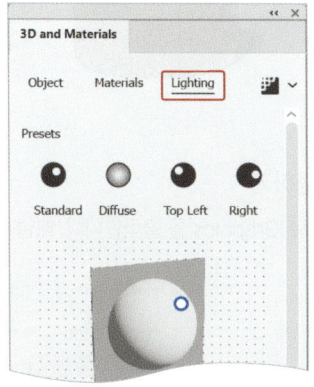
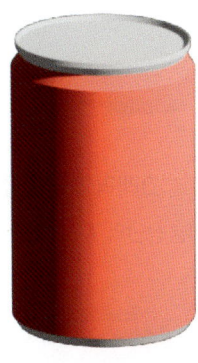

## 03 그림자 설정하기

패널 하단에서 'Shadows'를 활성화하고 펼침 버튼을 눌러 메뉴를 확장합니다. Position 목록에서 'Below Object'를 선택하면 캔 아래에 그림자가 생성됩니다. 패널 상단에서 'Light 1'이 선택되어 있는지 확인한 뒤, 빛의 방향을 전환하는 버튼을 클릭하여 그림자 방향을 조절합니다.

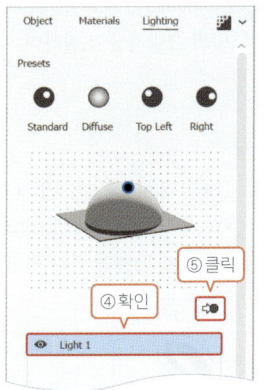

## 04 렌더링 설정하기

'Render' 버튼을 눌러 입체와 그림자가 더 자연스러워지도록 만듭니다. 패널 중앙에 있는 Add Light 버튼을 클릭하여 'Light 2'를 만들고, 바로 하단에서 Intensity를 '14%'로 설정하여 빛을 약하게 조절합니다. Rotation은 '-65도', Height는 '59도', Softness는 '35%'로 설정합니다.

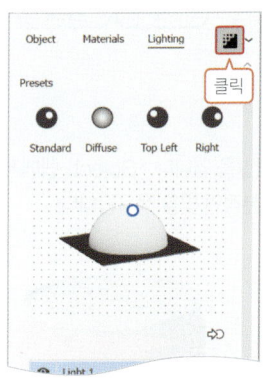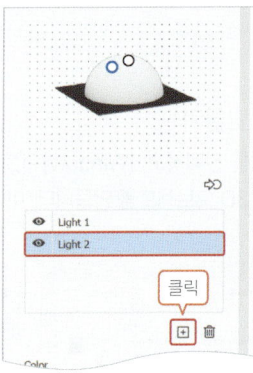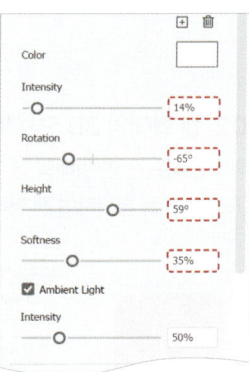

## 05 그래픽의 금속 값 설정하기

패널 상단의 'Materials' 탭에서 'Graphics'를 클릭합니다. 패널 하단에 Metallic 값을 '0.7'로 적용합니다.

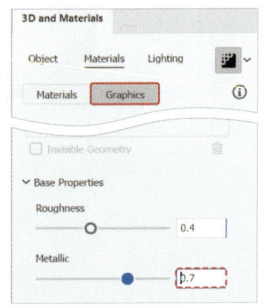

## 06 3D 오브젝트에 로고 심볼 적용하기

패널 상단의 'Materials' 탭에서 'Graphics'를 클릭합니다. 심볼 목록에 등록해 두었던 로고 심볼을 선택하면, 3D 개체 표면에 로고가 나타납니다. 로고를 선택하면 생기는 원 모양의 조절 박스를 사용해 원하는 각도, 위치, 크기를 조절하여 그림과 유사하게 배치합니다.

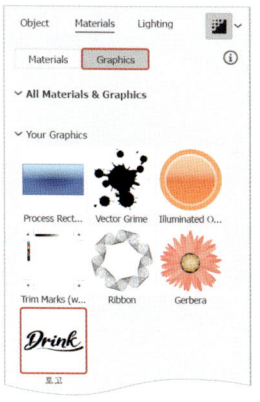  

## 07 작업 마무리하기

작업이 완료되었습니다. 빛과 그림자의 위치나 강도를 수정하고 싶다면, 다시 'Lighting' 탭을 클릭하여 해당 조명을 선택하면 됩니다. 원하는 대로 설정을 조절한 뒤 파일을 저장하여 마무리합니다.

# THEORY 05 | 3D(기본) 알아보기

# 3D(Classic)

■ 예제 파일 : S16-5.ai

[Effect] 메뉴에 3D 입체 효과를 적용하는 기능이 있습니다. 2022년 이후 버전부터 3D 및 재질 기능이 추가되면서 기존 3D 기능은 3D(기본)로 이름이 변경되었습니다. 기존 기능이 없어지지 않고 'Classic'으로 남겨진 것은 새로운 방식과 다른 고유한 기능적 의미와 활용 가치가 있기 때문입니다.

## 3D Extrude & Bevel(Classic) 3D 입체화와 경사(기본)

개체를 선택한 뒤, [Effect] - [3D & Materials] - [3D(Classic)] - [Extrude & Bevel(Classic)]을 클릭합니다. 이 기능은 선택한 개체를 앞면으로 인식하고, 그 뒤쪽으로 입체적인 형태를 만들어 줍니다. 새롭게 열린 3D 옵션 창에서 도형을 드래그하면, 작업 화면의 개체에도 동일한 방향으로 입체 효과가 적용됩니다.

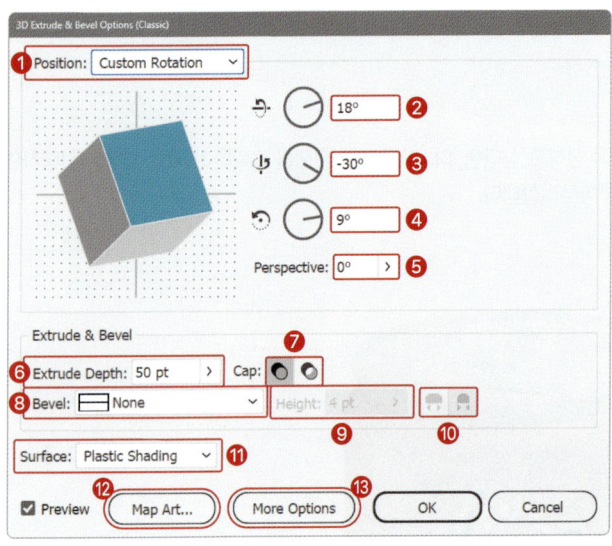

Extrude Depth(입체화 깊이) : 50pt / 150pt

Perspective(원근) : 0도 / 160도

① **Position(위치)** : 개체의 입체 각도를 미리 설정된 값으로 맞춰줍니다. 사용자가 직접 각도를 조절하면 자동으로 Custom Rotation(사용자 정의 회전)으로 변경됩니다. 이 목록에는 앞쪽, 뒤쪽 또는 비축, 등각 등 다양한 설정 포지션이 있습니다.

② X축을 기준으로 개체의 회전 값을 입력할 수 있습니다.

③ Y축을 기준으로 개체의 회전 값을 입력할 수 있습니다.

④ Z축을 기준으로 개체의 회전 값을 입력할 수 있습니다.

⑤ **Perspective(원근)** : 시점을 최대 160도까지 적용하여 원근감을 조절할 수 있습니다.

⑥ **Extrude Depth(입체화 깊이)** : 개체가 돌출되는 깊이를 입력합니다.

⑦ **Cap(단면)** : 원본 개체의 속이 찬 모양으로 보이게 할지(닫힘), 속이 빈 모양으로 보이게 할지(열림) 설정합니다.

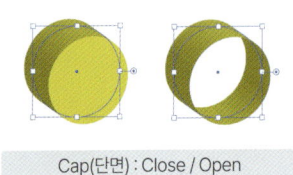

Cap(단면) : Close / Open

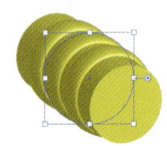

Bevel(경사) : Complex 3

❽ **Bevel(경사)** : 돌출된 표면에 다양한 모양을 적용할 수 있습니다.
❾ **Height(높이)** : 경사 모양을 얼마나 깊게 적용할지 수치를 입력합니다.
❿ **Bevel Extent Out / In(경사 범위 추가 / 제거)** : 경사를 원본 오브젝트의 바깥쪽으로 적용할지, 안쪽으로 적용할지 결정합니다.
⓫ **Surface(표면)** : 3D 오브젝트의 재질감을 선택하는 기능으로, Wireframe(철사 프레임), No Shading(음영 없음), Diffuse Shading(음영 확산), 그리고 기본값인 Plastic Shading(플라스틱 음영) 중 하나를 선택하여 오브젝트의 시각적 표현 방식을 결정합니다.

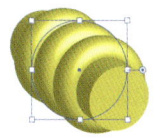 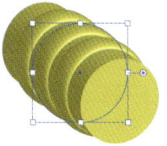

Hight(높이) : 12pt / 4pt

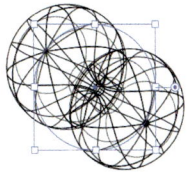 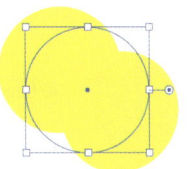 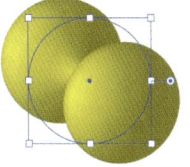 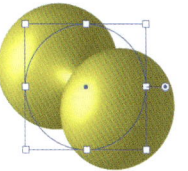

Wireframe(철사 프레임) / No Shading(음영 없음) / Diffuse Shading(음영 확산) / Plastic Shading(플라스틱 음영)의 기본 설정

⓬ **Map Art(아트 매핑)** : 3D 입체 개체의 전개도를 보여주며, 각 면에 심볼을 매핑하여 입힐 수 있는 기능입니다.
⓭ **More Options(기타 옵션)** : Surface(표면)의 하위 목록이 열리며, 빛의 세부 설정을 조절할 수 있습니다.

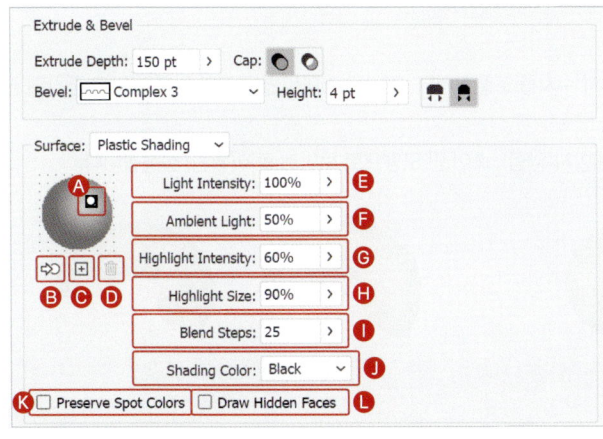

Ⓐ 빛을 직접 드래그하여 원하는 방향으로 설정할 수 있습니다.
Ⓑ **Move Selected Light to Back of Object(선택한 조명을 오브젝트의 뒤로 이동)** : 선택된 빛을 개체의 뒷면으로 옮겨 역광을 표현합니다.
Ⓒ **New Light(새 라이트)** : 새로운 빛을 추가할 수 있습니다.
Ⓓ **Delete Light(라이트 삭제)** : 선택된 빛을 삭제할 수 있습니다.
Ⓔ **Light Intensity(라이트 강도)** : 전체적인 빛의 강도를 조절합니다.
Ⓕ **Ambient Light(주변광)** : 오브젝트 주변의 전반적인 빛의 밝기를 조절합니다.
Ⓖ **Highlight Intensity(강도 강조)** : 가장 밝게 빛나는 부분의 강도를 조절합니다.
Ⓗ **Highlight Size(크기 강조)** : 가장 밝게 빛나는 부분의 크기를 조절합니다.
Ⓘ **Blend Steps(블렌드 단계)** : 그림자가 번지는 효과를 블렌드로 적용하며, 단계의 개수를 설정합니다. 이 수치가 높을수록 그림자가 부드러워 보이며, 의도적으로 끊기는 그림자를 만들고 싶다면 수를 낮게 입력합니다.
Ⓙ **Shading Color(음영 색상)** : 그림자의 색상을 설정합니다. 기본값은 검정이지만, Custom(사용자 정의)으로 변경하여 원하는 그림자 색을 적용할 수 있습니다.
Ⓚ **Preserve Spot Colors(별색 보존)** : 적용된 색이 Spot Color(별색)일 경우, 해당 색을 별색 그대로 보존합니다.
Ⓛ **Draw Hidden Faces(가려진 표면 그리기)** : 일러스트레이터에서 3D 개체는 일반적으로 카메라 시점에서 보이는 면만 렌더링 됩니다. 이 옵션을 체크하면 카메라 각도에서 보이지 않는 면까지 모두 렌더링합니다.

# 3D Revolve(Classic) 3D 축 중심 회전(기본)

개체를 선택한 뒤, [Effect] - [3D & Materials] - [3D(Classic)] - [Revolve(Classic)]을 클릭합니다. 이 기능은 선택한 개체를 오른쪽으로 인지하고, 왼쪽에 축을 세워 해당 축을 중심으로 360도 회전한 입체 형태를 만들어 줍니다.

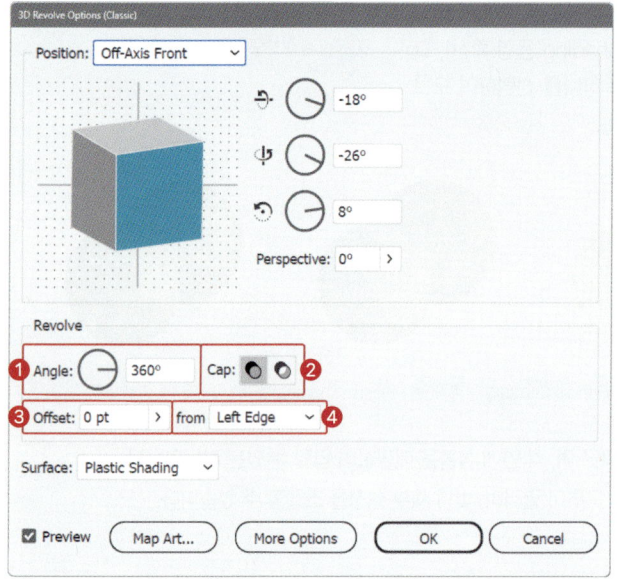

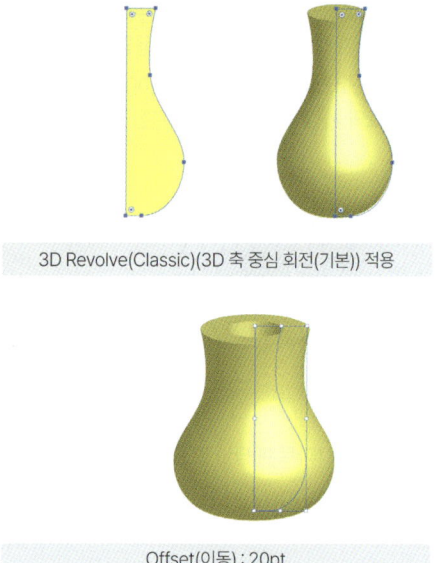

3D Revolve(Classic)(3D 축 중심 회전(기본)) 적용

Offset(이동) : 20pt

❶ **Angle(각도)** : 축을 중심으로 개체가 몇도 회전할지 수치를 조절합니다. 360도가 아니면 완전히 닫히지 않고 중간에 끊긴 형태로 개체가 만들어집니다.

❷ **Cap(단면)** : 원본 개체의 속이 찬 모양으로 보이게 할지(닫힘), 속이 빈 모양으로 보이게 할지(열림) 설정합니다.

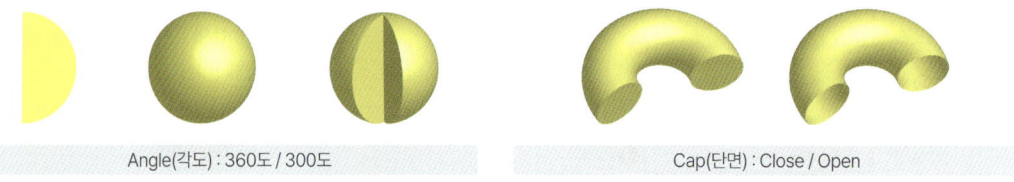

Angle(각도) : 360도 / 300도      Cap(단면) : Close / Open

❸ **Offset(이동)** : 개체가 회전축의 중심으로부터 떨어지는 거리를 설정합니다. 기본값은 0pt로 설정되어 있습니다.

❹ **From(시작)** : 회전축이 개체의 왼쪽에서 시작할지 오른쪽에서 시작할지 선택할 수 있습니다.

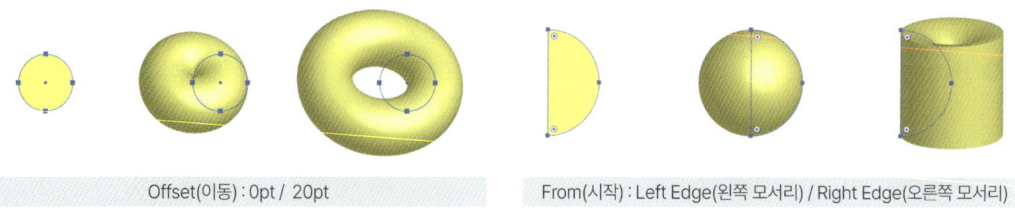

Offset(이동) : 0pt / 20pt      From(시작) : Left Edge(왼쪽 모서리) / Right Edge(오른쪽 모서리)

# 3D Rotate(Classic) 3D 회전(기본)

개체를 선택한 뒤, [Effect] - [3D & Materials] - [3D(Classic)] - [Rotate(Classic)]을 클릭합니다. 이 효과는 개체에 입체감을 생성하지 않고, 평면 상태에서 각도만 조절하는 기능입니다.

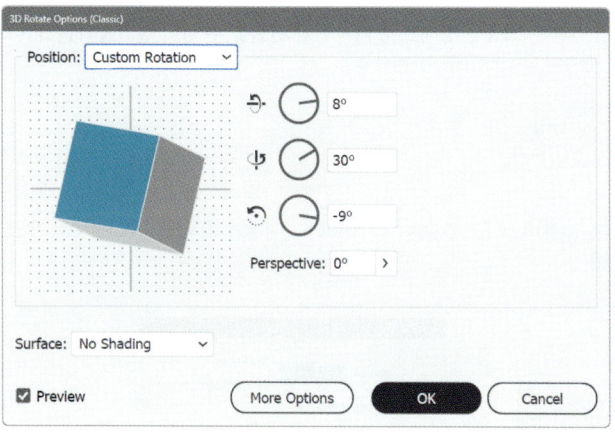

적용 전 / 각도 임의 조절 / Position(위치) : Isometric Right 설정

# THEORY 06  3D(기본) 매핑 알아보기

# 3D(Classic) Mapping

■ 예제 파일 : S16-6.ai

새롭게 출시된 3D 및 재질 기능과 달리 3D(기본)의 매핑 기능은 고유한 방식으로 디자인을 연출할 수 있어 신기능과는 또 다른 느낌의 결과물을 만들어낼 수 있습니다.

## 3D(Classic) Mapping  3D(기본) 매핑

입체에 매핑할 개체는 미리 심볼로 등록해야 합니다. Ctrl + Shift + F11 을 눌러 [Symbols] 패널을 열고 원하는 개체를 패널 안으로 드래그한 다음 OK를 눌러 심볼로 등록하면 됩니다.

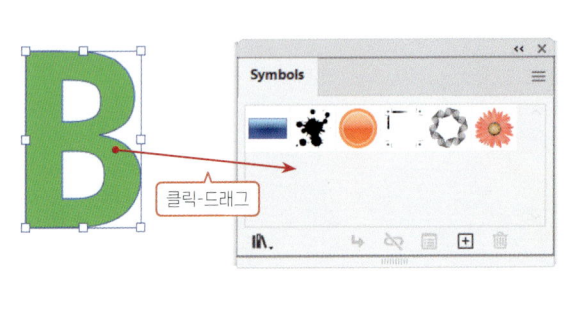
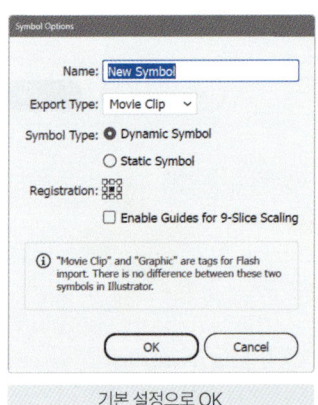

개체 선택 후 [Symbols] 패널로 드래그하여 등록하기  |  기본 설정으로 OK

입체로 만들 개체를 선택한 뒤, [Effect] - [3D & Materials] - [3D(Classic)] - [Extrude & Bevel(Classic)]을 클릭합니다. 이 기능은 선택한 개체를 앞면으로 인지하고, 그 뒤쪽으로 입체적인 형태를 생성합니다. Depth(깊이) 값을 '150pt'로 입력하여 입체 깊이가 충분히 표현되도록 설정합니다. 이어서 'Map Art…(아트 매핑)' 버튼을 클릭합니다.

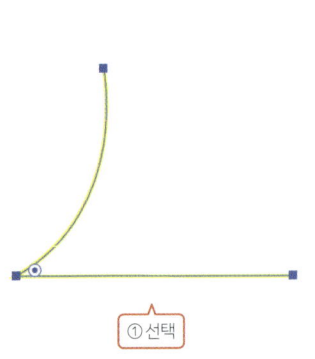
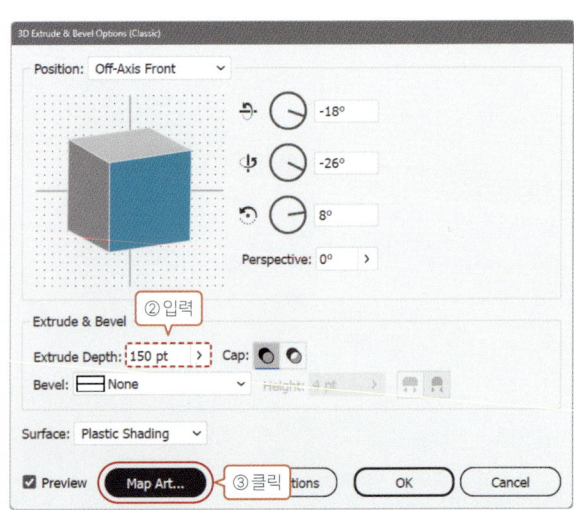

## Map Art 아트 매핑

3D(Classic)의 Map Art(아트 매핑) 기능은 면을 분할하여 심볼을 입히거나, 심볼에 음영을 주거나 없애는 등의 섬세한 효과를 제공합니다. 이러한 기능들은 현재 3D & Materials 패널에서는 지원되지 않습니다.

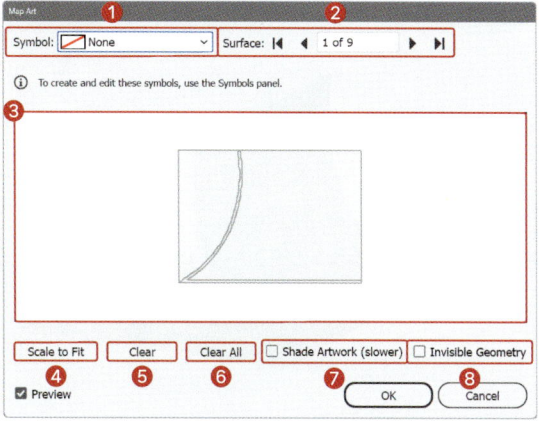

❶ **Symbol(심볼)** : 해당 면적에 심볼을 선택하여 매핑할 수 있습니다.

❷ **Surface(표면)** : 입체 개체를 면으로 나누어 각 번호마다 한 면씩 전개도 형태로 보여줍니다.

❸ 현재 선택된 면이 밝은 색으로 나타나며, 어두운 색은 가려져 보이지 않는 면을 의미합니다.

❹ **Scale to Fit(크기 조절하여 맞추기)** : 심볼의 크기를 면적에 맞도록 조절해 줍니다.

❺ **Clear(지우기)** : 현재 선택된 면적에 입혀진 심볼을 삭제합니다.

❻ **Clear All(모두 지우기)** : 각 면적에 입혀진 모든 심볼을 삭제합니다.

❼ **Shade Artwork(slower)(음영 아트웍(느리게))** : 심볼에 입체의 음영을 더해줍니다. 이 옵션을 사용하면 작업 속도가 느려질 수 있습니다.

❽ **Invisible Geometry(보이지 않는 기하 도형)** : 3D 개체는 보이지 않게 하고 심볼만 남겨서 보여줍니다.

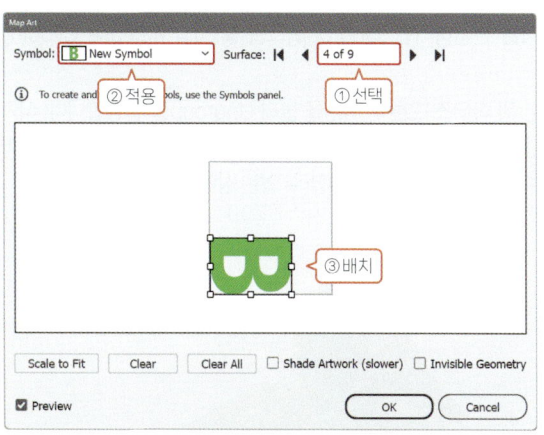

Surface(표면) 목록에서 4번 면을 선택한 뒤, Symbol(심볼) 드롭다운 메뉴에서 미리 등록해 둔 심볼을 적용합니다. 심볼이 면에 나타나면, 회전 및 크기를 조절하여 그림과 같이 적절한 각도와 크기로 배치합니다.

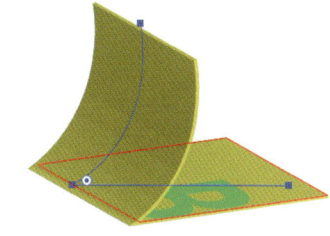

Surface(표면) 목록에서 8번 면을 선택한 뒤, Symbol(심볼) 드롭다운 메뉴에서 미리 등록해 둔 심볼을 적용합니다. 심볼이 면에 나타나면, 회전 및 크기를 조절하여 그림과 같이 적절한 각도와 크기로 배치합니다. OK를 눌러 매핑 작업을 마칩니다.

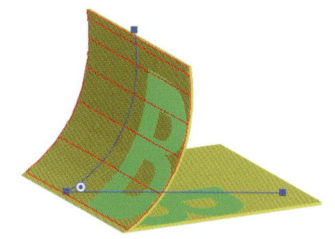

## 모양 확장으로 일반 개체로 변환하기

완성된 3D 개체는 [Appearance] 패널에 자동으로 등록됩니다. 만약 적용된 3D 효과를 수정하고 싶다면, Shift + F6 을 눌러 [Appearance] 패널 목록에서 해당 3D 효과를 클릭하면 재수정할 수 있습니다. 수정 없이 3D 효과를 최종적인 형태로 확장하고 싶다면, [Object] - [Expand Appearance]를 선택합니다. 모양 확장을 통해 3D 효과가 일반 개체로 변환됩니다.

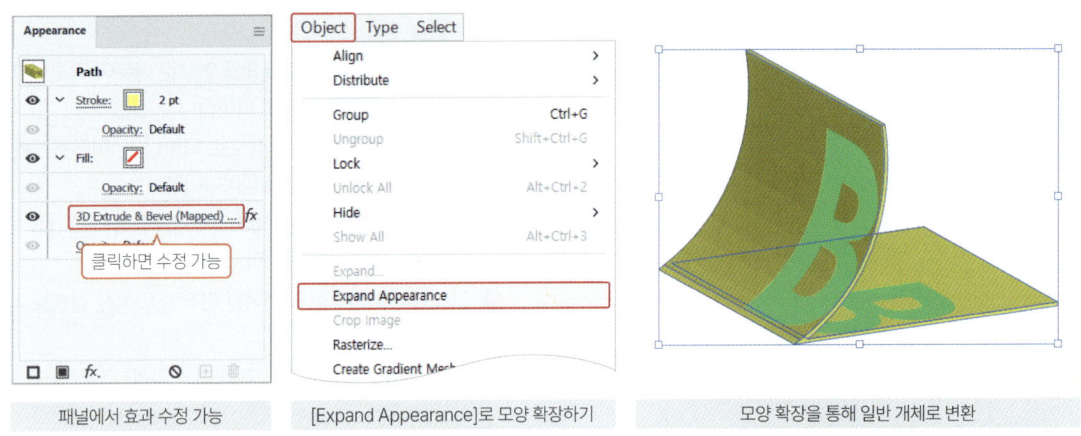

패널에서 효과 수정 가능 | [Expand Appearance]로 모양 확장하기 | 모양 확장을 통해 일반 개체로 변환

## 확장된 개체 분리하기

3D 효과가 확장되면 Surface(표면)의 개수만큼 개별 오브젝트로 분리됩니다. 특히 Mapping(매핑)이 적용된 Surface는 클리핑 마스크와 그룹으로 묶여 생성됩니다. 따라서 해당 면적을 편집하려면, Ungroup(그룹 풀기)과 Release Clipping Mask(클리핑 마스크 풀기)를 실행해야 합니다.

예시처럼 매핑이 적용된 개체를 편집하려면, 먼저 개체를 클릭한 뒤 마우스 오른쪽 버튼을 눌러 Ungroup을 실행합니다. 다시 한 번 Ungroup을 실행한 뒤 Release Clipping Mask를 적용합니다. 매핑이 두 개 적용된 경우, 빈 화면을 클릭해 선택을 해제한 뒤 다른 매핑된 부분을 선택하여 Ungroup을 실행하면 해당 개체도 개별적으로 편집할 수 있는 상태가 됩니다.

한쪽 매핑의 그룹과 클리핑 마스크 해제 | 다른 한쪽 매핑도 동일하게 그룹과 클리핑 마스크 해제

심볼만 분리하여 그레이디언트 적용

## Advice — 영감을 얻을 수 있는 추천 사이트(해외/국내)

디자이너에게 영감은 끊임없이 필요한 원동력입니다. 전 세계 디자이너들의 작업물을 접하고, 디자인 트렌드를 파악하며, 새로운 아이디어를 얻을 수 있는 사이트들을 소개합니다. 다양한 레퍼런스를 통해 시야를 넓히고 창의력을 키워보시기 바랍니다.

### 1. dribbble.com
전 세계 디자이너들의 작업물이 올라오는 커뮤니티입니다. 선별된 디자이너들이 주로 활동하여 작업물의 퀄리티가 높은 것이 특징입니다.

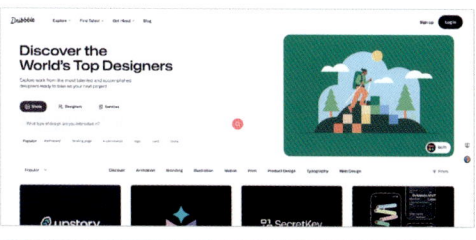

드리블 디자인 커뮤니티

### 2. behance.net
Adobe에서 운영하는 글로벌 포트폴리오 사이트입니다. 전 세계 디자이너들의 작업물을 분야별로 잘 정리된 카테고리에서 편리하게 찾아볼 수 있습니다.

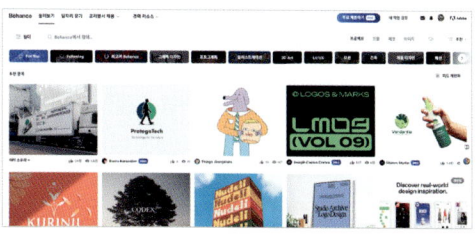

비핸스 포트폴리오 사이트

### 3. awwwards.com
전 세계 웹 디자이너들이 작품을 올리고 투표를 통해 수상작을 선정하는 유명한 웹 디자인 어워드 사이트입니다. 실험적이고 독창적인 웹 디자인 레퍼런스를 얻기에 유용합니다.

어워즈 웹 디자인 어워드

### 4. siteinspire.com
전 세계 웹 디자이너들의 작품을 모아놓은 큐레이션 웹 디자인 갤러리입니다. 카테고리별로 정리가 잘 되어 있어 원하는 분야의 레퍼런스를 손쉽게 찾을 수 있습니다.

사이트 인스파이어 웹 디자인 갤러리

### 5. Notefolio.net
주로 국내 디자이너들이 이용하는 포트폴리오 커뮤니티입니다. 포트폴리오 외에 워크숍, 강연, 세미나 등 다양한 디자인 정보를 제공하여 국내 디자인 동향을 파악하는 데 유용합니다.

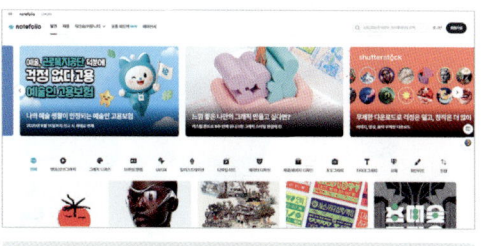

노트폴리오 포트폴리오 커뮤니티

### 6. loud.kr
라우드소싱은 국내 디자인 공모전 플랫폼입니다. 기업의 공모전 개최를 대행하는 서비스로, 포트폴리오가 부족한 학생이나 신입 디자이너에게 좋은 기회가 될 수 있습니다. (노트폴리오와 같은 회사에서 운영합니다.)

라우드소싱 디자인 공모전 플랫폼

# Exercise

## 3D 입체 효과 포스터 만들기
▸ S16_Exercise 예제

3D 및 재질 패널의 부풀리기 기능을 사용해 2D 개체에 입체감을 부여합니다. 이때 다양한 깊이, 조명, 그림자 옵션 값을 직접 조절하는 과정을 통해 어떤 결과로 이어지는지 원리를 파악하며 작업하는 것이 중요합니다.

### 1. 여우 얼굴에 입체 효과 적용하기

[File] - [Open]으로 'S16-E1.ai' 파일을 엽니다. 여우 얼굴의 주황색 부분을 클릭한 다음 [Effect] - [3D & Materials] - [Inflate]를 선택하고 Depth 값을 '2mm'로 적용합니다. 'Lighting' 탭에서 'Standard'를 선택한 뒤, Height를 '54도'로 적용하고 다른 설정들도 원하는 만큼 조절합니다. 'Shadows' 옵션을 활성화하여 그림자를 섬세하게 조절합니다. 얼굴 아래 하얀 부분도 유사하게 Inflate 효과를 적용합니다. 귀와 코 개체는 면적이 더 작아 보이도록 Depth 값을 각각 '1.5mm'와 '1mm' 정도로 적용한 뒤 다른 설정들을 원하는 만큼 조절합니다. 모든 작업이 끝나면 'Render' 버튼을 누릅니다.

**S** Open(열기) `Ctrl` + `O`

### 2. 텍스트 및 기타 개체에 입체 효과 적용하기

하단의 텍스트 개체를 선택합니다. 입체감이 더 많이 올라오도록 Inflate의 Depth 값을 '3~4mm' 정도 적용하고 다른 설정들은 원하는 대로 조절합니다. 나머지 나무와 꽃 개체도 동일하게 Inflate 효과를 적용하고, 값을 다양하게 조절하며 입체감을 표현해 봅니다.

**T** 설정값 조절에 어려움이 있다면, 완성된 예제의 설정값을 참고해도 좋습니다. 이를 통해 원하는 결과가 어떤 값들로 만들어졌는지 파악하는 데 도움이 됩니다.

New Tool 01

# Dimension Tool
손쉽게 치수 측정하기

★ 일러스트레이터는 지속적인 업데이트를 통해 추가된 기능들을 선보이고 있습니다.
이 코너에서 새로운 도구들의 사용법을 익혀보겠습니다.

■ 예제파일 : Package_Start.ai
■ 결과파일 : Package_Result.ai

측정 도구에 대해 알아봅니다. 디자인 작업에 필요한 길이, 각도, 반지름 등 정확한 측정이 필수적인 작업에서 효율성을 크게 높여줍니다. 이 도구는 건축 도면, 제품 포장 디자인과 같이 정밀한 수치 표기가 중요한 작업에서 특히 유용합니다. 개체 간의 길이, 각도, 간격 등을 수동으로 계산하거나 다른 패널을 열어 확인하는 번거로움 없이, 실시간으로 화면에 치수 정보를 표시해 주기 때문입니다.

**01** [File]-[Open]을 눌러 'Package_Start.ai' 파일을 엽니다. 도구바에서 Dimension Tool(측정 도구)을 클릭하면 보조 패널이 나타나며, 기본적으로 Linear Dimension(직선 측정) 옵션이 선택되어 있습니다. 화면을 확대한 뒤 측정하고 싶은 부분에 마우스를 포인터를 가져가면 측정선이 실시간으로 나타납니다.

**02** 패키지 정면의 높이를 측정해 보겠습니다. Linear Dimension Tool(측정 도구)을 선택한 채로 로고가 있는 정면의 왼쪽 패스에 마우스 포인터를 올리면 해당 부분의 측정값이 자홍색 측정 레이블로 나타납니다. 이때 가로 방향으로 클릭-드래그하여 원하는 위치에 놓으면, 해당 측정값과 화살표가 자동으로 작성됩니다.

**03** 다음은 각도를 측정해 보겠습니다. 보조 패널에서 Angular Dimension(각도 측정)을 선택한 뒤 원하는 각도가 있는 곳에서 2개의 변(path)을 각각 클릭하여 원하는 각도로 조절합니다. 해당 부분의 측정값이 자홍색 측정 레이블로 나타납니다. 이때 클릭하면 해당 측정값과 화살표가 자동으로 작성됩니다.

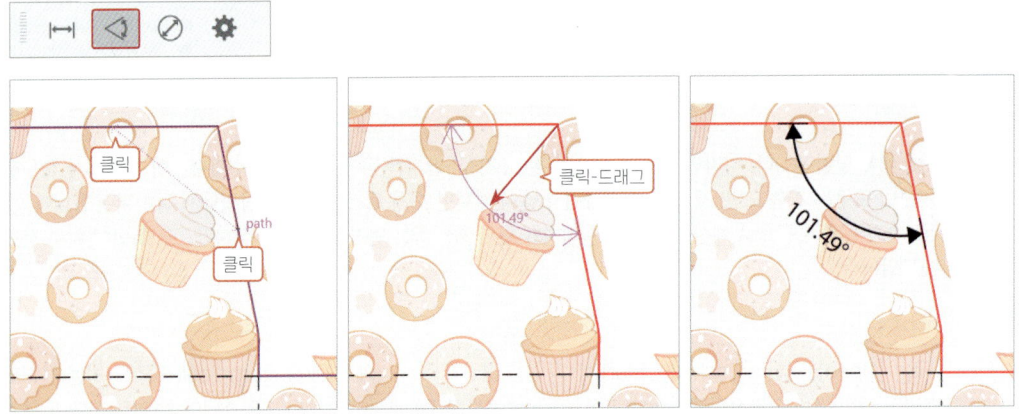

**04** 다음은 반지름을 측정해 보겠습니다. 보조 패널에서 Radial Dimension(반지름 측정)을 선택한 뒤 원형이나 반원형 개체의 패스 안쪽에 마우스 포인터를 올리면 해당 부분의 측정값이 자홍색 측정 레이블로 나타납니다. 이때 클릭하면 해당 측정값과 화살표가 자동으로 작성됩니다.

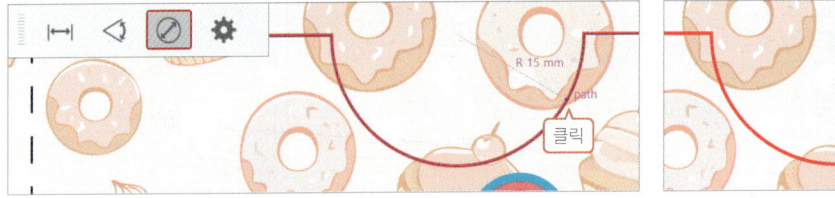

**05** 마지막 Tool Options(도구 옵션) 버튼을 누르면 측정 단위, 측정 선의 종류, 화살표 모양 및 비율, 폰트, 전체적인 색상 등 모든 요소를 원하는 대로 세밀하게 맞춤 설정할 수 있습니다.

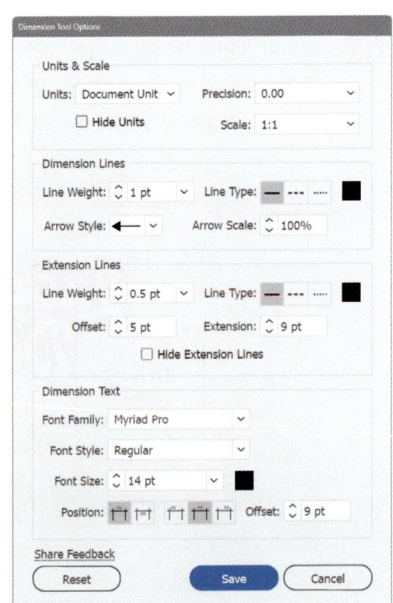

**New Tool 02**

# Objects on Path Tool
패스를 따라 일정한 간격으로 자동 정렬하기

★ 일러스트레이터는 지속적인 업데이트를 통해 추가된 기능들을 선보이고 있습니다.
이 코너에서 새로운 도구들의 사용법을 익혀보겠습니다.

📁 예제파일 : Moon_Start.ai
📁 결과파일 : Moon_Result.ai

패스 위 오브젝트 도구에 대해 알아봅니다. 다양한 형태의 개체를 미리 정의된 선 위에 깔끔하게 배치할 수 있고, 배치된 개체들은 선을 따라 일정한 간격으로 자동 정렬되어 균형 있는 디자인을 만들 수 있습니다.

**01** [File]-[Open]을 눌러 'Moon_Start.ai' 파일을 엽니다. 기능을 사용하려면 먼저 패스에 배치할 개체들을 선택해야 합니다. Selection Tool로 나열된 달 모양들과 하얀색 원 개체를 함께 선택한 뒤, 도구바에서 Objects on Path Tool을 클릭합니다.

**02** 이때 개체는 분홍색 바운딩 박스 형태로 변환됩니다. 오브젝트가 배치되었으면 하는 패스를(하얀색 원 개체) 클릭합니다. 오브젝트들이 패스를 따라 균일한 간격으로 정렬됩니다.

**03** Objects on Path Tool을 사용했을 때 나타나는 박스 주변 아이콘 기능에 대해 알아보겠습니다. 상단의 화살표 모양은 Space로 오브젝트 간의 간격을 조절합니다. 최초에는 최대 간격으로 만들어집니다. 드래그하여 원하는 대로 간격을 조절할 수 있습니다.

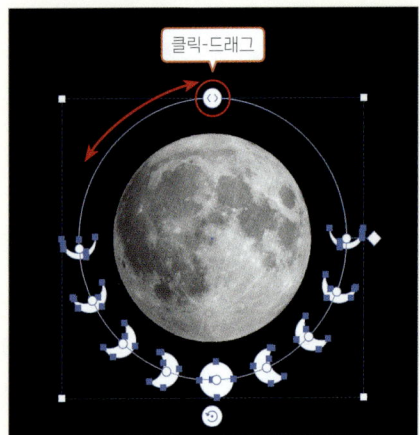

**04** 우측의 마름모꼴 모양은 Move All로 오브젝트를 전체 이동할 수 있습니다. 드래그하면 오브젝트 전체가 한꺼번에 이동됩니다.

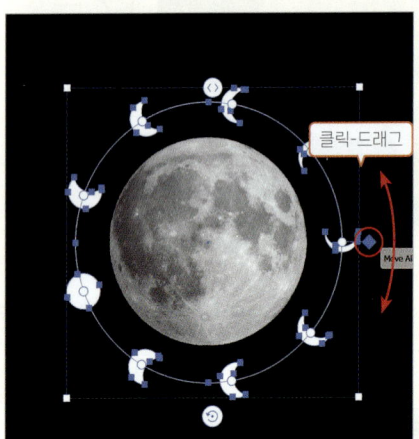

**05** 하단의 회전 모양은 Rotate All로 오브젝트를 회전할 수 있습니다. 드래그하면 각 오브젝트가 제자리에서 모두 각각 회전됩니다.

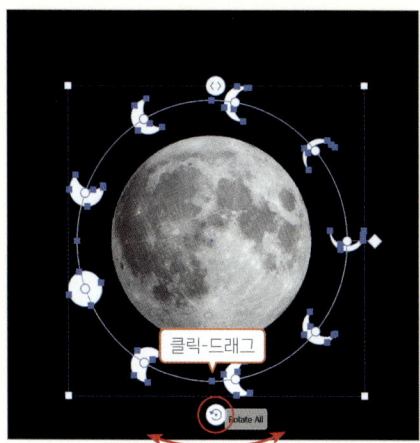

**06** 각각의 오브젝트 안에 있는 원 모양을 조절하면 패스 위에 올라간 오브젝트를 개별적으로 선택하여 위치를 이동시켜 순서를 바꿀 수도 있습니다. 단, 개별 회전이나 개별 간격 조절은 어렵습니다.

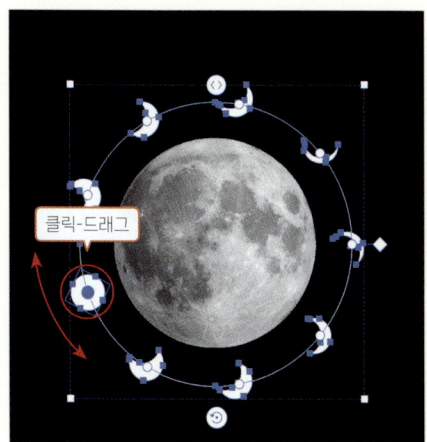

# MEMO

DATE   .   .
TITLE

# MEMO

DATE . .
TITLE

# MEMO

DATE  .  .
TITLE

멘 토 시 리 즈
# ILLUSTRATOR with AI

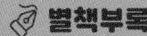 별책부록

멘 토 시 리 즈
# ILLUSTRATOR with AI

멘토시리즈 일러스트레이터 with AI

| | |
|---|---|
| 초 판 발 행 | 2025년 9월 4일 |
| 발 행 처 | 코리아교육그룹 교육연구소 |
| 발 행 인 | 김영우 |
| 주 소 | 서울특별시 강남구 강남대로 286 3, 4층 |
| 전 화 | 02-525-5237 |
| I S B N | 979-11-89028-45-9(13000) |
| 홈 페 이 지 | http://www.koreaedugroup.com |
| 이 메 일 | kegbook@koreaedugroup.com |

이 책에 대한 의견이나 오탈자 및 잘못된 내용에 대한 수정 정보는 이메일로 알려주십시오.
Copyright ⓒ 2025 ㈜코리아교육그룹

이 책의 저작권은 ㈜코리아교육그룹에 있습니다.
저작권법에 의해 보호를 받는 저작물이므로 무단 복제 및 무단 전재를 금합니다.

멘토시리즈
# ILLUSTRATOR with AI

# CONTENTS

l Adobe Creative Cloud 체험판 다운로드 및 설치 방법 알아보기

### Illustrator AI 신기능

#### Chapter 01. 새로워진 일러스트레이터

- l 벡터를 AI로 생성하다 ········ 08
- l 벡터방식의 장점 ········ 08
- l Contextual Task Bar 알아보기 ········ 09
  1. 새 문서를 열었을 때
  2. 개체를 선택했을 때
  3. 그룹화된 복잡한 개체를 선택했을 때
- l Generate Vectors와 옵션 ········ 12
  1. Generate Vectors(벡터 생성)창 살펴보기
  2. Content type 예시 살펴보기
  3. Detail 예시 살펴보기
  4. Effects 예시 살펴보기
  5. Color and Tone 살펴보기
- l 다른 이미지에서 프롬프트로 영감받기 ········ 19
- l AI 벡터 생성의 한계와 특징 ········ 20
  1. 배경과 분리되지 않는 객체
  2. 불완전한 선의 표현
  3. 많이 학습된 이미지 외에는 떨어지는 디테일
  4. 포토샵에 비해 떨어지는 프롬프트 인식과 텍스트 생성 불가

#### Chapter 02. 프롬프트 입력 Know-how

- l 프롬프트 입력하여 벡터 이미지 생성하기 ········ 23
- l 프롬프트를 작성하는 노하우 ········ 23
  1. 구체적으로 작성하기
  2. 다양한 단어를 사용해 보기
  3. 비유적인 묘사는 주의해서 사용하기
  4. 간단한 아웃라인 사용하기
  5. 한글과 영문 프롬프트의 차이 이해하기
  6. 키워드 조합 예시 이미지 살펴보기

#### Chapter 03. 연습 예제 : 쉽고 빠르게 배우는 AI 신기능

- 01. 빈 문서에서 벡터 이미지 생성하기 ········ 31
- 02. 만들어진 개체 수정하기 ········ 33
- 03. 유사한 이미지로 더 만들기 ········ 35
- 04. 같은 프롬프트로 효과 비교하기 ········ 36
- 05. 외곽 라인 개체 활용하기 ········ 38
- 06. 새로운 요소 추가하기 ········ 39
- 07. 스타일 참조로 완성도 높이기 ········ 41
- 08. 참조 스타일과 유사하게 만들기 ········ 44
- 09. 업그레이드된 패턴 사용하기 ········ 49
- 10. 만들어진 패턴 수정하기 ········ 50
- 11. 간편해진 목업 작업하기 ········ 51
- 12. Recolor Artwork 사용하기 ········ 54
- 13. 자연스럽게 배경 확장하기 ········ 55

#### Chapter 04. 활용 예제 : AI 신기능 활용해 보기

- 01. 심플한 웹 포스터 만들기 ········ 58
- 02. 커피 패키지 디자인 만들기 ········ 63

# I Adobe Creative Cloud 체험판 다운로드 및 설치 방법 알아보기

어도비는 Adobe Creative Cloud라는 서비스를 통해 다양한 프로그램을 제공합니다. 사용자는 Creative Cloud Desktop을 설치한 후 사진, 그래픽 디자인, 영상 편집, UX 디자인, 드로잉 및 페인팅을 위한 20가지 이상의 프로그램 중 원하는 플랜을 선택하여 다운로드하고 사용할 수 있습니다.

모든 프로그램은 온라인 환경에서 실행해야 하며, 플랜을 선택하여 유료로 결제한 뒤 사용할 수 있습니다. (2025년부터 7일간 무료 사용할 수 있었던 '무료 체험판' 서비스는 종료되고, 대신 14일 이내 무료 취소 서비스가 도입되었습니다.)

## 1 'Illustrator' 다운로드 및 설치하기

❶ Adobe 웹사이트(https://www.adobe.com/kr/)에 접속 및 로그인합니다.
❷ 좌측 상단 메뉴의 '크리에이티비티 및 디자인' 중 주요 제품 'Illustrator'를 클릭합니다.

❸ 구매하기를 누르면 원하는 플랜을 선택할 수 있습니다. [개인], [기업], [학생 및 교사] 탭의 세 가지 유형에 따라 가격과 활용 방법이 달라집니다.

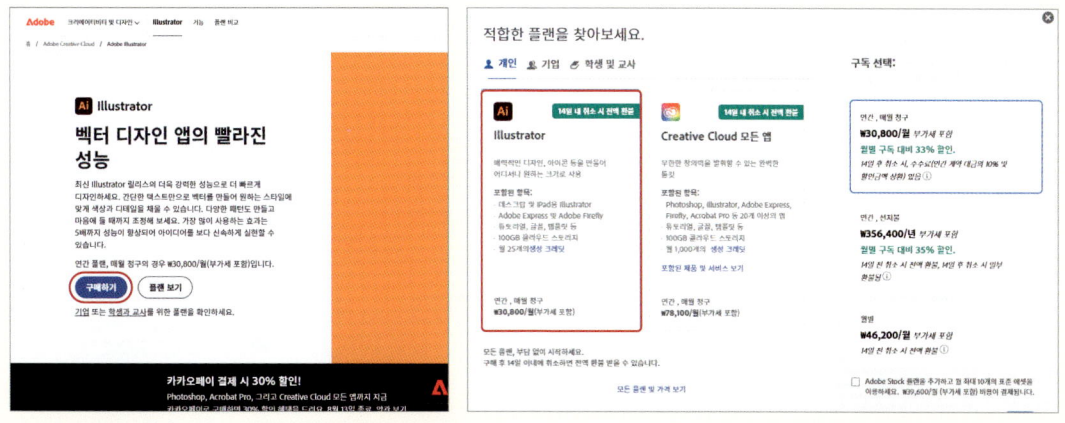

TIP. 결제 정보를 입력하면 결제가 이루어집니다. 결제일로부터 14일 이내에 결제를 취소하면 별도의 비용이 청구되지 않습니다.

❹ 'Illustrator' 구매하기 버튼을 누르면 Creative Cloud Desktop의 설치가 진행됩니다.

❺ Creative Cloud Desktop 설치가 완료되었다면 계정 아이콘을 클릭한 후 환경설정을 선택합니다.

환경설정 팝업창에서 '앱'을 선택한 후, 설치 언어를 'English(International)'로 설정하고 완료합니다.

**TIP.** 잠깐! 프로그램 설치 전, 영문 언어로 설정하세요.
일러스트레이터는 기본 설치 언어를 먼저 설정하지 않으면 기본값인 한글로 설치되어 이후 언어를 변경하려면 프로그램 삭제 후 재설치해야 하는 번거로움이 있습니다. 따라서 이러한 번거로움을 피하기 위해 설치 전에 먼저 원하는 언어로 설정하고 설치하는 것을 권장합니다.

❻ 환경설정의 [앱] 메뉴에서 '자동 업데이트'를 해제하면 사용자가 업데이트를 원할 때만 업데이트를 할 수 있습니다.

✱ 생성형 AI 콘텐츠 사용을 위한 크레딧 안내
구독 요금제에 따라 매월 일정량의 생성 크레딧이 할당되며, 이를 통해 생성형 AI 콘텐츠를 사용할 수 있습니다. 생성 크레딧을 소비하는 대부분의 기능에는 반짝이는 아이콘이 있습니다. 이용 중인 플랜 유형에 따라 크레딧의 소비 여부가 결정됩니다.
• 크레딧 소모 기능 : Generative Shape Fill(생성형 모양 채우기), Generative Recolor(생성형 다시 칠하기), Text to Vector Graphic(텍스트를 벡터 그래픽으로), Text to Pattern(텍스트를 패턴으로)

❼ 일러스트레이터가 정상적으로 설치되었다면 Creative Cloud Desktop의 좌측 메뉴 [앱]에서 Illustrator 플랜의 [열기]를 클릭해 일러스트레이터를 실행합니다.

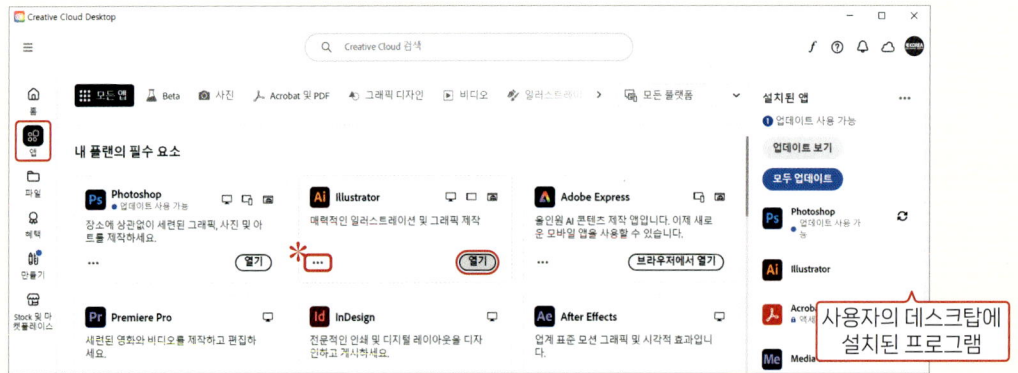

✱ 기타 액션 아이콘(•••)을 누르면 프로그램의 업데이트, 기타 버전, 제거 등을 확인할 수 있습니다.

Illustrator를 실행하고 사용하기 위해서는 최신 운영 체제별 최소 시스템 요구 사항이 있습니다.
시스템 요구 사항은 프로그램의 업데이트마다 변경될 수 있으니 자세한 내용은 홈페이지(https://www.adobe.com/kr/)의 Illustrator 시스템 요구 사항 페이지를 참고하세요.

# Chapter 01
## 새로워진 일러스트레이터

**PROLOGUE**

일러스트레이터는 벡터 기반 2D 디자인 소프트웨어로 어도비 그래픽 툴 중 포토샵과 함께 가장 널리 사용되고 있습니다. 최근에는 이미지 생성 AI를 도입하여 벡터 이미지 생성이 가능해졌으며, 포토샵과 또 다른 Contextual Task Bar를 제공합니다.

---

벡터를 AI로 생성하다
벡터방식의 장점
Contextual Task Bar 알아보기
Generate Vectors와 옵션
다른 이미지에서 프롬프트 영감받기
AI 벡터 생성의 한계와 특징

- 일러스트레이터에서 새롭게 도입된 생성형 AI 신기능을 예제를 통해 설명합니다.
- Illustrator 2024 버전부터 생성형 AI 기능을 사용할 수 있으며, 설치 버전에 따라 작업 화면의 환경 및 인터페이스는 부록과 다를 수 있으니 참고 바랍니다.
- 생성형 AI의 특성상 동일한 명령어를 입력하더라도 AI 모델의 학습 데이터, 알고리즘 등 다양한 요인에 따라 매번 다른 결과물을 생성합니다. 따라서 부록에 수록된 이미지와 완전히 동일한 이미지가 생성되지 않더라도, 이는 생성형 AI의 특성상 자연스러운 현상입니다.

# 새로워진 일러스트레이터

벡터에서도 가능해진 인공지능 이미지 생성을 알아보자!

## ┃ 벡터를 AI로 생성하다

기존의 인공지능 이미지 생성 도구들은 주로 최종 결과물이 Pixel로 표현되는 비트맵 방식(JPG, PNG 등)으로 출력됐습니다. 그에 반해 점과 선으로 이루어진 벡터 방식(AI, EPS, SVG 등) 생성은 기술적인 어려움이 있었으나, 최근 들어 벡터 이미지 생성 기술도 눈에 띄게 발전하면서 Adobe를 비롯한 많은 곳에서 서비스를 제공하고 있습니다. 특히, 벡터 편집의 강력한 도구인 일러스트레이터에서도 Adobe Firefly를 기반으로 한 이미지 생성 기능이 새롭게 생기면서 장면, 피사체, 아이콘과 같은 편집 가능한 벡터 그래픽을 만들 수 있는 새로운 시대가 열렸습니다.

## ┃ 벡터방식의 장점

벡터 방식은 베지어 곡선을 사용하여 점과 선으로 이미지를 생성합니다. 비트맵 이미지가 픽셀 단위로 구성되어 확대하면 깨지는 것과 달리, 벡터 이미지는 수학적 계산에 기반하여 이미지를 표현하기 때문에 선명도를 유지합니다. 또한 최종 결과물의 겹치는 부분도 보존하여 저장할 수 있는 장점이 있습니다. 이제 인공지능으로 벡터 생성까지 가능해지면서 디자인 표현의 폭이 넓어져 더욱 다양하고 창의적인 결과물을 얻을 수 있습니다.

▲ 프롬프트를 작성하여 텍스트를 이미지로 생성하기

▲ 목업 기능을 사용하여 사진에 벡터 입히기

▲ 텍스트를 입력하여 배색 수정하기

▲ 생성형 확장 기능으로 배경 확장하기

# I Contextual Task Bar 알아보기

일러스트레이터도 포토샵과 마찬가지로 AI 기능을 출시하며 가장 달라진 점이 Contextual Task Bar(상황별 작업 표시줄)가 추가된 것입니다. 이를 통해 사용자는 원하는 텍스트를 입력하여 AI 기반 벡터 이미지를 생성할 수 있습니다. 2025년 버전부터 베타(Beta)로 제공되던 생성형 기능이 정식으로 적용되었으며, 앞으로도 지속적인 개선이 이루어질 것으로 보입니다.

## 1 새문서를 열었을 때

새로운 아트보드를 생성하면 하단에 벡터 편집과 관련된 다양한 옵션들이 상황별 작업 표시줄에 나타납니다. (Contextual Task Bar가 보이지 않는다면 [Window]에서 불러올 수 있습니다.)

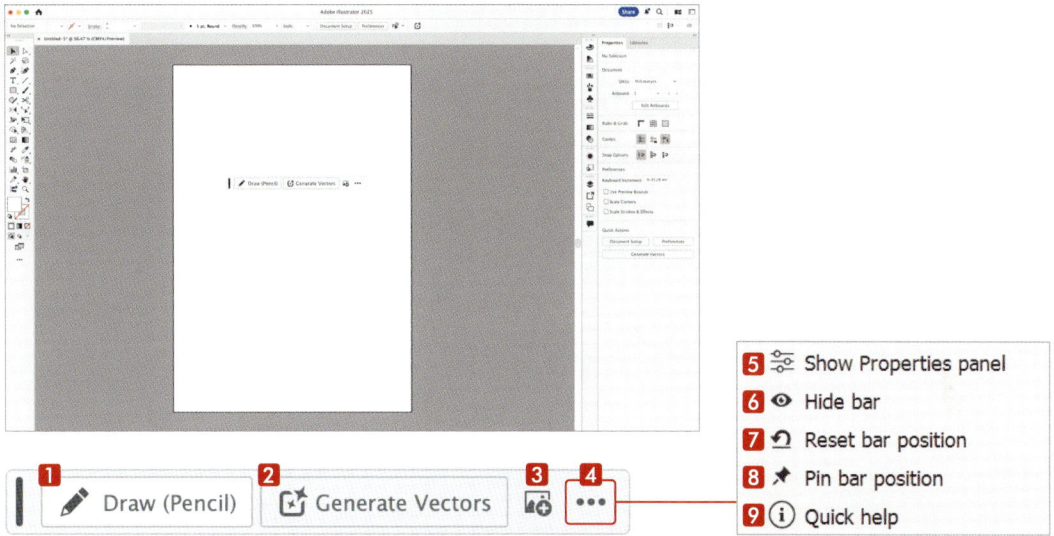

❶ **Draw(Pencil)(그리기(연필))** : 설정된 선과 면으로 Pencil Tool로 드로잉 할 수 있습니다.

❷ **Generate Vectors(벡터 생성)** : 벡터 이미지를 생성하기 위한 프롬프트 입력창을 엽니다.

❸ **Place Image(이미지 가져오기)** : 사진 등의 이미지를 문서로 불러옵니다.

❹ **More options(추가 옵션)** : 작업 표시줄을 숨기거나, 고정하는 등의 메뉴를 제공합니다.

❺ **Show Properties panel(속성 패널 표시)** : 속성 패널을 엽니다.

❻ **Hide bar(바 숨기기)** : 바를 숨깁니다.

❼ **Reset bar position(바 위치 재설정)** : 바의 위치를 재설정합니다.

❽ **Pin bar position(바 위치 고정)** : 바의 위치를 고정합니다.

❾ **Quick help(빠른 도움말)** : Adobe 사이트에 연결하여 사용법을 알아볼 수 있습니다.

## 2 개체를 선택했을 때

개체를 선택하면 해당 개체에 적용할 명령을 예측하여 Contextual Task Bar의 명령이 바뀌게 됩니다. 화면에 간단한 사각형 도형을 그린 후 상황별 작업 표시줄이 어떻게 변하는지 살펴봅니다.

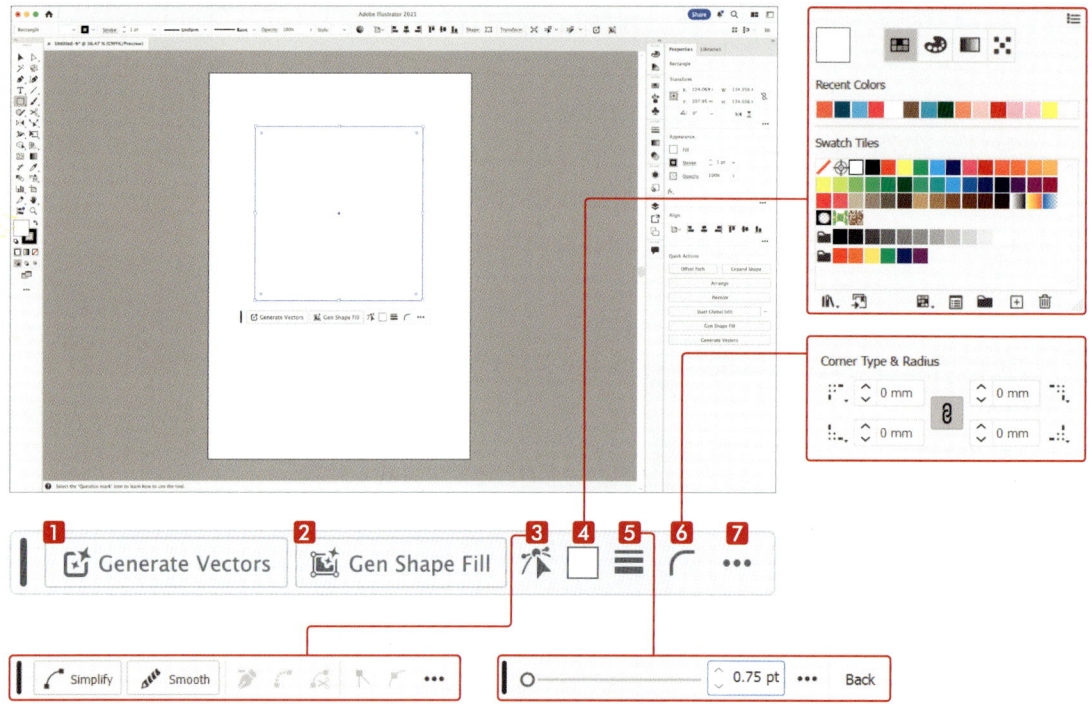

❶ **Generate Vectors(벡터 생성)** : 벡터 이미지를 생성하기 위한 프롬프트 입력창을 엽니다.

❷ **Gen Shape Fill(생성형 모양 채우기)** : 선택된 개체의 면을 기준으로 생성형 벡터를 만듭니다.

❸ **Edit Path(패스 편집)** : 선택된 개체의 패스를 편집하는 모드입니다.

❹ **Fill(칠)** : 색상과 관련된 메뉴를 제공합니다.

❺ **Stroke(획)** : 획과 관련된 메뉴를 제공합니다.

❻ **Rectangle Properties(사각형 속성)** : 모퉁이와 관련된 메뉴를 제공합니다.

❼ **More options(추가 옵션)** : 작업 표시줄을 숨기거나, 고정하는 등의 메뉴를 제공합니다.

**TIP.** 어떤 개체를 선택하느냐에 따라 나타나는 메뉴는 다를 수 있습니다. 사각형을 선택하면 모퉁이 관련 메뉴가, 원형을 선택하면 원형 속성에 대한 메뉴가 나타납니다.

## 3 그룹화된 복잡한 개체를 선택했을 때

그룹 지어진 복잡한 개체를 선택하면 개체의 자연스러운 확장이나, 선 또는 색상 편집 등에 특화된 도구들이 제공되어 효율적인 작업이 가능합니다.

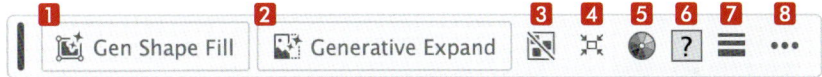

❶ **Gen Shape Fill(생성형 모양 채우기)** : 선택된 개체의 면을 기준으로 생성형 벡터를 만듭니다.

❷ **Generative Expand(생성형 확장)** : 2025년부터 추가된 기능으로, 특히 배경이 있는 오브젝트 그룹일 때 배경을 자연스럽게 확장할 수 있습니다.

❸ **Ungroup (그룹 풀기)** : 선택된 개체들의 그룹을 합니다. (다중 오브젝트를 선택했을 때는 그룹, 정렬 등의 메뉴가 나타납니다.)

❹ **Isolate group(그룹 격리)** : 선택된 개체를 다른 개체와 분리하여 편집할 수 있는 독립 모드로 전환합니다.

❺ **Recolor object(개체 다시 칠하기)** : 색상을 간편하게 변경할 수 있는 Recolor 패널이 열립니다.

❻ **Fill(칠)** : 색상과 관련된 메뉴를 제공합니다. (그룹 내 개체들의 색상이 다양한 경우 물음표가 나타납니다.)

❼ **Stroke(획)** : 획과 관련된 메뉴를 제공합니다.

❽ **More options(추가 옵션)** : 작업 표시줄을 숨기거나, 고정하는 등의 메뉴를 제공합니다.

> **TIP.** 생성형 만들기로 생성된 개체를 선택하면, 메뉴는 동일하지만 Generative Expand와 Ungroup의 배치 순서가 바뀌기도 합니다. 이는 생성형 기능을 자유롭게 사용하기 위해 그룹 해제를 통해 개체를 먼저 분리하고 확장할 필요가 있기 때문입니다.

▲ 생성형 오브젝트를 선택했을 때의 Contexture bar

# I Generate Vectors와 옵션

새 문서를 열면 화면 하단에 Contextual Task Bar가 나타나며, 'Draw(Pencil)(그리기(연필))'와 'Generate Vectors(벡터 생성)' 버튼을 확인할 수 있습니다. Generate Vectors를 클릭하면 벡터 생성 관련 설정을 위한 패널이 새롭게 열립니다. (Generate Vectors 기능을 사용하기 위해서는 인터넷이 필수로 연결되어 있어야 합니다.)

## 1 Generate Vectors(벡터 생성)창 살펴보기

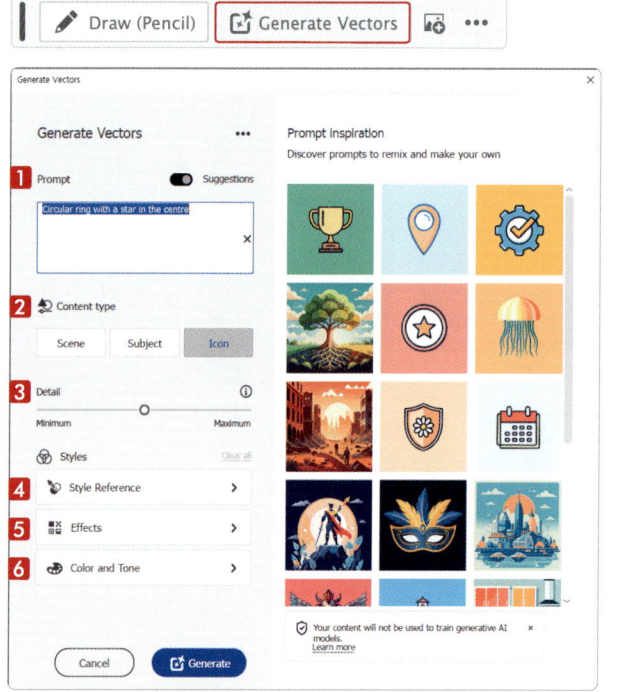

▲ Adobe Illustrator 벡터 생성창

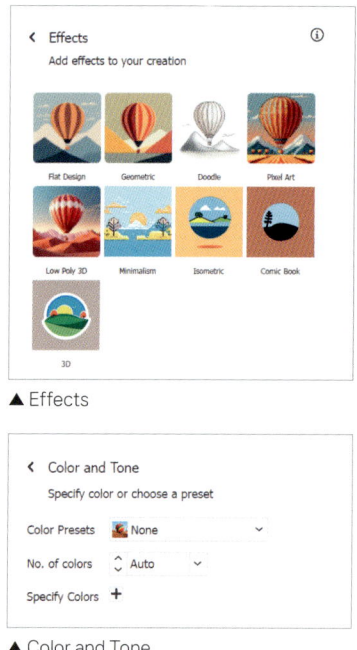

▲ Effects

▲ Color and Tone

❶ **Prompt(프롬프트)** : 텍스트를 입력하면 원하는 벡터 이미지를 만들어줍니다. 영어는 물론 한국어를 포함한 다양한 언어를 지원합니다.

❷ **Content type(콘텐츠 유형)** : 'Scene'은 장면이나 배경을 포함, 'Subject'는 배경 없이 주요 피사체만, 'Icon'은 간결하게 벡터 이미지를 생성합니다. (여기서 아이콘은 실무에 사용하는 형식과는 다소 차이가 있습니다.)

❸ **Detail(세부)** : 생성되는 벡터 이미지의 복잡도(디테일의 정도)를 결정합니다.

❹ **Style Reference(스타일 참조)** : 벡터 이미지나 사진 등을 참조로 추가하여 사용할 수 있습니다.

❺ **Effects(효과)** : 3D, 낙서, 기하학 등 다양한 스타일 효과를 생성될 벡터 이미지에 적용할 수 있습니다.

❻ **Color and Tone(색상 및 톤)** : 생성되는 벡터 이미지 색상이나 톤을 결정합니다.

## 2 Content type 예시 살펴보기

Content type은 생성되는 벡터 이미지의 기본적인 스타일을 지정하는 설정입니다. 어떤 타입을 설정하느냐에 따라 생성되는 벡터 이미지가 달라집니다.

❶ Scene(장면) :
전체 벡터 장면을 생성합니다.

❷ Subject(피사체) :
배경 없이 개체를 생성합니다.

❸ Icon(아이콘) :
배경 없이 단순한 개체를 생성하며, 일부 개체는 외곽이 선으로 표현되기도 합니다.

## 3 Detail 예시 살펴보기

각 콘텐츠 타입에서 세부 설정을 단계별로 조절했을 때 어떻게 변화하는지 알아보겠습니다.

❶ Scene(장면) :
디테일이 높아질수록 음영 단계, 면 분할이 많아지고 색상이 늘어납니다.

❷ Subject(피사체) :
디테일이 높아질수록 그림자의 깊이와 명암이 더욱 풍부해져 입체감이 살아납니다.

❸ Icon(아이콘) :
디테일이 높아질수록 색과 그림자, 하이라이트가 더욱 정교하게 표현됩니다.

## 4 Effects 예시 살펴보기

'happy bear'라는 프롬프트를 기반으로 Content Type은 Scene(장면), Detail(디테일)은 중간으로 설정하고 효과마다 생성되는 여러 버전의 이미지를 살펴보겠습니다.

❶ Flat Design(평면 디자인)
- 메인 개체의 그림자를 최소한의 면만 분할하고, 간단한 1~2단계의 음영으로만 표현합니다.
- 배경과 오브젝트는 분리되지만, 배경이 잘리는 단점이 있습니다.
- 메인 개체와 배경의 빛 방향은 일반적으로 일관성을 유지하나, 다른 것도 있습니다.

❷ Geometric(기하학적)
- 이전 효과에 비해 그림자의 면 분할이 곡선보다 직선으로 나뉘는 경우가 많습니다.
- 형태가 간결하고, 대칭적인 구조를 보이는 경우가 많습니다.

❸ **Doodle(낙서)**
- 메인 개체 및 배경 개체 모두 뚜렷하고, 얇은 윤곽선이 생깁니다.
- 테두리는 선이 아닌 면으로 표현되며, 면 분할에서 그림자도 단계가 더 많아집니다.
- 이전 효과 대비 곰의 이목구비가 더욱 명확하고 생동감 있게 표현됩니다.
- 배경 개체들은 선을 그린 것과 같은 디테일이 늘어납니다.

❹ **Pixel Art(픽셀 아트)**
- 픽셀아트 고유의 디자인 느낌은 표현되지만, 정확한 정사각형 픽셀 모양을 띠고 있지는 않습니다.
- 픽셀 단위로 다층적인 음영이 표현됩니다.
- 픽셀화 과정에서 디테일이 줄어들어 이목구비 표현은 약해집니다.
- 픽셀화되는 크기나 개수는 Detail로 조절이 가능하지만, 이미지의 표현력이 올라가기보다는 색상이 늘어나는 정도에 가깝습니다.

❺ Low Poly 3D(로우 폴리 3D)
- 실제 3D 모델로 만들어지는 것이 아닌 면의 수를 분할하여 다면체 형태로 3D와 유사한 느낌을 구현합니다.
- 주로 메인 개체나 배경 개체의 가운데를 분할하여 각 면에 다른 색상을 적용하는 방식으로 표현됩니다.
- 3D 느낌을 표현하기 위해 그레이디언트나 단계별 명암이 많아집니다.
- 이목구비의 디테일은 떨어지는 편입니다.

❻ Minimalism(미니멀리즘)
- 다른 효과에 비해 색의 톤이 비교적 단순해집니다. (예를 들어 배경 나무와 잔디, 앞쪽 풀 등 배경 요소의 색상들이 거의 같은 톤으로 변한 것을 볼 수 있습니다.)
- 곰의 얼굴이나 몸통 등의 형태가 상대적으로 다른 효과들에 비해 단순해집니다.
- 메인 개체와 배경 개체도 그림자가 최소화되고, 음영 단계가 줄어듭니다.
- 전체적으로 메인 개체나 배경 개체가 매끄럽고 부드럽게 표현됩니다.

❼ Isometric(아이소메트릭)
- 아이소메트릭은 정해진 각도를 유지하여 3차원 물체를 2차원 평면에 표현하는 기법입니다. 생성된 이미지는 유사한 각도도 있지만 그렇지 않은 경우도 많아 다소 어색한 부분도 있습니다. (첫 번째 이미지는 아이소메트릭 각도와 유사하지만 나머지는 약간 다릅니다.)
- 일반적으로 위에서 내려다본 지도와 같은 이미지를 만들어 줍니다.
- 반면 메인 개체는 아이소메트릭 각도가 제대로 적용되지 않아 부자연스럽게 보입니다.

❽ Comic Book(만화책)
- Doodle(낙서)과 비슷하게 표현되며, 이목구비 표현이 더 뛰어납니다.
- 메인 개체에 테두리가 생겨 입체감을 줍니다. 단, 면으로 처리되어 있습니다.
- 배경 개체의 형태 표현도 비교적 단순하면서 명확하게 표현됩니다.
- 메인 개체와 배경 개체의 음영 처리가 다른 효과들보다 풍부하게 표현됩니다.

❾ 3D
- 실제 3차원 작업 없이 2차원 이미지에 입체감을 표현한 효과입니다.
- 빛과 그림자를 표현하는 그레이디언트를 활용하여 입체적인 느낌을 표현합니다.
- 배경과 메인 개체의 그레이디언트 방향이 비슷하여 일관된 입체감을 줍니다.
- 메인 개체의 얼굴과 배경의 디테일은 부족하여 완벽한 3차원 효과를 표현하지는 못합니다.

## 5 Color and Tone 살펴보기

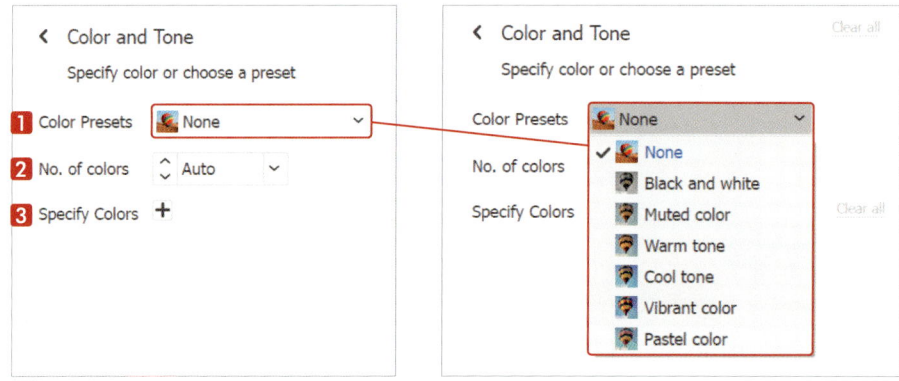

❶ **Color Presets(컬러 사전설정)** : 흑백, 뮤트 컬러(차분한 색상), 웜 톤, 쿨 톤, 비비드 컬러(생동감 있는 색상), 파스텔 컬러 다양한 색감의 사전 설정을 제공하며, 기본 설정은 None(없음)으로 되어 있습니다.

❷ **No. of colors(색상 개수)** : 생성되는 이미지에 사용되는 색상의 개수를 최대 30개까지 제한하여 색상 구성을 설정할 수 있습니다.

❸ **Specify Colors(특정 색상)** : 견본 목록에 있는 색상 폴더를 활용하여 생성될 벡터 이미지에 적용할 수 있습니다.

Chapter 01. 새로워진 일러스트레이터

## ❙ 다른 이미지에서 프롬프트로 영감받기

개체를 선택하지 않고 Generate Vectors를 처음 실행하면, 오른쪽의 'Prompt inspiration(프롬프트로 영감받기)'에서 다양한 이미지 예시를 볼 수 있습니다. 마음에 드는 이미지를 클릭하면 사용된 프롬프트, 콘텐츠 유형, 디테일 수준 등의 정보가 표시됩니다. Generate를 누르면 같은 프롬프트와 조건으로 벡터 이미지를 생성할 수 있고, 이를 바탕으로 키워드를 추가하거나 변경하여 이미지의 스타일, 분위기, 디테일 등을 조절해 유사한 벡터 이미지를 생성해 볼 수 있습니다.

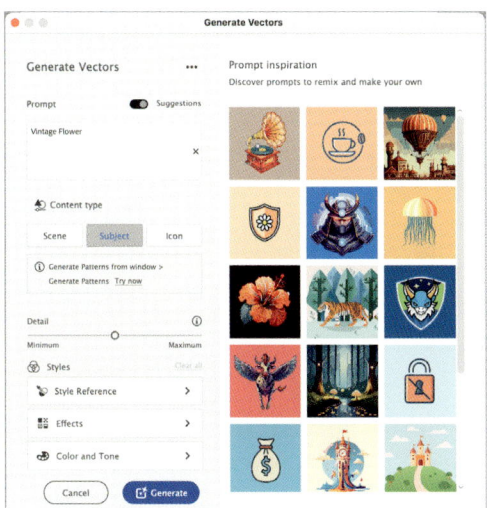

**잠깐만요! 프롬프트 사이트 소개**

포토샵 또는 일러스트레이터 작업과 같이 이미지 생성에 특화된 프롬프트는 아니지만, 새로운 아이디어를 떠올리는 데 도움이 되는 몇 가지 사이트를 소개합니다.

- 오픈 프롬프트(https://www.prpt.ai/) : 모델별, 또는 각 사용자들이 올린 프롬프트를 확인할 수 있으며, 최신 AI 뉴스 등을 확인할 수 있습니다.
- 프롬프트 히어로(https://prompthero.com/) : 해외 생성형 이미지 프롬프트 공유 사이트로 이미지 프롬프트와 예시 이미지를 함께 살펴볼 수 있습니다.

### ☑ 여기서 더 알아보기

**프롬프트 영감받기를 통해 다양한 프롬프트 파악하기**

- 프롬프트 : Bag filled with money
- 콘텐츠 타입 : Icon(아이콘)
- 디테일 : 3단계

- 프롬프트 : portrait of a cute dog with fluid colors dripping
- 콘텐츠 타입 : Subject(피사체)
- 디테일 : 3단계

- 프롬프트 : Close up of a table with a coffee cup in a cozy coffee shop, hand drawn sketch
- 콘텐츠 타입 : Scene(장면)
- 디테일 : 3단계

**TIP.** 포토샵에서도 프롬프트 영감받기를 활용해 보세요.

## I AI 벡터 생성의 한계와 특징

### 1 배경과 분리되지 않는 객체

'공원을 달리는 강아지'라는 프롬프트로 Scene(장면) 이미지를 생성했을 때 결과를 살펴보겠습니다. 강아지의 형체가 나온 것처럼 보이지만, 자세히 보면 외곽 부분이 배경과 합쳐져 있거나 아예 개체가 없는 경우도 있습니다. 즉, 모델이 '강아지'라는 개념을 인식했음에도 이미지 내에서는 강아지를 독립적인 객체로 정확하게 분리해 내지 못한다는 것을 알 수 있습니다. 이는 아직 모델이 객체의 외곽선을 정확하게 인식하지 못하거나 배경과의 경계를 명확하게 구분하지 못하기 때문으로 보입니다.

▲ 정원을 달리는 강아지

▲ 얼굴 형체가 불분명함

▲ 분리해 보면 코 부분 형체가 없음

### 2 불완전한 선의 표현

이미지를 생성하면 면 위에 선이 있는 것처럼 보이지만, 그룹을 해제하고 분리해 보면 면으로 형태가 겹쳐져 잘려있는 것을 확인할 수 있습니다. 즉, 선으로 정확하게 표현되지 않고 면으로 처리된 것입니다. Generate Vectors 기능을 사용하여 선이 생성되기도 하지만, 아직은 사용자가 원하는 특정 부분만 선으로 만들 수는 없습니다. 주로 아이콘 모드에서 생성되는 결과물이 더 선명한 선 표현을 보여줍니다.

▲ 결과물을 보면 흰색 면 위에 검은색 선이 그려진 것처럼 보임

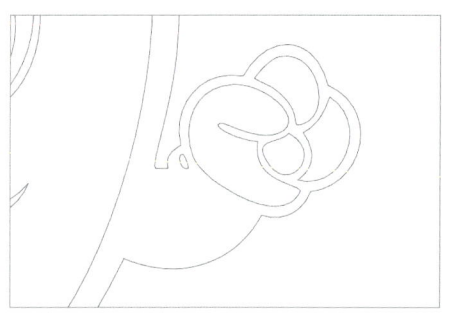
▲ 확인해 보면 선 개체는 없고 모두 면으로 분리되어 있다는 것을 알 수 있음

### 3 많이 학습된 이미지 외에는 떨어지는 디테일

대중적인 프롬프트나 자주 학습된 이미지에 대해서는 높은 수준의 결과물을 생성하지만, 프롬프트를 조금만 변형하면 생성되는 이미지의 품질이 현저하게 떨어지는 경향이 있습니다. 특히 인물의 눈, 코, 입과 같은 세밀한 이목구비나 손가락 등 섬세한 표현이 부족한 경우가 많습니다.

 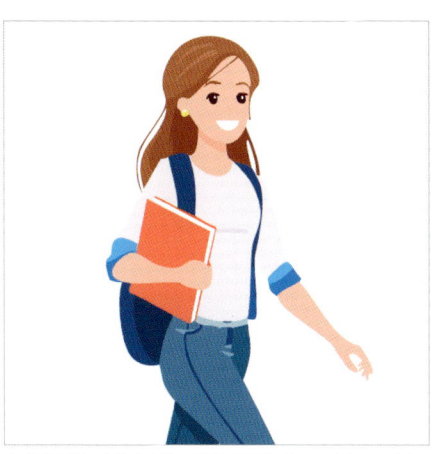

▲ 'fox'라는 단순한 프롬프트에서 'hand drawn'을 추가할 경우 이미지의 디테일이 향상됨

▲ '걷고 있는 학생'이라는 프롬프트에서 'hand drawn'을 추가했으나 이미지의 디테일이 크게 향상되지 않음

### 4 포토샵에 비해 떨어지는 프롬프트 인식과 텍스트 생성 불가

프롬프트에 명령을 입력하더라도 포토샵에 비해 인식률이 떨어집니다. 의도와 다른 배경이나 프롬프트와 관련 없는 이미지를 생성하는 경우가 있습니다. 또한 포토샵과 마찬가지로 글자를 정확하게 구별하지 못해 뭉개져 보이는 등의 한계점을 가지고 있습니다.

▲ '레스토랑'이라는 배경을 지정했음에도 그와는 거리가 멀어 보이는 배경이 나옴

▲ 책 표지에 글자가 아닌 불분명한 그림이 표현되며, 프롬프트에 텍스트를 추가해도 반영되지 않음

# Chapter 02

## 프롬프트 입력 Know-how

**PROLOGUE**

이제 일러스트레이터에서도 챗GPT처럼 프롬프트를 입력해 이미지를 생성할 수 있습니다. 비트맵 이미지를 생성하는 포토샵과 벡터 이미지를 생성하는 일러스트레이터는 어떤 점이 다르며, 프롬프트 입력 시 노하우나 주의해야 할 점은 무엇이 있는지 알아보겠습니다.

프롬프트를 이용하여 벡터 이미지 생성하기
프롬프트를 작성하는 노하우

# 프롬프트 입력 Know-how
퀄리티 있는 이미지 생성의 핵심은 프롬프트!

## ❙ 프롬프트 입력하여 벡터 이미지 생성하기

아무 개체도 선택하지 않은 상태에서 Contextual Task Bar의 Generate Vectors를 누르면 생성형 이미지 창이 나타납니다. Prompt 창에 원하는 이미지를 텍스트로 입력한 뒤 3가지 유형으로 벡터 이미지를 생성할 수 있습니다. 이때 프롬프트와 콘텐츠, 디테일 설정 등을 다양하게 작업해 보는 것이 중요합니다.

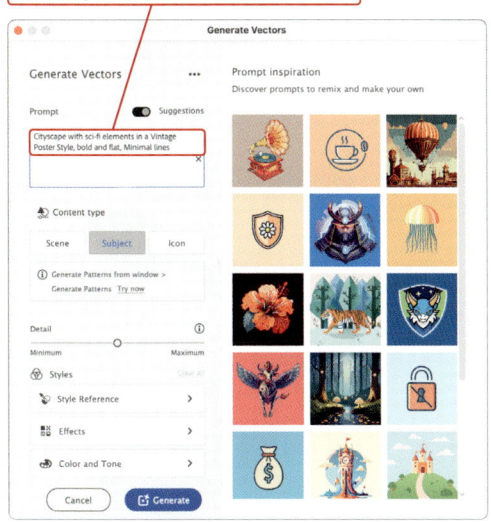

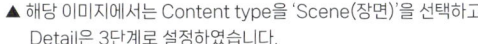

▲ 해당 이미지에서는 Content type을 'Scene(장면)'을 선택하고, Detail은 3단계로 설정하였습니다.

## ❙ 프롬프트를 작성하는 노하우

원하는 이미지를 높은 품질로 구현하기 위해서는 어떤 프롬프트가 가장 적합한지 알아야 합니다. 어떤 단어를 어떻게 조합해야 원하는 이미지를 얻을 수 있을지 고민해야 하며, 단어 선택부터 문장 구성, 묘사 방식까지 신중하게 고려해야 합니다. 또한 인공지능은 지속적으로 변화하기 때문에 프롬프트 작성 기법도 꾸준히 학습하고 새로운 시도를 해보는 것이 좋습니다.

## 1 구체적으로 작성하기

단순한 프롬프트는 기본적이거나 대중적인 설정으로 자동으로 생성되기 때문에 이미지나 상황 묘사가 상세할수록 AI는 사용자의 의도를 더욱 정확하게 파악하고, 그에 맞는 이미지를 생성해 낼 수 있습니다. 프롬프트를 얼마나 구체적으로 작성하느냐에 따라 결과물의 품질이 크게 달라집니다.

### 단순한 프롬프트-1

Prompt : cat (고양이)

### 단순한 프롬프트-2
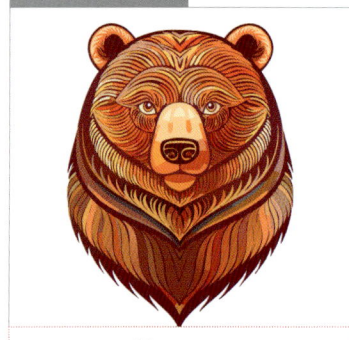
Prompt : bear (곰)

### 단순한 프롬프트-3

Prompt : cherry (체리)

### 2단어 조합 프롬프트-1

Prompt : cute cats (귀여운 고양이들)

### 2단어 조합 프롬프트-2

Prompt : kindergarden bear (킨더가든 베어)

### 2단어 조합 프롬프트-3

Prompt : cherries and blueberries (체리와 블루베리)

### 3단어 이상 조합 프롬프트-1

Prompt : cute cats playing around the garden, spring (정원에서 놀고 있는 귀여운 고양이들, 봄)

### 3단어 이상 조합 프롬프트-2

Prompt : cosmic bear in the night sky with constellations (별자리가 있는 밤하늘의 우주 곰)

### 3단어 이상 조합 프롬프트-3

Prompt : cherries in the basket, retro color (바구니 속 체리, 레트로 컬러)

## 2 다양한 단어를 사용해 보기

프롬프트를 활용하면 원하는 이미지를 빠르게 얻을 수 있을 뿐만 아니라, AI의 창의성을 통해 예상치 못한 독창적인 이미지를 만들어낼 수 있습니다. 따라서 간결한 프롬프트만 사용하기보다 다양하고 재미있는 단어들을 조합해서 사용해 보는 것을 권장합니다.

**특정 단어만 입력**

Prompt : Student (학생)

**구체적인 묘사 추가**

Prompt : a student walking with a greeting (인사하며 걷는 학생)

**세부적인 배경 묘사 추가**

Prompt : A girl walking with greetings, with a school background behind her (학교 배경을 뒤로하고 인사하며 걷는 소녀)

**특정 단어만 입력**

Prompt : musicbox (뮤직박스)

**추가 단어 입력**

Prompt : vintage musicbox (빈티지 뮤직박스)

**세부 사항 추가**

Prompt : Medieval-style vintage music box with antique decoration (고풍스러운 장식이 있는 중세 스타일의 빈티지 음악 상자)

## 3 비유적인 묘사는 주의해서 사용하기

단순히 단어를 나열하는 것만으로는 원하는 결과를 얻기 어려운 경우도 있습니다. 각 단어가 지닌 의미와 조합 방식에 따라 이미지가 달라지기 때문입니다. 이를테면 'hot dog'라는 단어는 음식 그 자체를 의미하기도 하지만, 'hot'과 'dog'를 개별적인 단어로 나누어 해석될 수도 있습니다.

**Prompt :** hot dog (뜨거운 개)

**Prompt :** delicious hotdog (맛있는 핫도그)

**Prompt :** delicious hotdog on the dish, park background (접시 위의 맛있는 핫도그, 공원 배경)

## 4 간단한 아웃라인 사용하기

빈 공간에서 바로 벡터 이미지를 생성할 수도 있지만, 아웃라인을 만든 뒤 개체를 선택하고 프롬프트를 입력하면 미리 설정된 아웃라인을 기반으로 이미지를 생성하기 때문에 원하는 형태나 비율을 더욱 정확하게 구현할 수 있습니다.

**Prompt :** rabbit (토끼)

**Prompt :** 입력 안 함

**Prompt :** rabbit (토끼)

## 5 한글과 영문 프롬프트의 차이 이해하기

모국어인 한글을 사용하면 편리하지만 간혹 동음이의어나 한글과 영어의 뉘앙스 차이로 인해 예상치 못한 결과가 나오기도 합니다. AI 모델들은 방대한 양의 영문 데이터를 학습하기 때문에 영문 프롬프트에 대한 이해도가 더 높습니다. 따라서 더욱 정확하고 다양한 결과를 원한다면 영어를 활용하는 것을 권장합니다. 또는 한글과 영문의 장단점을 고려하여 적절하게 활용하는 것도 좋은 방법입니다. 일반적인 단어는 한글로 입력하고, 전문 용어나 뉘앙스를 정확하게 표현하고 싶을 때는 영어를 사용하는 것이 효과적일 수 있습니다. 최근에는 한글 인식률이 크게 향상되어 한글로도 충분히 만족스러운 결과를 얻을 수 있습니다.

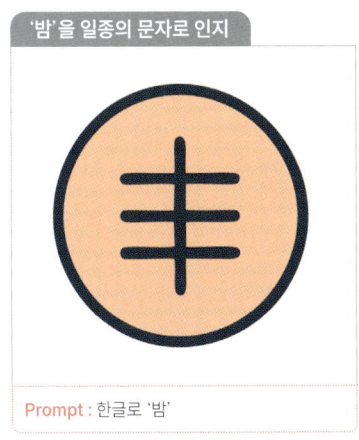

Prompt : 한글로 '밤'

Prompt : 한글로 '눈'

Prompt : 한글로 '배'

## 6 키워드 조합 예시 이미지 살펴보기

어떤 키워드를 사용하느냐에 따라 이미지의 분위기, 스타일 그리고 스토리가 완전히 달라질 수 있습니다. 키워드 하나하나가 이미지를 구성하는 중요한 요소가 됩니다. 'fox, rabbit, baby, bird'라는 단어로 이미지를 생성하고, 다양한 키워드를 조합하면 어떤 결과물이 나오는지 예시를 통해 알아보겠습니다.

Prompt : fox (여우)

Prompt : rabbit (토끼)

Prompt : baby (아기)

| 조합 프롬프트-1 | 조합 프롬프트-2 | 조합 프롬프트-3 |
|---|---|---|
|  |  |  |
| **Prompt :** fox character (여우 캐릭터) | **Prompt :** rabbit character (토끼 캐릭터) | **Prompt :** baby character (아기 캐릭터) |
| 정사각형을 그린 뒤<br>Gen Shape Fill-1 | 정사각형을 그린 뒤<br>Gen Shape Fill-2 | 정사각형을 그린 뒤<br>Gen Shape Fill-3 |
|  |  |  |
| **Prompt :** fox (여우) | **Prompt :** rabbit (토끼) | **Prompt :** baby (아기) |
| 회화 단어 조합 프롬프트-1 | 회화 단어 조합 프롬프트-2 | 회화 단어 조합 프롬프트-3 |
|  |  |  |
| **Prompt :** fox and hand drawn (여우와 손으로 그린 그림) | **Prompt :** rabbit and hand drawn (토끼와 손으로 그린 그림) | **Prompt :** baby and hand drawn (아기와 손으로 그린 그림) |

Chapter 02. 프롬프트입력 Know-how

### 회화 단어 조합 프롬프트-4

Prompt : fox watercolor (여우 수채화)

### 회화 단어 조합 프롬프트-5

Prompt : rabbit watercolor (토끼 수채화)

### 회화 단어 조합 프롬프트-6

Prompt : baby watercolor(아기 수채화)

### 기하학 단어 조합 프롬프트-1

Prompt : fox geometric (여우 기하학)

### 기하학 단어 조합 프롬프트-2

Prompt : rabbit geometric (토끼 기하학)

### 기하학 단어 조합 프롬프트-3

Prompt : bird geometric (새 기하학)

### 다양한 단어 조합 프롬프트-1

Prompt : fox sci-fi design (여우 공상 과학 디자인)

### 다양한 단어 조합 프롬프트-2

Prompt : rabbit simple icon (토끼 단순 아이콘)

### 다양한 단어 조합 프롬프트-3

Prompt : bird neon (새 네온)

# Chapter 03

## 연습 예제 : 쉽고 빠르게 배우는 AI 신기능

**PROLOGUE**

지금까지 일러스트레이터에 추가된 Contextual Task Bar와
프롬프트 입력 노하우에 대해 알아봤습니다.
이제부터는 직접 예제로 작업해 보면서 추가된 신기능들을 쉽고 빠르게 배워보겠습니다.
본 실습 과정은 Illustrator 2024 이상 버전의 새로운 기능들을 중심으로 진행할 예정이
므로, AI 기능을 실행할 수 있는 버전을 준비하여 주시기 바랍니다.

01. 빈 문서에서 벡터 이미지 생성하기
02. 만들어진 개체 수정하기
03. 유사한 이미지로 더 만들기
04. 같은 프롬프트로 효과 비교하기
05. 외곽 라인 개체 활용하기
06. 새로운 요소 추가하기
07. 스타일 참조로 완성도 높이기
08. 참조 스타일과 유사하게 만들기
09. 업그레이드된 패턴 사용하기
10. 만들어진 패턴 수정하기
11. 간편해진 목업 작업하기
12. Recolor Artwork 사용하기
13. 자연스럽게 배경 확장하기

**연습예제 01**

# 빈 문서에서 벡터 이미지 생성하기

📁 예제파일 : 없음
📁 결과파일 : Cat_Result.ai

새 문서를 열면 나타나는 Contextual Task Bar에서 Generate Vectors를 누르고 프롬프트를 입력합니다. 만약 원하는 크기가 있다면 해당 크기의 도형을 만들고 선택한 상태에서 프롬프트를 입력하면 됩니다.

**01** [File]-[New]를 눌러 A4 크기의 새 문서를 만듭니다. Contextual Task Bar에서 Generate Vectors를 클릭합니다.

**02** 프롬프트 창에 'Cute Kitten reading a book'을 입력하고 Content type, Detail, Style 등의 설정은 프로그램의 기본값을 유지한 상태에서 Generate를 누릅니다.

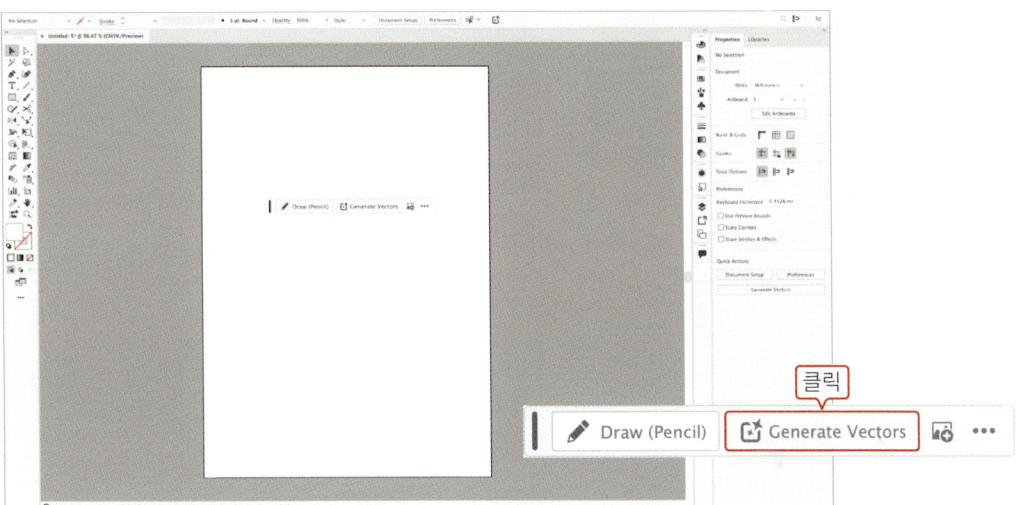

**03** [Generating] 창이 나타납니다. 완료될 때까지 잠시 기다리면 프롬프트에 맞게 책을 읽는 고양이 벡터 이미지가 생성됩니다. 개체를 선택하면 [Properties] 패널에서 Variations 3가지를 확인할 수 있습니다. 하나씩 클릭해 보면서 가장 마음에 드는 이미지를 적용합니다.

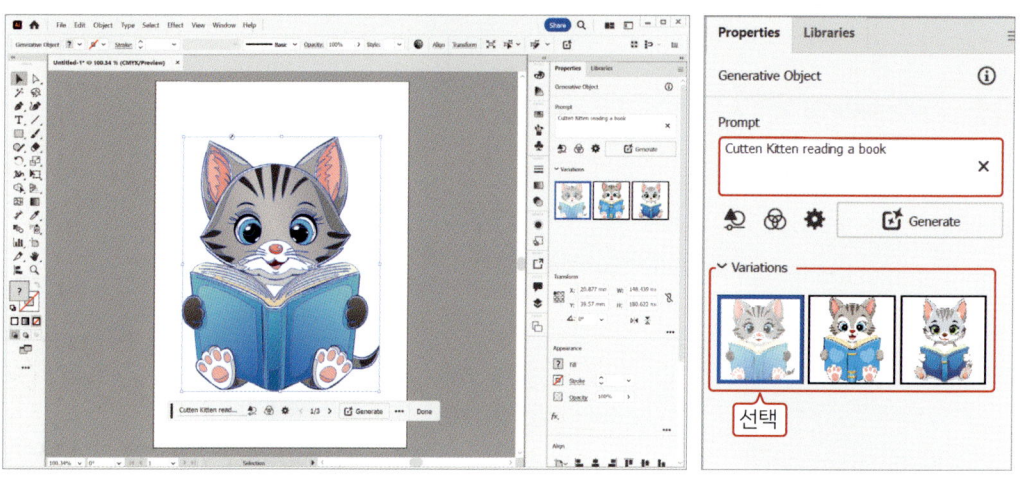

**04** 만약 마음에 들지 않는다면 새로운 프롬프트를 입력한 뒤 다시 Generate를 누릅니다. 예제에서는 프롬프트 마지막에 장소를 의미하는 'in garden'이라는 문구를 추가했습니다. 기존 이미지 위로 새로운 3가지 벡터 이미지가 추가로 생성됩니다.

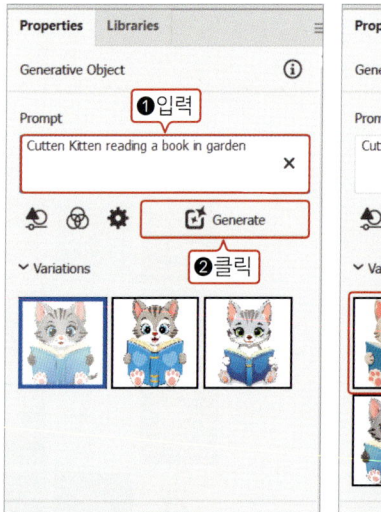 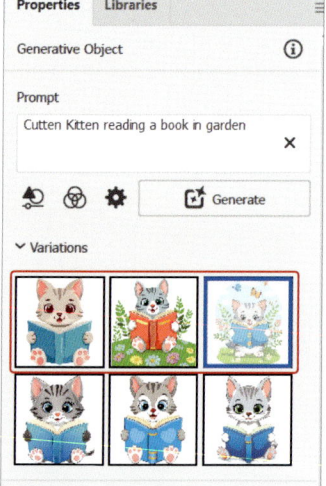 

**연습예제 02**

# 만들어진 개체 수정하기

예제파일 : Cat2_Start.ai
결과파일 : Cat2_Result.ai

이미 만들어진 벡터 개체를 다양한 스타일로 수정할 수 있습니다. 이전에 생성한 이미지로 이어서 작업해 보겠습니다.

**01** [File]-[Open]을 눌러 'Cat2_Start.ai' 파일을 엽니다. 이미 만들어진 개체를 선택하고 [Properties] 패널에서 수정해 보겠습니다. Content type and detail은 장면, 피사체, 아이콘 3가지 타입으로 구분하며, 이미지의 디테일 정도를 5단계로 조절할 수 있습니다. 여기서는 'Scene', Detail을 '4단계'로 설정합니다. Style Reference에서 Effects를 누르면 다양한 스타일의 효과를 적용할 수 있습니다. 여기서는 'Doodle'을 선택합니다.

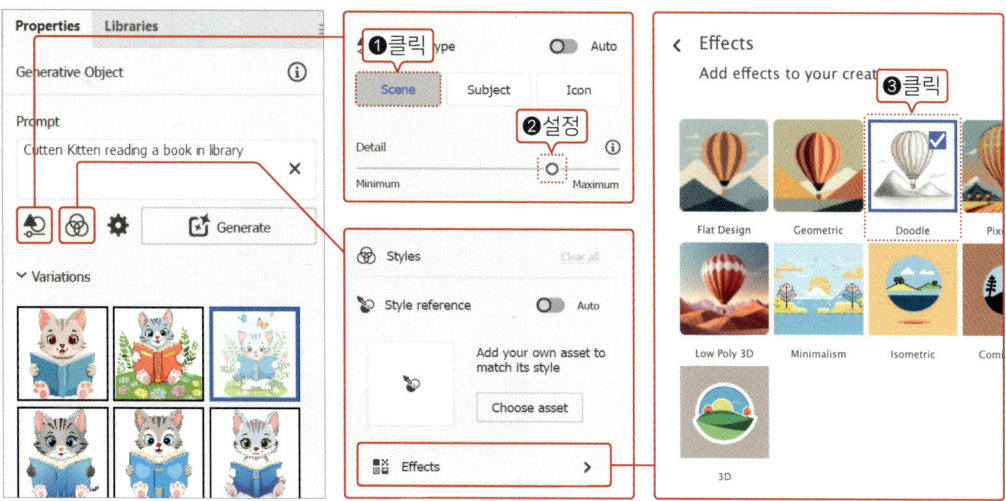

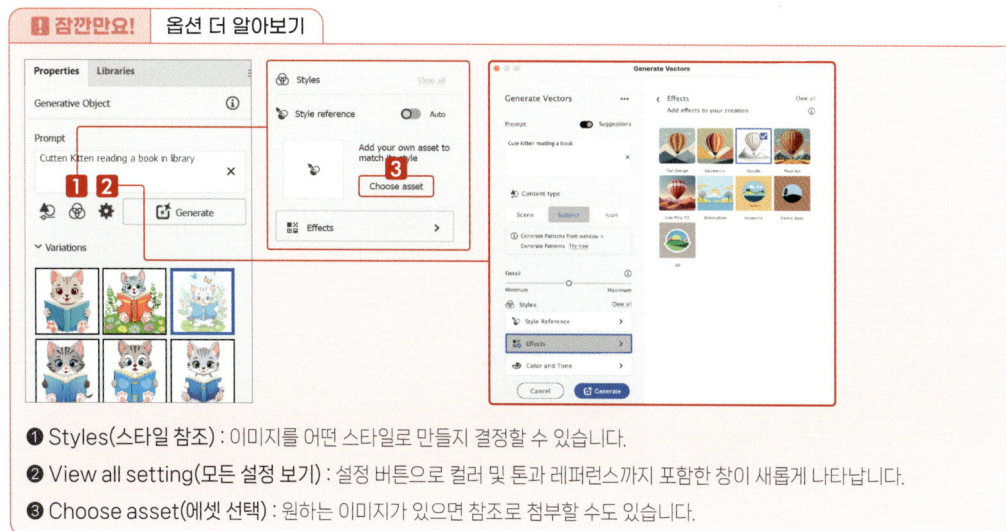

❶ Styles(스타일 참조) : 이미지를 어떤 스타일로 만들지 결정할 수 있습니다.
❷ View all setting(모든 설정 보기) : 설정 버튼으로 컬러 및 톤과 레퍼런스까지 포함한 창이 새롭게 나타납니다.
❸ Choose asset(에셋 선택) : 원하는 이미지가 있으면 참조로 첨부할 수도 있습니다.

**02** 모두 선택했다면 장소를 'garden'에서 'library'로 수정하고 Generate를 누릅니다. 새로운 유형과 효과, 디테일이 적용된 3가지의 벡터 이미지가 추가로 생성됩니다.

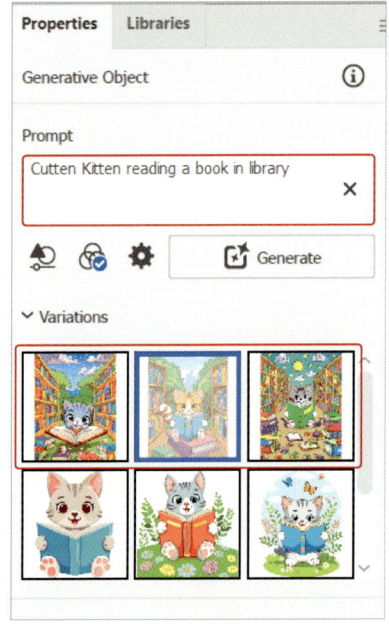

### ✅ 여기서 더 알아보기

### Generated Variations(생성된 변형 관리)

캔버스에서 생성한 이미지의 다양한 변형들을 한눈에 보고 관리할 수 있는 공간입니다.

[Window] 메뉴에서 [Generated Variations]를 선택하여 패널을 불러옵니다. 텍스트를 벡터로 변환하거나 생성형 모양 채우기를 사용해 생성된 모든 변형을 해당 패널에서 관리할 수 있습니다.

캔버스에서 생성된 개체를 삭제하거나 [Properties] 패널에서 연결된 변형을 삭제하더라도 [Generated Variations] 패널에서는 삭제되지 않습니다. 만약 여기서 생성된 개체를 삭제하면, 더 이상 캔버스의 개체에 대한 연결 변형으로 사용할 수 없습니다. (실수로 삭제를 한 경우, Ctrl + Z를 눌러 실행 취소할 수 있습니다.)

연습예제 03

# 유사한 이미지로 더 만들기

예제파일 : Cat3_Start.ai
결과파일 : Cat3_Result.ai

이미지 생성 시 입력했던 텍스트나 설정을 기억하지 못하더라도, 마음에 드는 이미지를 기준으로 비슷한 스타일의 이미지를 여러 개 만들 수 있습니다. [Properties] 패널에서 원하는 이미지를 선택하고 다양한 변형 이미지를 생성해 봅니다.

**01** [File]-[Open]을 눌러 'Cat3_Start.ai' 파일을 엽니다. [Properties] 패널에서 원하는 이미지를 선택하고, 이미지 썸네일 위에 마우스 포인터를 올리면 상단에 점 3개 모양의 아이콘인 More options(···)이 나타납니다. 여기서 'Generate Similar'를 클릭하면 선택한 이미지와 유사한 스타일의 벡터 이미지 3개가 새롭게 만들어집니다. 마음에 드는 이미지를 선택합니다.

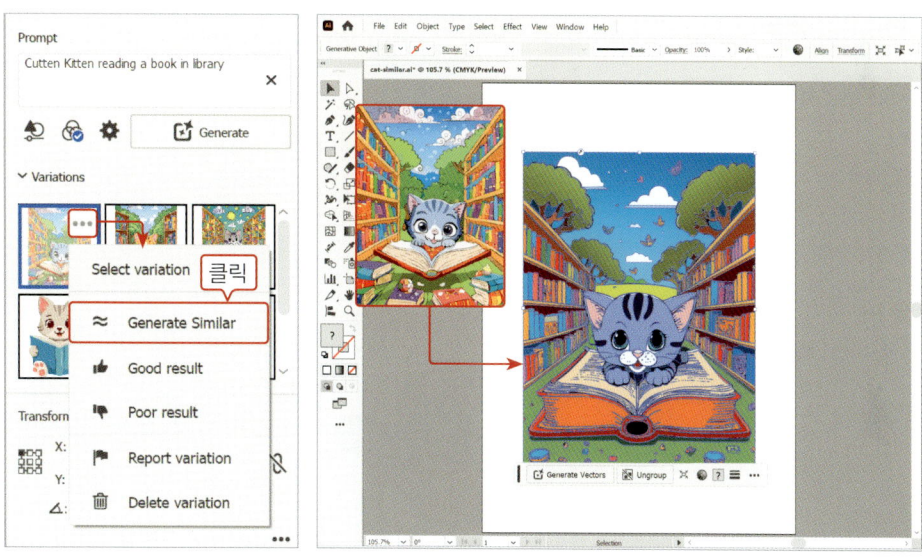

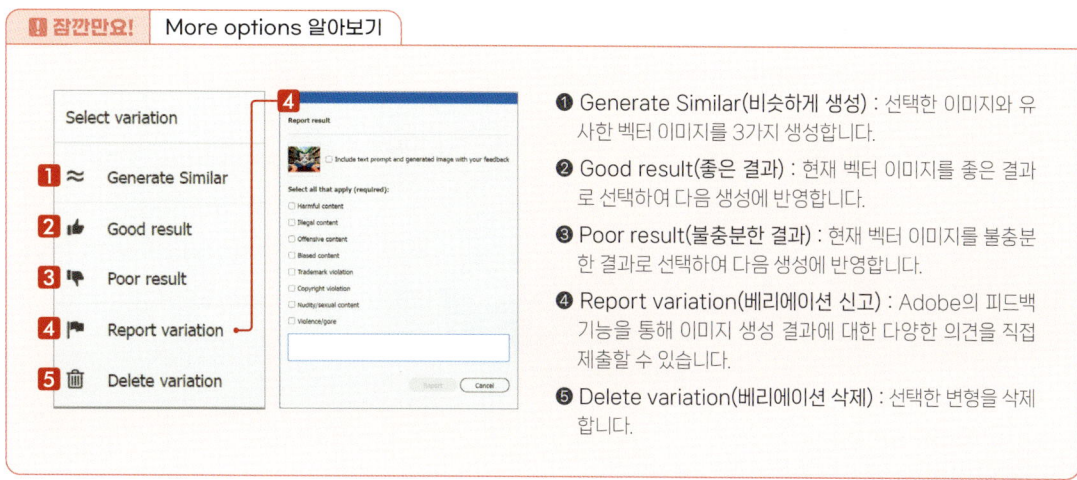

❶ **Generate Similar(비슷하게 생성)** : 선택한 이미지와 유사한 벡터 이미지를 3가지 생성합니다.

❷ **Good result(좋은 결과)** : 현재 벡터 이미지를 좋은 결과로 선택하여 다음 생성에 반영합니다.

❸ **Poor result(불충분한 결과)** : 현재 벡터 이미지를 불충분한 결과로 선택하여 다음 생성에 반영합니다.

❹ **Report variation(베리에이션 신고)** : Adobe의 피드백 기능을 통해 이미지 생성 결과에 대한 다양한 의견을 직접 제출할 수 있습니다.

❺ **Delete variation(베리에이션 삭제)** : 선택한 변형을 삭제합니다.

**연습예제 04**

## 같은 프롬프트로 효과 비교하기

📁 예제파일 : 없음
📁 결과파일 : 없음

새 문서에서 이전에 사용했던 프롬프트를 유지하고, 효과나 디테일 부분을 조금씩 변경하여 작업해 봅니다. 같은 프롬프트라도 설정값에 따라 결과물이 달라집니다. 이번 과정에서 제시된 설정 외에도 다양한 설정값을 시도해 보고 어떤 결과가 나오는지 관찰해 보세요. 어떤 변화가 생기는지 직접 확인해 보는 것이 중요합니다.

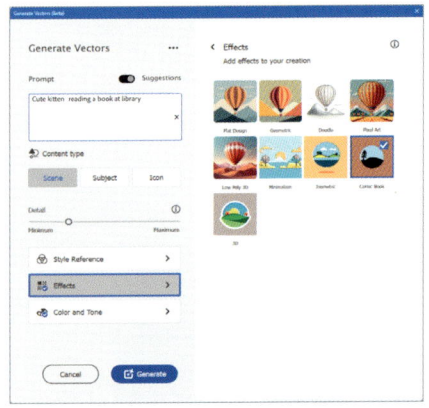

❶ 프롬프트(공통) : Cute kitten reading a book at library
❷ Content type : Scene
❸ Detail : 2단계
❹ Effects : Comic Book
❺ Color and Tone : Warm tone

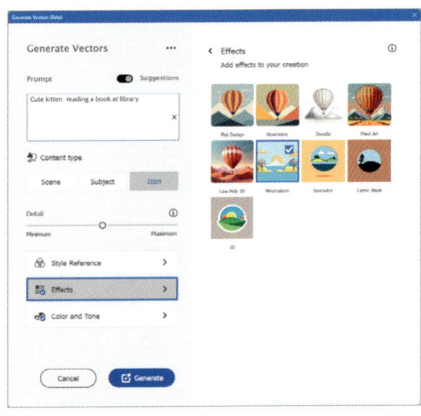

❶ 프롬프트(공통) : Cute kitten reading a book at library
❷ Content type : Icon
❸ Detail : 3단계
❹ Effects : Minimalism
❺ Color and Tone : Cool tone

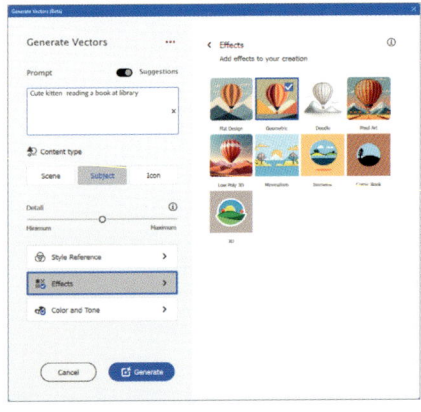

❶ 프롬프트(공통) : Cute kitten reading a book at library
❷ Content type : Subject
❸ Detail : 3단계
❹ Effects : Geometric
❺ Color and Tone : Muted Color

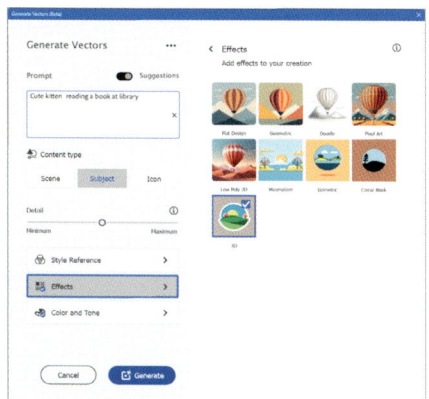 

❶ **프롬프트(공통)** : Cute kitten reading a book at library
❷ **Content type** : Subject
❸ **Detail** : 3단계
❹ **Effects** : 3D
❺ **Color and Tone** : Vibrant Color

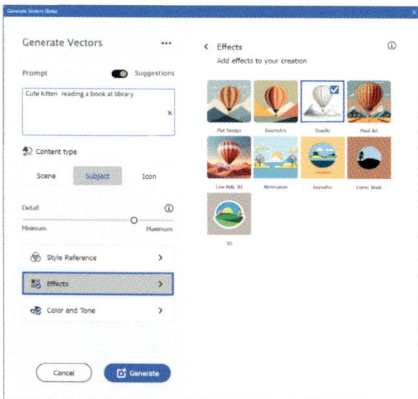 

❶ **프롬프트(공통)** : Cute kitten reading a book at library
❷ **Content type** : Subject
❸ **Detail** : 4단계
❹ **Effects** : Doodle
❺ **Color and Tone** : Pastel Color

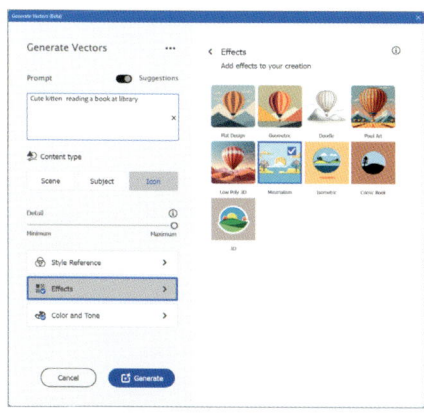 

❶ **프롬프트(공통)** : Cute kitten reading a book at library
❷ **Content type** : Icon
❸ **Detail** : 5단계
❹ **Effects** : Minimalism
❺ **Color and Tone** : Black and White

**Plus.** 위의 예시들과 같이 어떤 콘텐츠 타입을 설정하는지(장면, 피사체, 아이콘), 어느 정도의 디테일 값을 설정하는지, 그리고 어떤 효과(만화, 평면, 낙서, 3D 등), 컬러와 톤을 어떤 색으로 지정하는지 등에 따라 조합할 수 있는 값들은 무수히 많습니다. 같은 프롬프트를 가지고도 전혀 다른 이미지를 만들어낼 수 있으므로 최대한 다양한 효과를 조합하여 여러 가지 스타일로 생성해 보며 감각을 키워나가 보세요.

연습예제 05

예제파일 : Cat4_Start.ai
결과파일 : Cat4_Result-1.ai / Cat4_Result-2.ai

## 외곽 라인 개체 활용하기

원하는 형태를 패스로 만들고 프롬프트를 입력하면 외곽선을 기반으로 AI가 벡터 이미지를 생성해 줍니다. 마치 빈 틀에 그림을 채워 넣듯 간편하게 원하는 이미지를 만들 수 있습니다.

**01** [File]-[Open]을 눌러 'Cat4_Start.ai' 파일을 엽니다. Selection Tool로 고양이 모양의 패스를 모두 선택합니다. Contextual Task Bar의 Gen Shape Fill을 클릭하고 프롬프트 없이 Generate를 누릅니다. 외곽 모양에 맞춰 벡터 이미지가 생성됩니다.

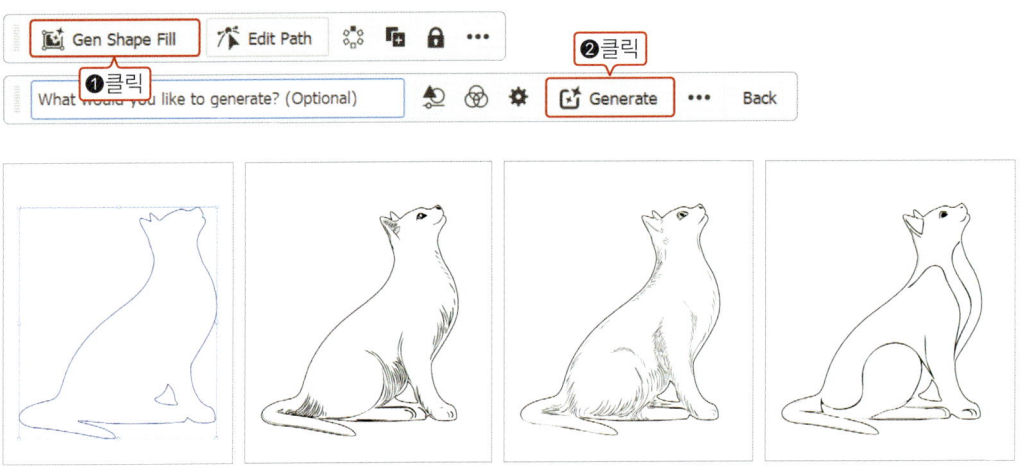

**02** 기존 생성된 개체는 삭제하거나 옮긴 뒤, 다시 외곽 라인 개체를 선택합니다. Contextual Task Bar의 Gen Shape Fill을 클릭하고 이번에는 프롬프트 창에 'cute flowers and leaves for kids'를 입력한 뒤, 원하는 효과가 있다면 추가로 설정합니다. 없다면 바로 Generate를 누르고 생성되는 이미지 중 마음에 드는 이미지를 적용합니다.

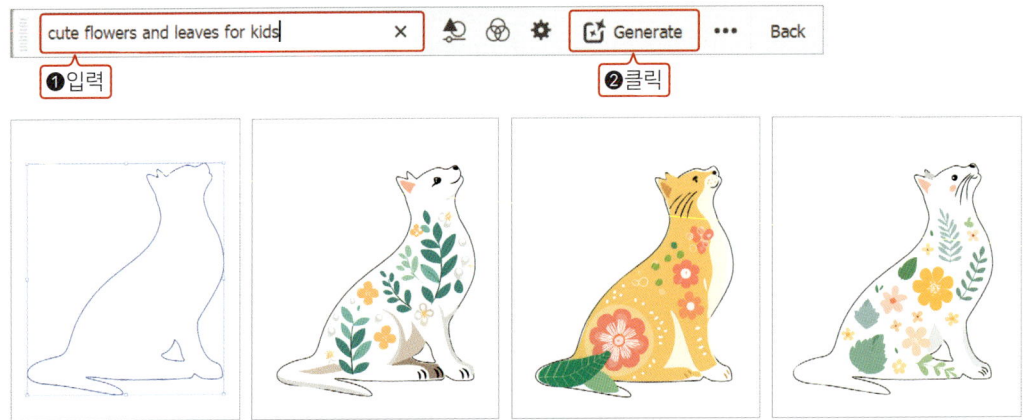

**연습예제 06**

# 새로운 요소 추가하기

예제파일 : 없음
결과파일 : Duck_Result.ai

AI가 생성한 벡터 이미지 위에 원하는 크기를 지정하여 새로운 요소들을 추가할 수 있습니다.

**01** [File]-[New]를 눌러 '200×200mm' 크기의 새 문서를 만들고 Contextual Task Bar에서 Generate Vectors를 클릭합니다. 프롬프트 창에 'Peaceful lake landscape'를 입력하고 Content type은 'Scene'을 선택한 후 Generate 를 눌러 이미지를 생성합니다. [Properties] 패널 에서 마음에 드는 이미지 한 가지를 선택하고 크 기를 조절합니다.

**02** 물이 있는 배경 위에 생성하고 싶은 요소의 크 기만큼 Rectangle Tool로 사각형을 그리고, Contextual Task Bar에서 Gen Shape Fill을 클릭합니다.

> **TIP.** 이미지를 생성한 후에 컨테이너로 사용한 도형 이 남게 되므로 면과 선이 없는 투명한 도형을 사용하 는 것이 좋습니다.

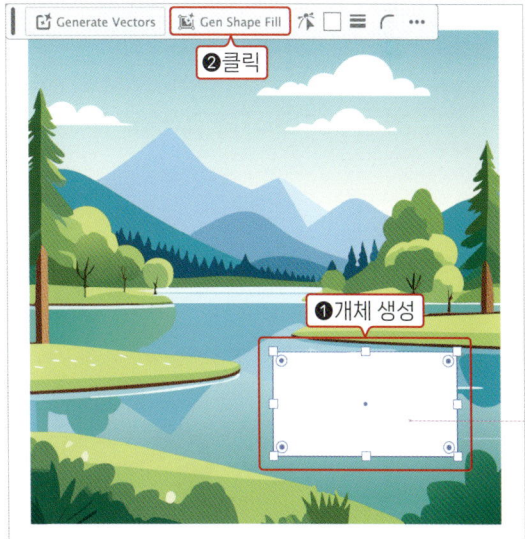

**03** 프롬프트 창에 'duck swimming on water'라고 입력한 뒤 Generate를 누르면 지정한 크기에 맞춰 이미지가 생성됩니다. [Properties] 패널에서 원하는 이미지를 선택한 뒤, 불필요한 부분을 모두 제거하고 배경과 조화롭게 어우러지도록 수정합니다.

> **TIP.** 생성된 이미지 뒤에 남는 사각형 개체는 삭제해 줍니다.

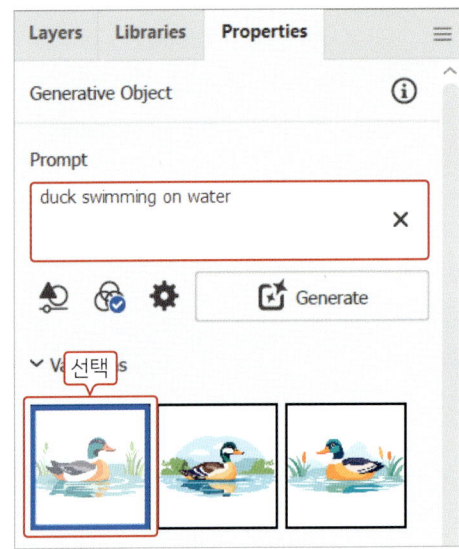

### 여기서 더 알아보기

**주의 사항 |** 더욱 자연스러운 결과물을 얻기 위한 후반 작업의 필요성

생성된 이미지의 물 색상이 주변 배경과 어울리지 않거나, 불필요한 개체가 포함되어 있을 수 있습니다. 이 경우, 색상을 통일하거나 선택 도구를 이용하여 불필요한 개체를 따로 제거하는 등 주변과 자연스럽게 어우러지도록 수정 작업이 필요합니다.

**연습예제 07**

# 스타일 참조로 완성도 높이기

예제파일 : Apple character_Start.ai
결과파일 : Apple character_Result.ai

스타일 참조 기능은 특정한 스타일을 참고하여 원하는 이미지를 생성하는 기능입니다. 만들어진 다양한 이미지 중에서 원하는 스타일을 선택하거나, 직접 이미지 파일을 가져와 활용할 수 있습니다. 프로그램은 선택한 스타일 이미지와 입력한 프롬프트를 분석하여 해당 스타일을 적용한 새로운 이미지를 생성해 냅니다.

**01** [File]-[Open]을 눌러 'Apple character_Start.ai' 파일을 엽니다. 아무것도 선택하지 않은 상태로 Contextual Task Bar의 Generate Vectors를 클릭합니다.

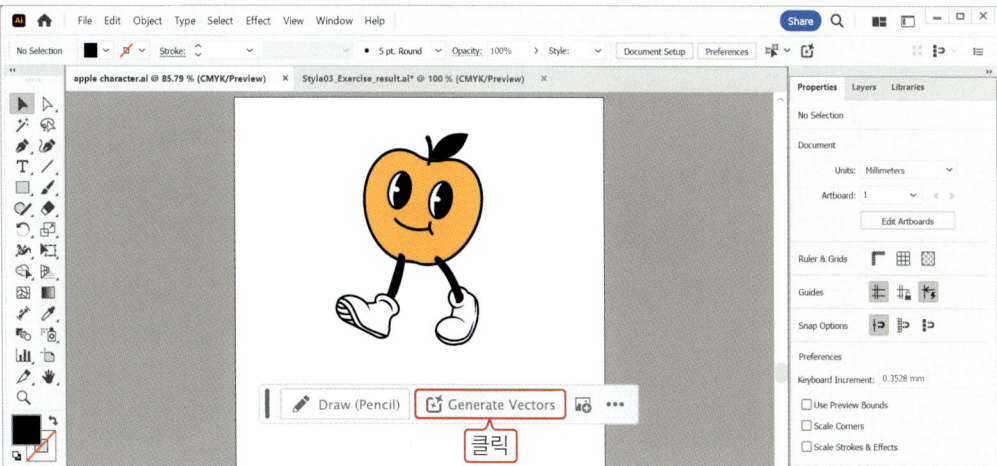

**02** Generate Vectors 창이 나타나면 Style Reference를 클릭하고 'Choose asset'을 선택합니다. 다시 작업 화면이 나타나면 불러온 사과 캐릭터를 클릭합니다. (사과 캐릭터 주변이 파란 사각 영역으로 변합니다.)

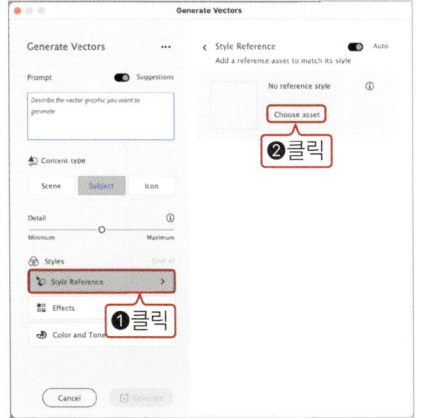
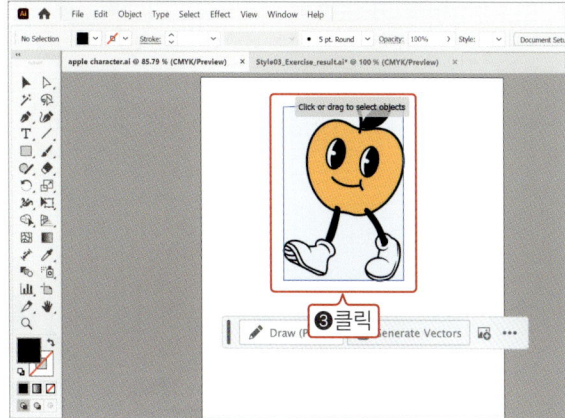

**03** 다시 벡터 생성창이 열립니다. 오른쪽 참조 이미지에 사과 캐릭터가 적용된 것을 확인합니다. 프롬프트를 'walking apple character'로 입력한 뒤 Generate를 누릅니다. [Properties] 패널에서 생성된 3개의 벡터 이미지를 확인합니다.

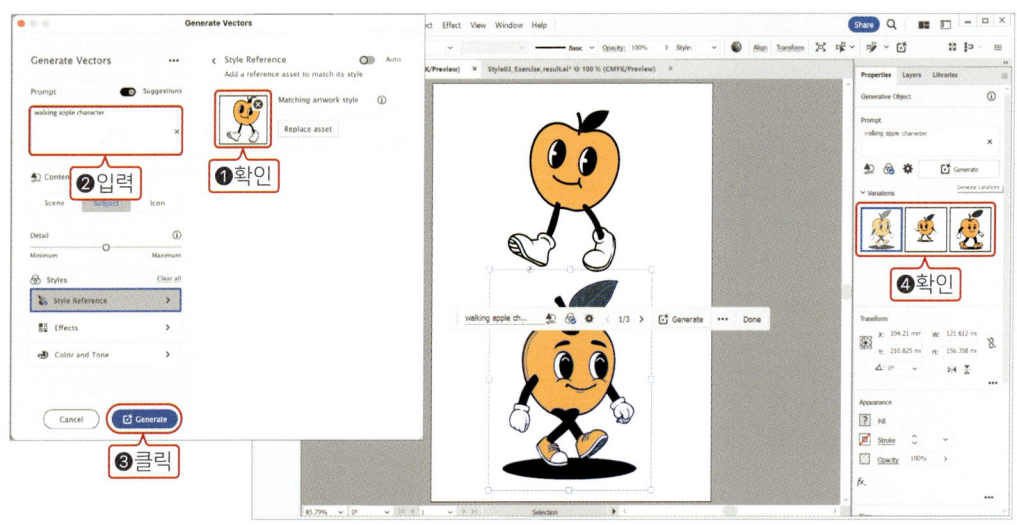

**TIP.** 만약 설정되지 않는다면 다시 한번 Choose asset을 선택하고 캐릭터를 선택하면 됩니다.

**04** 마음에 드는 벡터 이미지가 나올 때까지 여러 번 생성해 봅니다. 마음에 드는 이미지가 여러 개라면, 이미지를 복사하여 원본을 보존하고 다른 벡터 이미지를 선택합니다.

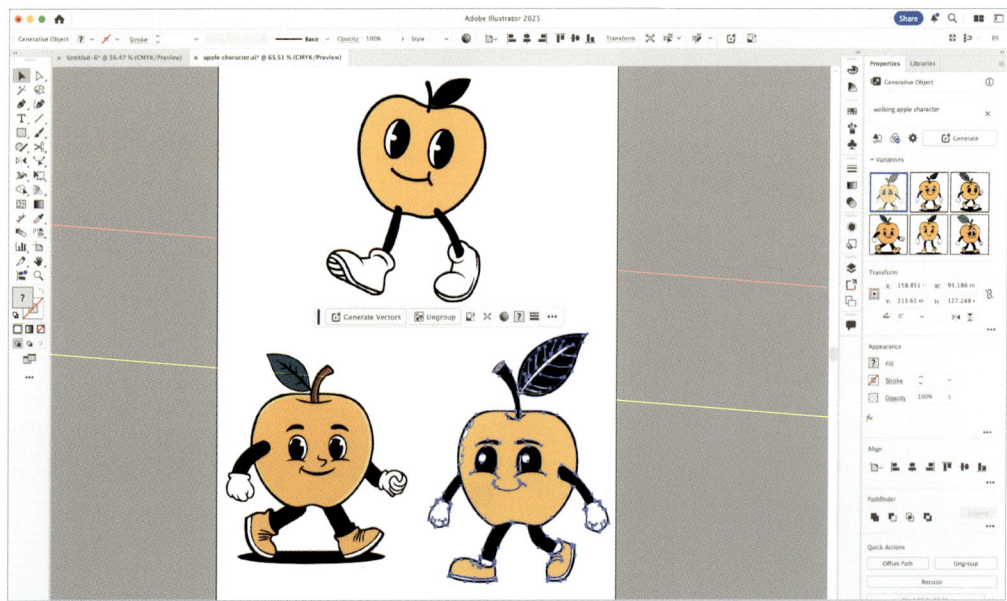

**05** AI로 생성된 벡터 개체는 Ctrl + Shift + G 로 그룹을 해제하면 일반 개체로 변합니다. [Pathfinder] 패널을 연 뒤 'Trim'을 눌러 그림의 경계선을 따라 분리합니다. Eraser Tool을 선택하고 브러시 사이즈를 조절하여 필요한 손 부분의 영역을 제외하고 불필요한 부분은 모두 지워줍니다.

**TIP.** Trim은 하위 개체에서 상위 개체와 겹치는 영역을 병합하고, 각각의 오브젝트로 나누는 기능입니다.

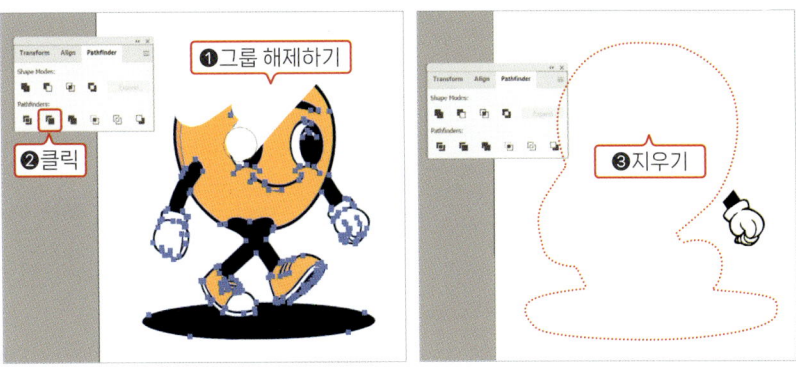

**TIP.** 생성된 개체를 그룹 해제하면 선택한 개체를 제외한 나머지 연결된 변형이 모두 손실됩니다.

**06** 참조로 불러온 벡터 개체의 손 부위를 방향과 각도를 회전하거나 비틀어 원하는 포즈를 만들고, 부족한 부분은 직접 그려 넣어 완성도를 높입니다. 다른 이미지에서도 같은 방법으로 반대쪽 팔을 가져와 작업하여 마무리합니다.

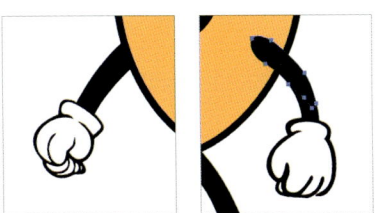

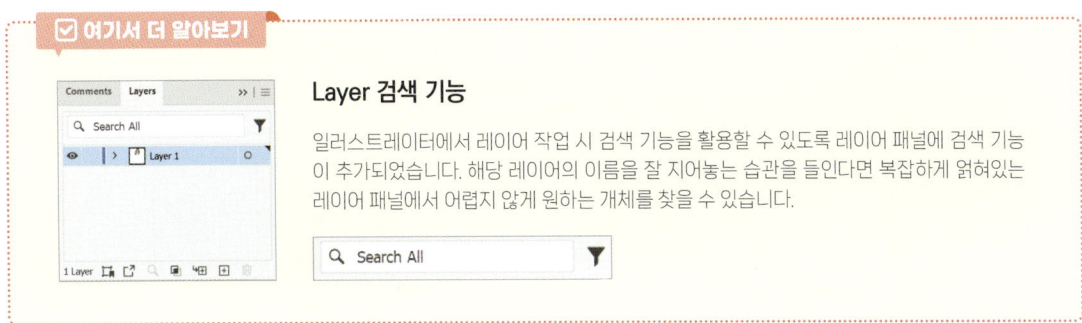

### Layer 검색 기능

일러스트레이터에서 레이어 작업 시 검색 기능을 활용할 수 있도록 레이어 패널에 검색 기능이 추가되었습니다. 해당 레이어의 이름을 잘 지어놓는 습관을 들인다면 복잡하게 얽혀있는 레이어 패널에서 어렵지 않게 원하는 개체를 찾을 수 있습니다.

**연습예제 08**

## 참조 스타일과 유사하게 만들기

예제파일 : Cactus drawing_Start.ai
결과파일 : Cactus drawing_Result.ai

AI 이미지 생성은 원하는 스타일을 정확히 지정하는 것이 중요합니다. 참조 이미지를 활용해 AI에 원하는 스타일을 학습시키고 Live Paint 도구와 Select Same 기능을 사용해 완성도 높은 디자인을 만들어 봅니다.

**01** [File]-[Open]을 눌러 'Cactus drawing_Start.ai' 파일을 엽니다. 바로 Contextual Task Bar의 Generate Vectors를 클릭합니다.

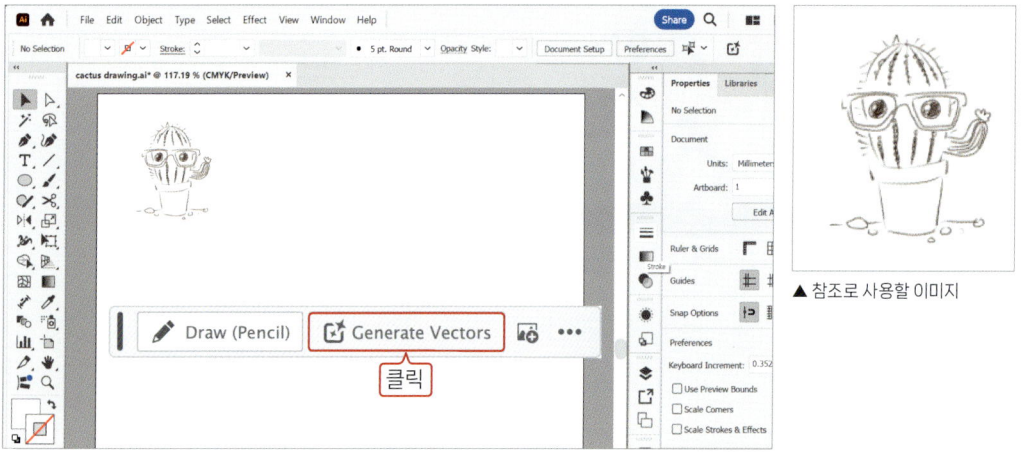

▲ 참조로 사용할 이미지

**02** 프롬프트 창에 'Cute cactus character wearing glasses, vintage; hand drawn; sketch'를 입력합니다. Content type에서 'Subject', Detail '2단계'로 설정합니다. Style Reference를 클릭하고 'Choose asset'을 누른 뒤, 화면의 그림을 클릭하여 선택합니다.

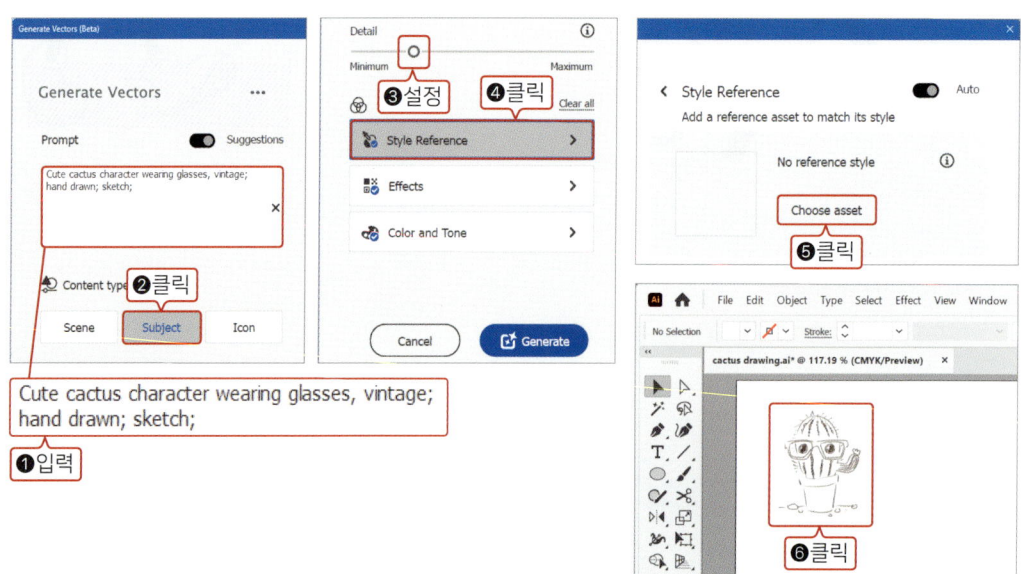

44　MENTOR ILLUSTRATOR with AI

05  AI로 생성된 벡터 개체는 Ctrl + Shift + G 로 그룹을 해제하면 일반 개체로 변합니다. [Pathfinder] 패널을 연 뒤 'Trim'을 눌러 그림의 경계선을 따라 분리합니다. Eraser Tool을 선택하고 브러시 사이즈를 조절하여 필요한 손 부분의 영역을 제외하고 불필요한 부분은 모두 지워줍니다.

> **TIP.** Trim은 하위 개체에서 상위 개체와 겹치는 영역을 병합하고, 각각의 오브젝트로 나누는 기능입니다.

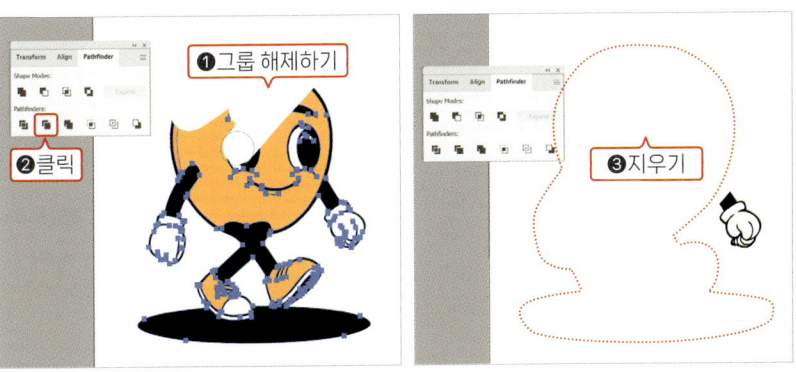

> **TIP.** 생성된 개체를 그룹 해제하면 선택한 개체를 제외한 나머지 연결된 변형이 모두 손실됩니다.

06  참조로 불러온 벡터 개체의 손 부위를 방향과 각도를 회전하거나 비틀어 원하는 포즈를 만들고, 부족한 부분은 직접 그려 넣어 완성도를 높입니다. 다른 이미지에서도 같은 방법으로 반대쪽 팔을 가져와 작업하여 마무리합니다.

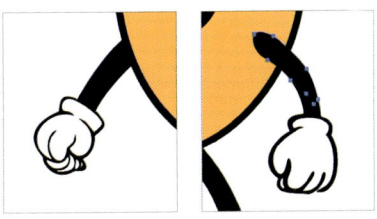

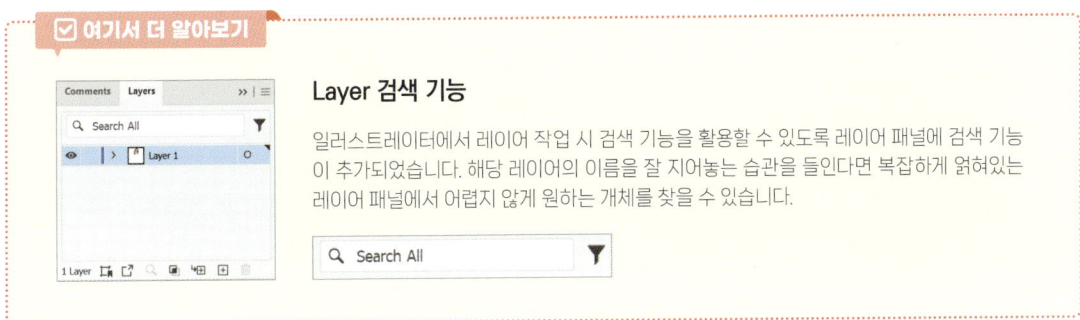

### Layer 검색 기능

일러스트레이터에서 레이어 작업 시 검색 기능을 활용할 수 있도록 레이어 패널에 검색 기능이 추가되었습니다. 해당 레이어의 이름을 잘 지어놓는 습관을 들인다면 복잡하게 얽혀있는 레이어 패널에서 어렵지 않게 원하는 개체를 찾을 수 있습니다.

연습예제 08

예제파일 : Cactus drawing_Start.ai
결과파일 : Cactus drawing_Result.ai

# 참조 스타일과 유사하게 만들기

AI 이미지 생성은 원하는 스타일을 정확히 지정하는 것이 중요합니다. 참조 이미지를 활용해 AI에 원하는 스타일을 학습시키고 Live Paint 도구와 Select Same 기능을 사용해 완성도 높은 디자인을 만들어 봅니다.

**01** [File]-[Open]을 눌러 'Cactus drawing_Start.ai' 파일을 엽니다. 바로 Contextual Task Bar의 Generate Vectors를 클릭합니다.

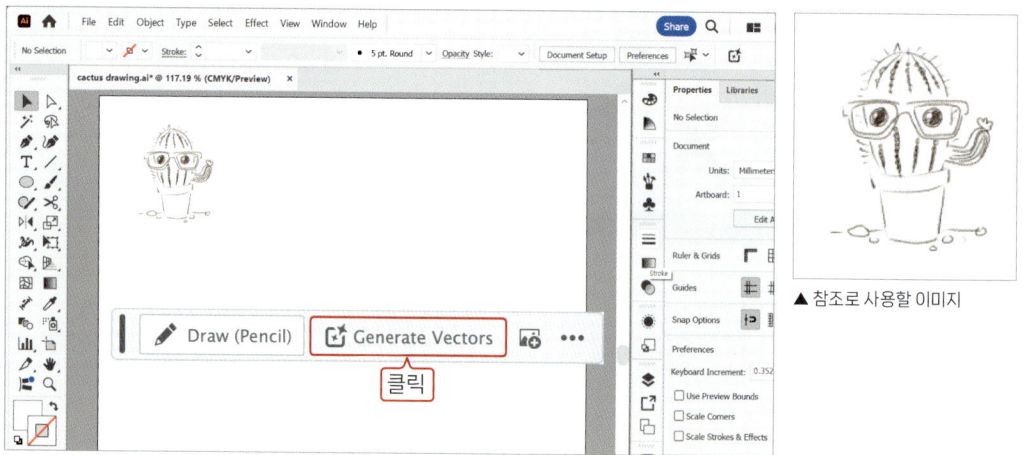

▲ 참조로 사용할 이미지

**02** 프롬프트 창에 'Cute cactus character wearing glasses, vintage; hand drawn; sketch'를 입력합니다. Content type에서 'Subject', Detail '2단계'로 설정합니다. Style Reference를 클릭하고 'Choose asset'을 누른 뒤, 화면의 그림을 클릭하여 선택합니다.

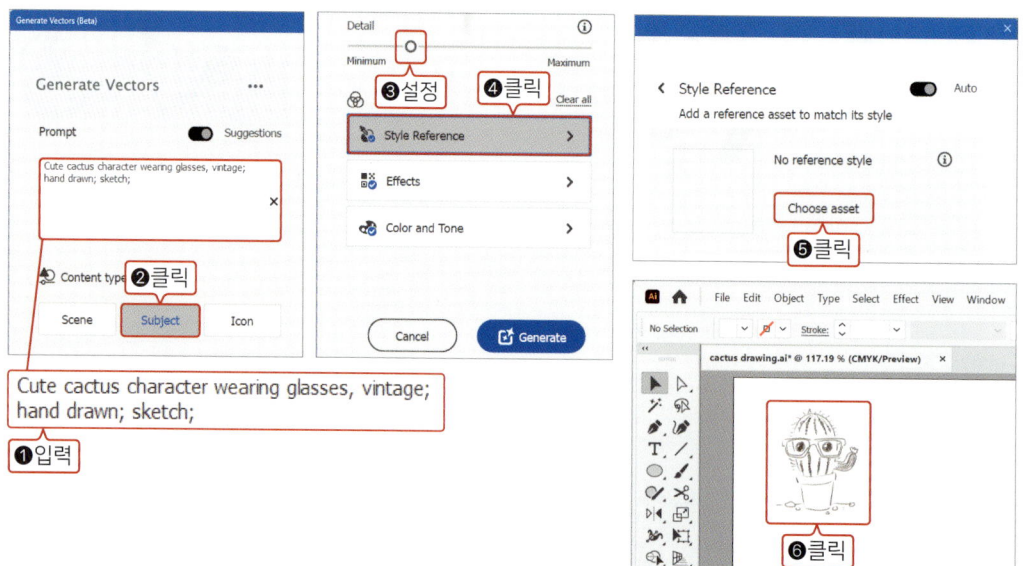

44  MENTOR ILLUSTRATOR with AI

Chapter 03. 연습 예제 : 쉽고 빠르게 배우는 AI 신기능

**03** Style Reference 창에 해당 이미지가 나타납니다. Styles에서 Effects를 클릭한 뒤 'Doodle'과 'Comic Book' 효과를 선택합니다.

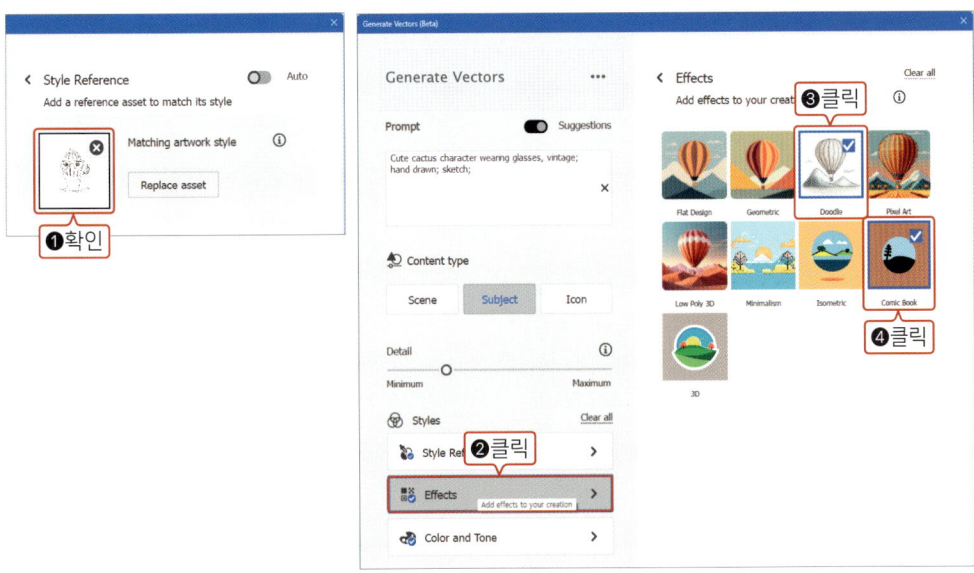

**04** 마지막 Color and Tone에서는 No. of colors의 숫자를 '2'로 설정합니다. Generate를 눌러 이미지를 생성합니다.

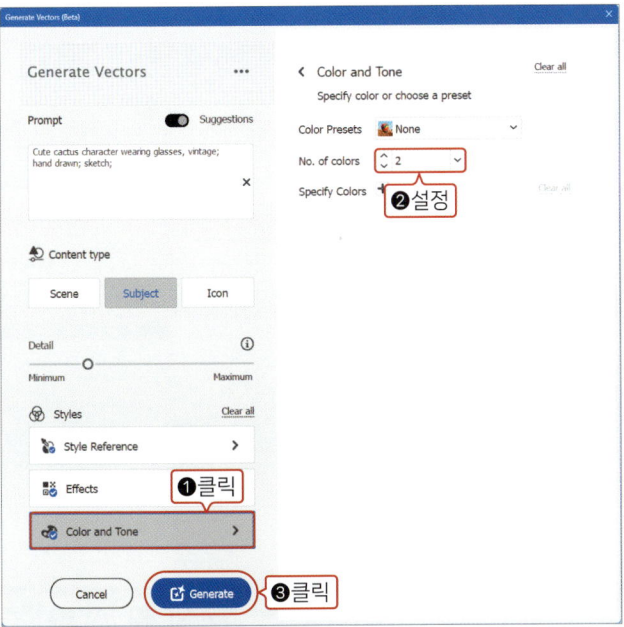

45

**05** 참조했던 이미지와 유사하게 생성된 3개의 벡터 이미지 중 마음에 드는 것으로 선택합니다. [Object]-[Live Paint]-[Make]로 개체를 라이브 페인트화합니다.

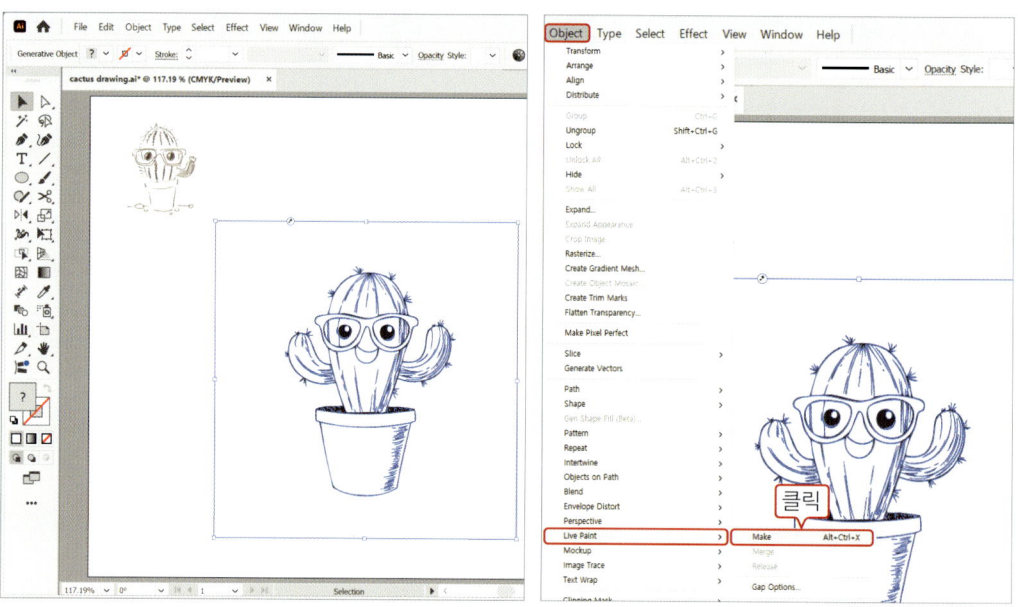

**06** Live Paint Selection Tool로 생성된 이미지의 배경이나 안쪽 부분을 선택하고, [Select]-[Same]-[Fill Color]를 눌러 같은 색들을 모두 선택합니다. (이때 이미지 생성 결과에 따라 선택 영역이 다를 수 있습니다.)

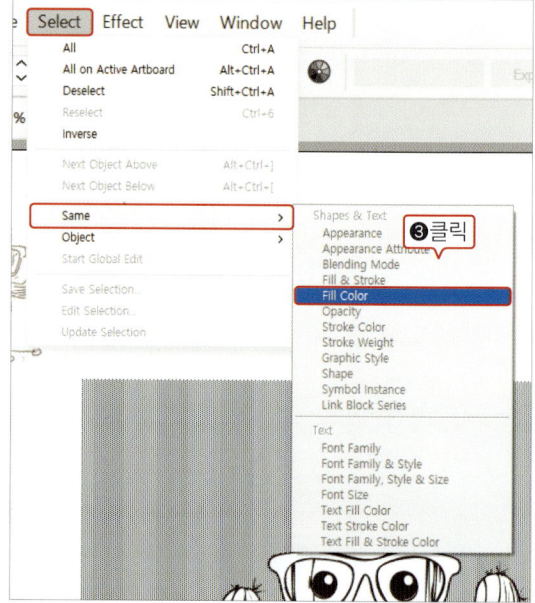

**07** Delete 키를 눌러 모두 삭제한 후, 남은 개체를 전체 선택합니다. Fill(면) 색을 원하는 색으로 지정합니다. (남겨진 색이 1개이기 때문에 전체 적용됩니다.) [Object]-[Expand]를 클릭한 뒤 개체의 효과를 확장하기 위해 OK를 누릅니다.

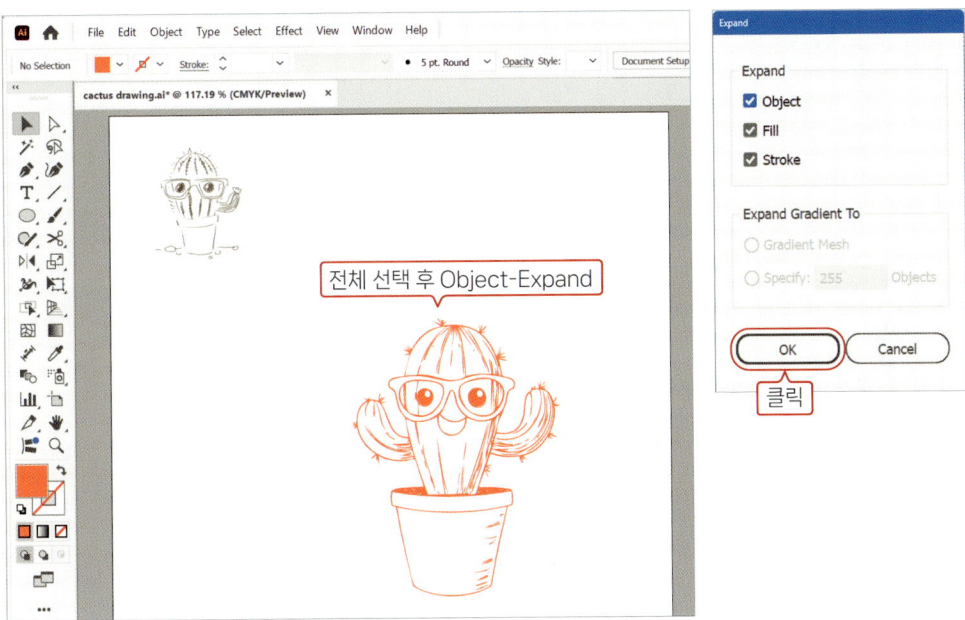

**08** 라이브 페인트 도구를 더 활용하거나 텍스트를 추가하여 다양한 디자인으로 변형하여 사용할 수 있습니다. 참조 이미지를 활용하면 작업의 효율성과 완성도를 높일 수 있어 도움이 됩니다.

### 여기서 더 알아보기

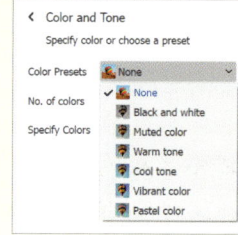

### Color and Tone | Color Presets 7종

Color and Tone 메뉴에서 Color Presets 목록을 열면 미리 설정된 Preset 7종을 확인할 수 있습니다. 각 조합별로 어떤 느낌의 색상이 만들어지는지 예시 이미지를 통해 살펴봅니다.

프롬프트 : peaceful garden, happy dog character (공통)

### Color and Tone | Color 개수에 따른 이미지 변화

Color and Tone 메뉴에서 원하는 색상 수를 직접 설정할 수 있습니다. 색상 수에 따라 이미지가 어떻게 변하는지 예시 이미지를 통해 살펴봅니다.

프롬프트 : tropical flower in summer (공통)

연습예제 09

# 업그레이드된 패턴 사용하기

예제파일 : 없음
결과파일 : Tropical pattern_Result.ai

원하는 패턴에 대한 프롬프트를 입력하면 여러 가지 패턴을 빠르게 생성할 수 있습니다.

**01** [File]-[New]를 눌러 '200×200mm' 크기의 새 문서를 만듭니다. 원하는 영역만큼 도형을 그린 후 Fill(면)은 흰색, Stroke(선) 색은 '없음'으로 설정한 뒤 [Window]-[Generate Patterns]를 클릭합니다. 프롬프트 창에 'tropical, flowers and birds, summer'로 입력하고 Generate를 누릅니다.

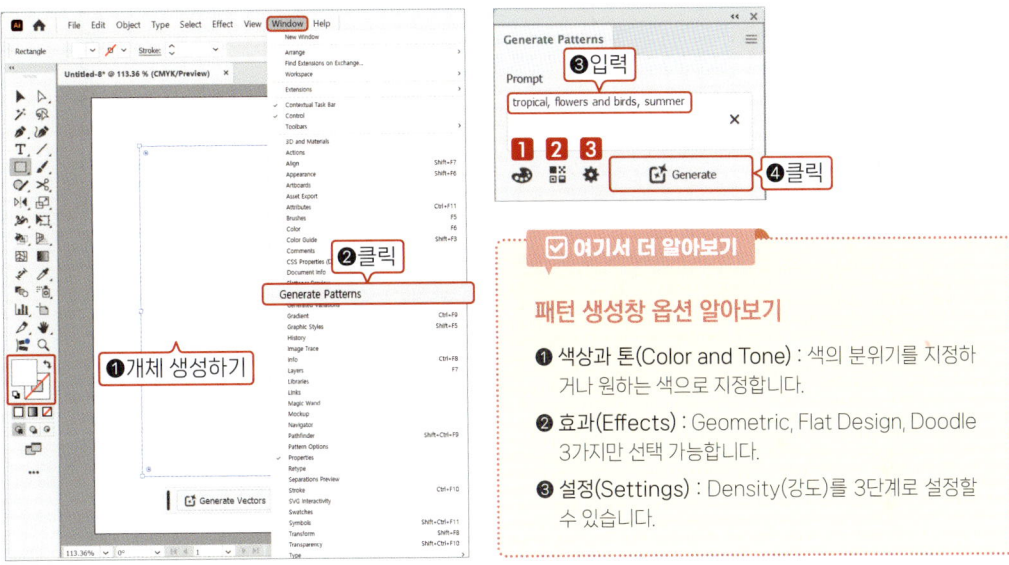

> ☑ 여기서 더 알아보기
> 
> **패턴 생성창 옵션 알아보기**
> 
> ❶ **색상과 톤(Color and Tone)** : 색의 분위기를 지정하거나 원하는 색으로 지정합니다.
> 
> ❷ **효과(Effects)** : Geometric, Flat Design, Doodle 3가지만 선택 가능합니다.
> 
> ❸ **설정(Settings)** : Density(강도)를 3단계로 설정할 수 있습니다.

**02** 상하좌우가 연결되는 벡터 패턴 이미지가 생성되면서 Variations의 첫 번째 변형이 자동으로 적용됩니다. 이제 원하는 도형과 텍스트만으로 패턴을 손쉽게 만들 수 있습니다.

예제파일 : Tropical pattern2_Start.ai
결과파일 : Tropical pattern2_Result.ai

연습예제 10

# 만들어진 패턴 수정하기

생성된 패턴의 색상, 크기, 배치 등을 수정할 수 있습니다. 수정된 패턴은 견본에 저장해 두면 언제든지 편리하게 불러와 사용할 수 있어 작업 효율성을 높여줍니다.

**01** [File]-[Open]을 눌러 'Tropical pattern2_Start.ai' 파일을 엽니다. [Generate Patterns] 패널에서 생성된 이미지의 썸네일 위에 마우스를 올리고, 나타나는 More options 메뉴에서 'Edit Pattern'을 선택하면 편집 모드로 전환됩니다. 원하는 대로 개체를 이동하거나 색을 변경한 후 상단의 'Done' 버튼을 누르면 편집이 완료됩니다.

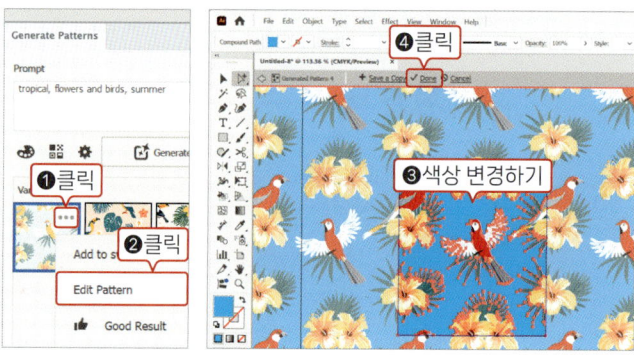

**TIP.** '패턴 편집'을 선택하면 패턴을 자유롭게 수정할 수 있는 편집 모드로 들어갈 수 있습니다. 편집 모드에서는 개체를 이동하거나 크기를 조절하고, 색상을 변경하는 등 다양한 작업이 가능합니다.

**02** 패턴은 [Swatches] 패널에서 확인할 수 있으며, 별도의 폴더로 정리되어 편리하게 관리할 수 있습니다. 원하는 개체를 선택하고 채우기 색상을 패턴으로 바꾸면 간단하게 디자인을 완성할 수 있습니다.

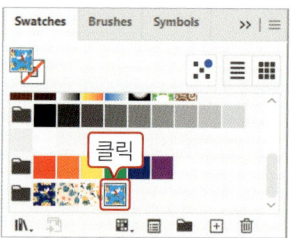 

**TIP.** [Swatches] 패널에서 더블클릭하면 패턴 편집 모드로 들어가 자유롭게 패턴을 수정할 수 있고, 수정된 패턴은 자동으로 업데이트됩니다.

☑ 다른 이미지 예시보기

다른 패턴 예시-1    프롬프트 : cat with blue ribbon
다른 패턴 예시-2    프롬프트 : cosmic planets
다른 패턴 예시-3    프롬프트 : coffee and donut

연습예제 11

# 간편해진 목업 작업하기

예제파일 : Mockup_Start.ai
결과파일 : Mockup_Result.ai

벡터 그래픽을 실제 물체에 적용해 볼 수 있는 목업 기능이 새롭게 추가되었습니다. AI 기반의 기술을 활용하여 벡터 그래픽을 비트맵 이미지에 자연스럽게 합성할 수 있고, 설정을 변경할 때마다 실시간으로 결과를 확인할 수 있어 편리합니다.

**01** [File]-[Open]을 눌러 'Mockup_Start.ai' 파일을 엽니다. 사진과 목업 할 벡터 개체를 모두 선택합니다.

**TIP.** 이때 목업을 할 벡터 개체는 꼭 그룹 지어진 상태여야 합니다.

**02** [Window]-[Mockup]을 클릭하여 패널을 엽니다. 하단에 위치한 'Create Mockup'을 누르고 잠시 기다리면 선택된 이미지에 벡터 개체가 목업으로 적용됩니다.

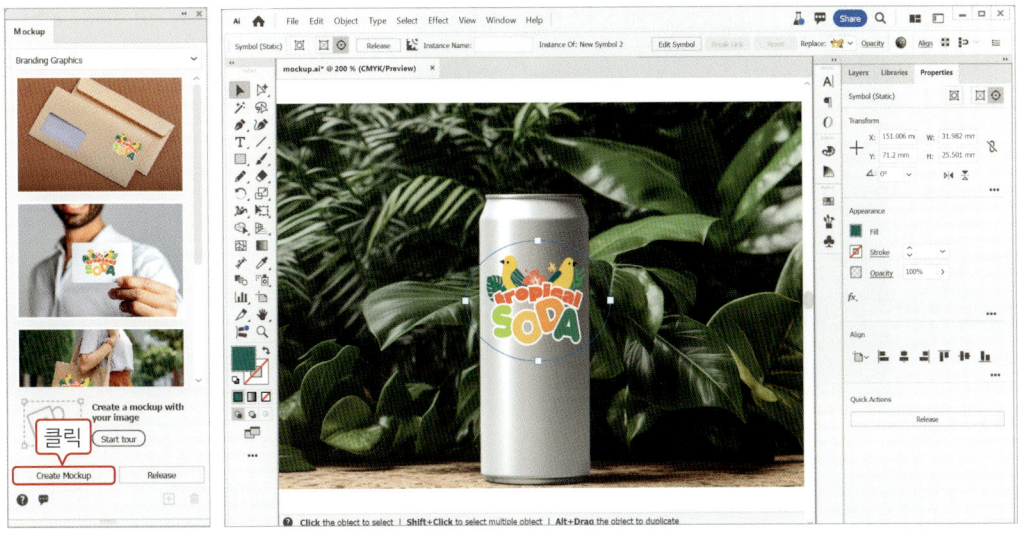

**03** 벡터 개체의 조절점을 드래그하여 원하는 크기로 조절한 후, [Window]-[Transparency]를 선택하여 투명도 패널을 엽니다. 패널에서 혼합 모드를 'Multiply'로 변경하고 빈 화면을 클릭하면 설정이 완료됩니다.

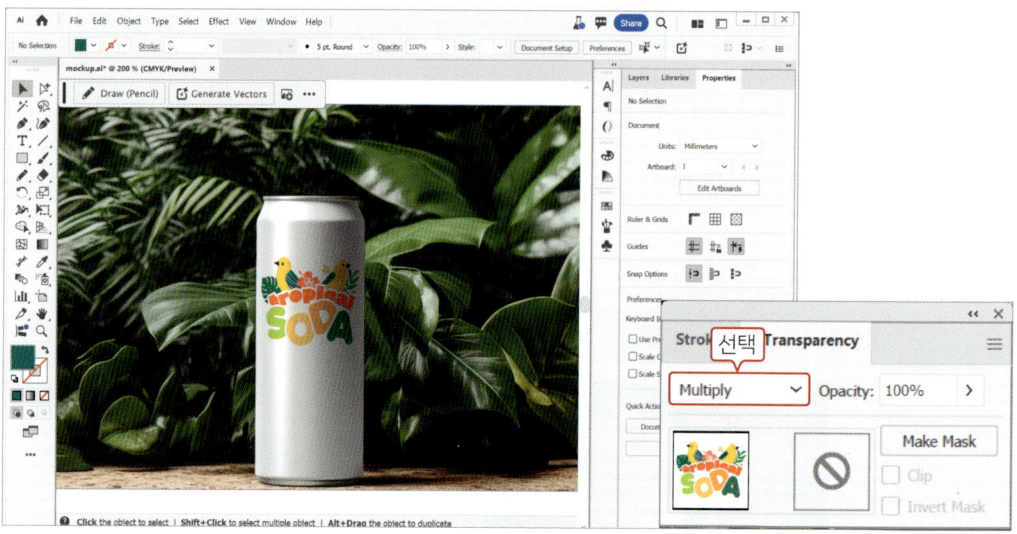

**04** 만약 심볼의 크기나 위치 등을 자유롭게 변경하고 싶다면, 벡터 개체를 선택한 뒤 상단의 [Control] 패널에서 'Edit Content'를 클릭하면 편집할 수 있습니다.

**목업 옵션 알아보기**

❶ Edit Mockup Group(목업 그룹 편집) : 사진과 목업 심볼을 함께 편집합니다.

❷ Edit Image(이미지 편집) : 사진만 따로 편집합니다.

❸ Edit Content(콘텐츠 편집) : 목업에 적용된 심볼 벡터 개체만 따로 편집합니다.

❹ Release(목업 해제) : 목업을 해제하고 이전의 상태로 돌아갑니다.

Chapter 03. 연습 예제 : 쉽고 빠르게 배우는 AI 신기능

> ☑ 여기서 더 알아보기

### 다양한 목업 예시 보기 | 다양한 재질로 목업 살펴보기   📁 Save earth.ai

이전에 배운 방법을 활용하여 벡터 개체를 사진에 자연스럽게 합성해 봅니다. 먼저, 심볼로 지정된 벡터 개체를 그룹으로 묶고, 합성하고 싶은 사진과 함께 선택합니다. [Mockup] 패널을 열고 Create Mockup 버튼을 클릭하여 모형을 생성합니다. 밝은 배경을 가진 물체에 합성할 때는 'Multiply' 혼합 모드를 사용하면 자연스러운 결과를 얻을 수 있습니다. 특히 곡면이나 주름진 부분에 그림자가 자연스럽게 투영되어 실제 물체에 새겨진 듯 연출됩니다. 반면, 어두운 색상의 배경을 가진 물체에 합성할 때는 다소 어색한 결과가 나올 수 있습니다. 어두운 색상과 그림자가 겹쳐지면서 자칫 평면적인 느낌을 줄 수 있기 때문입니다. 이러한 경우에는 다른 혼합 모드나 레이어 효과를 사용해 보세요.

| 원본 벡터 개체 | 에코백 이미지에 목업 |
|---|---|
|  |  |

### 기본 제공되는 목업 이미지 | 목업 미리보기   📁 Logo mockup.ai

목업 패널에서 제공하는 이미지 템플릿을 활용할 수 있으며, 적용 방법은 동일합니다. 개체를 선택하고 목업 패널에서 원하는 항목을 선택합니다. 하단의 'Preview Mokup' 버튼을 클릭하여 적용합니다. 원하는 목업 이미지에서 'Place on canvas'를 클릭합니다. (단, 해당 이미지를 상업적으로 이용하고자 할 때는 별도의 라이선스를 확인해야 합니다.)

연습예제 12

예제파일 : Astronaut_Start.ai
결과파일 : Astronaut_Result.ai

# Recolor Artwork 사용하기

기존 [Recolor Artwork] 패널에 Generative Recolor 메뉴가 추가되어 AI 기반의 스마트한 색상 조합 기능을 사용할 수 있게 되었습니다. 이제 이미지의 내용과 스타일을 분석하여 다양한 색상 테마를 제안받고, 원하는 분위기에 맞는 색상을 쉽게 적용할 수 있습니다.

**01** [File]-[Open]을 눌러 'Astronaut_Start.ai' 파일을 엽니다. Selection Tool로 개체를 모두 선택한 뒤 Contextual Task Bar 또는 상단의 [Control] 패널에서 Recolor Artwork 아이콘을 클릭합니다. 패널이 나타나면 [Generative Recolor] 탭을 선택합니다.

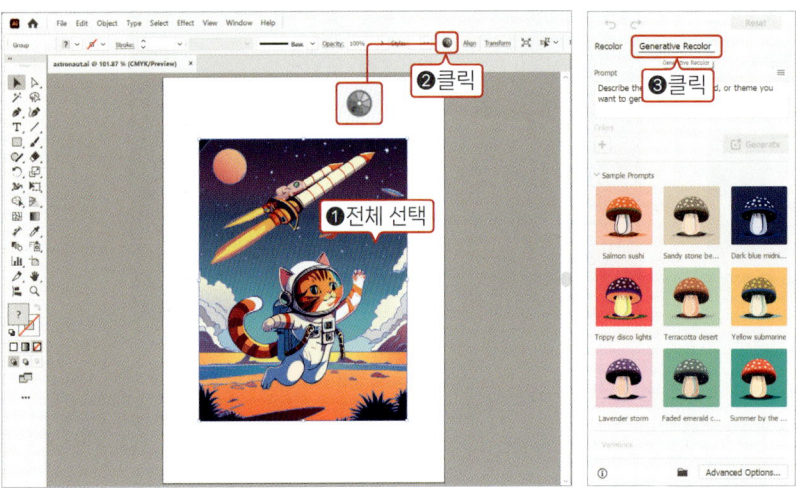

**02** 하단의 Sample Prompts 목록에서 다양한 색감 예시를 선택하거나, 직접 원하는 분위기를 프롬프트로 입력하여 색상을 자유롭게 변경할 수 있습니다. 예제에서는 'Summer by the sea'라고 입력했습니다. Generate 버튼을 눌러 원하는 색상을 선택합니다.

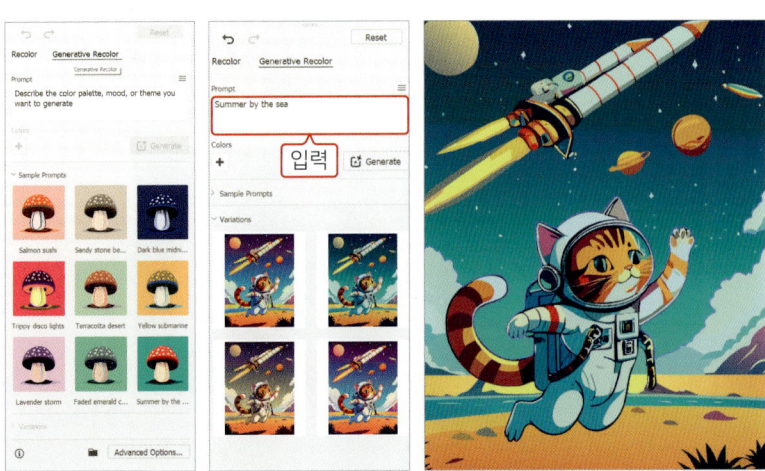

**TIP.** 이제는 프롬프트 입력으로 사용자가 원하는 분위기나 색상 범위를 지정하여 맞춤형 색 조합을 생성할 수 있습니다.

연습예제 13

# 자연스럽게 배경 확장하기

예제파일 : Vector group_Start.ai
결과파일 : Vector group_Result.ai

2025년부터 Generative Expand 기능이 추가되었습니다. Generative Expand는 벡터로 제작된 개체의 배경 영역을 확장할 때 사용하는 기능입니다. 선택한 개체 그룹의 영역을 늘리면, AI가 이를 인식하여 자연스럽게 배경을 확장합니다.

**01** [File]-[Open]을 눌러 'Vector group_Start.ai' 파일을 엽니다. 연못 그룹을 선택하고, Contextual Task Bar의 Generative Expand를 클릭합니다.

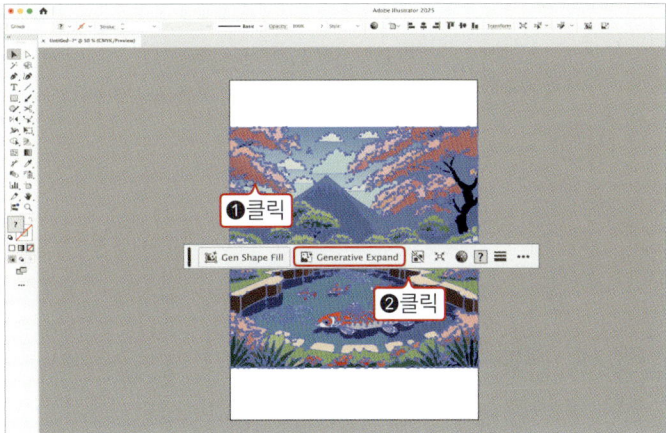

**02** 확장하고 싶은 만큼 영역을 넓혀줍니다. Contextual Task Bar의 Prompt 입력창에 아무것도 입력하지 않고 Generate를 클릭합니다.

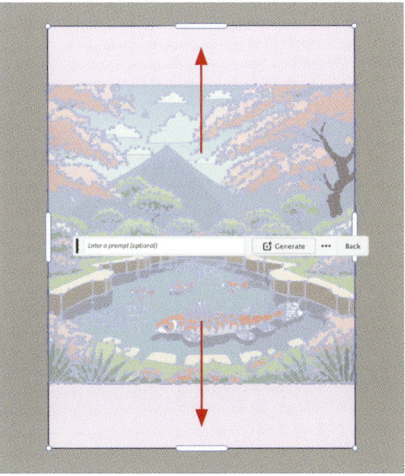

**TIP.** 자연스러운 배경 확장에는 별도의 프롬프트가 필요하지 않습니다. 만약 원하는 특정 요소가 있다면 프롬프트를 입력합니다.

**03** 다양한 결과값을 얻으려면 Generate 버튼을 여러 번 클릭합니다. 마음에 드는 이미지를 고른 뒤, Ctrl + Shift + G 를 누른 후 원하는대로 편집합니다.

# Chapter 04

## 활용 예제 : AI 신기능 활용해 보기

**PROLOGUE**

지금까지 연습 예제를 통해 알아본 AI 신기능을 활용하여 실무 예제에 적용해 보겠습니다. 연습 예제에서 학습한 기능과 프롬프트를 생각하고, 다양한 시도와 실험을 해보면서 디자인의 무한한 가능성을 경험해 보세요. 퀄리티 높은 작업을 위해서는 AI 기능뿐 아니라 일러스트레이터의 기본적인 기능도 알고 있어야 합니다.

01. 심플한 웹 포스터 만들기
02. 커피 패키지 디자인 만들기

- 예제파일 : 없음
- 결과파일 : Valentine poster_Result.ai

활용예제 01

# 심플한 웹 포스터 만들기

간단한 프롬프트 입력만으로 벡터 이미지를 생성하고, 필요에 따라 수정하여 심플한 웹 포스터를 만들어보겠습니다. AI가 제공하는 다양한 기능을 활용하면 시간과 비용을 절약하고 효율적인 디자인 작업을 할 수 있습니다.

### 결과물 미리보기

**01** [File]-[New]를 눌러 A4 크기의 새 문서를 만듭니다. Generate Vectors를 눌러 프롬프트 창에 'The Silhouette of a hugging man and woman'을 입력합니다. Content type은 'Subject', Detail은 '최대(5단계)', Color and Tone에서 컬러의 개수를 '3'으로 입력한 뒤 Generate를 누릅니다. 생성된 이미지 중 가장 마음에 드는 이미지를 선택합니다.

**TIP.** 이때 다음 작업을 원활하게 하기 위해 생성된 이미지 중 어두운 색상이 많이 포함된 이미지를 선택하는 것이 좋습니다.

**02** 개체를 아래쪽으로 이동하고, 생성된 이미지의 어두운 색과 동일한 색상으로 사각형을 그려 배경으로 만든 뒤 맨 뒤로 배치합니다. 생성된 벡터 개체를 Ungroup으로 그룹 해제하면 인공지능 이미지가 해제되면서 일반 개체로 전환됩니다. [Pathfinder] 패널에서 Merge를 선택해 하나로 합칩니다.

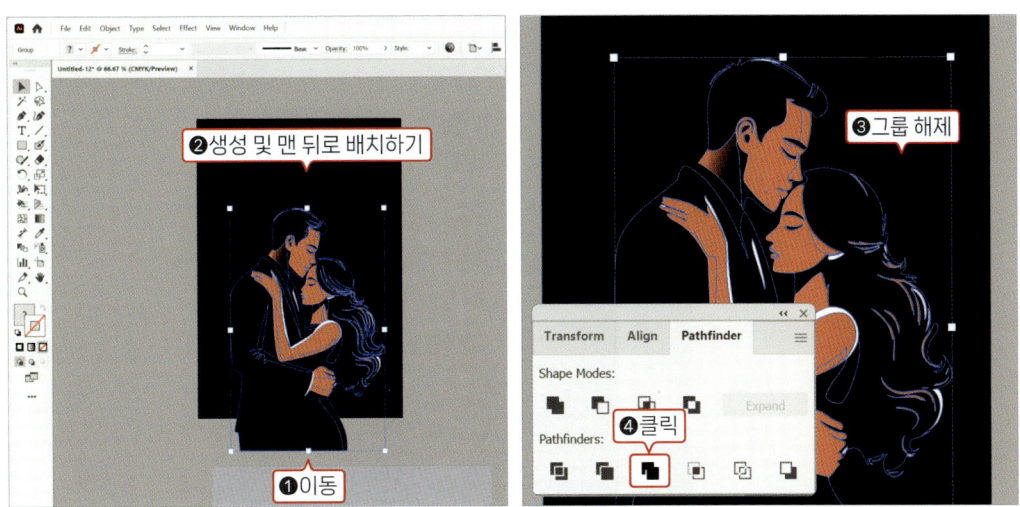

**03** 작업 화면을 확대하여 남성과 여성의 눈, 코, 입 등 이목구비 부분을 살펴봅니다. 형태가 어색하거나 비율이 맞지 않는 부분이 있다면 새로운 개체를 덧그려 보완하거나, 기존 개체의 꼭짓점을 이동 또는 핸들을 조절하여 자연스러운 형태로 수정합니다.

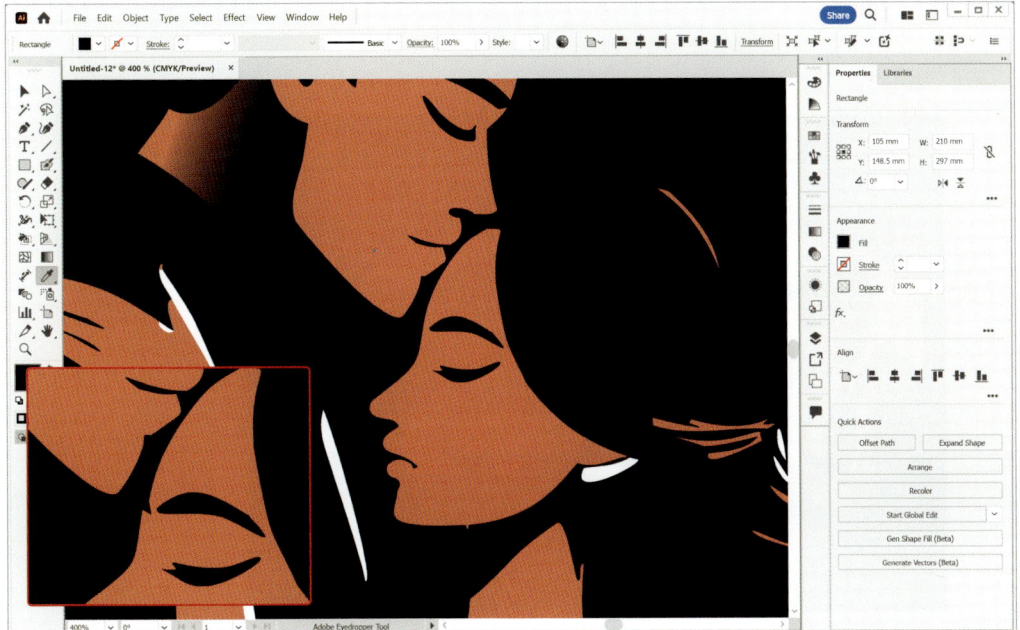

**04** 연인 개체 위에 새로운 사각형을 그립니다. 이때, 사각형의 밑면이 아트보드 밖으로 빠져나가지 않도록 주의합니다. 연인 개체와 사각형을 함께 선택하고 Ctrl + 7 로 클리핑 마스크를 적용합니다. Type Tool로 'my Valentine days'를 입력한 후 크기, 정렬 및 위치 등을 조절하여 텍스트와 이미지가 어울리도록 배치합니다.

> **TIP.** AI는 매번 다른 이미지를 생성하므로, 레이아웃은 원하는 대로 구성해도 무방합니다.

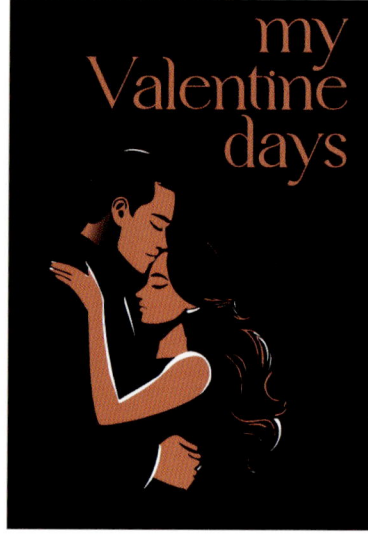

> **Plus.**
> 예제에서는 'Edensor.ttf' 폰트를 사용했으며, 이 폰트는 Dafont 웹 사이트에서 무료로 사용 가능합니다. (무료 폰트라도 사용 범위가 제한적인 경우가 많으니, 꼭 라이선스를 확인하고 사용해야 합니다.)

**05** 조명 같은 느낌을 연출하기 위해 밝은 색상의 원을 적당한 크기로 그리고, 연인 개체 뒤로 배열합니다. 하단에는 포스터 가로 넓이에 맞춰 사각형을 그리고 Gen Shape Fill을 클릭한 뒤 설정 버튼을 누릅니다.

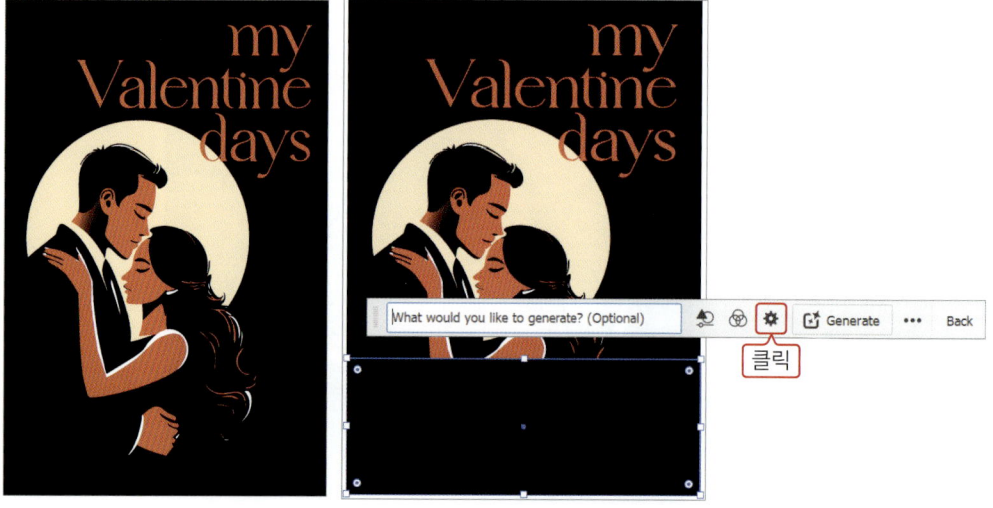

클릭

Chapter 04. 활용 예제 : AI 신기능 활용해 보기

**06** 프롬프트 창에 'Night city simple silhouette'를 입력합니다. Shape Strength를 '최대'로 설정합니다. Color and Tone을 선택하고 No. of colors에 '2'로 설정한 뒤 Generate를 누릅니다. 생성된 이미지 중 마음에 드는 것으로 선택합니다.

> **TIP.** 이때 생성된 이미지 뒤에 남는 사각형 개체는 삭제해 줍니다.

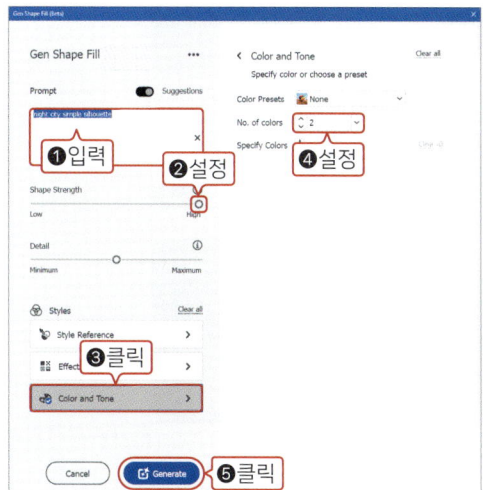

**07** 생성된 이미지는 2개의 색으로만 이루어져 있습니다. 밝은색만 남기고 어두운색을 모두 선택합니다. 선택했으면 Eyedropper Tool로 배경의 어두운색을 클릭하여 추출합니다.

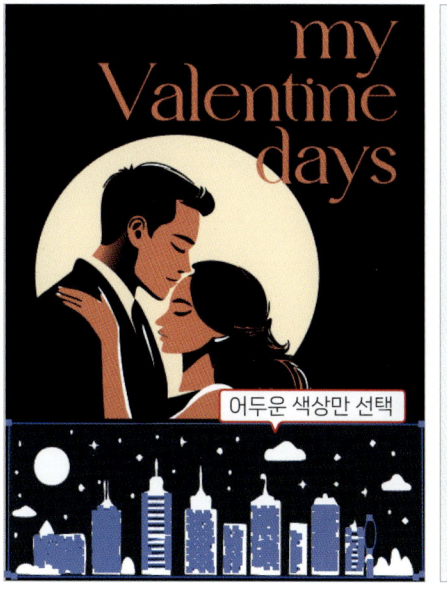

> **TIP.** 그룹을 해제하지 않고 Direct Selection Tool로 어두운 색을 선택한 뒤, [Select]-[Same]-[Fill Color]를 누르면 빠르고 편하게 같은 색을 선택할 수 있습니다.

**08** 연인 개체를 선택하고 가장 상위로 배치합니다. 이전에 생성했던 개체를 선택하고 [Transparency] 패널에서 Opacity 값을 '30%' 정도로 자연스럽게 조절합니다.

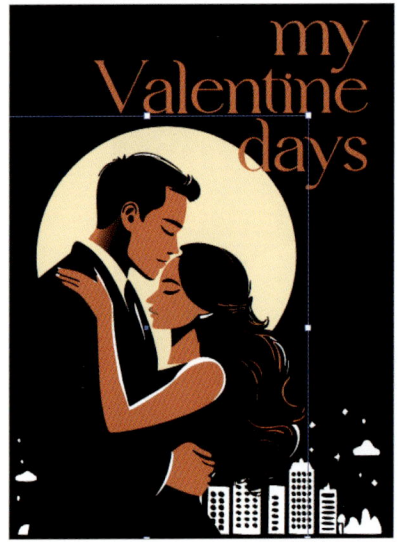
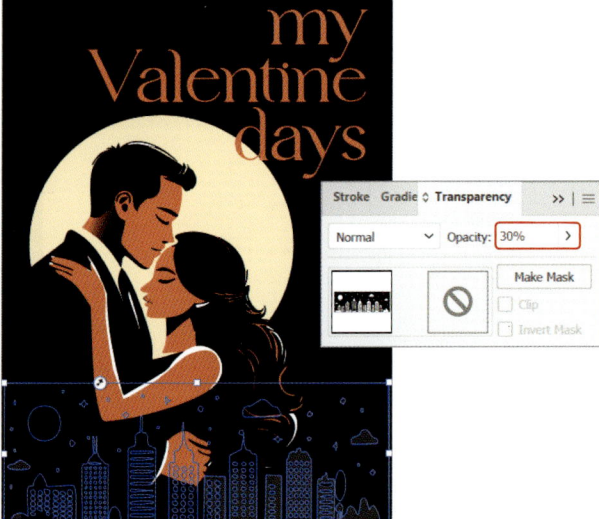

**09** 작업을 마쳤으면 [File]-[Export]-[Save for Web(Legacy)...]에서 최적화 파일 포맷은 'JPEG', 압축 품질은 'High'를 선택합니다. 하단에 가로 크기를 1500px로 입력하고 Save를 눌러 저장합니다.

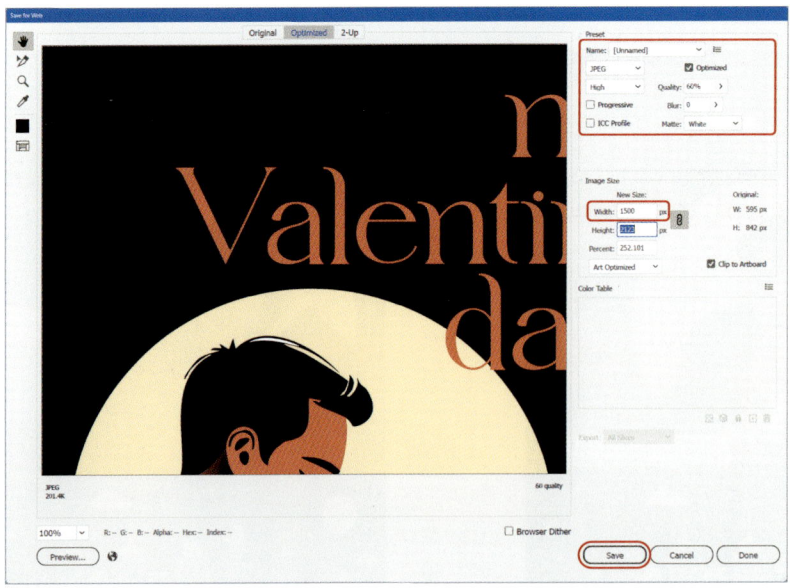

> **Plus.** 웹용 이미지(JPEG)와는 별개로 일러스트레이터 파일(.ai)을 잊지 말고 꼭 저장하세요. AI 파일은 원본 파일이므로 언제든지 수정이 가능하며, 생성형 기능으로 만든 디자인의 모든 벡터 정보를 유지하여 고품질 이미지를 보장합니다.

활용예제 02

# 커피 패키지 디자인 만들기

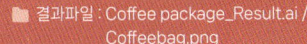
예제파일 : 없음
결과파일 : Coffee package_Result.ai / Coffeebag.png

이번에는 벡터 이미지 생성 기술을 활용해 커피 패키지를 디자인하고, 목업 기능을 사용해 실제 제품처럼 완성하는 과정을 학습합니다.

### 결과물 미리보기

생성형 AI를 활용하면, 빈 공간에 원하는 이미지를 벡터 형식으로 생성하여 고해상도 출력에도 깨짐 없이 선명한 일러스트를 만들 수 있습니다. 또한 생성된 이미지에 다양한 요소를 계속 추가할 수도 있고, 목업 기능을 통해 제품에 적용해 보면서 디자인의 완성도를 높일 수 있습니다.

BEFORE :
생성형 AI를 활용하여
프롬프트로 빈 공간에 이미지 생성

AFTER 1 :
추가로 나비 개체 생성,
텍스트 작업으로 라벨 만들기

AFTER 2 :
소스 파일을 이용하여 목업 적용하기

**01** [File]-[New]를 눌러 A4 크기의 새 문서를 만듭니다. Generate Vectors를 눌러 프롬프트 창에 'Autumn lush birch forest background, curved path in the middle'을 입력합니다. Content type은 'Scene', Detail은 '2단계'로 설정한 뒤 Generate를 누릅니다. 원하는 이미지가 나올 때까지 반복 생성하여 가장 마음에 드는 이미지를 선택하고 크기를 적절하게 조절합니다.

63

**02** Pen Tool을 선택하여 그림과 유사한 유선형의 닫힌 패스를 그립니다. 이때, 패스의 크기와 형태는 자유롭게 작업합니다. [Window]-[Generate Patterns]를 선택하여 패턴 생성 패널을 엽니다. 프롬프트 창에 'autumn leaves'를 입력하고 Generate를 누릅니다.

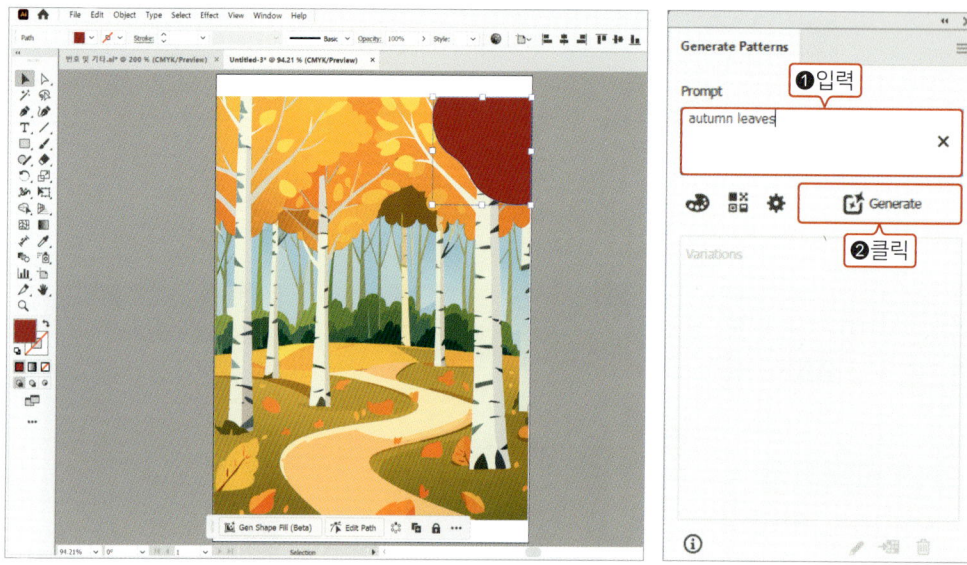

**03** 생성된 낙엽 패턴 중 마음에 드는 것을 선택하고 색상을 변경하기 위해 Recolor Artwork 아이콘을 클릭합니다. 새롭게 나타난 창에서 Generative Recolor 탭을 선택하고 프롬프트 창에 'Autumn burgundy vivid'와 같이 원하는 색상의 느낌을 프롬프트로 입력하고 Generate를 누릅니다.

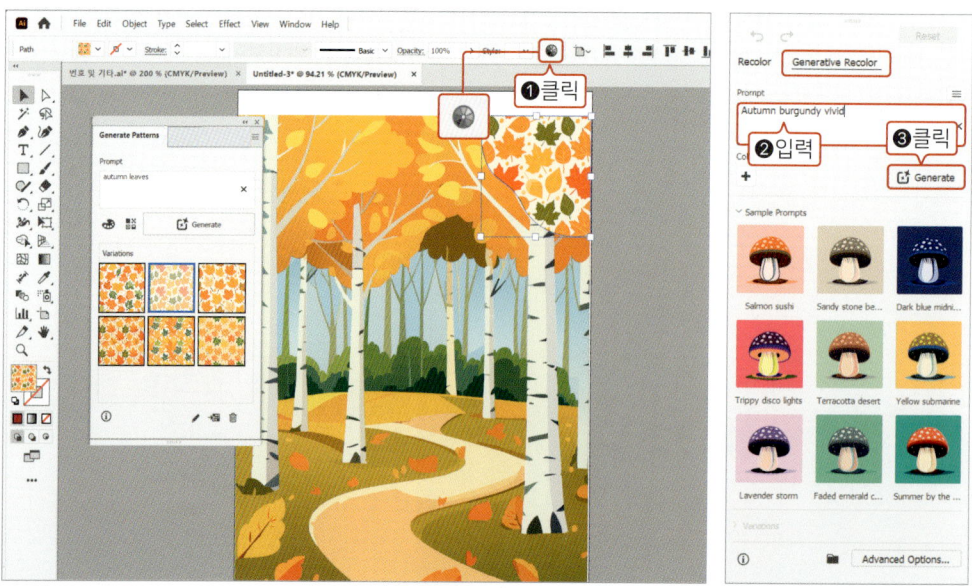

**04** 만약 색상이 마음에 들지 않는다면, 여러 번 생성하거나 다른 원하는 색감의 키워드를 입력하고 다시 생성해 봅니다.

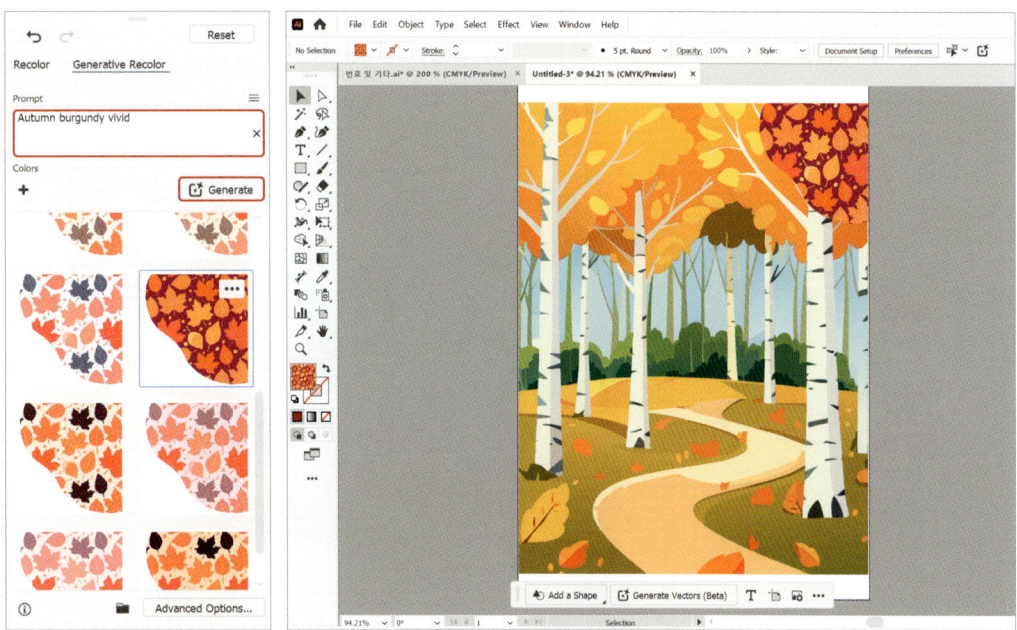

**05** 이미지의 좌측 상단 부분도 동일하게 작업합니다. Pen Tool로 닫힌 패스를 그린 후, 프롬프트에 'leaves'를 입력하여 다양한 잎사귀 패턴을 생성합니다. 마음에 드는 패턴을 선택하여 이미지에 적용합니다.

> **TIP.** 프롬프트는 자유롭게 변경하여 작업해도 무방합니다. 다양한 키워드로 개성 있는 패턴을 만들어보세요.

**06** Recolor Artwork 아이콘을 클릭합니다. Generative Recolor 탭을 선택하고 프롬프트 창에 'vivid dark fall'을 입력한 뒤 Generate를 누릅니다. 색상이 마음에 들지 않는다면, Recolor를 선택하여 색상 슬라이더를 직접 조절해도 됩니다.

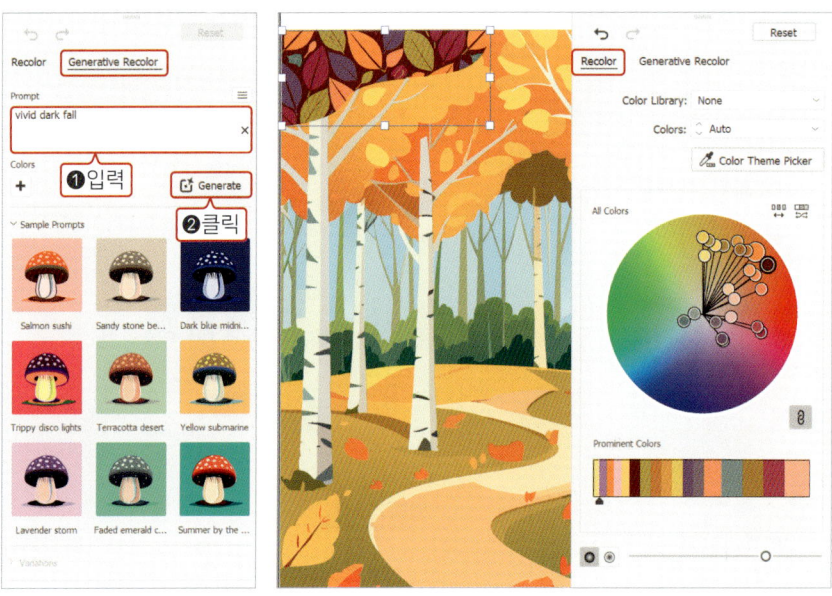

**07** 이미지 하단 부분도 동일한 방법으로 작업합니다. 기존에 생성한 패턴을 활용하거나, 새로운 패턴을 생성해도 됩니다. 예제에서는 단색과 기존 패턴 개체를 활용해 배치했습니다.

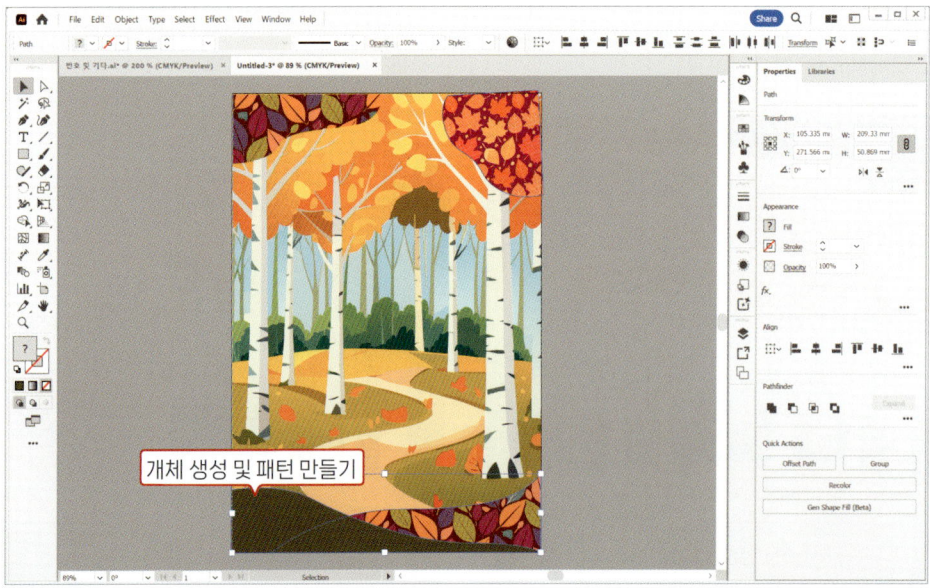

Chapter 04. 활용 예제 : AI 신기능 활용해 보기

**08** Pen Tool로 나비 모양의 닫힌 패스를 그립니다. Contextual Task Bar에서 Gen Shape Fill을 클릭하고, 프롬프트 창에 'autumn color butterfly'를 입력한 뒤 Generate를 클릭합니다.

> **TIP.** 생성된 이미지는 주변 배경과 어울리지 않는 요소들이 포함되어 있을 수 있습니다. 불필요한 부분을 따로 제거하는 등 주변과 자연스럽게 어우러지도록 수정 작업을 합니다.

> **TIP.** 생성된 이미지를 이동하면 처음에 만들었던 검은색 벡터 개체가 남아있으니 삭제해 줍니다.

**09** 패키지에서 라벨이 되어줄 도형을 만들고, 텍스트를 입력하여 자유롭게 디자인합니다. 작업이 끝나면 전체적으로 관리하기 편하도록 모두 그룹으로 만들어줍니다.

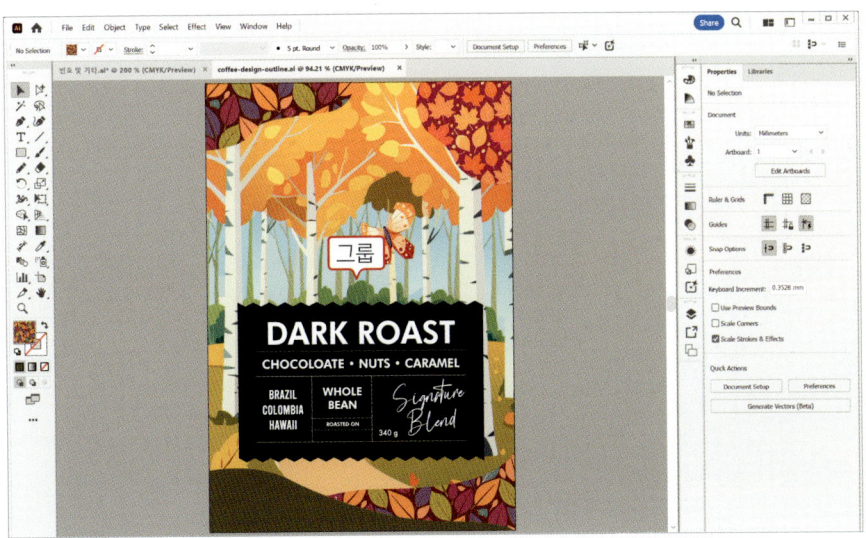

> **Plus.** 라벨 디자인은 완성 파일에서 가지고 와 사용해도 됩니다. 예제에서는 'Futura-HT-heavy', 'Bebas Neue', 'Astagina Signature' 폰트를 사용했으며, 이 폰트는 Dafont 웹사이트에서 무료로 사용 가능합니다.
> (무료 폰트라도 사용 범위가 제한적인 경우가 많으니, 꼭 라이선스를 확인하고 사용해야 합니다.)

10  [File]-[Place]로 목업할 이미지인 'Coffeebag.png' 파일을 불러옵니다. 적당한 크기로 배치한 뒤, [Control] 패널에서 'Embed'를 눌러 이미지를 문서에 포함시킵니다. 그룹으로 만들어둔 일러스트 개체는 제품의 크기를 약간 덮는 정도로 조절하여 맨 위로 배치합니다. 사진과 벡터 개체를 함께 선택하고 Create Mockup을 누릅니다.

**TIP.** 고해상도 목업 작업은 컴퓨터에 부담을 줄 수 있습니다. 프로그램이 멈추는 것을 방지하기 위해 작업 중간중간 파일을 미리 저장해두세요.

11  선택된 이미지에 벡터 개체가 목업으로 적용됩니다. 조절점의 안쪽이나 조절점을 드래그하여 개체의 크기와 위치를 조절합니다.

**12** [Window]-[Transparency] 패널을 열어 Blend Mode는 'Multiply', Opacity 값은 '90%'로 설정합니다. 아래에 있는 이미지와 자연스럽게 겹치면서 합성됩니다. 작업이 완료되면 AI 파일로 저장하고 마무리합니다.

### 여기서 더 알아보기

**다른 이미지 만들어보기** | 다양한 제품 사진으로 목업 샘플 만들어보기

# MEMO

DATE . .
TITLE

# MEMO

DATE . .
TITLE

MEMO

DATE    .   .
TITLE